LA

VÉNUS NOIRE

LA REINE DES AMAZONES

Imprimerie D. Bardin, à Saint-Germain

LA VÉNUS NOIRE

VOYAGE DANS L'AFRIQUE CENTRALE

PAR

ADOLPHE BELOT

TROISIÈME PARTIE
LA REINE DES AMAZONES

PARIS

LIBRAIRIE ILLUSTRÉE | LIBRAIRIE DREYFOUS
7, RUE DU CROISSANT | FAUBOURG MONTMARTRE, 13

LA
VÊNUS NOIRE

IMPRIMERIE D. BARDIN, A SAINT-GERMAIN

LA VÉNUS NOIRE

VOYAGE DANS L'AFRIQUE CENTRALE

PAR

ADOLPHE BELOT

PARIS

LIBRAIRIE ILLUSTRÉE
7, RUE DU CROISSANT

LIBRAIRIE DREYFOUS
FAUBOURG MONTMARTRE, 13

LA

VÉNUS NOIRE

★

LA SULTANE PARISIENNE

POUR PARAITRE PROCHAINEMENT

LA VÉNUS NOIRE

DEUXIÈME PARTIE

LA FIÈVRE DE L'INCONNU

Imp. D. Bardin, à Saint-Germain.

LA
VÉNUS NOIRE

VOYAGE DANS L'AFRIQUE CENTRALE

PAR

ADOLPHE BELOT

PREMIÈRE PARTIE
LA SULTANE PARISIENNE

PARIS

LIBRAIRIE ILLUSTRÉE | LIBRAIRIE DREYFOUS
7, RUE DU CROISSANT | FAUBOURG MONTMARTRE, 13

LA VÉNUS NOIRE

PREMIÈRE PARTIE
LA SULTANE PARISIENNE
I

C'est évidemment le boudoir d'une femme élégante et d'une jeune femme, que ce joli réduit, situé au fond d'un des appartements les plus luxueux du boulevard Malesherbes. On ne peut s'y tromper lorsqu'on aperçoit ce divan, recouvert de satin broché, couleur gris-perle, cette pendule en porcelaine de Saxe, cette glace de Venise, ces pastels signés Latour, ces petites étagères surchargées de charmantes figurines, ce tapis de Smyrne, ces coussins enveloppés de vieille guipure et tous ces petits sièges bas, de création moderne, que les Parisiennes ont inventés afin de pouvoir, l'hiver, au premier frisson, présenter de plus près à la flamme du foyer leur dos ou leurs épaules.

Cependant, l'imagination, prête à courir au-devant de la déesse du sanctuaire, se refroidit tout à coup à la vue des objets qui encombrent les meubles. On s'arrête étonné, on regarde encore, et on se dit que cette pièce, prise d'abord pour un boudoir, pourrait bien être le cabinet de travail d'un des membres les plus sérieux de la Société de géographie.

En effet, le divan disparaît, en grande partie, sous des livres ou des brochures éditées par Hachette, Arthus Bertrand, Delagrave, Lassailly, avec des titres comme ceux-ci : *Au Cœur de l'Afrique, l'Albert N'yanza, le Fleuve blanc, Ismailia, les Grandes entreprises géographiques.*

De nombreux numéros des *Annales des Voyages* sont répandus dans tous les coins, et une chaise légère en bambou doré plie sous le poids du fameux *Atlas d'Histoire et de Géographie* de Bouillet.

Le satin capitonné qui recouvre les murs n'a même pas été respecté : des épingles y tiennent attachées une carte de Stieler de Gotha, une autre de Brué, revue par Émile Levasseur de l'Institut, et des esquisses de Malte-Brun, de Petermann, du vicomte de Bizemont, destinées à faire connaître les découvertes de Burton, de Speke, de Grant, de Livingstone, du docteur Cuny.

Sur une petite table, d'un charmant modèle, en ébène avec des incrustations de nacre, s'élève en pyramide une partie de la collection du *Bulletin de la Société de Géographie*; l'autre partie de cet ouvrage se dresse au pied du divan, sur le tapis de Smyrne. Des dessins de Schweinfurth, le grand voyageur allemand, une vue du lac Albert reposent sur la cheminée, entre la pendule et la glace.

Au milieu de tous ces meubles que la science semble avoir pris d'assaut et qu'elle a détournés de leur destination première, parmi ces sièges étonnés d'être devenus des rayons de bibliothèque, une seule petite chaise basse est restée libre; on a sans doute cru devoir la réserver pour l'usage particulier du maître ou de la maîtresse du lieu.

Huit heures sonnent et une femme apparaît. Elle peut avoir de vingt-trois à vingt-cinq ans et semble admirablement faite, malgré sa taille au-dessus de la moyenne. La tête, des plus jolies, est bien plantée sur un cou de courbe gracieuse, les épaules larges retombent élégamment, la poitrine est pleine sans être trop accusée, les hanches sont hardiment dessinées, et le pied qui se glisse sous les plis d'une robe d'étoffe sombre, petit, maigre et nerveux, semble avoir été fait pour les longues marches.

Elle est blonde, et cependant ses traits sont énergiques : il y a de la volonté, de l'opiniâtreté dans ce front large, un peu carré, dans ce nez droit aux narines accentuées, de l'énergie dans ces yeux gris-bleu ; cette bouche, aux contours arrêtés, recouverte d'un léger duvet, doit savoir dire de douces choses, mais aussi donner des ordres. On remarque dans cette physionomie un curieux mélange de bonté et de résolution, de bienveillance et de fermeté, de gaieté et de tristesse. Cette femme a vécu, a souffert, on le devine, on le voit, et pourtant, par instants, la limpidité de son regard, son sourire jeune, certaines de ses attitudes sembleraient indiquer qu'elle commence la vie. On dirait une veuve qui n'est pas restée femme assez longtemps.

A peine est-elle entrée dans son boudoir, qu'un valet de chambre vient lui remettre un numéro du journal anglais *le Times*. Elle en déchire immédiatement la bande, jette un regard distrait sur les premières colonnes, s'arrête tout à coup, pousse une exclamation, et, se rapprochant d'une lampe posée sur un guéridon, parcourt avec intérêt les lignes suivantes, qu'elle lit directement dans le texte anglais, sans les traduire à mesure en français.

« Les journaux de New-York nous apportent aujourd'hui de longs détails sur la rencontre du grand voyageur Livingstone et de l'Américain Henri Stanley. On sait que pendant que le Foreign-Office se contentait de demander à ses agents des renseignements sur notre illustre compatriote, mort, disait-on, assassiné sur la route de Zanzibar au lac Tanganyika, le *New-York Herald* donnait la mission à un de ses correspondants de partir pour l'Afrique australe et de se livrer à d'actives recherches.

« Henry Stanley parcourait depuis deux mois le pays d'où Livingstone avait envoyé pour la dernière fois de ses nouvelles en Europe, lorsque, arrivé dans le Ujiji, il apprit qu'un homme blanc, âgé d'une soixantaine d'années, habitait la contrée. Aussitôt, il redouble d'efforts, stimule le zèle de son escorte, et, après bien des fatigues, il se trouve en face de celui dont l'Angleterre et le monde entier portaient déjà le deuil

« Quelles furent nos premières paroles? écrit Stanley, je déclare n'en rien savoir. Des questions réciproques, sans doute : Quel chemin avez-vous suivi? où étiez-vous depuis si longtemps? Mais je ne saurais dire ni mes réponses ni les siennes, j'étais trop absorbé. Je me surprenais le regard fixé sur cet homme merveilleux, l'étudiant et l'apprenant par cœur. Chacun des poils de sa barbe grise, chacune de ses rides, la pâleur de ses traits, son air fatigué et empreint d'un léger ennui, m'apprenaient ce que depuis longtemps je voulais connaître. Que de choses dans ces muets témoignages! Que d'intérêt dans cette lecture! Je l'écoutais en même temps. Ses lèvres qui n'ont jamais menti me donnaient des détails. Il avait tant de choses à dire qu'il commençait par la fin, oubliant qu'il avait à rendre compte de cinq ou six années. Mais le récit débordait, s'élargissant toujours, et devenait une merveilleuse histoire. »

« Alors Livingstone interroge Stanley », continue le *Times*. « Que s'est-il passé dans le monde depuis six ans? Rien, n'est-ce pas? La vieille Europe est plus sage que l'Afrique, ses peuples savent conserver la paix; ils ne s'égorgent pas entre eux comme les malheureuses peuplades parmi lesquelles j'ai vécu si longtemps. — Hélas! vous vous trompez, docteur. Votre sage Europe vient d'être ensanglantée par une lutte meurtrière. Un million d'Allemands a envahi la France, de terribles batailles se sont livrées, plus de cent mille hommes ont péri; Paris, assiégé pendant six mois, s'est rendu lorsque la famine l'y a contraint. »

« Il garda longtemps le silence, puis reprit : « La guerre n'a-t-elle déchiré que la France et la Prusse? — Non. L'Espagne s'est révoltée. Isabelle a été chassée du trône, le général Prim assassiné; la guerre civile continue. — Et la science, monsieur, n'a-t-elle fait aucun progrès pendant ces six ans? N'avez-vous à me parler d'aucune de ces grandes conquêtes pacifiques qui, seules, honorent une nation, illuminent un siècle? — Si, des câbles transatlantiques ont été posés au fond de l'Océan, le canal de Suez a été percé, la Méditerranée et la mer des Indes se joignent. Un chemin de fer relie l'océan Atlantique à l'océan Pacifique. »

« Le visage de Livingstone rayonnait.

Le salon de Mme de Guéran.

« Stanley resta quatre mois avec Livingstone. Ils parcoururent ensemble les rivages de Tanganyika et firent de nouvelles découvertes utiles à la science. Après cette exploration, l'envoyé de l'Amérique voulut décider son compagnon à revenir en Europe réparer ses forces, revoir son pays, sa famille et ses amis. — Non, non, répondit Livingstone, ma tâche n'est pas finie. Mes amis, dont vous parlez, souhaitent que je complète mon œuvre; mon pays attend de moi ce dernier effort, ma fille elle-même a eu le courage de m'écrire : « Quel que soit mon désir de vous revoir, j'aime mieux que vous réalisiez vos plans de manière à vous satisfaire, que de revenir pour m'être agréable. » Bien pensé, ma mignonne.

« Rien n'a pu le décider. Dix années de découvertes ne lui suffisent pas; il ne rêve que de nouvelles entreprises. Livingstone n'est pas un voyageur, c'est un missionnaire qu'aucune souffrance ne peut abattre. Cet homme, effrayant par instants d'audace et d'énergie, mais d'une justice inaltérable, d'un caractère toujours égal, est adoré de sa petite caravane d'Arabes et de noirs. Dix missionnaires comme lui civiliseraient en quelques années l'Afrique!

« Stanley, devant l'énergique résistance de Livingstone, dut repartir seul; mais gloire à lui! Il a noblement rempli sa mission, il est vengé des gens qui ont osé mettre en doute sa véracité, et le *Times* le remercie au nom de l'Angleterre. »

Le journal qui contenait cet article tomba des mains de la jeune femme. Debout, un coude appuyé sur la cheminée, la tête dans les mains, elle semblait réfléchir profondément.

Tout à coup, elle prit une résolution, quitta la cheminée, s'assit devant un petit bureau et écrivit trois lettres conçues dans les mêmes termes :

« Mon cher Monsieur,

« Si une soirée passée avec moi et deux de vos amis ne vous effraye pas, j'aurai grand plaisir à vous offrir demain, vers neuf heures, une tasse de thé.

« Recevez mes meilleurs compliments,

« Laure de Guéran. »

II

Les trois personnes à qui Mme de Guéran avait écrit la veille, s'empressèrent de se rendre à son appel. Elles furent reçues, non pas dans le boudoir géographique que nous avons décrit, la maîtresse du lieu y pénétrait seule, mais dans un salon meublé avec un goût parfait.

Lorsque le thé eut été servi, vers dix heures, la baronne de Guéran,

après avoir vaincu une émotion des plus visibles, releva vivement la tête, regarda ses hôtes bien en face et leur dit :

— Ainsi, messieurs, vous m'aimez?

Étonnés de cette brusque entrée en matière, de cette sorte d'attaque absolument imprévue, ils ne savaient quelle contenance garder, et l'un de ces messieurs, plus osé que les autres, allait prendre la parole, lorsque Mme de Guéran l'arrêta d'un geste et reprit :

— Lorsque je dis que vous m'aimez, messieurs, c'est que je vous crois d'honnêtes gens incapables de songer à épouser une femme sans avoir pour elle une sérieuse affection. Or, vous avez tous les trois demandé ma main; aucun de vous ne songe, je suppose, à le nier. Vous, monsieur de Morin, continua-t-elle en se tournant vers un jeune homme de trente-cinq ans environ, grand, d'une distinction parfaite, mis d'une façon irréprochable, vous avez envoyé en qualité d'ambassadrice auprès de moi, votre tante, Mme de Genevray, pour qui j'ai une profonde estime. Vous, monsieur Périères, vous m'avez écrit, et quant à vous, monsieur Desrioux, vous m'avez parlé. Il n'y a pas de doute à avoir.

MM. de Morin, Périères et Desrioux, après s'être regardés en souriant, au lieu de répondre à la baronne se contentèrent de s'incliner devant elle.

— Je suis très touchée, messieurs, reprit Mme de Guéran, de l'honneur que vous voulez bien me faire. Oh! ne vous récriez pas, je vous parle très sérieusement et je vous prie de ne voir aucune ironie dans mes paroles. Oui, je le répète, je suis très touchée du sentiment respectueux et affectueux que vous paraissez avoir pour moi; mais je ne le trouve pas, permettez-moi de vous le dire, suffisamment justifié. C'est à peine si vous me connaissez.

Les trois jeunes gens voulurent protester. Elle ne leur en laissa pas le temps.

— J'ai un titre, continua-t-elle, une grande fortune, je suis veuve et assez bien apparentée pour être reçue, si j'aimais le monde, dans les meilleurs salons parisiens; j'ai vingt-cinq ans à peine et je suis suffisamment jolie. Voilà, messieurs, tout ce que vous savez de moi, rien de plus. Il est nécessaire que vous soyez édifiés davantage sur mon compte; je me charge de ce soin.

Ce préambule achevé, elle se leva, se dirigea vers une table, remplit de thé la tasse de chacun de ses hôtes, leur sourit d'une façon toute gracieuse, et, reprenant sa place sur le canapé, elle continua en ces termes :

— À mon léger accent, vous avez dû vous apercevoir que, si je parlais votre langue aussi bien que vous, je ne devais pas être née cependant dans votre cher Paris. En effet, je suis Anglaise, mais j'ai été élevée par une gouvernante française, mariée à vingt ans, et j'ai toujours habité la France depuis mon mariage. Mon père, après avoir passé la moitié de sa vie à parcourir les contrées les plus reculées de l'Afrique, et nous avoir donné sur ces pays des ouvrages très appréciés, s'est enfin décidé un jour, lorsqu'il ne pouvait plus faire autrement, à se reposer et à vivre de la vie de famille. Mais il ne put jamais se désintéresser des questions qu'il avait si longtemps étudiées, et fut, jusqu'à sa mort, un des membres les plus utiles de la Société de géographie de Londres. Dans notre salon, situé près de Piccadilly, se sont assis, tour à tour, la plupart des grands voyageurs de notre époque. Je me souviens, toute petite fille, d'avoir sauté sur les genoux d'Overweg et de Speke, d'avoir été embrassée par Richardson lorsqu'il partit pour son expédition dans le Soudan, d'avoir pleuré au récit de sa mort, dont nous avons douté jusqu'au jour où Barth vint la confirmer. J'ai connu Édouard Vogel, traîtreusement assassiné dans le Waday, Schweinfurth, Baker, Brun-Rollet et tant d'autres dont je ne puis citer les noms, mais dont je garderai toujours le souvenir. Mon père, plus cosmopolite qu'Anglais, faisait bon marché de nos usages, et après le dîner, au lieu de m'inviter à me retirer, me permettait de rester dans la société de ses amis. Toutes les grandes questions scientifiques qui ont ému le monde, depuis dix ans, ont été discutées devant moi par les hommes les plus autorisés à les débattre.

La science n'était pas seule en jeu : l'esclavage, cette plaie hideuse de l'Afrique, et la traite, qui continue à se faire avec une incroyable activité, défrayaient souvent la conversation de nos hôtes et excitaient leur indignation. J'entends encore Livingstone nous dire un soir : « Pendant que nous sommes là, heureux, contents de vivre, entourés de tout le confort désirable, de longues caravanes d'esclaves se dirigent vers les marchés de Khartoum, de Zanzibar et de Tembouctou. Le cou rivé à une fourche, ou liés à une longue corde qui les entraîne pêle-mêle, hommes, femmes, enfants et vieillards, ils marchent sous un soleil torride, nus, épuisés de fatigue, mourant de faim et de soif. Et je pense que ces captifs ne sont qu'une très petite fraction des victimes

— C'est vrai, vous ne devez pas partir (page 20).

de la traite! Dans les chasses à l'homme organisées sur ces territoires maudits, des milliers d'individus meurent de leurs blessures ou succombent dans les bois lorsqu'ils sont parvenus à prendre la fuite. Des cadavres et des squelettes indiquent la route du désert! »

Frémissante, indignée, j'écoutais ces récits et je ne pouvais m'empêcher d'admirer, de toute mon âme, ces hommes qui, libres de vivre riches et honorés dans leur pays, passaient leur existence au milieu de climats meurtriers, affrontaient tous les dangers, supportaient tous les maux, pour faire progresser la science et intéresser le monde à la sainte cause des opprimés et des victimes.

Mᵐᵉ de Guéran s'arrêta et but une gorgée de thé, tandis que ses hôtes, sous le charme de son éloquence entraînante et de sa voix émue, gardaient un religieux silence. Ils apprenaient, seulement alors, à la connaître. Ils avaient rencontré, de par le monde parisien, une femme spirituelle, distinguée et jolie, et ils l'avaient aimée pour la finesse de ses traits, la grâce de son sourire et la vivacité de son esprit; mais voilà que tout à coup ce visage s'éclairait de lueurs nouvelles, ces yeux s'illuminaient, cet esprit s'élargissait, ce cœur battait et rayonnait.

— Vous ne vous étonnerez pas, messieurs, reprit la baronne d'une voix plus calme, qu'élevée comme je l'ai été, au milieu des hommes dont je vous ai parlé, j'aie fini par partager leurs idées et leurs enthousiasmes. Vous ne serez pas surtout surpris d'apprendre qu'un jour j'ai aimé un des hôtes les plus assidus de mon père. Le baron de Guéran était Français et descendait de cet intrépide René Caillé, le premier Européen qui ait entrepris le dangereux voyage de Sierra-Léone à Tanger et soit entré à Tembouctou. Quoiqu'il n'eût pas trente ans lorsque je l'ai vu pour la première fois, M. de Guéran avait déjà pénétré dans l'Afrique centrale et s'y était livré à d'importantes études. Si vous ne connaissez pas son nom comme géographe et comme explorateur, c'est qu'il attendait, pour livrer ses notes à la publicité, qu'elles fussent complètes. Hélas! il n'a pu achever son œuvre.

Mon père fit de nombreuses objections à mon mariage avec le baron : il l'estimait et l'aimait en qualité de collègue; comme gendre, il le redoutait. Son admiration pour les voyages et les voyageurs diminuait aussitôt, lorsqu'il s'agissait de moi : « Prends garde, ne cessait-il de me répéter, l'amour des découvertes lointaines, j'en parle par expérience, l'emporte sur les autres amours et fait négliger au plus honnête homme les devoirs de la famille. Méfie-toi; tout en t'adorant, ton mari peut s'habituer à t'adorer de loin. Tu seras fière de lui appartenir, mais tu ne seras que rarement heureuse auprès de lui, ta vie s'écoulera dans l'attente et la crainte. — N'en croyez rien, mon père, disais-je, je réponds de M. de Guéran. — Tu crois qu'il te sacrifiera ses projets, qu'il vivra près de toi sans jamais te quitter? — Non pas, mon père, et je ne le voudrais pas; mais je voyagerai avec lui. Je suis résolue à partager toutes ses épreuves, et je lui répéterai les paroles que notre amie Mme Baker disait à son mari : « En quelque lieu que vous alliez, j'irai avec vous. La terre où vous mourrez me verra mourir et je serai ensevelie où vous le serez. »

Il fallut bien consentir à mon mariage, et je vins habiter Paris avec M. de Guéran. Pendant deux années, les craintes de mon père ne furent pas justifiées. Le baron ne paraissait tourmenté d'aucun désir de voyager ; il s'était endormi dans les délices de Capoue et je m'y endormais volontiers avec lui. Le réveil fut terrible : « Je pars pour l'Afrique, » me dit-il un jour. Depuis deux ans, j'avais oublié l'Afrique, la traite, l'esclavage, la science, je ne croyais plus qu'à l'amour. Mais l'on peut supposer que réveillée en sursaut, et me rappelant les paroles de Mme Baker, empruntées du reste à la Bible, je les ai murmurées à l'oreille de mon mari. Non, je n'avais plus, dès lors, qu'une pensée : ne rien changer à ma vie, ne compromettre en aucune façon mon bonheur, ne rien livrer au hasard, à l'imprévu. Je fis tous mes efforts pour persuader à M. de Guéran que les peuplades de l'Afrique ne le réclamaient en aucune façon, que la Société de géographie pouvait se passer de ses lumières et que la science ferait des progrès sans lui. Je ne parvins pas à le convaincre : il profita d'un voyage que j'avais fait en Angleterre pour courir à Marseille et s'y embarquer sans m'apprendre, d'une façon précise, le but de sa nouvelle expédition. « Vous auriez voulu me suivre, m'écrivait-il, je ne pouvais pas accepter votre dévouement, mais rassurez-vous, mon absence sera de courte durée. » D'abord, j'attendis. Vers quelles côtes me diriger? J'espérais toujours qu'il ne tarderait pas à revenir, comme il me l'avait promis. Lasse d'attendre, j'allais enfin me mettre en route, lorsque le consul de France au Caire m'apprit la mort du baron de Guéran.

Voilà ma vie, messieurs, vous me connaissez maintenant, et vous trouvez, sans doute, que je vous ai trop parlé de moi? Rassurez-vous, il ne sera plus question que de vous. Encore une tasse de thé, et je commence.

III

— Vous voilà donc, messieurs, reprit au bout d'un instant la baronne d'un ton plus enjoué, absolument édifiés sur mon compte. Vous connaissez à ravir les antécédents de l'accusée ; mais ils ne vous ont peut-être pas effrayés, et vous continuez à maintenir votre candidature. Soit! Alors trouvez bon qu'à mon tour, après m'être dévoilée, je vous dévoile.

Ces messieurs s'apprêtèrent à prendre la parole.

— Arrêtez! leur dit-elle vivement, je ne vous demande pas de confidences, elles me sont absolument inutiles. Depuis six mois, je m'informe, je vous étudie et je vous connais. Cela vous flatte, n'est-ce pas? Ne vous enorgueillissez pas trop vite; vous êtes à mille lieues de deviner la pensée qui m'a guidée et le but de mes investigations. Parlons d'abord de vous, messieurs, en général, en bloc, si vous le voulez bien. Vous avez tous de trente à trente-cinq ans, le meilleur âge pour se marier; je me déclare satisfaite sous ce rapport. Vous n'êtes, continua-t-elle en riant, ni trop jolis garçons, ni trop laids; c'est le juste milieu que doit désirer une femme intelligente lorsqu'elle songe à se donner un maître. Chacun de vous a une assez belle fortune qui le rend indépendant et lui permet d'épouser une femme riche sans paraître faire une spéculation. Vous avez peut-être quelques défauts; qui n'en a pas? Mais les personnes qui m'ont renseignée sur votre compte m'ont assurée que vous n'aviez pas de vices : cela me suffit. Vous vous êtes conduits, tous les trois, comme des hommes de cœur pendant le siège de Paris, qui a été, en quelque sorte, une pierre de touche pour les hommes de votre génération. Enfin, vous avez su vous créer une occupation et vous avez le grand mérite, je me plais à le déclarer, de n'être ni des désœuvrés ni des inutiles. Je vous ai fait votre compte général, comme je vous l'avais annoncé. J'entre maintenant dans la voie des personnalités.

Vous, monsieur de Morin, continua la baronne en s'adressant à celui de ses hôtes le plus rapproché d'elle, vous êtes un de nos dessinateurs les plus remarquables. Je connais la plupart de vos œuvres, et je les apprécie en artiste et en femme qui poursuit un projet; mais le moment n'est pas venu de vous le faire connaître, prenez patience. Vous êtes, de plus, très audacieux, c'est-à-dire que vous ne reculez pas devant une aventure périlleuse; vous avez de l'initiative, vous êtes fait pour l'attaque; un général intelligent vous enverrait aux zouaves. Moi, je vous enverrai... Nous verrons cela. Rentrez dans les rangs, monsieur le zouave, et passons à un autre.

Le jeune homme qui se trouvait assis auprès de M. de Morin se disposait depuis un instant à passer à l'inspection. Il se leva, salua militairement et attendit.

La baronne le regarda en riant et lui dit :

— Vous, monsieur Périères, je vous félicite pour les articles que vous avez publiés dans la *Revue de France*. Vos idées sont justes, vos aperçus souvent profonds, et vous rendez votre pensée avec beaucoup de finesse et une grande netteté. En campagne, on pourrait vous charger de faire les rapports, ce qui n'empêcherait pas de se servir de vous comme combattant. Pour vous élancer en avant, vous attendriez qu'on vous en eût donné l'ordre ; mais, une fois parti, vous vous conduiriez avec la même bravoure que M. de Morin. Je vous envoie dans la ligne, n'en parlons plus.

Il ne restait plus à Mme de Guéran qu'à dire son fait à un homme d'une trentaine d'années, blond, de taille moyenne, au regard triste, et que ses vêtements, d'une coupe sérieuse, vieillissaient un peu.

— Mon cher monsieur Desrioux, lui dit la baronne, vous avez un grand mérite à mes yeux, très rare chez un homme dans votre position de fortune, celui de vous être fait médecin. C'était vous astreindre à de fortes études et vous condamner à un esclavage de tous les instants. Recevez toutes mes félicitations, et si je ne vous enrégimente pas comme ces messieurs, ce n'est pas que je doute de votre courage, c'est qu'un chirurgien militaire, rôle qui vous conviendrait à ravir, peut n'appartenir à aucune arme spéciale, je dirais même à aucune nationalité ; il s'élance au secours de tous ceux qui l'appellent, amis ou ennemis, de quelque côté qu'ils se trouvent. Vous pouvez reprendre votre place, mon cher docteur, j'en ai fini avec vous.

S'adressant alors à ses trois hôtes réunis et leur souriant de la façon la plus gracieuse :

— Vous ne m'accuserez pas, messieurs, leur dit-elle, de vous avoir trop maltraités ; je n'ai parlé que de vos mérites, et quelqu'un qui m'aurait écoutée vous prendrait tous pour de petits saints. Mais je serai franche : j'ai dit du bien de vous parce que je n'avais pas à en dire du mal. Ce n'est pas le hasard qui vous a réunis chez moi, qui vous a fait entrer depuis six mois, peu à peu, dans mon intimité ; c'est ma seule volonté. En vue de certains desseins que je vais bientôt vous faire connaître, je vous ai choisis entre tous, et bien choisis, je crois.

MM. de Morin, Périères et Desrioux s'inclinèrent toujours aussi silencieusement. La baronne reprit :

— Hélas ! ce sont justement vos mérites qui m'embarrassent. Ils sont divers, mais chacun de vous en a une part égale. Comment pourrai-je, sans être souverainement injuste, faire un choix parmi vous? Aussi embarrassée que le berger Pâris, je ne sais à qui donner la pomme. Ah! si l'un de vous se signalait tout à coup par quelque action d'éclat, je serais plus à mon aise; mais, dans votre situation, lorsque votre pays est en paix, dans notre Paris civilisé, que puis-je exiger de vous et que pouvez-vous m'offrir? Ici, vous êtes des hommes du monde dont le premier devoir est de se faire remarquer le moins possible. Donc rien à espérer, rien qui puisse faire cesser mes hésitations. Vous me voyez venir, n'est-ce pas?... Non, pas encore... Je continue, et cette fois j'entre dans le cœur du sujet, sans circonlocution et sans ménagement. La fille, la femme, l'amie de grands voyageurs de notre époque va reparaître.

Je suis absolument décidée à parcourir l'Afrique, non pas celle que tout le monde connaît, qui commence à Alger ou Alexandrie pour finir au désert; mais le désert lui-même et les curieuses contrées que l'on rencontre, lorsqu'on a eu le courage et la force de le traverser. Le désir, le besoin, pourrai-je dire, qui s'est emparé de moi et qui m'étreint de voir des pays à peine explorés, doit-il être attribué à l'éducation que j'ai reçue, aux conversations que j'ai entendues, au milieu dans lequel j'ai vécu, ou bien ne fais-je qu'obéir au penchant qui m'entraîne vers les lieux où a péri M. de Guérin? Le voyage que je médite ne doit-il être qu'une sorte de pèlerinage? Je n'en sais trop rien et peu vous importe.

Ce qui vous regarde beaucoup, messieurs, c'est que depuis longtemps j'ai jeté les yeux sur vous pour m'accompagner. Oui, seule, il m'était impossible de vaincre les difficultés et d'affronter les dangers que je prévois. Quant à m'associer des compagnons de route dont j'aurais payé le dévouement, je n'y ai jamais songé; ils m'auraient abandonnée à la moitié du chemin; le dévouement et le courage ne se vendent pas. Je vous ai rencontrés, je vous ai observés, et je me suis dit que vous étiez les seules personnes capables de m'aider dans ma tâche.

Je trouve en vous l'homme de lettres qui saura dire nos impressions, le peintre dont le crayon éternisera nos souvenirs, et le médecin compliqué d'un savant, qui tout en soignant nos maux et les maux que nous rencontrerons, travaillera, de concert avec nous, aux progrès de la science. Si je ne me trompe, et je vous connais trop pour me tromper, je trouverai surtout en vous trois défenseurs, trois amis, trois frères, et je confierai hardiment à votre loyauté ma réputation et ma vie.

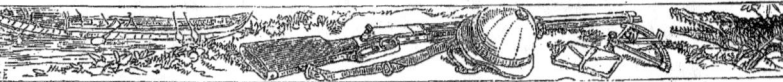

L'émotion l'avait gagnée, et sans regarder ses hôtes qui, emportés par un même mouvement, lui avaient serré silencieusement la main, elle reprit :

— Que vous donnerai-je en échange de l'immense sacrifice que je vous demande, du sublime dévouement que je réclame? Mon éternelle amitié à deux de vous; peut-être mon amour au troisième. Quel sera ce troisième? Voilà ce que j'ignore. En ce moment, je vous jure que je ne le connais pas; vous avez tous des chances égales. Durant le voyage, si l'un de vous l'emporte dans mon cœur, je tairai ce succès pour ne pas exciter la jalousie des autres. Lorsque nous serons de retour, je proclamerai le nom du vainqueur. Chacun de vous, messieurs, peut remporter cette victoire : elle dépend de vous seuls. Dans les contrées où nous allons vivre, vous aurez le champ libre pour les exploits de toutes sortes, et le plus riche en bonnes et belles actions sera récompensé par moi. Il aura ainsi mérité ma main que je n'ai aucun motif de lui donner aujourd'hui. J'aurai aussi, de mon côté, des raisons sérieuses pour l'aimer et l'aimer à jamais.

Voilà, messieurs, ce que j'avais à vous dire ; voilà pourquoi je vous ai réunis aujourd'hui. Quelle que soit votre décision, j'espère que mon trop long discours ne vous fera pas me juger défavorablement. J'ai été élevée d'une façon particulière, au milieu de gens qui ont étudié tant de mœurs différentes, tant d'usages divers, que la confusion s'est produite dans leur esprit, et qu'ils ne savent plus distinguer les choses tolérées en Europe des habitudes admises chez les sauvages. Je pousse le ridicule jusqu'à vouloir choisir mon mari moi-même et le mettre à l'épreuve; je suis entêtée, opiniâtre, dure aux autres et à moi-même, avide d'émotions, grande coureuse d'aventures. Je fais surtout à mes amis des propositions étranges, vous en savez quelque chose; mais je ne prétends pas qu'ils les acceptent séance tenante; je leur laisse le temps de la réflexion. Dans huit jours, vous aurez pris un parti, et je vous donne rendez-vous, dans ce salon, à la même heure que ce soir. Si vous m'accompagnez, j'en serai fort heureuse; si vous ne m'accompagnez pas, je n'en partirai pas moins, et je resterai veuve. Bonne nuit, messieurs, il se fait tard.

IV

Huit jours après cet entretien et une heure avant le moment fixé par Mme de Guéran pour le nouveau rendez-vous qu'elle avait donné à

MM. de Morin, Périères et Desrioux, on vint lui annoncer que ce dernier demandait à la voir. Elle le rejoignit au salon.

— Si vous devancez l'heure, s'écria-t-elle en allant vivement à lui, c'est que vous m'apportez une mauvaise nouvelle. Vous renoncez sans doute à m'accompagner?

— Non, madame, répondit-il, je n'ai pris encore aucune décision à ce sujet; je viens vous expliquer franchement ma position et vous demander un conseil.

— Votre position, je la connais, fit-elle, vous êtes médecin, et, comme je le crains, vous hésitez à quitter votre clientèle.

— Je n'ai pas de clientèle, madame; ma fortune me permet de ne soigner que les pauvres. Ils ne viennent pas à moi, c'est moi qui vais les chercher.

— Les bureaux de bienfaisance ne manquent pas de médecins, fit observer Mme de Guéran, on peut se passer de vous.

— Je n'appartiens à aucun bureau de bienfaisance, répliqua M. Desrioux, je ne soigne pas les malades officiels. De même qu'il y a des pauvres honteux, il existe à Paris des malheureux qui hésitent à demander des soins et se laisseraient mourir plutôt que de s'adresser à leurs mairies. Je cherche ces pauvres gens; je les découvre parfois et j'essaye de les guérir.

— La maladie et les infirmités n'existent-elles donc qu'à Paris? s'écria Mme de Guéran? N'en trouverons-nous pas dans les pays que je vous proposais de parcourir avec moi? Je vous considérais comme le plus utile de mes compagnons de route, non pas seulement pour les soins que vous nous auriez donnés dans ces contrées où les plus forts sont minés par la fièvre, mais pour les cures nombreuses que vous auriez faites chez tous ces abandonnés, ces déshérités de la science. Ceux que vous secourez ici sont dignes d'intérêt; je n'en disconviens pas, mais ne sont-ils pas un peu victimes d'une fausse honte et de leur incurie? Quand leur enfant malade s'en va dépérissant chaque jour, ils ne s'en aperçoivent pas; ils attendent que vous veniez à eux. Vous avez raison d'accourir; mais là-bas on souffre, on meurt, et si l'on n'appelle pas le médecin c'est qu'on ignore même l'existence de la médecine. N'avez-vous pas auprès de ces ignorants, comme auprès de vos pauvres, une mission à remplir?

— Il ne s'agit pas seulement de mes pauvres, fit tristement M. Desrioux.

— S'il n'était pas joueur comme toutes les cartes réunies (page 27).

Etonnée, elle interrogeait du regard, lorsque, tout à coup, il s'approcha d'elle et, d'un geste rapide, lui prenant les mains, sans qu'elle pût les retirer :

— Ne vous blessez d'aucune des paroles que je vais vous dire, s'écria-t-il. Si je vous aime, mon respect pour vous est encore plus fort que mon amour. Il y a huit jours, après vous avoir religieusement écoutée, je suis parti d'ici ravi, enthousiasmé. Quoi! vous m'appeliez à vivre de votre vie pendant des mois, des années peut-être; vous m'ordonniez de partager vos dangers, de prendre part à vos joies et à vos douleurs, de vous protéger, de vous défendre, de vous secourir! Vous me permettiez de vous adorer à toute heure; mais c'était le bonheur, mais c'était le soleil, mais c'était la vie!... Ah! si vous saviez comme je vous aime! De grâce, laissez-moi vous le dire, puisque, peut-être, je ne vous verrai plus. Je n'ai pas vécu comme tous les hommes qui m'entourent! J'ai toujours travaillé, toujours lutté; l'étude, la science ont été mes seules amours... Je vous ai rencontrée, et la science n'a plus rayonné du même éclat. Je n'ai plus eu qu'une pensée : vous revoir, m'entretenir avec vous, être quelque chose dans votre existence. Les obscures mansardes que je visite chaque matin s'éclairaient, s'illuminaient, lorsque je savais vous retrouver le soir... Et, de par votre volonté, j'allais ne plus vous quitter, quelle joie! Et vous faisiez luire à mes yeux l'espoir qu'un jour peut-être... Ah! c'était plus qu'un espoir, c'était une certitude... Oui, oui! je le sais, je le sens, c'est moi qui aurais triomphé, c'est moi qui vous aurais méritée, parce que c'est moi qui vous aime le plus!

Lorsque ces paroles passionnées étaient venues surprendre Mme de Guéran, elle avait voulu d'abord imposer silence à celui qui les prononçait. Elle n'eut pas le courage de l'interrompre et, maintenant, à l'étonnement succédait l'émotion. Quoi! c'était cet homme si froid en apparence, si réservé, qui se décidait à parler ainsi, à lui exprimer ses sentiments avec tant d'éloquence! Elle avait su inspirer une si grande passion à ce jeune homme qu'on accusait d'être vieux avant l'âge! Elle était aimée si follement de ce sage, accusé de dédaigner l'amour!

Elle releva tout à coup vers lui ses yeux qu'elle avait tenus baissés jusque-là, et lui dit bien en face :

— Si vous pensez tout ce que vous dites, pourquoi ne m'accompagnez-vous pas?

— Je ne vous accompagne pas, s'écria-t-il, parce que j'ai une pauvre vieille femme de mère qui n'a plus que moi au monde et qui mourra si je la quitte... Ah! sans elle, rien ne m'aurait retenu!... Vous n'aviez pas besoin de me le dire : ceux qui souffrent, ici, sauront se passer de mes soins; d'autres, aussi désintéressés que moi, aussi dévoués, aussi expérimentés, les soigneront, les guériront et les sauveront. Dans les contrées où vous me proposiez de vous suivre, il y a des blessés, des malades, des infirmes, privés des bienfaits de la science. Je leur aurais apporté les secrets qu'elle m'a confiés, j'aurais entrepris des cures réputées impossibles. Vous à mes côtés, je le sens, j'aurais fait de grandes choses... Ah! comme vous flattiez, l'autre jour, mes goûts, mes instincts, mes aspirations! La vie du missionnaire m'a toujours tenté : faire pénétrer la civilisation, le bien, le beau, la charité dans des pays qui ne les connaissent même pas de nom, chasser devant soi la barbarie, fermer les plaies, guérir les maux, élever les esprits, ouvrir les cœurs à l'amour!

Ce n'était plus le même homme; sa voix était ardente, passionnée, son geste éloquent; son regard brillait, son front semblait agrandi; la métamorphose remarquée huit jours avant chez Mme de Guéran, quand elle s'était tout à coup passionnée pour le sujet qu'elle traitait, venait de se produire en lui.

Il s'arrêta, et reprit, au bout d'un instant, d'une voix plus calme :

— Mais, à côté de ces grands devoirs, de ces saintes missions, il en est d'autres, plus obscurs, qu'on ne peut, qu'on ne doit pas oublier. Une mère, lorsqu'on est son unique enfant, son seul soutien, sa seule espérance, doit passer avant les êtres les plus aimés. Je suis tout pour la mienne, comme elle était tout pour moi, au temps où je ne vous connaissais pas encore. Elle me laissera partir quand je lui aurai dit que je pars avec vous et pour vous... une mère comme celle-là est toujours prête à tous les sacrifices... Elle vous connaît : mon cœur plein de vous s'est épanché dans le sien... Elle pousserait peut-être l'abnégation jusqu'à me conseiller ce long voyage... Mais parti, je la vois pleurer, s'inquiéter, se désespérer, s'affaiblir et peut-être s'éteindre... Ah! je ne puis supporter l'idée qu'elle mourrait lorsque je voyagerai loin d'elle, lorsque je ne serai plus là pour lui fermer les yeux, pour l'entendre me dire ses dernières volontés, pour recueillir son dernier souffle, l'ensevelir dans son linceul et la couvrir de fleurs!... L'agonie d'une mère doit être terrible; on n'a pas le droit de fuir, il faut rester. Le plus grand, le premier devoir d'un fils est d'être présent à la mort de celle qui lui a donné la vie.

Il avait cessé de parler; elle lui tendit la main et lui dit :

— C'est vrai, vous ne devez pas partir, je ne veux pas que vous partiez.

— Je savais bien que vous me diriez cela, fit-il les larmes aux yeux, mais vous partez, vous ! et avec eux... Ah ! s'écria-t-il tout à coup, si vous pouviez renoncer à ce voyage !

— Je n'ai pas plus le droit d'y renoncer que vous n'avez celui de quitter votre mère, répliqua-t-elle. Vous voulez assister à ses derniers moments ; moi, je n'ai pas assisté à ceux de mon mari. Je sais par des consuls étrangers qu'il est mort, mais je ne connais même pas l'endroit précis où il a succombé, victime d'une lâche agression. Je n'ai pas voulu, l'autre soir, devant tous, m'étendre sur ce sujet : à vous seul, je dirai qu'avant de songer à quitter mes vêtements de deuil, avant de recommencer une nouvelle vie, je désire revoir les lieux témoins de l'agonie de M. de Guéran. Je veux recueillir des détails sur ses derniers moments, retrouver ses papiers, publier ses études, ses travaux, et ne quitter son nom, si je le quitte, qu'après l'avoir rendu célèbre. Vous voyez, mon ami, continua-t-elle doucement, que si vous avez des devoirs à remplir ici, j'en ai d'impérieux à remplir là-bas. A chacun sa tâche en ce monde ; je respecte celle que vous vous êtes imposée, respectez la mienne.

Il s'inclina d'abord sans répondre ; mais, au bout d'un instant, il ne put s'empêcher de dire :

— N'entreprenez-vous pas une œuvre au-dessus de vos forces ? Une femme de votre âge, élevée comme vous l'êtes, habituée au bien-être, se hasarder dans ces pays, au milieu de ces peuplades !

— Je ne serais pas la première qui les ait visités. Lady Livingstone, n'a-t-elle pas...

— Ne parlez pas d'elle. En trois jours, la fièvre l'a emportée sur les bords du Zambèze.

— Soit ! Mais Mme Baker n'a jamais quitté son mari, Mme Ida Pfeffer a fait deux fois le tour du monde. Ne vous souvenez-vous pas aussi de cette charmante jeune fille, la comtesse Alexina Tinne, qui, à peine âgée de vingt-trois ans, avait déjà parcouru toute la partie orientale de l'Afrique ?

— Ah ! fit-il, ne citez pas cet exemple : celle dont vous parlez est morte, vous le savez, égorgée par les Arabes.

— Eh bien ! fit-elle sans que sa voix faiblît, si Dieu le veut, je

mourrai comme elle. J'ai souvent songé à cette mort glorieuse ; elle ne m'effraye pas.

Désespérant de la convaincre, il lui dit, au bout d'un instant :

— Quand partez-vous ?

— Je vais décider cette question ce soir même.

— Avec ces messieurs ?

— Oui, répondit-elle en baissant les yeux.

Il fit un geste et eut un mouvement de révolte. Mais, par un grand effort de volonté, il redevint maître de lui, et dit avec calme :

— Je vous laisse avec eux... Ne vous reverrai-je plus ?

— Tous les jours, si vous le voulez, jusqu'à mon départ. Il ne peut être immédiat ; j'ai beaucoup de préparatifs à faire.

— Me donnerez-vous de vos nouvelles, quand vous serez là-bas ?

— Certainement ; mais vous savez que les courriers sont rares.

— Hélas ! fit-il ; puis il ajouta : Me permettez-vous de vous écrire ?

— Je vous en prie. Vos lettres m'apporteront comme un parfum de la patrie lointaine.

On entendit sonner.

— Voici ceux que vous attendez, dit M. Desrioux. Plus heureux que moi, ils viennent, sans doute, vous annoncer qu'ils vous accompagnent. Je préfère ne pas me rencontrer avec eux ; permettez-moi de me retirer de ce côté.

— Allez, fit-elle tristement.

Et elle lui tendit la main.

V

M. de Morin et M. Périères, lorsque la baronne les rejoignit, avaient le sourire sur les lèvres. Comme l'avait prévu le docteur Desrioux, ils venaient évidemment annoncer une bonne nouvelle à Mme de Guéran. Cependant, elle s'avança vers eux et, les interrogeant du regard :

— Eh bien ? fit-elle.

— Nous partons avec vous, dirent-ils en chœur.

— En avez-vous jamais douté, madame ? ajouta le peintre. Vous n'aviez pas besoin de me donner une semaine pour réfléchir. J'étais décidé à vous suivre au bout du monde, le lendemain du jour où vous nous avez fait part de votre projet.

— Moi, continua M. Périères pour renchérir sur son rival, je me suis décidé tout à coup pendant que vous parliez.

— Je vous remercie, messieurs, fit la baronne, mais soyons sérieux, je vous prie. Il ne s'agit pas de savoir quel est celui de vous qui se met en voyage avec le plus d'empressement. Il ne s'agit pas surtout de me suivre ; nous partons tous ensemble, au même titre, comme de bons camarades. Dès aujourd'hui, vous devez me traiter en garçon et m'épargner tout ce qui pourrait ressembler à un compliment ou à une fadeur. Je vous ai dit que nous réglerions nos comptes à notre retour en France. Jusque-là, il est bien entendu qu'il vous est interdit de me témoigner, d'une façon quelconque, les sentiments que je vous inspire. Si je ne prenais pas ces précautions contre vous-mêmes, notre voyage deviendrait... dangereux, ajouta-t-elle en souriant. Ceci dit et bien compris, mettons-nous au travail, c'est-à-dire arrêtons les premières bases de l'expédition.

— C'est cela, c'est cela ! s'écria M. de Morin. Nous n'avons pas une minute à perdre, car nous partons bientôt, n'est-ce pas ? Dans quinze jours au plus tard ?

— Pourquoi pas à la fin de la semaine ? demanda l'homme de lettres.

— Trop de zèle, messieurs, trop de zèle, fit la baronne. Les voyages d'exploration et de recherches comme celui que nous allons entreprendre, se mûrissent longtemps. Je vous éviterai certaines lenteurs parce que, en vue de ce qui arrive aujourd'hui, j'ai pris depuis six mois mes précautions ; cependant nous avons encore de nombreux préparatifs à faire.

— Ordonnez, baronne, s'écria M. de Morin. Moi, je croyais qu'il s'agissait seulement de dire adieu à ses amis, de faire sa malle et d'emporter beaucoup d'argent.

— Eh bien ! vous commettriez trois erreurs, mon cher monsieur. Dites adieu à vos amis ; mais, en même temps, couchez-les sur votre testament et déposez-le chez votre notaire, qui aura peut-être bientôt à l'ouvrir. Je ne suis pas rassurante ; mais vous semblez croire qu'il est question entre nous d'un petit voyage d'agrément ; je dois vous détromper. Il ne s'agit pas davantage de faire sa malle, il faut en faire plusieurs et y mettre beaucoup d'objets que je vous indiquerai.

— Comment ! fit observer M. Périères, je pensais qu'il fallait simplifier le bagage dans un pays où les chemins de fer sont inconnus.

— Nous aurons pour les remplacer, des barques, des porteurs et

des chameaux. Quant à l'argent, il n'a pas, dans la plupart des contrées d'Afrique, la valeur que nous lui donnons. La cotonnade, la verroterie, le fil de laiton, les anneaux de cuivre, quelquefois de simples coquillages, appelés *kourdi*, *hauris*, ou *koungoua*, sont beaucoup plus appréciés sur le marché qu'une pièce d'or. Toutes ces choses ont leur cours, comme peut l'avoir en France un billet de banque ou une action de chemin de fer. Vous voyez, messieurs, que jusqu'au moment de notre départ, une partie de votre temps sera consacrée à d'importantes acquisitions. Vous les ferez naturellement pour le compte de la communauté. Et à ce propos, ne devrions-nous pas élire un caissier?

— Certainement, fit M. de Morin, nommons un caissier ou plutôt nommez-le, baronne, car vous voudrez bien, n'est-ce pas, nous permettre de vous élever à la dignité de chef de l'expédition?

— J'accepte ces fonctions, messieurs, et j'espère me montrer digne de la confiance que vous me témoignez. Je nomme donc, pour faire immédiatement acte d'autorité, M. Périères notre caissier en titre. Je lui donne aussi l'ordre, après avoir fait les achats convenus, de diriger tous nos colis sur le Caire où nous les retrouverons.

— Tiens! nous attaquons l'Afrique par l'Égypte? dit le nouveau caissier. Moi qui, depuis huit jours, me livre à des études sur Tripoli, Tunis, Saint-Louis, Sierra-Leone, Zanzibar, tous les points d'où partent, en général, les expéditions!

— Vous étudierez l'Égypte, mon cher monsieur; elle conduit à la Nubie, que nous aurons d'abord à traverser.

— La Nubie? mon rêve! s'écria M. de Morin. Et ensuite?

— Oh! ensuite, je ne sais pas au juste.

— Charmant! charmant! nous ne savons pas où nous allons; j'ai toujours rêvé de faire un voyage comme celui-là.

— Vous oubliez, dit-elle gravement, que la mort est peut-être au bout.

— Superbe! être enterré en Nubie, au lieu d'être bourgeoisement mis en terre au Père-Lachaise. Mon bonheur est complet!

La baronne ne put s'empêcher de rire; tant de gaieté la désarmait.

Quant à M. Périères, qui non content d'être caissier, s'était nommé historiographe de l'expédition, il prenait des notes, et tout en écrivant, il murmurait des mots comme ceux-ci : cotonnade, fil de laiton, Le Caire, Nubie, nous enterrés désert.

— Est-ce que vous vous exercez déjà à parler nègre? lui demanda M. de Morin, étonné de ce langage télégraphique.

— Oui, fit l'homme de lettres. Moi, prendre petites habitudes.

— Vous ferez bien de les perdre, fit observer Mme de Guéran. Les nègres ne sont pas ce qu'un vain peuple pense; ils parlent de fort belles langues et n'ont aucun patois. Je vous conseille de ne plus ajouter foi à toutes les absurdités qu'on a débitées sur leur compte. Vous rencontrerez certaines peuplades très-intelligentes; elles sont seulement en retard et Livingstone qui a tout étudié assurait devant moi qu'en Europe, il y a un siècle, on n'était pas plus éclairé qu'on ne l'est maintenant en Afrique. Mais continuons à nous occuper des préparatifs du départ. Vous devrez vous procurer des armes excellentes, du meilleur modèle, mais sans ornementation. Il est imprudent, sur certains territoires, d'avoir de trop belles armes à la main; elles excitent l'avidité de quelque chef, qui, pour les posséder, ne recule pas devant l'assassinat. Vous achèterez aussi un bloc de pistolets d'occasion, de revolvers, de carabines, d'épées, de sabres destinés à être offerts aux chefs que nous aurons besoin de séduire.

— Un arsenal alors, un véritable arsenal! s'écria M. de Morin.

— Oui, on ne peut avancer dans certaines parties de l'Afrique centrale qu'à la condition d'avoir toujours un cadeau à la main.

— C'est l'impôt obligatoire?

— Absolument. Vous voici donc armés pour vous défendre et pour payer rançon. Maintenant, il faut vous munir des recommandations que vous pourrez obtenir auprès des consulats étrangers, du vice-roi d'Égypte, de ses ministres, de ses pachas, de tout ce qui représente l'autorité dans les possessions turques. De mon côté, je me ferai envoyer d'Angleterre de précieux saufs-conduits; mes amis ont laissé en Afrique des souvenirs qu'il nous sera quelquefois utile d'invoquer. Vous voici donc prévenus et cette causerie a dû vous édifier sur bien des points. Si nous ne perdons pas de temps, nous pouvons être prêts dans quelques semaines. Employez-les, en dehors des préparatifs convenus, à faire de longues courses à pied, à monter à cheval, à tirer au pistolet et à étudier la langue arabe, l'arabe vulgaire, bien entendu, qu'on parle dans la moitié de l'Asie et de l'Afrique. En route, je compléterai vos études.

— Mais le médecin de l'expédition, demanda M. de Morin, où donc est-il? Est-ce qu'il a renoncé à nous accompagner?

— Monsieur aurait-il l'intention de m'emmener avec lui (page 30).

— Oui, il vient de me l'annoncer.
— Tiens! tiens! ce cher docteur! dit le peintre d'un ton joyeux.
— Cet excellent docteur! reprit à son tour, en se frottant les mains, l'homme de lettres qui venait de fermer son calepin.
— Vous n'êtes pas plus affligés que cela? fit Mme de Guéran.
— Affligés! s'écria M. de Morin.

— Nous sommes au contraire ravis ! continua M. Périères.

— Pourquoi ?

— Parce que le nombre de vos prétendants, baronne, a diminué. Nous ne sommes plus que deux ; nos chances augmentent d'un tiers.

— C'est juste ! fit-elle en riant, je n'y songeais pas. Mais croyez-vous donc que nous allons pouvoir nous passer d'un médecin ?

— Parfaitement, chère madame, parfaitement ; nous ne serons jamais malades.

— On voit que vous ne connaissez pas l'Afrique. Cependant, j'y consens : nous ne sommes jamais blessés ; la fièvre nous respecte, nous nous portons mieux qu'à Paris. Mais vous êtes trop jeunes pour que je voyage seule avec vous deux.

— Desrioux est aussi jeune que nous, fit observer M. de Morin.

— Son caractère est plus sérieux.

— Oh ! baronne, que dites-vous là ? fit M. Périères. Quel besoin avons-nous d'être sérieux ? Ne nous reprochez pas nos enthousiasmes et notre gaieté ; ils nous feront passer là-bas quelques bons moments. L'originalité de ce voyage vient justement de nos personnalités. Nous transportons l'élément parisien dans le cœur des régions les moins civilisées de l'Afrique. Isolés, nous perdrions bientôt notre entrain et nos habitudes mondaines ; réunis, surveillés l'un par l'autre, désireux de vous distraire, baronne, de Morin et moi nous resterons de vrais boulevardiers. En traversant le désert nous essayerons de nous figurer que nous allons de la Chaussée-d'Antin au rond-point des Champs-Elysées ; nous confondrons à dessein les grands lacs de l'Afrique australe avec la mare d'Auteuil. N'essayez donc pas de nous rembrunir, de nous attrister ; vous n'y réussirez jamais, heureusement pour nous et pour vous.

— Il y a du vrai dans ce que vous venez de dire, monsieur, fit M{ᵐᵉ} de Guéran ; mais je n'en désire pas moins, pour le monde, un troisième compagnon un peu plus... vénérable que vous.

— Très-bien, fit M. de Morin, nous allons vous chercher quelque bon vieillard.

— Il faut qu'il soit médecin, ne l'oubliez pas.

— Un bon vieux médecin, c'est entendu.

— Non pas ! il ne pourrait nous suivre ; nous le perdrions en route. Il ne doit pas avoir plus de quarante à quarante-cinq ans.

— C'est impossible à trouver, baronne, fit observer M. Périères.

A l'âge dont vous parlez, un médecin est en pleine vogue s'il a quelque talent. S'il n'en a pas, il serait imprudent de l'amener avec nous : au lieu d'être tués par les indigènes, nous péririons de sa main. Cette fin manquerait de poésie.

— J'ai trouvé le moyen de tout concilier, s'écria tout à coup M. de Morin, qui, depuis un instant, paraissait poursuivre une idée, je tiens notre homme : il n'a pas quarante ans, c'est un parfait gentleman et un excellent médecin qui aurait une très-belle clientèle si...

— Si? demanda-t-on.

— S'il n'était pas joueur comme toutes les cartes réunies. Ce vice vous effraie-t-il, baronne?

— Il m'effraierait pour vous, si vous deviez perdre votre argent avec ce monsieur.

— Je suis tranquille, je le gagne toujours ; je lui ai jeté un sort.

— Alors, il ne sera dangereux que pour les peuplades de l'Afrique. Mais comment pouvez-vous espérer qu'il consente à nous accompagner?

— C'est mon secret ; souffrez que je ne vous le dise pas encore. En attendant, tout me porte à croire que, dès demain, nous aurons remplacé M. Desrioux.

— Permettez! permettez! fit vivement M. Périères, il est bien entendu, n'est-ce pas, qu'on remplace M. Desrioux comme médecin, et non pas comme candidat, comme postulant, comme... prétendu.

— Rassurez-vous, messieurs, dit Mme de Guéran, je n'épouserai jamais un joueur. Le nouveau venu est en dehors de nos conventions.

— Sur cette bonne parole, nous nous retirons, baronne, et nous viendrons demain prendre de nouveaux ordres.

VI

MM. Périères et de Morin allumèrent un cigare dans l'escalier de Mme de Guéran, et descendirent ensemble le boulevard Malesherbes, en se dirigeant vers la Chaussée-d'Antin.

Destinés, par suite de leurs engagements envers la baronne, à vivre longtemps ensemble, ils voulaient oublier leur rivalité et ne songer qu'à la grande aventure qu'ils allaient tenter. S'ils avaient cru devoir témoigner devant Mme de Guéran de leur indifférence pour les dangers qui les menaçaient, et qu'elle soulignait, au contraire, pour qu'ils ne pussent en ignorer, lorsqu'ils se trouvèrent vis-à-vis l'un de l'autre, ils ne se dissimulèrent pas la gravité de l'entreprise.

Ils savaient, de longue date, que l'intérieur de l'Afrique est cruel aux Européens ; que sur dix explorateurs, trois ou quatre à peine revoient leur patrie où souvent ils ne tardent pas à mourir des suites de maladies contractées sous un climat meurtrier. Ils se souvenaient de Richardson, d'Overweg à peine âgé de trente ans, mourant épuisés par la fièvre sur les confins du Bournou ; de Vogel, que le prince du Waday avait fait assassiner ; de Vaudey, l'oncle des frères Poncet, tué à Gondokoro ; de Brun-Rollet, de Steudner, de Lesaint, morts de fatigues et de maladies ; de Mlle Tinne, de sa mère et de sa tante la baronne Van Capellen, et de tant d'autres voyageurs dont les noms se trouvent consignés sur la longue liste de l'Afrique nécrologique. Ils savaient qu'avant de mourir, ces pionniers de la civilisation, ces grands missionnaires, avaient souffert tout ce qu'il est donné à l'homme de souffrir. Mais ils étaient jeunes, vaillants, robustes, confiants dans leur étoile, curieux de voir, avides d'apprendre et surtout amoureux. Et qu'on ne s'étonne pas de cet amour honnête et dévoué qui, tout à coup, avait surpris ces Parisiens, difficiles à émouvoir, armés contre toutes les surprises, rompus à toutes les intrigues. C'est qu'intelligents, le cœur haut placé, ils rougissaient des liaisons, aussi passagères qu'inavouables, qui, jusqu'alors, avaient dévoré leur vie. En pleine lassitude, en plein écœurement, trop jeunes pour ne plus aimer, trop délicats pour continuer à mal aimer, ils avaient rencontré Mme de Guéran, et, charmés par sa beauté sereine, enivrés par le parfum d'honnêteté qui se dégageait de sa personne, ils s'étaient donnés tout entiers à elle, sans réflexion, sans calcul, obéissant à un besoin instinctif de se purifier et de s'ennoblir.

C'était bien la femme faite pour séduire ces esprits d'élite, ces natures droites, rebelles aux corruptions parisiennes, et qui, après s'y être un instant mêlés, s'en éloignaient avec dégoût. Laure de Guéran, avec son profil d'une correction parfaite, l'éclat incomparable de son teint, le charme répandu sur sa physionomie, la chasteté de son regard, la distinction et la simplicité de ses manières, la noblesse de son maintien, son élégance de haut goût, laissait si loin derrière elle ces visages chiffonnés, ces poupées de salon, ces créatures enivrantes, mais trop souvent incomplètes, ces météores qui illuminent tout à coup l'horizon parisien, mais qui s'éteignent dès qu'on s'approche et qu'on les veut

étudier ! Elle était tellement supérieure aux autres femmes par l'originalité et la finesse de son esprit, sa conversation attachante, l'élévation de ses idées, son jugement sûr, sa nature d'artiste, son mépris des lieux communs, des conventions et des chemins battus, sa charité, son courage, sa droiture, son dévouement à ses amis, ses révoltes contre le mal, ses enthousiasmes pour le bien ! Elle leur avait dit un jour : « Voici la nouvelle route que je veux suivre, accompagnez-moi. » Et, soumis, subjugués, ils obéissaient, sans trop savoir où ils allaient, et jusqu'où ils iraient, décidés seulement à ne pas rester en arrière tant que l'un d'eux marcherait aux côtés de Mme de Guéran.

Tout en gagnant la Chaussée-d'Antin, ils se plaisaient à parler de la baronne, à vanter ses mérites, et ils oubliaient les dangers de l'expédition projetée pour ne songer qu'à la joie de la faire avec elle.

Vers minuit, lorsqu'ils allaient se préparer, M. Périères dit à M. de Morin :

— Ainsi, vous vous chargez du médecin ?

— Oui, et je vais m'occuper immédiatement de lui.

— Mais vous êtes à votre porte ; vous rentrez chez vous ?

— Justement. Je veux prendre des forces pour vous l'amener pieds et poings liés.

— Je ne comprends pas.

— Vous comprendrez bientôt.

— Adieu, cher rival.

— Adieu, cher ami.

VII

M. de Morin gravit deux étages d'une maison de la rue Taitbout et sonna. Son domestique, qui l'attendait, vint aussitôt lui ouvrir. Le jeune peintre se dirigea vers sa chambre à coucher, et, s'adressant à celui qui le suivait, un bougeoir à la main :

— Joseph, dit-il, je me couche immédiatement, vous me réveillerez à cinq heures du matin.

— Monsieur part en voyage ?

— Non, pas encore.

— Je préparerai alors les habits de chasse de monsieur ?

— Non, je ne vais pas à la chasse. Vous me tiendrez tout prêts les vêtements que je vais quitter.

Joseph, en domestique bien appris, ne laissa point paraître l'étonnement que lui causait cet ordre ; seulement, pendant que son maître se déshabillait, il crut pouvoir lui dire :

— Monsieur me ferait-il l'honneur de m'accorder un moment d'entretien ?

M. de Morin, qui déboutonnait son gilet, releva la tête, regarda son valet de chambre qui se tenait droit devant lui, impassible, respectueux, correct, et, satisfait de son inspection, répondit :

— Parlez ! mais soyez bref ; j'ai besoin de dormir.

— Des bruits, commença prétentieusement Joseph, circulent depuis quelques jours dans Paris au sujet d'un projet qu'aurait monsieur. Je me permettrai de demander à monsieur si ces bruits ont quelque fondement.

— De quels bruits s'agit-il ? demanda M. de Morin, pendant que son domestique, agenouillé devant lui, lui retirait ses bottines.

— On prétend que monsieur nourrirait le dessein de partir bientôt pour l'Afrique.

— En effet, Joseph, suivant votre expression, je nourris ce dessein.

— Monsieur aurait-il l'intention de m'emmener avec lui ?

— Je n'y ai pas encore songé.

— Monsieur verrait-il un inconvénient, sur ma prière, à me laisser l'accompagner ? Je puis être utile à monsieur, car j'ai longtemps habité l'Afrique.

— Comme quoi ? demanda M. de Morin.

— Comme valet de chambre d'un général.

— Et quelle partie de l'Afrique avez-vous habitée ?

— Alger, monsieur.

— Vous n'en êtes jamais sorti ?

— Jamais.

— Cela ne peut pas vous donner, fit observer M. de Morin tout en se couchant, une idée complète des pays que je vais visiter ; je vous conseille de réfléchir davantage, et de prendre des informations avant d'insister pour que je vous emmène avec moi. Alger est une ville où l'on se rend pour rétablir sa santé, et on la perd, au contraire, lorsqu'on ne perd pas la vie, dans la partie de l'Afrique que je me propose de parcourir.

— Cela ne fait rien, monsieur, continua Joseph en bordant le lit de son maître. L'Afrique me tente et je me permettrai de maintenir ma proposition.

— Alors nous verrons. Je transmettrai vos offres à mes compagnons de voyage. Et quelle augmentation de gages désirez-vous pour m'accompagner ?

— Aucune. Le plaisir de voyager avec monsieur me suffit. Je prendrai seulement la liberté de formuler trois désirs.

— Formulez, pendant que je m'endors.

— Le premier, commença Joseph, debout, devant le lit de son maître, serait de voir assurer une petite pension à ma famille, si je venais à mourir dans le cours du voyage.

— Cela me paraît assez juste. Continuez ; le sommeil me gagne.

— La seconde consisterait, une fois arrivé en Afrique, à être autorisé par monsieur à porter un burnous.

Cette idée parut si bizarre à M. de Morin qu'il se dressa sur son séant.

Craignant d'avoir été trop loin dans ses prétentions, Joseph s'empressa d'ajouter :

— Que monsieur se rassure, je ne porterai mon burnous que durant la marche. Aux heures de service, monsieur peut être assuré que je reprendrai ma tenue habituelle. Je sais les usages.

— Soit ! Et votre troisième désir ?

— Monsieur voudra bien me permettre de changer mon nom de Joseph contre celui de Mohammed. Depuis que j'ai habité l'Algérie, j'ai toujours rêvé de m'appeler Mohammed.

M. de Morin, devant cette nouvelle prétention, eut beaucoup de peine à garder son sérieux. Cependant, il dit gravement à son domestique :

— Si je vous emmène en Afrique, vous aurez un burnous et même un turban, vous vous appellerez Mohammed, et pour me suivre, je vous donnerai un cheval, un âne ou un chameau, suivant les circonstances.

— Monsieur me comble, fit Joseph. Je n'osais pas espérer de chameau.

— Vous en méritez un, Joseph. Vous l'aurez. Maintenant laissez-moi dormir ; allez vous coucher de votre côté, et n'oubliez pas de me réveiller à cinq heures, comme je vous l'ai dit. Ah ! vous me servirez quelque chose à mon réveil, n'importe quoi.

— Une tasse de café noir? demanda Joseph.

— Non pas, le café m'agiterait et j'ai besoin de tout mon sang-froid. Je prendrai un bouillon et un verre de bordeaux. Allez!

La porte se referma et le futur explorateur de l'Afrique ne tarda pas à s'endormir.

VIII

A cinq heures précises, Joseph-Mohammed entra dans la chambre à coucher de son maître. Celui-ci se fit un peu prier pour ouvrir les yeux; mais Joseph connaissait ses devoirs : si M. de Morin avait donné l'ordre de le réveiller à une heure aussi matinale, c'est qu'il s'agissait de choses importantes; dès lors, il n'avait plus de droit de dormir. Aussi Mohammed déborda-t-il les couvertures du lit avec le même empressement qu'il avait mis la veille à les border.

Aux premières atteintes du froid le jeune peintre voulut protester contre ces façons brutales, mais son valet de chambre, toujours respectueux et ferme, lui dit :

— Monsieur ne voudrait pas m'avoir fait veiller inutilement toute la nuit.

Ces paroles n'ayant pas produit le résultat espéré, Joseph crut devoir ajouter :

— Quand on se prépare à voyager en Afrique, on doit savoir sortir de son lit.

Cette fois, M. de Morin fut convaincu. D'un bond il s'élança sur une très-belle peau de tigre qui lui servait de tapis, entra dans des babouches orientales, se drapa dans une robe de chambre et passa dans son cabinet de toilette que Joseph avait eu l'idée d'éclairer à giorno, pour éblouir les yeux de son maître et achever de le réveiller. Son succès fut complet : au bout de cinq minutes, M. de Morin avait recouvré tous ses esprits et vaquait à sa toilette, en fredonnant le dernier air d'Offenbach, sur les paroles de Meilhac et d'Halévy.

Mohammed ne paraissait pas cependant partager cette belle humeur. Il n'oubliait aucun des devoirs de sa charge, versait dans la cuvette la dose convenable d'eau de Lubin, présentait le rasoir favori, chauffait sur une lampe à esprit-de-vin le fer destiné à la frisure des moustaches; mais son regard était triste, son sourire navré, et, par moments, un

LA VÉNUS NOIRE. 33

Miss Poles était une femme longue, anguleuse (page 47).

soupir, à moitié étouffé par le respect, s'exhalait de sa poitrine oppressée.

M. de Morin ne daignait pas s'apercevoir de ce jeu de scène, et le valet de chambre, désireux peut-être de se faire remarquer, devenait plus bruyant dans sa tristesse. Enfin le jeune homme, dont l'oreille avait été frappée par une plainte plus retentissante que les autres, finit par demander à Joseph ce qu'il avait.

— Je suis navré, monsieur, je suis navré! répondit Joseph.

— Vraiment, vous êtes navré, fit M. de Morin de l'air le plus tranquille et en boutonnant ses manchettes ; que vous est-il donc arrivé, pour être si navré que cela? Auriez-vous fait pendant cette nuit un retour sur vous-même, et le chameau que je vous ai promis vous effrayerait-il?

— Non, monsieur, ce n'est pas le chameau qui cause mes tourments. Ce noble animal sera le bienvenu. Je ne saurais, du reste, en ce moment, songer à moi ; toutes mes pensées vont à monsieur.

— On ne le dirait pas, Joseph, car vous me présentez un pantalon noir qui n'est guère de mise à cinq heures du matin.

— Cela dépend, monsieur. Dans certaines circonstances graves de la vie, on ne saurait négliger ni le pantalon noir, ni les gilets montants qui cachent le linge et ne permettent d'apercevoir aucune tache blanche, pouvant servir de point de mire.

Cette fois, M. de Morin fut sérieusement intrigué.

— Que me parlez-vous, s'écria-t-il, de taches blanches et de point de mire? Vos projets de voyage en Afrique vous ont-ils tourné la tête? Remettez le rasoir à sa place, vous m'inquiétez.

— Monsieur peut se rassurer, je jouis de tout mon bon sens ; je ne souffrirais pas comme je souffre, si j'avais perdu la raison.

— Décidément, Joseph, quoique je sois habitué à vos bizarreries, vous excitez mon étonnement et je vous somme de vous expliquer, vivement ; je ne me suis pas levé à cinq heures du matin dans le seul but de vous donner audience.

— Oh! je n'ignore pas que monsieur a d'autres affaires, répliqua Joseph, et c'est bien ce qui me navre.

— Qu'ai-je donc à faire, suivant vous?

— C'est facile à deviner, et je m'étonne que monsieur ait espéré me cacher ses secrets desseins.

— Mes secrets desseins!

— Oui. Il eût été plus simple de tout m'avouer, et j'ose déclarer hautement que mes soins, mon zèle, mon dévouement me méritaient cette preuve de confiance.

— Alors, je suis maintenant obligé de vous dire où je vais?

— Monsieur n'est pas obligé ; il ne saurait être astreint à des obligations envers moi, mais il agirait avec prudence en réclamant mon concours dans des circonstances comme celles-ci : je puis porter les épées ou les pistolets, éloigner les gendarmes, aider à étendre le blessé dans une voiture.

— Les épées! les pistolets! les gendarmes! le blessé! répéta M. de Morin qui se demanda si ce n'était pas lui qui devenait fou.

Tout à coup il comprit et s'écria :

— J'y suis! Vous croyez que je vais me battre en duel?

— Comment ne le croirais-je pas? fit Joseph grave et solennel. Monsieur ne m'a-t-il pas dit qu'il ne partait pas en voyage et qu'il n'allait pas à la chasse?

— Sans doute.

— Eh bien, pour quelle autre cause qu'une affaire d'honneur monsieur sortirait-il à cinq heures du matin, contre toutes ses habitudes et tous les usages du *high-life?*

Il prononça ces mots : *high-life* avec un naturel exquis, puis continua :

— Monsieur m'a, du reste, donné l'ordre de reprendre chez Devisme ses pistolets de tir. C'est clair, c'est plus que clair, hélas! c'est transparent.

Cette transparence frappa sans doute aussi M. de Morin, car il crut devoir rassurer son serviteur :

— Vous vous trompez, Joseph, lui dit-il avec bonté, votre imagination vous égare : Je me lève tout simplement à cinq heures du matin pour me rendre à mon cercle, où dans un but que vous me permettrez de vous taire, j'ai voulu arriver frais et dispos, après quelques heures de sommeil. Vous pouvez m'accompagner, si cela vous rassure. Quant à mes pistolets, j'ai le projet, en vue de mon voyage, de les essayer, tous les jours, au tir; vous les y porterez dans la matinée. Maintenant, rasséréné par mes franches explications, daignez me servir le bouillon et le verre de bordeaux que je vous ai demandés et reprendre l'air gracieux qui vous va si bien.

Cette dernière recommandation fut inutile : le sourire était revenu sur les lèvres de Joseph.

Un quart d'heure après, M. de Morin montait l'escalier de son cercle, traversait un vestibule où deux valets de pied dormaient étendus sur des banquettes et pénétrait dans un salon, le seul qui fût occupé en ce moment.

C'était celui que l'on consacre au baccarat dans beaucoup de clubs. On y remarque, contre les murs, de grands divans qui permettent de se reposer des émotions du jeu, ou si l'on vient de faire une perte, de sommeiller quelques instants en attendant le retour de la veine. Dans un coin, se dresse une table réservée à un employé de confiance, élevé, pour ainsi dire, à la dignité de caissier. C'est lui qui, sur leur demande, donne aux joueurs des jetons de toutes les formes et de toutes les couleurs destinés à représenter différentes sommes, depuis les petites jusqu'aux plus fortes. En effet, dans les cercles bien tenus, il n'est pas d'usage de couvrir les tables de jeu de pièces d'or et de billets de banque. On les remplace par des fiches, en échange desquelles le caissier remet de l'argent, le lendemain, lorsque chaque joueur en perte a réglé sa partie. Les dettes de jeu doivent se payer, non pas absolument dans les vingt-quatre heures, comme on le dit, mais dans un délai de soixante heures environ. Passé ce délai, le membre du cercle qui s'est fait délivrer des jetons, s'il n'a pas restitué la somme correspondant à leur valeur, est frappé d'une peine disciplinaire appelée l'affichage, c'est-à-dire que son nom est inscrit sur un tableau placé dans le salon principal du cercle. Cette peine est appliquée très rarement : le joueur malheureux, qui a perdu plus qu'il ne pouvait payer, trouve généralement des sympathies auprès de ses créanciers, et prend des arrangements avec eux. S'il n'y parvient pas, son nom, après avoir été, un instant seulement, affiché, est bientôt rayé ; il ne fait plus partie du cercle, et sa réputation en reçoit une sérieuse atteinte.

Ces détails étaient nécessaires pour qu'on pût comprendre la scène qui allait se passer entre M. de Morin et le jeune médecin appelé Delange qu'il s'était engagé à présenter comme compagnon de voyage.

Une grande table ovale, recouverte de drap vert, éclairée par des lampes appendues au plafond, occupe la plus grande partie des salons que nous avons essayé de décrire. Au milieu, s'assied le joueur qui tient la banque. Il distribue, à droite et à gauche, des cartes à ses partenaires placés des deux côtés de la table et formant deux camps ou plutôt deux tableaux, selon l'expression consacrée. Devant lui se trouvent plusieurs jeux de cartes qu'il jette, lorsqu'il s'en est servi, dans une espèce de bassin en cuir creusé dans la table.

Lorsque M. de Morin fit son entrée dans le salon du baccarat, une dizaine de joueurs intrépides s'y livraient encore bataille. Son arrivée fut saluée par des acclamations.

— Tiens ! de Morin, bravo ! D'où sort-il à pareille heure ? Il vient de souper, sans doute. Quelle conduite ! Il faudra prévenir sa famille et le faire interdire. La partie est superbe, mon cher ; nous ne sommes pas très nombreux, mais cela n'en marche pas plus mal. Asseyez-vous donc ! Tenez, voici une place près de moi, vous me porterez bonheur.

A pareille heure, un nouveau joueur est toujours le bienvenu, et l'empressement qu'on mettait à saluer M. de Morin n'avait rien qui lui fût absolument personnel. Les gagnants, désireux de se retirer avec leur bénéfice, mais hésitant à le faire parce que leur départ serait trop remarqué, sont ravis de l'arrivée d'une recrue prête à les remplacer. Les perdants, de leur côté, intéressés à continuer la partie, afin de se rattraper, se félicitent de voir leur nombre augmenter, et, superstitieux comme tous les joueurs, espèrent que le nouvel arrivant changera la veine.

M. de Morin, après avoir constaté que M. Delange, fidèle à ses habitudes, était assis à la table de baccarat, se fit délivrer pour cinq mille francs de jetons, et, comme la banque venait de sauter et que personne ne la demandait, il s'empressa de la prendre.

IX

Au bout de quelques minutes, M. de Morin avait doublé sa banque : elle était maintenant de dix mille francs.

Ce résultat pouvait se prévoir : le baccarat ne doit pas être rangé, d'une façon absolue, parmi les jeux du hasard ; aussi est-il, sinon autorisé officiellement, du moins toléré dans quelques cercles. Il demande à être joué avec beaucoup de sang-froid et seulement lorsqu'on s'est rendu compte de certains calculs. Il est évident qu'un joueur qui aurait à lutter contre des *abatages* continuels de *huit* et de *neuf* ne pourrait se défendre, quelle que fût sa science ; mais ces coups d'*assommoir*, pour parler le langage technique, sont exceptionnels. Les coups les plus communs varient entre un et sept et permettent d'établir des règles qu'il est important d'étudier. Il faut savoir s'il est avantageux de demanter une carte lorsqu'on a cinq et qu'on ne connaît pas encore le jeu de son adversaire ; si le banquier, après avoir donné un as, ou un deux au tableau de droite, une figure au tableau de gauche, doit se tenir à cinq. Affaire d'inspiration, disent quelques-uns ; affaire de combinaison, pensent les habitués du baccarat.

Mais, lorsque des adversaires combattent depuis longtemps, sans repos, sans trêve, ils oublient souvent ces combinaisons et se confient plus volontiers au hasard ; leur science s'efface devant ce qu'ils appellent leurs inspirations et, par cela même, ils perdent la plus grande partie de leurs avantages. Aussi, ceux qui, calmes et reposés, arrivent à l'improviste au milieu d'eux, pour se mêler à l'action, sont à peu près sûrs du succès. Ces nouveaux venus ressemblent aux troupes de réserve : retenues inactives pendant une longue bataille, elles reçoivent, tout à coup, l'ordre de donner et doivent nécessairement l'emporter sur cette division ennemie qui depuis le matin se bat avec acharnement, manque de munitions et tombe de fatigue.

M. de Morin, le teint frais, la tête légère, tout entier à son jeu, sans préoccupation d'aucune sorte, pouvait étudier ses partenaires et profiter de leurs fautes. Il devinait, d'après leurs regards, d'après les mouvements nerveux de leurs mains fatiguées, d'après les exclamations dont ils n'étaient plus maîtres, s'ils étaient satisfaits ou mécontents de leurs cartes, et il agissait en conséquence. Si, domptés par la fatigue, l'énervement et la fièvre du jeu, ils avaient la maladresse d'abattre à sept, croyant avoir huit, ou de se tromper sur leurs points, le nouvel arrivé, du reste absolument dans son droit, en appelait au règlement et le faisait observer.

Il avait aussi dans cette partie un autre avantage évident : quoiqu'il fût banquier et que les joueurs fussent répartis sur deux tableaux, il ne se préoccupait que d'un seul, celui de droite, devant lequel était assis M. Delange. Il ne tenait à remporter la victoire que sur ce tableau, et négligeait absolument l'autre. Si, par exemple, il donnait un dix au tableau de droite et un trois au tableau de gauche, il se tenait à cinq et même à quatre, quoique son jeu dans ce cas eût été de prendre des cartes. Il n'avait qu'un but, ignoré de tous, et poursuivi avec habileté : gagner le plus d'argent possible au docteur.

Ce résultat était d'autant plus facile à atteindre que celui-ci, fatigué, énervé, irrité contre le sort qui lui était toujours hostile et le maltraitait, ce soir-là, encore plus de coutume, jouait en désespéré. A neuf heures du matin, il perdait une trentaine de mille francs. Les autres joueurs, dont les pertes étaient beaucoup moins fortes, ou qui *se trouvaient dans leur argent* voulurent se retirer lorsque les domestiques du cercle ouvrirent les rideaux et laissèrent le soleil pénétrer dans le salon. Mais M. Delange ayant insisté pour que la partie fût continuée, on convint de jouer encore une heure; on se fit apporter du café noir et le baccarat reprit de plus belle.

A dix heures, le docteur perdait quatre-vingt-cinq mille francs. On fit encore une banque, la dernière, puis la dernière des dernières, puis la vraie dernière : enfin, le jeu cessa.

Chacun de ces messieurs, plus ou moins fatigué, plus ou moins abattu, regagna sa demeure et se mit au lit.

X

Le lendemain, vers onze heures, comme M. de Morin se disposait à sortir, son fidèle Joseph vint lui apprendre que le docteur Delange demandait à le voir : « Ah! ah! se dit le jeune peintre, nous y voilà! » Il donna l'ordre aussitôt d'introduire son collègue du cercle et son adversaire de la veille.

Malgré un grand usage du monde, le docteur, en abordant M. de Morin, ne put dissimuler un certain embarras : il était visiblement gêné et mal à l'aise. Cette contenance eût suffi, s'il en avait été besoin, pour faire savoir au peintre qu'on venait lui demander un service important.

— Vous êtes étonné de me voir? commença M. Delange d'une voix hésitante.

— Pas le moins du monde. Pourquoi m'étonnerai-je d'une bonne pensée de votre part? Vous avez une heure à perdre avant le déjeuner et vous me la donnez. C'est charmant!

— Hélas! reprit le docteur, ce n'est pas seulement pour avoir le plaisir de vous voir que je suis ici. J'ai à vous parler d'une chose assez grave.

— Vraiment! De quoi s'agit-il donc?

— Vous savez que j'ai perdu l'autre nuit au cercle une somme considérable.

— Oui, j'en ai été désolé. A huit heures du matin, vous vous le rappelez, je voulais arrêter le jeu; mais vous avez tant insisté que j'ai dû garder la banque.

— Mon Dieu! ma première perte était déjà trop considérable pour mes ressources actuelles, et je voulais continuer de jouer, dans l'espérance de me rattraper : c'est l'éternelle histoire.

— Hélas! Quel est le chiffre de votre perte?

— Quatre-vingt-dix mille francs.

— C'est une somme, une somme considérable, et je vous plains très sérieusement.

— Je suis d'autant plus à plaindre, dit le docteur dont la voix tremblait, qu'il m'est de toute impossibilité de m'acquitter en ce moment.

— Que m'apprenez-vous là ? C'est fâcheux, très fâcheux ! Que va-t-on dire au cercle? On est très sévère, cette année, pour ces sortes de choses ; le comité a déclaré, dans la dernière séance, que le règlement serait appliqué dans toute sa rigueur.

— Je le sais. Je serai affiché dans vingt-quatre heures.

— Et vous ne pouvez pas éviter cet... ennui?

— Je ne le puis pas, fit M. Delange.

— Voyons ! cherchons ensemble. Qui pourrait, parmi ces messieurs, vous tirer d'embarras? Vous avez de nombreux amis, ils sont riches.

— La somme est trop considérable, je ne la trouverai pas.

Il s'arrêta, hésita quelques instants et, s'armant de courage :

— Vous seul, dit-il, pourriez, si vous le vouliez, me tirer de peine.

— Moi ! Songeriez-vous à m'emprunter quatre-vingt-dix mille francs? Ah ! mon cher, si vous saviez combien j'ai besoin, moi-même, d'argent, en ce moment! Quelles dépenses je vais faire ! J'entreprends, on vous l'a dit peut-être, un voyage horriblement coûteux et je dois réunir toutes mes ressources.

— Vous ne comprenez pas ! fit le docteur. Je ne vous demande pas de me prêter cette somme, je vous demande de ne pas exiger que je vous la remette immédiatement.

— A mon tour, je ne comprends pas. Veuillez vous expliquer.

— N'avez-vous pas gagné, l'autre nuit, quatre-vingt-dix mille francs environ?

— C'est possible. Je n'ai pas encore fait mon compte.

— Eh bien, c'est moi qui perds tout ce que vous gagnez.

— Permettez! fit assez sèchement M. de Morin, je n'admets pas cela. Les jetons ont justement été introduits dans les cercles pour éviter tout conflit entre joueurs, et vous ne me devez rien, absolument rien, cher monsieur. J'ai, dans mon tiroir, un grand nombre de fiches, je les apporterai ou je les enverrai au cercle, ce soir, demain peut-être, et, en échange, le cercle, qui est mon seul débiteur, me donnera des billets de banque.

Et puis, avec qui étais-je destinée à voyager ? (page 58).

— Le cercle, fit timidement M. Delange, vous répondra ou vous fera répondre que la partie n'ayant pas été réglée, on ne peut pas vous payer.

— Alors, je me plaindrai au comité. Quant à vous, docteur, vous ne recevrez aucun reproche de ma part. Je vous le répète : je ne vous reconnais pas comme mon débiteur.

— Soit ! mais le cercle me reconnaîtra pour le sien, et nous l'avons dit en commençant, c'est l'affichage, dit-il d'une voix émue.

— Que diable voulez-vous que j'y fasse ? s'écria M. de Morin.

— Je voudrais, mon Dieu, je voudrais, reprit M. Delange hésitant... je ne sais comment vous dire cela ; mais, enfin, il y a un moyen...

— Voyons.

— Ce serait, en rendant vos jetons, de ne rien exiger en échange et de dire que tout a été réglé directement entre vous et moi. Je n'en resterai pas moins, bien entendu, votre débiteur, et je vous jure de m'acquitter envers vous le plus vite possible.

— Je n'en doute pas, mais vous me demandez là une chose...

— Vous me sauveriez ! vous me sauveriez ! s'écria le docteur dont l'émotion était à son comble.

— Je vous sauverais ! répliqua M. de Morin; cela ne m'est nullement prouvé. Je craindrais, au contraire, de vous rendre un très mauvais service. Vous continuerez à faire partie du cercle, à jouer avec la même ardeur, à faire de nouvelles pertes ; votre dette déjà considérable grandira, et ce que vous voulez éviter aujourd'hui, deviendra inévitable dans trois semaines ou un mois. Non, non, par intérêt, par sympathie pour vous, je veux vous contraindre à renoncer à la vie que vous menez. Quand je pense qu'une si belle carrière s'ouvrait devant vous ! Vous l'avez négligée, presque abandonnée, pour vous livrer corps et âme à une passion qui vous est si funeste !

— Il est encore temps de me remettre au travail, répondit M. Delange. Si je sors honorablement de la fausse situation où je me trouve, je me suis juré de donner ma démission du cercle et de ne plus toucher une carte de ma vie.

— Serment d'ivrogne ! reprit M. de Morin, nous connaissons cela. Moi je vous dis que si vous restez à Paris, dans votre milieu, vous succomberez tôt ou tard. Il faudrait avoir le courage de vous expatrier, de fuir loin, très loin !

— Mais c'est à Paris seulement que je suis connu, que je puis refaire ma fortune et m'acquitter envers vous.

— Bah ! il existe peut-être un autre moyen. Allumez donc ce nouveau cigare et prêtez-moi toute votre attention ; il me vient une idée.

M. Delange releva la tête et M. de Morin, après avoir lancé dans l'espace quelques nuages de fumée, reprit en ces termes :

— Êtes-vous d'avis que si je vous rends le service réclamé par vous, je sois, de mon côté, en droit de vous demander quelque chose en échange ?

— Certainement, vous pourriez disposer de moi : je vous serai tout dévoué.

— Même, reprit M. de Morin qui parlait lentement et appuyait sur tous les mots pour que la surprise fût moins grande, même s'il s'agissait de faire avec moi le voyage que je vais entreprendre, s'il était question de m'accompagner en Afrique ?

Le jeune docteur ne s'attendait pas, évidemment, à cette proposition ; malgré les précautions oratoires de M. de Morin, il ne put réprimer un mouvement de surprise ; cependant, il répondit aussitôt :

— Je vous accompagnerais. Dans quelle partie de l'Afrique vous rendez-vous ?

— Dans l'Afrique équatoriale.

— Vous savez qu'elle est terriblement malsaine ? On y laisse sa peau. Je vous demande pardon de l'expression ; elle est consacrée.

— Et elle est exacte, répliqua le jeune peintre ; mais nous venons de constater, je crois, qu'à Paris, dans certaines conditions et avec certaines passions, on pouvait laisser son honneur.

M. Delange comprit et s'empressa de dire :

— L'insalubrité de l'Afrique ne m'effraye pas pour moi ; j'en parlais seulement dans votre intérêt, je suis médecin et je ne dois pas craindre les maladies.

— Alors, en principe, vous ne feriez pas trop de difficultés à nous accompagner, mes amis et moi ?

— Non, certes, si vous l'exigiez. A quel titre vous accompagnerais-je ?

— Comme médecin, comme savant.

— Est-ce donc un moyen de m'enrichir ? demanda le docteur. Croyez-vous que parmi les peuplades de l'Afrique, je fasse beaucoup de clientèle ? Je reviendrai, dans une ou plusieurs années, tout à fait oublié de Paris, et sans m'être acquitté envers vous de ma dette de jeu.

— D'abord, je vous ferai observer qu'il s'agit surtout de rompre avec vos... mauvaises habitudes ; c'est l'essentiel. Puis, vous vous acquitterez très probablement envers moi.

— Je ne comprends pas. Est-ce que vous m'offrez quatre-vingt-dix mille francs pour vous accompagner ?

— Je ne vous offre rien de semblable. La somme dont vous parlez est trop considérable ou ne l'est pas assez. Nos rapports mondains m'interdisent de vous offrir des appointements et ne vous permettent pas d'en accepter de moi. Mais, ajouta M. de Morin après avoir longuement aspiré son cigare, je puis vous offrir une revanche de la partie d'avant-hier.

— Une revanche ! s'écria le docteur dont le regard s'illumina tout à coup, vous consentiriez à me donner une revanche !

— Pourquoi pas?

— Alors, je puis regagner ce que j'ai perdu? Je puis...

— Vous pouvez être dégagé de toute reconnaissance envers moi et ne pas me suivre en Afrique. C'est cela que vous voulez dire ; j'ai achevé votre pensée.

— Oh ! je vous assure...

— Avouez, continua M. de Morin sans prendre garde à l'interruption, que si je vous offrais de tels avantages, je serais un bien grand maladroit. Quoi ! vous me devez déjà une somme que vous ne pouvez pas payer et je me condamnerai à jouer de nouveau, soit pour augmenter cette somme, ce qui serait inutile, soit pour la perdre, ce qui serait absurde ; car vous finirez bien par vous acquitter envers moi un jour ou l'autre ?

— Pourquoi me parlez-vous d'une revanche ?

— Une revanche à certaines conditions.

— Veuillez me les dire.

— Je ne demande pas mieux. Mais il est près de midi ; allons déjeuner, et, à table, je vous développerai mes idées.

Une heure après, MM. de Morin et Delange, assis en face l'un de l'autre dans un cabinet de Bignon, se faisaient apporter, au moment de prendre le café, tout ce qu'il fallait pour écrire, et rédigeaient les conventions suivantes qu'ils venaient de discuter longuement et d'arrêter :

Article premier. — Le docteur Delange reconnaît devoir à M. de Morin une somme de quatre-vingt-dix mille francs perdue au jeu.

Article deuxième. — M. de Morin s'engage à déclarer que cette somme lui a été payée, quoiqu'elle ne l'ait pas été.

Article troisième. — Pour témoigner à M. de Morin sa reconnaissance de son excellent procédé, le docteur Delange donne sa parole d'honneur de quitter Paris dans un délai de quelques semaines, et d'accompagner M. de Morin, pendant trois cents jours, dans les pays, quels qu'ils soient, que celui-ci voudra visiter.

Article quatrième. — Il est entendu entre les parties contractantes que, pendant tout le voyage, chaque jour, sans qu'il puisse être fait aucune exception à cette règle, si ce n'est en cas de maladie aiguë et grave, une partie de cartes aura lieu entre MM. de Morin et Delange.

Article cinquième. — Le perdant de la veille choisira le jeu qui lui conviendra parmi tous les jeux de cartes connus, et pourra même remplacer les cartes par un jeu quelconque ou par un pari.

Article sixième. — Sous aucun prétexte, l'enjeu de la partie ne pourra, par jour, dépasser cinquante louis. Il est donc parfaitement établi qu'il s'agit de faire trois cents parties de mille francs chacune, dans un espace de trois cents jours.

Article septième. — Les deux adversaires auront le droit de fixer de gré à gré l'heure de la partie ; mais, en cas de désaccord, la volonté du perdant devra l'emporter. Il choisira le moment qui lui conviendra le mieux et pourra même, au besoin, réveiller son partenaire, si celui-ci invoquait le sommeil pour se soustraire à ses engagements.

Article huitième. — Le perdant aura aussi le droit de désigner le lieu du combat : wagons de chemins de fer, pont de navire, tente, lacs, rivière, plaine, montagne, désert. Sur un signe, son adversaire devra toujours le suivre à l'ombre, au soleil, dans l'eau, à la pointe d'un mât ou au sommet d'un pic.

Article neuvième. — Le trois cent et unième jour, les comptes seront établis : si M. de Morin, après avoir prélevé les quatre-vingt-dix mille francs qui lui sont dus aujourd'hui, se trouve en perte, il s'engage à remettre à son adversaire une traite sur un banquier de Paris, et M. Delange pourra immédiatement retourner en France. Si, au contraire, ce dernier est encore débiteur, il sera libre de faire un nouveau bail de cent, deux cents, trois cents jours, à son choix, et aux conditions sus-précitées.

Fait à Paris et de bonne foi, le dix septembre mil huit cent soixante-douze.

Lorsque les différentes clauses de ce contrat eurent été consignées sur le papier, M. de Morin dit au docteur :

— Vous rappelez-vous tout ce que nous venons d'écrire ?

— Parfaitement.

— Êtes-vous certain de ne jamais l'oublier ?

— J'en suis sûr.

— Eh bien, je suis d'avis qu'entre gens comme nous, il ne doit point exister d'écrit. Je vous donne ma parole d'exécuter à la lettre ces engagements. Me donnez-vous la vôtre?

— Je vous la donne.

— Alors, je vous propose de brûler le papier.

— J'accepte et vous remercie de cette pensée.

En un instant la flamme d'une bougie, apportée pour allumer les cigares, anéantit le traité.

XI

Le soir même, le nouveau médecin de l'expédition fut présenté à Mme de Guéran. M. Delange, lorsque sa passion pour le jeu le laissait en repos, était un charmant garçon, de bonne compagnie, un causeur agréable et d'une très réelle instruction. Il plut à la baronne, qui s'empressa de ratifier le choix de M. de Morin.

Les chefs de l'expédition se trouvaient ainsi au complet; il ne s'agissait plus que de s'occuper des serviteurs. La candidature du fidèle Joseph-Mohammed fut alors posée, et après un court débat, on convint de l'accueillir favorablement. Il fut résolu, en même temps, qu'on ne s'adjoindrait aucun autre serviteur européen : en Égypte, suivant l'usage, on prendrait quelques domestiques arabes dont le service laisserait évidemment à désirer sous beaucoup de rapports, mais qui, familiarisés avec les coutumes du pays, seraient utiles en maintes circonstances.

On fit, cependant, une exception à cette règle, en faveur d'une dame de compagnie que la baronne désirait emmener avec elle. Dès que son voyage avait été décidé, Mme de Guéran avait écrit à ses amis de Londres pour les prier de lui chercher une personne d'une respectabilité parfaite, ayant déjà voyagé et prête à voyager de nouveau. On lui proposa immédiatement une nommée miss Béatrix Poles. Elle avait, disait-on, accompagné la célèbre voyageuse hollandaise, Mlle Alexina Tinne, dans la plupart de ses expéditions en Afrique, et, avec ce courage et cette opiniâtreté si remarquables chez certaines voyageuses, elle ne demandait qu'à s'exposer à de nouvelles fatigues et à courir de nouveaux dangers.

La baronne hésita d'abord à s'attacher celle qu'on lui offrait : miss Poles devant avoir contracté au service de Mlle Tinne des habitudes de confort et de luxe qu'elle ne trouverait certainement pas dans la société de ses nouveaux compagnons. En effet, Mme de Guéran, sans avoir la prétention de voyager aussi simplement que le faux derviche Vambéry, ou le docteur Barth, ou tant d'autres, était bien résolue à ne pas éblouir, de son faste, les noirs et les Arabes. Ce n'est jamais impunément que dans les pays encore barbares on excite la convoitise et l'envie : les Touaregs l'avaient prouvé en massacrant, sous les yeux de miss Poles, l'intrépide Alexina Tinne.

Mais, aux hésitations de Mme de Guéran, ses amis d'Angleterre opposèrent de nouveaux raisonnements : leur protégée, par les relations qu'elle avait eues en Afrique, par sa connaissance parfaite des habitudes du pays, pouvait rendre les plus grands services ; on devait surtout compter sur son zèle, son dévouement absolu. Ces motifs avaient décidé Mme de Guéran à s'adjoindre l'ancienne compagne de Mlle Tinne.

Miss Béatrix Poles paraissait avoir une quarantaine d'années lorsqu'elle fit son entrée dans le salon du boulevard Malesherbes. C'était une femme longue, anguleuse, si maigre qu'on aurait pu la croire aplatie, et tellement sèche, que M. de Morin manifesta de l'inquiétude en la voyant s'approcher du feu. Elle avait un grand cou, de grands bras, des échasses pour jambes et des pieds qui firent l'admiration de M. Périères. « Ils sont si longs, disait-il, qu'elle n'a pas besoin de marcher. Elle est arrivée avant de partir. »

Son visage était presque entièrement caché par de grandes lunettes bleues, avec abat-jour, qu'elle avait pris l'habitude de porter en Afrique, pour se préserver des ophtalmies si communes dans ce pays. Sous le soleil des tropiques, elle avait perdu les fraîches couleurs qui la rendaient autrefois si séduisante, disait-elle dans ses jours d'épanchements, et son teint avait tellement bruni qu'on la prenait volontiers pour une négresse. On put s'y tromper à ce point que le *Times*, en racontant la mort de Mlle Tinne, dit ces mots : « Les autres serviteurs réussirent à s'échapper, excepté une négresse qui fut emmenée par les Thouaregs. » La négresse n'était autre que miss Béatrix Poles, une Anglaise pur sang, née à Londres, dans le Strand.

Bonne personne, du reste, bien élevée, parlant l'anglais, le français, l'arabe, comprenant la plaisanterie, ayant le mot pour rire, sans préjugés, sans trop de pruderie, ce qui est rare chez une Anglaise, mais ce qui s'explique chez une femme habituée aux peuplades peu vêtues de l'Afrique.

Dès la première entrevue, M. de Morin lui demanda la permission de faire son portrait, et elle s'y prêta de fort bonne grâce. Il écrivit au bas de ce croquis : « Retour d'Afrique. Voilà comme nous reviendrons tous. »

XII

Lorsque maîtres et serviteurs furent au complet, on se réunit chez Mme de Guéran pour se distribuer la besogne qui restait à faire. Chacun, suivant sa position et ses facultés, eut sa part d'achats, de démarches, de lettres à écrire, de renseignements à prendre, d'emballages et d'expéditions.

L'expérience de miss Béatrix Poles la rendait précieuse : elle courait les magasins du matin au soir, achetait ou commandait mille objets auxquels personne n'aurait certainement songé. Lorsque, le soir, elle parlait de toutes ses courses dans Paris, M. de Morin lui disait :

— Vous avez fait tout cela en voiture, j'imagine ?

— En voiture ! s'écriait-elle indignée, je n'y monte qu'à la dernière extrémité. Tous les genres de locomotion que vous voudrez, excepté celui-là. Je ne puis pas me résigner à m'enfermer dans ces boîtes roulantes. L'immobilité qu'il y faut garder me ronge et me dévore.

— Miss Poles, répliquait le peintre avec un sang-froid des plus comiques, je vous ferai observer que la marche, l'activité vous ont aussi jusqu'à ce jour, rongée et dévorée. Vos formes sont exquises, c'est une justice que je suis heureux de leur rendre, mais peut-être laissent-elles à désirer sous le rapport de l'embonpoint.

— C'est à mon inaction en Angleterre depuis deux ans, répondait miss Poles, que je dois la perte de cet embonpoint. Le bien-être est hostile à mon tempérament. Je maigris dans le calme et le repos, pour grossir dès que je reprends la vie active. Au bout d'un mois d'Afrique vous ne me reconnaîtrez plus, et déjà, par suite de la vie que je mène à Paris, j'ai engraissé d'une livre.

— De quel côté ? se demandait M. de Morin devenu rêveur et cherchant, en vain, la livre annoncée.

Le docteur Delange remplissait aussi avec zèle les devoirs qui lui étaient dévolus : ayant donné sa parole à M. de Morin de ne pas toucher une carte pendant son séjour à Paris, il désirait se mettre en route le plus vite possible, pour commencer la série de parties qui lui avaient

... Il y a surtout de la Parisienne (Page 68.)

été promises par traité. Mais, si le joueur ne s'endormait pas et brûlait toujours de la même flamme, le savant et le médecin s'étaient, de leur côté, réveillés. Entraîné d'une façon inattendue et bizarre dans un voyage que, quinze jours auparavant, il était à mille lieues de prévoir, M. Delange, toute question de jeu réservée, ne regrettait pas l'engagement qu'il avait pris. L'étude de la médecine pour un homme intelligent, curieux de savoir et dédaigneux des ornières, est une continuelle excursion dans les pays inconnus, un véritable voyage de découvertes. Aussi, le jeune docteur, avec ses instincts de voyageur en chambre, d'explorateur de cabinet, se réjouissait-il à l'idée d'explorer sur une plus grande échelle et d'une façon plus active.

Grâce à l'obligeance si connue de M. Malte-Brun, directeur, à cette époque, des *Annales des Voyages*, correspondant de toutes les sociétés géographiques de l'Europe, ami de tous les grands explorateurs du globe, M. Delange obtenait d'utiles renseignements sur les maladies qu'il pourrait avoir à combattre en Afrique, sur les précautions à prendre afin de les éviter, sur les remèdes qui convenaient le mieux dans certaines régions et sous certains climats. Il étudiait aussi l'histoire naturelle plus sérieusement qu'il ne l'avait fait jusqu'à ce jour, dans l'espoir de pouvoir rendre bientôt à la science d'importants services.

Le docteur Desrioux, pour complaire à Mme de Guéran, s'était mis à la disposition de son confrère. Il pensait à tout, veillait sur tout et donna bien des conseils que, plus tard dans des situations périlleuses, on se félicita d'avoir suivis. Quoiqu'il ne pût pas quitter Paris, il s'intéressait au voyage projeté comme s'il eût dû le faire ; il en était devenu l'âme.

Quant à Joseph, il ne se possédait plus de joie, depuis le jour où il avait été officiellement admis à l'honneur de faire partie de l'expédition. Ses rêves allaient donc s'accomplir : un nom arabe, un burnous, un chameau ! Pour le nom arabe, il le prit immédiatement, sans ménagement aucun pour celui qu'il avait porté jusque-là. Dans tous les magasins où il fit ses emplettes personnelles, il donna l'adresse suivante : Mohammed Abd-el-Gazal. Cela lui semblait beaucoup plus distingué que Joseph et tout à fait couleur locale.

Le chameau, il fallait malheureusement l'attendre. Mais M. de Morin ayant accordé à son domestique un jour de sortie pour aller faire ses adieux à sa famille, Joseph supprima la famille et passa son temps au Jardin des Plantes à contempler les chameaux et à étudier leurs mœurs. Il parvint même à se mettre dans les bonnes grâces d'un gardien qui lui permit de promener une main caressante sur le dos d'un de ces nobles coursiers du désert, comme Joseph, toujours prétentieux et imagé, se plut à désigner ces paisibles bêtes.

Il ne tarda pas à posséder aussi un burnous des plus authentiques, du plus beau blanc et de la plus belle envergure ; un domestique arabe, dont le maître résidait alors au Grand-Hôtel, s'étant fait un plaisir de lui céder son vêtement national. Joseph essayait ce burnous à toute heure du jour et de la nuit, s'y drapait et se promenait gravement dans l'appartement de la rue Taitbout. M. de Morin, qui n'avait pas été prévenu du caprice de son valet de chambre et ne s'attendait pas à sa métamorphose, crut un soir, en rentrant chez lui, que son logement était fréquenté par des revenants.

L'Arabe apprenait, en outre, à Joseph, moyennant finances, sa langue maternelle, et le nouvel élève, studieux jusqu'à l'exagération, s'exerçait sans cesse et prononçait toute la journée, même pendant son service, des mots bizarres. Admonesté à ce sujet par M. de Morin, il répondit avec emphase :

— Monsieur ne saurait m'en vouloir, je me prépare à lui ouvrir les portes du désert.

Ces études linguistiques, ces promenades en burnous, ces longues stations devant les chameaux, avaient un peu troublé la tête du nouveau Mohammed Abd-el-Gazal et lui donnaient de grandes distractions. Si M. de Morin lui demandait un verre d'eau, Joseph, toujours occupé de son voyage, apportait une boussole ou un podomètre nouveau modèle.

Un jour, à l'heure du déjeuner, au lieu d'étendre sur la table de la salle à manger la nappe blanche traditionnelle, il y étala une grande carte d'Afrique et la couvrit d'assiettes, de bouteilles et de couverts. Lorsqu'on lui fit remarquer son erreur, il avoua franchement ne pas la regretter : au lieu d'avoir sous les yeux du linge qui ne disait rien, on jouissait du magnifique coup d'œil des montagnes, des lacs, des mers, des fleuves, et on voyageait tout en se nourrissant.

— *Utile dulci*, ajoutait Joseph, latiniste à ses heures.

Quelquefois encore, Mohammed laissait ouvertes les croisées de l'appartement et allumait toutes les bougies, dans le but, disait-il, d'attirer les insectes du voisinage et de s'habituer aux piqûres des moustiques si communs en Afrique. Bref, il ne négligeait rien et, toujours avide de couleur locale, il fit, dans les derniers temps de son séjour à Paris, commerce d'amitié avec une négresse du plus bel ébène. Dans l'espoir de l'intéresser et de lui rappeler des souvenirs d'enfance, il lui parlait sans cesse des horreurs de l'esclavage ; malheureusement pour lui, la négresse, née à la Martinique, bien des années après l'émancipation, ne comprenait absolument rien à ses discours.

M. de Morin dut enfin, un jour, prier Joseph de s'occuper davantage de son service et beaucoup moins des Arabes et des négresses : mais

Mohammed le désarma aussitôt en lui disant : « Que monsieur se rassure, je redeviendrai correct dans le désert. »

XIII

On était arrivé au 10 octobre ; toutes les affaires étaient terminées. Le jour du départ fut fixé et les places retenues pour l'Egypte sur un des magnifiques paquebots des Messageries maritimes, partant de Marseille toutes les deux semaines, le dimanche à neuf heures.

Mme de Guéran, qui désirait vivement ne pas attirer l'attention sur elle, avait prié ses compagnons de voyage de faire le plus discrètement possible leurs préparatifs et surtout de n'entretenir aucun journaliste de leurs projets. Ils avaient obéi et les journaux gardaient le silence. Mais la lumière devait venir de l'Angleterre, où la baronne avait demandé depuis longtemps des conseils et des renseignements de toutes sortes.

A Londres, dans la dernière séance de la Société royale de géographie, le président, sir Roderick, après avoir résumé les voyages du baron de Guéran, parlé de ses travaux, rappelé sa mort si funeste à la science et sur laquelle on n'avait pu encore se procurer des renseignements officiels, fit part de la résolution prise par Mme de Guéran de s'avancer dans l'intérieur de l'Afrique, jusqu'aux lieux où son mari avait péri. Il rappela aussi que la nouvelle voyageuse, quoique veuve d'un Français et résidant à Paris, était Anglaise et fille d'un des membres fondateurs de la Société. Il déclara, en terminant, qu'il faisait, en son nom et au nom de tous, des vœux pour la réussite de l'expédition qui se préparait.

Suivant l'exemple donné par l'Angleterre, la Société géographique de Paris crut alors devoir consacrer, dans son *Bulletin* d'octobre 1872, quelques lignes à Mme de Guéran et à ses compagnons. Elle parla des voyages précédents de miss Béatrix Poles avec Mlle Tinne, et n'oublia même pas Joseph, qui fut inscrit de cette façon, d'après une note qu'on le soupçonna plus tard d'avoir remise lui-même : Mohammed Abd-el-Gazal, drogman.

Ce fut le 14 octobre 1872 que les nouveaux voyageurs se donnèrent rendez-vous à la gare de Lyon pour prendre le train rapide de Marseille. Tous furent exacts.

Quelques personnes les avaient accompagnés : des parents et des amis intimes. Dans un coin de la salle d'attente, on put remarquer aussi un Arabe et une négresse qui n'avaient pas voulu laisser partir Mohammed sans lui faire quelques adieux attendrissants. Lorsqu'ils furent seuls, l'Arabe et la négresse mêlèrent leurs larmes.

Le docteur Desrioux et sa mère qui, depuis quelques jours, échangeait des visites avec Mme de Guéran, se trouvaient aussi à la gare et obtinrent la permission de conduire la baronne jusqu'à son wagon. Au moment où signal du départ allait être donné, Mme Desrioux, montrant son fils, dit à l'oreille de Mme de Guéran et en lui serrant la main : « Merci de me l'avoir laissé. »

Laure ne répondit pas, mais pâle, les yeux noyés de larmes, elle monta précipitamment en voiture pour cacher son émotion. Un coup de sifflet se fit entendre ; le train s'ébranla. Longtemps M. Desrioux le suivit des yeux ; debout, appuyé contre une colonne en fonte, défaillant. Sa mère dut lui prendre le bras pour l'entraîner et le faire sortir de la gare. Lorsqu'il fut seul avec elle dans le coupé qui les avait amenés, cet homme de science, cet homme qu'on aurait pu croire à l'abri de toute faiblesse, pleura comme un enfant.

Pendant ce temps, le train qui emportait les nouveaux explorateurs de l'Afrique courait à toute vitesse. Le voyage était commencé.

XIV

« Quoique ces notes de voyage soient datées du Caire, ne croyez pas, ma chère amie, que je me dispose à vous décrire cette ville. Si vous teniez à la revoir, d'après mes récits, il suffirait de rechercher ma correspondance de 1861. J'aidais alors la toute charmante Alexina Tinne à former la caravane qui devait nous conduire aux sources du Nil, et je vous ai envoyé sur l'Egypte les notes les plus précises. D'ici à quelque temps, ne vous attendez, du reste, à aucun détail géographique. La contrée de l'Afrique où je me trouve ne compte pas : elle est trop civilisée. Le Nil me rappelle la Tamise, et, dans les rues du Caire, je me crois en plein Strand. L'Afrique ne commence pour moi, vers l'Est, qu'à la latitude de Khartoum. Là, seulement, je vous donnerai quelques aperçus du pays. Laissons donc, chère amie, la géographie de côté, et parlons de choses plus intimes.

Vous ne sauriez m'en vouloir, n'est-ce pas, my darling, de mon trop brusque départ, de mon renoncement imprévu à nos chères causeries du soir, au thé que vous apprêtiez si bien, et à la bonne position que vous m'aviez fait obtenir chez cette excellente mistress Oxenford, à qui je vous prie de présenter mes respectueux hommages.

Je ne pouvais rester en place ; c'était plus fort que moi. La nature avait sa petite idée, voyez-vous, lorsqu'elle m'a donné de si longs pieds. Ils entraînent en avant tout le reste de mon corps, et mes autres membres, plus petits et plus grêles, doivent leur obéir. Si j'avais l'imprudence de leur résister, ils finiraient par se détacher de moi et par s'en aller, tout seuls, à l'aventure. Je perdrais, ainsi, sinon la plus belle, du moins la plus grande partie de moi-même, et je préfère céder. Chacun, en ce monde, obéit à une impulsion irrésistible. Ceux-ci sont guidés par leur tête qui, trop légère, ballotte dans le vide et tourne à tous les vents ; ceux-là suivent les mouvements de leur cœur, qui leur dicte pas mal de sottises. Moi, j'obéis à mes pieds. Ils me conduisent souvent dans de terribles ornières ; mais je n'y laisse que mes chaussures, je sauve le reste.

Je suis donc partie ; je vous ai lâchement abandonnée, ma chère amie, j'ai encore une fois faussé compagnie à ma vieille Angleterre tant aimée, malgré toutes mes infidélités, et, le pire, c'est que je ne savais absolument pas où j'allais. J'allais quelque part, cela me suffisait et cela suffisait à mes pieds. Ils ne se possédaient plus de joie, ils se trémoussaient, ils frétillaient, c'était plaisir de les voir. Ils sont jolis, je vous assure, dans ces moments-là, ils se rattrapent par l'expression.

On m'avait bien dit qu'il s'agissait de retourner en Afrique, mais quelle partie de l'Afrique ?

Et puis, avec qui étais-je destinée à voyager ? De quels éléments se composerait la nouvelle expédition ? Y trouverais-je des géologues, des astronomes, des naturalistes, des zoologues, des hydrographes, des ethnologues, des idéographes, des ornithologues, des ethnographes ? Les expéditions sérieuses se composent de tout cela ; c'est le vieux fonds de la caravane.

J'arrive à Paris, je donne à Mme de Guéran mes lettres d'introduction, je lui demande de me présenter au corps savant qui doit l'accompagner, et elle me met, pour commencer, face à face avec un petit docteur qui me dit d'une voix douce :

— Miss Poles, j'ai plus de confiance dans votre expérience que dans mes diplômes. C'est vous qui nous soignerez si nous sommes malades ; je résigne mes fonctions entre vos mains.

— Mais alors vous, monsieur, qu'est-ce que vous ferez ? lui ai-je demandé.

— Moi, mademoiselle, je me consacrerai à l'histoire naturelle.

Et, en parlant ainsi, il me regardait avec curiosité comme si j'avais été enfermée dans une vitrine.

On me présente alors à un homme de lettres, un très beau garçon entre parenthèses.

— Mademoiselle, me dit-il, je sais que vous avez été prisonnière des Thouaregs, et j'espère que vous voudrez bien me faire le récit de vos aventures au milieu de cette tribu bizarre ; je les consignerai dans un article destiné à la *Revue de France*.

— Mais non, monsieur, fis-je révoltée, mais non, certainement ; il serait shoking de laisser pénétrer le public dans les replis les plus cachés de ma vie.

— Excusez-moi, mademoiselle, si j'ai commis une indiscrétion ; je croyais que vous aviez été prisonnière comme les autres.

— Je n'ai pas dit le contraire, répliquai-je avec vivacité.

— Du moment qu'il existe, continua ce diable d'homme, un secret entre les Thouaregs et vous, je retire ma demande.

— Je vous assure, monsieur...

— C'est bien, c'est bien, je n'en veux pas savoir davantage.

En vérité, ma chère, ces Parisiens sont insupportables... Jugez-en par le peintre, un M. de Morin qu'on me présente en dernier. Sans me donner le temps d'ajuster mes cheveux, de m'arranger un peu, de prendre une pose, il tire ses crayons et me couche sur son album.

Je suis assez ressemblante, je dois le reconnaître. Mais je déteste les esquisses qui ne peuvent donner une idée de notre charme à nous autres femmes. Heureusement que M. de Morin m'a promis un portrait à l'huile, où il essayera de rendre mon sourire et l'éclat de mes yeux. Vous le savez, chère amie, je ne me fais pas d'illusion, je sais au juste à quoi m'en tenir sur mon compte : je ne suis pas ce qu'on appelle une jolie femme, mais j'ai de l'expression, un certain je ne sais quoi, ce que les Espagnols appellent de la morbidesse dans le regard. Un chef Thouareg me disait un jour... Mais continuons à voiler ces détails. Vous seule les connaissez, qu'ils restent ensevelis entre nous !

De prime abord, vous le voyez, cette expédition inspirait une médiocre confiance : le médecin ne voulait pas faire de médecine, l'homme de lettres essayait de pénétrer dans ma vie privée, le peintre, au lieu de réserver ses crayons pour les curiosités de l'Afrique, me croquait en déshabillé. Eh bien! ma chère, je m'étais trompée : ces gens-là sont des originaux, des fantaisistes, comme ils le disent eux-mêmes, ils ont de l'*humour*, comme nous disons en Angleterre ; mais ce sont de bons garçons, très sérieux au fond. Je crois que je m'entendrai avec eux, si toutefois ils ne s'avisent pas d'être jaloux les uns des autres. Car, pourquoi le cacherais-je, à vous, le dépositaire fidèle de tous mes secrets ? J'ai peur que ces messieurs ne me fassent la cour. Déjà M. de Morin me jette certains coups d'œil auxquels une femme expérimentée comme moi ne se trompe pas ; mais j'aurai du tact, de la circonspection, du décorum, beaucoup de décorum, je ne favoriserai personne, et le voyage, je l'espère, se passera sans qu'il arrive rien de grave.

Du reste, la baronne de Guéran saurait me faire respecter. Ces trois messieurs lui obéissent au doigt et à l'œil, le peintre et l'homme de lettres surtout. J'ai cru d'abord qu'ils étaient amoureux d'elle, mais quand j'ai vu qu'ils ne lui adressaient jamais un compliment, que c'était moi seule qu'on comblait de prévenances, que c'était avec moi qu'on *flirtait*, il a bien fallu me rendre à l'évidence.

Je suis heureuse de penser qu'il n'y aura pas de rivalité entre la baronne et moi. Il me serait pénible de blesser l'amour-propre d'une femme aussi sympathique. Je me plais à lui rendre justice : c'est un esprit élevé, un cœur excellent. Elle doit avoir, en même temps, beaucoup de fermeté, de résolution et de courage. Elle me rappelle ma chère Tinne, au point de vue de la beauté, de l'indépendance de caractère, de l'esprit d'aventures. Je me sentirai, cependant, plus en sûreté auprès de la baronne qu'avec Alexina qui était un peu trop excentrique, la pauvre chère enfant, et qui m'entraînait dans des aventures... Enfin, je ne lui en veux pas !

Mais, ma chère amie, je m'attarde à causer avec vous, et ces messieurs réclament ma présence. Pauvres garçons ! Ils sont comme des âmes en peine lorsque je m'absente un instant. »

XV

« Me *re* voilà, chère amie, j'en ai fini avec ces messieurs ; ils ont été charmants comme de coutume, avec une pointe de sentimentalité plus accentuée que les autres jours. Le ciel de l'Égypte agit sans doute sur leur cœur. Cela ne m'étonne pas ; ici je me sens comme attendrie à certaines heures de la journée.

Nous avons joué au besigue chinois (Page 72.)

Revenons en arrière : nous sommes donc partis pour Marseille, il y a huit jours. Nous avions un compartiment réservé où je me suis assise en face de Mme de Guéran, tandis que le peintre, l'homme de lettres et le médecin montaient avec nous. Quant à Joseph, il se plaçait dans un autre wagon, et, comme il n'était plus sous notre surveillance, il a pu faire de l'embarras à son aise, causer de ses petites affaires et des nôtres. A Lyon, tout le train savait qui nous étions, où nous allions et appelait Joseph Mohammed Abd-el-Gazal, long comme le bras. Je crois même qu'il avait plus particulièrement parlé de moi et raconté mes voyages précédents : lorsque je suis entrée au buffet, plusieurs personnes ont commencé à chuchoter et se sont poussé le coude. Ces choses-là, heureusement, ne me troublent plus ; j'accepte avec résignation les conséquences de la popularité que m'ont faite mes nombreuses aventures.

Vous connaissez, chère amie, les habitudes des voyageurs destinés à passer une nuit en chemin de fer : chacun arrange la place qui lui est dévolue, dispose son coin, se creuse un nid, défait sa couverture, s'étale ou se tasse, à son gré, et prend enfin des dispositions pour dormir ou pour rêvasser suivant son tempérament et sa fantaisie. Nous ne devions arriver que le lendemain, vers onze heures, à Marseille ; nous nous arrangions donc en conséquence, et pour mon compte je me casai de mon mieux tout en cherchant à conserver de la grâce dans mes mouvements, de la dignité dans mon attitude. Je tenais à donner une idée de ce que l'on peut appeler la poésie du sommeil. Seuls, mes pieds m'embarrassaient ; j'avais beau me ramasser le plus habilement possible et me ratatiner discrètement, je ne savais où les poser. Ils dépassaient ma banquette d'une trentaine de centimètres.

Je commençais cependant à m'endormir, et je croyais que mes voisins en faisaient autant, lorsque je fus témoin de la scène suivante :

Le médecin de l'expédition, M. Delange, assis à l'extrémité du wagon, dans le coin opposé au mien, fit tout à coup des mouvements désordonnés comme ceux d'une personne qui, après avoir longtemps appelé le sommeil à son aide, renonce à dormir. Cette agitation succédant au silence m'arrache à ma torpeur ; j'entr'ouvre les yeux et que vois-je? Le jeune médecin qui, après s'être levé, a quitté sa banquette et se dirige vers la mienne. Quels étaient ses desseins ?

Je frémissais, mais en silence, intérieurement, dans la crainte de réveiller mes compagnons.

Je m'apprêtais cependant, croyez-le bien, ma chère amie, à très mal recevoir ce monsieur. Tout charmant qu'il soit, et toute flattée que je pusse être de ses prévenances, je n'admettais pas qu'il me témoignât ses sympathies en public. Les emportements du cœur ne sauraient exclure la pudeur, et, en chemin de fer surtout, on doit avoir une grande circonspection.

Arrivé devant moi, au moment où je prends mes mesures pour lui allonger un silencieux coup de poing et affirmer ainsi mon mécontentement, M. Delange s'arrête, lève les mains jusqu'à la hauteur du filet qui est au-dessus de ma tête et y prend son sac de nuit.

J'en étais quitte pour la peur. Je me suis demandé un instant si ma ferme attitude, mon regard fixé sur lui, mon poing menaçant, n'avaient pas, au dernier moment, modifié les premières intentions du jeune docteur. Mais je fus bientôt forcée de reconnaître qu'il avait véritablement besoin de son sac de nuit.

A peine eut-il regagné sa place qu'il le mit sur ses genoux, y plongea les mains, chercha quelques instants, finit par en retirer un petit paquet enveloppé de papier blanc et jeta un regard sur M. de Morin assis en face de lui, au bout de mes pieds.

Ce cher peintre dormait profondément, d'un sommeil paisible, nullement tapageur; le sommeil silencieux et doux de l'enfant ou de la femme. C'était plaisir de le voir reposer ainsi, et certes je n'aurais jamais eu la cruauté de le réveiller; mais M. Delange, moins discret que moi, saisit tout à coup le bras de M. de Morin et le secoua vivement.

— Qu'y a-t-il? Que me veut-on? Nous sommes arrivés! fit le peintre en se dressant et en ouvrant ses yeux encore appesantis.

— Non, cher ami, répliqua M. Delange. Nous sommes loin d'être arrivés, surtout en Afrique, car nous n'avons pas quitté Paris depuis plus de trois heures. Il est dix heures quarante-huit. Nous venons de passer devant Tonnerre et nous filons à toute vapeur sur Dijon.

— Eh bien! pourquoi me réveillez-vous? fit M. de Morin d'un ton maussade.

— Pourquoi je vous réveille? répéta M. Delange, le sourire sur les lèvres. Et notre traité?

— Quel traité?

— Vous l'avez déjà oublié? Je vais vous le rappeler: « Article quatrième. — Il est entendu entre les parties contractantes que pendant tout le voyage, chaque jour, sans qu'il puisse être fait aucune exception à cette règle, si ce n'est en cas de maladie, une partie de cartes aura lieu entre MM. de Morin et Delange. » Nous sommes en voyage depuis trois heures, continua M. Delange, vous n'êtes pas malade, en ma qualité de médecin je le constate, je puis donc exiger l'exécution de notre traité.

— Oh! en chemin de fer! dit M. de Morin avec incrédulité.

— Aucun lieu n'est excepté, fit observer le docteur, toujours de sa voix la plus douce. Veuillez vous rappeler qu'un autre article me donne même le droit, et vous le donne à vous-même, de décider que la partie aura lieu au milieu d'une rivière, les pieds dans l'eau, ou au sommet d'une montagne, la tête dans les nuages. Notre situation, en ce moment, est beaucoup meilleure et rien ne s'oppose...

— Mais, nous n'avons pas de cartes, interrompit le peintre.

— Voici deux jeux dont j'ai eu la précaution de me munir.

Et M. Delange déplia le petit paquet qu'il avait tiré de son sac de nuit. M. de Morin résista encore.

— Nous ne pouvons pas jouer sur nos genoux, fit-il.

— Cette banquette nous servira de table.

— Nous n'y voyons pas assez.

— J'ai prévu le cas, répliqua le docteur.

Il prit son sac de nuit, y plongea de nouveau les mains et en tira un petit flambeau armé de sa bougie, qu'il plaça sur le support en cuir qui sépare les banquettes.

— Allons, fit M. de Morin d'assez bonne grâce, vous avez réponse à tout ; mais du diable si je pensais qu'il faudrait m'exécuter aujourd'hui !

— Moi, cher ami, répliqua le docteur, j'attends ce moment, depuis six semaines, avec une impatience fébrile. Pensez donc ! jamais de ma vie je ne suis resté tant de temps sans jouer. Si ce genre de privation m'avait été plus longtemps imposé, je serais tombé malade.

— Vous êtes incorrigible, fit M. de Morin en riant. Dans ma naïveté, je me disais : il a oublié nos conventions et il fait le voyage pour le plaisir de voyager.

— Sans doute ; mais cela n'exclut pas une petite partie d'une heure ou deux, tous les jours.

— Allons ! Quel jeu choisissez-vous ? C'est à vous de le désigner, vous êtes le perdant.

— Nous jouerons à l'écarté, si vous le voulez bien.

— Je n'ai pas d'opinion à manifester, fit avec résignation le peintre. D'après notre traité, je suis votre esclave. Va donc pour l'écarté. En une seule partie les mille francs, n'est-ce pas ? Je désire reprendre, le plus vite possible, mon rêve où je l'ai laissé.

— Désolé de vous contrarier. Nous jouerons seulement cinq louis le coup, pour que le plaisir dure plus longtemps.

— Soit ; mais, toujours d'après le traité, nous ne devons faire qu'une partie par jour. Il est onze heures du soir, vous n'avez donc qu'une heure devant vous, pour perdre ou pour gagner vos cinquante louis.

— Je le sais, commençons.

De mon coin, chère amie, j'écoutais cette singulière conversation, et je n'y comprenais pas grand chose. Ces messieurs se mirent à jouer. Je ne m'occupai plus d'eux, et je m'endormis.

XVI

« A Valence, vers sept heures du matin, aux cris des employés qui annonçaient quatre minutes d'arrêt, tout le wagon s'étira, se détendit, passa la main sur ses yeux, ses cheveux, ses moustaches, fit une espèce de toilette des plus sommaires, et en fin de compte, se réveilla complètement.

On ouvrit les glaces et un petit soleil du Midi, timide avant-coureur des rayons africains, vint nous réchauffer.

Ce fut alors seulement qu'après s'être compté, reconnu, souhaité le bonjour, on se mit à causer. La veille au soir, on avait été peu communicatif, par fatigue et par tristesse. Dès que la parole nous fut revenue à tous, je demandai à MM. de Morin et Delange des nouvelles de leur partie d'écarté. Ils ne me savaient pas au courant de leurs faits et gestes et ils m'apprirent, en riant, le résultat de la partie : le docteur avait gagné.

— Mille francs ? dis-je, et on s'est arrêté à minuit?

— Oui, comment?....

— De mon coin, j'ai tout entendu ; seulement vous avez parlé d'un traité auquel il fallait obéir, et j'avoue que je ne comprends pas.

— Nous allons vous dévoiler ce mystère, mademoiselle, fit M. de Morin, d'autant plus que cette partie n'est pas la dernière. Elle se renouvellera tous les jours et il serait cruel à nous de vous intriguer plus longtemps.

Avec une bonne grâce parfaite, le jeune peintre me donna des détails sur ses conventions avec M Delange. Je compris surtout que ce dernier était un véritable joueur. Je n'aime pas cela et il perd dans mon estime. Ce n'est pas que je sois bien sévère ; vous le savez, ma chère Lovely, j'ai tant couru le monde, j'en ai vu de tant de couleurs, tant de crimes ont été commis sous mes yeux dans cette bonne Afrique où je retourne cependant sans y être contrainte, que je suis portée à l'indulgence et tentée de ranger l'amour du jeu au nombre des péchés mignons. Mais, comme femme, j'en veux à M. Delange : il pourrait se passer de jouer dans notre société. La baronne de Guéran et moi nous lui offrons assez d'attraits, nous avons assez de charmes intellectuels et physiques pour qu'il puisse nous sacrifier son inclination pour les cartes. Je ne sait pas si plus tard je lui pardonnerai ; pour le moment ses deux amis sont certainement mieux notés dans mon esprit.

Je ne vous parlerai pas de mon séjour à Marseille ; aucun incident ne l'a marqué. Nous n'avons passé qu'une journée entière dans cette ville, celle du samedi, et dimanche, à neuf heures du matin, nous montions sur le magnifique paquebot des Messageries maritimes qui fait le service de la Chine et des Indes.

Rien à signaler durant notre traversée ; parmi les voyageurs, quelques-uns de nos compatriotes se rendant à Calcutta ou à Singapore, plusieurs Hollandais se dirigeant sur Java, et un grand nombre de Français, surtout des Marseillais, avec qui Mohammed Abd-el-Gazal, a fait très bon ménage.

Au bout de quarante heures environ nous touchions à Naples, et trois jours après nous débarquions en Egypte. Le temps avait été magnifique, la Méditerranée plus calme que la Tamise. Aussi Mme de Guéran, ces messieurs et moi, nous portâmes-nous à ravir. Seul, le fidèle Joseph, qui ne se refuse rien, s'est offert le mal de mer. Comment s'y est-il pris? Je l'ignore; ce garçon a des ressources étranges. Si encore il avait eu un mal de mer discret et poétique, comme je l'ai eu souvent moi-même par les gros temps ! Non, le sien était d'un bruyant et d'un prosaïsme achevé. Les gens du commun, ma chère, ne savent rien faire gracieusement. Une Anglaise bien élevée, au contraire, ennoblit les choses les plus triviales.

Donc cette traversée me causait un véritable enchantement : je retrouvais mon beau ciel bleu, sans lequel je ne peux vivre ; la terre d'Afrique me reconnaissait, et, pleine de sollitude, m'envoyait, à travers l'espace, ses plus chaudes senteurs. Enfin je n'étais plus enfermée dans une boîte, comme je l'avais été de Paris à Marseille ; je pouvais arpenter le pont dans toute sa longueur. Mes pieds ne se possédaient plus de joie et s'en donnaient, s'en donnaient ! Suivant les calculs de M. Périères qui s'occupe aussi beaucoup de moi et m'attache de temps à autre, sans que je m'en doute, un petit podomètre dans le dos, je fais environ par jour quarante milles du gouvernail au beaupré du navire.

Souvent même la nuit, lorsque le ciel est étoilé, je reprends ma course après souper. Les passagers rentrés dans leurs cabines et désireux de dormir se plaignent bien un peu du bruit qui se fait au-dessus de leur tête. Mais cela ne me regarde pas, je n'entre pas dans de semblables considérations, le pont est à tout le monde. Un soir, cependant, comme je me promenais de préférence sur la dunette, j'entends frapper vivement, juste au-dessous de moi, au moment où je passais sur une cabine de tribord : « Bon, me dis-je, voici un dormeur qui s'impatiente. Attends, attends, je vais t'apprendre à taper comme ça et à vouloir imposer silence à une Anglaise ! » Et, au lieu de marcher plus loin, je me mets à piétiner au-dessus de cette cabine mal-apprise.

— Que faites-vous, miss Béatrix? me dit M. Périères qui me rejoint. Vous êtes au-dessus de la cabine de Mme de Guéran ; elle vous a reconnue à la légèreté de votre pas, et elle a frappé pour vous prier de descendre lui parler.

J'étais toute confuse : j'interrompis ma marche, je rejoignis la baronne et j'eus avec elle une conversation qui m'a donné beaucoup à réfléchir.

— Je vous demande pardon, miss Poles, me dit Mme de Guéran, d'interrompre votre course nocturne ; j'ai pensé que vous voudriez bien me consacrer quelques instants.

— Certainement, madame, je suis à vos ordres, m'empressais-je de répondre ; est-ce donc moi qui vous empêchais de dormir?

— Vous m'en auriez empêchée, dit en riant la baronne, si j'avais eu la moindre velléité de sommeil ; mais de grandes préoccupations me tiennent éveillée. Dites-moi, continua-t-elle brusquement, vous qui, comme moi, vous êtes trouvée en relations avec tant de voyageurs, n'avez-vous pas remarqué combien on accueillait facilement en Europe tous les bruits circulant sur leur compte ? Vous souvenez-vous, entre autres choses, de ce qui s'est passé à l'égard d'Edouard Vogel ?

— Non, répondis-je, ma prodigieuse mémoire me fait défaut en cette circonstance.

— Eh bien ! reprit la baronne, j'ai recueilli, pour vous les montrer, plusieurs documents qui concernent ce grand explorateur, un des meilleurs amis de mon père. Je les résume, bien entendu : Le 14 décembre 1857, le vice-consul d'Angleterre à Khartoum, M. Green, donne à son gouvernement les renseignements suivants : « Le docteur Vogel ayant pénétré dans le Waday a d'abord été très-bien accueilli par le sultan. Mais dans les environs de Wara se trouve une montagne sacrée dont l'ascension est interdite à tout le monde et que Vogel voulut gravir. Aussitôt il fut arrêté et mis à mort. »

Vous le voyez, continua la baronne en me mettant sous les yeux un journal anglais, la nouvelle est tout à fait officielle. Le comte de Clarendon la communique à la reine. Mais, le 29 juin 1860, voici un nouveau récit tout aussi officiel, adressé au comité de Gotha :

« Vogel, en arrivant au Bornou, se met en quête d'un protecteur puissant et on l'adresse à un cousin du sultan, le vizir Germa. A peine la présentation a-t-elle eu lieu, que celui-ci s'empresse de demander au voyageur européen de lui faire présent de son cheval, une bête fort remarquable. Vogel refuse. Sa mort est aussitôt résolue. On l'accuse d'être venu dans le pays pour l'ensorceler, en écrivant avec une plume sans encre (un crayon), et le cinquième jour de son arrivée, Germa suivi d'une troupe armée se présente devant sa demeure. On prie Vogel de sortir, sous prétexte que le sultan le demande, et il tombe aussitôt sous les coups de ses meurtriers. » Que dites-vous de ces deux versions? me demanda Mme de Guéran.

— Si elles ne se ressemblent pas, répliquai-je, elles concluent du moins toutes deux de la même façon.

— Il en existe une troisième à laquelle on a attaché longtemps, en Angleterre, une grande importance : d'après d'autres récits, Vogel était tout simplement prisonnier dans le Bornou ; une expédition est même partie à sa recherche.

— Sa mort est bien prouvée maintenant.

— Je vous l'accorde ; mais l'existence de Livingstone vient d'être établie aussi et, deux ou trois fois déjà, nous avons porté son deuil, toujours d'après des rapports absolument dignes de foi.

— Où voulez-vous en venir, madame? demandai-je.

Elle me regarda, ne me répondit rien, et, quelques minutes après, sans avoir daigné s'expliquer davantage, elle me rendit ma liberté.

Je repris ma course sur le pont, afin de réfléchir à l'entretien que je venais d'avoir. »

Madame de Guéran en Égypte.

XVII

M. de Pommerelle, un des membres les plus aimés du cercle où nous avons assisté à une partie de baccarat, avait tenu, la veille de leur départ, à ses amis MM. de Morin, Périères et Delange le petit discours suivant :

— Messieurs, j'adore les voyages, je brûle de vous suivre en Afrique comme vous m'y invitez; je donnerais ma fortune et la fortune publique, surtout la fortune publique, pour visiter, en votre société, les pays extravagants que vous allez parcourir. Rien ne me serait plus facile que de vous accompagner. Je suis garçon et orphelin; je possède bien quelques parents, éparpillés çà et là dans Paris, sur la rive gauche, de l'esplanade des Invalides à la rue du Bac, mais ils me sont aussi inconnus que je leur suis indifférent. Pour amis je n'ai que vous. Quant à mes relations mondaines, elles sont nombreuses, mais je me moque d'elles autant qu'elles se moquent de moi. Ma fortune me permet aussi de vous suivre là-bas et de me livrer, sans courir le risque de me ruiner, à toute espèce de prodigalités africaines. Cependant je ne vous accompagne pas. En voici les motifs :

Je suis Parisien dans l'âme, boulevardier comme il n'est pas permis de l'être. A peine ai-je quitté Paris pour me rendre à Trouville, l'été, lorsque mon médecin me menace du choléra, qu'en passant devant Maisons-Laffitte, je suis tenté de descendre et de renoncer au voyage. A Mantes, je m'inquiète, je m'agite, je regarde par la portière avec l'espérance d'apercevoir le perron de Tortoni. A Elbeuf, une tristesse invincible s'empare de moi et se communique à tout le wagon. On le prendrait pour une voiture de deuil, ramenant du cimetière des héritiers naturels frustrés par le défunt. A Serquigny, c'est en vain qu'on m'invite à descendre au buffet. Je m'y refuse absolument; je ne veux, je ne pourrais rien prendre : mon estomac est aussi serré que mon cœur. La vue des pâturages de Lisieux, des vaches étendues dans la prairie, augmente encore ma mélancolie. Ce grand silence de la nature, ce calme, ce repos continuent à me taper sur les nerfs. Mon agitation est à son comble; mes compagnons de voyage, inquiets, se serrent les uns contre les autres. Arrivé à Trouville, je me précipite dans une chambre d'hôtel, je ferme les fenêtres pour ne pas voir la mer, et, seul avec moi-même, je fonds en larmes.

Le lendemain matin, inutile de vous dire que je repars pour Paris, par le premier express, et que je dis au choléra : « Prends-moi, fais de moi ce que tu voudras, mais ne me force plus à m'expatrier. »

Que voulez-vous, messieurs, je ne puis pas me passer de ces affreux boulevards qui commencent à la Madeleine pour finir un peu avant la rue du Faubourg-Montmartre. Ils sont poussiéreux, boueux, enfumés, je le confesse. L'été, mes bottines s'incrustent dans le bitume qui fond sous mes pieds. L'hiver, je patauge dans une boue gluante ressemblant au verglas. En tout temps les becs de gaz jettent des lueurs blafardes. Les arbres pleurent inutilement pour avoir des feuilles ; mais je suis habitué à ne voir que leurs troncs depuis ma naissance et la leur. Ils me contrarieraient beaucoup s'ils donnaient de l'ombrage ; ce ne seraient plus mes arbres.

J'ai besoin d'arrêter mes yeux, de midi à une heure du matin, sur ces affreux petits kiosques où l'on débite tant d'insanités ; sur ces théâtres qui, depuis vingt ans, jouent toujours la même pièce, avec la même actrice ; sur ces bonnes voitures de remise, fermées en été, découvertes en hiver, et dont les chevaux se moquent des cochers qui se moquent de nous. Il faut que je coudoie ces promeneurs, ces promeneuses, ces pauvres, ces riches, ces mendiants, ces bohêmes, ces gens célèbres, ces déclassés, ces innommés, ces vertus, ces vices, ces gloires, ces hontes ; que je sente le frôlement de ces guenilles et de ces blanches fourrures d'hermine ; que je salue tour à tour ce joli nez retroussé, ces yeux modestement baissés et ce vieux crâne chauve ; que je serre la main de l'honnête Mme de B... et les doigts de Mlle *** ; que je respire les émanations malsaines qui s'échappent de ce café entr'ouvert et le délicieux parfum de verveine que la comtesse de X... laisse derrière elle.

Enfin, ces coudoiements, ces coups de chapeau donnés et rendus, ce mot à droite, cette phrase à gauche, cette foule, ces horizons, ces senteurs, ces lumières, ce mouvement, cette vie, me sont indispensables. Loin de tout cela, je m'étiole et je rends l'âme.

Et, cependant, messieurs, je le répète, j'adore les voyages, probablement parce que je n'ai jamais eu le courage d'en faire. La Librairie Nouvelle, sur le boulevard des Italiens, ne voit que moi ; Achille Heymann et Ménard, ces intelligents employés de Lévy, m'envoient par ballots les aventures de tous les voyageurs connus et inconnus. Il suffit qu'un auteur soit allé à cent lieues de Paris pour m'être cher. Je le lis avec recueillement, je l'admire et le vénère. Enfin, je suis le voyageur en chambre le plus remarquable qu'on ait jamais vu.

Vous avez écouté ma confession, messieurs et chers amis, et immédiatement compris d'abord qu'il fallait vous passer de moi, ensuite que vous pouviez me rendre un grand service : ce serait de me donner les détails les plus complets sur les pays que vous allez parcourir, des notes de toutes sortes, des descriptions à perte de vue. Je me pénétrerai de vos lettres, je les étudierai, je les apprendrai par cœur, je voyagerai par la pensée avec vous, et je vous bénirai pour les bons moments que vous ne manquerez pas de me faire passer.

Je vous dispense de me parler de vous. Le seul fait de m'écrire établira que vous êtes en bonne santé ; je n'ai pas besoin d'en savoir davantage. Je préfère de beaucoup que vous m'entreteniez des nègres, des négresses, des sauvages et des sauvagesses de votre intimité. J'ai dit. Jurez-vous de faire ce que je vous demande ?

Comme les trois Horaces, ils étendirent la main et jurèrent.

XVIII

Le 25 octobre 1872, M. de Pommerelle, en rentrant chez lui, à trois heures du matin, trouva, sur la cheminée de sa chambre à coucher, une lettre timbrée du Caire.

« Ces chers amis, s'écria-t-il joyeusement, ils ne m'ont pas oublié ! » Et, malgré l'heure avancée, la fatigue qu'il pouvait éprouver, il alluma deux candélabres pour lire plus couramment sa lettre et ne pas en perdre un mot.

Il reconnut aussitôt, d'après les changements d'écriture, que les trois voyageurs avaient collaboré. M. de Morin ouvrait la marche.

« Ah ! mon cher, disait-il, quel voyage ! quel délicieux voyage ! »

M. de Pommerelle s'interrompit et se frotta les mains. Son imagination devançait sa vue ; il se réjouissait, à l'avance, des paysages qu'on allait lui décrire, des détails de mœurs auxquels on ne manquerait pas de l'initier. Il reprit la lettre. M. de Morin continuait en ces termes :

« Oui, quel délicieux voyage ! Cette Mme de Guéran est adorable. Vous ne pouvez vous figurer, mon cher ami, comme le temps se passe vite auprès d'elle. J'ai quitté Paris depuis dix jours, et il me semble que c'était hier. Quel charme ! quelle distinction exquise ! quelle gaieté avec une nuance délicieuse de mélancolie ! quel caractère égal ! quelle conversation enjouée et sérieuse tout à la fois ! »

— Aura-t-il bientôt fini ! s'écria M. de Pommerelle, que ce lyrisme impatientait. La plus petite description de l'Afrique me serait plus agréable que le portrait de Mme de Guéran. Voyons, il va probablement s'arrêter et passer à un autre exercice.

M. de Morin continuait :

« Et comme elle sait se faire obéir ! Si vous la pouviez voir, cher ami, commander à tous ces gens que nous réunissons déjà pour notre expédition ! »

— L'expédition ! bravo ! fit M. de Pommerelle, nous y voici. Il a mis du temps avant d'y arriver ; mais ces amoureux !

« Les habitants du Caire, reprenait le peintre, n'admettent pas que Mme de Guéran soit une Européenne. Elle porte trop fièrement la tête, ses gestes sont trop nobles, son regard a trop de volonté. Puis, sa taille est si bien prise dans le vêtement de fantaisie qu'elle s'était commandé à Paris et qu'elle vient de revêtir ! Il ne ressemble à rien. Ce n'est ni parisien, ni turc, ni robe, ni costume. C'est plein de cachet et cela n'a rien de théâtral. Enfin, elle l'a inventé et dessiné, c'est tout dire.

Quand j'aurai ajouté qu'elle parle le vrai arabe, c'est-à-dire l'arabe littéraire, vous comprendrez facilement que les fellahs la vénèrent et la prennent pour une sultane. Aussi, entre nous, lui donnons-nous ce titre. « La sultane a décidé telle chose », dit M. Périères. « La sultane descend de ses appartements », fait le docteur. Moi, j'ai trouvé que cette dénomination ne peignait Mme de Guéran qu'imparfaitement. Il y a de la sultane en elle, je le veux bien, mais il y a surtout de la Parisienne. L'esprit est vif, original, la physionomie piquante. Jamais une femme turque n'a eu ce *chic* qu'on ne rencontre que chez nous. Pour tout concilier, réunir l'Europe et l'Afrique, j'ai donc proposé d'appeler Mme de Guéran la *Sultane parisienne*. Cette motion a été adoptée.

Miss Béatrix Poles, dont je vous ai parlé, aurait préféré ces mots : *Sultane de feu*. C'est ainsi que les peuplades du haut Nil désignaient Mlle Alexina Tinne, lorsqu'ils la voyaient descendre le fleuve sur son bateau à vapeur d'où s'échappaient des gerbes d'étincelles. Mais nous ne sommes pas sûrs de voyager en bateau à vapeur, et nous ne tenons surtout pas à parer notre chère baronne des titres et qualités qui appartiennent à la voyageuse hollandaise. Mme de Guéran mérite qu'on se mette en frais d'imagination pour elle.

A propos de miss Béatrix Poles, il se passe, mon cher ami, quelque chose de bien amusant. Mais Mme de Guéran me fait demander, je vous quitte un instant, excusez-moi, je vous reviens. »

— Il peut se dispenser de revenir ! s'écria M. de Pommerelle furieux. Que me font miss Poles et Mme de Guéran et toutes leurs petites affaires ? L'Afrique seule m'intéresse et je ne vois pas venir l'Afrique.

Cependant, poussé par la curiosité, et confiant dans la promesse qu'on lui avait faite, il tourna la page.

« Vous connaissez miss Béatrix Poles, continuait M. de Morin. Un jour, tandis que nous fumions un cigare sur le balcon du cercle, je vous ai montré cette femme phénoménale. Elle arpentait le trottoir, en face de nous, avec une rapidité inouïe; on aurait dit un train express lancé à toute vapeur. Elle traversait les groupes les plus compacts, donnant un coup de coude à droite, poussant à gauche une épaule rebelle. Elle aurait renversé tous les obstacles sur son passage si, en la voyant arriver, les enfants n'avaient pris la fuite, les femmes ne s'étaient rangées contre les maisons, et les hommes n'avaient cherché un refuge dans le ruisseau.

Comme la rapidité de sa marche vous avait empêché de distinguer ses traits, je vous ai même communiqué son portrait qui n'est pas une charge, je vous le jure. Rien n'est inventé, ni la maigreur, ni la longueur, ni les bras, ni les mains, ni les pieds, ni les grosses lunettes vertes avec abat-jour.

Eh bien, mon cher, imaginez-vous que cette gracieuse personne croit Périères, Delange et moi, amoureux d'elle, oui, amoureux fous, et nous avons la cruauté (il faut bien se distraire en voyage!) de l'entretenir dans cette idée. Je l'accable de compliments, de prévenances; Delange, à toute heure du jour et de la nuit, lui lance des regards incandescents; Périères pousse des soupirs si bruyants qu'on le prendrait pour une locomotive amoureuse.

Le cœur de miss Poles flotte entre nous trois et nous le laisserons toujours flotter; il serait trop dangereux de le fixer.

A part sa manie de se croire jeune, jolie et ardemment aimée, c'est, du reste, une excellente personne, intelligente, spirituelle même lorsqu'elle n'est pas en cause, de bon conseil, courageuse, infatigable et de mœurs exemplaires.

Je ne ferai pas un aussi bel éloge de mon domestique Joseph. Il est d'une bêtise! Figurez-vous qu'au lieu d'inscrire son nom de Joseph sur ses bagages envoyés à l'avance en Égypte, il a fait mettre : Mohammed Abd-el-Gazal, un nom de fantaisie qu'il a cru devoir se donner. Qu'en est-il résulté? C'est qu'à Suez, un vrai Mohammed, ce nom est des plus communs ici, a réclamé les bagages de Joseph, comme s'ils lui appartenaient. Avec cette insouciance égyptienne, mélangée de mauvaise foi, dont nous avons eu souvent à nous plaindre, on s'est empressé de les lui délivrer... et il court sans doute dans le désert.

Inutile de vous dire que nous aurions trouvé parfaitement ridicule d'écouter les doléances de Joseph et de faire notre déclaration à la police. Nous nous rappelons ce mot, devenu historique : « Le jour où vous retrouverez, en Égypte, un foulard qu'on vous aura dérobé, vous aurez dénoué la question d'Orient. » Mais je m'aperçois, mon cher ami, que je n'ai pas suivi vos recommandations; au lieu de vous entretenir de l'Afrique, comme vous le désiriez, je vous ai parlé de nous, et vous n'y teniez pas. Vous n'y perdrez rien. Je cède la plume à Périères, c'est un homme de lettres, lui ! Il excelle dans les descriptions. Vous serez satisfait. »

— A la bonne heure, se dit M. de Pommerelle, on va me parler de l'Égypte, et dans des termes exquis. Je connais Périères. C'est un coloriste remarquable, aussi fort que Gautier.

Il s'empressa de prendre le second feuillet de la lettre et lut ce qui suit :

« Paris, départ, rapide, 7-45, soir. Arrivée Marseille, 11-40 matin. Grand hôtel Noailles. Bagages, promenade ville. Dimanche, départ 9 heures, paquebot. Bonne mer. Mardi, Naples. Beau golfe. Vésuve fume pas. Vendredi, Port-Saïd, très-laid. Départ, chemin de fer. Arrivée Caire. Pittoresque, mais pas d'almées. Forme caravane. Amitiés. »

— Le misérable ! s'écria M. de Pommerelle indigné, et il se dit homme de lettres ! Voilà ce qu'est devenue, de nos jours, la littérature ! Si l'on ne paie pas à ces messieurs leur copie, ils se servent d'un fil télégraphique pour écrire. Quand je pense que j'ai osé comparer ce Périères au peintre de l'Orient, au grand Gautier ! Je ne m'en consolerai jamais.

Il faisait des gestes désespérés, il arpentait la chambre avec fureur. Tout à coup, en revenant près de la cheminée, sur laquelle il avait jeté sa correspondance, une dernière page, d'une écriture fine et pressée, s'offrit à sa vue. C'était la lettre du docteur Delange.

— Enfin ! s'écria M. de Pommerelle, celui-ci va me donner des détails piquants sur l'Égypte ; les médecins sont de charmants observateurs !

Il lut ce qui suit :

« Vous avez été témoin, cher ami, de mes tortures pendant le dernier mois de mon séjour à Paris. Tous les soirs, j'allais au cercle, je m'asseyais devant la table de baccarat et, fidèle à la parole que je m'étais donnée, je me contentais de regarder sans toucher comme dans les musées de l'État. Mais quelles souffrances, mon Dieu ! quelles souffrances ! Aussi n'avais-je qu'une pensée, qu'un rêve : jouer avec de Morin, d'après les conventions que nous vous avons dites et qui vous ont paru très-originales. J'ai gagné à l'écarté les premiers cinquante louis. De Morin, en sa qualité de perdant, était donc en droit, le lendemain, d'imposer le jeu qui lui plairait. Il a choisi le lansquenet et a fait les cinquante louis d'un coup.

Jouer deux secondes lorsqu'on a toute une journée devant soi ! Ce n'était pas admissible, je n'y trouvais pas mon compte et j'ai voulu donner une leçon à mon adversaire. Nous étions à bord du paquebot, j'avais perdu la veille, j'étais donc maître de la situation : « Suivez-moi, » ai-je dit à notre ami. Il a été obligé d'obéir.

Je l'ai conduit sur le pont, vers le milieu du navire, à deux pas de la grosse cheminée. Elle répandait autour d'elle une chaleur terrible, et, par le trou béant de la cale, des bouffées d'air étouffant et d'insupportables odeurs d'huile cuite, montaient jusqu'à nous. Alors, j'ai tiré tranquillement mes cartes de ma poche et j'ai dit : Jouons.

Morin faisait une tête ! Mais le traité a d'autant plus de force que nous l'avons déchiré pour le remplacer par des paroles d'honneur ; il a fallu se soumettre.

Nous avons joué au bezigue chinois à un sou le point pendant huit heures consécutives. J'étais abruti, mais mon adversaire l'était aussi ! Il avait, par surcroît de malheur, perdu ses mille francs.

Le lendemain, l'occasion était trop bonne pour qu'il n'essayât pas de prendre sa revanche. Je me promenais sur la dunette lorsqu'il vint à moi en souriant, et me dit, de sa voix la plus douce :

— Notre traité, cher ami, vous le savez, autorise à remplacer le jeu par des paris.

— Je le sais, fis-je, sans deviner encore où il voulait en venir.

— Et bien ! continua de Morin toujours gracieux, j'use de mon droit, et je vous parie que vous ne vous jetez pas immédiatement, là, devant moi, à la mer.

— Je vous parie que je m'y jette, répondis-je.

— L'enjeu est de mille francs, reprit de Morin.

— Soit ; c'est tenu.

J'allumai tranquillement un cigare et je m'étendis sur un banc.

— Eh bien ! que faites-vous ? s'écria mon adversaire.

Le chameau qui emportait Joseph suivit au grand trot ses camarades (page 94).

— Vous le voyez, je me repose.
— Et le pari?
— Je reconnais l'avoir perdu.
— Pourquoi l'avez-vous tenu alors?
— Pour perdre et me venger demain.

De Morin frémit, il avait compris, à l'expression de mon regard, que je serais terrible. Le lendemain, dans la matinée, nous entrions dans le golfe de Naples par un temps radieux. De Morin debout, appuyé contre un hauban, une longue-vue à la main, contemplait avec recueillement le magnifique panorama qui se déroulait devant lui. Je m'avance, je lui tape sur l'épaule. Le malheureux se retourne, pâlit, et, sur un signe, emboîte mon pas. Mais lorsqu'il voit que je me dirige vers l'escalier qui conduit à l'entrepont, lorsqu'il comprend que, sans tenir compte de ce beau temps, de ce beau ciel, de cette vue admirable, je vais le faire descendre dans les profondeurs du navire, l'enfouir dans ces catacombes sous-marines, il demande grâce et propose un arrangement.

J'ai daigné l'écouter et il a été convenu entre nous que je ne lui imposerai plus de parties trop longues, mais que, de son côté, il ne pourra plus m'en infliger de trop courtes. Nous jouerons, tous les jours, deux heures.

Au revoir, cher ami, de Morin m'attend. Nous allons nous livrer à un joli piquet. »

— Eh bien ! s'écria de Pommerelle, ces trois lettres m'ont admirablement renseigné sur l'Afrique !

Pour calmer son irritation, il prit une plume et, à son tour, rédigea la dépêche télégraphique suivante :

« Vous, faux amis, si vous tenez pas promesse, moi pas renouveler provision cigares, et vous mourir de désespoir, pas fumer.

« POMMERELLE. »

XIX

« Pour un homme injuste, vous êtes un homme bien injuste. Ces deux messieurs vous racontent gentiment leurs petites affaires. Ils se reposent, auprès de vous, des soucis du voyage : ils essayent d'oublier leurs ennuis et, il faut bien l'avouer, certaines appréhensions que les plus fermes ne peuvent s'empêcher d'éprouver lorsqu'ils vont se précipiter dans des aventures passablement hasardeuses. Ils détournent les yeux d'un horizon où déjà se forment quelques tempêtes, pour s'asseoir dans votre fumoir, en plein cœur de Paris, bavarder de ceci, de cela et redevenir, un instant, boulevardiers.

Quant à moi, je me disais que si vous n'aviez jamais voyagé, vous aviez du moins beaucoup lu, que Lyon, Marseille, Alexandrie, le Caire étaient pour vous de vieilles connaissances, et au lieu de vous envoyer des détails renouvelés des anciens, je résumai le voyage, en style nègre, pour m'habituer à cette langue bouffonne.

Vous n'avez pas voulu comprendre mes délicatesses, vous ne vous êtes pas rendu compte des exigences auxquelles ont obéi de Morin et Delange ; dans votre injustice, vite vous prenez une plume, et vous faites de terribles menaces aux pauvres diables qui vont offrir leur vie en holocauste, à la science et à la géographie.

Soit ! Monsieur, nous avons peur de manquer de cigares et nous nous rendons.

D'abord, savez-vous de quel lieu je vous écris en ce moment ? Je ne suis ni dans un hôtel, ni dans une chambre, ni sous une tente, ni sur terre, ni sur le Nil. Je me trouve en pleine mer... Rouge, à bord d'un bateau à vapeur de la compagnie égyptienne Medschidieh et je me dirige sur Souakin, port de quelque importance, situé à moitié route de Suez et d'Aden, sur la côte occidentale, c'est-à-dire du côté de l'Égypte et de la Nubie. J'espère bien que vous me ferez l'honneur de me suivre sur une carte. Prenez celle de Brué, c'est encore la meilleure, quoiqu'elle laisse beaucoup à désirer. La carte allemande de Stieler de Gotha : *Mittel und nord Africa (ostlicher theil)*, ce qui veut dire pour un homme sans instruction : *Afrique septentrionale et centrale, partie orientale*, est beaucoup plus complète. Mais vous vous perdriez, dans tous ces noms allemands. Il faut déjà une certaine habitude pour comprendre les cartes françaises sur lesquelles les noms de villes, de tribus, de rivières et de montagnes sont écrits de dix façons différentes. Quelquefois même deux noms n'ont aucun rapport. Pour vous en donner une idée, la ville de Berber, où nous devons rejoindre le Nil, s'appelle, sur différentes cartes : El-Mecheref. Reconnaissez Berber là dedans. C'est à devenir fou.

Mais je m'égare ; je vous disais que nous nous dirigions par mer sur Souakin, pour nous rendre par terre à Berber et ensuite remonter le Nil jusqu'à Chendy et à Khartoum. Pourquoi avons-nous pris cette route ? Pour beaucoup de raisons, cher ami, mais surtout parce qu'elle est la plus courte et qu'elle nous présente de grands avantages de sécurité. Une semaine à peine, malgré quelques escales sur la côte, nous suffira pour arriver au port indiqué. Comme latitude nous serons, à deux ou trois degrés près, à la même hauteur que Khartoum. Nous aurons donc fait, en huit jours, ce qui demande, par la bonne saison, quarante jours au moins, quelquefois deux mois, si l'on remonte le Nil en bateau à vapeur.

Mais vous devrez, me faites-vous observer, vous rendre de Souakin à Berber, puis à Khartoum. C'est très-juste ; seulement le voyage, de la mer jusqu'au Nil, n'est que de deux cents milles environ, et nous ferons cette promenade à dos de chameau, ce qui nous permettra de nous aguerrir. Nous aurons aussi à traverser quelques montagnes où l'air est excellent et nous arriverons à Berber en bon état, bien entraînés, comme dit Mme de Guéran, et disposés, par d'habiles transitions, à supporter les chaleurs de l'Afrique centrale. La partie du Nil que nous descendrons de Berber à Khartoum est fort curieuse ; nous admirerons, ce qui n'est pas donné à tout le monde, à vous surtout, les fameuses Pyramides de Méroé et la sixième grande cataracte. Vous le voyez, nous débutons par la sixième, nous autres ; nous supprimons les cinq premières ; c'est notre façon de procéder. Cette navigation nous demandera quinze jours au plus, peut-être huit, si le vent nous favorise.

Nous supprimerons ainsi toutes les splendeurs du Nil égyptien : Syout, les montagnes de la chaîne Lybique, la vieille Thèbes, Louksor, Karnac, l'île de Philœ. Mais tant de voyageurs vous renseigneront sur ces beaux lieux ! Je vous recommande surtout *la Vallée du Nil*, ouvrage très-estimé d'Henri Cammas et André Lefèvre.

Pardon, cher ami, la tente posée sur la dunette, et sous laquelle je vous écris, ne m'abrite plus suffisamment : j'étouffe et je vais me livrer à quelques ébats aquatiques dans une vaste cuve placée sur l'avant du navire. Si je me sens mieux, je reprendrai la plume jusqu'au coucher du soleil.

. . . .

J'ai eu une heureuse idée de vous quitter. L'amour de l'hydrothérapie m'a porté bonheur : je viens de voir... mais n'allons pas trop vite... Je sortais de ma cuve et je finissais de m'habiller, lorsqu'il me semble entendre un soupir, ou plutôt une sorte de plainte langoureuse, le bâillement prolongé d'une femme qui se réveille, tend les bras et s'étire. Qu'est-ce que cela signifie? Les trois servantes nubiennes que Mme de Guéran a louées au Caire sommeillent là-bas près de la machine, je les vois. La baronne elle-même, étendue sur la dunette, cause avec le docteur et il n'y a pas d'autres femmes à bord. L'Afrique aurait-elle sur moi une fâcheuse influence : en serais-je arrivé à confondre le soupir d'une femme avec la plainte échappée de la poitrine de quelque matelot? C'est impossible ; je jouis, pour quelque temps encore, de toutes mes facultés.

Nouveau soupir. Cette fois je ne me trompe pas, il a été poussé tout près de moi, et sous moi ; la cale est donc habitée.

Je me baisse, je colle mon oreille contre le plancher du pont, et j'écoute. Mêmes soupirs, mêmes plaintes, même bâillements, quelque chose de doux et de traînant, de voluptueux au possible. Ah ! j'aurai le mot de l'énigme.

Je regarde devant moi, derrière moi, je cherche quelque passage, quelque trappe qui, de ce côté, puisse me conduire dans les profondeurs du navire. Rien. J'aperçois seulement, à quelques pas, la grande ouverture de trois mètres carrés qui met la cale aux marchandises en communication avec l'extérieur ; mais des planches goudronnées, recouvertes de grandes bâches, ferment solidement son entrée.

Je n'en puis pas douter, cependant, des êtres animés vivent dans cet antre, sous mes pieds. Comment respirent-ils ?

Évidemment par des sabords, percés dans les flancs du navire, et que je n'ai pas remarqués au départ.

Voyons. Inspectons la muraille extérieure de mon paquebot. C'est un jeu pour l'un des premiers élèves de Paz. Personne ne me voit : tous les matelots, sans excepter le capitaine, sommeillent ou dorment, les mécaniciens, à moitié asphyxiés dans leur chambre de chauffe, ne songent pas à moi, mes amis regardent le soleil se coucher, et, du reste, les toiles déployées à l'avant pour masquer notre salle de bain dissimuleront une partie de mes mouvements.

En deux temps j'ai franchi le bastingage, j'ai saisi une corde, je me suis glissé sous le beaupré et je jette un coup d'œil rapide sur les flancs du navire. Je ne m'étais pas trompé : deux petits sabords s'ouvrent de chaque côté. C'est de là que les soupirs sont partis et qu'ils ont monté jusqu'à moi.

Je me pends par les mains au bordage du navire, je me glisse à droite vers le sabord le plus proche, je quitte le bordage pour saisir la corde que j'ai eu soin d'attacher autour du cabestan, je descends ainsi d'un mètre environ, et je passe ma tête dans le sabord ouvert.

Ah ! mon cher, quel curieux, inattendu et charmant spectacle s'offre à mes regards indiscrets !

XX

D'abord je ne vis pas grand'chose : mon visage bouchait le jour et je me faisais ombre à moi-même. Mais, en une minute, mes yeux s'habituèrent à l'obscurité ; entre les parois du sabord et ma tête, la lumière se glissa et j'aperçus... quoi? Devinez? Vous n'y êtes pas? Non, parbleu! qui aurait pu supposer?...

J'aperçois une cabine de cinq mètres de long sur trois de large, disposée au milieu de la cale. Le chargement du navire n'étant pas complet, on avait évidemment essayé d'utiliser l'emplacement qui se trouvait libre au-dessus des tonnes de marchandises, et pour dissimuler ces colis, on les avait recouverts de grandes nattes et d'étoffes aux couleurs éclatantes.

Au milieu de cette cabine improvisée et totalement dépourvue de meubles, quatre femmes dormaient, ou sommeillaient, dans des positions diverses. Celle-ci, couchée sur le dos, les bras rejetés en arrière et repliés, s'était fait une sorte d'oreiller de ses mains qui se rejoignaient sous sa nuque. Celle-là, étendue en sens inverse, appuyait sur les nattes qui lui servaient de divan, ses genoux, sa poitrine et ses bras. Cette troisième, plutôt accroupie qu'assise, avait placé ses coudes sur ses genoux relevés et laissait tomber sa tête dans ses mains. Cette dernière enfin, étendue mais penchée d'un côté, dormait le visage enfoui dans son bras recourbé. Posées ainsi, ces quatre créatures ne semblaient faire qu'une seule et même femme, que des miroirs habilement placés auraient été chargés de réfléchir dans différentes attitudes.

Le dos recourbé de la femme accroupie, ses mains et ses pieds étaient d'un modelé parfait ; la statuaire antique n'eût désavoué ni les hanches de la femme penchée sur le côté, ni la ferme poitrine, ni les épaules superbes de ses deux compagnes. Leurs cheveux longs, soyeux, d'un noir d'acajou foncé, reluisaient et semblaient s'empourprer aux feux du soleil couchant. La nuance de leur peau ne peut se définir ; elle me rappelait l'éclat de ces bronzes dont Florence avait autrefois le secret, une sorte de métal en fusion, d'acier brun aux reflets dorés. On aurait dit de la chair faite de lumière et de soleil.

Je ne pouvais distinguer que le visage de l'une d'elles : son nez droit aux narines vigoureusement accentuées ; son front un peu étroit, déprimé vers le haut, mais pur, vierge de tout pli, un front de quinze ans. De longs cils noirs, nuancés comme les cheveux, recouvraient ses longs yeux fendus en amande ; à travers ses lèvres épaisses et d'un rouge vif on apercevait de petites dents blanches et nacrées.

Il fallait vraiment, mon cher, que ces créatures méritassent la peine d'être admirées et détaillées de cette façon, car vous n'avez pas oublié ma situation, n'est-ce pas ? Un de mes bras s'enroule autour d'une corde que ma main crispée serre avec force ; mon autre main s'accroche, comme elle peut, à la muraille du navire, et mes pieds s'agitent dans le vide. Ma tête est aussi enfouie dans le sabord, comme dans la lunette d'une guillotine. Vu de l'intérieur, je dois avoir l'air d'un décapité.

C'est l'effet que je produisis sans doute à l'une de ces dames, celle qui avait le sommeil le plus léger, et dont les bâillements langoureux avaient attiré mon attention et déterminé mes exercices gymnastiques.

C'était la jeune fille dont j'avais admiré le visage. Ses longs cils entremêlés se séparèrent, j'aperçus le blanc de l'œil, puis un peu de noir ; enfin les yeux s'ouvrirent, le regard flotta dans le vide et, tout à coup, se fixant sur moi, sembla lancer un éclair.

En même temps, la jeune femme poussait un cri et, d'un seul bond, avec une rapidité inouïe que je me suis plus tard expliquée, elle se dressa sur ses pieds.

Ce cri avait réveillé les trois autres dormeuses ; elles bondirent avec la même élasticité que leur compagne et toutes quatre se réfugièrent, en tas, dans un coin de la cabine. Mêlées, confondues et palpitantes, elles formèrent un seul groupe.

Cependant, lorsque en vous écrivant, mon souvenir les évoque et mon imagination les revoit, je cherche en vain dans leur attitude, dans leurs regards, quelque chose qui rende les sentiments dont elles sont agitées. Leur pudeur offensée ne semble pas s'être révoltée ; elles n'éprouvent qu'une sorte d'effarement d'être ainsi surprises à l'improviste, une crainte naturelle à la vue de cette tête de guillotiné qui leur apparaît subitement.

Mais, mon cher, je ne faisais pas alors ces dernières réflexions ; à peine mes quatre inconnues eurent-elles poussé leur cri et se furent-elles tassées comme je vous l'ai dit, que je songeais à la retraite. Il était temps : mon bras et ma main commençaient à faiblir, et la mer Rouge, qui me convoitait en ma qualité d'infidèle, s'entr'ouvrait déjà pour recevoir sa proie.

Ce n'était pourtant pas le moment de trépasser ; j'avais un mystère à éclaircir. Que faisaient ces femmes sur notre navire ? D'où venaient-elles ? J'étais, je vous l'avoue, très-sérieusement intrigué, et cependant, vous l'avez vu, je suis remonté sur la dunette pour ajouter quelques mots à ma lettre et je ne vous ai quitté qu'à la nuit.

Il est vrai qu'à ce moment seulement je pouvais espérer parler au capitaine : plongé toute la journée dans une sorte d'hébétement causé par la chaleur, le tabac et peut-être l'eau-de-vie, il daignait d'ordinaire sortir de son inaction au coucher du soleil.

Je le rejoignis sur l'espèce de passerelle qui lui servait de banc de commandement et je lui dis :

— Je croyais, capitaine, que vous ne deviez prendre sur votre navire, comme passagers, jusqu'à Souakin, que mes amis, moi et nos serviteurs ?

— Sans doute... balbutia le capitaine, encore à moitié endormi.

— Eh bien ! vous avez manqué à vos engagements.

— Comment, je...

— Oui, vous avez à bord quatre passagères qui nous sont inconnues.

Après avoir inutilement essayé de nier, il dut faire des révélations complètes que je vais vous abréger.

Ces quatre mystérieuses créatures sont des danseuses. Vous vous en êtes peut-être douté lorsque je vous ai parlé de la souplesse de leurs mouvements, de l'élasticité de leurs membres. Les fameuses almées de l'Egypte vous ont soudain apparu. Vous avez pensé que le capitaine avait donné l'hospitalité à quelques exilées du Caire qui se réfugiaient à Khartoum, le point de ralliement habituel de toutes ces malheureuses depuis longtemps refoulées vers la haute Égypte. Eh bien ! vous êtes dans l'erreur : ces femmes n'ont aucun rapport avec les almées. Je ne voudrais dire aucun mal de ces dernières, que j'espère vous présenter un jour, mais elles sont évidemment inférieures à mes inconnues, comme renom, comme beauté et comme science de la danse.

Je croyais, me dites-vous, que l'Égypte n'avait pour danseuses que des almées.

Oui, aussi celles dont je parle ne sont-elles pas originaires d'Égypte ; elles sont nées aux Indes.

Aux Indes ! Ce sont donc...

— Oui, mon ami, des bayadères... rien que cela !

LA VÉNUS NOIRE. 81

Ses passagères danseront ce soir pour nous (page 83).

Des bayadères retour d'Égypte, et en promenade sur la mer Rouge ? Je ne comprends pas.

Écrivez au capitaine pour lui demander des explications. J'ai dû me contenter de celles qu'il m'a données : ses passagères sont des bayadères, non pas de ces danseuses frelatées que tous les garçons de café de Bombay, de Calcutta et de Singapore offrent aux étrangers de faire pirouetter devant eux pour quelques guinées, mais de vraies bayadères, élevées par des prêtres et nourries dans le temple. Elles se rendaient en Europe, à la suite d'un rajah qui est mort subitement au Caire et elles n'ont pas jugé prudent de continuer leur voyage, d'autant plus qu'avec le rajah toutes leurs ressources avaient disparu. Notre capitaine leur a offert de les rapatrier, mais comme son contrat avec nous lui interdisait de prendre d'autres voyageurs, il a exigé qu'elles s'engageassent à ne pas quitter leur étroite cellule.

— Les malheureuses doivent étouffer dans cette prison? me suis-je écrié.

— Elles souffrent si peu de la chaleur, m'a répondu le capitaine, qu'elles m'ont fait demander hier des couvertures. Songez que nous nous trouvons en ce moment à 20 degrés de latitude nord, et qu'elles sont nées tout près de l'équateur. Ce qui leur manque, c'est la marche, l'exercice ; des danseuses !

J'étais devenu rêveur : si je profitais lâchement de la situation, si en échange d'un peu de liberté et de bien-être, ces belles filles voulaient consentir à m'initier aux secrets de leurs danses mystérieuses ; si, non content d'étudier les usages africains, j'essayais, en passant, en frôlant la côte asiatique, de me donner une idée des mœurs indiennes !

Je sondai le capitaine à ce sujet. Il se récria aussitôt :

— Des bayadères danser en public, vous n'y pensez pas ! Elles appartiennent à une secte religieuse...

— Capitaine, lui dis-je en l'arrêtant, nous pouvons fermer les yeux sur la petite illégalité commise et vous permettre d'avoir pour vos passagères des prévenances qu'elles sauront récompenser, si, à votre tour, vous nous offrez quelques jolis spectacles, quelques plaisirs nouveaux pour nous. Cherchez : il doit y avoir des accommodements avec les bayadères ; il y en a bien avec le ciel !

Mes récits, mes projets de spectacle enflammèrent l'imagination de MM. de Morin et Delange. Cependant nous ne pouvions nous permettre de telles fantaisies sans que Mme de Guéran les eût autorisées.

Elle nous donna son acquiescement avec la meilleure grâce du monde, en s'étonnant que nous eussions pu craindre un refus.

— Comment m'effaroucherais-je pour si peu, messieurs, nous dit-elle, lorsque nous sommes destinés à courir ensemble tant d'aventures? Je m'abstiendrai seulement de passer la soirée avec vous, non par pruderie, croyez-le bien, mais parce que la présence d'une femme gênerait, j'en suis certaine, les ébats de vos danseuses. Surtout faites comprendre à ces malheureuses que désormais le pont leur appartient comme à nous.

Mes raisonnements ont touché le capitaine : ses passagères danseront ce soir, pour nous ; je vais préparer les rafraîchissements et allumer les lustres.

XXI

« Pour que cette petite fête vous séduise vraiment, je dois, mon cher ami, à votre intention, déchirer une partie des voiles dont se couvre la bayadère. Je déchirerai l'autre partie de vive voix, lorsque je vous verrai... si je vous revois.

En Europe, on a, sur le compte de ces prêtresses de la danse, les idées les plus fausses, d'après le récit de voyageurs consciencieux mais indignement trompés. En effet, à peine arrivent-ils dans l'Inde que leur premier soin est de demander aux indigènes de leur faire connaître les fameuses danseuses qui piquent depuis longtemps leur curiosité. Un cicérone, dont la spécialité consiste à exploiter ce produit hindou, s'empresse d'amener au naïf Européen quelques femmes passablement jolies, à peu près bien faites, qui se donnent pour bayadères avec la même facilité que chez nous on se dit propriétaire ou homme de lettres.

Au son d'une espèce de tambourin et de cymbales en cuivre, ces dames s'avancent, lèvent les bras en l'air, se livrent sur place à quelques contorsions du torse et des épaules, ce qui est le fond de toutes les danses orientales, et lancent à leur hôte des regards qu'elles essayent de rendre incendiaires. Celui-ci, que ce manège n'a nullement ému, se débarrasse le plus vite possible de ses visiteuses, et, rentré en Europe, s'écrie : « Ne croyez pas à la bayadère, c'est une véritable plaisanterie. »

Mais, malheureux, tu n'as jamais vu le petit doigt du pied d'une de ces femmes ! Quelle erreur est la tienne si tu crois qu'elles se produisent ainsi dans les cafés, dans les hôtels ; si tu t'imagines surtout qu'on se fait un beau jour bayadère pour te plaire. De même qu'il faut naître rôtisseur et qu'on ne le devient pas, il faut absolument naître bayadère ou renoncer à la situation.

L'origine de ces créatures, mon cher, remonte à la plus haute antiquité. Au milieu de toutes les divinités hindoues, répandues à profusion chez nos marchands de curiosités, avez-vous remarqué un bonhomme à quatre bras, perché sur un éléphant ? C'est l'un des huit dieux de la religion de Brahma ; il s'appela Indra et, suivant la légende, les bayadères, des danseuses célestes, habitent son empire. L'une d'elles, s'étant éprise d'un simple mortel, est devenue mère, et sa fille, qui ne pouvait être élevée dans le ciel à cause de sa naissance semi-terrestre, fut confiée à des prêtres appelés brahmes. Ceux-ci l'élevèrent dans une pagode où, dès l'âge le plus tendre, pour ne pas faire mentir le proverbe : Bonne chienne chasse de race, elle montra les plus grandes dispositions pour la danse. Elle eut à son tour sept filles qui, douées comme leur mère et leur grand'mère, devinrent des danseuses émérites.

De nos jours, elles sont attachées au culte des dieux et rappelleraient les Vestales si leur religion, tout en leur défendant de se marier, ne leur permettait, ne leur ordonnait même un commerce constant avec les brahmes. Elles font, en un mot, partie d'une espèce de harem religieux dont les prêtres de Brahma sont les sultans. La bayadère existe donc encore, mais elle vit exclusivement dans la pagode où, les jours de cérémonies religieuses, elle se livre devant les idoles aux danses prescrites. Elle vit aussi dans le palais de quelque rajah qui, lorsqu'elle devient pubère, l'achète à un prix fabuleux au brahme, car elle est la propriété de ce dernier et lui constitue un important revenu.

Depuis longtemps la race de ces femmes serait éteinte si, dans l'Inde, plusieurs castes, celle des tisserands entre autres, ne se faisaient un pieux devoir de destiner leurs filles au service des pagodes. On ne les agrée que si elles n'ont pas plus de cinq ans, si elles sont assez jolies pour donner des espérances, et si leur famille renonce à les revoir. Lorsqu'elles remplissent les conditions voulues, le brahme les confie à quelque vieille matrone, une prêtresse chevronnée, chargée de leur apprendre leurs nouveaux devoirs et de les initier à tous les mystères d'une danse qui tient de toutes les danses orientales, sans ressembler d'une façon absolue à aucune, et qui revêt un caractère mystique très prononcé,

Tels sont, mon cher ami, les renseignements un peu voilés, mais très précis, que je puis vous donner sur la véritable bayadère. Si vous voulez des détails plus complets, consultez un excellent livre de Jacolliot : *Le voyage au pays des Bayadères*.

Nous eûmes d'abord l'idée, Delange, de Morin et moi, de donner notre fête en plein air et de prier nos danseuses de monter sur la dunette.

La nuit était admirable : on aurait dit un crépuscule prolongé tant le ciel avait de transparence, tant les étoiles répandaient de clarté. Aucun souffle n'agitait les flots ; notre machine à vapeur donnait seule quelque mouvement à cette immobilité, répandait quelque bruit dans ce grand silence. Jamais nuit ne fut plus propice pour un spectacle en pleine mer. Mais le capitaine qui, pour faire oublier ses torts, s'était mis à notre disposition et nous aidait de son mieux, nous fit observer que la fête à laquelle nous nous préparions perdrait de son originalité, et serait certainement moins accentuée, si elle avait lieu sur le pont ; que les danseuses hindoues, exposées à tous les regards, auraient des réserves fâcheuses et ne nous donneraient pas une idée précise de leur talent. Il nous conseillait de choisir simplement pour théâtre l'espèce de cabine occupée par ses passagères, et qu'il se chargeait d'agrandir en faisant enlever plusieurs colis et reculer les nattes qui servaient de tapisseries.

Cette opinion et ces conseils prévalurent.

A onze heures du soir environ, comme nous nous trouvions sur la côte orientale de la mer Rouge, le capitaine, qui s'était approché de terre le plus près possible, fit stopper au milieu d'une ravissante petite baie formée par des bancs de corail très nombreux en ces parages, et ordonna de jeter l'ancre.

A peine cette manœuvre fût-elle exécutée que le fidèle Joseph Mohammed, en habit noir et en cravate blanche, correct dans le service comme il s'y était engagé, vint nous avertir qu'on nous attendait. Nous descendîmes de la dunette, nous fîmes quelques pas sur le pont et, arrivés devant l'entrée de la cale, nous descendîmes à l'aide d'une échelle.

La cabine avait maintenant sept mètres de long ; sa largeur était restée la même. Nous prîmes place à l'une des extrémités au-dessous de l'ouverture, c'est-à-dire de la toiture découverte, ayant ainsi le ciel au-dessus de nos têtes. Quatre lanternes en verres de couleur couverts d'arabesques étaient accrochées aux parois du navire à tribord et à bâbord, mais la lune, après s'être jouée sur la mer, pénétrait par les sabords ouverts et répandait tant de lumière autour de nous qu'elle aurait pu nous suffire.

A peine eûmes-nous pris place sur une sorte de divan très bas fait de coussins et de nattes superposés, qu'un Arabe nous apporta le café, servi dans de petites tasses entourées de filigranes d'argent, et nous alluma des chiboucks remplis de latakié. Nous nous regardions sans parler, assez émus, je vous assure. Toute cette mise en scène, absolument nouvelle pour nous, excitait notre imagination de Parisiens blasés, mais de voyageurs encore inexpérimentés.

Bientôt, les draperies qui servaient de toile de fond s'agitèrent; une femme parut, s'inclina devant nous, puis rampa jusqu'à nos pieds, se prosterna et, se relevant tout à coup, se prosterna et, se relevant tout à coup, alla se réfugier dans un coin de la salle où nous la vîmes prendre deux grandes plaques en cuivre qu'elle se mit à frapper doucement, l'une contre l'autre, sur un rhythme langoureux et traînant. Je crus reconnaître la femme que j'avais vue accroupie, les genoux relevés et les coudes sur ses genoux. Elle pouvait avoir une vingtaine d'années; mais, fatiguée, épuisée de bonne heure comme toutes les femmes de l'Orient, elle paraissait plus âgée.

Mise à la retraite comme danseuse, elle s'était faite sans doute musicienne pour ne pas rester inactive. Ses cheveux étaient entrelacés de petites pièces d'or passées dans un fil; elle portait une veste et une jupe en satin bleu richement brodée; une ceinture de cachemire entourait sa taille encore charmante. Ses grands yeux somnolents, un peu éteints, regardaient dans le vide.

Peu à peu, ses cymbales s'agitèrent plus vivement: au lieu de les frotter, elle les frappait l'une contre l'autre; de plaintif, le rhythme s'accentuait, s'animait. Enfin les deux parties de l'instrument de cuivre, après s'être brusquement séparées, se rejoignirent avec fracas. Alors toutes les draperies du fond se soulevèrent, à la fois, et trois femmes bondirent au milieu de nous.

Elles avaient les cheveux épars, ces cheveux noirs aux reflets d'acajou que je vous ai décrits, les épaules nues, les hanches serrées dans des ceintures de satin écarlate, le reste du corps couvert d'une gaze de soie frangée d'or. Les rayons de la lune éclairaient magnifiquement leurs jambes aux reflets cuivrés, nerveuses, finement attachées et cependant replètes.

D'abord, sans que leurs pieds quittassent le tapis de Smyrne jeté sur le sol, elles tournèrent sur elles-mêmes, les bras étendus en avant, la tête renversée en arrière, leurs longs yeux à moitié fermés, la bouche entr'ouverte, les narines palpitantes et le buste agité par une sorte de balancement lent et continu. Elles ne poussaient pas une plainte, elles ne laissaient pas échapper un cri; leurs regards seuls s'animaient graduellement, et leurs bustes tournaient plus vivement.

Elles étaient, toutes les trois, admirablement jolies : la plus âgée n'avait pas quinze ans, et cependant, au point de vue de la forme, elles étaient arrivées à leur entier développement. Vous n'avez rien vu, mon cher ami, de plus complet, de plus achevé ; mais je vous ai déjà donné, quant au côté plastique, mon opinion sur leur compte ; je vous dirai seulement que l'animation, le mouvement développaient leurs muscles et accentuaient leur beauté.

Depuis un instant, elles s'exaltaient davantage, leurs bras devenaient plus convulsifs, leurs mains frémissaient et tout leur corps suivait le mouvement onduleux des hanches.

Chacune d'elles, sans s'occuper de sa voisine, jouait quelque scène de comédie passionnée ou de drame terrible. Celle-ci, sorte de vierge inspirée, levait les yeux au ciel et paraissait lui adresser une ardente prière. Celle-là semblait éprouver toutes les tortures de la passion. On aurait cru la troisième plongée dans une sorte d'extase.

C'était un ballet, mais un ballet d'un nouveau genre, pittoresque et chaudement coloré, conçu par un librettiste né sous l'équateur.

Enfin, mon cher, que vous dirai-je, cette danse étrange, inouïe, dont je ne vous ai donné qu'une idée imparfaite, se termina seulement lorsque ces vierges folles tombèrent sur le tapis, haletantes, épuisées.

Les étoiles étincelaient toujours au-dessus de nos têtes, la lune, plus brillante que jamais, nous inondait de ses clartés, et une brise légère nous apportait, à travers le flot, les mille senteurs de la côte voisine. »

XXII

« Non, non, jamais je ne partagerai l'enthousiasme de ces messieurs pour ces trois créatures. Je soutiens qu'elles ne sont pas bien faites. On ne parviendra pas à me persuader que la beauté des formes, chez la femme, consiste dans ces rondeurs, ces proéminences, toutes ces superfluités absolument gênantes pour la marche. Quant à leurs jambes dodues, à leurs pieds ridicules de petitesse, ils me font pitié. Ce sont de simples ornements qui ne leur servent à rien. — Permettez, me fait-on observer, ils leur servent à danser. — Là est votre erreur : elles dansent, si on peut appeler ça une danse, avec tout, excepté leurs pieds, avec leurs genoux, leurs bras, leur taille, leur tête ; les pieds n'y sont pour rien, et c'est justement là ce qui vous condamne, messieurs.

Je ne parle pas de moi, mon Dieu! Vous savez, ma chère Lovely, que je m'efface toujours le plus possible ; ma pensée se reporte sur mes chères compatriotes, toutes ces jolies *misses* qui ont une réputation de beauté dans le monde entier. Admirez leur cou allongé, leurs grêles épaules, leur taille dont leurs deux mains réunies font facilement le tour, leurs hanches qui se confondent avec leur taille et leurs grands pieds longs. Voilà des femmes, des vraies femmes. Et nos danseuses ! Quelles grâces, quels entrechats, quelles pointes ! Je les vois d'ici, lorsqu'elles relèvent leurs bras intelligemment maigres au-dessus de leur petite tête blonde. Comme elles sont supérieures à toutes ces bayadères !

Au fond, car je suis toujours franche avec vous, dans mon aversion pour la bayadère, il entre peut-être un peu de dépit. J'ai été vraiment révoltée de voir que ces messieurs, au lieu de rester sur le pont avec moi, s'étaient enfermés, toute une soirée, dans la société de ces fausses danseuses. Il s'agissait, m'ont-il dit pour se défendre, d'une question d'art et d'esthétique : en leur qualité de voyageurs sérieux, ils avaient le droit de tout voir, de tout comparer. Je n'admets pas ce genre d'études ; il peut conduire beaucoup trop loin. L'amour de la science a des limites et, suivant moi, ils auraient dû s'arrêter devant la bayadère sans essayer de l'approfondir.

Mais je m'aperçois, ma chère Lovely, un peu tard, me direz-vous, que vous ne comprenez rien à cette longue sortie contre les bayadères, MM. de Morin, Périères et Delange. Vous vous demandez, avec étonnement, dans quel lieu je me trouve. Vous êtes sur le point de croire que j'ai fait route pour Calcutta, au lieu de me rendre dans le centre de l'Afrique. Mille excuses : j'ai laissé courir ma plume et mon imagination toujours dévorante, sans prendre garde que je vous avais quittée au Caire.

Apprenez donc, chère amie, que je navigue sur la mer Rouge ; seulement, veuillez me dispenser de vous dire pourquoi. Ces mots : mer Rouge ou golfe Arabique, comme vous voudrez, vous expliquent comment il m'arrive de vous parler indifféremment de l'Afrique et de l'Asie. En effet, je me trouve sur un terrain neutre, à distance égale de ces deux contrées. Si j'étends les bras à gauche vers l'Orient je suis en Arabie, si je les étends à droite vers l'Occident je

Il lança son cheval et partit ventre à terre. (page 96).

suis en Nubie. Vous voyez d'ici la situation ; elle est très commode.
Je suis en ce moment à gauche, c'est-à-dire sur la côte d'Asie. Notre petit vapeur vient d'entrer à Djeddah qui peut être considéré comme le port de La Mecque, ce fameux lieu de pèlerinage où tout bon musulman doit se rendre au moins une fois dans sa vie.
Nos ballots et nos caisses ont été dirigés sur Khartoum par le Nil;

ils arriveront après nous, mais encore assez tôt, et nous évitons ainsi des frais de douane considérables. Les Egyptiens s'entendent à vivre aux dépens des voyageurs et, non contents d'exiger un tribut à Suez, ils se font payer l'entrée et la sortie de Souakin.

Notre personnel n'est pas encore nombreux et ne nous embarrasse pas. Il se compose de trois Nubiennes et de deux Arabes qui nous ont été chaudement recommandés et que nous avons engagés en qualité de domestiques et d'interprètes. Ils s'appellent Omar et Ali, sans compter une foule d'autres noms que je supprime, pour ne pas vous effrayer. A Souakin, nous prendrons une escorte et des porteurs pour nos bagages ordinaires. Arrivés à Khartoum seulement, si nous nous enfonçons dans le cœur de l'Afrique, nous formerons notre caravane.

Cette navigation dans la mer Rouge est, du reste, des plus intéressantes. Le lendemain matin de notre départ de Suez, dans un ciel merveilleux, nous voyons les contre-forts du Sinaï, le mont divin, aux lignes pures et fières. Nous passons, sans nous arrêter, devant la petite ville de Tor, habitée par les Coptes, ces descendants des populations primitives de l'Égypte et, vingt-quatre heures après, nous faisons escale sur la rive occidentale du golfe à Qosseir.

De cette dernière ville nous traversons, de nouveau, la mer Rouge pour nous arrêter quelques instants à Yambo, territoire arabe, espèce de terre sainte où le fanatisme musulman est dans toute sa vigueur, car, hélas! terre sainte, en ces pays, veut dire refuge de toutes les intolérances et de toutes les barbaries.

De Yambo, nous avons suivi la côte jusqu'à Djeddah, d'où je vous écris en ce moment, comme je vous l'ai dit. Djeddah, que je viens de parcourir, se compose d'une immense rue pleine de bazars contenant les produits de nos manufactures et les échantillons du goût oriental. Les marchés consacrés à satisfaire l'appétit et la gourmandise des pèlerins de La Mecque, sont surtout curieux; on y voit réunis les fruits et les légumes récoltés en Afrique et en Asie et apportés par les navires ou les caravanes : des monceaux de pastèques, de cocos, de dattes, d'ignames, de patates, de fèves. Sur de longs tréteaux se dressent aussi des pyramides de gâteaux et des jattes de couscoussou, le plat favori de l'Arabe.

Ces halles, ces marchés, ces bazars sont encombrés de Turcs, d'Egyptiens, d'Indiens, d'Africains. On y rencontre des chiens, des chevaux et jusqu'à des chameaux, qui semblent tout ahuris au milieu de ce va-et-vient, de ce bruit et de ces objets ; ils marchent timidement, comme s'ils avaient peur de casser quelque chose. Les femmes ne craignent pas de s'aventurer dans cette foule : de jeunes Arabes, des plus jolies, quoique souvent des plus maigres, ou plutôt parce qu'elles sont maigres, marchent gravement, le visage découvert, à côté de musulmanes hermétiquement voilées et que leurs longues babouches, en cuir jaune, forcent à traîner la jambe. D'autres musulmanes, d'une classe plus élevée, courent de tous côtés, accompagnées d'un eunuque et montées sur un âne.

Ah ! ma chère amie, quel malheur ! quel désastre !

M. de Morin est perdu pour nous, M. de Morin, l'âme, la gaieté, la joie de notre caravane, est mort victime de son courage.

Si vous saviez !... Ah ! c'est affreux... mourir à son âge ! Je vous quitte, je cours avec Mme de Guéran au consulat français. »

XXIII

Les craintes de miss Béatrix Poles n'étaient que trop fondées : Si M. de Morin vivait encore, et on pouvait en douter, il courait les plus grands dangers.

Voici ce qui était arrivé : A peine entré dans le port de Djeddah, il s'était empressé de descendre à terre avec ses compagnons de voyage et son domestique Joseph-Mohammed. Après une assez longue promenade au milieu des bazars, décrits par miss Poles, dans sa lettre à son amie Lovely, Mme de Guéran et son Anglaise avaient manifesté le désir de retourner à bord, et aussitôt MM. Delange et Périères s'étaient mis à leur disposition pour les reconduire. M. de Morin, désireux de voir la ville d'une façon plus complète, avait continué sa course en compagnie de Joseph, qui le suivait à quelques pas de distance, couvert d'un nouveau burnous acheté au Caire pour remplacer celui qu'on lui avait volé avec tous ses bagages.

M. de Morin, en sortant du bazar, se dirigea vers la route de La Mecque. Il se trouva bientôt devant une grande porte peinte, dans le sens horizontal, de bandes vertes et rouges. Il allait s'engager sous la voûte qui faisait suite à cette porte, lorsqu'il fut rejoint par un des serviteurs arabes qu'on lui avait procurés au Caire et qui devait lui servir d'interprète.

— Maître, lui dit Ali, ne franchis pas cette voûte. Elle conduit à la route suivie par les pèlerins musulmans, et les habitants de Djeddah n'aiment pas qu'un chrétien s'engage dans ce passage. Sur la muraille tu peux voir encore des crocs en fer destinés autrefois à pendre les infidèles assez audacieux pour s'aventurer de ce côté. Sous le règne de Méhémet-Ali, cette coutume barbare a dû disparaître ; mais le chemin de La Mecque est dangereux, et tu pourras être insulté par une troupe de pèlerins trop fanatiques.

Le fidèle Mohammed Abd-el-Gazal, malgré son burnous qui aurait dû lui inspirer du courage, tourna les talons dès qu'il eut entendu ce petit discours, et M. de Morin, après un moment d'hésitation, fit comme lui. Il avait réfléchi qu'il s'était engagé à suivre en Afrique Mme de Guéran, que son excursion sur la côte d'Arabie était un hors-d'œuvre, et qu'il aurait mauvaise grâce, pour obéir à un sentiment de curiosité, de s'exposer à un danger personnel.

Cependant sa promenade n'était pas terminée. De la porte de La Mecque, le jeune Français se dirigea, toujours suivi de Joseph, mais accompagné cette fois d'Ali, vers une seconde porte, celle qui conduit à Médine, et, après avoir franchi les murailles de Djeddah, il se trouva devant une mosquée.

— C'est le tombeau de notre mère à tous, lui dit Ali qu'il avait interrogé du regard. D'après le Coran, Ève, chassée du paradis terrestre, se réfugia sur l'emplacement de La Mecque, y mourut et fut enterrée en ces lieux.

M. de Morin, après avoir jeté un coup d'œil profane sur ce tombeau, qui ne lui paraissait pas très-authentique, continua sa route. Il parcourait maintenant une vaste plaine aride, bornée par une chaîne de montagnes. Djeddah apparaissait, au loin, avec ses maisons surmontées de terrasses qui la font ressembler à une ville italienne, avec ses minarets, sa ligne de murailles et ses mosquées.

Fatigué et surtout accablé par la chaleur, il s'assit bientôt à l'ombre d'un palmier rabougri et alluma un cigare. Il se reposait depuis un instant, lorsqu'une petite caravane de six Arabes, dont l'un était à cheval et les cinq autres montés sur des chameaux, passa devant lui, pour s'arrêter peu après, derrière les ruines d'anciens moulins à vent construits par Méhémet-Ali, en 1815, lors de sa campagne dans le Hedjaz.

Un des Bédouins, celui qui était à cheval, se détacha du groupe, fit le tour du moulin, mit pied à terre et vint s'asseoir à une cinquantaine de pas de M. de Morin. Celui-ci prit aussitôt son album et dessina cet homme dont le costume lui paraissait des plus pittoresques : un burnous en assez mauvais état à raies blanches et brunes, lui couvrait tout le corps ; une corde faite en poils de chameau retenait autour de sa tête un mouchoir de coton noir qui lui servait de turban ; il tenait d'une main un fusil à mèche, de l'autre une lance ; un long couteau était attaché par une ficelle à sa ceinture.

Le jeune peintre venait de terminer son croquis et rangeait ses crayons lorsque tout à coup il entendit un cri. Il se retourna vivement, chercha des yeux Joseph et Ali et ne put les découvrir. Inquiet, il se disposait à courir dans la direction du moulin qui sans doute lui cachait ses compagnons, lorsque l'interprète apparut. Il semblait désespéré, levait les bras au ciel et parlait avec animation au Bédouin dont le peintre venait d'esquisser le costume. M. de Morin le rejoignit et apprit ce qui s'était passé.

Pendant que le maître dessinait, le serviteur Joseph, curieux sans doute de savoir si, drapé dans son burnous, les Arabes le prendraient pour un des leurs, s'était approché d'eux en souriant. Mais, bientôt, sa face réjouie se rembrunit, son regard qui papillotait dans l'espace se fixa sur un point, son bras s'allongea, son doigt désigna un objet. Il venait d'apercevoir sur le dos d'un chameau la plus grande partie de ses bagages volés à la douane de Suez. Non-seulement il reconnaissait sa valise la plus chérie, mais il lisait sur une caisse le nom qu'il avait tracé lui-même à Paris : Mohammed Abd-el-Gazal. Il tenait enfin son voleur ! Il ne voulut pas le laisser échapper et s'élança vers les Bédouins. Le groupe formé par Joseph, les chameaux et les propriétaires, se trouvant caché pour M. de Morin par les ruines du moulin, le jeune peintre, tout entier à son dessin, n'avait rien vu, rien entendu.

— Mes bagages ! mes bagages ! criait Joseph ; rendez-moi mes bagages, vous êtes des voleurs !

Les Bédouins riaient de tout leur cœur à l'aspect de ce gros homme blond, rouge comme la crête d'un coq, s'exprimant dans une langue étrangère et cependant habillé comme eux. Ces rires, tout contenus qu'ils fussent, car l'Arabe n'est jamais bruyant même lorsqu'il s'amuse le plus, achevèrent d'exaspérer Joseph. L'idée de recouvrer ses bagages, dont il avait pleuré amèrement la perte, lui donna du courage. Il cessa de parler, ce qui était très-sage car personne ne le comprenait, courut vers le chameau et saisit sa valise de prédilection.

Cette fois, les Bédouins le comprirent et se fâchèrent. Ils se rapprochèrent de lui et voulurent l'éloigner. Joseph résista, repoussa ses adversaires, et, resaisissant sa valise, se mit en devoir de l'emporter.

Les arabes ne riaient plus, ils le laissaient faire, et, en le regardant, se consultaient entre eux. Leur délibération fut de courte durée : tout à coup, ils s'élancèrent sur Joseph, le prirent par les bras, par les jambes, l'enlevèrent et le placèrent sur le chameau, où on l'attacha solidement à côté de sa valise. Puis, ils montèrent sur les autres chameaux, et celui qui portait Joseph et sa fortune suivit au grand trot ses camarades.

Telle est la scène qu'on venait de raconter à M. de Morin.

— Pourquoi, demanda celui-ci à son interprète, ne vous êtes-vous pas opposé à cet enlèvement, ne m'avez-vous pas appelé au secours de mon serviteur ?

— Je n'ai pas d'abord compris ce qui se passait, répondit Ali, et, lorsque je suis accouru il était trop tard, l'enlèvement s'est fait en une seconde.

— A quelle tribu appartenaient ces Bédouins, demanda M. de Morin.

— Ce sont des nomades, ils n'ont pas de tribu distincte.

— Et quel est cet homme que vous avez ramené avec vous et que je dessinais tout à l'heure? Pourquoi n'a-t-il pas fui avec ses camarades?

— Il ne faisait point partie de leur caravane. Il les avait accompagnés jusqu'ici pour leur dire adieu; mais il ne devait pas les suivre, il s'était déjà séparé d'eux.

— Vous ne pensez pas alors qu'il soit leur complice?

— Non, il a été aussi étonné que moi de ce qui s'est passé.

— Tâchez de savoir de lui dans quelle direction on entraîne mon domestique.

Le Bédouin, après avoir hésité à répondre, finit par dire qu'il ne connaissait pas les intentions de ses anciens compagnons de route ?

— Tu sais, du moins, lui fit observer Ali, de quel côté, avant leur capture, ils comptaient se diriger? Vont-ils à Médine?

— Non, fit le Bédouin; ils se rendent dans le désert.

— Tu crois qu'ils franchiront la frontière de l'Hedjaz?

— J'en suis sûr.

— Serait-il facile de les rejoindre ? demanda l'interprète sur l'ordre de M. de Morin.

— Non leurs chameaux sont excellents.

— Excellents, je le veux bien, mais démesurément chargés, fit observer Ali.

— Oui, mais je ne vois autour de moi, répliqua le Bédouin en regardant de tout côté, aucun chameau sans chargement qui puisse courir après les premiers.

Ali traduisit cette réponse.

— Dis à cet homme, fit le peintre, que si je n'ai pas de chameau, j'ai du moins un cheval.

— L'interprète, étonné, regarda son maître sans comprendre.

— Comment ! tu ne vois pas ce cheval tout harnaché, là, près des ruines ?

— Mais il n'est pas à nous ; il appartient à cet homme.

— Eh bien ! je vais le lui prendre.

— Prendre à un Arabe son cheval ! Y penses-tu, maître ? Tu peux lui ravir sa femme, ses enfants ; son cheval, jamais !

— Demande-lui combien il veut me le vendre.

— C'est une très-belle bête, une bête de sang, il ne voudra la céder à aucun prix.

— Demande toujours.

Comme Ali l'avait prévu, le Bédouin refusa de se défaire de sa monture.

— Alors, dit M. de Morin à l'interprète, je t'ordonne de traduire exactement tout ce que je dirai et en même temps que moi, phrase par phrase.

— Je t'obéirai.

Le Français, calme, très maître de lui, mais aussi très décidé, s'avança vers le Bédouin, qui appuyé sur sa lance, était lui-même impassible.

— Tes amis, lui dit-il, ont enlevé un de mes serviteurs. Mon devoir est de courir à son secours et de le délivrer. Tu refuses de me vendre ton cheval qui m'est indispensable ; je vais le prendre. Si on ne nous tue pas, je jure de te rendre ton bien. Mais, si tu fais un geste, un mouvement pour m'empêcher de partir, je te jure aussi de te brûler la cervelle. Voici mon arme ; elle ne plaisante pas.

Il tira d'un étui, pendu en bandoulière, un revolver à six coups, d'un fort calibre et tout chargé.

— Le Bédouin pâlit, mais ne répondit rien.

— Cours me chercher le cheval, dit M. de Morin à son interprète.

L'ordre était donné d'un ton si résolu qu'Ali crut devoir obéir.

M. de Morin, le revolver à la main, à deux pas du Bédouin, le tenait en respect.

Ali revint avec le cheval sur lequel le jeune Français s'élança d'un bond, sans perdre de vue un seul instant l'Arabe. Celui-ci, du reste, n'était plus à craindre. Aux paroles, aux regards de M. de Morin, il avait compris qu'il se trouvait en face d'un homme, et que toute lutte serait inutile. Il se résignait donc, il pliait devant la force, comme savent le faire tous ces demi-barbares, durs et cruels envers les faibles, souples et lâches avec qui les domine.

Prêt à partir, M. de Morin donnait ses ordres :

— Tu vas, disait-il à Ali, te rendre immédiatement à Djeddah auprès de nos amis. Tu leur diras que je n'ai pas cru pouvoir abandonner un Européen parti de France avec moi. Je lui dois ma protection, comme il me devait ses services. Mes amis me comprendront ; ils en auraient fait autant à ma place. Prie-les d'aviser sans perdre un instant et de venir de leur côté à notre secours, s'ils le croient nécessaire.

— Vous vous exposez à une mort certaine, maître, criait Ali. Que ferez-vous, seul, contre ces Arabes, si vous les rejoignez ?

— Dans de certains cas, on ne raisonne pas, répliqua M. de Morin, et je n'ai que trop raisonné. Fais ce que je t'ai dit, et ne perds pas des yeux cet homme tant que je serai à la portée de son fusil. Adieu !

Il lança son cheval et partit ventre à terre.

L'Arabe, toujours immobile, souriait d'un méchant sourire dont la signification était facile à deviner : Je ne tarderai pas, semblait-il dire, à être vengé de ce chien d'infidèle.

XXIV

Dès que M. de Morin eut disparu dans un tourbillon de poussière, Ali, se conformant aux ordres qu'il avait reçus, prit la route de Djeddah. Le Bédouin, après quelques minutes d'hésitation, suivit le même chemin. Ses intérêts matériels l'emportaient sur sa prudence. Il s'exposait, il est vrai, dès son retour en ville, à être fort malmené par

Il lui montra sur le sable l'empreinte des cinq chameaux et du cheval (page 104).

les autorités turques : si les Européens avaient des amis puissants à Djeddah, on rendrait le Bédouin responsable de l'enlèvement opéré sous ses yeux par ses compagnons de voyage. Mais, d'un autre côté, s'il disparaissait, s'il s'enfonçait dans le désert, comment le détenteur de son cheval pourrait-il le lui rendre ou lui en payer le prix ? Une monture comme la sienne méritait qu'il courût quelques risques.

Réflexion faite, il crut, au bout d'un instant, devoir hâter le pas, se rapprocher d'Ali et lier conversation avec lui Il n'était pas fâché d'obtenir quelques renseignements préliminaires sur M. de Morin.

L'interprète comprit aussitôt, avec cette finesse particulière aux Arabes et développée surtout chez ceux qui, comme Ali, ont des rapports constants avec les étrangers, qu'il devait faire valoir son maître et essayer d'obtenir, à force d'adresse, le concours et l'alliance du Bédouin. En effet, si ce dernier y trouvait un intérêt évident, il n'hésiterait certainement pas à diriger les recherches qu'on ne manquerait pas de faire pour retrouver M. de Morin et Joseph. Un véritable Arabe refusera toujours de venir en aide à un Européen lorsqu'il s'agira de poursuivre ou de combattre des coreligionnaires et des amis. Mais le Bédouin n'est pas l'Arabe, quoique souvent on les confonde l'un avec l'autre. L'Arabe est sédentaire : il a sa famille, son clan, sa tribu, son foyer, ses bestiaux, souvent sa terre. Pour les protéger ou en tirer parti, il apprécie les bienfaits d'une civilisation relative, appropriée à ses besoins, et il la recherche. Le Bédouin, au contraire, est nomade : il n'a pour horizon que le désert et la montagne, d'autres biens que ses armes, son cheval ou son chameau ; il ne vit que de brigandage, ne possède sur la religion et la morale que des idées très vagues. Un Bédouin, convaincu de vols et de meurtres, et auquel un Français demandait un jour : « Que direz-vous à Dieu lorsque vous paraîtrez devant lui ? » répondit : « Je ne lui dirai rien, je me contenterai de le saluer ; s'il est hospitalier, s'il me donne des vivres et du tabac, je resterai près de lui, sinon, je monterai sur mon cheval et je partirai. » On le voit par cette réponse, Dieu n'est pour la plupart de ces gens qu'un prince de la terre, un peu plus puissant que les autres et vivant dans un désert reculé. Les Bédouins étaient autrefois des pasteurs formant de nombreux groupes autour de la population sédentaire ; peu à peu la vie errante les a fait déchoir et tomber. Il faut se bien garder de les confondre avec le type original de la race arabe ; ils ont le même arbre généalogique, mais ils ne sont que les branches pourries d'un tronc encore vert et vigoureux.

Pénétré de ces idées, édifié depuis longtemps sur le caractère des Bédouin, Ali, questionné par le cavalier démonté, s'empressa de lui dire que M. de Morin et ses amis étaient de grands personnages protégés par le gouvernement turc, et assez riches pour tenir compte généreusement de tous les services rendus, assez puissants pour punir les défections et les trahisons.

Tout en essayant de se préparer un allié, l'interprète avait franchi les murs de Djeddah. Il parcourut rapidement la rue qui la traverse dans toute sa longueur, atteignit le port, s'élança dans un canot et se fit conduire à bord du vapeur qui chauffait depuis un instant, et n'attendait que M. de Morin et Joseph pour lever l'ancre.

En quelques mots, Ali mit Mme de Guéran, Béatrix Poles et ses deux compagnons au courant de la situation. Leur stupéfaction, leurs angoisses ne leur permirent pas d'abord de parler, puis ils n'eurent qu'une pensée, ils ne poussèrent qu'un cri : il fallait courir au secours de leur ami, comme il était allé au secours de son serviteur. Mais comment s'y prendraient-ils? Allaient-ils, ignorants du pays, de ses routes, de ses coutumes, s'engager follement dans une nouvelle aventure? Ne fallait-il pas se donner le temps de la réflexion? Par trop de précipitation ne compromettraient-ils pas l'existence de ceux qu'ils voulaient sauver? Ils devaient agir en connaissance de cause et avec des chances de succès. D'un commun accord, ils résolurent de se rendre immédiatement chez le consul français, et de lui demander son appui.

Le consul s'empressa de les recevoir et de les écouter avec la plus grande bienveillance, mais il eut, en même temps, le regret de leur déclarer qu'il ne pouvait officiellement leur prêter un concours efficace.

— Au point de vue de la répression seulement, dit-il, nous avons une influence relative. Si votre ami périt, j'en aviserai mon gouvernement. Il exigera une réparation, le châtiment des coupables si on peut les rejoindre, ce qui est fort douteux, et une indemnité, qu'après bien des pourparlers, le gouvernement turc fera payer à la ville de Djeddah. Mais que vous importe? Vous voulez retrouver M. de Morin sain et sauf. Pour atteindre ce but, de quels moyens puis-je disposer, dans un pays où l'autorité turque elle-même est souvent méconnue? L'Hedjaz, où nous nous trouvons, est infesté depuis trente ans par les bandes de la tribu de Harbs, qui dévalisent des caravanes entières, et les Turcs ne sont pas encore parvenus à se débarrasser de ces pillards et de ces assassins. Mais si je me récuse comme consul, je suis à votre entière disposition comme compatriote. Je fais cause commune avec vous et voici, dès à présent, le conseil que je vous donne.

La baronne de Guéran, sa dame de compagnie, M. Périères et

M. Delange se rapprochèrent du consul et lui prêtèrent toute leur attention.

— D'abord, déclara le représentant de la France à Djeddah, partez de ce principe : vous ne devez compter que sur vous-mêmes. Vous seuls, messieurs, organiserez et dirigerez l'expédition, car ces dames voudront bien se retirer chez moi, au Consulat, sous la sauvegarde du pavillon français et ne pas se mêler, d'une façon active, à cette aventure. Vous n'êtes plus en Europe, où la femme fait ce qu'il lui convient ; vous êtes en Orient, où son rôle doit être passif, du moins en apparence.

Miss Poles se permit une grimace significative ; l'inaction qu'on lui imposait lui déplaisait évidemment. Quant à la baronne, elle comprenait trop bien la justesse des observations du consul pour protester.

— Ceci bien établi, vous allez, messieurs, retourner à votre bord et choisir trois matelots déterminés. Vous trouverez facilement des Européens dans l'équipage et surtout parmi les mécaniciens. Ne vous occupez pas de savoir s'ils ont l'habitude du cheval ; ici, chacun est plus ou moins cavalier. A défaut d'Européens, prenez des Egyptiens ; l'Egypte n'aime pas la Turquie. Vous joindrez à ces trois hommes vos deux interprètes. Ils vous ont été donnés par mon confrère du Caire, vous pouvez compter sur eux. Je les connais du reste de nom ; ils ont souvent accompagné des voyageurs dans ces parages ; ce sont des hommes sûrs. Vous voici donc, en vous comptant, sept personnes : avez-vous des armes pour tout le monde ?

— Certainement, fit M. Périères, de ce côté nous ne laissons rien à désirer. Afin de pouvoir en Afrique armer nos escortes, nous nous sommes munis d'une collection complète de revolvers et de fusils de choix.

— Très bien. Il s'agit maintenant de savoir quel chemin vous allez suivre ; c'est le point essentiel. Cependant ne nous exagérons pas les obstacles. Vos Bédouins n'ont pas dû se diriger vers Médine avec leur capture ; la route est relativement trop fréquentée pour eux. Ils risqueraient d'être surpris par une autre troupe de nomades, avec lesquels ils sont toujours en guerre, et qui pourraient leur enlever leur prisonnier. Ils se sont dirigés, suivant moi, vers leurs montagnes qui leur offrent une retraite sûre en cas de poursuite. Il faut les atteindre avant qu'ils y soient arrivés. Ne perdez pas de temps. Courez à votre bâtiment, rassemblez vos hommes, armez-les, armez-vous et revenez ici. Je me charge de vous fournir des chevaux. J'ai les miens, mes amis me prêteront les leurs, et vous devez savoir que la race des chevaux de l'Hedjaz est des plus remarquables et des plus renommées.

MM. Périères et Delange prirent congé du consul, suivirent à la lettre ses instructions, et, une heure après, ils montaient à cheval avec leur escorte et partaient au galop.

Le pavillon français fut arboré sur le balcon du consulat; notre représentant à Djeddah voulait que la population fût informée de ce qui se passait, et qu'elle sût bien que les Français faisaient leurs affaires eux-mêmes, sans demander appui et protection.

XXV

Un seul Bédouin se joignit à l'expédition qui partait à la recherche de deux Européens. Ce fut Abou-Zamil, l'homme dont M. de Morin avait pris sans façon le cheval. Désireux de retrouver sa monture, séduit d'un côté par les raisonnements et les brillantes promesses d'Ali l'interprète, effrayé de l'autre par les menaces du consul qui semblait vouloir le rendre responsable de l'enlèvement de Joseph, le Bédouin, déjà hésitant, avait fini par offrir ses services à la caravane. On les avait provisoirement acceptés, sans consentir à l'armer cependant, comme les hommes de l'escorte, d'un revolver, d'une hache d'abordage et d'un fusil.

La troupe des cavaliers traversa Djeddah au galop, et s'engagea sur la route prise, quelques heures auparavant, par le jeune peintre, son interprète et son serviteur. Ali courait en tête et les guidait. Arrivés au moulin en ruine, d'où M. de Morin était parti, seul, à la poursuite des cinq Bédouins, ils s'arrêtèrent pour se consulter. Mais l'hésitation n'était pas permise : on pouvait facilement apercevoir sur le sable la longue empreinte laissée par les chameaux, et, à côté, la trace plus légère des pieds du cheval d'Abou-Zamil.

Toute la troupe suivit, pendant cinq ou six lieues, ce large sillon; mais le soleil, abandonnant peu à peu la plaine qu'on parcourait depuis deux heures, descendait lentement le long des montagnes de l'Hedjaz qui se dessinaient à l'horizon. Encore quelques instants et les traces ne seraient plus visibles. On voulut profiter des dernières clartés; les chevaux, stimulés par les cavaliers, prirent un galop plus rapide et l'on fit encore une vingtaine de kilomètres.

Les étoiles maintenant avaient remplacé le soleil ; malgré leur éclat, elles ne suffisaient pas à éclairer la marche. On s'arrêta de nouveau et on tint conseil.

Fallait-il se fier au hasard et courir à l'aventure ? Était-il préférable de s'en rapporter à Abou-Zamil, qui proposait de guider les voyageurs et de les conduire à l'endroit précis où il supposait que ses amis avaient dû s'arrêter ? On débattit un instant cette question. Le Bédouin paraissait suspect à tout le monde. Seuls, Ali et Omar, les deux interprètes, soutenaient qu'on pouvait s'en rapporter à lui, dans certaines limites, ajoutaient-ils. Leur opinion prévalut. Mais M. Perrières crut devoir prendre Abou-Zamil à part et lui tint le petit discours suivant qui fut immédiatement traduit par l'un des interprètes :

— Nous allons te confier non-seulement notre destinée, mais celle des personnes que nous recherchons ; nous te suivrons durant toute la nuit, sans aucune observation. Si demain, dans la matinée, aucun accident ne nous est arrivé et si nous avons retrouvé nos compagnons, je t'engage notre parole de Français, et elle vaut tous vos serments prêtés sur le Coran, de te donner à notre retour à Djeddah le prix de trois magnifiques chameaux et un fusil qui fera de toi le roi du désert. Mais si tu nous as égarés ou perdus, si nos frères sont tués, nous t'attacherons à un arbre et nous te fusillerons comme dans notre pays on fusille les traîtres. A toi de choisir.

Les yeux d'Abou-Zamil avaient brillé de joie, lorsqu'on lui avait parlé des chameaux et du fusil ; il ne tressaillit pas quand il fut question de le fusiller : c'était d'un bon augure. Cependant, il se permit de faire une observation :

— Je réponds, dit-il, de ne pas vous trahir. Je réponds de vous mettre dans le bon chemin, mais je ne puis m'engager à vous faire retrouver vos compagnons vivants. J'ignore ce qui s'est passé depuis quelques heures, ce qui se passe peut-être maintenant. Dieu seul le sait !

M. Perrières fut obligé de reconnaître que ce raisonnement ne manquait pas de logique.

— Nous sommes justes, répliqua-t-il. S'il nous est prouvé que tu as fait tous tes efforts pour éviter un malheur, cela nous suffira, et tu pourras espérer la récompense promise.

— Bien, dit Abou-Zamil, comptez sur moi.

Cette question résolue, on décida que la caravane ferait une halte ;

les chevaux, appelés à fournir une traite considérable, avaient besoin d'un instant de répit. Omar et Ali, en serviteurs prévoyants, s'étaient empressés, au moment du départ, de renfermer quelques provisions dans de grands sacs qu'ils avaient attachés sur leurs selles. On ouvrit les sacs et on se partagea une partie de leur contenu. Quant aux chevaux, laissés en liberté, ils fauchèrent quelques touffes du gazon perdues dans le sable.

Dans la soirée, on se remit en selle. Le ciel était magnifiquement étoilé, mais la lune ne paraissait pas encore.

Abou-Zamil avait pris la tête de la caravane. Tout à coup, il fit entendre un sifflement aigu et prolongé, bien connu des chevaux de l'Hedjaz. A ce signal toutes ces magnifiques bêtes dressèrent l'oreille, tendirent le cou et commencèrent une course effrénée. Plusieurs cavaliers, surpris par cette allure imprévue, furent sur le point de perdre leur assiette et l'auraient certainement perdue, s'ils avaient été assis sur des selles anglaises ; mais le devant des selles arabes arrive à la poitrine du cavalier, le dossier est encore plus élevé, on est comme emboîté dans une sorte de compartiment ; les pieds sont fixés dans de larges étriers, et toute chute est difficile, sinon impossible. Du reste, l'allure des chevaux arabes est des plus régulières, des moins saccadées. Leur galop dispose au sommeil plutôt qu'il n'excite le sang, et il n'est pas rare de voir un Arabe, attachant la bride au pommeau de la selle, lancer sa monture sur une route où il sait ne pas trouver d'obstacles, et s'endormir comme s'il reposait sous sa tente.

Cette course régulière, mais vertigineuse, dura de longues heures. Par instant, la respiration manquait à MM. Périères et Delange, courbés sur leurs selles et recevant l'air de face ; souvent aussi ils éprouvaient une sorte de bien-être à se sentir frappés par le vent : leurs poumons se dilataient, leur front, encore échauffé par le soleil qui les avait brûlés tout le jour, leur semblait rafraîchi et reposé. Ils se trouvaient sous le charme de l'ivresse du désert, cette jouissance qu'on éprouve à courir toujours en avant, sans rencontrer d'obstacles, sans suivre aucun chemin tracé, sans but, sans limite au regard, dans le silence et l'immensité, entre ciel et terre.

Lorsque cette ivresse diminuait, lorsqu'ils reprenaient le cours de leur pensée, ils se demandaient comment l'allure de leurs chevaux ne se ralentissait pas, comment ces animaux ne tombaient pas épuisés de fatigue. On leur avait bien dit que certains chevaux arabes étaient en état de fournir une course de cinquante à soixante lieues, mais ils n'avaient pas jusqu'à ce jour ajouté foi à ce propos. Ils reconnaissaient maintenant que ces pur-sang, dont la généalogie se conserve d'âge en âge dans les tribus, étaient capables de tous les exploits. Ils avouaient aussi que le consul français ne les avait pas trompés, lorsqu'il affirmait que les chevaux de l'Hedjaz étaient les plus parfaits de l'Arabie.

Du côté de l'orient, le ciel blanchissait, les premières clartés du jour allaient apparaître et cette course, qui tenait du prodige, durait toujours. Enfin Abou-Zamil sembla vouloir la ralentir; il cessa de faire entendre le sifflement aigu et prolongé avec lequel il excitait l'ardeur des chevaux et qui seul avait troublé, par instant, le grand silence de la nuit.

Quelques minutes s'écoulèrent encore, puis, sur un signe du Bédouin, tous les cavaliers s'arrêtèrent. Alors d'un bond il s'élança par terre, se baissa et, à la pâle clarté du matin, examina le terrain sur lequel il se trouvait. Bientôt il se releva, et marchant vers Ali, son plus proche voisin :

— Regarde, lui dit-il.

Et il lui montra sur le sable l'empreinte des cinq chameaux et du cheval.

M. Périères et M. Delange s'étaient rapprochés et, ravis, ils adressèrent de vives félicitations au Bédouin.

— Maintenant, qu'allons-nous faire? demandèrent-ils.

— Cela vous regarde, répondit Abou-Zamil. J'ai tenu mon engagement : grâce à moi, vous avez rejoint les gens que vous poursuiviez.

— Ils sont donc près d'ici? demandèrent les interprètes.

— Ils sont là, fit le Bédouin en étendant le bras; dès que le soleil apparaîtra, vous verrez les tentes de leur campement.

— Alors, fit joyeusement M. Delange, nous allons retrouver notre ami?

— Je n'en sais rien, dit l'Arabe.

— Ne nous as-tu pas montré dans le sable l'empreinte des sabots de son cheval? Il est donc venu au moins jusqu'ici?

— Un cheval en liberté laisse dans le désert, répondit gravement Abou-Zamil, les mêmes empreintes qu'un cheval monté par son cavalier.

La joie que les deux jeunes gens avaient d'abord éprouvée tomba tout à coup. Leur front se plissa et leurs regards anxieux, suivant la direction indiquée par le guide, essayèrent de pénétrer les secrets du campement arabe.

Deux matelots le maintenaient immobile et prisonnier (page 116).

XXVI

Les premiers rayons du soleil, comme l'avait annoncé Ali, permirent d'apercevoir, à une distance de mille à quinze cents mètres, un campement de Bédouins. Il se composait d'une trentaine de tentes, rangées en demi-cercle devant les premiers chaînons des montagnes de l'Hedjaz. Un petit bois de palmiers, dont le soleil levant dorait déjà la cime, se dessinait sur la droite au milieu d'une prairie assez verdoyante, où se reposaient en liberté une vingtaine de chevaux et de chameaux.

Un calme profond paraissait régner dans le camp; il était encore endormi.

— Remontons à cheval! s'écria M. Périères, qui semblait très-animé. En cinq minutes nous atteindrons ces tentes, nous surprendrons leurs habitants, et si nos amis se trouvent parmi eux, nous les délivrerons.

— Cette arrivée imprévue, fit observer l'interprète Omar, serait considérée comme une attaque : les Bédouins se mettraient sur la défensive et une lutte qu'il faut essayer d'éviter, ne tarderait pas à s'engager. Ne vaudrait-il pas mieux, au contraire, prendre une heure de repos? Nous en avons grand besoin, nous et nos chevaux.

— Vous en parlez à votre aise, fit très-vivement M. Delange. Croyez-vous que nous puissions nous reposer utilement, inquiets comme nous le sommes, anxieux sur le sort de nos amis? Non. Le but est trop près de nous pour que nous n'essayions pas immédiatement de l'atteindre. Un repos d'une heure ne suffirait, du reste, ni à nos chevaux ni à nous-mêmes; il ne servirait qu'à nous faire ressentir ensuite plus cruellement notre fatigue. Je suis donc de l'avis de Périères : courons au campement, après nous être fait annoncer, si cet acte de prudence vous paraît indispensable.

Omar et Ali échangèrent un regard; ils n'étaient pas satisfaits des paroles qu'ils venaient d'entendre et surtout de la façon dont elles avaient été prononcées : les deux Européens, surexcités par une nuit sans sommeil et une course effrénée, ne leur paraissaient pas jouir de leur sang-froid habituel; ils obéissaient à leurs nerfs au lieu de se laisser guider par leur raison. La disposition d'esprit où ils se trouvaient pouvait leur être fatale : les Arabes, comme tous les gens d'action, ne se laissant intimider que par le calme et la résolution froide.

Mais les interprètes, comprenant que toute nouvelle observation et tout obstacle ne feraient qu'irriter davantage MM. Delange et Périères, ne crurent pas devoir insister.

— De quelle façon, dit Ali, annoncerons-nous à ces gens notre prochaine arrivée?

— Tirons des coups de fusil en l'air, fit M. Delange : n'est-ce pas ainsi qu'on salue au désert?

— Ne jetons pas notre poudre au vent, conseilla le second interprète; elle nous sera bientôt utile.

— Eh bien, le Bédouin qui nous a conduits ici, peut nous précéder de quelques pas, pénétrer sous la tente de ses amis, et les réveiller pour leur apprendre notre présence au milieu d'eux.

Abou-Zamil fut appelé, on lui fit savoir ce dont il s'agissait.

— Pour dix chameaux, répondit-il, je ne voudrais pas vous rendre ce service. S'ils me voient, mes amis m'accuseront aussitôt de vous avoir fait connaître le lieu de leur retraite et ils me tueront pour se venger. Je vous ai dit que j'avais rempli ma tâche, ne comptez plus sur moi.

— Alors, à cheval! cria M. Périères; nous prendrons une résolution en route.

La caravane repartit au galop et se dirigea sur le camp.

Il venait de s'éveiller; quelques hommes apparaissaient sur le seuil des tentes, plusieurs femmes couraient déjà vers la prairie où les bêtes reposaient.

A cent mètres environ de la première demeure, sur l'ordre de M. Delange, les deux interprètes tirèrent trois coups de fusil et prirent les devants. Leurs longs burnous devaient causer moins de saisissement aux Bédouins que le costume des Européens; le douar pouvait croire que des amis arrivaient. En même temps, d'après un dernier conseil d'Amou-Zamil, un des trois matelots se sépara de ses compagnons, fit rapidement le tour du campement et se posta devant l'étroit défilé qui conduisait à la montagne. Le Bédouin, qui donnait encore là une preuve de sa bonne foi, avait expliqué aux interprètes que si M. de Morin et Joseph étaient encore vivants et prisonniers, leurs maîtres essayeraient de les diriger vers la montagne dès qu'ils se verraient attaqués. Le cavalier détaché du groupe et placé en sentinelle avait ordre d'appeler à son secours en tirant un coup de fusil, si quelque troupe de Bédouins essayait de se lancer dans le défilé.

Une dizaine de nomades, une vingtaine de femmes et d'enfants entouraient déjà les interprètes lorsque le reste de l'escorte les rejoignit.

— Où est votre chef? demanda M. Périères d'une voix impérieuse, en faisant caracoler son cheval pour qu'on ne le serrât pas de trop près.

Un homme d'une trentaine d'années s'avança. Petit et grêle, il avait des lèvres minces, des yeux perçants, la barbe courte et rare, le teint fortement basané. Tout en lui annonçait la résolution, l'audace et en même temps la duplicité et la ruse.

— Que demandes-tu? fit-il, et d'abord viens-tu vers nous en ami ou en ennemi?

— Comme tu voudras, dit M. Perrières, choisis.

Cette réponse, qui fut fidèlement traduite, et surtout le regard arrogant de M. Périères, produisirent une certaine impression sur le chef et les hommes de son douar : pour oser parler aussi fièrement et pour hésiter à accepter l'amitié qu'on semblait lui offrir, il fallait que ces Européens eussent conscience de leur force. Plusieurs Bédouins consultèrent même l'horizon, en se demandant si une seconde caravane ne suivait pas la première.

— Enfin, que désires-tu? fit le chef d'une voix calme.

— Je désire, répliqua M. Périères, que deux de mes compatriotes, retenus prisonniers dans ton camp, me soient immédiatement rendus.

— Aucun de tes compatriotes n'est au milieu de nous. Qu'est-ce qui te fait supposer qu'ils se trouvent ici?

— Près de Djeddah, hier, à la troisième heure du jour, des hommes appartenant à ta tribu ont fait prisonnier un de mes serviteurs et aussitôt un de mes amis s'est élancé sur ses traces. Où est mon ami, où est mon serviteur?

— Je l'ignore. Pourquoi accuses-tu de cet enlèvement des hommes de ma tribu?

— Parce que j'ai suivi depuis hier la trace des ravisseurs et qu'elle m'a conduit devant ton douar.

— Tu t'es trompé, nous ne sommes pas encore en plein désert et plus d'une caravane sillonne la plaine, de la mer à la montagne.

— Je ne me suis pas trompé, te dis-je, les traces sont encore fraîches; tu peux les voir à quelques pas d'ici. Elles indiquent le passage de cinq chameaux et d'un cheval : tu ne me persuaderas pas que depuis quelques heures, une caravane composée absolument de la même façon ait traversé la plaine.

Le chef ne répondit pas : tous les hommes du campement s'étaient armés et l'entouraient. Ils formaient une troupe de trente personnes environ, escortés par une véritable foule de femmes et d'enfants. Depuis que le chef s'était tu, ces gens parlaient, gesticulaient, apostrophaient les Européens et, ce qui est plus dangereux, se rapprochaient d'eux au point de les toucher.

M. Périères et M. Delange comprirent le danger qu'ils commençaient à courir. Leur fermeté, leur attitude avaient un instant intimidé les Bédouins, mais elles avaient fini par les exaspérer, et comme aucune caravane nouvelle n'apparaissait à l'horizon pour les faire réfléchir et se calmer, l'exaspération augmentait de minute en minute.

Mais, avec le sentiment du danger, surtout le sentiment de la responsabilité qui pesait sur lui, M. Périères avait recouvré tout son sang-froid. C'était bien maintenant l'homme dépeint, un soir, en quelques mots, par Mme de Guéran : ferme, courageux, intrépide comme M. de Morin, sans être imprudent comme lui. En une seconde il s'était, pour ainsi dire, transformé ; sa voix n'avait plus les mêmes intonations, son regard avait d'autres éclats. Les deux Arabes à son service s'aperçurent aussitôt de cette révolution. Ils sentaient qu'ils étaient commandés par un de ces chefs auxquels les soldats aiment à obéir.

M. Périères, sans se retourner, sans perdre de vue ses adversaires, donnait des ordres à son escorte :

— Lorsque je lèverai le bras, disait-il, vous coucherez en joue tous ces gens, mais pour tirer, vous attendrez mon commandement.

Les vociférations, les menaces continuaient.

— Ordonne à ces femmes et à ces enfants de s'éloigner, dit M. Périères en s'adressant au chef du douar.

Le chef ne daigna pas répondre.

L'Européen leva le bras.

M. Delange, les deux interprètes et les deux matelots prirent leurs fusils qui reposaient le long de leurs selles et épaulèrent.

Aussitôt les femmes et les enfants s'enfuirent dans toutes les directions en poussant de grands cris. Mais, en même temps, tous les nomades armèrent leurs carabines.

M. Périères rejoignit le chef.

— Si tes hommes, lui dit-il, ne mettent pas immédiatement bas les armes, j'ordonne aux miens de faire feu, et, sache-le bien, quoique moins nombreux, nous sommes les plus forts.

Le chef sembla réfléchir, et, s'adressant au Français :

— Pour la dernière fois, que veux-tu ? lui dit-il, puisque je t'affirme que tes amis ne sont pas ici.

— Que sont-ils devenus ?

— Eh bien! ils ont attaqué mes hommes, et mes hommes les ont tués.

— Alors, montre-moi leurs cadavres.

— Reprends la route que tu as parcourue cette nuit, tu les trouveras étendus sur le sable.

— Tu mens! s'écria M. Périères. Vous essayez toujours de cacher vos crimes; vous ne laisseriez pas vos victimes sur la route.

— Enfin, demanda le chef, où veux-tu en venir?

— Je veux visiter toutes les tentes de ton campement.

— Jamais! les infidèles ne pénètrent pas dans nos demeures.

— C'est ce que nous allons voir! s'écria le Français, et se tournant vers son escorte : en avant! fit-il.

La lutte avait commencé : l'exaspération était complète du côté des Bédouins; la résolution inébranlable chez les Européens.

Tout à coup, dans le lointain, derrière les tentes, à l'entrée du défilé, un coup de feu se fit entendre. C'était la sentinelle isolée qui donnait le signal convenu. M. de Morin et Joseph étaient-ils encore vivants et les entraînait-on dans la montagne?

XXVII

Il fallait au plus vite rejoindre la sentinelle et savoir ce dont il s'agissait. Les six hommes, au commandement de M. Périères, ne formèrent plus qu'un seul groupe prêt à charger les Bédouins, s'ils voulaient s'opposer à son passage. Mais la détonation qui avait éclaté tout à coup, à l'entrée du défilé, eut aussi pour résultat de modifier les idées belliqueuses des nomades et de retarder leur attaque. Ce coup de feu sec et violent ne leur parut pas ressembler au bruit produit par leurs armes habituelles. Ils en conclurent aussitôt qu'on venait de la montagne au secours des Européens, et au lieu de leur faire face et de les combattre, ils se rejetèrent précipitamment de côté. La troupe de M. Périères put ainsi traverser le camp, et arriver en un temps de galop au pied de la montagne.

Au moment où ils atteignaient l'entrée du défilé, la sentinelle les rejoignit et leur fit son rapport; elle occupait son poste depuis un quart d'heure environ, lorsque cinq Bédouins à pied, et entourant un prisonnier qu'elle n'avait pu reconnaître, étaient sortis du camp et s'étaient dirigés de son côté. Se conformant aux ordres reçus, elle avait fait feu pour se replier ensuite derrière un rocher.

— Joignez-vous à nous, dit aussitôt M. Périères à la sentinelle, et en avant!

Le défilé dans lequel la petite troupe s'engagea était étroit, tortueux et difficile, mais n'avait pas de profondeur. Ce n'était pas encore la montagne; c'était un simple contrefort qui débouchait brusquement sur un plateau. A peine l'eurent-ils atteint, qu'ils aperçurent les cinq nomades courant à toutes jambes vers un nouveau chaînon de la montagne. Il n'y avait pas à hésiter; ils s'élancèrent au galop et eurent bientôt rejoint les Bédouins.

Ceux-ci, en les voyant venir, avaient, du reste, déjà pris la fuite en tirant quelques coups de fusil qui n'atteignirent personne. Ils avaient aussi, pour fuir plus vivement, abandonné leur prisonnier. Le malheureux, les mains liées derrière le dos, était étendu à plat ventre, le visage à moitié enfoui dans le sable. On s'empressa de le relever et de le retourner : c'était Mohammed Abd-el-Gazal, pâle comme un mort, les traits bouleversés, les yeux hagards, les cheveux, la barbe et les sourcils imprégnés de sable, sans burnous, en bras de chemise, dans une tenue des plus négligées.

On coupa ses liens, on le fit asseoir, on lui épousseta le visage, on lui introduisit dans la bouche quelques gouttes d'eau-de-vie, on lui tapa dans les mains, on murmura à son oreille de douces paroles, on lui prodigua, en un mot, tous les soins qui pouvaient le ranimer et le rassurer sur sa destinée.

Malgré toutes ces prévenances, cinq minutes au moins s'écoulèrent avant que ses yeux égarés pussent se fixer sur ses compatriotes et que l'usage de la parole lui revînt. Enfin, encore tout ahuri et bégayant plutôt qu'il ne parlait, il fit comprendre qu'il ne pouvait rien dire au sujet de M. de Morin, sur le sort duquel chacun l'interrogeait.

— Vous l'avez vu, cependant? demandait M. Périères. Il vous a rejoint?

— Oui, oui, bégayait Joseph, il m'a rejoint;... peut-être eût-il mieux valu pour moi qu'il ne me rejoignît pas, mais il m'a rejoint.

— Qu'a-t-il fait? que s'est-il passé? lui demandèrent plusieurs personnes à la fois.

— Ce qui s'est passé, ah! je ne sais plus.

— Voyons, rappelle tes souvenirs, lui disait M. Périères, tu n'es plus prisonnier, on t'a délivré.

— Ah! on m'a délivré, répétait Joseph complètement abruti, mais s'ils allaient me reprendre!... Ah! les monstres, les monstres! m'en ont-ils fait voir!... Je leur disais cependant : gardez ma valise, je n'en veux plus. Gardez tous mes bagages, je vous les donne; je vais vous signer un acte de vente, si vous voulez... Ils ne m'écoutaient pas, et le chameau m'emportait toujours... Il allait, il allait... Et moi je tombais à droite, je tombais à gauche... je tombais en long... je tombais... Ah! quelle nuit, mon Dieu!... Par moments, il me semblait aussi que j'étais encore à bord du paquebot, j'avais un mal de mer, un mal de mer!... On m'avait bien dit que le chameau produisait cet effet-là, mais je ne voulais pas le croire... J'avais tant de sympathie pour cet animal... Maintenant, je le hais... Oui! je le hais!...

M. Périères crut devoir interrompre Joseph, et, lui posant la main sur l'épaule :

— Si, à l'instant même, fit-il, tu ne cesses pas tes jérémiades, si tu ne te remets pas sur tes pieds comme un homme, si tu ne réponds pas à mes questions, et rien qu'à mes questions, je fais avancer un des chameaux dont tu as si peur, et j'ordonne de t'attacher sur son dos.

Cette menace produisit l'effet qu'espérait M. Périères : Joseph-Mohammed se redressa, et attendit qu'on l'interrogeât.

— A quelle heure, fit M. Delange, as-tu vu M. de Morin?

— Je ne sais pas l'heure, répondit Joseph, mais il faisait nuit depuis longtemps, et mon chameau allait, allait toujours...

— Assez de chameaux, nous t'avons dit de nous faire grâce de tes réflexions. Que s'est-il passé à l'arrivée de ton maître?

— On courait depuis un instant plus fort que jamais, répondit Joseph. Les Bédouins sentaient quelqu'un derrière eux et espéraient n'être pas atteints... Mais j'entendis distinctement le galop d'un cheval et M. de Morin qui criait derrière : « Arrêtez, arrêtez ou je tire. » On ne s'arrêtait pas. Alors un coup de feu retentit... puis des cris, d'autres coups de feu... et la voix de mon maître, qui par moment dominait tout ce bruit... Enfin le silence se fit... mon chameau courait toujours, mais il me sembla que j'étais seul maintenant sur son dos... Le misérable Bédouin était descendu... Le reste de la caravane ne me suivait plus... Alors j'empoignai la bride des deux mains et j'essayai d'arrêter le chameau, je n'avais que cette idée-là... J'y parvins, et, en-

Son costume le fait ressembler à Sancho-Pança (page 128)

couragé par ce succès, j'allais essayer de défaire la corde qui m'attachait par le milieu du corps à mes bagages, lorsque j'entendis de nouveaux cris... C'était mon Arabe qui me rejoignait...

Joseph allait continuer; M. Périères l'arrêta de nouveau :

— On t'a laissé parler à ton aise, lui dit-il, parce qu'au milieu de tout ce verbiage, nous espérions apprendre quelque chose sur notre ami. Qu'est-il devenu? A-t-il été tué par ces hommes? Réponds.

— Je ne sais pas, fit Joseph, je ne sais rien. Mon Bédouin est remonté à mes côtés en murmurant un tas de paroles que je ne comprenais pas, mais j'ai compris qu'il se mettait à taper sur moi, à taper...

— Assez, fit M. Delange.

— Oh! oui, assez! bien assez, répéta naïvement Joseph.

— Après? Qu'est-il arrivé? Les autres Bédouins vous ont-ils rejoints?

— Non, nous avons continué à marcher seuls.

— Personne ne vous suivait?

— Personne; les autres étaient restés en arrière.

— Et où t'a-t-on conduit?

— Dans une espèce de camp, où tout le monde est accouru pour me regarder... Les femmes surtout étaient les plus curieuses; il y en avait qui me passaient les doigts dans les cheveux, dans les favoris... ça leur paraissait drôle... Mais mon Bédouin les a repoussées; il m'a fait descendre de chameau, ce qui m'a été bien agréable, je vous assure. Puis il m'a ordonné de marcher devant lui et m'a jeté sous une tente, après m'avoir enlevé mon burnous. J'étais brisé, moulu, j'ai dormi... Il y a une heure, on est venu me reprendre, et on m'a entraîné... à pied cette fois, c'était toujours ça de gagné... Enfin j'ai entendu des cris, des coups de fusil; on m'a donné un coup de crosse dans le dos et je suis tombé à la place où vous m'avez trouvé.

— Ainsi, tu ne peux rien nous dire sur le compte de M. de Morin?

— Absolument rien, fit Joseph.

— Alors, messieurs, s'écria M. Périères en se retournant vers les hommes de son escorte, continuons nos recherches et retournons au camp.

— Est-ce qu'on va me laisser ici? s'écria le malheureux Mohammed.

— Non, marche au milieu de nous, nous irons au pas; il faut du reste que nous redescendions le défilé et nos chevaux ne pourraient galoper.

— La petite troupe s'engagea avec précaution dans l'étroit passage; elle craignait d'y être attaquée. Rien n'était plus facile, en effet, aux Bédouins que de se cacher derrière les rochers, les monticules de sable, et d'abattre, l'un après l'autre, ces hommes isolés. Mais les nomades ignoraient encore le nombre de leurs adversaires et les

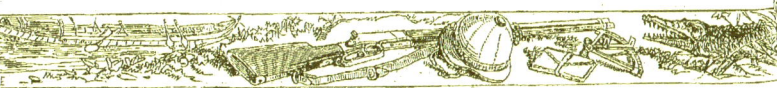

attendaient prudemment. Lorsqu'ils virent que deux personnes seulement s'étaient jointes à eux : la sentinelle et le prisonnier qu'on avait délivré, ils reprirent aussitôt la défensive.

Pendant l'heure qui venait de s'écouler, ils avaient eu le temps d'aller chercher leurs chevaux et leurs chameaux dans la prairie, de les harnacher, de réunir toutes leurs armes et de former une seule troupe qui sans être très nombreuse n'en était pas moins effrayante.

XXVIII

Après avoir tenu conseil un instant, les Européens, calmes et résolus, s'avancèrent vers le camp, tandis que l'interprète Ali, qui se trouvait à côté de MM. Périères et Delange, leur disait :

— Ne remarquez-vous pas que le nombre de nos adversaires semble avoir diminué? Je les ai comptés il y a une heure; ils étaient trente, sans parler des cinq qui fuyaient avec leur prisonnier et que nous avons rejoints. Ils sont maintenant vingt-deux, dans un moment où ils ont besoin de toutes leurs forces. Que sont devenus les autres?

— Ils s'apprêtent sans doute à nous tourner, répliqua M. Delange, méfions-nous.

— Je n'ai pas cette crainte, reprit l'interprète. Les Bédouins dédaignent ce genre de tactique; ils ne connaissent ni les avant-gardes ni les arrière-gardes. J'ai une tout autre idée.

— Laquelle? demandèrent ensemble les deux jeunes gens.

— Les hommes dont je viens de constater l'absence, répondit Ali, pourraient bien être occupés, en ce moment, à garder leur second prisonnier, votre ami.

— Comment, tu crois? Alors si nous sommes vainqueurs, ils le tueront?

— Ils le tueront bien plus sûrement si nous sommes vaincus.

— C'est vrai; à la grâce de Dieu! fit M. Delange.

— Qu'Allah nous protége! fit l'interprète arabe.

La petite troupe ne se trouvait plus séparée des Bédouins que par une mince étendue de terrain. Elle marchait silencieusement, au pas, comme s'il s'agissait d'une revue. Chaque homme tenait à la main son revolver, mais le cachait derrière le pommeau de sa selle. Les nomades, au contraire, gesticulaient, brandissaient leurs armes, excitaient de la voix leurs chameaux, éperonnaient les chevaux, sans avancer cependant et sur place. On ne voyait plus dans le campement ni femmes, ni enfants; ils s'étaient prudemment retirés sous la tente, prêts à revenir après la bataille pour insulter et frapper les vaincus.

Comme il l'avait fait précédemment, M. Périères, suivi d'un interprète, marcha droit au chef, qui, monté sur un très beau cheval, se tenait devant sa troupe.

— J'ai retrouvé, lui dit-il, un de mes compatriotes. Je viens te demander l'autre.

— Je t'ai déjà dit qu'il avait été tué, répondit le chef.

— Je continue à ne pas te croire, fit M. Périères. Ne m'avais-tu pas affirmé qu'ils étaient morts tous les deux? Tu savais le contraire, comme tu sais maintenant où se trouve celui que je cherche encore.

— Eh bien, cherche, dit le chef en ricanant, je vais te faire ouvrir un passage jusqu'à nos tentes.

— Pour que nous nous trouvions enfermés, n'est-ce pas, entre cette espèce de muraille et tes hommes? Allons donc! marchez et nous vous suivrons.

Le chef, sans bouger, ricana de plus belle et regarda M. Périères avec insolence, tandis que tous les nomades agitaient leurs lances et apprêtaient leurs fusils.

Le jeune Français, de plus en plus maître de lui, mais décidé, dans la situation périlleuse où il se trouvait, à faire quelque coup de tête qui pouvait tout compromettre, mais qui pouvait aussi tout sauver, se pencha vers Ali et lui donna un ordre.

L'interprète n'eut pas assez d'empire sur lui-même pour dissimuler son étonnement, l'ordre lui paraissant d'exécution difficile et dangereuse. Mais il parut s'apprêter à obéir.

Le chef se tenait toujours en avant, à quelques pas de ses hommes.

Alors M. Périères, se tournant à demi vers sa troupe, lui dit sans que les Bédouins pussent le comprendre :

— Laissez de côté vos revolvers, et lorsque vous me verrez m'élancer en avant, prenez vos fusils et mettez en joue les hommes les plus rapprochés du chef. Attention !

Quelques secondes s'écoulèrent, puis, sans que personne pût prévoir ce mouvement, M. Périères et Ali firent d'un bond franchir à leurs chevaux la distance qui les séparait du chef des Bédouins, s'élancèrent sur lui des deux côtés, à droite et à gauche, et lui appuyant le revolver sur la poitrine, saisissant la bride de son cheval, l'entraînèrent avec eux. En même temps, les cinq autres Européens exécutant l'ordre de M. Périères, mettaient en joue les Bédouins les plus rapprochés, les effrayaient ainsi, les paralysaient en quelque sorte et les empêchaient, dans le premier moment de confusion, de courir au secours de leur chef.

Ce mouvement avait été si rapidement exécuté, que les nomades et leurs adversaires eux-mêmes étaient stupéfiés.

Mais, revenus de leur première surprise, les gens du douar, furieux, exaspérés, couchèrent en joue, à leur tour, les Européens.

Les deux interprètes s'avancèrent alors et déclarèrent que, si les nomades faisaient encore un seul pas, tiraient un seul coup de fusil, on massacrerait le chef sous leurs yeux.

En même temps, celui-ci était désarmé malgré sa résistance, tandis que deux matelots le maintenaient immobile et prisonnier, au premier rang de la petite troupe.

Quant à M. Périères, il avait tranquillement tiré de sa poche une boîte de bougies, un cigare, et tout en l'allumant, il disait à M. Delange :

— Ce n'est pas maladroit ce que nous avons fait là; mais comment sortirons-nous de cette impasse? Ces imbéciles nous regardent, sans bouger; nous les regardons, sans faire un mouvement. Cette scène muette peut durer longtemps et de Morin ne nous est pas rendu.

— Vous pouvez ajouter, faisait de son côté observer le docteur, tout en allumant aussi un cigare, que ces sauvages ont sans doute parfaitement déjeuné, tandis que nous mourons de faim, car nos modestes provisions sont épuisées. Il fait de plus une chaleur torride, dont ils n'ont pas l'air de s'apercevoir, tandis que je me sens rôtir en détail. Si nous allions nous mettre à l'ombre, sous le bois de palmier?

— Gardons-nous en bien, répliqua M. Périères, notre immobilité fait notre force.

— C'est possible, mais elle a aussi le privilège de m'endormir.

Tiens! tiens! que se passe-t-il donc là-bas? Il me semble voir de nouveaux burnous. Est-ce qu'il arriverait du renfort à ces drôles? Cependant ils étaient déjà bien assez nombreux.

— Oui, fit M. Périères qui se leva sur ses étriers. Voici les huit hommes qui leur manquaient. Notre interprète se plaignait tout à l'heure de ne pas avoir son compte; il doit être satisfait maintenant.

En effet, plusieurs nomades sortaient du petit bois de palmiers situé sur la droite du camp, et rejoignaient le reste de la troupe.

— Votre ami est au milieu d'eux! s'écria tout à coup l'interprète Ali. Je l'avais bien dit.

M. Périères et M. Delange, trop émus pour parler, se serrèrent silencieusement la main. Celui que, sans se l'avouer l'un à l'autre, ils croyaient mort, vivait encore, était près d'eux. Ils le virent qui s'avançait, insulté par l'un, bousculé par l'autre, frappé par ce dernier, à moitié nu, ensanglanté, mais calme et souriant. Quand il fut arrivé près de la première troupe, celle-ci s'ouvrit pour lui livrer passage et les Bédouins le placèrent au premier rang, en face de leur chef, prisonnier.

XXIX

La première pensée de M. de Morin, lorsqu'il ne se trouva séparé de ses amis que par une distance de dix mètres à peine, fut de leur parler.

— Vous êtes bien gentils d'être venus à mon secours, leur dit-il, une minute de plus et on allait me fusiller. Mais, quand le bruit s'est répandu, parmi mes gardiens, que vous vous étiez emparés de leur chef, ils ont retardé mon exécution, afin de me faire jouer le rôle d'otage.

Les nomades, dès qu'ils entendirent parler leur prisonnier, firent d'abord silence espérant comprendre ses paroles. Lorsqu'ils reconnurent qu'ils ne pouvaient en saisir le sens, l'un d'eux allongea un coup de crosse à M. de Morin pour l'obliger à se taire. Aussitôt M. Périères donna l'ordre à l'un de ses hommes de frapper le chef absolument de la même façon que l'Européen venait d'être frappé. Les Bédouins furent scandalisés, mais ils comprirent la leçon et se tinrent pour avertis.

— Vous appliquez à merveille la peine du talion, cria M. de Morin, toujours imperturbable et qui semblait fait aux coups de crosse, je vous adresse tous mes compliments. Quant aux remerciements, nous les ajournons. Ils ne pourraient pas être assez complets en ce moment. Qu'il vous suffise de savoir que j'ai une envie folle de vous embrasser depuis que je vous vois là, avec vos bonnes figures amies.

Il fut encore interrompu. Un Arabe avait eu l'idée de préparer une sorte de bâillon fait avec un vieux morceau de toile, et de l'appliquer sur la bouche de son prisonnier.

— Un bâillon pour le chef! cria M. Périères en se tournant vers ses hommes.

On se mit en devoir de lui obéir : mais les Bédouins réfléchirent qu'il leur était utile de recevoir les communications de leur chef, et ils renoncèrent au bâillon, comme ils avaient renoncé aux coups de crosse.

Les deux prisonniers purent ainsi, de part et d'autre, rester en communication avec leurs compatriotes; seulement, la partie n'était pas égale : grâce aux interprètes, les Européens avaient connaissance de tous les ordres que le chef du douar donnait à ses hommes, et ceux-ci ne comprenaient pas un mot de la conversation du Français avec ses amis.

— Mes nouvelles félicitations, cria M. de Morin, ces drôles sont matés pour l'instant. Ah! si j'avais pu en tenir un cette nuit!... Savez-vous comment je suis tombé entre leurs mains? Ils sont habitués à l'obscurité de leur désert. Ils voient dans les ténèbres, les gueux! et moi j'allais à tâtons. Puis, ils s'étaient fait un rempart avec leurs chameaux... Ce sont des bêtes à deux fins : des jambes pour courir, un ventre et un dos pour servir de fortifications... J'avais beau tirer des coups de revolver, je n'atteignais que le mur... Lorsque je n'ai plus eu une seule cartouche, ils se sont élancés sur moi et ils m'ont fait prisonnier... A propos, savez-vous ce qu'est devenu Joseph?

— Nous l'avons délivré, cria M. Périères. Il est avec nous. Avancez, Joseph.

La tête de Mohammed Abd-el-Gazal dépassa l'alignement de quelques centimètres à peine..

— Tiens! tiens! te voilà, mon garçon, fit M. de Morin. Je suis content de te revoir, tu m'as donné bien du mal et je dois reconnaître que tu es un fameux capon... Mais puisque tu es là, il est juste que tu reprennes ton service. Demande à Périères un cigare et apporte-le-moi.

En entendant cet ordre, Joseph frémit de tous ses membres. Cependant, s'il laissait à désirer comme combattant, on doit lui rendre cette justice qu'il possédait toutes les vertus du bon domestique. Il avait même un sentiment si vif de ses devoirs, que pour les remplir, il était capable, à l'occasion, d'héroïsme. Aussi le vit-on, malgré le vacillement de ses jambes, le tremblement de tout son corps, parcourir la distance qui le séparait de M. de Morin, lui remettre un cigare et, après avoir pris dans l'étui que lui avait confié M. Périères une petite bougie, l'allumer et la tendre respectueusement.

Les Bédouins, comme tous les peuples à demi sauvages, sont de grands enfants. Ils s'amusent d'un rien et ont une mobilité de caractère vraiment surprenante. De furieux qu'ils étaient précédemment, ils devinrent tout à coup joyeux en apercevant Joseph. Aux menaces succéda une douce gaieté, aux vociférations un bon rire.

Mohammed, il faut le reconnaître, avait en ce moment une bien drôle de mine : ses gros yeux effrayés lui sortaient de la tête ; les poils de ses favoris, encore imprégnés de sable, semblaient tout hérissés ; son nez, qu'un coup de soleil avait empourpré, produisait un pittoresque effet, plein de contraste, au milieu de sa face pâlie par la crainte ; ses grasses épaules de Parisien lymphatique sortaient de sa chemise déchirée, et son gros ventre désordonné rebondissait au dehors de son pantalon dont la plupart des attaches avaient succombé dans la nuit. Enfin, désirant préserver son crâne chauve des atteintes d'un nouveau coup de soleil, il s'était fait une sorte de bonnet chinois, avec son mouchoir noué aux quatre bouts.

— Tiens ! tiens ! les Bédouins s'amusent, cria M. de Morin à ses compagnons ; si nous en profitions ?

— J'y songeais, lui répondit M. Périères, que proposez-vous ?

— Comment avez-vous fait le chef prisonnier ? demanda le jeune peintre.

— En nous élançant à l'improviste sur lui, répondit M. Delange.

— Eh bien ! faites la même manœuvre pour moi. Je vous donnerai moins de mal que le chef, puisque, au lieu de me défendre, comme il a dû le faire, je vous seconderai. Prenez sans tarder vos dispositions, mon cher Périères. Je vais, de mon côté, entretenir la bonne humeur de ces imbéciles, et vous agirez lorsqu'ils seront tout à fait épanouis.

Je me cramponnai à un tronc d'arbre (page 142).

Joseph, après avoir laissé à M. de Morin le temps d'allumer son cigare, n'eut qu'une pensée, rejoindre ses compagnons, et se mit à courir de leur côté. Il avait déjà franchi l'espace qui le séparait d'eux, lorsqu'il s'entendit de nouveau appeler par son maître.

— Joseph! faisait le peintre, dites à ces messieurs que j'ai soif et demandez-leur de vous confier un peu d'eau.

M. Delange s'empressa de remettre une outre au domestique qui, fidèle à ses principes, mais de plus en plus tremblant, reprit le chemin déjà parcouru. Hélas! cette double course, cette gymnastique répétée, avaient rompu les dernières et faibles attaches du pantalon de Joseph. Le malheureux comprit que ce vêtement, son dernier, car la chemise ne comptait plus, allait l'abandonner. Il fit un suprême effort, et, tandis que d'une main il tenait l'outre pleine d'eau, de l'autre il essaya de ressaisir son indispensable.

Cette position pittoresque, ces efforts désespérés, cette mine effarée parurent aux Bédouins d'un si haut comique que leur gaieté redoubla. Ils riaient à gorge déployée, ils en pleuraient; ils avaient posé leurs fusils sur le pommeau de leur selle, afin de se tenir les côtes.

Le moment était admirablement choisi pour la réalisation du projet de M. de Morin. A un signal convenu, pendant que deux hommes des plus solides retenaient le chef et l'empêchaient de faire un mouvement, les autres cavaliers, avec un ensemble parfait, franchirent l'espace qui les séparait de M. de Morin, repoussèrent ses gardiens, formèrent un cercle autour de lui, l'entraînèrent en arrière et reprirent la place qu'ils occupaient précédemment.

Les nomades ne riaient plus; ils étaient comme stupéfiés. On leur avait, pour ainsi dire, escamoté leur prisonnier; ils n'y comprenaient rien, et, tout en brandissant leurs armes, en proférant des menaces, ils se demandaient si ces Européens n'étaient pas des sorciers, des êtres surnaturels.

— Maintenant, pas une minute à perdre, avait dit le jeune peintre en se retrouvant au milieu des siens. On est inquiet de nous à Djeddah, nous n'avons pas le droit de nous éterniser ici.

— Nous ne demandons qu'à nous en aller, mon cher, fit M. Delange, mais si nous tournons le dos à ces sauvages, si nous cessons de les coucher en joue, ils vont tirer sur nous.

— Et leur chef que vous oubliez et qui est notre sauvegarde! répliqua M. de Morin. Où est Ali, l'interprète? ajouta-t-il.

— Me voici, maître, fit Ali en s'avançant.

— Viens, nous allons causer avec le chef; tu lui répéteras exactement toutes mes paroles.

Tandis que les nomades se consultaient entre eux et semblaient projeter une attaque, M. de Morin disait au chef du douar:

— Tu t'es indignement conduit envers moi ! Lorsqu'on m'a entraîné cette nuit dans ton campement, je t'ai demandé ta protection, j'ai offert de te payer une rançon considérable si tu me permettais de retourner au milieu des miens. Non content de repousser mes offres, tu m'as laissé insulter, maltraiter. Tu mériterais d'être châtié ; mais je te fais grâce. Seulement nous partons et tu vas partir avec nous. Aux portes de Djeddah, sans me souvenir de tes torts, je te rendrai ta liberté, je te le jure, si nous n'avons à nous plaindre ni de toi, ni de tes hommes. Dix d'entre eux peuvent nous suivre ; ils te serviront d'escorte pour te ramener. Mais s'ils profèrent un cri pendant la route, s'ils font une menace, ils périront avec toi. Quelle que soit votre décision à tous, dans cinq minutes nous partons.

Le Bédouin, après un moment de réflexion et un long regard jeté sur les armes des Européens, interpella ses hommes. Un colloque animé s'engagea entre eux. Les interprètes constatèrent que les idées du chef étaient pacifiques ; plusieurs nomades, parmi les plus jeunes, hésitaient seuls à les adopter. Enfin, ces derniers parurent céder, et le prisonnier, se tournant vers M. de Morin, lui dit :

— Partons, je me fie à ta parole, comme tu peux te fier à la mienne.

— C'est entendu, répliqua le jeune Français ; mais comme je suis à pied, ainsi que mon domestique, ce qui allongerait de beaucoup notre voyage et le tien, fais avancer deux chevaux. Nous te les rendrons, rassure-toi ; nous ne sommes pas des pillards, nous autres.

Le chef donna des ordres ; ils ne furent exécutés qu'à moitié. On amena pour M. de Morin le cheval emprunté la veille à Abou-Zamil, mais on offrit à Joseph un simple chameau. A la vue de cette bête, l'infortuné serviteur fut sur le point de s'évanouir.

— Non, non, criait-il, j'aime mieux vous suivre à pied ; pas de chameau ; pas de chameau !

— Si tu nous suis à pied, lui faisait observer son maître, nous n'arriverons que dans trois jours à Djeddah ; c'est impossible.

Heureusement que l'interprète Omar, habitué au chameau depuis l'enfance, céda son cheval à Joseph et prit l'autre monture.

La petite colonne européenne, composée de dix personnes, y compris le chef, que deux cavaliers maintenaient au centre, prit la route de Djeddah.

Dix Bédouins, comme il avait été convenu, les suivaient à une petite distance.

XXX

« Il nous est rendu! Ils nous sont tous rendus! Je ne me possède plus de joie, mon cœur déborde! Ces hommes-là, voyez-vous, ma chère, sont magnifiques! Et quelle simplicité! Si j'interroge M. de Morin, il se refuse à me parler de lui. Il affirme que ses aventures au milieu des nomades ne méritent pas la peine d'être racontées, qu'il s'agit simplement d'une petite excursion dont il ne faut même pas faire mention dans nos notes de voyage. Mais, s'il m'arrive de prononcer le nom de MM. Périères et Delange, oh! c'est autre chose, il s'écrie aussitôt qu'ils ont été superbes : Delange, dit-il, est étonnant pour un médecin, il nous cache évidemment son passé, il a dû servir dans les zouaves ou les chasseurs d'Afrique; il est aguerri et discipliné comme un vieux soldat, intrépide comme un jeune. Quant à Périères, on ne sait pas ce qu'il faut admirer le plus en lui, de son audace ou de son sangfroid.

Heureusement que l'homme de lettres et le médecin nous édifient, à leur tour, sur le compte de M. de Morin : ils affirment qu'il est remarquable d'insouciance, de résignation, d'entrain, de courage et d'énergie. Sa bonne humeur et sa gaieté ne l'abandonnent jamais, et c'est à elles seules que ces messieurs doivent, assurent-ils, d'être sortis sains et saufs de cette terrible aventure.

Il paraît qu'en marchant sur Djeddah, notre caravane européenne a couru de nouveaux dangers. Les Bédouins qui la suivaient ont été sur le point de l'attaquer, mais la bonne humeur et l'entrain de M. de Morin sauvèrent la situation. Croiriez-vous, ma chère, qu'il a pu obtenir pour sa troupe des vivres, dont elle avait grand besoin, je vous assure? On a fait une halte, vers les deux heures de l'après-midi, dans une sorte d'oasis qui se trouvait sur la route, et on a déjeuné le revolver au poing, bien entendu. C'était Joseph qui servait les Européens et les Bédouins, et ces derniers riaient à se tordre, car je vous passe, ma chère Lovely, bien des détails de cette expédition. Je suis comme d'habitude un peu décousue dans ma narration et pleine de lacunes. Que voulez-vous? Je vous crois toujours à mes côtés, et ce qu'on m'a dit la veille, il me semble que vous l'avez entendu.

Ce déjeuner, paraît-il, a été des plus curieux : les femmes du douar avaient fait la veille du *couscoussou*, qui est le mets de prédilection des Arabes, et, au moment du départ, en bonnes ménagères, elles en avaient placé une certaine provision sur les chameaux pour les besoins de la route. Nos amis ayant obtenu d'y goûter, l'ont trouvé exquis, et, à leur tour, ils ont offert aux Bédouins d'excellent tabac et quelques cigares qui achevèrent de les mettre de bonne humeur. Mais, bientôt, ils arrivèrent au paroxysme de la joie. Le déjeuner achevé, comme M. de Morin exprimait l'intention de sommeiller quelques instants, ce qui était fort naturel, M. Delange lui dit :

— Pardon, mon cher ami, avant de dormir, il faudrait songer à notre petite partie de cartes. Elle n'a pas encore eu lieu aujourd'hui, et si nous remontons à cheval, elle deviendra difficile; c'est, je crois, le moment d'y songer.

— Je tombe de sommeil, fit le jeune peintre en se défendant.

— Je tombe autant que vous, répondit M. Delange, mais un quart d'heure de repos nous serait funeste. Tant que nous ne pourrons pas dormir vingt-quatre heures ou trente-six heures de suite, il vaut mieux nous abstenir. Donc, cher ami, pendant que nos braves chameaux essayent de tondre quelques broussailles, faisons un petit écarté, si vous le voulez bien.

— Vous n'avez pas songé à apporter des cartes, j'imagine? dit M. de Morin.

— C'est la seule chose, au contraire, à laquelle j'ai songé, répliqua le docteur; j'ai oublié l'eau, les biscuits, tout, excepté les cartes.

— Allons ! fit le peintre résigné à son sort.

Ils prirent place en face l'un de l'autre, assis à califourchon sur le sable, et se mirent à jouer. Les Bédouins, fort intrigués par une pantomime à laquelle ils n'étaient pas habitués, se rapprochèrent. Quand ils virent toutes ces petites figures rouges et noires, ces dames, ces valets et ces rois qui se mêlaient, se confondaient et se précipitaient les uns sur les autres, ils furent pris, de nouveau, d'un fou rire qui ne le cédait en rien à celui que Joseph avait provoqué.

A peine la partie fut-elle terminée qu'ils se précipitèrent sur le jeu de cartes dont ils voulaient surprendre les secrets; M. Delange le leur abandonna généreusement.

Nos pauvres compatriotes étaient brisés de fatigue lorsqu'ils nous ont rejoints au consulat. Mais notre joie de les revoir les a réconfortés. « Ah! miss Poles, me disait M. Delange, en vous regardant je n'ai plus envie de dormir. » Ce docteur est charmant : je ne sais plus lui en vouloir de sa passion pour le jeu; j'en suis arrivée, vous le confesserai-je, ma chère, à aimer jusqu'à ses vices.

Quant au consul français, il était ravi du succès remporté par ses compatriotes. Il nous a seulement conseillé de quitter Djeddah le plus vite possible : il craignait que, jalouses de notre triomphe, humiliant pour leur inertie et leur impuissance, les autorités turques n'essayassent de nous susciter quelque désagrément ou de nous faire chercher querelle par la population.

— Il ne faut jamais oublier dans les pays musulmans, nous dit-il, ce dicton si connu : « Le corps d'un giaour ou infidèle ne vaut pas la peine qu'un chacal se donne à le manger. »

Sur le quai, ces messieurs ont trouvé le Bédouin Abou-Zamil qui les attendait pour leur réclamer la récompense promise. M. Périères la lui a fait remettre sans hésitation. C'est un présent bien mal placé, mais des Européens doivent apprendre à ces barbares qu'une parole donnée est une parole tenue.

Notre vapeur a pris la mer dès que nous sommes montés à bord, tandis que le drapeau du consulat français nous saluait au loin.

Nous courons maintenant en droite ligne sur Souakin. Nous avons à traverser la mer Rouge dans sa plus grande largeur et à descendre de quelques degrés vers le sud. »

XXXI

« J'ai prié M. Périères de vous raconter nos aventures avec les Arabes et de vous peindre la danse des bayadères. Il s'agissait de récits émouvants, de tableaux pittoresques; un homme de lettres pouvait leur donner de l'intérêt et de la couleur. Aujourd'hui, il est seulement question de vous envoyer quelques croquis des pays que nous allons parcourir pendant quelques jours, et je puis, sans danger pour vous, sinon sans ennui, me charger de ce soin. Ne vous attendez pas à autre chose qu'à une sorte d'itinéraire, à des notes de voyage jetées au courant de la plume, ou plutôt du crayon, au bord du chemin, sans autre table que mes genoux, à la suite de longues journées de marche.

Seulement, dites-vous bien, mon cher ami, que je serai sincère et toujours véridique; pour vous intéresser et vous plaire, je suis incapable d'inventer, ni même d'exagérer. Vous pourrez, du reste, contrôler facilement mes récits, en consultant les voyageurs qui ont suivi le même chemin que moi, de Souakin à Khartoum par Berber : Combes en 1834, Beurmann en 1860, de Heuglin en 1864, Schweinfurt en 1866. N'oubliez pas que Berber s'appelle aussi, d'après les Anglais : El-Mecheref, et d'après les Allemands : El-Mecherif.

Je laisse absolument de côté les autres routes choisies pour se rendre de Souakin à Khartoum, car d'autres voyageurs se sont dirigés sur le Nil par le sud, sans rejoindre Berber. Werne, en 1841, Baker, en 1861, Lejean, en 1864, ont descendu la mer Rouge jusqu'à Massouah, et ont gagné Khartoum par Kéren, Kassala et le fleuve Bleu.

Tous ces pays, sachez-le bien, cher ami, se trouvent sous la domination de l'Égypte et font partie du Soudan oriental ou Soudan égyptien; il ne faut donc pas vous attendre encore à des aventures extraordinaires. Elles arriveront plus tard, nous l'espérons du moins ; mais chaque chose doit rester à sa place. Prenez patience, et dès que l'imprévu et le merveilleux donneront lieu à d'intéressants récits, à des descriptions pittoresques, je repasserai la plume à Périères et vous serez heureux.

Pour le moment il s'agit donc de parcourir une contrée à demi civilisée, où les mœurs turques et les mœurs égyptiennes dominent, où il est question de construire un chemin de fer, et où il existe déjà, horreur ! un poste télégraphique. Vous voyez que vous n'êtes pas encore chez les sauvages, et vous ne m'en voudrez pas de brûler le pays.

Nous avons, le 6 novembre 1872, mis pied à terre à Souakin. Grâce au gouverneur Muntas-Bey, un homme charmant, entre parenthèses, nous pûmes immédiatement nous loger avec nos serviteurs dans une maison en brique d'assez belle apparence.

Il faut vous dire que Souakin a pris une grande importance depuis que l'Égypte, l'ayant acquise de la Turquie, en est devenue souveraine maîtresse. On y remarque une boulangerie, chose inappréciable dans un pays où, il y a dix ans, le gouverneur seul mangeait du pain de froment. Mais ce qui change d'une façon bien plus complète Souakin, au point de vue moral, c'est son nouvel aqueduc. La femme ne sera plus une bête de somme destinée à aller chercher de l'eau hors de la ville, et le Bédouin aura d'autres préoccupations que de se procurer l'esclave indispensable pour ce terrible métier de porteuse d'eau. Vous ne pouvez vous figurer, mon cher, ce qu'un Européen éprouve de tristesse à voir de pauvres vieilles femmes, infirmes souvent, se traîner sur ce sable brûlant et profond avec des outres pesantes sur la tête. Les jeunes et les plus jolies ne sont pas davantage épargnées : leur taille flexible, leurs reins encore faibles se courbent, pour toujours, sous leur dur fardeau. Pourquoi n'emploie-t-on pas, me direz-vous, des animaux à ce transport? Parce que, simplement, ils coûtent plus cher à nourrir que des esclaves.

D'autres coutumes se sont aussi modifiées depuis l'annexion : nos habits européens, qui auraient causé un véritable scandale autrefois, attirent à peine l'attention. Cela ne veut pas dire que les Européens et les Égyptiens soient ici en majorité. Dans la saison pluviale, des nuées de Bédouins, suivis de tous leurs troupeaux, descendent des montagnes voisines et dressent leurs tentes au sud de la ville. Mais il s'agit plutôt d'un faubourg situé sur le continent, car Souakin, proprement dit, se trouve dans île : c'est dans cette partie seulement qu'on remarque quelques édifices, comme la douane, le poste télégraphique d'Angleterre, le Divan et quelques mosquées. Quant aux jardins, publics ou privés, ils font absolument défaut; je n'ai pu découvrir qu'une plantation de dattiers, venus à grand'peine dans la cour d'un ancien gouverneur. Aussi, mon cher, la chaleur est-elle terrible ici et avons-nous hâte, je vous assure, de gagner la montagne.

Nous n'attendons, pour nous mettre en route, que des chameaux et des chameliers, et ce n'est pas chose facile que de se les procurer : les chameliers devenant tous les jours plus exigeants et plus intraitables. Par suite de l'horreur que Joseph éprouve maintenant pour le chameau, j'ai dû lui procurer une autre monture. C'est un âne assez vigoureux pour porter ce gros corps, mais si petit que les pieds du cavalier traînent à terre et que l'âne paraît avoir six pattes. Joseph ne veut plus entendre parler de burnous depuis sa mésaventure ; il s'est composé un costume de fantaisie qui le fait, bâti comme il est et monté sur sa bête, ressembler à Sancho Pança. Ne soyez pas tenté pour cela, mon cher ami, de comparer physiquement son maître à Don Quichotte. Moralement, la comparaison ne peut que me flatter.

Quant à miss Béatrix Poles, elle n'a voulu ni chameau, ni cheval, ni mule, ni âne. « J'ai mes pieds, a-t-elle dit ; ils me suffisent et je suis

Elles font usage de leurs pieds comme de battoirs (page 148).

trop heureuse de m'en servir; vous ne m'attendrez jamais et j'irai plus vite que vous; une caravane, dans ces pays, ressemble à une tribu de tortues qui marcheraient à la file les unes des autres. »

Nos chameaux, au nombre de vingt, sont donc réservés à nos deux interprètes, à nos trois Nubiennes et à nos bagages personnels, puisque les autres, je vous l'ai dit, ont été envoyés directement à Khartoum.

Je vous demande pardon de tous ces détails, mon cher ami. Ils étaient absolument nécessaires pour que vous puissiez nous comprendre et nous suivre.

Nous pensons mettre, sans nous presser, une quinzaine de jours pour atteindre le Nil. De Souakin à Berber, Beurmann compte cent treize heures de marche, et de Heuglin cent huit, ce qui est à peu près la même chose. Schweinfurt calcule en milles et il en compte cent soixante-quinze. Il s'agit, ne perdez pas de vue ce détail important, du mille marin, de soixante au degré et représentant mille huit cent cinquante-deux mètres. Il ne faut pas confondre, comme on le fait souvent, le mille avec le kilomètre.

XXXII

« Nous partons : les chameaux sont chargés, les chameliers armés de bâtons se tiennent à leurs côtés. Mme de Guéran monte sur sa mule, ces messieurs et moi sur nos chevaux, Joseph sur son âne et nos autres serviteurs se hissent sur leurs gigantesques montures. Miss Poles, dans un pittoresque costume de voyage, avec une toque sur la tête, un grand voile vert, un plaid autour du corps, une foule d'ustensiles en bandoulière, la jupe relevée et attachée par des agrafes, perchée sur ses grands pieds couverts de guêtres jaunes, se remue, s'agite, donne un conseil à celui-ci, un ordre à celui-là, et prend la tête de la caravane.

— Mon Dieu! fait Delange, elle va, dans cette tenue, épouvanter les oiseaux, et on assure qu'il y en a de si jolis sur la route!

Quelques Arabes sont accourus pour nous dire adieu et nous prodiguer toute une collection de *kattar-kherak* (Dieu accroisse ton bonheur). Nous répondons de notre mieux à ces salamalecs, et nous partons.

Avant de quitter Souakin, nous passons dans le Foullah, le faubourg réservé aux nomades. Ils habitent un camp composé de tentes faites en nattes et soutenues par des perches d'acacia. Quelques-uns viennent au bord de la route nous souhaiter bon voyage. Nous remarquons leurs burnous qui diffèrent de ceux portés par les habitants des villes ; au lieu d'être blancs ils sont d'étoffe foncée, moins salissante. Miss Poles, qui marche en ce moment près de moi et ne laisse rien passer, me signale quelques beaux hommes, à la mine superbe, aux traits fins et énergiques.

Nous avons quitté la ville, nous marchons dans une grande plaine, située entre la mer et la montagne. D'énormes rochers noirâtres répandus çà et là, nous arrêtent, à chaque instant, et nous forcent à faire un détour. Je viens d'étudier nos chameaux, ils font de soixante-dix à soixante-quinze pas par minute. Si on les pousse ou si on les aiguillonne, ils n'en augmentent pas le nombre, mais ils les font plus longs. Vous voyez qu'avec ses échasses miss Béatrix Poles peut facilement nous suivre.

Nous gravissons maintenant la montagne, et déjà la température a changé. Malgré le soleil, des bouffées d'air vif nous frappent le visage et nous rendent notre énergie affaiblie par la chaleur suffocante de Souakin.

Mais le jour baisse; la journée est finie pour nous, pour nos gens et pour nos bêtes. Les bagages sont déchargés et rangés en ordre, afin de rendre toute soustraction difficile et de former un retranchement autour de nous. Tandis que les chameaux cherchent leur pâture dans la prairie voisine, leurs maîtres ramassent quelques branches et allument du feu pour cuire leur dîner qui se compose de graines de *dourah* grillées.

Quant à nous, nous avons voulu fêter joyeusement notre première journée de marche : nos meilleures provisions sont étalées sur l'herbe, plusieurs bouteilles de bon vin sont débouchées et on se met à table, c'est-à-dire qu'on s'assied sur les selles, les bâts, des caisses et des ballots. Jamais, mon cher, repas n'a été plus gai. Je ne sais ce que l'avenir nous réserve, mais, suivant le proverbe, c'est autant de pris sur l'ennemi.

Nous occupons un plateau d'une végétation incroyable. Delange, très fort en botanique, est dans le ravissement; il nous fait remarquer de magnifiques dragonniers, de superbes drasénas, des euphorbes, des aloès et des touffes gigantesques de salvadora. Toutes ces plantes, pressées, vivantes, épanouies entourent notre verdoyante prairie. Le camphre, la menthe, le thym répandent dans l'air leurs senteurs, tandis que les étoiles commencent à briller au-dessus de nos têtes et que la lune, encore à demi cachée par la montagne voisine, nous envoie une douce clarté. C'est une véritable nuit de France, une nuit de juillet ou d'août. Rien n'y manque : les grillons chantent là-bas au bord d'un sentier tracé dans la prairie.

Pendant que nous jouissons de ce beau temps et de cette superbe végétation, nos tentes se dressent et se meublent ; car, d'après de sages conseils, pour éviter l'humidité du sol, nous avons apporté des espèces de cadres appelés *angareb*, supportés par quatre pieds et recouverts d'un treillis fait de lanières de peau de bœuf ; une natte posée sur ces châssis sert de matelas. Vous voyez, mon cher, que nous nous donnons toutes nos aises ; nous n'avons rien à envier aux jolis boudoirs que vous fréquentez d'habitude.

Nous voici à Singate, résidence d'été des habitants de Souakin, et campement formé par les Bédouins de la tribu des Bischaris, appelés vulgairement Bischarins. Située dans une large vallée qui se trouve encaissée dans les chaînons les plus élevés de la montagne, Singate passe dans le pays pour être des plus salubres. Le gouverneur de Souakin, en nous faisant ses adieux, nous avait déclaré qu'il mettait sa résidence à notre disposition. Aussi sommes-nous attendus par le chef de la petite garnison égyptienne qui protége la contrée et nous rend-on les plus grands honneurs.

Nous dînons sous un sammor, immense acacia dont la cime s'étend au loin et retombe en forme de parasol. Notre officier, dans la soirée, croit devoir nous présenter deux Abyssines que le goût des voyages a conduites au Soudan. Elles appartiennent à une classe élevée ; j'allais vous dire que ce sont des femmes du monde. Leurs traits sont fins et se rapprochent du type européen, les lèvres épaisses sans rappeler cependant celle des nègres, les dents d'une blancheur éclatante, le nez est allongé et mince, le teint jaune doré. Delange me fait surtout remarquer la perfection de leur buste ; mais le docteur, affolé par les bayadères, croit sans cesse revoir ces femmes qui ont fait époque dans sa vie. Quant à moi je me contente de parfaire le portrait de mes Abyssines : elles marchent pieds nus suivant la mode de leur pays où quelques princesses seulement se permettent les chaussures en cuir rouge, et leurs cheveux d'un beau noir reluisent tellement au soleil que je demande des explications sur ce point à l'officier. Il s'empresse de m'apprendre que pour obtenir cette espèce de glacis, ordonné par la mode, elles placent sur leur tête un morceau de beurre qui ne tarde pas à fondre et à les graisser de la pointe des cheveux jusqu'aux épaules inclusivement.

Le docteur, à qui je fais part de ce détail, n'en paraît pas ému, et malgré le beurre fondu que, dans son admiration, il ne veut ni voir ni sentir, il entoure de soins les étrangères, au grand scandale de miss Béatrix Poles.

Ce matin, lorsque nous voulons quitter le puits de Kakreb. près duquel nous avions passé la nuit, il nous est impossible de retrouver miss Poles. On l'appelle, on la cherche en vain, on envoie des interprètes dans toutes les directions ; personne ne peut donner de ses nouvelles.

Un chamelier nous assure qu'il a veillé une partie de la nuit et qu'il ne l'a pas vue rentrer sous sa tente.

Aurait-elle été enlevée par des Bédouins trop inflammables?

Ce serait terrible... pour eux.

XXXIII

« Nous attendîmes encore une heure miss Béatrix Poles, puis nous donnâmes le signal du départ.

Ne nous avait-elle pas souvent répété de ne jamais nous inquiéter à son sujet, qu'elle n'était pas femme à se perdre, et qu'en tout cas elle saurait bien se retrouver? Il n'était pas probable, du reste, qu'elle fût retournée sur ses pas : poussée par un de ces caprices auxquels elle est sujette, ou par un de ces besoins violents de locomotion qu'elle ne peut réprimer, elle avait dû, au milieu de la nuit, partir en avant et précéder la caravane. Nous avions donc plus de chances de la retrouver en continuant notre route qu'en demeurant stationnaires.

Nous ne pouvions cependant pas nous défendre d'une certaine inquiétude, car miss Poles, malgré ses excentricités et ses ridicules, est une si bonne personne, une si courageuse femme, qu'elle a conquis toutes nos sympathies. Aussi Périères m'ayant proposé de mettre nos chevaux au galop et d'aller à la recherche de notre compagne de voyage je m'empressai d'accepter, et nous laissâmes, pour quelques heures, la caravane sous la conduite de Mme de Guéran et du docteur.

Nous ne courions aucun risque de nous égarer : le puits de Kakreb, que nous venions de quitter, se trouve à l'entrée d'une étroite vallée qu'il était facile de suivre. Deux grandes montagnes, presque perpendiculaires, à droite le Badab, à gauche, le Waou-Inte, nous tenaient prisonniers en quelque sorte et nous traçaient le chemin.

Nous galopions, depuis deux heures au moins, dans une vaste plaine, et, ne voyant rien poindre à l'horizon, nous commencions à être sérieusement tourmentés, lorsque Périères approcha son cheval du mien et me dit :

— N'apercevez-vous pas quelque chose là-bas, au fond de la vallée? Est-ce un arbre, un rocher ou un être humain?

— Ça remue, répondis-je après une minute d'examen.

— Oui, on le dirait, reprit Périères. Je vous propose de courir de ce côté. Nous nous trouverons sans doute en présence de quelque Bédouin : mais nous sommes déjà de force à prononcer des mots arabes, et, en les accompagnant de gestes expressifs, nous obtiendrons des renseignements sur notre fugitive.

Sans attendre ma réponse, notre ami piqua droit sur le point qu'il avait le premier découvert. Je le suivis.

Nous ne nous étions pas trompés : il s'agissait d'un être humain, mais à quel sexe appartenait-il? Nous ne le savions pas encore : le burnous d'un Arabe pouvant se prendre de loin pour la jupe d'une femme.

Désirant être fixés le plus tôt possible, nous augmentâmes notre vitesse. Bientôt, nous fûmes obligés de constater, à notre grand étonnement, que nous nous approchions à peine de la personne poursuivie. Quoiqu'elle fût à pied, c'était évident, elle avait des allures surprenantes.

Enfin, il n'y eut plus de doute : c'était miss Poles qui marchait au pas accéléré, un pas à elle, inconnu de nos meilleures troupes, une sorte d'enjambée énorme, vive, pressée et cependant toujours régulière.

Toute sa personne disparaissait; on ne voyait que ses longs pieds qui semblaient ne jamais se poser par terre, ne jamais se rejoindre, qui volaient, tourbillonnaient et vous donnaient le vertige. Ce n'était pas une femme, c'était le juif errant parcourant le monde, franchissant les espaces, escaladant les montagnes, enjambant les rivières et les mers, passant d'un pôle à l'autre.

Et, plus nous approchions, plus miss Poles accélérait sa marche. Voulait-elle nous fuir? Se plaisait-elle à lutter de vitesse avec nos chevaux et croyait-elle les vaincre? Elle n'espérait pas les battre dans une course plate de quelques kilomètres; mais, peut-être, se disait-elle qu'elle avait plus de fond que nos montures et qu'elle pourrait, sur un long parcours, épuiser leurs forces.

— Miss Poles! miss Poles! criait M. Périères, de grâce, arrêtez-vous, nos chevaux deviendront fourbus et nous n'arriverons jamais au terme du voyage!

Elle ne daignait pas même se retourner; elle allait toujours, droite, impossible, automatique.

— Elle est montée pour vingt-quatre heures, me dit Périères; tant que le grand ressort ne sera pas cassé, rien ne pourra l'arrêter. Il faut casser le grand ressort.

— Cassons le grand ressort, répliquai-je.

Nous enfonçâmes nos éperons dans le ventre de nos chevaux, nous dépassâmes miss Poles d'une trentaine de mètres et, faisant brusquement volte-face, nous la chargeâmes.

Toujours impassible, elle glissa son long corps, mince comme une feuille de papier, entre nos deux montures, et continua sa route sans la moindre déviation, le moindre circuit.

C'était à recommencer.

Après avoir laissé nos chevaux souffler, nous repartîmes à sa poursuite.

Cette fois, arrivés près d'elle, Périères l'attaqua du côté droit, moi du côté gauche et nous lui saisîmes, en même temps, chacun un bras.

Le grand ressort était cassé, mais il continuait à fonctionner par habitude; il finissait son tour de roue. Elle nous entraîna pendant une dizaine de mètres, et nos chevaux, malgré nos efforts pour les retenir, suivirent l'impulsion.

Enfin, elle s'arrêta : d'un brusque mouvement, elle dégagea ses deux bras de notre étreinte, et les croisant sur sa poitrine :

— Que voulez-vous? nous dit-elle d'une voix irritée.

Nous n'y comprenions rien. Qu'avait-elle? Pourquoi nous parler de la sorte? Pourquoi derrière ses lunettes bleues nous jeter des regards furibonds?

Je répondis timidement :

— Miss Poles, nous étions inquiets, nous ne savions pas ce que vous étiez devenue.

— Ah! fit-elle avec amertume, on s'inquiète maintenant de moi, il paraît que les Abyssines ne font plus partie de la caravane!

Ce fut une révélation pour Périères.

Les Abyssines nous avaient demandé, en effet, lorsque nous avions quitté Singate, la permission de nous suivre jusqu'à Kakreb. Nous nous étions empressés de la leur accorder et elles en avaient usé le plus discrètement du monde, se tenant à l'écart pendant le chemin. Mais, suivant toutes les probabilités, dans la soirée passée près du puits de Kakreb, Delange, toujours désireux de s'instruire, s'était rapproché des Abyssines pour obtenir d'elles quelques détails sur leur pays. Miss Poles, dont le cœur, après avoir longtemps flotté entre Delange, Périères et moi, paraissait depuis quelque temps s'être fixé sur le docteur, avait dû cruellement souffrir de se voir négliger pour des étrangères, et, de dépit, de colère, de désespoir, elle s'était élancée dans l'espace pour fuir l'infidèle.

Sa première réponse à nos nouvelles questions devait nous convaincre que nous ne nous étions pas trompés dans nos suppositions.

— Mais enfin, miss Poles, avons-nous demandé, pourquoi marchiez-vous si vite, pourquoi tant vous fatiguer?

— Pour briser le corps, fit-elle en baissant les yeux; les douleurs corporelles arrivent à calmer parfois les souffrances de l'âme.

— Vous souffrez donc? demanda Périères en essayant de garder son sérieux.

— Si je souffre! s'écria-t-elle.

En même temps, comme pour le prendre à témoin, son regard se porta vers le ciel, et nous vîmes les cils de sa paupière supérieure, vivement projetés en haut, dépasser ses lunettes.

— Miss Poles, repris-je d'une voix douce, il n'est pas juste de fuir vos amis parce que vous souffrez. Périères et moi, nous ne vous avons rien fait, et, depuis ce matin, vous nous avez infligé de terribles inquiétudes.

— C'est vrai! dit-elle, touchée par mon éloquence, j'étais injuste; pardon, messieurs.

Elle nous tendit ses mains et nous les serrâmes avec conviction.

— Si, proposa Périères, en attendant la caravane, nous faisions une petite halte, là-bas, sous ce magnifique sammor qui me rappelle celui du gouverneur de Singate? Nous savons que vous n'êtes pas fatiguée, miss Poles, mais nos chevaux sont hors d'haleine et vous aurez pitié d'eux.

— Soit! fit-elle, d'autant plus que je prendrais bien quelque chose.

Il leva sur elle une lanière de cuir et la frappa (page 156).

— Nous aussi, cette course nous a mis en appétit, mais les provisions sont restés sur les chameaux.

— Oh! répondit-elle d'un voix toujours émue, j'ai toujours sur moi de quoi luncher.

Elle tira d'une espèce de giberne, qu'elle portait en bandouillère, une foule de provisions excellentes, et nous reconnûmes bientôt que si son cœur était malade, son estomac ne laissait rien à désirer.

Dès que notre caravane apparut dans la vallée, Périères, remontant à cheval, courut apprendre à Mme de Guéran qu'on avait retrouvé sa dame de compagnie.

Seul avec miss Poles, je fis de l'homœopathie morale ; j'appliquai le système des semblables par les semblables, *similia similibus*, j'essayai de guérir son amour par un autre amour, et de substituer au trop volage Delange notre ami Périères. C'était jouer un mauvais tour à ce dernier ; mais il fallait bien consoler notre compagne de voyage et remplacer sa maladie par une autre maladie. Je vantai tellement les mérites de Périères, je le peignis si tendre, si sentimental, si langoureux, je laissai si habilement entendre qu'il avait un faible pour miss Béatrix, qu'au bout d'une heure de conversation, le sourire reparut sur les lèvres de l'Anglaise et que son cœur entrevit de nouveaux horizons.

— C'est bon, dit Périères en apprenant que j'avais disposé de lui, je vous revaudrai cela.

XXXIV

« A notre halte du soir, près du puits de Raouai, les habitants d'un campement voisin nous rejoignent à l'improviste et viennent nous demander des médicaments.

C'est l'affaire de Delange ; il s'exécute d'assez bonne grâce, fait former un cercle autour de lui et, à l'aide d'un interprète, essaye d'interroger chacun, à tour de rôle, sur la maladie dont il prétend souffrir. Mais les nouveaux clients du docteur parlent tous à la fois, avec accompagnement de gestes et de cris. Ils se poussent, se heurtent, se bousculent pour occuper la première place auprès du docteur et attirer son attention. C'est un bruit assourdissant, une sorte de charivari ou d'émeute.

Notre ami renonce bientôt à leur donner une consultation sérieuse, et pour se débarrasser de ces gens, leur montrer son bon vouloir, faire acte de médecin, il leur ordonne de tirer tous la langue en même temps. Ils obéissent. Une trentaine de langues de toutes les formes, de tous les calibres et de toutes les couleurs se tendent en même temps vers le docteur. Il en passe la revue avec le plus grand sérieux du monde, tandis que ses clients demeurent la bouche ouverte et la langue au port d'arme. Il se fait ensuite apporter un sac en cuir sur lequel on lit : Médicaments, y prend une petite boîte, l'ouvre et va lentement glisser dans chaque bouche une pilule purgative.

Pendant toute l'opération, nous l'entendons murmurer ces mots auxquels les malades, qui ne les comprennent pas, attribuent aussitôt un sens magique : « Si cela ne te fait pas de bien, cela ne te fera pas de mal. »

Il nous fut impossible de contenir nos rires, mais les naturels, satisfaits, regagnèrent leur village en bénissant le docteur, et il nous fut permis de nous reposer.

Aujourd'hui, la chaleur est étouffante dès le lever du soleil ; un de nos chevaux paraît malade, l'âne de Joseph, las de son cavalier, se vautre dans la prairie et refuse obstinément de se remettre sur ses jambes. Quant à nos chameliers, ils se montrent intraitables ; au lieu de rassembler leurs bêtes comme d'habitude, de les charger et de leur faire prendre la file, ils s'interpellent, se disputent, perdent leur temps et le nôtre. On dirait qu'ils se sont conjurés avec le ciel, le cheval et l'âne pour prendre un jour de repos ou supprimer tout au moins l'étape du matin.

— Si nous leur cédions pour cette fois ? propose Mme de Guéran.

— Ce serait d'un mauvais exemple, fait observer Périères.

— Qu'à cela ne tienne, répondis-je, je me charge de rétablir l'ordre lorsqu'il sera nécessaire.

— Alors, reprend la baronne, pour n'avoir pas l'air de nous laisser intimider, devançons leur désir et donnons-leur, de nous-mêmes, le congé qu'ils semblent désirer.

— Soit ; mais qu'allons-nous faire de notre matinée ? demanda le docteur. Si encore j'avais de nombreux clients comme ceux d'hier ! Mais mon traitement les a sans doute guéris et ils ne reviendront pas.

— Je propose, fit miss Poles, l'ascension de cette magnifique montagne qui surplombe la vallée. La carte que j'ai sous les yeux la désigne sous le nom de Djebel-Gurrat, et les gens du pays l'appellent Beit-el-Pharaon, c'est-à-dire la Maison de Pharaon. Elle est en granit, et, dit-on, fort curieuse ; on trouve sur ses plateaux de nombreuses citernes naturelles. Il vous suffira de deux heures de marche pour l'atteindre à pied, et pendant cette excursion, serviteurs et bêtes se reposeront.

— L'idée de miss Poles est excellente, dit Périères ; profitons de la circonstance pour visiter une des dernières montagnes que nous rencontrerons.

Nous nous mîmes bientôt en marche tous les cinq, accompagnés seulement de notre interprète Ali et de deux Bédouins qui connaissaient le pays, et portaient des provisions pour le déjeuner.

Joseph avait naturellement demandé, au moment du départ, qu'on l'exemptât de cette promenade, et nous le laissâmes mollement étendu auprès de son âne.

La montagne, comme la plupart des montagnes, se trouvait beaucoup plus éloignée que nous ne l'avions pensé d'abord, et la chaleur augmentait d'une façon insupportable. Mais nous étions décidés à reculer le moins possible devant les obstacles et à braver, en vue d'un avenir prochain, les fatigues de la marche et les rayons du soleil.

Vers une heure de l'après-midi, lorsque, d'après tous les calculs, on aurait dû songer au retour, on atteignit seulement les premiers escarpements du Djebel-Gurrat. Comme on s'apprêtait à tenter l'ascension, les deux nomades montrèrent de gros nuages qui se formaient à l'horizon et voulurent nous dissuader d'aller plus loin. Pour toute réponse, nous ordonnâmes à l'un de ces hommes de nous précéder et à l'autre de se rendre au campement pour y chercher cinq chameaux qui nous attendraient au pied de la montagne et nous ramèneraient, l'excursion terminée. On arrivait ainsi à concilier les projets ascensionnels avec les ménagements dus à des jambes destinées comme les nôtres à de rudes labeurs.

Le ciel s'assombrissait de plus en plus à mesure que nous montions. Mais tous ces nuages promettaient en même temps une pluie bienfaisante qui nous réjouissait le cœur à l'avance.

— Quelle bonne douche nous allons recevoir! s'écria Périères.

— Je me délecte à cette pensée, disait Delange, et il me semble déjà que j'ai moins chaud; ce que c'est que l'imagination!

Ce n'était pas l'imagination! Des courants atmosphériques, messagers de la tempête, rafraîchissaient l'air. Bientôt le tonnerre, qui grondait sourdement depuis une heure, devint plus sonore, plus éclatant; ses détonations, que nous renvoyaient tous les échos de la montagne, se répétèrent sans intermittence.

A la foudre, succéda le vent. Il se déchaîna avec une incroyable impétuosité : des pierres, des quartiers de roche roulèrent autour de nous. Les nuages étaient descendus des hauts sommets, avaient atteint le plateau sur lequel nous nous trouvions, nous entouraient de vapeurs et nous enveloppaient de ténèbres.

Tout pliait maintenant, tout rompait, tout s'effondrait sous les efforts de la rafale, et, perdus au milieu de cette énorme masse granitique, dont quelques blocs pouvaient s'écrouler, nous courrions un véritable danger.

La tourmente passa sur nos têtes sans nous atteindre, mais aussitôt de nouveaux nuages apparurent et se fondirent en ondées diluviennes.

Notre interprète Ali qui, depuis quelques instants, nous avait quittés, accourut près de nous. Il venait de trouver un refuge et il nous entraîna de ce côté. C'était une des citernes naturelles dont on nous avait parlé, une excavation d'une largeur et d'une profondeur de quelques mètres et surplombée par un rocher. Ce trou béant était absolument à sec, et des pierres, habilement jetées çà et là par la nature, permettaient d'y descendre.

Ces deux dames, accompagnées de Périères et du docteur, suivirent Ali sans hésiter, le félicitant de sa découverte.

— Vous ne venez pas? me cria Périères.

— Non, fis-je, je n'aime pas les cavernes, et je suis, du reste, déjà trempé; pourquoi me mettrais-je à l'abri?

Je restai sur le plateau, à vingt mètres environ de la citerne où mes amis s'étaient réfugiés.

La pluie redoublait, l'obscurité augmentait, et la rafale, qui paraissait nous avoir fuis, revenait sur nous plus menaçante, plus impétueuse. Tout à coup j'entendis un bruit terrible, des troncs d'arbres précipités de la montagne roulèrent à mes pieds; en même temps, une énorme masse d'eau, ayant franchi tous les obstacles qui la retenaient sur les hauts sommets, passa devant moi avec la rapidité de la foudre et alla s'engouffrer dans l'excavation où mes amis avaient cherché un refuge.

Vous auriez couru à leur secours, n'est-ce pas? Moi, je tombai à genoux, courbé par la rafale, broyé par la douleur, fou de désespoir.

XXXV

« Je parvins à réagir bientôt contre ce mouvement de faiblesse et, m'appuyant sur les mains, sur les genoux, je me traînai, le plus vite que je pus, vers la citerne, devenue la tombe de mes amis.

Les eaux, victorieuses de tous les obstacles, roulaient déjà moins furieusement. Une minute avant, elles m'auraient broyé si je m'étais trouvé sur leur parcours; maintenant elles m'entraînaient, elles me roulaient sur le granit, mais ma tête les dominait, je ne perdais pas la respiration, je n'étais point terrassé.

Arrivé devant la citerne, je me cramponnai à un tronc d'arbre épargné par la rafale, et mon regard plongea dans le gouffre.

Il débordait, il bouillonnait, il se heurtait impétueusement contre les parois intérieures du rocher; on aurait dit une mer déchaînée par la tempête et qui, resserrée dans des limites trop étroites, essayait d'en sortir.

Et dans ce gouffre, rien, rien, je ne voyais rien; les cadavres de mes amis n'apparaissaient pas, ne surgissaient pas; un tourbillon sans doute s'était formé et les retenait au fond de l'abîme.

Ah! il n'y avait pas à hésiter : je vous ai dit que la douleur m'avait rendu fou. Je voulus les rejoindre, et être enseveli dans leur tombe!

Mais, au moment où mes mains s'ouvraient, prêtes à quitter l'arbre auquel elles s'étaient cramponnées, au moment où mon corps se penchait vers l'abîme, je m'entendis appeler. Je m'arrêtai et j'écoutai.

C'était Ali qui m'appelait par mon nom.

Que m'importait cet homme? Plus heureux, plus prévoyant sans doute que mes compagnons, il n'avait pas cherché comme eux un refuge dans la citerne et il leur survivait.

De nouveau je me penchai, mais d'autres voix se firent entendre, à quelques pas de moi, sur le plateau que je venais de quitter.

Je prêtai l'oreille : c'était la voix de Périères, c'était la voix de Delange.

Comment se trouvaient-ils là, derrière moi, au lieu d'être devant moi, à mes pieds, au fond de l'abîme? Par suite de quel miracle avaient-ils été sauvés?

Je n'y comprenais rien, je croyais rêver; ma folie continuait.

Je m'étais retourné, et criant de mon côté : « Me voici, me voici! » je remontai péniblement vers le plateau, luttant cette fois contre le courant, mais plus courageux et plus fort.

Enfin je parvins à sortir du lit qu'il s'était creusé, je me redressai et je m'élançai du côté où l'on m'appelait toujours.

C'était bien eux ; je reconnaissais maintenant Périères et Delange. Dès qu'ils me virent, ils coururent à moi.

— Ah ! m'écriai-je, en regardant de tous côtés et d'une voix tremblante d'émotion, Mme de Guéran n'est pas avec vous ! Elle a péri, n'est-ce pas ?

— Non, non, rassurez-vous, me dit Périères, elle est sauvée !

— Personne n'a péri, ajouta Delange, ni Mme de Guéran, ni miss Poles.

— Où sont-elles ? demandai-je.

— Près d'ici, sous la garde de notre guide ; elles sont meurtries, contusionnées, mais elles n'ont aucune blessure grave.

Alors je levai les yeux sur nos deux amis, et je m'aperçus que leurs mains, leurs visages étaient ensanglantés.

— Qu'avez-vous ? que vous est-il arrivé ?... m'écriai-je, j'ai besoin que vous m'expliquiez... Je ne comprends pas... Voyons, si vous êtes là... si vous êtes tous vivants, c'est que, par une heureuse inspiration, vous avez, sans que je m'en sois aperçu, quitté cette citerne avant l'accident... Alors, pourquoi ce sang, ces meurtrissures ? Pourquoi êtes-vous blessés ?

— Nous étions sous le rocher, dans la citerne, me dit Périères.

— C'est impossible.

— Rien n'est plus vrai, reprit Delange.

— Mais alors ?

— Alors, répondit-il, au fond du gouffre et à son extrémité existait une large ouverture, une sorte de souterrain creusé dans le roc et débouchant sur un plateau inférieur. Le torrent, en s'élançant dans la citerne, nous a précipités vers ce trou, entraînés dans le souterrain et rejetés, au bout de quelques secondes, à moitié asphyxiés, meurtris, sanglants, comme vous voyez, mais vivants, très-vivants, comme vous pouvez aussi le constater.

Je commençais à comprendre : ma tête était plus libre, je ressaisissais mes idées, je n'avais plus d'inquiétude pour ma raison.

— Vous m'assurez, leur dis-je, que les blessures de Mme de Guéran ne sont pas graves ?

— Je vous le jure, fit Delange, le front et le poignet ont seuls été atteints. Miss Poles a toujours sur elle des taffetas et des onguents (le bain qu'ils ont pris ne les a rendus que plus malléables), et elle panse, en ce moment la baronne aussi adroitement que je pourrais le faire.

— Ajoutez, fit Périères, en me regardant avec un sourire un peu triste, que Mme de Guéran était fort inquiète sur votre compte, mon cher ami, qu'elle se demandait si les troncs d'arbres entraînés par le torrent ne vous avaient pas écrasé, et qu'elle nous a ordonné de courir à votre recherche.

— Allons la rassurer! m'écriai-je avec une certaine naïveté.

— Allons, mon cher rival! murmura Périères à mon oreille.

Mais, en même temps, celle de ses mains qui n'était pas ensanglantée chercha la mienne, comme si le brave garçon voulait me demander pardon du mouvement de jalousie auquel il avait obéi.

— Ah! disais-je, en descendant avec ces messieurs vers le plateau inférieur, votre délivrance m'enchante, mais elle me rendrait encore plus heureux si j'y étais pour quelque chose. J'ai une revanche à prendre et je ne la prends pas.

— Vous avez du temps devant vous, répliqua Périères; les rôles seront peut-être bientôt intervertis, et c'est vous qui aurez l'avance.

— Je le désire ardemment.

— De Morin, me dit tout à coup Delange, si nous faisions notre petite partie habituelle?

— Est-ce sérieusement que vous parlez, mon cher docteur? demandai-je.

— Non, cher ami, je suis trop mouillé.

— A la bonne heure, répondis-je, parce que si vous aviez parlé sérieusement, je vous étranglais pour me débarrasser une bonne fois de vous et de vos cartes. Je n'ai pas le droit de manquer à ma parole, de désobéir aux clauses du traité, mais rien ne m'empêche de vous tuer.

— Rien, je le reconnais. Seulement, vous n'auriez pas eu besoin d'en arriver à cette extrémité. Vous avez perdu hier, et c'est moi qui suis à vos ordres.

— C'est vrai, je l'oubliais. Alors je remplace les cartes par un pari.

— Lequel?

— J'atteindrai avant vous ce rocher près duquel j'aperçois Mme de Guéran.

— Tenu, fit Delange, cela me réchauffera.

Il s'élança dans la direction indiquée, ce qui me prouva que si ses mains et son visage avaient été endommagés, ses jambes étaient intactes. Moi je le laissai courir : je ne voulais pas tomber sur Mme de Guéran comme une avalanche et je désirais, en même temps, qu'elle

« Nous fîmes feu (page 163). »

me sût, le plus vite possible, en bonne santé. Delange devenait ainsi mon commissionnaire inconscient, et je lui payais mille francs sa course en perdant mon pari.

Arrivé, à mon tour, près de Mme de Guéran, je lui tendis en silence mes deux mains qu'elle voulut bien presser entre les siennes.

Lorsque je la regardai, je la trouvai encore tout émue, toute pâle.

— Nous l'avons échappé belle! dit-elle en souriant.
— Oh! oui, m'écriai-je; je vous ai crue morte.
— Ah! et qu'allez-vous faire? me demanda-t-elle, en levant vers moi son beau regard dont vous admiriez un soir la franchise, mon cher ami.
— J'allais mourir! répondis-je.
— Bien vrai? demanda-t-elle, en me regardant toujours.
— Bien vrai.
— Je vous crois, fit-elle, et elle me tendit à son tour ses mains que cette fois, emporté par un mouvement irrésistible, je pressai sur mes lèvres.

Périères nous ayant rejoints, je songeai tout à coup à miss Poles; elle pouvait être froissée de ne pas m'avoir encore vu auprès d'elle. Je la rejoignis et la trouvai assise contre un rocher. A genoux devant elle, le docteur Delange lui pansait le pied.

— Qu'avez-vous donc? fis-je avec intérêt.
— Une entorse, répondit-elle, et montrant ses pieds, elle ajouta avec un sourire : Je suis punie par où j'ai péché.

L'orage était passé : le ciel aussi pur, aussi transparent qu'il l'était le matin. Un superbe soleil que nous bénissions maintenant, séchait nos vêtements inondés.

Nous commençâmes à descendre, allant à pas comptés, doucement, avec précaution, comme des gens qui ne sont pas encore bien sûrs d'être de ce monde. Miss Poles retardait surtout notre marche, malgré tous ses efforts pour ne pas nous arrêter et ne gêner personne. Mais le docteur lui avait formellement défendu de faire un pas et elle devait se résigner à se laisser porter tantôt par Ali et le Bédouin, tantôt par Périères et par moi.

Au bas de la montagne, nous trouvâmes les chameaux que nous avions eu l'heureuse idée de demander. Miss Poles fut hissée, malgré sa résistance, sur le dos d'une de ces bêtes, nous montâmes les autres, et, deux heures après, nous rejoignîmes le campement.

Nos trois Nubiennes dormaient, suivant leur habitude, et Joseph se vautrait avec son âne, dans la prairie.

XXXVI

« Ce matin, dès la pointe du jour, on fait les préparatifs du départ ; nous devons, quels que soient les empêchements, regagner le temps perdu.

Miss Poles va déjà mieux ; nous la prions, cependant, de prendre place sur un chameau. Comme elle n'a qu'une pensée : recommencer le plus tôt possible ses exercices gymnastiques, elle cède à nos instances. Ce long buste étroit et sans épaisseur qui se dresse perpendiculairement sur ce gros animal déjà si haut perché, produit le plus drôle d'effet. Mais nous prenons miss Béatrix par l'amour-propre : nous lui assurons qu'elle a sur sa monture de la majesté et de la grâce, et que le chameau lui va très bien.

Le cheval malade est en meilleur état, et quant à l'âne, il a tant flâné hier qu'il paraît être revenu à des idées laborieuses ; mais j'ai pitié de cette petite bête exploitée par ce gros égoïste de Joseph, et je décide qu'il ne la montera qu'une partie de la route.

Dans le cas, mon cher ami, où vous vous seriez demandé pourquoi je ne renvoyais pas en France ce serviteur paresseux, cet incommode compagnon de voyage, je vous prie de vous souvenir d'une charmante comédie, jouée autrefois au Gymnase : *le Voyage de M. Perrichon.* Elle est tout entière contenue dans cette idée éminemment vraie qu'on s'attache bien plus aux gens pour les services qu'on leur rend, qu'en raison des services qu'ils vous rendent. Vous comprendrez, alors, qu'ayant sauvé Joseph de la mort ou de l'esclavage, au péril de ma vie, il me soit devenu cher.

Il me distrait aussi, je dois l'avouer, par sa bêtise et sa suffisance, et enfin, lorsqu'il daigne par hasard me servir, il me sert d'une façon très correcte, suivant son expression. C'est un véritable plaisir, je vous assure, dans ces pays presque déserts, au milieu de cette existence semi-sauvage, sous la tente où je viens de passer la nuit, de voir apparaître un valet de chambre bien rasé, bien peigné, bien astiqué, mes habits brossés sous son bras, mes bottes cirées à la main et prêt à me donner mes pantoufles. J'oublie l'Afrique, les montagnes, les Bédouins, les chameaux, ma tente, la planche qui me sert de lit, et je me crois en plein Paris, rue Taitbout, dans ma chambre à coucher capitonnée.

Nous avons quitté aujourd'hui les vertes prairies, les beaux massifs et toute cette superbe végétation qui nous a charmés jusqu'à ce jour. Autour du puits d'O-Back (c'est-à-dire le grand puits), le pays est sablonneux; il semble destiné à nous annoncer le désert de vingt lieues que nous allons parcourir avant de rejoindre la vallée du Nil. Oui, mon cher, vingt lieues de sable, un sable fin et mobile que le vent, suivant ses caprices, aplatit ou amoncelle en collines énormes et que les rayons du soleil font étinceler comme des parcelles d'or et d'argent entremêlées.

Pendant trois jours nous traversons ces tristes solitudes, obligés de faire la moitié de notre route à pied, car nos chevaux s'enfoncent dans le sable jusqu'aux genoux. Les chameaux eux-mêmes commencent à se fatiguer; ils chancellent sous leur charge, et leurs conducteurs, qui se traînent péniblement auprès d'eux, répètent inutilement leur cri habituel de : hot, hot, hot, destiné à les réveiller et à les encourager.

Malgré toutes ces lenteurs, nous atteignons le puits d'Abou-Tagger, et, après avoir trouvé une plaine d'alluvion, nous apercevons enfin le Nil, que nous avons quitté au Caire il y aura bientôt un mois, trois cents lieues environ plus au nord. C'est avec une joie d'enfant que nous courons au rivage. Il nous semble que nous venons de rencontrer un vieil ami destiné à vivre maintenant de longs jours avec nous.

Le Nil, pour nous récompenser, sans doute, de notre empressement à le revoir et de nos effusions, nous offre un curieux spectacle. Imaginez-vous une blanchisserie à ciel découvert, une réunion de lavandières, à la peau cuivrée, jeunes et jolies, n'ayant pour tout vêtement qu'un jupon très court descendant de la taille jusqu'aux genoux. Ces belles filles accompagnent leur lessive de danses et de chants, c'est-à-dire qu'au lieu de se servir de leurs mains, elle font usage de leurs pieds comme de battoirs pour pressurer le linge qu'elles viennent de retirer de l'eau et d'étendre sur le rivage. Elles sautent d'un pied sur l'autre, en se tenant continuellement sur une seule jambe, et piétinent en cadence sur un rhythme long et traînant.

Notre arrivée ne les trouble pas; elles continuent leur petite opération, mais elles rient et nous montrent leurs dents blanches. Ce tableau imprévu nous fait d'autant plus de plaisir, que depuis Souakin, à l'exception de nos deux voyageuses abyssines, nous n'avons rencontré dans les tribus de Bischaris, que de laids échantillons de l'espèce féminine.

Enfin nous couchons à Berber ou El-Mecherif, sur la rive droite du

Nil dans une vraie maison qui nous paraît un palais, et dans de vrais lits, avec de vrais matelas, ce qui, je vous assure, cher ami, nous plonge dans une sorte de béatitude.

Ah! quel habile chef d'expédition que Mme de Guéran! Avec quel art elle a tracé notre itinéraire! Comme elle nous a bien préparés aux grandes courses, aux longues fatigues! Comme elle sait ménager les transitions! Si, du premier coup, elle nous eût obligés à traverser quelque long désert, si elle nous eût entraînés loin de toute civilisation, en pleine sauvagerie, sans espoir de retour à nos vieilles habitudes, elle courait le risque d'effaroucher quelques-uns d'entre nous. Périères et moi, nous l'aurions certainement suivie, mais avec un peu d'inquiétude et peut-être de découragement. Quant à Delange, il eût été capable de résilier notre traité et de retourner à Paris tailler une banque de baccarat. Mais la baronne nous a fait voir de l'Afrique juste ce qu'il fallait pour exciter notre curiosité sans la satisfaire, pour nous fatiguer sans nous rendre malades, nous aguerrir sans nous lasser. Elle nous a lancés dans un petit bout de désert qui, loin de nous effrayer, nous met en appétit et nous fait rêver des horizons plus vastes, des steppes plus étendues, des dangers plus sérieux. Nous ne connaissons encore qu'une Afrique de carton, inoffensive, sans méchanceté, printanière, tempérée, avec des oasis, des puits, des montagnes, de petits orages, tout ce qui rend enfin la vie agréable, la nuance, l'accidente, inspire l'amour des voyages et pousse aux grandes découvertes.

C'est ainsi que Périères, Delange et moi, sans méfiance, sans crainte, plus osés et plus audacieux tous les jours, nous entreprenons la conquête de l'Afrique. Lorsqu'elle nous rebute, nous lasse ou nous effraye par ses rigueurs, vite nous nous arrêtons, nous prenons un temps de repos, aujourd'hui à Berber, demain à Khartoum, tourmentés seulement du désir de repartir, de surmonter de nouveaux obstacles, de braver de nouveaux périls et d'en arriver à nos fins.

Ne croyez pas cependant, mon cher, que la ville où nous vivons soit un Éden. L'étape est seulement agréable si on la compare aux dernières que nous avons faites dans le désert; Berber se compose simplement d'une longue ligne de maisons assez basses, situées sur la rive droite du Nil : c'est une réunion d'échoppes et de boutiques, où se débitent, à des prix exagérés, les marchandises européennes. Quant au marché ou bazar, il est très mal approvisionné et nous avons beaucoup de peine à nous procurer les denrées qui nous sont nécessaires pour continuer notre voyage jusqu'à Khartoum. Heureusement qu'un négociant français, très haut placé dans le pays et d'une exquise urbanité, se met à notre entière disposition et nous aplanit bien des difficultés. Grâce à ses soins, nous frétons une grande barque qui nous permettra de remonter le Nil, et grâce à ses conseils, après avoir congédié nos chameliers, au lieu de nous débarrasser aussi de nos chevaux, nous en achetons au contraire d'autres. Nous ferons ainsi le voyage moitié par terre, moitié par eau : sur le Nil, lorsqu'il présentera de l'intérêt ; à cheval, lorsque nos cartes nous indiqueront un point curieux à visiter dans les environs.

XXXVII

« Notre barque jauge quatre-vingts tonneaux, et nous sommes en tout, maîtres, serviteurs, équipage, vingt-cinq personnes à bord. On ne saurait nous plaindre, quand on songe que la plupart des bateaux du Nil portent une centaine de personnes, sans parler de ceux qui contiennent deux à trois cents esclaves, pressés les uns contre les autres comme des bêtes de somme, ou juchés comme des poules sur des planches posées horizontalement d'un mât à un autre.

Nous ne rencontrerons heureusement sur le fleuve aucune embarcation destinée à la traite. Baker est, en ce moment, à Gondokoro et fait la police des fleuves. C'est une belle mission qu'il remplit, mais elle n'aura pas les résultats espérés tant qu'il ne s'exercera pas sur les routes la même surveillance que sur le Nil. Le gouverneur du Kordofan a laissé passer cette année chez lui, m'assure-t-on, plus de cinq cents marchands d'esclaves. La plupart de ces *moudirs* trafiquent eux-mêmes et loin d'entraver le commerce contre lequel Baker proteste si énergiquement, l'encouragent et le protègent.

A l'avant de la barque, une sorte de box a été construit pour nos chevaux, à l'arrière une cloison nous sépare du reste de l'équipage et nous constitue une cabine divisée elle-même en deux compartiments, l'un pour Mme de Guéran et miss Poles, l'autre pour nous. On appelle *negghers*, ces barques destinées à la navigation du haut Nil. Celle que nous montons nous a été envoyée de Khartoum, et nous la garderons probablement pour continuer notre navigation sur le fleuve, si nous

nous dirigeons sur Gondokoro. Elle n'a qu'un mât d'une vingtaine de pieds avec une vergue immense et une voile latine.

En route! Le vent du nord, qui règne ici une grande partie de l'année, nous favorise et nous profitons de son bon vouloir pour nous embarquer.

Bientôt nous apercevons, sur la rive gauche : El-Obisch, à deux kilomètres environ du fleuve; sur la rive droite : Kennour, et, quelques heures après, on nous signale l'embouchure d'une rivière importante, l'Athara, qui va se perdre sur les confins de l'Abyssinie.

La largeur du Nil est imposante; de grandes forêts s'étendent d'un côté; on devine de l'autre, derrière de longues dunes, le désert de Bahiouda. Au soleil couchant, ce désert, situé à l'occident, semble embrasé par un vaste incendie qui vient se refléter sur la cime des grands arbres de la rive orientale. Notre barque descend lentement et semble se mirer avec complaisance dans une eau tranquille et transparente, tandis que d'immenses troupeaux de chèvres, de bœufs, de moutons et de chameaux s'approchent du fleuve pour s'y désaltérer.

Ici l'horizon change : les plantes ont remplacé les arbres; ce sont des fourrés de calotropis, des buissons d'acacia-sélem, des bosquets de salvadora, des plantations de dourrah. Des tourterelles, des martinets à gorge blanche, des veuves d'un noir velouté à épaulettes jaunes, et des demoiselles de Numidie voltigent dans cet océan de verdure.

Aujourd'hui, nous débarquons, après avoir donné l'ordre aux matelots de continuer leur route et d'aller nous attendre à Chendi. Pour varier nos plaisirs nous voulons chevaucher pendant quelques milles.

Deux heures de galop nous conduisent à l'ancien village de Méroé, remarquable par ses belles ruines et ses pyramides. Méroé était, il y a quelques mille ans, vous le savez, une florissante capitale renommée pour son commerce, son collège de prêtres et ses monuments. C'est ainsi que dans ce pays, dédaigné à notre époque, sort tout à coup de terre un passé gigantesque.

Au soleil couchant, nous dûmes chercher un asile. Il nous fut offert chez les Arabes Djaalin, qui mirent à notre disposition deux tentes assez confortables. Comme après un souper très superficiel, nous allions nous retirer dans nos appartements, afin de remonter à cheval aux premières lueurs du jour, une odeur bizarre qu'aucun de nous ne put s'expliquer nous surprit tout à coup. Notre interprète Ali, qui nous avait accompagnés, fut envoyé aux informations et nous édifia bientôt sur une pratique des plus curieuses : les femmes de ce pays, pour plaire à leurs maris et remplacer des charmes absents, ont imaginé de les séduire par les parfums, et de s'en imprégner de telle sorte qu'ils puissent paraître naturels. Pour arriver à ce résultat, elles creusent un fossé, le remplissent de charbons ardents, y jettent des plantes et des bois odorants et, enveloppées de la tête aux pieds dans une grande couverture de coton, elles se placent au-dessus du fossé et prennent ainsi un bain de vapeur aromatisé. Les maris, très sensibles à cette attention délicate, oublient la laideur de leurs moitiés et s'enivrent du parfum qu'elles exhalent.

— On ne dit plus alors, dans ce pays, fit observer Périères : ma femme est jolie; on dilate ses narines, on aspire l'air voluptueusement et on s'écrie : ma femme embaume !

Ce matin, nous avons retrouvé notre barque, qui avait voyagé toute la nuit et nous attendait à Chendi. Cette ville rappelle encore de grands souvenirs; c'était, dit-on, la fameuse île de Méroé des Anciens, État puissant dont Thèbes fut la tributaire. Toute cette splendeur s'est éteinte, mais Chendi, désireuse de faire encore parler d'elle, est restée longtemps un grand entrepôt d'esclaves.

Notre barque nous transporte de l'autre côté du fleuve, sur la rive gauche, dans une ville beaucoup moins ancienne, dont les maisons irrégulièrement groupées, ressemblent à une fourmillière, mais très peuplée et souvent visitée par les traitants d'esclaves et d'ivoire; elle s'appelle Matamma. Encore sous le charme de notre excursion de la veille, non seulement nous avons parcouru la ville, à cheval, mais il nous est venu à l'idée de nous aventurer jusqu'à la lisière du fameux désert de Bahiouda, dont nous avions seulement, jusqu'alors, aperçu les dunes du haut de notre barque. Cette excursion m'amène à vous raconter un curieux épisode de voyage, une aventure très dramatique qui m'a profondément ému et vous impressionnera, j'en suis certain.

XXXVIII

« A quel sentiment obéissions-nous, lorsque nous nous élancions ainsi en plein désert? Au lieu de courir droit devant nous, il eût été plus logique de suivre les bords du Nil et de continuer notre route vers Khartoum.

LA VÉNUS NOIRE.

On fait main basse sur les femmes, les enfants et les hommes (page 171).

Périères et Delange, se rappelant les sensations qu'ils avaient éprouvées, lorsqu'ils poursuivaient les nomades dans les vallées de l'Hedjaz, ont voulu sans doute goûter encore du désert. Ils sont partis au galop et nous les avons suivis, sans réflexion, ou peut-être après réflexion, pour éprouver, à notre tour, les sensations qu'ils nous avaient vantées. Quant à miss Poles, l'amour-propre seul avait dû la guider :

elle désirait se faire admirer comme écuyère et je dois avouer que si elle montait en casse-cou et de la façon la plus disgracieuse, elle était du moins très solide et très intrépide.

Bientôt nos guides arabes nous prièrent de modérer notre vitesse et notre ardeur. On leur obéit, mais en protestant ; nous avions perdu conscience du temps de la distance, et nous ne pensions pas être aussi éloignés de Matamma qu'ils le prétendaient.

Omar, pour se justifier, nous fit observer que nous nous trouvions sur le passage des caravanes, et, comme preuve à l'appui, il nous montra, au loin, une longue bande brune qui tranchait sur le sable ensoleillé et sur l'azur du ciel.

— Qu'est-ce que cela? fit Mme de Guéran. Une ville ou une colline?

— Un nuage plutôt, dit M. Périères ; le point en question n'est pas fixe, il suit une direction.

— Il ne s'agit ni de montagne, ni de nuage, reprit l'interprète ; cette ombre à l'horizon est produite par une longue caravane qui vient de Kordofan et se dirige vers la Nubie en traversant le désert de Bahiouda.

— Et c'est une caravane d'esclaves, ajouta le second interprète.

— Qu'en savez-vous? dis-je.

— Des hommes libres n'affronteraient pas inutilement les souffrances du désert ; ils se rapprocheraient davantage du Nil. S'ils s'en tiennent éloignés, c'est qu'ils ont entendu parler dans le Sud du général Baker ; ils craignent d'être attaqués et de se voir enlever leurs esclaves.

— Tiens! m'écriai-je avec cette irréflexion que vous me reprochez, mon cher ami, si nous remplacions Baker auprès de ces pauvres gens?

— Ce serait de la folie, mon cher, fit Delange. Nous ne sommes pas venus en Afrique pour nous battre à tout propos, et nous n'avons pas la prétention, à nous cinq, de réformer les mœurs du pays.

— Le docteur a raison, continua Mme de Guéran. Nous sommes destinés à voir souvent de tristes spectacles ; il faut, hélas! en prendre notre parti et avoir assez d'empire sur nous-mêmes pour nous abstenir de toute intervention qui vous paraîtrait inutile et trop dangereuse.

— J'ajouterai, si vous le permettez, continua miss Poles, que ce n'est ni sur le Nil, comme le fait mon compatriote Baker, ni dans le désert, comme vous le proposez, qu'on doit combattre la traite. Il faut l'attaquer à sa source : dans la Turquie d'Asie, l'Arabie, la Perse et quelques villes d'Egypte. C'est le luxe insatiable de ces pays qu'il importe de détruire : si les sultans, leurs ministres, leurs femmes, les plus petits gouverneurs de province et tout homme enrichi ne mettaient pas leur amour-propre à posséder le plus d'esclaves possible, si deux mille misérables, à leur solde, n'allaient pas récolter dans l'intérieur de l'Afrique l'objet de luxe qu'ils ambitionnent, la traite n'aurait plus de raison d'être et la civilisation pourrait pénétrer dans ces pays. J'ai beaucoup étudié ces questions avec ma pauvre Alexina Tinne, et je vous assure que je ne me trompe pas.

Tout en causant ainsi, nous nous approchions de la caravane.

On apercevait maintenant une longue colonne qui, d'après le calcul des interprètes, devait se composer au moins de deux à trois cents personnes.

— Je suis plus convaincu que jamais, disait Ali, qu'il s'agit d'une caravane d'esclaves.

Comme nous lui demandions d'où lui venait cette conviction, il répondit :

— Je n'aperçois pas de chameaux, les esclaves font le métier de bêtes de somme.

— Ah ! ma foi ! m'écriai-je, je désire voir cela de près, et puisque vous dites, baronne, continuai-je en me tournant vers Mme de Guéran, qu'il faut nous endurcir le cœur, profitons de l'occasion.

Je piquai des deux et tout le monde me suivit, autant pour me tenir compagnie que par curiosité.

Une fois partis, nous n'eûmes plus de raison pour nous arrêter ; nous ne courions plus au hasard, nous savions où nous allions et quel était le but de cette excursion dans le désert.

Au bout d'une heure, nous rejoignîmes la caravane ou plutôt le point précis qu'elle devait atteindre.

Elle s'avançait lentement, pas à pas ; elle semblait se dérouler comme un long serpent qui fait des sinuosités sur le sable. Enfin elle défila devant nous.

Le chef marchait en tête, enveloppé dans un grand burnous, silencieux, réfléchi, portant sur l'épaule sa carabine. Cinq ou six arabes, habillés et armés comme lui, se tenaient à ses côtés et se retournaient, de temps à autre, pour jeter un coup d'œil sur l'immense troupeau humain qui les suivait.

En passant devant nous, ils nous saluèrent de la tête et des lèvres, sans s'arrêter, sans nous témoigner la moindre méfiance. Derrière eux défilait toute la caravane, composée de deux cent cinquante à trois cents personnes marchant à la suite les unes des autres. Une immense corde, partant de la tête de la colonne et finissant avec elle, la divisait en deux parties, tandis que des chaînettes en fer, attachées au bras gauche de chaque captif, les rivaient à la corde.

Hommes, femmes, enfants enchaînés ainsi, reliés l'un à l'autre, ne semblaient plus former qu'un seul et même corps, obéissant à la même impulsion et vivant de la même vie.

Un espace de soixante centimètres environ existait entre chaque groupe, ce qui donnait à cette longue grappe humaine plus de cent mètres d'étendue. Une arrière-garde de trois ou quatre hommes armés fermait la colonne, tandis qu'une dizaine d'Arabes, cinq de chaque côté, en surveillait les flancs.

Tous les esclaves, à moitié nus, avaient sur la tête de lourds fardeaux : ceux-ci étaient chargés de dourrah et de riz ; ceux-là de grandes outres pleines d'eau. Enfin, ces derniers, que leurs maîtres soupçonnaient sans doute d'être trop avides de liberté et qu'ils voulaient punir de ce crime, portaient des fardeaux encore plus lourds, quoique leur cou fût maintenu solidement dans une espèce de grande fourche qui ne leur permettait même pas de retourner la tête.

Si les maîtres avaient passé devant nous d'une façon dédaigneuse, les esclaves, au contraire, jetaient de notre côté des regards craintifs et désolés. C'était, je vous assure, quelque chose de navrant à voir, et malgré nos efforts pour être calmes, nous ne pouvions que difficilement cacher notre émotion. Pèrières tirait ses longues moustaches, Delange, les doigts dans sa barbe, l'allongeait démesurément, miss Poles essuyait les verres de ses lunettes, et une larme coulait le long des joues de Mme de Guéran. Cependant nous restions silencieux et immobiles.

A la queue de la colonne marchaient les femmes, les malades et les enfants, le poignet gauche enchaîné aussi, et un fardeau sur la tête. Une femme d'une vingtaine d'années, au corps grêle, au visage amaigri, au regard languissant, attira notre attention. Elle semblait plier sous le fardeau qui l'accablait ; ses jambes vacillaient, sa poitrine haletait, de grosses larmes coulaient de ses yeux.

Elle n'essayait pas de nous attendrir ; elle paraissait au contraire vouloir nous cacher sa faiblesse, sa misère et son abaissement : elle détournait la tête tout en la relevant et faisait de vains efforts pour redresser son corps. Mais, à quelques pas de nous, ses forces la trahirent, ses jambes plièrent, elle s'affaissa. Ses voisins ne s'en aperçurent pas : l'impulsion était donnée, la chute d'une personne ne pouvait avoir d'influence sur la marche de deux cents autres. Rivée par le poignet à ses compagnons, elle fut traînée avec eux, ou plutôt traînée par eux, et suivit le mouvement général.

Nous regardions toujours aussi silencieux, aussi immobiles, mais plus énervés que jamais et tout frémissants.

Tout à coup, un des surveillants de la caravane aperçut cette esclave dont le fardeau était tombé à terre, et qui, au lieu de marcher comme les autres, à moitié évanouie, expirante, se laissait porter par la foule. Il se dirigea de son côté, l'apostropha durement, et, comme elle ne répondait pas, il leva sur elle une lanière en cuir et la frappa.

Alors, mon cher, nous ressentîmes à la fois une sorte de commotion électrique : un frisson nous traversa le corps, à notre silence succédèrent des cris d'indignation et, d'immobiles que nous étions, nous devînmes furieusement actifs. Vous allez bien le voir.

XXXIX

« Obéissant à la même pensée, sous le coup de la même indignation, nous nous étions tous élancés au secours de la malheureuse esclave. En une seconde, l'homme qui la frappait fut terrassé, désarmé par Delange, par Périères ou par moi, peut-être même par miss Poles ; je ne puis vous dire au juste ce qui s'est passé.

Mais la colonne marchait toujours et la femme était entraînée par elle. Nous comprîmes aussitôt qu'il ne s'agissait pas seulement de venger cette pauvre créature, qu'il fallait la secourir et la sauver.

J'obligeai l'homme à me suivre, à rejoindre l'esclave et à défaire sa chaîne. Mon revolver avait une éloquence irrésistible : la femme fut délivrée et Mme de Guéran mettant pied à terre, en même temps que le docteur Delange, lui prodigua ses soins.

Cette petite scène n'avait pu échapper aux hommes de l'escorte et à leur chef qui marchait en tête. La tranquillité, l'indifférence qu'ils avaient témoignées en passant près de nous n'étaient qu'affectées. Ils nous surveillaient certainement du coin de l'œil et se rendaient compte de nos moindres mouvements. Mais le chef de la caravane, un vieux traitant portugais qui s'était fait depuis longtemps musulman, dans l'intérêt de son commerce (un de nos interprètes l'avait reconnu), trouva plus prudent de paraître ne rien voir. Que lui importait cette esclave à moitié mourante, qu'il comptait abandonner quelques milles plus loin dans le désert, lorsqu'elle ne pourrait plus marcher?

Aussi non seulement il n'accourut pas de notre côté avec ses hommes, mais il pressa le pas de la colonne, afin d'échapper plus vite à cette petite troupe de Francs. (C'est le nom que les musulmans donnent indistinctement à tous les Européens.)

Mais ce premier succès nous avait enhardis; pour mon compte, j'étais lancé, et je ressemble un peu, sous ce rapport, à miss Poles : une fois lancé ou parti, comme vous voudrez, je ne m'arrête plus. Je venais, en même temps, d'avoir une de ces idées que je qualifierai modestement de sublime. J'en fis part à mes amis, et, ces mêmes gens, qui, une demi-heure auparavant, m'accablaient de beaux raisonnements pour me prouver que nous ne devions pas nous occuper de la traite, qu'il fallait laisser les marchands de chair humaine se livrer à leur petit commerce, adoptèrent avec enthousiasme mon idée et m'aidèrent à la mettre en pratique.

Tout à coup Périères, Delange et moi, laissant les deux interprètes auprès de ces dames pour les protéger, nous lançâmes nos chevaux au galop. Puis, nous étant séparés, nous fondîmes sur la caravane de trois côtés différents et, arrivés devant la longue corde à laquelle tous les esclaves étaient liés, nous la divisâmes aussitôt en plusieurs parties, à l'aide de nos couteaux.

La colonne n'avait plus maintenant un même corps, une même vie; son unité, qui faisait la sauvegarde de l'escorte, avait disparu. On ne voyait que des tronçons épars du long serpent qui se déroulait, quelques secondes auparavant, dans le sable.

Cette fois, vous le pensez bien, le chef et ses hommes sortirent de leur inaction et crurent devoir intervenir : après avoir ordonné aux esclaves de s'arrêter, ils marchèrent à grands pas vers nous.

De notre côté, nous les attendions de pied ferme.

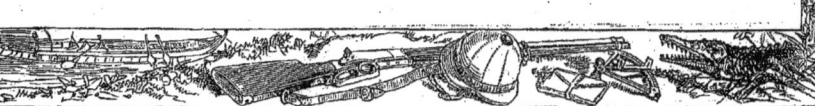

Cette troupe se composait de dix hommes environ; l'autre moitié de l'escorte surveillait les esclaves pour les empêcher de fuir.

— Pourquoi nous attaquez-vous? Nous ne vous avons fait aucun mal! s'écria le chef blême de fureur.

Périères allait répondre, je le priai de me donner la parole, et m'avançant vers le chef avec un interprète :

— J'exécute, dis-je, les ordres qu'on m'a donnés.

— Quels ordres? Qui êtes-vous donc? demanda le traitant.

— Nous sommes les officiers et les amis du général Baker, répondis-je avec assurance; nous avons été délégués par lui pour empêcher la traite.

— Vous! ce n'est pas possible; vous n'avez pas d'uniformes.

J'aurais dû m'attendre à cette observation. Dans ce pays l'uniforme a un grand prestige; tout représentant de l'autorité doit avoir des galons, des broderies, une sorte de bonnet ou de fez et surtout un sabre qui est l'emblème du commandement.

Mais je ne me laissai pas intimider.

— Nos uniformes sont restés à Matamma, répondis-je; nous faisions une simple excursion dans ces parages, sans songer que vous auriez l'audace de vous y montrer. Du reste, voici notre commission, ajoutai-je en tirant de ma poche la lettre du gouverneur de Souakin.

J'avais lu quelque part, dans Schweinfurth ou dans Barth, qu'en Afrique ces lettres revêtues de sceaux et de cachets produisent un effet d'autant plus grand sur les naturels qu'ils sont incapables de les comprendre. Je dépliai donc ma lettre et, au lieu d'en lire le contenu, je récitai, en y ajoutant certains détails personnels, le dernier firman du khédive que j'avais vu affiché au Caire.

« Nous, Ismaël, khédive d'Égypte.

« Considérant la condition sauvage des tribus habitant le bassin du Nil;

« Considérant que l'humanité impose le devoir de supprimer les chasseurs d'esclaves qui pullulent dans ces contrées;

« Avons décrété et décrétons ce qui suit :

« Une expédition est organisée pour supprimer la traite et introduire un système de commerce régulier;

« Le commandement en chef de cette expédition est confié à sir Samuel White Backer, pour quatre années, à partir du 4 avril 1869.

« Et nous l'investissons, ainsi que ses officiers, des droits les plus absolus, même celui de mort, sur tous les traitants ou marchands d'esclaves qui méconnaîtront son autorité. »

Ma lecture terminée, ou plutôt ma leçon récitée, je repliai tranquillement la lettre du gouverneur de Souakin, devenue entre mes mains un firman du khédive, je la remis dans ma poche et je levai les yeux sur les assistants pour jouir de l'effet que j'espérais avoir produit.

Périères et Delange souriaient dans leurs moustaches, les hommes de l'escorte étaient ébahis ; mais le vieux chef, en sa qualité d'ancien Portugais, ne paraissait pas ému de ma lecture, soit qu'il n'eût pour cet acte officiel aucun respect, soit encore qu'il se fût dit que nous n'étions pas de force à imposer notre volonté.

Après avoir regardé autour de lui, s'être assuré que les esclaves ne faisaient aucune tentative de révolte, avoir compté les hommes de son escorte, il caressa complaisamment sa barbiche pointue, me regarda en clignotant des yeux et me dit :

— Ces esclaves m'appartiennent, je les ai achetés dans le Darfour et le Kordofan, le khédive n'a pas le droit de me les reprendre et je ne les rendrai pas.

— Alors, répondis-je sans hésiter, nous allons être obligés de t'arrêter.

— Prends garde, fit le chef, en se reculant d'un pas, je me défendrai.

— Soit ! mais tu désobéis au khédive et j'ai le droit de te tuer, ne l'oublie pas.

J'étais résolu, pour intimider l'escorte, à porter la main sur le chef, lorsque, tout à coup, retentirent des cris, aussitôt suivis de plusieurs détonations. Nos regards se dirigèrent du côté de la caravane et nous comprîmes ce qui s'était passé.

Je vous ai dit que, parmi les esclaves, il s'en trouvait plusieurs dont le cou était pris dans une sorte de carcan ou de fourche. C'étaient les indociles, les insoumis, comme on dit au bagne, ceux qui protestaient contre leur misère et guettaient l'occasion de prendre la fuite. C'étaient surtout des hommes robustes et solides qu'on espérait vendre un prix avantageux et dont la rébellion pouvait être dangereuse. Ces gens, des nègres du Darfour pour la plupart, s'étaient rendu compte que nous voulions les délivrer. Ils attendirent d'abord patiemment le résultat de notre intervention, puis, à voix basse, ils durent se dire que nous n'étions pas nombreux, qu'ils feraient bien de s'aider eux-mêmes et de

La conversation de cet homme intéressa si vivement Mme de Guéran (page 182).

profiter de la liberté relative que nous leur avions donnée. Réunis maintenant en un seul groupe d'une trentaine d'hommes environ, ils avaient entre eux, par des signes, par des mots circulant de bouche en bouche, arrêté un plan d'évasion.

Au moment où ils me virent m'avancer sur le chef, ce qui avait causé un certain émoi parmi les gens de l'escorte, ils se débarrassèrent de leurs fardeaux et prirent la fuite avec une agilité surprenante. Il est vrai que si leurs cous et leurs poignets étaient attachés, leurs jambes restaient libres et que les nègres passent pour d'intrépides coureurs.

Mais l'escorte avait tiré sur les fuyards; l'un d'eux fut atteint à la cuisse et, déjà, la marche de la petite troupe se trouvait ralentie.

— Laisserons-nous massacrer tous ces gens? demandai-je en entendant le chef donner l'ordre de recharger les armes.

— Non, s'écrièrent mes amis, allons à leur secours!

Périères, Delange et moi, nous partîmes au galop, après avoir prié nos deux interprètes de veiller sur Mme de Guéran et sur miss Poles, toujours agenouillées auprès de l'esclave qu'elles avaient ranimée.

Nous eûmes bientôt rejoint les fuyards; ils nous reconnurent et, s'arrêtant aussitôt, ils nous firent comprendre qu'il fallait avant tout, si nous voulions les sauver, enlever les fourches qui leur étreignaient le cou et les chaînes qui les rivaient les uns aux autres.

L'opération était difficile : Périères et moi, nous l'entreprîmes cependant, tandis que Delange pansait la blessure du nègre atteint par une balle et dont le sang coulait à flots.

Je venais de débarrasser un des esclaves de sa fourche et de ses chaînes, lorsque Périères, étonné de ne plus entendre aucune détonation, regarda du côté où nous avions laissé l'escorte et poussa un cri.

Le chef et ses hommes, au lieu de continuer à tirer sur les nègres et de détruire ainsi le bétail humain sur lequel ils fondaient les plus grandes espérances, s'étaient tout à coup portés vers l'endroit où nous avions laissé nos deux interprètes et nos deux compagnes. Omar et Ali, dans le crainte de faire massacrer les femmes qu'ils avaient mission de protéger, ne s'étant pas défendus, avaient été terrassés en une seconde, et Mme de Guéran se trouvait à la merci de ces misérables.

Vous pensez bien, mon cher ami, qu'il ne pouvait plus être question pour nous d'ouvrir des fourches et de panser des blessures; nous devions, avant tout, courir au secours de celle que notre imprudence et notre témérité exposaient aux plus grands dangers.

L'escorte, dès qu'elle nous vit nous avancer n'hésita pas à faire feu. Dix coups de fusil retentirent; Périères et Delange roulèrent à mes pieds.

XL

« En les voyant tomber, je jetai un coup d'œil du côté de Mme de Guéran et de miss Poles et je reconnus qu'elles ne couraient aucun danger immédiat : les gens de l'escorte, afin de réunir toutes leurs forces contre nous et de nous anéantir le plus vite possible, les avaient abandonnées un instant. Rassuré de ce côté, je descendis de cheval pour secourir mes amis.

Mais déjà, ils se relevaient, et je constatai avec joie qu'ils n'étaient pas blessés : les chevaux atteints, l'un à la tête, l'autre au poitrail, s'étaient abattus et leurs cavaliers avaient roulé avec eux dans le sable.

Au moment où Delange et Périères allaient se redresser, je leur posai mes deux mains sur les épaules.

— Que faites-vous ? demanda Périères.

— Silence, leur dis-je à voix basse et agenouillé près d'eux, je vous sauve et je rétablis l'égalité du combat. Ces misérables peuvent avec leurs fusils nous atteindre, ils viennent de nous le prouver en tuant vos chevaux, mais ils se trouvent hors de la portée de nos revolvers. Laissons-leur croire que nous sommes blessés : ils s'avanceront pour nous achever, et nous pourrons au moins nous défendre.

— Mais Mme de Guéran... murmura Périères.

— Elle ne court, en ce moment, aucun risque, répondis-je ; si elle est de nouveau menacée, nous saurons faire le sacrifice de notre vie.

En me voyant étendu auprès de mes amis, on pouvait croire que, frappé comme eux, j'étais tombé à leur côté. Les deux chevaux, dont l'un était mort et l'autre agonisait, nous servaient de rempart et nous permettaient de suivre les mouvements des traitants.

Ils s'avançaient vers nous, fiers de leur triomphe et persuadés qu'il était complet. Lorsqu'ils furent à portée de nos pistolets, tout à coup, sans nous relever, nous fîmes feu.

Trois hommes tombèrent ; les autres reculèrent précipitamment. Mais le vieux chef arrêta ces derniers, en leur faisant comprendre qu'ils étaient encore les plus forts, et les ramena de notre côté.

Nous allions tirer de nouveau, lorsque de grands cris se firent entendre sur notre droite.

Les nègres que nous avions délivrés accouraient vers nous. Ne vous y trompez pas, cependant, mon cher ami. Vous êtes tenté de croire que, guidés par la reconnaissance, ils venaient à notre secours. Si quelques-uns obéissaient à ce sentiment, les autres songeaient surtout à se venger. Depuis longtemps, ils subissaient avec résignation mille tortures; n'étaient-ils pas les plus faibles? Mais, grâce à l'homme que nous avions débarrassé de ses entraves, les autres se trouvèrent bientôt libres. Ils se comptèrent, comprirent qu'ils étaient devenus les plus forts, s'armèrent de leurs fourches qui, dans leurs mains, devenaient de terribles massues, et, entonnant leur chant de guerre, hurlant comme des bêtes fauves, ils coururent sur leurs ennemis.

Le vieux chef vit le danger qui le menaçait; il voulut se jeter sur la gauche, fit quelques pas et dut reculer. Tous ses esclaves ne formaient plus qu'un groupe compact, impénétrable. Plusieurs d'entre eux étaient même parvenus à rompre leurs liens, et excités par un grand nombre de femmes qui gesticulaient et vociféraient, ils paraissaient disposés à prendre part à la lutte. La révolte était effrayante aussi de ce côté : il y avait tant de représailles à exercer; les victimes aspiraient depuis si longtemps à jouer le rôle de bourreaux!

Ainsi, le chef et son escorte nous trouvaient en face d'eux et n'osaient s'avancer à portée de nos revolvers. Leurs esclaves les plus vigoureux et les plus terribles, les seuls qu'ils eussent craints jusqu'alors, les tenaient en respect sur la droite; et, du côté gauche, une masse énorme, hostile et déjà menaçante leur barrait le passage.

Ils n'avaient plus qu'à se jeter en arrière et à fuir; ce fut le parti qu'ils prirent. Mais, de ce côté encore, ils se trouvèrent en face de nos deux interprètes, libres depuis un instant, de miss Poles, armée d'un pistolet dont elle semblait résolue à faire usage, et de Mme de Guéran, calme, déterminée, promenant son regard sur le champ de bataille, comme un véritable général en chef.

Ce dernier côté était le plus faible, cependant, je dois le reconnaître; l'escorte pouvait facilement renverser l'obstacle qu'on lui opposait. Au lieu d'agir, elle commit la faute d'hésiter, de laisser aux deux ailes le temps de se rejoindre, et elle se trouva bientôt enfermée dans une sorte de cercle des plus effrayants.

Alors notre chère sultane parisienne crut devoir intervenir : elle ordonna aux interprètes de s'avancer vers le chef pour déclarer qu'elle répondait de sa vie et de celle de ses hommes, s'ils mettaient immédiatement bas les armes; que si, au contraire, ils tiraient un seul coup de fusil, elle les laisserait à la merci de leurs esclaves révoltés.

Le chef jeta autour de lui un long regard et, après s'être rendu compte de la situation, lança son fusil sur le sable, avec un geste de découragement. Tous ses hommes l'imitèrent.

Nous ne tardâmes pas, Périères, Delange et moi, à rejoindre Mme de Guéran et miss Poles, vous devez bien le penser. Mais nous allions être obligés de faire un triste retour sur les choses d'ici-bas, de nous demander si toutes les belles idées devaient être mises en pratique, s'il ne fallait pas quelquefois refouler les aspirations généreuses et s'il n'était pas dangereux de déchaîner les passions du peuple... africain.

Tant que nos amis, les nègres du Darfour et du Kordofan, avaient vu leurs anciens maîtres combattre ou se défendre, ils s'étaient contentés de proférer des menaces et de s'avancer prudemment. Dès qu'ils les virent, au contraire, désarmés et soumis, ils se précipitèrent sur eux en poussant des cris de mort. En même temps, toute la caravane : les deux cents à deux cent cinquante esclaves, de tout sexe et de tout âge, les faibles et les forts, les valides et les malades accoururent brandissant leurs poignets encore enchaînés, et hurlant comme une meute au moment de la curée.

Devions-nous laisser massacrer sous nos yeux ces quinze hommes? Nous les avions attaqués les premiers; ils ne nous avaient pas provoqués et n'avaient fait que se défendre. Trois d'entre eux étaient déjà blessés et pas un de nous n'avait été atteint. C'étaient, il est vrai, de misérables traitants, des gens de sac et de corde, des renégats, de honteux traficants de chair humaine; mais Mme de Guéran leur avait, en notre nom, promis, s'ils mettaient bas les armes, de leur laisser la vie sauve. Ces nègres, dont nous nous étions faits les défenseurs, valaient-ils mieux que leurs maîtres? Ils étaient tout à l'heure malheureux, opprimés, et la pitié nous avait gagnés: rendus maintenant à la liberté, ils paraissaient si bien disposés à en abuser qu'ils ne nous inspiraient plus grande pitié. Enfin, nous étions tentés de nous demander si pour combattre la traite et sauver quelques hommes de l'esclavage, nous avions le droit de sacrifier l'existence de quinze personnes?

Ces réflexions (nous le sûmes plus tard, à l'heure des épanchements) nous traversèrent à tous, et en même temps, l'esprit. Mais ce n'était pas le moment de nous creuser la tête pour résoudre un problème philosophique. Nous avions agi d'inspiration, nous devions d'inspiration aussi sortir par des actes, et non par des raisonnements, de la fâcheuse situation où nous nous trouvions.

Chacun de nous, sans consulter son voisin, obéissant aux divers sentiments que je viens de vous dire, s'était empressé de se rapprocher de l'escorte prisonnière pour la protéger.

Quant aux esclaves, ils vociféraient et menaçaient toujours. Périères eut alors l'idée d'ordonner à l'interprète Ali, qui connaissait tous les dialectes usités dans le Darfour et le Kordofan, de s'avancer pour imposer silence et faire comprendre qu'il voulait parler en notre nom.

L'interprète obéit, et les nègres se turent plus vite que nous ne l'espérions. Ils se dirent sans doute que les blancs allaient proposer d'infliger à leurs ennemis quelque torture nouvelle, de les condamner à quelque supplice inconnu dans le pays, mais en usage chez les Francs. A cette idée, ils se délectaient à l'avance, ouvraient les yeux et prêtaient l'oreille. Cependant, lorsqu'Ali se mit à répéter un vieux discours que lui soufflait miss Poles, et où il n'était question que de devoirs à remplir vis-à-vis de son semblable, d'humanité, de religion, les esclaves, après avoir témoigné de leur indifférence, marquèrent leur mécontentement; nous avions évidemment beaucoup perdu dans leur esprit.

Je m'avançai alors avec le second interprète, et, poursuivant ma petite idée, je parlai du général Baker, le libérateur des noirs. « Il nous avait envoyés, m'écriai-je, au secours de toutes les caravanes d'esclaves, avec l'ordre absolu, après avoir délivré les captifs, de lui ramener les maîtres pour qu'il pût les punir. »

Ce discours, je dois l'avouer avec orgueil, produisit plus d'effet que le premier, mais je dois reconnaître modestement aussi qu'il fut loin de convaincre mon auditoire. Tous ces gens ne pouvaient comprendre qu'on retardât le plaisir de la vengeance, et que les vainqueurs, au lieu de tuer eux-mêmes leurs prisonniers, voulussent charger un tiers de ce soin et lui procurer ce plaisir. Les vociférations recommencèrent et le cercle se rétrécit de plus en plus.

C'était Mme de Guéran qui devait seule émouvoir notre public et trouver sa corde sensible. Elle chargea l'un des interprètes de dire tout simplement aux noirs qu'ils commettaient une injustice en voulant arracher aux blancs des prisonniers qu'ils comptaient vendre un bon prix dans leur pays. Ce raisonnement, mon cher, comme tous les raisonnements appropriés à l'auditoire, produisit un effet instantané; les nègres se regardèrent entre eux, hochèrent la tête et semblèrent se dire : ils ont raison. Toujours en guerre, depuis leur enfance, de peuplade à peuplade, pour se faire le plus de prisonniers possible et les vendre aux traitants, ne devaient-ils pas trouver naturels que nous eussions leurs instincts et leurs goûts?

Mme de Guéran avait admirablement compris la situation; elle sauvait l'escorte et nous sauvait peut-être aussi, car nous étions résolus à protéger ces hommes au péril de notre vie.

Les noirs avaient fait quelques pas en arrière et se consultaient. Tout à coup ils revinrent vers nous en poussant de grands cris.

XLI

« Nous eûmes bientôt l'explication de ce tumulte.

Les nègres étaient d'une logique désespérante : suivant eux, puisque nous voulions emmener nos prisonniers en esclavage, il fallait prendre avec ces gens les précautions qu'ils avaient prises eux-mêmes avec leurs esclaves. Ils leur avaient rivé le poignet à des chaînes, passé le cou dans des fourches, nous devions user des mêmes rigueurs, et on nous apportait gracieusement les entraves nécessaires.

Il eût été vraiment indélicat de priver ces bons noirs de la petite satisfaction qu'ils voulaient se donner, et quant à l'escorte, après avoir eu toutes espèces de raisons pour craindre d'être massacrée, elle pouvait s'estimer très heureuse de se voir simplement appliquer la peine du talion.

Nous ne crûmes donc pas utile de protester contre cette fantaisie... africaine, et nous laissâmes nos nouveaux amis procéder au ferrement des prisonniers. Il est des moments, mon cher, où des gens d'esprit doivent faire la part des circonstances, céder à certaines exigences et renoncer aux idées sentimentales. Du reste, je n'ai pas le droit de vous le cacher, j'éprouvais une sorte de volupté à voir ces estimables négociants soumis, pour quelques heures, au traitement qu'ils infligeaient, depuis tant d'années, aux peuplades de ces contrées. Ils faisaient des efforts si burlesques pour retirer leur tête de la fourche ou pour soustraire leurs épaules aux lourds fardeaux dont leurs anciens esclaves s'empressaient de les accabler!

Je me réjouissais même, le croiriez-vous, des souffrances morales qu'ils éprouvaient. Je ne parle pas, bien entendu, de leur humiliation, ils en avaient à peine conscience; je fais allusion à leurs intérêts compromis. Songez donc : avoir entrepris un voyage si périlleux, avoir subi tant de fatigues pour faire provision de beaux esclaves sur les marchés de l'Afrique australe, et se les voir enlever d'un coup de filet! Renoncer à des bénéfices certains et en être pour ses frais d'achat, de nourriture, de cordes, de chaînes et de fourches. Les chaînes et les fourches on les leur rendait, il est vrai, généreusement; ils pouvaient les emporter à leur cou. Mais les sacs de riz et de dourrah, dont ils s'étaient munis pour traverser les déserts de Bahiouda et de Nubie, devenaient la propriété des nègres. Ces derniers poussaient même l'indiscrétion jusqu'à faire main basse sur toutes les provisions personnelles au chef et à l'escorte : viande sèche, dattes, café et tabac, qu'ils avaient jusqu'à ce jour portées sur leur tête, sans jamais y toucher.

Ce pillage des provisions opéra, du reste, une diversion : les noirs, après avoir solidement ficelé nos prisonniers et nous les avoir remis, ne songèrent plus qu'à s'offrir un de ces bons repas dont ils étaient privés depuis si longtemps. Nous profitâmes de la liberté qu'ils nous laissaient pour nous occuper du départ. Cinq lieues au moins nous séparaient de Matamma, et plusieurs d'entre nous allaient être obligés de faire ce trajet à pied. Périères et Delanges, qui avaient été démontés dans la bagarre, auraient pu se servir des deux chevaux de nos interprètes; ils préférèrent abandonner ces montures à nos ennemis blessés que le docteur avait opérés au grand ébahissement des nègres. En effet, lorsque ceux-ci avaient vu Delange ouvrir sa trousse et en tirer l'instrument destiné à extraire les balles, ils pensèrent que, revenus à de meilleurs sentiments, nous commencions les apprêts du supplice. Bientôt ils reconnurent que nous avions une façon particulière d'appliquer la torture, qu'elle rendait la santé à la victime, la remettait sur pied, et peut-être cette petite leçon de morale pratique ne fut-elle pas absolument perdue pour ces grands enfants, cruels par ignorance et d'instinct, comme tous les enfants.

Mme de Guéran voulut emmener avec elle l'esclave, cause première de ce conflit; elle l'avait déjà rappelée à la vie et elle espérait la sauver à force de soins. Il eût été, du reste, inhumain de laisser cette malheureuse avec ses compagnons ; elle n'aurait pu les suivre dans le long voyage qu'ils allaient entreprendre pour retourner dans leur pays, et elle serait morte de faim et de maladie au milieu du désert. Nos deux

LA VÉNUS NOIRE.   169

M. Delange pénétra donc dans un de ces bouges. (page 186).

interprètes arabes firent une sorte de brancard sur lequel ils étendirent l'esclave et se chargèrent de la transporter. Nous partîmes, et je dois avouer que la plupart des noirs interrompirent leur festin pour nous saluer et nous acclamer. Plusieurs d'entre eux nous escortèrent même quelque temps en poussant des cris frénétiques. Mais je dois déclarer aussi que s'ils s'approchaient de nous pour baiser nos mains et nos vêtements, ils ne se privaient pas d'allonger, en même temps, quelques bons coups de lanière à nos prisonniers. Le vieux chef, malgré tous nos efforts, était leur tête de Turc ; ils essayaient de lui rendre, en une heure, tout ce qu'ils avaient reçu de lui depuis deux mois.

Que deviendront tous ces gens, rendus par nous à la liberté d'une façon si imprévue? Nos interprètes nous dirent avoir donné à plusieurs d'entre eux l'idée de se rendre à Khartoum, où nous pourrons les retrouver et les prendre à notre solde, si, comme c'est probable, nous formons dans cette ville une nombreuse caravane pour pénétrer dans le Sud.

Après leur départ, nous nous sommes empressés de supprimer les chaînes et les fourches de nos prisonniers. Nous leur avons seulement conseillé, dans le cas où ils ne se sentiraient pas de vocation pour les balles de revolver, de se tenir tranquilles. Pourquoi ces précautions? me direz-vous. Aurions-nous conçu le projet de réduire ces hommes en esclavage? Non certes, ils nous déplaisent trop, et leur société nous serait odieuse. Mais il pourrait, par hasard, leur prendre fantaisie, redevenus libres, de courir à la recherche de leurs anciens esclaves, de les rejoindre pendant qu'ils mangent ou dorment, et de rentrer en possession de leur bien, ou d'une partie de leur bien. Il ne faut pas oublier que ces gens nous tiennent pour des pillards, des voleurs de grande route, qui ont attaqué une honnête caravane et ont détroussé de respectables commerçants. Ils ont absolument oublié nos procédés à leur égard. Ils se disent, et en cela ils ont raison, que nous n'aurions pas eu besoin de les protéger contre les nègres si, au lieu de les attaquer, nous les avions laissés continuer paisiblement leur route.

Et ne croyez pas, mon cher, que tout le monde approuvera notre conduite. Il existe, même en Europe, beaucoup de personnes disposées à vanter les douceurs de l'esclavage et à soutenir que les traitants rendent un grand service aux noirs en les arrachant de leur misérable pays pour les amener en Turquie, où ils goûtent certainement un plus grand bien-être que chez eux. Sans me lancer dans de longs raisonnements, je dirai d'abord que les pays des noirs sont surtout misérables, parce que les marchands d'esclaves ont intérêt à y entretenir la guerre civile. J'ajouterai que sur trois cents esclaves enlevés de leurs foyers, cent à peine arrivent dans les pays relativement fortunés dont il est question, que les autres meurent en route de fatigue, d'épuisement et de maladie. Me plaçant à un point de vue plus élevé, je terminerai par ces mots : « L'esclavage est une immoralité et une honte, il faut par tous les moyens possibles le combattre et le détruire. » Voilà mon sentiment bien net et bien franc, mon cher ami, et il est d'autant plus respectable que si j'évoque mes souvenirs, ils m'apprennent que mon grand oncle maternel, le comte de Chabanne, était, avant la Révolution, le plus grand propriétaire d'esclaves de Saint-Domingue. Ma mémoire me rappelle aussi que je suis né dans une colonie française, la Guadeloupe, en plein esclavage, et que l'émancipation des nègres, proclamée en 1848 par Lamartine et décrétée par le Gouvernement provisoire, m'a privé du plus clair de mes revenus, ce que je ne saurais regretter.

Sans pénétrer dans Matamma, nous marchons donc directement sur le Nil, où nous retrouvons notre barque, et vers les dix heures du soir, après avoir distribué à nos prisonniers des vivres pour qu'ils n'aient rien à nous reprocher, nous les déposons délicatement sur la plage. Je ne saurais être inquiet sur le sort de ces honnêtes gens ; ils ne tarderont pas à reprendre leur petite industrie, sur laquelle Omar et Ali nous ont donné en route de curieux renseignements. Quand il s'agit du négoce des nègres, le premier aventurier venu trouve facilement à emprunter, en Égypte, les fonds qui lui sont nécessaires pour son entreprise. Il soudoie alors quelques misérables, renégats de toutes les religions, criminels en fuite, échappés de bagne, gibiers de toutes les potences, écume de tous les pays. En cette compagnie, il remonte le Nil jusqu'à Gondokoro, puis s'en éloigne et pénètre dans les terres. Sur la place du premier village qu'il rencontre, il étale les verroteries, les colliers, les bracelets, tous les mille riens dont il s'est approvisionné, et qui doivent exciter la convoitise des nègres. Ceux-ci se précipitent pour faire leurs emplettes et offrent leur monnaie habituelle. — « Non, répondent les traitants, en échange de nos marchandises, nous voulons des esclaves. » Les acheteurs n'en ont pas à leur donner ; mais rien n'est plus simple que d'en faire. Le chef de la peuplade propose aux aventuriers une razzia dans les environs. Nos traitants acceptent ; ils ne sont venus que pour cela. Les villages sont cernés, on y met le feu, on s'empare du bétail, on fait main basse sur les femmes, les enfants et les hommes qui n'ont pas succombé dans la lutte. Alors le butin est partagé : le bétail, les verroteries sont abandonnés généreusement aux nègres, tandis que les traitants gardent pour eux les esclaves, les vendent à d'autres aventuriers qui les dirigent sur Zanzibar ou les conduisent eux-mêmes, à leurs risques et périls, plus au nord vers les pays de l'islamisme ou de l'esclavage.

Ne m'en demandez pas davantage aujourd'hui, mon cher. Après une journée si bien remplie, je me suis empressé de chercher une petite place tranquille sur notre barque et de m'endormir la conscience en repos, je vous assure.

XLII

« A notre réveil, nous jouissons d'une des vues les plus charmantes, les plus reposées qu'il m'ait été permis jusqu'à ce jour d'admirer.

Le Nil, sur un parcours très étendu, est couvert d'une multitude d'îles (on les appelle dans le pays les quatre-vingt-dix-neuf îles), qu'on prendrait pour des corbeilles de verdure et de fleurs; sur les deux rivages, des plantes aquatiques, des lianes élégantes se baignent dans le fleuve ou s'abritent, en s'écartant de la rive, sous les tamariniers, les acacias et les palmiers. Les toits arrondis des villages riverains rappellent les kiosques de nos jardins anglais.

A ce tableau riant, succède bientôt un spectacle des plus pittoresques. Nous voici dans la zone de la sixième cataracte; le Nil, au lieu de s'étaler majestueusement, se resserre tout à coup, devient un torrent et transporte notre imagination vers quelque gave des Pyrénées. Le pic de Raouïan et les falaises de Sablouk complètent l'illusion.

Nous mettons pied à terre pour visiter le petit village de Dasrurab et la verte campagne qui l'entoure. Au milieu d'une plaine, j'aperçois de nombreux tréteaux en forme de trépied, dont je cherche en vain à m'expliquer la destination. Ali se charge de m'instruire : il paraît qu'à l'époque de la maturité des grains, des nuées d'oiseaux accourent de tous les points de la Nubie, pour faire la récolte avant les propriétaires. Aussi ces derniers n'ont-ils rien imaginé de mieux, pour défendre leurs biens, que de placer de distance en distance des tréteaux sur chacun desquels un esclave doit se tenir accroupi toute la journée et remplacer le mannequin qui, dans nos campagnes, sert à effrayer les oiseaux. Les malheureux condamnés, sous un implacable soleil, à ce rôle d'épouvantail vivant, sont en général des vieillards de l'un et de l'autre sexe, infirmes, incapables de faire un autre métier, et qui gagnent à ce terrible labeur le morceau de pain de froment que leur maître consent à leur jeter. Décidément, mon cher, plus j'y réfléchis et moins je regrette, si je l'ai jamais regrettée, mon expédition de la veille contre les traitants. Qu'on ne vienne plus me parler du bien-être dont jouissent les esclaves en Orient. Comme objets de luxe, on a grand soin d'eux, on les peint et on les frotte pour qu'ils reluisent. Dès que le temps les détériore, on les envoie pourrir dans quelque chenil.

Nous approchons de Khartoum, et les villages se pressent en grand nombre sur la rive droite. Les bosquets de verdure ont disparu; le Nil a perdu son cachet pittoresque. Sur la rive droite, on n'aperçoit qu'une végétation de graminées, qui semble servir de lisière à l'Akaba, longue étendue de terrains sans culture qui fait suite au désert de Bahiouda.

Nous passons devant Kerréri, et nous voici enfin à Khartoum, en plein mouvement, en pleine civilisation turque et africaine, au milieu des nombreuses embarcations de toutes formes et de toutes grandeurs qui, à cette époque de l'année, remplissent le port. Dans quelques jours, vers le milieu de décembre, la navigation du Nil Blanc deviendra facile et tous les négociants du pays se préparent à envoyer dans le Sud les produits d'Europe : soieries, toiles, draps, mousselines, poudre, sucre, épices, café, arack, et à recevoir des pays équatoriaux : la gomme, la poudre d'or, les plumes d'autruche, les cornes de rhinocéros, les dents d'hippopotame et d'éléphant, et, enfin, bon nombre d'esclaves que, malgré les édits du gouvernement, ils sauront cacher dans quelque repaire et vendre à un bey ou à un pacha que sa position met au-dessus de la loi. Partons bien de ce principe : dans les pays orientaux, rien ne change; les mœurs, les vieilles coutumes sont toujours plus fortes que les prescriptions et les firmans. Le Turc est pour ainsi dire incrusté dans le passé; il subit parfois quelques réformes superficielles, mais il revient bientôt à ses premiers errements et se fige de nouveau dans ses vieilles traditions.

Je vous ai promis, mon cher ami, de vous conduire jusqu'à Khartoum; j'ai tenu ma promesse. Je vous ferai cependant bonne mesure : avant de vous quitter pour longtemps peut-être, je vous donnerai quelques détails sommaires sur cette ville, curieuse à plus d'un titre. Ils sont indispensables, si vous vous intéressez à notre voyage, et s'il vous plaît de nous suivre plus loin. Encore un peu de patience : bientôt Périères ou Delange vous promènera dans cette étrange cité, vous en dévoilera les mystères, car il règne à Khartoum, me dit-on, une liberté de mœurs

vraiment extraordinaire : on y respire comme un parfum de corruption européenne mêlé aux âcres senteurs de la vie sauvage.

Fondée en 1823, cette ville a pris un développement rapide, et compte certainement aujourd'hui plus de cinquante mille habitans qui se divisent en plusieurs classes. La première se compose d'une cinquantaine d'Européens au plus. Toutes les années, ces exilés volontaires voient leur nombre diminuer d'un tiers par suite de l'insalubrité du pays, mais le Caire leur envoie bientôt de nouveaux compagnons désireux de s'enrichir promptement. Le grand commerce est presque tout entier dans les mains d'une dizaine de ces Européens, parmi lesquels on rencontre d'honnêtes gens. Le commerce de l'ivoire est, en effet, distinct de la traite des nègres, et on a tort de croire, comme on le fait généralement, que la première de ces industries cache la seconde. Tous ces grands négociants possèdent, dans les provinces équatoriales, plusieurs comptoirs administrés par leurs commis et où des dents d'éléphant très authentiques s'échangent contre nos produits. Malheureusement ces comptoirs légaux sont devenus des points de réunion pour les chasseurs d'hommes, leur servent d'étapes lorsqu'ils veulent pénétrer dans les pays inexplorés et facilitent ainsi leur honteux négoce. De là l'espèce de confusion qui se fait dans les esprits.

Les autres classes de la population de Khartoum se composent de quelques Turcs, d'un grand nombre de négociants arabes, venus de la haute Égypte, de l'Hedjaz, de la rive occidentale de la mer Rouge, et d'une foule de *faquis*, espèce de charlatans qui cumulent les fonctions de maître d'école et de marchand de fétiches ou de talismans. La plupart d'entre eux ont aussi une autre source de revenus : ils s'empressent de mettre à la disposition des voyageurs quelques jeunes et jolies esclaves dont chacune doit rapporter à son maître une cinquantaine de piastres par mois. Vous le voyez, mon cher, les lycées de Khartoum sont en bonnes mains ; leurs instituteurs ne laissent rien à désirer au point de vue des mœurs.

Enfin, la classe la plus nombreuse, et qui égale à elle seule toutes les autres, est formée d'un mélange de nègres, soldats ou matelots, que tout chef d'expédition sur le Fleuve-Blanc est obligé d'embaucher, de petits marchands ambulants, d'almées autorisées ou de contrebande, d'esclaves de toutes les nationalités, et d'une garnison de quatre mille hommes environ, recrutés parmi les Nubiens ou les Bachi-Bouzouks. Le développement rapide qu'a pris la ville doit être attribué à son admirable situation au point de vue commercial. Khartoum se trouve, en effet, à la jonction du *Bahr-el-Abiad* ou *Fleuve-Blanc* et du *Bahr-el-Azrek* ou *Fleuve-Bleu*, qui, réunis ensemble, forment le Nil proprement dit. En effet, au sud de Khartoum, en remontant vers l'Équateur, les gens du pays ne se servent plus que rarement de la dénomination de Nil. On dit le Fleuve-Blanc quand on veut désigner le cours d'eau qui se dirige presque perpendiculairement vers le sud, et le Fleuve-Bleu pour l'autre cours qui remonte vers l'est à Sennar et prend sa source en Abyssinie.

Le Nil blanc ou Fleuve-Blanc est sans contredit le plus important de ces deux fleuves, et cette importance est telle qu'on donne souvent son nom à l'autre. Il est formé lui-même de la réunion, vers le huitième degré, de deux affluents : le *Bahr-el-Djébel*, plus communément appelé *Saubat*, qui prend sa source dans l'est, et le *Bahr-el-Ghazal*, ou *Fleuve-des-Gazelles*, qui coule à l'ouest. Ces différentes routes fluviales conduisent les barques, soit à Gondokoro, point extrême de la navigation et où se sont arrêtés la plupart des voyages de découvertes, soit dans les pays de l'ivoire, chez les Nouers, les Djours, les Dinkas, soit encore dans la direction des grands lacs.

Mais revenons, mon cher ami, à Khartoum, dont vous pouvez maintenant vous faire une idée au point de vue de la population et de la situation géographique. Quelques lignes me suffiront pour vous promener au milieu de ses rues, de ses jardins et de ses monuments. Les seuls édifices publics qu'on y rencontre sont : le palais du gouvernement, c'est-à-dire le divan, la prison, des mosquées sans caractère particulier, un hôpital assez bien tenu grâce au concours des médecins européens, une poudrière et quelques casernes. Mais Khartoum mérite d'être signalé pour la beauté vraiment exceptionnelle de ses jardins qui couvrent la rive gauche du fleuve Bleu, sur une étendue de plusieurs milles. Plantés depuis un demi-siècle, ils procurent les plus beaux ombrages qu'on puisse imaginer, et devraient assainir la ville. Il n'en est rien cependant; elle a été autrefois construite sur des mares pestilentielles, et si l'on tient à la rendre salubre, il faut la démolir de fond en comble; le moyen est trop radical pour le pays.

Enfin, mon cher, vous connaîtrez Khartoum mieux que moi, lorsque je vous aurai parlé de ses marchés. Ils m'ont frappé au point de vue des individus qui s'y croisent en tous sens et dont le teint, aux nuances des plus variées, indiquent les diverses origines. Toutes les races qui peuplent le monde défilent l'une après l'autre : depuis les Grecs au teint blanc jusqu'aux nègres à la peau d'ébène, en passant par les Arabes brun foncé, les Abyssins cuivrés, certaines peuplades dont le teint tire sur le bleu (asrak), d'autres sur le vert (ahkdar), et ces derniers sur le rouge (ahmar). On dirait une sorte d'arc-en-ciel humain.

Ma tâche est terminée, vous n'aurez plus de descriptions, mon cher ami, et je passe la main à un autre. »

XLIII

Le premier soin de notre caravane européenne fut de se rendre au poste télégraphique pour annoncer en France et en Angleterre son heureuse arrivée à Khartoum. Ces dépêches doivent être écrites en arabe ; elles sont dirigées sur Assouan dans la Haute-Égypte, puis sur Alexandrie, où des employés, après les avoir traduites, les transmettent en Europe.

Du télégraphe, on se transporta au consulat français où chacun trouva les lettres qu'il était en droit d'attendre. Le domestique de M. de Morin eut aussi la sienne ; elle était adressée à Mohammed Ab-el-Gazal, drogman. Mais Joseph, depuis ses mésaventures dans l'Hedjaz, avait renoncé à ces noms et qualités. Il détestait les Bédouins autant qu'il les avait aimés, et s'empressa de déchirer, sans la lire, l'épître que lui adressait son ancien professeur d'arabe.

Dans leur courrier, MM. de Morin, Périères et Delange trouvèrent une lettre de M. de Pommerelle. La suscription portant leurs noms à tous trois, ils se réunirent pour avoir en même temps des nouvelles de leur ville de prédilection. Ce parfum parisien, cette note demi-mondaine qui leur arrivait à travers l'espace, en pleine Afrique, devait avoir un grand charme pour eux.

« Vous êtes des anges ! écrivait M. de Pommerelle. Pardonnez-moi mes insultes. J'ai le cœur navré d'avoir pu offenser des amis tels que vous. Merci, merci, pour toutes ces lettres, ces impressions de voyage. Je n'ai encore lu que Périères, mais je sens venir de Morin et Delange ; j'ai foi en leur parole ; je me délecte, à l'avance, de leurs narrations.

Si vous saviez quelle joie j'éprouve lorsque m'arrive le courrier d'Égypte ! Ne croyez pas cependant que je sois égoïste et que je garde

Il tira au hasard trois coups de revolver (page 408).

pour moi seul le plaisir de vivre avec vous. Je fais partager mon bonheur à un autre de nos amis; nous sommes deux à vous lire. Que dis-je, vous lire! Nous vous épelons, nous vous étudions, nous vous suivons pas à pas sur les cartes qui s'étalent dans tous les coins de mon appartement.

Cet ami, je n'ai pas besoin de vous dire son nom, vous l'avez deviné;

c'est ce brave docteur Desrioux, qui mourait d'envie de vous accompagner et que le devoir a retenu en France. Je ne le connaissais qu'imparfaitement autrefois. Je le savais sympathique, charmant, plein de cœur et d'un réel mérite. Le désir de parler de vous, de nous entretenir de votre intéressant voyage, nous a rapprochés, et maintenant nous ne nous quittons plus.

« Où sont-ils? fait le docteur. Je les crois arrivés à Derber. — Non, lui dis-je, je connais de Morin, c'est un fantaisiste ; il les aura précipités dans quelque nouvelle aventure, et je parierais qu'ils se trouvent fort éloignés du Nil. — Vous avez peut-être raison, reprend Desrioux. Cherchons le point précis de leur dernière étape. » Et nous voilà, armés de nos loupes, penchés sur les cartes et voyageant avec vous.

Ce voyage est moins fatigant que le vôtre, je le reconnais : au lieu de planter nos tentes dans le désert ou sur la montagne, nous nous contentons de planter des épingles, à grosses têtes, de toutes les couleurs, destinées à marquer vos diverses stations. Dernièrement, nous eûmes honte de ce voyage passif, et, après un assez bon dîner, surexcités par vos lettres, enivrés de vos descriptions, nous formâmes tout à coup le projet de vous rejoindre. Oui, mes chers amis, vous rejoindre en Afrique, à Khartoum. « Ils étaient ivres! » vous écriez-vous. Je l'étais peut-être un peu, mais je vous jure que Desrioux avait toute sa raison. Il parlait très sérieusement : il me disait que ses clients habituels, ses pauvres, se portaient pour l'instant à ravir ; que sa mère n'avait jamais joui d'une santé aussi parfaite, et qu'il pouvait, sans crainte et sans imprudence, la quitter pendant quelques mois.

— Que nous faut-il pour nous rendre à Khartoum ? continuait-il. Cinq ou six semaines au plus, en ne nous arrêtant nulle part, en brûlant le pays, en semant l'or à pleines mains. Nous passerons quinze jours avec nos amis et nous pourrons être de retour à Paris avant trois mois.

Il s'échauffait en parlant ainsi, il s'exaltait, je faisais comme lui, et lorsque nous nous sommes quittés, à trois heures du matin, notre prochain départ était parfaitement décidé.

Le lendemain, comme j'étais encore au lit, rêvassant à nos projets, moins enthousiaste peut-être que la veille, mais encore ferme dans mes desseins, le docteur se fit annoncer. Il venait me dire que plusieurs cas de petite vérole s'étaient déclarés, depuis la veille, dans les hôpitaux de Paris ; on semblait craindre une épidémie et il croyait n'avoir pas le droit de partir tant que ces craintes ne seraient pas dissipées. Je puis vous affirmer qu'il ne cherchait pas un prétexte pour se soustraire aux engagements pris la veille. Il paraissait très abattu et répétait sans cesse :

— Moi, que ce projet rendait si heureux ! moi, qui me meurs ici de découragement et de tristesse !

Le fait est que Desrioux est un charmant garçon, mais qui laisse à désirer sous le rapport d'une folle gaieté. Je crois qu'il est né nomade comme je suis né sédentaire, qu'il souffre d'être, pour ainsi dire, scellé à la même place, et qu'il brûle d'un beau feu pour ces pays dont vous parlez si bien.

L'épidémie de petite vérole n'était que trop sérieuse : par respect pour vous, elle attendait votre départ pour se déclarer. Elle nous fait de véritables ravages et la maladie est, cette année, des plus malignes et des plus contagieuses. Aussi ce brave docteur ne songe-t-il plus à partir ; il est trop occupé. Il court les hôpitaux, les mansardes, les bouges ; et, grâce à son dévouement, à sa science et à sa rare intrépidité qui lui fait tout affronter, tout braver, il est parvenu à sauver des malades abandonnés de leurs médecins ordinaires.

Moi, dont l'inutilité est flagrante en tous temps, et surtout en temps d'épidémie, je me suis dit, un jour, que l'air de Paris devenait malsain et j'ai résolu de me transporter sous un ciel plus clément.

Vous doutez? Vous vous rappelez ce que je vous ai écrit à propos de Trouville. Eh bien ! messieurs, cette fois, je suis allé jusqu'à... je ne vous le dirai pas tout de suite, vous me feriez l'injure de ne pas me croire. Votre exemple m'a-t-il rendu brave, ou la petite vérole m'a-t-elle rendu lâche ? toujours est-il que j'ai fait mes malles. Oui, j'ai fait mes malles, ne vous en déplaise, et j'ai pris le chemin de fer de Lyon afin de me rapprocher de vous. Je me disais : on ne sait pas ce qui peut arriver, une fois sur le rivage de la Méditerranée, je ne m'arrêterai peut-être qu'à Khartoum.

J'avais trouvé du reste un excellent moyen pour aller le plus loin possible : au lieu de choisir un train du matin comme je le fais lorsque... j'essaye de me rendre à Trouville, j'ai pris, comme vous, le rapide du soir et je me suis déshabillé entièrement dans mon coupé-lit, que j'avais loué pour moi seul. Vous devinez mon plan, n'est-ce pas ? Je comptais sur la paresse que j'éprouve lorsque je suis couché, pour ne pas quitter ma place, de la nuit.

Le lendemain, en effet, vers onze heures, comme je dormais encore, je me trouvai à... Marseille.

Oui, oui! Moi, Pommerelle, j'ai vu Carcassonne... non, pardon, je confondais avec la chanson, j'ai vu Marseille!

Dès mon arrivée je suis allé flâner du côté du port de la Joliette et contempler les paquebots des Messageries maritimes. Ah! si l'un d'eux avait eu l'idée de chauffer et de partir immédiatement, je me serais précipité à bord, et c'était fini; à moins de me jeter à la mer, ce qui est contraire à mes principes, j'allais jusqu'en Égypte. Mais il fallait attendre deux jours... c'était trop exiger de moi. La nostalgie m'a repris, je me suis mis à chercher Paris de tous côtés, à le demander à tous les échos, et, seuls, les échos de la Cannebière m'ont répondu. J'étais, dès lors, perdu.

Cependant je ne me suis pas éloigné de vous trop brusquement. Je me suis élancé vers le chemin de fer et j'ai pris un billet pour Monte-Carlo, où je savais retrouver quelques connaissances, des bonnes et des mauvaises.

Ah! messieurs, quelle superbe végétation! quel ciel! quelle flore! quels arbres! Comme tout cela donne bien une idée des tropiques! Que vous devez être heureux de vivre au milieu de cette nature, la vraie! J'étais dans le ravissement, je me disais : « Si c'est aussi joli de ce côté, quel coup d'œil on doit avoir là-bas! » Et, ma foi, n'y tenant plus, j'expédiai au docteur Desrioux une foule de dépêches en style nègre : « Moi, décidé partir Afrique. Vous laisser petits vérolés pour rejoindre moi Monte-Carlo. »

Mais Desrioux ne venait pas, et, en l'attendant, je me suis fait dévaliser à la roulette et au trente et quarante. J'ai dû repartir bientôt pour Paris, où j'ai retrouvé la petite vérole à son déclin et le docteur Desrioux à son apogée, car de chevalier de la Légion d'honneur il vient de passer officier.

Voilà, mes chers amis, tout ce que j'ai à vous dire. Vous voyez que j'ai été bien près de vous. Quatre cents lieues à peine nous séparaient. Mais je ne désespère pas de vous rejoindre un jour. C'est immense, ce que j'ai fait! Jusqu'à Monte-Carlo! je n'en reviens pas! Laissez-moi m'entraîner peu à peu : tous les ans je ferai quelques kilomètres de plus, et, dans une vingtaine d'années, je suis capable d'entreprendre un voyage au long cours. »

MM. de Morin et Périères, en gens de cœur, ou en adversaires qui ne craignent plus de rivaux, crurent pouvoir lire à Mme de Guéran les passages de cette lettre où il était question du docteur Desrioux.

XLIV

L'intimité qui avait toujours existé depuis le départ de Paris, entre Mme de Guéran, miss Poles et leurs trois compagnons de voyage semblait moins étroite à Khartoum. La baronne avait désiré vivre seule avec sa dame de compagnie, dans une sorte de petite villa, située au bord du Fleuve-Bleu, entourée d'un magnifique jardin, et presque cachée par un grand massif de dattiers et de palmiers.

Mme de Guéran ne paraissait pas, cependant, s'être isolée de la sorte pour prendre du repos et demeurer inactive. Si elle ne se rendait jamais dans le centre de Khartoum, s'il était rare qu'elle quittât sa propriété, elle y admettait, chaque jour, un grand nombre de visiteurs. Sans parler des consuls anglais et français et de divers agents consulaires qui s'étaient fait un devoir de venir lui offrir leurs services, elle recevait, avec empressement, tous les voyageurs européens désireux de lui être présentés. Elle allait même au-devant de ces présentations, les provoquait et les sollicitait. C'est ainsi qu'elle se trouva, tour à tour, en relations avec un officier anglais, qui, après avoir quitté Baker au sud de Gondokoro, retournait au Caire remplir une mission auprès du khédive, et avec un des membres de l'expédition du lieutenant Cameron, du docteur Dillon et de M. Murphy. Ce voyageur avait pénétré en Afrique par Zanzibar et gagné les grands lacs; mais les fièvres le forçaient à remonter vers le nord et il s'était séparé de ses compagnons.

Il ne suffisait pas à Mme de Guéran de s'entretenir avec ces hôtes de distinction. Elle envoyait miss Béatrix Poles, Omar et Ali, les deux interprètes, à la recherche de tous les gens qui, à un titre quelconque, avaient accompagné un Européen, l'année précédente, dans quelque expédition vers le sud. Elle les interrogeait longuement sur la personne qu'ils avaient escortée, et lorsque le portrait qu'ils en traçaient ne lui offrait aucun intérêt personnel, elle les questionnait encore sur une foule de points, et se faisait donner les plus grands détails sur leur voyage.

L'expédition de Schveinfurth, qui avait vécu plusieurs années au milieu des peuplades des Nouers, des Djours, des Bongos, des Niams-Niams, la préoccupait surtout, et elle remercia vivement Ali le jour où cet interprète lui amena un ancien soldat de la tribu des Dinkas qu'on disait avoir suivi jusqu'au pays des Monbouttous, à trois degrés de l'équateur, le grand voyageur allemand et être revenu à Khartoum l'année précédente, en juillet 1871, avec son maître. La conversation de cet homme intéressa même si vivement Mme de Guéran, que, bientôt elle ne s'entretint plus qu'avec lui, et négligea ses autres visiteurs.

En même temps, son caractère semblait être entièrement métamorphosé. Si, dans le cours du voyage, elle s'était montrée, par moments, un peu nerveuse, cette inégalité d'humeur avait été exceptionnelle. La plupart du temps ou, pour mieux dire, presque toujours, elle s'était fait remarquer par son affabilité, sa franchise et sa gaieté. Elle semblait avoir oublié qu'elle était femme, qu'elle était aimée, et, sans la moindre affectation, elle traitait MM. de Morin et Périères en amis; elle s'ingéniait à passer, auprès d'eux, pour un bon garçon, un joyeux compagnon. Maintenant, au contraire, elle évitait de les recevoir, elle les fuyait et semblait craindre de se rencontrer avec eux. On aurait pu croire qu'elle avait à leur faire une confidence, à leur dire un secret et qu'elle ne l'osait pas.

De leur côté, MM. de Morin et Périères s'étonnaient de cette manière d'être à leur égard et en prenaient ombrage. Leur amour pour Mme de Guéran ne pouvait être mis en doute : jeunes, riches, intelligents tous les deux, de bonne naissance, de bonne tournure, ils l'avaient demandée en mariage, et, pour lui plaire, dans l'espérance d'obtenir sa main, ils avaient quitté leurs chères habitudes parisiennes, leurs plaisirs mondains et entrepris un voyage dont, nous l'avons constaté, ils ne se dissimulaient pas les dangers. Cet amour que tout attestait, que tout affirmait, n'avait pu qu'augmenter pendant le voyage. Ce n'est jamais impunément que des hommes, épris déjà, sont appelés à vivre dans une complète intimité avec la femme aimée, à se rapprocher d'elle sans cesse par suite des mille incidents du voyage, à la suivre par monts et par vaux et à partager ses dangers. Dans le but de les décider à l'accompagner en Afrique, Mme de Guéran leur avait dit : « Je ne vous connais pas assez, et je compte sur ce voyage pour m'édifier à votre sujet. » Elle était peut-être maintenant édifiée comme elle avait voulu l'être, mais, pendant qu'elle s'instruisait, ils apprenaient, de leur côté, à la connaître, à l'apprécier davantage. A chacune de leurs étapes pour ainsi dire, elle se révélait sous un jour nouveau : hier, elle s'était montrée intrépide, calme, résolue; aujourd'hui, dans le désert, en présence de la caravane d'esclaves, elle redevenait femme, elle était compatissante et charitable. Puis, sous ce splendide soleil, au milieu de cette nature luxuriante, sa beauté avait tant d'éclat, s'épanouissait, rayonnait tellement! Dans l'après-midi, sous la tente, le soir sur le pont du navire ou de la barque, elle les tenait si bien sous le charme de sa voix vibrante, de son esprit original!

Ils étaient donc, sans qu'elle l'eût voulu, plus amoureux que jamais, entièrement subjugués et vaincus. Aussi souffraient-ils de la raideur que, depuis quelques jours, elle leur témoignait. Ils auraient dû en rechercher ensemble la cause, et peut-être auraient-ils été moins inquiets. Malheureusement ils se méfiaient l'un de l'autre. Un moment d'abandon leur eût cependant appris qu'ils avaient à se plaindre également d'elle, qu'elle se conduisait exactement de la même façon avec chacun d'eux. Mais la passion ne serait plus la passion si elle raisonnait; elle fausse les meilleures natures et inspire de la jalousie aux cœurs les plus droits. M. de Morin attribuait la froideur de Mme de Guéran à l'amour qu'elle devait éprouver pour M. Périères, et celui-ci, au contraire, persuadé que son ami était le préféré de la baronne, s'oubliait jusqu'à le prendre en haine. Ils ne se voyaient presque plus ; lorsqu'ils se rencontraient, ils se contentaient d'échanger quelques mots et une banale poignée de main, puis chacun partait de son côté et, fuyant la ville, allait dans la campagne, sur les rives du fleuve Blanc ou du fleuve Bleu, cacher sa tristesse et pleurer sur sa défaite.

Seul, le docteur Delange conservait sa liberté d'esprit, parcourait Khartoum dans tous les sens et faisait son métier de voyageur. On l'avait abouché avec un faquis qui, moyennant une piastre par jour, le promenait dans Khartoum du matin jusqu'au soir, surtout du soir jusqu'au matin, et l'initiait à tous les mystères de cette ville.

Un soir, son guide lui proposa de le conduire chez une sorte de sorcière ou de matrone en grand renom dans le pays, et il s'empressa d'accepter. Ces Égyptiennes, protégées par les autorités auxquelles leurs services variés sont des plus précieux, jouissent de grands privilèges à Khartoum et sont en relations constantes avec toutes les classes de la société, depuis les pachas dont les harems ont souvent besoin de leur concours, jusqu'aux femmes arabes qui leur demandent des remèdes pour les maux du corps, et des philtres pour ceux de l'imagination.

A ces industries occultes elles en joignent d'autres, tout aussi peu avouables, mais qu'elles avouent cependant et que la police tolère. Elles sont, ou plutôt elles se disent, entrepreneuses de musique et de danses indigènes. Leur orchestre et leur corps de ballet se composent d'une douzaine de jeunes filles, des Soudaniennes pour la plupart. Ces femmes sont esclaves, et vivent en commun dans quelque repaire sous l'autorité immédiate de leur maîtresse qui les exploite à domicile, dans le harem, ou chez l'étranger.

M. Delange pénétra donc, un soir, dans un de ces bouges, et, pour quelques piastres, s'offrit le luxe d'une fête étrange qu'on ne pourrait certainement se procurer au prix de l'or dans aucune autre ville que Khartoum. On l'introduisit dans une grande pièce garnie de divans arabes très bas et larges comme des lits. Les murailles, peintes en blanc, étaient éclairées par des torches résineuses aux lueurs ardentes.

Une porte s'ouvrit, et parut la maîtresse du lieu, une femme d'une trentaine d'années, grande, maigre, au teint cuivré, aux traits durs. Son profil correct, d'un caractère particulier, le cercle d'or, en forme de diadème qui ornait les longues nattes de ses cheveux tressés retombant à plat sur ses tempes, la faisaient ressembler à quelque reine de l'ancienne Égypte. Elle tenait à la main un fouet qui lui servait de bâton de commandement.

Après avoir salué très servilement M. Delange, elle alla s'accroupir dans un coin, poussa un cri, et huit esclaves qui n'attendaient que ce signal vinrent la rejoindre. Elles étaient enveloppées dans leurs fezdah, large pièce de toile blanche, bordée de franges aux deux bouts.

Sur un nouveau signe elles se dépouillèrent de ce vêtement et ne conservèrent que le raat, espèce de ceinture de cuir destinée à ceindre les reins. Elles étaient noires comme de l'ébène et luisantes à force d'être noires ; cependant, aucune d'elles n'avait le type de la race nègre : le nez était droit, la bouche petite, le visage ovale. Leur jeunesse égalait leur beauté, et, sous le rapport des formes, le docteur avoua depuis que ces splendides créatures pouvaient rivaliser avec les bayadères et souvent les vaincre dans le détail.

Chaque femme dansait l'une après l'autre sans être accompagnée d'aucun instrument ; ses compagnes formaient un cercle autour d'elle et l'excitaient de leurs regards ardents et magnétiques, de leurs mains

Allons! s'écria M. de Morin, secourons ces malheureux (page 220).

qu'elles frappaient l'une contre l'autre, et de leurs cris sauvages.

Le corps de la danseuse est renversé en arrière, ses genoux se recourbent, sa poitrine est tendue, ses bras sont raides. Elle semble vouloir résister à quelque force inconnue qui la pousse vers un point de la salle. En effet, elle s'avance pas à pas, avec des frémissements nerveux, toujours guidée par le regard des autres femmes, entraînée par leurs cris qui dégénèrent en hurlements de fauve.

La femme au diadème n'a pas quitté sa place; elle est accroupie dans le même coin, mais ses cris se mêlent aux autres cris, son regard est fixé sur la danseuse et semble la magnétiser. Son bras droit est projeté en avant, et ses doigts maigres serrent fiévreusement le fouet aux longues lanières.

Alors la danseuse, lasse de lutter, semble céder aux influences qui l'entourent, obéir aux ordres qu'elle reçoit et vient rouler aux pieds du voyageur en l'honneur duquel la fête est donnée.

M. Delange aurait peut-être dû s'en tenir à cette première visite; mais homme de science avant tout, avide de tout voir et de tout comparer, il eut l'idée, après avoir étudié les danseuses esclaves qu'on exploite, de connaître celles qui s'exploitent elles-mêmes, c'est-à-dire les Almées. Il voulut passer, si l'on peut s'exprimer ainsi, de la danse noire à la danse cuivrée, et cette excursion dans un autre repaire de Khartoum devait lui être funeste.

XLV

Le guide de M. Delange, avant de lui présenter, comme il s'y était engagé, une troupe d'almées, voulut le conduire chez un marchand d'esclaves. Pour obéir aux ordres du khédive, les ventes publiques sont défendues par le gouverneur, depuis plusieurs années, mais certaines maisons, connues de la police et tolérées par elle, ont été, de tout temps, et seront dans tous les temps, consacrées à l'échange ou à la vente d'esclaves nouveaux ou anciens.

Dans une rue étroite et sombre, s'élevait une de ces maisons de triste apparence. Le guide s'arrêta devant la porte, frappa d'une certaine façon et on vint lui ouvrir.

M. Delange, qu'il avait fait passer devant lui, parcourut un corridor à peine éclairé et déboucha sur une cour entourée de murs élevés. Le maître de la maison s'avança bientôt à la rencontre de ses nouveaux clients. Il avait quelque chose de bestial dans la physionomie, avec ses petits yeux aux paupières rouges, son nez recourbé, ses lèvres pâles et fines, son teint jaune, sa barbe rare et roussâtre. Le guide le prit à part et lui dit quelques mots à l'oreille, pour lui expliquer sans doute qu'il ne s'agissait pas d'un acheteur sérieux, mais d'un voyageur curieux de s'instruire et qui saurait payer généreusement la courte hospitalité qu'il demandait.

Habitué à ces visites, dont il retirait un revenu, l'homme se mit en devoir de produire sa marchandise. Il conduisit d'abord le docteur vers un coin de la cour où s'élevaient des baraques en terre appuyées contre le mur. Il ouvrit une porte et aussitôt apparurent une vingtaine de négresses : celles-ci à moitié nues, celles-là drapées dans des couvertures d'un jaune sale. Plusieurs d'entre elles allaitaient des enfants ; d'autres, étendues çà et là, dormaient, comme les nègres savent dormir, d'un sommeil profond que rien ne peut troubler. Enfin ces dernières, dans leur insouciance, riaient en regardant M. Delange et lui montraient leurs dents éclatantes de blancheur.

— J'ai mieux que cela, dit le marchand.

Par coquetterie, il avait d'abord présenté ce qu'on appelle dans le commerce parisien ses vieux rossignols. Il allait maintenant étaler ses articles de choix.

Il entraîna le docteur sous un autre hangar où se trouvaient déjà réunis plusieurs acheteurs. On promenait en ce moment devant eux une esclave, comme un maquignon fait trotter dans sa cour, devant ses clients, le cheval dont il veut se défaire. C'était une grande et belle fille, d'une solidité de formes vraiment merveilleuse, une Abyssine catholique, dit-on au docteur.

Les acheteurs, lorsqu'on la faisait s'arrêter, s'approchaient d'elle, lui écartaient les lèvres pour examiner ses dents, déroulaient ses cheveux pour se rendre compte de leur souplesse, lui donnaient avec la main des tapes sur le dos et sur la poitrine afin de s'assurer qu'elle n'avait aucun vice rédhibitoire. Insensible, en apparence du moins, à tous ces attouchements, la malheureuse gardait le silence et ne se permettait aucun geste. Après bien des pourparlers, de longs examens encore plus minutieux, des enchères et des surenchères, elle échut enfin à un Arabe d'une cinquantaine d'années, aussi disgracieux qu'elle était belle. Il lui jeta sur la tête un voile, sur les épaules une couverture qu'il avait apportée, et après avoir payé le marchand, il donna l'ordre à sa nouvelle esclave de le suivre. Elle obéit, toujours aussi silencieuse, aussi impassible.

— J'ai encore mieux que cela, répéta le marchand, en essayant d'esquisser un sourire qui fut une laide grimace.

M. Delange dut traverser la cour et monter quelques marches d'un escalier vermoulu. Un nègre, un eunuque sans doute, s'empressa d'ouvrir une porte devant son maître, et le docteur pénétra dans une grande salle très élevée de plafond, sans croisées, mais éclairée par le haut.

Une dizaine de femmes drapées dans de grands morceaux de mousseline bleue, blanche ou rose qui s'attachaient autour des reins, étaient étendues sur un vieux divan circulaire, le seul meuble de cette pièce. Dès qu'elles aperçurent leur maître, elles se levèrent toutes à la fois, automatiquement, et allèrent se ranger contre la muraille, à des places qui leur étaient assignées à l'avance.

Alors le marchand, suivi de son visiteur, les passa en revue, s'arrêtant devant chacune d'elles et faisant remarquer ses diverses perfections. Il y en avait pour tous les goûts : des maigres et des grasses, des petites et des grandes, des noires, des cuivrées, des jaunes, des bronzées et des blanches. On voyait des nez droits, des nez un peu épatés, de grosses lèvres et des bouches adorables de finesse, des yeux ronds, d'autres allongés, ou des paupières obliques comme on en rencontre à Java. Mais tout cet ensemble était fort séduisant, et la plus âgée de ces filles n'avait pas vingt ans. Passé cet âge, du reste, une femme en Orient devient une vieille femme; personne ne consent à l'acheter comme esclave, à moins qu'elle ne soit une musicienne renommée, une bonne couturière, ou une cuisinière émérite. C'est de onze à quinze ans que les esclaves sont le plus estimées; on les appelle alors des *sedassi*, avant onze ans des *commassi*, de quinze à vingt des *balègues*. Après vingt ans, nous l'avons dit, elles ne marquent plus.

Tout l'étalage y avait passé. M. Delange glissa deux piastres dans la main du marchand et se retira écœuré du spectacle auquel il venait d'assister.

Une compagnie d'almées chez qui son guide, fidèle à son programme, le conduisit, devait modifier ses impressions. Il faut, de nos jours, pénétrer jusqu'à Khartoum pour voir de véritables almées; elles ont été, depuis longtemps, exilées dans la Haute-Égypte. Celles dont les voyageurs croient avoir fait la connaissance au Caire, sont de simples courtisanes qui s'intitulent almées, comme aux Indes on se dit bayadère. La véritable almée ou *a'oûalem*, remonte au temps des Pharaons et forme une classe à part. Elle a reçu une éducation relative, et elle est souvent bonne musicienne. Elle ne se marie jamais, tant qu'elle exerce du moins, et se fait remarquer par l'indépendance de ses allures.

Dans sa vie privée, en dehors de la danse, on peut la comparer à nos femmes du demi-monde et surtout du quart de monde. Plusieurs d'entre elles, que leurs talents hors ligne ou leur beauté exceptionnelle mettent en évidence, s'enrichissent très promptement.

La maison où le faquis conduisit M. Delange était située à une courte distance du magasin d'esclaves, dans une rue aussi sombre et aussi étroite que la première, mais plus éloignée du centre de la ville et débouchant sur un des quais du fleuve Bleu.

Après quelques pourparlers, car l'accès d'un intérieur oriental, quel qu'il soit, est toujours difficile, on fit pénétrer M. Delange dans une vaste pièce où une troupe d'almées se livrait à ses ébats habituels devant une vingtaine de spectateurs, des Arabes pour la plupart, sur de larges *angarebs*, buvant du café et fumant des chibouks.

Sur des plateaux en cuivre, couverts d'arabesques, et dans de larges cassolettes, brûlaient des parfums d'Orient, dont la fumée montait en spirales, et mêlée à celle des chibouks, formait un nuage assez compacte. Malgré les vapeurs qui l'entouraient, M. Delange, en s'asseyant, crut reconnaître parmi les spectateurs des visages de connaissance. Il fit un appel à sa mémoire, évoqua ses souvenirs et fut bientôt fixé : la personne qui attirait surtout son attention n'était autre que le chef de la caravane qu'il avait attaquée avec ses amis dans le désert de Bahiouda. Trois de ses hommes l'accompagnaient.

Ces gens, dépouillés de leurs esclaves, et sans motif, dès lors, pour continuer leur route vers la Nubie septentrionale, avaient cru devoir se diriger sur Khartoum, dont quelques milles seulement les séparaient. Malheureusement, si le docteur les avait reconnus au milieu de leurs nombreux coreligionnaires et amis, ils avaient, de leur côté, bien plus facilement dévisagé cet Européen, qui tout à coup apparaissait seul devant eux. Peut-être avaient-ils déjà rencontré dans les rues de Khartoum celui qui avait contribué à les ruiner, à leur enlever cette magnifique caravane sur laquelle ils fondaient de si grandes espérances : mais il eût été imprudent de l'attaquer. Maintenant il était à leur merci ; la fatalité, à laquelle tous les Orientaux attribuent une si grande puissance, le leur livrait. Ils adressaient des actions de grâce au Prophète et, à voix basse, tout en fumant leur chibouk, ils complotaient une vengeance terrible.

Les almées continuaient à danser ; elles s'accompagnaient du *tar*, espèce de tambour de basque et de castagnettes en cuivre appelées en arabe *saganet* ou *sadjar*. Leur chant langoureux et monotone endort la pensée et procure une langueur, un charme indéfinissables. La danse est variée : les pieds y jouent un rôle et ne semblent pas fixés au parquet comme ceux des bayadères ou des esclaves noires. Elle est plus active, plus mouvementée, sans ressembler cependant à nos ballets européens. Certains mouvements, certaines poses rappelleraient plutôt la danse espagnole, si l'almée avait un vis-à-vis du sexe masculin, mais ces femmes dansent toujours entre elles.

Lorsque M. Delange pénétra dans leur sanctuaire, elles finissaient la danse du sabre qui tantôt s'agite au-dessus de la tête et lance des éclairs, tantôt s'abaisse et semble menacer un ennemi vaincu. Après un court repos, elles passèrent à la danse de l'abeille, très renommée chez les Turcs. Pour comprendre ce jeu assez difficile à décrire, il faut supposer qu'une abeille trop curieuse s'est réfugiée sur une almée et se montre indiscrète à son égard. L'insecte se pose d'abord dans les cheveux entrelacés de petites pièces d'or et sur le *tarbouck* en velours rouge ; mais, chassé de cet asile, il descend tour à tour sur le cou, les bras et les épaules. La danseuse, pour chasser cet hôte incommode, se dépouille alors du voile qui la couvrait, de ses colliers, de ses bracelets et de ses anneaux.

L'abeille, ainsi pourchassée, n'en devient que plus audacieuse et plus acharnée, et pénètre sous la veste en satin richement brodée. Décidée à se débarrasser de son ennemi, l'almée sacrifie encore ce vêtement qui va rejoindre sur le parquet le voile et les colliers.

De poursuite en poursuite, de sacrifice en sacrifice, elle se trouve bientôt très-court vêtue, si court vêtue même que M. Delange crut devoir se retirer. Il pensait que ces fêtes, lorsqu'elles sont intimes, peuvent avoir une certaine saveur, mais qu'en public, arrivées à un certain degré, elles n'ont plus aucun attrait.

Il sortit donc avant la fin, et sans s'apercevoir que les gens de la caravane se levaient en même temps que lui et se glissaient le long des murs. Devant la porte de la maison il appela son guide, le chercha quelques instants et ne pouvant le trouver, il prit le parti de retourner seul chez lui. Mais, à peine eut-il fait quelques pas dans la rue, que cinq ou six individus, s'élançant à la fois de diverses encoignures, jaillissant de la muraille, se précipitèrent sur lui sans qu'il eût le temps de se défendre, étouffèrent ses cris avec un bâillon, le garrottèrent et l'entraînèrent dans la direction du Nil.

XLVI

Avant de se rendre chez le marchand d'esclaves et dans la maison des almées, le docteur avait proposé à M. de Morin de l'accompagner. Mais, tout en le remerciant, le jeune peintre déclina ses offres. Il n'était pas d'humeur, depuis longtemps, nous l'avons dit, à prendre sa part des plaisirs que pouvait offrir Khartoum ; aucune des curiosités de la ville ne l'intriguait et il ne tenait nullement à pénétrer les mystères dont M. Delange, pour le distraire, pour le faire sortir de sa torpeur, essayait souvent de l'entretenir. Dans la soirée où son ami lui fit ses dernières ouvertures, il se trouvait plus mal disposé que jamais à les écouter. Depuis plusieurs jours, il avait employé le grand moyen des amoureux : fuir la personne aimée, s'abstenir de toute visite, ne donner aucun signe d'existence, attendre qu'on lui écrivît ou qu'on le fît appeler. Mais Mme de Guéran ne paraissait pas s'être aperçue de sa disparition : elle agissait absolument comme si elle n'existait pas pour elle. Comment pouvait-il lui être indifférent à ce point ? Elle ne s'était pas engagée à l'aimer, il le reconnaissait ; elle avait le droit de lui préférer un rival. Devait-elle cependant dédaigner à ce point celui qui avait tout sacrifié pour la suivre, partager ses fatigues et ses dangers ? Le compagnon de voyage, au moins, ne méritait-il pas d'inspirer quelque intérêt ?

Quoi ! au mépris de tous les engagements qu'elle avait elle-même contractés, elle affichait déjà son amour pour M. de Périères ! Elle n'attendait même pas que le voyage fût plus avancé : dès la première étape importante, dans la première ville où elle établissait sa résidence, elle se dévoilait, elle apprenait le choix qu'elle avait fait, elle ouvrait son cœur à celui-ci et en bannissait à tout jamais celui-là ! N'aurait-elle pas dû, au moins, avoir la franchise de le faire appeler, de lui dire ses préférences et de lui rendre sa liberté ?

Croyait-elle donc qu'il allait ainsi l'accompagner au fin fond de l'Afrique, au bout du monde, veiller sur elle et sur l'homme qu'elle aimait, les préserver de tous les périls, sauver leurs chères existences, et revenir avec eux à Paris, pour assister à leur union, après avoir été le témoin de leur longues amours ! Non ! mille fois non ! Il allait la quitter, la fuir, retourner en France, à Paris, oublier, se plonger dans les plaisirs, étouffer sa passion, s'endurcir le cœur pour ne plus jamais souffrir auprès d'une autre comme il souffrait par elle.

Mais, avant de s'éloigner, il voulait lui dire tout ce qu'il pensait; lui reprocher d'avoir manqué de franchise à son égard, de lui avoir fait jouer un rôle ridicule, de s'être affranchie des devoirs contractés envers l'ami, de le traiter comme un indifférent, un importun, de le sacrifier entièrement à celui qui avait obtenu son amour, sans une parole affectueuse, sans un mot de regret. Que de reproches il allait lui faire, que de dures paroles il brûlait de lui jeter en plein visage, les yeux dans les yeux! Et ce n'était pas à elle seule qu'il voulait parler. Elle n'était pas la seule coupable envers lui, envers l'amitié; Périères l'avait aussi trompé, trahi!

Il ne lui reprochait pas d'être aimé. Mais pourquoi n'était-il pas venu franchement lui dire : J'ai vaincu plus tôt que je ne croyais. Vous n'êtes plus en cause. Bannissez de votre cœur tout espoir. Chassez cet amour que vous pouvez encore combattre; plus tard, il vous tuerait. » Non, comme Mme de Guéran, M. Périères préférait garder près de lui le compagnon de voyage, l'ami toujours prêt à se dévouer. C'était infâme d'agir ainsi dans la situation exceptionnelle où ils se trouvaient tous les deux! Si ces réticences, ces discrétions, ces hypocrisies, ces lâchetés sont permises dans le monde, dans les salons et les boudoirs parisiens, elles ne sauraient exister entre amis qui viennent d'affronter la mort ensemble et s'apprêtent encore à la braver, entre exilés sur un continent inhospitalier, sous un climat meurtrier!

Il chercha son ancien rival pour lui jeter tous ces reproches à la face, et se montrer d'autant plus violent qu'au fond il se sentait absolument injuste et ridicule. Par respect pour Mme de Guéran, M. Périères ne devait-il pas, en effet, cacher ses succès? Mais qu'importait à M. de Morin le respect, les convenances, la vérité! Il était jaloux, il ne voyait plus clair, il avait la tête perdue.

Comme il sortait, il aperçut l'interprète Ali qui descendait de cheval, et lui demanda s'il savait de quel côté M. Périères s'était dirigé depuis le coucher du soleil.

— Je viens de le rencontrer sur le quai, répondit l'interprète; il allait prendre la route qui conduit à la maison de Mme de Guéran.

« Parbleu! se dit M. de Morin, je suis naïf d'adresser de semblables questions. »

Et, tout agité, tout frissonnant

Il s'élança avec lui dans le fleuve (page 231).

— Combien s'est-il écoulé de temps, demanda-t-il, depuis que tu ne l'as vu ?
— Dix minutes environ.
— Il était à cheval sans doute ?
— Non, il était à pied.

— J'ai besoin de lui parler ; je vais essayer de le rejoindre, prête-moi ton cheval.

L'interprète obéit et M. de Morin partit au galop dans la direction du Fleuve-Bleu.

Il rencontra M. Périères au moment où celui-ci atteignait la maison de Mme Guéran et s'apprêtait à y entrer.

Il descendit de cheval et rejoignit son compagnon de voyage qui l'avait aperçu, s'était arrêté et souriait ironiquement.

— Vous allez faire visite à la baronne? dit le jeune peintre dont la voix tremblait.

— Vous le voyez bien, répondit l'homme de lettres, plus calme, mais tout aussi pâle que son interlocuteur, et vous avez sans doute, ajouta-t-il, les mêmes intentions que moi ?

— Absolument les mêmes, répliqua M. de Morin.

Ils se regardèrent ; un mot encore et ces deux hommes qui s'estimaient, s'étaient aimés et s'aimaient encore, emportés par la passion, oublieux du passé, enfiévrés, affolés, allaient se faire l'un à l'autre, une de ces mortelles injures qu'il n'est possible ni de pardonner, ni d'oublier.

Heureusement que M. Périères eut assez de sang-froid pour dire à M. de Morin :

— Nous devons désirer l'un et l'autre une explication. Voulez-vous qu'elle ait lieu dans cette maison, devant la personne qui l'habite ?

— Soit, dit M. de Morin, je vous suis.

En pénétrant dans le jardin, ils aperçurent une des Nubiennes attachées au service de Mme de Guéran. M. Périères allait charger cette femme de prévenir la baronne qu'on demandait à lui parler, lorsque M. de Morin l'arrêta.

— Non, dit-il, j'aperçois Mme de Guéran là-bas près de ce massif, je préfère la rejoindre avant qu'elle ait refusé de me recevoir.

— Ce n'est pas dans ses habitudes, cependant, lorsqu'il s'agit de vous, fit avec amertume M. Périères. Ne nous faisons pas annoncer, soit !

Ils éprouvaient tous les deux absolument les mêmes sentiments, ils passaient par les mêmes craintes, ils partageaient la même jalousie ; mais ils continuaient à ne pas se douter de cette réciprocité, et chacun d'eux reprochait en secret à l'autre sa duplicité, ses ruses et surtout sa victoire.

Mme de Guéran, dès qu'elle aperçut ses visiteurs et qu'elle les eut reconnus, se leva vivement et marcha vers eux. Elle paraissait très émue, très agitée.

— Ah! vous avez bien fait de venir, leur dit-elle vivement, et de venir ensemble. Je comptais n'avoir que demain un entretien avec vous, mais je veux en finir avec mes irrésolutions; le hasard nous réunit, je vais m'expliquer dès ce soir.

— En parlant de hasard, fit observer M. de Morin, c'est sans doute à moi que vous vous adressez, madame?

— Non, dit-elle simplement, je m'adresse à vous deux. Pourquoi m'adresserais-je à vous de préférence à M. Périères? Mais, qu'avez-vous donc? Je ne vous reconnais plus, messieurs.

Le ciel était magnifiquement étoilé, d'une transparence merveilleuse, et Laure de Guéran, qui venait de lever les yeux sur ses deux compagnons de voyage, avait pu s'apercevoir de leur pâleur et de la contraction de leurs traits.

En même temps, elle crut deviner les motifs de cette transformation, et, franche, résolue comme elle l'était toujours, elle dit affectueusement, doucement, d'une voix triste, attendrie :

— Vous m'en voulez, n'est-ce pas, d'être restée si longtemps sans vous voir, de vous avoir fermé ma porte, de vous avoir traités en étrangers, vous pour qui j'ai une si profonde affection? Ah! si vous saviez par où j'ai passé... Mais vous étiez les derniers à qui j'aurais osé confier mes incertitudes, mes craintes, mes espérances... Je ne pouvais vous faire part que du résultat de mes démarches, de mes recherches... Ce résultat, je le connais depuis quelques heures seulement... Je m'apprêtais à vous le communiquer... à vous appeler... lorsque vous êtes venus... Maintenant, je n'ai plus le droit de me taire... il faut vous dire mon secret.

Elle s'arrêta, et ils n'osèrent répondre, tant sa voix vibrante et sympathique les avait troublés, leur causait une émotion étrange. Déjà, ils souffraient moins; ils se reprochaient leur jalousie. Celle qui parlait de cette façon et les regardait ainsi, ne pouvait être coupable d'aucune trahison, ni en amour, ni en amitié. Ils l'avaient faussement accusée; la passion avait dû les égarer, les aveugler, les rendre injustes et cruels. Mais, quel secret allait-elle leur confier? Ils avaient hâte de l'apprendre; ils étaient anxieux et tout tremblants.

Elle reprit, et son trouble, cette fois, était égal au leur. Elle paraissait souffrir d'être obligée de parler comme elle allait le faire ; elle se reprochait la douleur qu'elle s'apprêtait à leur causer. Sa voix était moins ferme, sa contenance moins assurée, son regard plus voilé.

— Je vous fais, messieurs, disait-elle, toutes mes excuses, je vous exprime mes regrets les plus vifs de vous avoir entraînés loin de votre pays, de vous avoir lancés dans une vie d'aventures, sans issue pour vous... et sans espérances. J'avais cru sincèrement, je vous le jure, entreprendre un voyage, un pèlerinage peut-être, mais un pèlerinage vers une tombe sur laquelle j'avais le droit de m'agenouiller, sans vous blesser. Aujourd'hui la situation est changée, et vous ne pouvez plus me suivre... Je dois continuer seule ma route, marcher sans votre appui vers le but que je veux, que je dois atteindre... Je vous remercie, avec tout mon cœur, du dévouement que vous m'avez montré, de l'affection que m'avez toujours témoignée... Mais il faut me quitter, mes chers compagnons, mes chers amis, il faut m'oublier : ma destinée ne m'appartient plus.

Et comme, pâles, tremblants, sans force pour parler, ils l'interrogeaient du regard, elle leur dit timidement, toute frissonnante, sans s'arrêter, sans reprendre haleine :

— Je ne suis pas veuve... Mon mari, victime de son dévouement à la science et de son grand courage, vit encore, prisonnier dans un pays où personne n'avait encore osé pénétrer avant lui... Je dois le délivrer, je dois le sauver. Je l'ai résolu et je vous dis adieu.

XLVII

La révélation que Mme de Guéran venait de faire à MM. Périères et de Morin était certainement de nature à les désespérer. S'ils avaient pu douter de l'empire qu'elle exerçait sur eux, les émotions, les souffrances éprouvées depuis quelques jours ne leur laissaient plus aucun doute à ce sujet. Ils étaient aussi sérieusement épris que possible, entièrement subjugués et vaincus. Et c'était au moment où ils s'avouaient leur entière défaite et la violence de leur passion qu'on leur disait : Renoncez à vos espérances, renoncez à ma main, renoncez à moi, je ne m'appartiens plus !

Cependant, le coup fut moins rude qu'on aurait pu le supposer :

leurs émotions précédentes devaient justement l'amortir, en affaiblir l'effet. N'étaient-ils pas entrés chez Mme de Guéran pour lui adresser des reproches, pour se plaindre de sa trahison, pour lui faire leurs adieux? Ils la croyaient déjà perdue de la façon la plus cruelle : M. de Morin s'imaginant être sacrifié à M. Périères, et celui-ci prenant, au contraire, son rival pour le préféré, l'élu et le vainqueur. La jalousie est la fille légitime de l'amour-propre froissé, ces deux sentiments dépendent l'un de l'autre, ils sont inhérents l'un à l'autre, celui-ci découle de celui-là. Supprimez l'amour-propre, la jalousie disparaîtra; supprimez la jalousie, les amours les plus malheureuses seront du moins calmes et reposées. Dites à un amant : « Votre maîtresse vous délaisse parce qu'elle en aime un autre, » vous le verrez s'emporter, se désespérer, rêver vengeance ou suicide suivant son tempérament. Dites au contraire à cet homme passionnément épris : « Cette femme vous repousse parce qu'elle ne veut ni ne peut appartenir à personne; elle vous aime, mais elle ne vous le dira jamais, elle ne vous permettra jamais de le lui dire, » aussitôt la colère tombe; on aime encore, on aime toujours peut-être, mais sans éclat, sans violence.

MM. Périères et de Morin avaient éprouvé le premier de ces sentiments; ils étaient passés au second et s'y arrêtaient. Si Mme de Guéran les avait exilés et leur avait montré de la froideur, elle ne les avait du moins ni trompés, ni trahis. Chacun d'eux pouvait se croire encore préféré à l'autre. On ne les sacrifiait pas à quelqu'un, on les sacrifiait à une idée, à une espérance vague, à un mari absent et presque légendaire.

Les deux jeunes gens ne se jetaient donc plus des regards terribles, comme ils l'avaient fait quelques instants auparavant; loin de là, ils semblaient chercher une occasion de se rapprocher l'un de l'autre, d'échanger un bon sourire, une de ces franches poignées de main dont ils s'étaient sevrés depuis longtemps. On aurait dit deux amis heureux de se retrouver après une longue absence.

Leurs regards s'attendrissaient même lorsqu'ils les portaient sur la baronne. Comment avaient-ils pu soupçonner cette femme charmante? Comment s'étaient-ils permis de douter de ce caractère si franc, si résolu, si droit? Est-ce qu'elle pouvait les tromper, est-ce qu'elle pouvait mentir, est-ce qu'elle était femme à s'abaisser ou à déchoir?

Ils se regardaient tous les trois à la dérobée; elle, toute frémissante de la révélation qu'elle venait de faire et tout endolorie du coup qu'elle avait porté, eux, tout honteux de leurs soupçons, de leurs jalousies, de leurs colères. Enfin, M. de Morin crut devoir rompre le silence.

— Vous nous avez dit, madame, fit-il d'une voix encore un peu tremblante, qu'il fallait vous quitter, retourner en France et vous laisser seule poursuivre votre route, courir des dangers terribles, braver la mort. Soit! Nous discuterons cette question tout à l'heure; laissons-la de côté pour l'instant. Permettez d'abord à notre amitié de vous demander quelques détails sur le fait que vous venez de nous apprendre. M. de Guéran existe, avez-vous dit; comment le savez-vous? Jusqu'à quel point pouvez-vous ajouter foi aux bruits qui se sont répandus sur cette résurrection dont personne ne nous a encore entretenus?

— J'ai, répondit Mme de Guéran, les preuves irrécusables, non pas que M. de Guéran existe, mais qu'il ne peut être mort ni à la date donnée à son décès, ni aux lieux désignés, ni de la façon dont les rapports qui me sont parvenus le font mourir. Suivant ces rapports, sa mort daterait d'octobre 1871! eh bien! il m'écrivait en janvier 1872! On l'enterrait dans le pays des Bongos, où j'allais me rendre pour accomplir le pèlerinage dont je vous ai parlé; eh bien! Il a traversé, sans accident, tout ce pays, et on l'a vu, longtemps après l'époque présumée de sa mort, sur le territoire des Mombouttous!

— Qui l'a vu? demanda M. Périères.

— Un homme digne de foi, sur lequel j'ai eu les meilleurs renseignements, un noir de la tribu des Dinkas, un ancien soldat égyptien que Schweinfurth avait pris à son service, comme guide et comme interprète.

— Comment se fait-il que Schweinfurth, qui se trouvait en 1871 dans les pays dont nous parlons et que vous êtes allée voir en Allemagne, nous avez-vous dit, n'ait pu vous donner de renseignements sur M. de Guéran?

— Rien de plus simple : Schweinfurth traversait, il est vrai, ces pays en 1871, mais il était en route pour revenir à Khartoum, qu'il atteignit le 21 juin. Depuis le commencement de l'année précédente, renonçant à obtenir de Mounza, roi des Mombouttous, la permission de continuer sa route dans le sud, il avait quitté son territoire et remontait vers le nord en compagnie de son ami Abd-ès-Samate, le marchand d'ivoire.

— Soit! reprit M. Périères, mais comment le serviteur dont vous nous avez parlé est-il plus instruit que son maître? Pourquoi dit-il avoir vu chez les Montbouttous un Européen que Schweinfurth ne pouvait rencontrer puisqu'il se trouvait déjà au milieu d'autres peuplades?.

— La réponse est encore bien facile : l'homme en question et qui s'appelle Nassar n'est pas reparti en même temps que la caravane; Abd-ès-Samate lui avait confié la direction d'un des postes que, dans l'intérêt de son commerce, il laisse dans les nouveaux pays avec lesquels il établit des relations commerciales. C'est dans ce poste, où il est resté dix-huit mois en compagnie de soldats nubiens, et qui est situé entre le troisième et le quatrième degré nord de l'équateur, entre le vingt-sixième et le vingt-septième degré de longitude est du méridien de Paris, qu'en janvier 1872, une caravane conduite par un homme blanc est venue lui demander une hospitalité de quelques heures. Cet homme, cet Européen était mon mari ! Je n'en puis douter au portrait que m'a tracé Nessar et aux lignes que M. de Guéran s'est empressé d'écrire sur son agenda et de confier à son hôte.

— Pourquoi, demanda M. de Morin, celui-ci ne vous les a-t-il pas fait parvenir?

— Pour beaucoup de raisons, au milieu desquelles il faut tenir compte de l'apathie, de l'indifférence des Orientaux en général et des nègres en particulier. Nous sommes restés autrefois en Angleterre, pendant deux ans, sans nouvelles de Livingstone et nous avons cru à sa mort parce qu'un homme, honoré cependant de sa confiance, avait négligé d'envoyer ses dépêches en Europe. Mais la meilleure raison de toutes est celle-ci : l'adresse, écrite au crayon sur un morceau de papier, maintes fois exposé au soleil et aux pluies torrentielles du pays, est à moitié effacée.

— Il fallait au retour porter ce mot à quelque consul de Khartoum, fit observer M. Périères; il l'eût déchiffré, eût deviné peut-être que M. de Guéran l'avait écrit et, depuis longtemps, vous auriez été rassurée.

— Évidemment, mais les consuls auraient-ils remis à Nassar la récompense que celui-ci espérait? Vous négligez cette fois encore, mon ami, de songer à la rapacité des nègres de certaines tribus; vous oubliez qu'ils font argent de tout, qu'ils vendent le droit de traverser leur territoire, de s'y reposer, qu'ils vous laisseraient misérablement périr, si vous ne pouviez payer avec un morceau de cuivre, un bracelet ou des cauris, la nourriture ou la boisson qui vous manque. Nassar a préféré attendre qu'on lui achetât sa lettre, et son calcul était excellent, car je la lui ai payée un prix élevé.

— Alors, madame, vous n'avez pas de doutes? demanda M. de Morin. C'est bien l'écriture de votre mari, vous l'avez reconnue?

— Parfaitement, et j'ai reconnu surtout ses idées avec lesquelles j'ai vécu deux années. Il me demande de nouveau pardon, en quelques lignes émues, de s'être si brusquement éloigné de moi, d'avoir osé entreprendre ce voyage. Il était parti, disait-il, avec l'intention de revoir une dernière fois les lieux qu'il avait autrefois parcourus et de leur dire un éternel adieu. Dans sa pensée, son absence devait être de courte durée; mais la fièvre des découvertes, l'espèce de vertige qui entraîne vers l'inconnu l'avaient affolé, emporté comme un tourbillon, jeté loin de sa route. Il a été souvent question devant moi de ce mal étrange auquel nous devons une partie des grandes découvertes faites depuis un demi-siècle. Lorsqu'on a goûté de l'Afrique on veut y revenir. Livingstone y a passé une vingtaine d'années de sa vie, Mlle Tinne y revient trois fois, Speke allait y retourner lorsqu'il meurt à la suite d'un accident de chasse, Baker se fait nommer général égyptien, se fait mettre officiellement à la tête d'une expédition afin de se donner, vis-à-vis de lui-même, un prétexte pour revoir ses sources du Nil qu'il cherche toujours et ses grands lacs bien-aimés. Moi-même je n'affirmerais pas qu'une force irrésistible, indépendante peut-être du but que je veux atteindre, ne me pousse en avant. Mais revenons à mon sujet, c'est-à-dire à la lettre de mon mari.

Il a remonté, me dit-il, le Nil jusqu'à la rivière des Gazelles, qu'il croyait entièrement fermée par les herbes flottantes; il a pu, au contraire, y naviguer assez facilement et atteindre le pays des Recks. Là, me confesse M. de Guéran, il lui était facile de revenir sur ses pas; mais on lui faisait de merveilleux récits des contrées ouvertes devant lui. Il n'a pu résister à ses désirs, à sa passion maladive, à sa folie, comme vous le voudrez, et il est parti. Chez les Dinkas, chez les Djours, chez les Niams-Niams, il assure m'avoir écrit. Je n'ai jamais reçu les lettres dont il parle, rien n'est moins surprenant : vous savez que le hasard seul m'a mise en possession de la dernière.

Il termine en me disant qu'il s'est trop avancé pour reculer, et qu'il n'a ni le courage, ni le droit de retourner sur ses pas, au moment d'atteindre le but, de résoudre des problèmes cherchés depuis si longtemps. Personne avant lui n'a pu, en effet, dépasser le territoire des Mombouttous; on en est réduit aux conjectures lorsqu'il s'agit des autres contrées du sud-est et du sud-ouest sur une étendue de plusieurs degrés.

Joseph arrachait de ses mollets une opiniâtre sangsue (page 242).

S'il parvient, dit-il, à franchir certaines limites réputées infranchissables jusqu'ici, il ne désespère pas de rencontrer les montagnes Bleues dont parle Baker, de traverser le lac Albert pour rejoindre le lac Victoria, la ville de Kazeh et Zanzibar. S'il est entraîné encore plus avant dans le sud, il gagnera soit le lac Tanganyika, exploré par Livingstone, soit à l'ouest, les rives du Zaïre et de l'océan Atlantique. Enfin, il me fait ses adieux, et me supplie une dernière fois de lui pardonner.

Mme de Guéran, dont la voix, ferme jusque-là, s'était attendrie, cessa de parler. M. de Périères s'avança vers elle, et lui dit :

— Et vous allez vous engager dans ces pays inconnus, comme l'a fait votre mari ?

— Oui ! répondit-elle avec résolution.

— Seule ? demanda-t-il.

— Avec miss Poles, le guide qui m'a remis la lettre de M. de Guéran, nos interprètes arabes et la caravane qu'ils vont former.

— Et nous ?

— Vous ne pouvez pas me suivre.

— Pourquoi ? demanda tout à coup M. de Morin en s'élançant vers elle et en lui prenant la main.

XLVIII

Mme de Guéran allait lui répondre ; mais il ne lui en laissa pas le temps.

— Oui, reprit-il aussitôt, pourquoi ne pourrions-nous pas vous suivre ? Pourquoi Périères et moi, car je lis dans les yeux de notre ami qu'il partage mes sentiments, pourquoi ne tenterions-nous pas une entreprise qui ne vous paraît pas au-dessus de vos forces ? Après nous avoir conduits jusqu'ici, avez-vous bien le droit de nous renvoyer et de nous dire : « Je puis me passer de vos services, retournez d'où vous venez. J'ai fait avec vous un voyage d'agrément. J'ai atteint un point où mille autres sont arrivés avant nous ; il s'agit maintenant de voir des contrées que trois ou quatre Européens à peine ont visitées, de m'avancer encore plus avant au milieu de peuplades inconnues, dans des pays que tous les géographes indiquent par ces mots : régions inexplorées. Le voyage d'agrément devient terrible ; chaque pas dans ma nouvelle route est un pas vers la mort. Mais je ne vous trouve pas dignes de me suivre : retournez en Europe, retournez à vos plaisirs ; je veux mourir seule. » Et nous, qui avons pour vous, madame, un véritable culte, nous, pour qui vous êtes tout au monde, nous vous obéirions ! C'est impossible ! Je vous dis que c'est impossible !

— De Morin a raison, ajouta tout simplement M. Périères d'une voix calme. Mais, sous cette froideur, on sentait une volonté inébranlable, un enthousiasme des plus vifs.

Avec son exaltation habituelle, M. de Morin continuait :

— Vous faites-vous bien, madame, une idée de notre situation, le jour où vous nous quitteriez, le jour où nous vous laisserions partir seule? Pour ma part, je n'oserais plus regarder Périères, et j'en suis certain, il ne pourrait plus lever les yeux sur moi. Nous irions chacun de notre côté, le regard baissé, l'oreille basse et le rouge au front. Arrivés à Paris, on nous dirait : « Déjà de retour ! et ce grand voyage ? — Nous l'avons abrégé parce qu'il devenait dangereux. — Ah ! alors pourquoi êtes-vous partis ? Vous saviez cependant à quoi vous en tenir ? Vous êtes revenus sans doute avec votre compagne de voyage ? — Oh ! non, elle a continué sa route ; le courage que nous n'avons pas, elle le possède ; les forces qui nous manquent, elle les a ; elle ne craint pas la mort, nous la redoutons. Chacun pour soi en ce bas monde. — Mais elle ne serait peut-être pas partie sans vous, elle a compté sur votre concours, votre appui et, tout à coup, vous vous dérobez, c'est drôle ! » Voilà, madame, croyez-le bien, ce qu'on dirait au cercle et dans tout Paris, et ce que nous ne voulons pas qu'on dise.

Mais faisons, si vous le voulez, bon marché de notre amour-propre, laissons-nous ridiculiser et bafouer, soit ! Ne nous occupons que de votre opinion à vous, la seule qui, en réalité, nous inquiète. Nous parlions de notre dévouement, de nos respects, de notre affection, et le jour où vous mettez ces sentiments à une sérieuse épreuve, vous ne trouvez plus rien ; tout s'est envolé : respects, affection, dévouement ont pris la fuite. Vous cessez d'être veuve, et, du soir au matin, nous cessons de vous aimer ; la femme n'existant plus, l'amie disparaît avec elle et nous n'avons même pas l'idée de nous dévouer à l'amie. On nous avait fait entrevoir une récompense, elle nous échappe ; tout est fini, adieu. Celle que nous servions ne peut plus nous payer, qu'elle vive comme elle pourra, qu'elle aille mourir où elle voudra, ce n'est pas notre affaire.

Eh bien ! non, madame, nous avons des devoirs à remplir envers nous-mêmes, envers vous, et, je ne crains pas de le dire, envers un de nos compatriotes. Il ne s'agit pas de nous rappeler son nom, nous n'avons pas le droit de nous dire qu'il est votre mari. Dans certaines situations tout sentiment de rivalité, de jalousie et d'envie disparaît. Un Européen comme nous, un Français souffre peut-être et se meurt là-bas, dans ces régions que nous apercevons, que nous devinons. L'espace qui nous séparait de lui est diminué, nous avons fait un tiers, la moitié peut-être de la route, nous devons continuer. Nous consentions à vous accompagner lorsqu'il s'agissait d'un pèlerinage, lorsqu'il était question de rendre hommage à un mort; nous voulons aujourd'hui et nous devons porter secours à un vivant. Voilà ce que j'avais à vous dire, madame, en mon nom, et au nom de Périères. Excusez-moi d'avoir parlé si longuement; je ne sais pas taire mes impressions; mille pensées se pressaient dans mon esprit, je n'ai pu m'empêcher de les exprimer.

— Et je vous en remercie, mon ami, dit M. Périères en lui tendant la main.

Quant à Mme de Guéran, elle ne trouvait rien à leur répondre, mais son regard attendri semblait les remercier.

Ils la quittèrent vers minuit, après avoir pris rendez-vous avec elle pour le lendemain, afin de s'occuper, ensemble maintenant, des préparatifs de l'expédition.

Sans vouloir diminuer en rien les mérites de MM. de Morin et Périères, sans qu'on puisse nous accuser d'avoir des doutes sur leur chevaleresque abnégation, nous devons cependant avouer qu'ils n'étaient pas aussi désintéressés qu'on a pu le croire. Ils n'avaient pas, sans quelque arrière-pensée, fait abandon de leurs espérances. La femme aimée, adorée, n'était pas devenue, en un instant, une simple compagne de route à laquelle ils allaient se dévouer jusqu'à la mort. Une amitié aussi vive ne saurait se substituer si facilement à un amour passionné. Une commune pensée dut les frapper, au moment de la révélation qui leur fut faite; mais ils n'avaient pas eu le temps de s'y arrêter, et il ne leur était pas permis surtout de l'exprimer devant Mme de Guéran. Seuls maintenant, livrés à eux-mêmes, ils ne tardèrent pas à la formuler.

— Rien ne prouve, dit tout à coup M. Périères, que M. de Guéran vive encore.

— En effet, continua M. de Morin comme s'il se parlait à lui-même et qu'il poursuivît une idée, notre chère baronne se fait peut-être des illusions. Elle vient d'acquérir la preuve que son mari n'était pas mort en 1871, comme on l'avait dit, qu'il vivait encore au commencement de 1872, soit! Les témoignages qu'elle a recueillis, la lettre qu'elle a enfin reçue sont des preuves irrécusables. Je les tiens comme telles. Mais après? Dans le courant de l'année qui vient de s'écouler, rien n'établit que M. de Guéran n'ait pas succombé.

— Je suis de votre avis, reprit M. Périères; en une année, il pouvait certainement atteindre dans la direction du sud-ouest ou du sud-est quelque territoire relativement civilisé et donner de ses nouvelles.

— Évidemment, fit M. Périères, mais Mme de Guéran ne partage pas nos idées; elle veut avoir le dernier mot de l'énigme et nous devons le chercher avec elle.

— A qui le dites-vous! fit M. de Morin.

Tout en causant ainsi, ils suivaient pour regagner leur demeure, située au centre de Khartoum, une route tracée au bord du Fleuve-Bleu. Il était plus de minuit : les navires du port avaient, depuis longtemps, éteint leurs feux, et le chemin était désert. Quelques pas les séparaient encore des premières maisons de la ville habitée, de la ville commerciale, lorsqu'ils aperçurent une petite troupe de six à sept personnes qui semblaient se diriger vers le Nil et marcher de leur côté.

— Où vont ces gens à pareille heure? fit M. Périères; on dirait qu'ils se cachent. Depuis qu'ils nous ont aperçus, leur marche est indécise.

— Que nous importe? répliqua M. de Morin. Ils n'ont aucun motif pour nous chercher querelle, et, du reste, dans ce charmant pays, nos revolvers ne nous quittent jamais.

— C'est justement pour cela que je vous proposerai de rejoindre cette troupe, elle m'intrigue : il y a là peut-être quelque curieux détail de mœurs à surprendre, et, ma foi, mon cher, je me suis si peu occupé jusqu'ici des mœurs et des coutumes de Khartoum, que ce soir je suis tenté de les pénétrer.

— Pénétrons, répondit M. de Morin, qui ne faisait jamais d'opposition lorsqu'il s'agissait de se précipiter, tête baissée, dans une aventure quelconque.

Ils pressèrent le pas et se trouvèrent bientôt très rapprochés des gens qui excitaient leur curiosité.

— Mais ils portent quelque chose, fit M. Périères.

— Oui, et ce quelque chose paraît avoir une forme humaine. Il s'agit peut-être d'un enterrement nocturne. Vous savez que le Nil, comme le Gange et d'autres grands fleuves, reçoit souvent des cadavres.

— Alors, mon cher, leur mort revient à la vie; il remue, il se défend, il proteste et refuse sans doute la tombe qu'on lui destine.

— Oui, vous avez raison, il ne s'agit plus d'un enterrement, mais bien d'un assassinat. Nous devons intervenir !

La petite troupe, en voyant les deux jeunes gens marcher décidément sur elle, s'arrêta, déposa son fardeau par terre, l'entoura comme si elle voulait le défendre, et prit une attitude menaçante.

XLIX

Les deux jeunes gens auraient dû s'arrêter à quelques pas de la troupe qu'ils avaient rejointe, l'interpeller ou la combattre à distance. Ils n'étaient armés que de revolvers, et, dans une mêlée, les armes à feu, quelles qu'elles soient, deviennent souvent inutiles ; si l'on manque d'espace pour viser, les coups partent au hasard et se perdent. Mais M. de Morin, emporté par son impétuosité habituelle, s'était élancé dans le groupe ; M. Périères l'avait suivi et ils se trouvaient prisonniers au milieu de six hommes armés de courtes épées et de sabres recourbés très dangereux.

Cette brusque entrée dans le cercle qui s'était immédiatement refermé sur eux, avait cependant un avantage : ils voyaient à leurs pieds, dans la poussière de la route, sous leur sauvegarde pour ainsi dire, l'homme ou la femme qu'une minute auparavant on entraînait vers le Nil. Ce cadavre vivant, ficelé, bâillonné et recouvert, comme d'un linceul, d'un grand burnous blanc, trahissait son existence par de brusques soubresauts qui eussent été assez plaisants dans une autre circonstance. On aurait dit un poisson jeté sur la berge d'un fleuve et qui frétille, se trémousse, et donne des coups de queue impuissants, mais des plus significatifs.

M. de Morin se baissait pour enlever le linceul, lorsqu'un coup de sabre, en guise d'avertissement, lui atteignit le bras, sans le blesser toutefois.

Il se releva, s'élança sur l'homme qui l'avait frappé, et s'arrêta brusquement.

Il venait de reconnaître, à la clarté des étoiles, le chef de la caravane d'esclaves avec qui il avait eu, un mois auparavant, de si vifs démêlés.

En même temps, le chef et ses compagnons avaient reconnu les deux jeunes gens et ne se possédaient pas de joie. Ainsi, tous leurs ennemis leur étaient livrés, par l'effet du hasard, par la volonté d'Allah. Le Prophète avait eu pitié d'eux, leurs cris de vengeance étaient montés jusqu'à lui, leurs prières étaient exaucées : non seulement il leur avait livré M. Delange, qui s'était risqué dans la maison d'almées, mais encore il leur donnait, au milieu de la nuit, au bord du Nil, ses compagnons. Cette pensée, qu'à deux reprises dans la même soirée ils étaient manifestement protégés par leur prophète, devait avoir sur ces fanatiques une grande influence et développer leur courage. Ils eurent seulement le tort de faire trop vite éclater leur joie, de trop compter sur leurs forces et, certains de la victoire, de trahir un secret qu'ils auraient dû cacher. Le chef, Européen de naissance, avons-nous dit autrefois, et qui parlait tant bien que mal le français, commit l'imprudence de s'écrier :

— Enfin ! vous êtes tous les trois en notre pouvoir.

— Tous les trois ! s'écria M. Périères en se retournant vers son ami.

Ils se regardèrent et comprirent aussitôt : la masse informe qui se trouvait à leurs pieds, l'individu garrotté et recouvert du burnous devait être leur troisième compagnon, le docteur Delange. Cette révélation inattendue agit puissamment sur l'esprit de ces messieurs : il n'était plus question de risquer leur vie pour délivrer un inconnu, quelque esclave infirme comme ils le supposaient, qu'on allait jeter dans le Nil, afin de se débarrasser d'une valeur morte. Il s'agissait de sauver un compatriote, un ami, auquel ils étaient prêts à se sacrifier comme il se serait sacrifié lui-même en semblable circonstance.

— Les imbéciles ! murmura M. Périères à l'oreille de M. de Morin, dire que j'allais vous proposer de nous retirer tranquillement !

— Belle idée que vous auriez eue là ! répliqua M. de Morin. Que serait devenu ce brave docteur ? Tenez, il a reconnu notre voix et il remue de plus en plus pour appeler notre attention.

Tout en parlant ainsi, il se baissait et portait de nouveau la main sur le burnous, lorsque Périères, lui saisissant le bras, s'écria :

— Attendez. Ils sont trop près de nous ; faisons d'abord le vide.

Et, sans attendre la réponse de son ami, il tira précipitamment, au hasard, trois coups de revolver.

Ils produisirent un effet immédiat ; leurs adversaires n'avaient pas été atteints, mais instinctivement ils se reculèrent et agrandirent le cercle. MM. Périères et de Morin profitèrent de ce mouvement, et, sans perdre de vue les Arabes qui revenaient déjà sur eux, ils se baissèrent, arrachèrent le burnous, coupèrent en une seconde les liens qui retenaient les jambes et les bras de M. Delange, et lui enlevèrent son bâillon.

— Ouf! fit le docteur encore étourdi et essayant de se remettre sur pied. Vous êtes arrivés à propos; je croyais que c'était fini. Merci. Avez-vous une arme?

— Non. Mais prenez le couteau qui nous a servi à couper vos liens.

— C'est toujours cela; attention, les voici.

Les Arabes revenaient à la charge, en poussant des cris et en brandissant leurs sabres.

Deux nouveaux coups de revolver retentirent; les balles ne portèrent pas, aucun Arabe ne tomba.

— La partie n'est pas égale, s'écria M. de Morin. Notre tâche est remplie, essayons de fuir.

Pour que M. de Morin parlât de fuite, il fallait que le danger fût extrême.

Il l'était en effet; ces trois jeunes gens, armés d'un couteau et de deux revolvers dont la moitié des cartouches avait été déjà brûlée, ne pouvaient lutter longtemps avec avantage contre six hommes, munis de sabres et de poignards. Mais les détonations successives de leurs pistolets, dans un faubourg de Khartoum, à quelques pas de lieux habités, avaient eu pour résultat d'attirer l'attention d'une patrouille égyptienne qui parcourait la ville. En général, les soldats de la Haute-Égypte chargés de la police font leur métier seulement lorsqu'ils pensent ne courir aucun danger. S'ils n'hésitent pas à sévir contre de malheureux esclaves qui se disputent, des nègres ivrognes ou des femmes trop provocantes, ils évitent prudemment de se mêler aux discussions des musulmans, des traitants, des drôles de toutes sortes qui pullulent à Khartoum, et ont toujours une arme sous la main. Mais les troupes égyptiennes se composent en grande partie de captifs faits autrefois sur les territoires annexés à l'Égypte. Les soldats sur lesquels le gouvernement compte le plus, viennent de la tribu des Dinkas. Ce sont des hommes de grande taille, d'un véritable courage et d'une belle prestance sous les armes. Depuis longtemps les marchands d'esclaves ont renoncé à les acheter et à les vendre : leur caractère insoumis, leur esprit d'indépendance, et surtout leur force les rendent dangereux. Incorporés, au contraire, dans l'armée, s'ils se montrent parfois indisciplinés, ils ren-

LA VÉNUS NOIRE. 209

Le Dinka fit encore la même manœuvre (page 247).

dent de véritables services. Les chefs eux-mêmes appartiennent souvent à cette tribu, et l'année dernière encore, les forces militaires du Soudan se trouvaient sous la direction du pacha Adam, un ancien captif Dinka.

La petite troupe qui, attirée par le bruit, venait au secours des trois

Européens, était heureusement composée en grande partie de ces soldats d'élite. Dès qu'ils aperçurent les combattants, ils s'élancèrent au pas de course de leur côté et se précipitèrent au milieu d'eux, distribuant des coups à droite et à gauche, sans se préoccuper du danger qu'ils pouvaient courir eux-mêmes.

En un instant, le combat fut terminé : deux Arabes prirent la fuite, tandis que les quatre autres, cachant précipitamment leurs armes, se mirent à crier, à vociférer et à soutenir qu'ils étaient victimes d'une agression et qu'ils avaient été attaqués par les Européens. Ceux-ci se contentèrent de lever les épaules, sans essayer de donner une explication inutile que les Dinkas n'auraient certainement pas comprise. L'affaire se termina comme elle se serait terminée chez nous : on entraîna tout le monde au poste égyptien, situé sur une place de Khartoum, près du Divan. Seulement les soldats étaient remplis d'attention pour les Européens : ils les faisaient marcher devant eux sans se livrer à des actes de violence, tandis qu'ils allongeaient, à tout propos, des coups de pied et des coups de poing à leurs autres prisonniers qu'ils avaient reconnus pour des marchands d'esclaves. Les Dinkas ont horreur de ces gens, auxquels ils reprochent avec raison d'avoir dépeuplé leur pays et de faire encore des razzias chez eux afin de s'emparer de leurs femmes, très-réputées pour leur talent culinaire, pour leurs qualités de bonnes ménagères et recherchées comme esclaves, à ces différents titres, dans tous les harems bien tenus.

Arrivés à la prison, les Européens parvinrent à s'expliquer avec un officier, et on leur rendit la liberté, tandis qu'on gardait en otage les traitants, qui durent répondre quelques jours après devant l'autorité égyptienne de leurs méfaits.

Rentrés chez eux, dans la maison qu'ils occupaient au centre de Khartoum, les trois Français, malgré les émotions de la soirée et les fatigues de la nuit, se réunirent dans la chambre de l'un d'eux pour se féliciter de leur victoire respective et parler de l'expédition qui venait d'être décidée chez Mme de Guéran.

— Inutile de vous dire, cher docteur, fit M. de Morin en s'adressant à Delange, que je ne prétends pas vous entraîner dans les régions... insensées où nous allons nous engager. Les Niams-Niams, dont nous sommes appelés à faire bientôt la connaissance, n'ont pas de queue comme plusieurs voyageurs le prétendent, c'est avéré. Mais il est encore plus avéré, d'après Piaggia, Poncet, Schweinfurth et plusieurs autres, qu'ils liment en pointe leurs dents de devant pour déguster plus facilement la chair humaine. Leurs voisins, les Mombouttous, ne leur cèdent en rien au point de vue de l'anthropophagie ; on dit même qu'ils déterrent les cadavres pour s'en régaler. Je n'aurai donc pas la barbarie, mon cher ami, d'offrir votre corps en pâture à ces braves gens.

— De Morin devrait ajouter, continua M. Périères tout en savourant avec volupté son cigare et en répandant autour de lui le plus de fumée possible pour éloigner les moustiques, que les voyageurs assez heureux pour n'être pas mangés, meurent en général de fatigue et de misère dans ces contrées. Sans chercher mes exemples bien loin, je vous parlerai de l'Italien Miani, directeur, en 1870, du Jardin d'acclimatation de la ville où nous nous trouvons ; il est parti pour le sud en 1871, comme nous allons le faire, et, quelques mois après, il écrivait sur son agenda de voyage ces paroles touchantes que je lisais ce matin : « Je n'ai plus la force d'écrire... je souffre affreusement... j'ai fait creuser ma fosse pour qu'on m'enterre, et mes serviteurs sont venus me baiser la main en me disant : Dieu veuille que tu ne meures pas ! Adieu, mes belles espérances, rêve de toute ma vie ! Adieu, Italie, pour la liberté de laquelle j'ai jadis combattu !

— Vous le voyez, cher ami, reprit M. de Morin, les contrées où nous allons nous aventurer laissent beaucoup à désirer sous certains rapports. Reprenez donc votre liberté et croyez que nous n'oublierons jamais tout ce que vous avez fait pour nous jusqu'à ce jour.

— Messieurs, répondit M. Delange, je vais me coucher, si vous le voulez bien, et demain matin vous connaîtrez mes résolutions. Vous venez de me sauver la vie, et je craindrais, ce soir, de me laisser influencer.

L

La réponse du docteur Delange ne se fit pas attendre : il déclara, dès le lendemain, qu'il ferait partie de l'expédition. Ce résultat pouvait se prévoir : quand il s'agit d'un voyage, les hésitations ne se produisent qu'au moment du départ. Le long de la route, les caractères indécis s'affermissent et donnent raison au proverbe : « Il n'y a que le premier pas qui coûte. » Il s'établit entre les voyageurs des liens difficiles à rompre : les services rendus de part et d'autre créent des devoirs à chacun, l'amour-propre s'en mêle, on ne veut être en reste avec personne, on ne saurait faiblir lorsque le voisin ne faiblit pas, et on rougirait d'un renoncement qui serait blâmé par tous.

Puis, dans les expéditions dangereuses comme celle dont nous occupons, on n'est pas seulement engagé par l'amour-propre, on l'est aussi par la reconnaissance. Il se fait entre les différents membres de la caravane une sorte de pacte des plus sérieux, un pacte de vie et de mort : « J'allais périr, vous m'avez sauvé ; à moi de vous sauver demain. » C'est ainsi que le docteur Delange ayant délivré M. de Morin, prisonnier des Bédouins de l'Hedjaz, avait gagné la première manche, M. de Morin venait de gagner la seconde ; il s'agissait de faire la belle, et le docteur, en grand et beau joueur qu'il était, ne voulait pas laisser la partie inachevée.

Puisque nous parlons de jeu, nous devons dire aussi que M. Delange n'avait pas renoncé aux parties de cartes promises par traité. Seulement, comme M. de Morin, dans ces derniers temps, se montrait rebelle au baccarat ou à l'écarté, le docteur, pour ne pas l'exaspérer, lui avait proposé de lui faire crédit, pendant quelques semaines, à condition qu'il payerait bientôt l'arriéré. On se trouvait en retard déjà de vingt parties de mille francs, ce qui donnerait à M. Delange une agréable perspective pour l'avenir : en ajoutant ces vingt parties aux parties quotidiennes, lorsqu'on les aurait reprises, il voyait s'ouvrir devant lui un magnifique horizon de jeu. L'Afrique et ses terribles peuplades disparaissaient, il n'apercevait plus que des cartes, toujours des cartes, s'étalant sur tout son parcours. Elles lui aplanissaient les difficultés du chemin et lui cachaient les précipices. Avouons peut-être aussi que la fièvre des découvertes, constatée chez tant d'autres, s'était emparée aussi de lui et qu'il obéissait à des instincts voyageurs latents jusqu'à ce jour.

MM. de Morin et Périères étaient donc accompagnés du docteur Delange lorsqu'ils se présentèrent, le lendemain, chez Mme de Guéran. Elle avait elle-même réuni dans sa maison miss Béatrix Poles, Nassar, le nègre Dinka qui lui avait remis la lettre de son mari, ainsi que les deux interprètes arabes dont le dévouement avait été si fort apprécié dans la première partie du voyage. Le fidèle Joseph s'était, lui aussi, rendu à l'appel. On avait espéré vainement le décider à rentrer en

France ; il s'obstinait à faire partie de l'expédition avec un acharnement dont miss Poles, qui ne pouvait pas le souffrir, avait pénétré le véritable motif.

Joseph espérait faire en Afrique une rapide fortune et voir s'ouvrir devant lui deux branches d'industrie : le commerce de l'ivoire et celui des esclaves. Dans sa pensée, ces deux marchandises se confondaient ; l'ivoire et les esclaves ne faisaient plus qu'un seul corps. Il avait lu, en effet, que pour quelques morceaux de cuivre, quelques mètres d'indienne ou des paquets d'aiguilles, on pouvait acheter, sur certains territoires, une belle jeune fille de quinze ans, qu'il serait facile d'échanger, chez une peuplade voisine, contre une dent d'éléphant. Le cuivre, l'indienne ou les aiguilles représentaient une valeur de quatre à cinq francs, tandis que les dents d'ivoire pouvaient se vendre en Europe de cinq cents à sept cent cinquante francs. L'affaire, entreprise sur une grande échelle, était donc magnifique, et Joseph ne voulait pas y renoncer. Il ne lui déplaisait pas non plus d'être propriétaire pendant quelque temps desdites esclaves ; il se proposait de se débarrasser sur elles d'une partie de sa besogne, de jouir de tous les avantages du serviteur défrayé de tout et du maître qui n'a rien à faire.

La petite colonie européenne allait donc se trouver au grand complet ; il ne s'agissait plus que de l'augmenter d'une escorte et de nombreux porteurs. On se consulta sur ce point ; l'inconvénient de marcher avec une troupe considérable est signalé par tous les voyageurs. Ils reprochent aux nombreuses caravanes de répandre la terreur sur leur passage, de se mettre en hostilité ouverte avec des populations, encore à l'état de de barbarie, il est vrai, mais libres d'interdire l'entrée de leur territoire à des gens armés. Pourquoi, en effet, agirait-on en Afrique comme on ne permettrait à personne de se conduire en Europe ? Laisserions-nous cent nègres armés en guerre traverser la France ou l'Angleterre ? Livingstone, Mungo-Park, le major Laing, René Caillié, Grant, Speke, Cameron, Barth, Vogel et bien d'autres n'ont jamais songé à voyager avec des escortes innombrables.

Ces réflexions ne sont pas cependant aussi justes qu'elles paraissent : les voyageurs que nous venons de citer se résignent à voyager lentement, à temporiser sans cesse, à remplacer la force par l'adresse et la patience. Ils prennent le parti de rester des années entières à la merci du petit chef de tribu. Que leur importe ? Ils n'en connaîtront que mieux le pays, il l'étudieront sous toutes ses faces, au profit de toutes les branches de la science. Ils familiariseront en même temps les peuplades avec leur coutumes et leurs mœurs ; il les rendront meilleures, et de voyageurs deviendront apôtres et missionnaires. Mais notre caravane poursuit un autre but : elle veut retrouver un explorateur, un hardi pionnier, égaré ou perdu, en danger de mort peut-être ; elle est pressée, elle ne peut consentir à toutes les lenteurs d'une expédition scientifique ou d'une mission apostolique. Enfin, si nous ne permettons pas à des étrangers en armes de traverser la France, nous leur offrons, du moins, des garanties de sécurité que nous ne saurions trouver en Afrique. Le jour où elle aura des chemins de fer, des gendarmes, des sergents de ville ou des policemen, nous ne songerons pas à nous faire suivre d'une caravane encombrante et ruineuse.

Il fut donc décidé qu'on tiendrait compte, seulement dans une certaine mesure, des conseils donnés par les voyageurs solitaires : on réduirait autant que possible le nombre des soldats et des porteurs, mais l'expédition serait assez forte pour s'ouvrir au besoin un passage, se faire craindre, et repousser les attaques,

Nassar et les deux interprètes reçurent l'ordre d'engager une cinquantaine d'anciens soldats, ayant déjà fait partie d'expéditions dans le Sud. On devait éviter d'accepter dans cette escorte des Arabes qui se croient toujours en pays conquis, maltraitent les populations et s'attirent des querelles. A défaut de Dinkas, on choisirait des Nubiens; ils ne brillent ni par le courage, ni par la discipline, mais ils sont d'habiles tireurs, sont éprouvés par le climat et experts à trouver la route. Leur désertion surtout n'est pas à craindre : ils quittent leur pays avec la caravane et ils ont intérêt à y revenir avec elle. Les chefs d'expédition ne sauraient, en effet, sans imprudence, prendre à leur service des gens appartenant aux diverses tribus qu'ils doivent traverser et toujours disposés à se séparer de la caravane lorsqu'ils sont arrivés chez eux.

Grâce à toutes ces précautions, la petite troupe de soldats se recruta rapidement, fut assez bien composée et armée d'excellentes carabines achetées en France et qui venaient d'arriver à Khartoum par le Nil avec tous les autres colis expédiés du Caire, trois mois auparavant. Lorsqu'elle fut réunie, on la plaça sous la direction de Nassar, qui ne devait cependant prendre aucune détermination importante sans avoir consulté M. Périères et M. de Morin, ses chefs immédiats. Tous ces gens furent enregistrés au Divan public ; ils prirent l'engagement d'obéir d'une façon absolue aux Européens et leur reconnurent solennellement *le pouvoir* de récompenser et de punir. Suivant les usages en vigueur dans les parages du Nil-Blanc, cinq mois de gages leur furent payés d'avance ; le reste de la solde ne devait leur être remis qu'au retour.

La question des porteurs était aussi très-grave. Mais, grâce au concours des autorités égyptiennes, on put faire des contrats avec les traitants d'ivoire possesseurs de domaine (zéribas) dans les pays du Sud. Ils s'engagèrent à fournir à l'expédition, lorsque, cessant de naviguer, elle s'avancerait dans les terres, cent cinquante ou deux cents hommes destinés à porter les bagages, les présents de toutes sortes, la verroterie, le cuivre, les étoffes et surtout les vivres nécessaires à une troupe si nombreuse.

Après s'être occupés de l'escorte, les trois jeunes gens, secondés cette fois par Mme de Guéran et miss Poles, songèrent aux provisions. Elles se composèrent d'eau-de-vie, de thé, de café, de légumes comprimés et d'épices. A tous les objets venus de France, destinés aux échanges et aux présents, on joignit une grande quantité de calicot anglais et de cotonnade grossière, appelée troumba. On s'occupa enfin des munitions, telles que : poudre, balles, plomb et cartouches, qui furent confiées à de solides caisses en fer fermant à clef ; on ne saurait trop oublier que les nègres pratiquent le gaspillage sur une grande échelle, tirent continuellement des coups de fusils en l'air, et qu'il est prudent de prendre des précautions contre eux. Tout cet attirail immense fut peu à peu chargé sur des embarcations achetées par les Européens. Elles étaient au nombre de quatre : la negghèr ou noggor, qui les avait conduits de Berber à Khartoum, et trois barques pontées connues sur le Nil sous le nom de dahabiéh. Un de ces bateaux fut arrimé de façon à pouvoir embarquer quelques ânes et une dizaine de chevaux pour les Européens, les interprètes et leur représentant, le guide Nassar.

Cette petite flotte devait être remorquée une partie du chemin, jusqu'à l'entrée de la rivière des Gazelles, par un bateau à vapeur appartenant au gouvernement et chargé d'aller à Gondokoro chercher Baker, dont la mission militaire expirait le 1er avril 1873.

Les préparatifs furent terminés à la fin de janvier ; rien ne retenait plus notre colonie européenne à Khartoum. Elle pouvait commencer ce terrible voyage qui passionna si longtemps l'Europe et l'Amérique.

. . . .

« Mon cher Pommerelle, mon cher Desrioux, puisque vous vous réunissez pour nous lire, cette lettre vous sera adressée à tous deux. Je vous l'écris en mon nom et au nom de de Morin et de Delange, trop occupés des derniers préparatifs du départ pour vous dire adieu comme ils l'auraient voulu.

Nous espérons nous embarquer dans une heure, si toutefois nous parvenons à réunir nos matelots, notre escorte et nos domestiques, introuvables et intraitables depuis qu'ils ont touché cinq mois de solde ; ils tiennent à laisser leur dernière piastre dans les repaires de Khartoum.

Je vous ai précédemment, mes chers amis, fait part de nos projets et développé nos plans. Aucun changement n'y a été apporté ; nous marchons en droite ligne vers le Sud jusqu'à la Zériba, dans laquelle le guide Nassar dit avoir donné l'hospitalité à M. de Guéran. Là, nous essayerons de retrouver et de suivre les traces de notre compatriote. Mais il est évident, pour de Morin et pour moi, que si au lieu d'avoir été renseignés à Khartoum, sur le baron, nous avions pu l'être en France, notre itinéraire eût subi de grandes modifications.

En effet, si M. de Guéran est parvenu, comme il semble l'espérer dans sa lettre, à dépasser la frontière des Mombouttous et à rejoindre soit le lac Albert, soit le lac Tanganyika, nous allons tout simplement courir derrière lui, sans aucune chance de le retrouver. En partant, au contraire, de Zanzibar, en atteignant Kazeh, en nous dirigeant sur le nord-ouest, nous pouvions le rencontrer, puisqu'il marchait en sens inverse, et, en tous cas, nous parvenions, de ce côté, aux pays inconnus qu'il se proposait de visiter aussi facilement que par le pays des Mombouttous. Si c'était à recommencer, c'est donc de Zanzibar que nous partirions. Mais ces réflexions sont inutiles et ces regrets superflus.

Adieu au nom de tous, mes chers amis, ne nous oubliez pas tout à fait, défendez-nous auprès de ceux qui nous reprocheront notre folie, et si vous n'avez plus jamais de nos nouvelles, dites-vous que nous sommes morts en pensant à vous et à notre chère France. »

FIN DE LA PREMIÈRE PARTIE.

Les chevaux s'enfuirent (page 243).

DEUXIÈME PARTIE
LA FIÈVRE DE L'INCONNU

I

En quelques minutes la petite flottille européenne doubla le Raz-el-Khartoum, point de jonction du Nil blanc et du Nil bleu, et passa bientôt devant les trois grands mimosas, près desquels se réunissent tous les bateaux qui entreprennent le grand voyage du Nil blanc ou de ses affluents. Les rives du fleuve étaient des plus monotones et devaient garder le même aspect pendant plusieurs milles : des terrains bas, de l'eau à perte de vue, une mer plutôt qu'un fleuve, quelques bois d'acacias ; au loin, le désert, avec ses molles ondulations. Du fond de la rivière s'élevaient en foule des arbres morts ou abattus; des plantes aquatiques descendaient lentement le courant et flottaient comme des îles de verdure ; d'innombrables moustiques couvraient cette végétation mouvante et paraissaient se complaire tellement dans son voisinage qu'ils oubliaient de s'attaquer aux voyageurs européens.

Le commandant du bateau à vapeur qui remorquait la flottille était un jeune officier égyptien, élevé à Paris, de manières parfaites et d'un réel mérite. Dès le départ, il avait prié Mme de Guéran et ses compagnons de prendre passage à son bord. « Dans peu de jours, leur disait-il, vous me quitterez pour remonter la rivière des Gazelles, je continuerai seul ma route sur le Fleuve blanc jusqu'à Gondokoro; permettez-moi de profiter, en ce moment, de votre société. »

La petite colonie avait cru devoir accéder à ce désir et prendre place sur *le Khédive;* c'était le nom du vapeur.

Le temps se passait sur la dunette, et l'on s'entretenait souvent de la traite que le jeune officier avait combattue, deux ans, avec Baker.

— Hélas ! faisait-il, nous ne sommes arrivés à aucun résultat ; pour une barque chargée d'esclaves que nous avons confisquée, dix autres nous ont échappé. Le général Baker s'est épuisé, pendant ses quatre années de commandement, à se battre contre les naturels du pays que les marchands d'esclaves, Abou-Saoud entre autres, le plus puissant d'entre eux, a lancés contre lui.

Un soir, pendant que les Européens et leur hôte causaient ainsi, une odeur âcre, fétide, une odeur de charnier ou de fauves, apportée par le vent, parvint tout à coup jusqu'aux passagers du *Khédive*.

— C'est affreux ! dit Delange, le rivage que nous côtoyons est donc empesté?

— Non, répondit le commandant, ces émanations nous viennent de cette grande barque que vous voyez descendre le Nil et qui va nous croiser dans un instant. Si je ne me trompe, je pourrai trouver à son bord, un exemple vivant à l'appui de ce que je viens de vous dire sur la traite et sur notre impuissance à l'abolir.

L'officier, tout en parlant ainsi, s'était levé et avait donné des ordres : bientôt le *Khédive* stoppa, mit une embarcation à l'eau, et fit ordonner à la barque suspecte de s'arrêter.

Elle n'obéit pas ; emportée par un courant très violent et favorisée par le vent, elle continuait à descendre le fleuve, et *le Khédive*, dans la crainte d'avoir des avaries, n'osait pas se mettre en travers pour lui barrer le passage. Il se rangea au contraire prudemment avec la flottille qu'il remorquait ; mais, dès que le navire à voile l'eut dépassé, il tira un coup de canon pour lui intimer de nouveau l'ordre de s'arrêter.

La barque comprenant alors que la lutte était impossible, prit le parti d'abattre son immense et unique voile.

— Le ciel est d'une grande clarté, la lune va bientôt se lever derrière ce rideau de mimosas, voulez-vous, dit le commandant du vapeur à ses hôtes, visiter avec moi cette barque ? J'ai tout lieu de croire que nous ferons à son bord de précieuses découvertes.

Cette proposition fut acceptée. Quelques instants après, deux canots s'avancèrent vers l'échelle de tribord du vapeur. Dans le premier, prirent place dix matelots bien armés ; dans le second, montèrent le commandant, Mme de Guérau, miss Poles et leurs trois compagnons.

En cinq minutes on atteignit la barque. On pensait qu'elle allait essayer d'entrer en pourparlers et de s'opposer à cette visite nocturne. Elle s'en garda bien et poussa, au contraire, la courtoisie jusqu'à jeter une amarre aux canots pour leur permettre de s'accrocher à ses flancs.

A peine l'officier égyptien, suivi de ses matelots et des voyageurs européens, fut-il monté sur le pont du bâtiment qu'un homme d'une quarantaine d'années, en costume musulman, s'avança vers les visiteurs ; c'était le capitaine ou reis. Il s'adressa en langue turque, au commandant du *Khédive*, dont l'uniforme lui avait fait connaître le grade.

— Dès que j'ai compris vos ordres, lui dit-il d'une voix douce et le sourire sur les lèvres minces et sèches, je me suis empressé d'obéir. Vous avez sans doute à me donner quelques dépêches pour Khartoum que j'atteindrai dans deux jours, si le vent continue à me favoriser.

— Vous n'allez pas Khartoum où vous seriez puni, répliqua le commandant du *Khédive*. Vous comptez vous arrêter sur quelque point de la côte et y débarquer votre cargaison d'esclaves, que vous dirigerez ensuite, par terre, soit à l'ouest par le Kordofan, soit à l'est par le Sennar, sur quelque marché de l'intérieur ou de la côte.

— Ma cargaison d'esclaves, seigneur, que dites-vous ! s'écria le musulman qui levait en même temps les yeux au ciel et le prenait à témoin de sa bonne foi, je suis un honnête négociant et je reviens de la rivière des Gazelles avec un chargement d'ivoire récolté dans les provinces du Sud.

— Où se trouve cette cargaison ? demanda l'officier.

— En voici quelques échantillons, fit le capitaine.

Et, en même temps, il montrait plusieurs défenses d'éléphant appendues, comme une enseigne, le long de son mât.

— Vous n'auriez fait un voyage aussi pénible que pour rapporter cet ivoire ? reprit l'officier égyptien. Allons donc ! Je vous connais trop bien, vous et vos pareils. Où avez-vous caché votre marchandise humaine ? Répondez.

— Mais, je vous jure, seigneur ! Vous pouvez visiter mon navire.

— C'est bien ce que je vais faire.

— A votre aise.

L'officier égyptien commençait à être embarrassé : il avait beau regarder autour de lui, il n'apercevait, appuyés contre les bastingages du navire, qu'une dizaine d'hommes, d'assez mauvaise mine, employés au service du bord.

Cependant l'odeur qui était venue le surprendre une demi-heure auparavant, persistait et augmentait même par instant. Des bouffées d'air chaud, d'air qu'on aurait dit putréfié, le frappaient, par intermittence, en plein visage. D'où pouvaient venir ces exhalaisons, cette chaleur suffocante qui semblait se dégager d'un troupeau humain pressé, foulé et enfermé ? S'il s'était agi d'un navire négrier rencontré sur l'Océan ou dans la mer Rouge, l'hésitation n'aurait pas été de longue durée : on se serait fait ouvrir la cale, et aussitôt seraient apparus deux ou trois cents noirs, enchaînés le long des parois du bâtiment, ou entassés au milieu, à la place des balles de coton et des tonnes de sucre. Mais la grande barque sur laquelle on se trouvait, n'avait qu'un faible tirant d'eau ; ses flancs sans profondeur ne pouvaient contenir ni cale, ni entrepont.

Heureusement que les matelots du *Khédive*, pour passer le temps s'amusaient à exercer, de leur côté, le droit de visite. Plusieurs d'entre eux s'étant dirigés vers l'avant de la barque, eurent l'idée de déplacer des sacs de blé qui leur paraissaient suspects et découvrirent une trappe qu'ils essayèrent de soulever.

Aussitôt les gens du bord, remarquables jusque-là d'indifférence et d'immobilité, s'élancèrent vers leurs collègues égyptiens et voulurent les empêcher de satisfaire leur curiosité. Une vive discussion s'en suivit ; l'attention des Européens fut appelée vers le point où s'élevait la querelle. Ils abandonnèrent l'arrière de la barque, rejoignirent les matelots, et, appelant leur capitaine, lui ordonnèrent de faire lever la trappe. Mais cet homme, obséquieux et souple jusque-là, devint tout à coup arrogant et refusa de donner l'ordre qu'on lui demandait ; en même temps, son équipage prit une attitude menaçante.

— Très bien, fit l'officier du *Khédive*. Je m'y attendais et j'avais prévu le cas.

Il tira d'un petit sifflet en argent un son prolongé, et le navire égyptien, qui n'attendait que ce signal, lança un jet de vapeur et s'approcha.

L'avertissement suffit : le chef, suivi de ses gens, se retira sur l'arrière.

Alors la trappe fut enlevée. On entrevit un grand trou noir, tout frémissant, tout remuant, tout grouillant. Mais on ne fit que l'entrevoir ; les spectateurs de cette scène durent se rejeter vivement en arrière, suffoqués par la chaleur qui montait de cette fosse, et les exhalaisons qui s'en échappaient.

En même temps, des mains, des bras, des épaules, des têtes, apparaissaient par l'étroite ouverture. On entendait le bruit des poitrines oppressées, qui semblaient aspirer l'air. Des soupirs, des cris étouffés sortaient des entrailles du navire.

— Allons ! s'écria M. de Morin, secourons ces malheureux !

Il s'élança, suivi de ses compagnons et des Égyptiens. Toutes leurs mains se tendirent à la fois vers les bras, les épaules et les têtes qui se présentaient ; ils les saisirent, les attirèrent vers eux, et en quelques minutes une vingtaine d'esclaves, plus ou moins asphyxiés, furent jetés sur le pont où ils purent enfin respirer.

Mais l'antre qui venait de s'ouvrir contenait d'autres victimes. Il fallait les sauver, s'il en était encore temps. Un matelot présenta une torche à MM. de Morin et Périères, et les deux amis eurent le courage de descendre dans l'abîme.

Alors, sur un espace de quinze mètres environ, toute la longueur de la barque, et sur cinq mètres de large, dans une sorte de galerie, où un homme assis était obligé de baisser la tête, dans une espèce de boîte à double fond, apparurent une centaine de créatures humaines, garçons, filles et femmes, entassés, foulés, couchés pêle-mêle, soudés pour ainsi dire l'un à l'autre.

— Allons, remuez-vous, sortez! criait à ce troupeau humain M. de Morin, désireux de retourner le plus vite possible sur le pont.

Mais les malheureux ne faisaient aucun mouvement. Ils étaient, depuis un instant, moins nombreux ; un peu d'air avait pénétré jusqu'à eux, ils n'en demandaient pas davantage, et se rappelaient les menaces qu'on leur avait faites en les enfermant dans cette fosse : leurs bourreaux avaient juré de ne jamais rouvrir leur tombe, s'ils poussaient un cri, s'ils attiraient l'attention sur eux.

C'était grâce à la crainte inspirée à ces gens, abrutis par la misère et la souffrance, grâce surtout aux hideuses cachettes fabriquées sur leurs navires, que les marchands d'esclaves continuaient, malgré Baker, leur hideux commerce, et passaient, sans éveiller de soupçons, devant les postes destinés à les surveiller. En général, leurs esclaves restaient sur le pont de la barque toute la journée et toute la nuit, mais dès qu'on s'approchait d'une station, dès qu'on signalait à l'horizon un navire de guerre, on faisait descendre les malheureux dans l'étroit espace que nous avons décrit, on les y calfeutrait, on les y murait en quelque sorte, pour ne les délivrer qu'une fois le danger disparu. Quelques ouvertures pratiquées dans la muraille du bâtiment, juste au-dessus de la flottaison et invisibles à force d'être petites, pouvaient combattre pendant une heure, à peu près, l'asphyxie. Passé ce délai, vingt hommes environ mouraient par minute ; les plus forts d'abord, ceux qui avaient besoin d'une plus grande quantité d'air pour leurs vastes poumons. Les faibles, les malades résistaient seuls assez longtemps ; si bien qu'au bout de deux heures il n'y avait plus grand intérêt à ouvrir la trappe : elle n'aurait plus donné passage qu'à des esclaves sans prix, à des non-valeurs.

Mais si les ouvertures dont nous avons parlé n'étaient pas assez grandes pour combattre l'asphyxie, elles permettaient aux miasmes produits par cette masse humaine comprimée, échauffée outre mesure, de se répandre au dehors. Le vent les avait portés vers le navire égyptien, et c'est ainsi qu'une fois par hasard, on put déjouer une des nombreuses ruses des marchands de chair humaine.

Il fallut employer la violence pour faire sortir les esclaves de leur terrier ; ils étaient persuadés que s'ils remontaient sur le pont on allait les massacrer. En effet, ils couraient de grands risques, car le chef musulman et ses dix hommes avaient profité de l'occupation que la délivrance des prisonniers donna aux Européens pour se retirer à l'arrière et élever une barricade.

Ils avaient réuni trois tonneaux de poudre et ils déclaraient énergiquement que si on leur enlevait leurs esclaves, ils feraient sauter la barque avec tous les gens qui la remplissaient.

II

Cette menace ne parut cependant troubler ni les Européens ni le capitaine égyptien; ils continuèrent sans se presser leur œuvre de délivrance, retirant l'un après l'autre chaque esclave de la fosse commune et le jetant sur le pont, où le docteur Delange donnait des soins aux plus malades. Seul, M. de Morin, après avoir échangé à voix basse quelques mots avec le capitaine, passa par-dessus bord, descendit l'échelle de corde collée contre la barque, entra dans le canot qui l'avait amené et, aidé de deux rameurs, se dirigea vers la flottille.

Enfin, le dernier esclave fut amené sur le pont; il respirait encore et M. Delange put, au bout d'un instant, le remettre sur pied. Sur cent vingt personnes environ qu'on avait délivrées, huit étaient asphyxiées, et, malgré tous les efforts, ne purent être rendues à la vie. Les autres se portaient aussi bien avant qu'après leur enfouissement.

M. Périères se demanda s'il ne fallait pas ordonner à ces gens de se ruer tous à la fois sur l'arrière et de massacrer leurs anciens maîtres, avant qu'ils eussent le temps de s'approcher des caisses de poudre avec les mèches, qu'ils tenaient à la main. Mais, après avoir promené son regard sur le troupeau humain qui l'entourait, il dut renoncer à cette idée; il était en présence d'hommes à peine adultes et d'une grande quantité de femmes et d'enfants de huit à douze ans; il eût été imprudent de compter, malgré leur grand nombre, sur de tels alliés. On devait agir sans leur concours et agir le plus énergiquement possible. Le chef et ses hommes, pour s'exciter à la vengeance et se donner du courage, venaient de défoncer un baril d'eau-de-vie, et malgré les préceptes du Coran, dont ils s'étaient probablement toujours moqués, buvaient à pleins verres. On pouvait tout craindre de leur exaltation, de leur ivresse.

L'officier égyptien comprit le danger et, s'avançant sur le pont, seul, à deux mètres environ de la barricade improvisée, il interpella le chef, si doux au début lorsqu'il espérait échapper à la visite, furieux maintenant qu'il se voyait découvert, ruiné, exposé aux plus graves châtiments.

— Vous allez immédiatement ordonner à vos hommes, dit l'officier d'une voix ferme, d'éteindre leurs mèches et de jeter leurs armes. A ce prix seulement, vous aurez la vie sauve; si vous n'avez pas obéi dans cinq minutes, je vous fais tous massacrer.

— Tu n'auras pas besoin de nous faire massacrer, vociféra le chef; si tes hommes font un mouvement de notre côté, s'ils arment leurs fusils, je mets le feu aux poudres et nous sautons tous, toi, moi, nos hommes, mes esclaves et tes Européens. Tu m'as donné cinq minutes pour me rendre, continua-t-il en s'exaltant de plus en plus avec ses paroles, je t'en donne trois pour quitter ma barque, mais sans emmener un seul de mes esclaves. Lorsque tu seras remonté sur ton navire, si tu fais mine de nous donner la chasse, il sera encore temps de me faire sauter, et tous ceux que tu veux délivrer périront avec moi.

Le commandant égyptien leva les épaules et se retournant vers les Européens :

— Avez-vous compris, leur dit-il, ce qu'a dit cet homme ?

— A peu près, répondit M. Périères.

— Que faut-il faire ? reprit l'officier. Vous êtes mes hôtes, je réponds de vos existences ; je ne dois pas les exposer sans votre consentement.

— Faites, monsieur, répondit Mme de Guéran, ce que vous feriez si nous n'étions pas avec vous ; des Français ne sauraient vous donner le conseil de vous laisser intimider par de tels brigands et d'abandonner tous ces esclaves à leur vengeance et à leur fureur.

— Alors, madame, je n'ai qu'un parti à prendre : m'élancer avec mes hommes sur cette barricade et l'enlever avant que ces misérables aient pu mettre le feu aux poudres.

— Allez, monsieur, répondit simplement Mme de Guéran.

— Nous marchons avec vous, dirent au capitaine M. Périères et M. Delange en se plaçant à ses côtés.

— Et moi aussi, n'ai-je pas mon revolver ? fit une troisième personne.

Laure de Guéran, immobile, le corps rejeté en arrière (page 263).

C'était l'intrépide miss Poles, qui, toujours coquette, recherchait la société des hommes et se mêlait à toutes leurs querelles.

L'officier égyptien s'entretenait à voix basse avec ses matelots ; il leur donnait des ordres et paraissait inquiet, mécontent de leur peu d'empressement à lui obéir. Ces gens, beaucoup moins disciplinés que les marins français, semblaient vouloir discuter avec leur officier et essayer de lui faire comprendre qu'ils s'exposaient tous à une mort certaine, s'ils attaquaient la barricade comme on leur commandait de le faire. Leurs craintes étaient du reste justifiées : le chef musulman et son équipage, de plus en plus exaltés, venaient d'enlever le couvercle des caisses de poudre et il suffisait maintenant d'une étincelle pour les enflammer ; les poutres, les madriers, les morceaux de fer, entassés au-dessus de ces boîtes, auraient volé en éclats et semé la mort de tous côtés.

La position était des plus critiques : malgré le danger d'une attaque, le résultat qu'elle devait avoir fatalement, l'officier égyptien dont l'orgueil national était en jeu, dont l'amour-propre souffrait devant les étrangers qui l'entouraient, voulut entraîner ses hommes.

Ils refusèrent d'obéir.

Exaspéré de cette résistance, fou de colère, il allait les frapper, décharger sur eux ses pistolets, lorsque tout à coup, sous un ciel sans nuages, couvert d'étoiles, par un clair de lune merveilleux, une pluie terrible, un véritable déluge, une sorte de trombe vint s'abattre tout à coup sur le pont de la barque.

Le fait paraît des plus extraordinaires ; il est des plus simples : M. de Morin, on se le rappelle, avait, depuis un quart d'heure environ, quitté la barque pour rejoindre le *Khédive* et lui ordonner, de la part du capitaine, de se rapprocher. Pendant qu'on exécutait cette manœuvre, il suivait tous les mouvements des révoltés, et tremblait pour ses amis. Ses craintes lui suggérèrent heureusement une idée : il fit, sans retard, disposer la pompe à incendie qui se trouve sur tous les navires de guerre et il ordonna de la diriger sur l'arrière de la barque. Cet ordre fut exécuté, et, en un instant, la barricade, les hommes qui la défendaient et les caisses à poudre furent inondés.

Grâce à M. Morin, qui s'était sans doute rappelé à propos la façon dont le maréchal Lobau avait, en 1832, combattu une émeute parisienne, la situation se trouvait changée ; on n'avait plus rien à craindre des révoltés.

Les matelots du *Khédive* s'élancèrent sur eux et les garrottèrent en un instant.

Mais qu'allait-on faire des esclaves ? Cette question était embarrassante : si on les laissait maîtres de la barque, ils seraient incapables de la manœuvrer et se perdraient bientôt dans quelque marécage ; s'ils débarquaient, au contraire, le long de la côte qui borde le Nil blanc, ils couraient grand risque d'être faits de nouveaux prisonniers.

On interrogea quelques-uns de ces malheureux et on apprit que la plupart d'entre eux appartenaient aux tribus limitrophes du Bahr-el-Ghazal (rivière des Gazelles). Amenés en captivité par Moflô, puissant chef Niam-Niam, qui, chaque année, fait des razzias considérables chez les peuplades voisines, ils avaient été vendus quelques mois auparavant aux marchands d'esclaves.

En apprenant ces détails, Mme de Guéran résolut de rapatrier ces malheureux puisqu'ils appartenaient aux pays qu'elle allait traverser. Elle fit ordonner à Nassar de prendre le nouveau bâtiment à la remorque, et la petite flottille, traînée par le vapeur, se trouva ainsi augmentée d'une voile.

Revenue à bord du *Khédive*, la colonie européenne s'empressa de remercier M. de Morin du service qu'il lui avait rendu, tandis que le commandant ordonnait de mettre aux fers et de jeter à fond de cale les traitants d'esclaves qu'il se proposait d'amener au général Baker pour qu'il les fît passer en jugement.

Il était une heure du matin, lorsque la flotille reprit sa course sur le Nil blanc. On suivait alors la rive occidentale, et la clarté de la nuit permettait d'apercevoir distinctement l'Arrache-Kol, montagne abrupte et dentelée, qui semble surgir des plaines dont elle est entourée. Le fleuve était large et profond, on avançait librement dans une demi-obscurité. Le silence de la nuit n'était troublé que par le bruit de la machine du *Khédive* et le ronflement continu, l'espèce de sourd grondement des nombreux hippopotames endormis près de la rive. A ces bruits se joignaient aussi les plaintes lointaines de quelque bête attaquée par une hyène et le rugissement d'un lion qui saluait le passage de la flottille.

M. de Morin et M. Périères, les nerfs surexcités par les émotions de la soirée, sous le charme de cette belle nuit, l'oreille tendue à tous ces bruits qui leur annonçaient un monde nouveau, avaient renoncé à dormir et se promenaient sur la dunette.

Tout à coup, derrière *le Khédive*, au milieu des embarcations qu'il traînait à sa suite, jaillirent des flammes.

Étonnés, effrayés, les deux jeunes gens appelèrent l'officier de quart, et bientôt on reconnut que le feu était à la nouvelle barque, celle qu'on venait de joindre à la flottille.

Aussitôt le vapeur s'arrêta, et dans les embarcations mises à flot s'élancèrent les matelots de service.

III

On avait donné place à M. de Morin dans le canot qui s'avançait au secours de la barque en péril. C'était de toute justice, puisqu'il s'agissait d'un incendie. Ne venait-il pas de montrer son habileté à manœuvrer une pompe.

Les flammes se développaient avec une rapidité surprenante ; elles couraient de l'avant à l'arrière et montaient le long des cordages et du mât. Cependant elles n'avaient pas la couleur rougeâtre, habituelle en pareil cas. On les aurait prises volontiers pour des feux artificiels, des feux de bengale. Leurs reflets bleuâtres coloraient les eaux du Nil et la côte voisine.

M. de Morin et les matelots égyptiens essayaient en vain de se rendre compte de ce phénomène. Il leur fut plus tard expliqué : les nègres, abandonnés sur leur barque, devenus libres comme par enchantement, affranchis de tout devoir et de toute surveillance, avaient voulu célébrer leur triomphe, affirmer leur indépendance et témoigner de leur joie. Ils se contentèrent d'abord de chanter, de crier, de vociférer, puis ils dansèrent, ils trépignèrent, ils se livrèrent à toutes les contorsions à la mode dans leur pays les jours de fête. Cette gymnastique les ayant altérés, ils se dirent qu'ils avaient bien le droit de disposer des provisions laissées sur la barque et que leurs anciens maîtres ne pouvaient plus réclamer. Alors ils se mirent en devoir de chercher les tonnes d'eau-de-vie, si longtemps convoitées. Ils les découvrirent et, afin de boire plus vite, avec l'insouciance, le goût du gaspillage innés chez eux, ils les défoncèrent. L'eau-de-vie se répandit sur le pont, rencontra une mèche qui finissait de se consumer et s'enflamma bientôt à son contact. En un instant, le pont du navire devint un vaste bal de punch et les flammes bleuâtres, qui avaient si fort étonné M. de Morin, montèrent de tous côtés.

Quoi qu'il en fût, les malheureux noirs n'en étaient pas moins exposés à un danger terrible. Plusieurs déjà, pour échapper à ces flammes qui semblaient les poursuivre, passaient par-dessus bord et se suspendaient aux parois de la barque ; d'autres grimpaient au mât, s'accrochaient à la vergue, et ces grappes vivantes, suspendues dans l'espace, éclairées par l'incendie, faisaient un singulier effet. Les femmes, les enfants couraient éperdus dans ce brasier liquide et poussaient des cris effroyables.

L'incendie changea bientôt d'aspect : aux flammes bleues se mêlèrent des flammes rougeâtres. Le feu ne se contentait plus de courir follement d'un point à un autre, de lécher les objets qu'il rencontrait sans les mordre ; il pénétrait dans les parties vives du navire, s'attaquait aux voiles, aux amarres, aux cloisons, aux mille objets épars sur le pont. De rouges lueurs montaient au ciel, l'éclairaient et se réfléchissaient dans le fleuve.

Tous les canots du *Khédive* avaient été mis à l'eau et entouraient le navire incendié, sans oser l'approcher de trop près, dans la crainte d'être écrasés par la chute du mât, ou brûlés par les flammèches qui s'échappaient du foyer de l'incendie.

Comment secourir ces malheureux, sourds à tous les conseils, à tous les ordres, terrifiés au point de ne pas songer à se jeter dans le Nil et à se réfugier sur les embarcations? Le danger augmentait à chaque instant, non seulement pour les esclaves, mais aussi pour toute la flottille, placée sous le vent de l'incendie. Déjà l'on songeait à couper les amarres qui liaient la barque aux autres navires et à la laisser brûler isolément, lorsque M. Périères eut l'idée de se servir de ces amarres comme d'un pont volant qui mettrait les incendiés en communication avec le reste de la flottille. En effet, si l'on parvenait à faire prendre cette route à quelques-uns d'entre eux, les autres suivraient certainement comme un troupeau de moutons affolés suit le bélier qui les guide.

Il s'agissait de prêcher d'exemple et de montrer le chemin : M. Périères n'hésita pas. Il se fit porter aussi près que possible de la barque incendiée, saisit un cordage, se glissa jusqu'à l'avant que les flammes respectaient encore, essaya d'attirer l'attention de quelques nègres et, se pendant par les mains à l'une des amarres, se glissa peu à peu vers le vapeur.

Comme il l'avait espéré, quelques esclaves tentèrent bientôt l'aventure ; puis une longue chaîne s'organisa : tous voulaient suivre la route qui leur était tracée. Les forts arrivaient au but, les faibles ouvraient les mains, tombaient dans le fleuve, mais les canots qui se trouvaient près de là les recueillaient aussitôt.

Cependant, une vingtaine de femmes et d'enfants n'avaient pas eu la force d'atteindre l'amarre, ou bien, terrifiés, hébétés, ils regardaient leurs compagnons s'éloigner l'un après l'autre, sans penser à les suivre, sans essayer de s'accrocher à eux. Les flammes allaient bientôt les atteindre, et, danger plus terrible encore, les caisses de poudre submergées quelques heures avant, mais séchées maintenant, pouvaient d'un moment à l'autre être atteintes par l'incendie, s'enflammer et faire de cruels ravages.

Ce fut, cette fois, M. de Morin qui se dévoua : comme l'avait fait son ami, il s'élança sur le navire, saisit chaque femme, chaque enfant, et, malgré les cris, malgré les efforts de toutes ces créatures pour s'accrocher à lui, il les jeta l'une après l'autre par-dessus bord, soit aux matelots qui debout dans les embarcations tendaient les bras, soit dans le fleuve, d'où on les arrachait avant qu'elles fussent entraînées par le courant.

Ce sauvetage terminé, M. de Morin allait fuir au plus vite et se précipiter à son tour dans le Nil, lorsqu'il crut entendre un cri sur l'arrière du navire. Il leva la tête et regarda.

A la lueur de l'incendie, apparut un enfant de sept à huit ans. Il s'était réfugié sur le roufle; et, au-dessus des flammes qui l'entouraient sans l'atteindre encore, il tendait, en pleurant, ses petits bras vers M. de Morin.

Celui-ci hésita ; on lui criait de la barque :

— N'allez pas, n'allez pas, c'est la mort ! Les flammes courent vers les poudres, le navire va sauter ; nous sommes obligés de nous éloigner.

Et, en effet, les barques s'éloignaient à force de rames.

— Ah ! l'on m'abandonne, s'écria-t-il. Eh bien ! moi, je n'abandonnerai pas ce pauvre petit être.

Alors, il se pendit à la muraille extérieure du navire, saisissant un cordage, un hauban, remontant quelquefois sur le pont, traversant les flammes et se dirigeant toujours vers l'arrière, malgré les obstacles, malgré le péril.

Enfin, il atteignit le roufle, l'escalada, saisit l'enfant et s'élança avec lui dans le fleuve, sans se demander si les canots viendraient à son secours.

L'un deux l'aperçut et le rejoignit au moment où le courant précipitait vers lui un tronc d'arbre, qui l'aurait brisé et englouti.

Quelques minutes après, pendant que le canot regagnait la flottille, on entendit une formidable détonation : l'ignoble barque des marchands de chair humaine s'abîmait dans le Nil.

Mme de Guéran, de la dunette du *Khédive*, avait assisté, frémissante, éplorée, à tous ces événements. Lorsque M. Périères et M. de Morin remontèrent à bord, elle s'élança vers eux, leur prit les mains, les serra avec force, et tout à coup on la vit éclater en sanglots.

IV

Le *Khédive*, entraînant la flottille, avait repris sa marche. A l'exception des matelots de quart, tout le monde dormait à bord. Mme de Guéran s'était retirée dans sa cabine, et ses trois compagnons, enveloppés de la tête aux pieds dans de grands draps destinés à les préserver des moustiques, s'étaient étendus sur la dunette.

Seule, miss Béatrix Poles, toujours infatigable, se promenait sur le pont. Elle passait en revue les événements de la nuit, se remémorait les exploits de MM. de Morin et Périères, et se demandait auquel des deux elle devait donner son cœur jusqu'alors indécis.

Le jour vint et elle flottait encore ; mais, alors, son attention fut distraite par le spectacle qui l'entourait. A quelques mètres de la barque, d'innombrables hippopotames saluaient l'aurore en s'ébattant dans le Nil ; des rangées de crocodiles se réchauffaient aux premiers feux du soleil levant ; des troupeaux de grands buffles, le cou allongé, la tête baissée, s'abreuvaient au fleuve. Au loin, magnifiquement éclairés déjà, des bois de mimosas et d'acacias en fleur entouraient un village de Baggaras, ces intrépides cavaliers, ces bandits audacieux, imparfaitement soumis au gouvernement égyptien. Bientôt le fleuve lui-même s'anima ; toute une petite flottille de batelets légers, creusés dans le tronc des tamariniers, s'avançaient vers le vapeur ; elle était montée par des pêcheurs de la tribu des Chillouks, qui possèdent sur la rive occidentale du Nil blanc un immense territoire. Asservie à l'Égypte, cette tribu pressée, compacte, dont les villages se succèdent presque sans interruption le long du fleuve, compte plus de douze cent mille individus.

Si jamais la civilisation pouvait pénétrer dans toutes ces contrées, si ces innombrables tribus rivales pouvaient s'unir dans un intérêt commun, obéir à une seule volonté, de quelle puissance invincible disposerait leur chef, quelle influence aurait dans le monde ce peuple africain, si dédaigné aujourd'hui et avec lequel les plus petites nations européennes refusent de compter! Mais les religions multiples, variées à l'infini, ou plutôt les croyances et les superstitions soi-disant religieuses, sépareront toujours ces peuplades. Les mahométans ont une horreur instinctive ou calculée pour ces gens qu'ils désignent sous le nom de païens et qui, de leur côté, repoussent la religion de l'Islam, au nom de laquelle ils sont asservis et torturés. Grâce à nos missionnaires, le christianisme seul arrivera peut-être à grouper tous ces esprits épars, à remplacer l'ignorance et la superstition par la croyance et la foi.

Les passagers du *Khédive* n'aperçurent toute la journée que l'avant-garde des Chillouks; les Baggaras occupaient encore le territoire qu'on traversait. Mais, le lendemain, aux barques de pêcheurs succédèrent des villages, et comme la flottille s'était arrêtée pour s'approvisionner de bois et de doura, ses passagers voulurent visiter un village et faire connaissance avec les habitants.

Un Européen, qui, sans transition, sans quelques étapes préparatoires, sans études préalables, tomberait tout à coup en pleine Afrique, dans un village de Chillouks, hésiterait à se croire éveillé : il se demanderait s'il n'a pas été transporté pendant son sommeil, pour cause de mort subite, dans une autre planète. Qu'on se figure un amoncellement de huttes en terre et à toiture conique, ressemblant à un vaste champ de champignons : autour de la plupart de ces cabanes, un cordon de fumier sec que les naturels incendient le soir pour éloigner les moustiques, effrayer les hippopotames et les lions; au milieu du village, une sorte de place publique n'ayant pour tout ombrage qu'un arbre auquel sont accrochés des tambours destinés en cas d'alerte à réunir tous les habitants.

Sur cette place, dont le sol est couvert à différentes places de nattes et de grandes peaux de buffle, les Chillouks, accroupis ou couchés dans une immobilité surprenante, sommeillent et aspirent lentement la fumée qui sort d'énormes pipes à fourneau d'argile. Ils sont entièrement nus, mais leur corps est couvert d'une couche épaisse, soit de bouse de vache, soit de cendres, destinée à les préserver de la piqûre des insectes. Les uns ont une teinte grise; ce sont les pauvres

Où est-elle ? (page 276).

du pays qui n'ont pu s'enduire qu'avec la cendre de leur foyer. Les autres, les riches, propriétaires de quelques vaches dont ils utilisent le fumier, sont d'un rouge sale. Le visage même n'a pas été épargné : tous les traits disparaissent sous ces immondes placages qu'on dirait inhérents à la chair.

Et, cependant, tout désir de plaire ne les a pas abandonnés : s'ils négligent leur corps, s'ils remplacent les vêtements par les enduits, ils donnent les plus grands soins à leur coiffure, lui consacrent des journées entières, et rendraient des points, sous ce rapport, à la plus coquette de nos mondaines. Les cheveux, raidis par une application d'argile ou de gomme, se dressent au-dessus de la tête en forme d'éventail, de crête ou de casque. Les animaux leur servent évidemment de modèle : les coqs et les pintades remplacent, pour ces gens, les têtes en cire de nos coiffeurs parisiens.

Les femmes, occupées des soins du ménage, obligées d'allaiter les petits enfants qui grouillent pêle-mêle dans toutes les fanges, chargées de traire les vaches, pour lesquelles elles ont un respect prodigieux, consacrent moins de temps à leur coiffure; elles se contentent de petits frisons et de boucles éparses. En revanche, elles ont quelque respect de leur corps : elles attachent à leur taille, par devant et par derrière, des peaux de veau qui descendent jusqu'aux genoux et forment ainsi une espèce de caleçon de bain, laissant à découvert, sur les côtés, dans toute leur longueur, les jambes et les cuisses. Cet habillement, très incomplet comme on le voit, n'est d'usage cependant que chez les femmes mariées. Les jeunes filles restent entièrement nues jusqu'à leur mariage, et ce mariage est souvent des plus tardifs par suite de certaines exigences. En effet, chez les Chillouks, l'époux seul fournit la dot; elle consiste en bœufs dont le nombre varie suivant sa fortune et qui deviennent la propriété du beau-père. Si la femme est renvoyée par le mari ou qu'elle le quitte, le père doit rendre la dot. Aussi a-t-il intérêt à empêcher les brouilles et à opérer des raccommodements. Peut-être devrait-on introduire cette coutume en France : les belles-mères, au lieu d'attiser le feu, s'appliqueraient à l'éteindre. En attendant cette réforme, félicitons la femme Chillouk de son vêtement primitif. Nous traverserons bientôt des territoires où c'est l'homme qui s'habille, tandis que la femme, veuve, jeune fille ou mariée, vieille ou jeune, laide ou jolie, n'a jamais fait usage du plus léger vêtement.

Aucun des Chillouks, si riches en vaches cependant, n'eut la pensée d'offrir même une tasse de lait aux Européens. Leur paresse, plus forte que leur curiosité, les retenait à la place où ils avaient été surpris. Ils ouvraient de grands yeux, dévisageaient les étrangers, mais conservaient une immobilité complète. Recouverts de leur fumier ou de leur cendre, on aurait pu prendre ces corps inertes pour des cadavres abandonnés dans un coin, ou des momies de la vieille Égypte.

Lorsque les Européens quittèrent le village, quelques-uns des naturels se décidèrent pourtant à les suivre. Ils ressemblaient à des ombres avec leur démarche languissante, leurs jambes d'une maigreur extraordinaire, leurs bustes aplatis et leurs têtes que l'immense coiffure dont elles étaient recouvertes faisait paraître encore plus petites. Les uns étaient armés de longues lances dentelées; les autres, de cannes évasées par le haut comme une massue et terminées dans le bas par une pointe aiguë. Éminemment pratiques, les Chillouks désirent que leurs armes puissent servir d'engins de pêche ; ils dédaignent l'arc et la flèche et les remplacent par des espèces de harpons destinés aux hippopotames et aux crocodiles.

Ils paraissaient, du reste, disposés à donner aux étrangers le spectacle d'une pêche : plusieurs d'entre eux s'étaient munis de leurs batelets qu'ils ne laissent jamais au bord du Nil, et qu'après chacune de leurs expéditions, ils jettent sur leurs épaules et transportent au village.

La nuit commençait à venir lorsque la petite troupe européenne, suivie de quelques naturels du pays, se dirigea vers le fleuve, afin de regagner la flottille. Le moment était propice pour attaquer l'hippopotame. Cet animal, après avoir pris ses ébats dans la rivière durant tout le jour, se dirige, le soir, vers quelque plaine, quelque pâturage, où il se met à paître comme les autres ruminants; ses qualités d'amphibie lui permettant de varier ses plaisirs. Les chasseurs le laissent s'avancer dans les terres, et, dès qu'ils connaissent le lieu de sa retraite, ils agitent des torches enflammées, poussent des cris, battent du tambour. L'hippopotame effrayé reprend, pour retourner au fleuve, le chemin qu'il a suivi pour en sortir. Alors d'autres chasseurs, postés sur son passage, lui lancent leur terrible harpon auquel est attachée, au bout d'une corde longue de vingt pieds environ, une sorte de bouée ou de flotteur. L'animal blessé emporte avec lui le trait qui l'a percé, s'élance dans le Nil et plonge à une grande profondeur pour se mieux cacher; mais la bouée surnage, permet de le suivre et, lorsque, affaibli par le sang qu'il perd, il remonte à la surface des eaux, on le frappe de nouveau, on l'achève, et on l'entraîne vers le rivage pour le dépecer.

Les Européens virent attaquer de la sorte un magnifique hippopotame mâle, et assistèrent, dans les canots qui les ramenaient à bord du *Khédive*, à tous les incidents de cette chasse ou de cette pêche. Pendant plus d'une heure, l'animal lutta contre la mort, colorant de son sang les eaux du Nil et apparaissant par moments à sa surface. Il levait son énorme tête, aspirait l'air bruyamment et fixait ses gros yeux sur les batelets qui l'entouraient et l'enserraient de plus en plus.

M. de Morin voulant mettre un terme à cette agonie arma sa carabine, visa l'animal et lui envoya une balle dans la tête. L'hippopotame fit entendre un formidable mugissement, bondit hors de l'eau, puis replongea aussitôt en laissant un grand remous derrière lui.

Les naturels avaient protesté par des cris, en voyant M. de Morin prendre son fusil; ils craignaient, sans doute, qu'il n'eût la prétention de s'emparer de la bête après l'avoir tuée. Lorsqu'ils s'aperçurent que le coup n'avait pas été mortel, on les vit passer sans transition de la colère à une gaieté des plus bruyantes. Dans toutes les barques on riait à se tordre, en se montrant le maladroit Européen qui, porteur du tonnerre et de la foudre, sous la forme d'un fusil, avait manqué son coup.

M. de Morin avait une revanche à prendre : il se rappela fort à propos certain renseignement donné par des chasseurs, et lorsque, dix minutes après, la tête de l'animal reparut, il le visa derrière l'oreille, qui est sa partie faible, et l'atteignit.

On entendit un dernier mugissement, une plainte terrible; un nouveau flot de sang colora le Nil et l'animal expirant n'eut plus la force de plonger dans les profondeurs du fleuve. Alors les naturels saisirent la bouée, s'emparèrent de la corde, et remorquèrent l'hippopotame sur la rive.

Au grand contentement des naturels, M. de Morin, qui semblait jouir maintenant de quelque considération parmi eux, parut dédaigner sa part de gibier et donna l'ordre à ses rameurs d'aborder le *Khédive*. Mais l'escorte de l'expédition, réunie sur la barque qui lui était assignée, avait suivi toutes les péripéties de la chasse. Elle se dit sans doute que la chair de l'hippopotame augmenterait la ration, que séchée au soleil, bien apprêtée, elle fournirait de bons repas et qu'il serait ridicule d'abandonner une si belle proie à ces misérables Chillouks, ces méprisables païens. A peine cette pensée leur vint-elle qu'une dizaine de soldats se précipitèrent dans un grand canot amarré le long de leur dahabiéh, gagnèrent la terre, rejoignirent les naturels et s'emparèrent de la corde qui avait servi à traîner l'hippopotame sur le rivage, se mirent en devoir, à leur tour, de le remorquer vers la flottille.

Les Chillouks poussèrent aussitôt des cris effroyables : les uns s'élancèrent vers leur village pour chercher du renfort, les autres battirent du tambour pour appeler au secours et, de tous les points de la côte, on vit accourir, comme par enchantement, des nuées de naturels, leur massue à la main, leur batelet sur le dos.

Les Nubiens étaient déjà remontés sur les canots. Ils entraînaient l'hippopotame et allaient atteindre la dahabiéh lorsque plus de cent batelets, mis à l'eau avec une rapidité surprenante, pressés, serrés, ne formant, pour ainsi dire, qu'un seul et même radeau monté par des hommes furieux brandissant leurs armes, poussant des cris de mort, s'avancèrent sur la flottille franco-égyptienne.

Avec quelques coups de fusil on aurait eu facilement raison des Chillouks, malgré leur nombre. Rien n'était aussi plus facile que de lancer le *Khédive* à toute vapeur au milieu de leur flottille et de la couler. Mais si cet acte de barbarie pouvait sourire à quelques-uns, la colonie européenne et le commandant égyptien l'auraient certainement trouvé odieux : les naturels n'étant devenus agresseurs qu'après avoir été provoqués par les soldats nubiens.

M. de Morin, qui de son canot avait suivi toute cette scène, comprit qu'il devait intervenir. Il donna l'ordre à ses rameurs d'accoster l'embarcation montée par l'escorte, et prenant une hache, il trancha, sans autre explication, la corde à l'aide de laquelle on entraînait l'hippopotame vers la flottille. Aussitôt les Chillouks s'arrêtèrent, et, oubliant leur projet de vengeance, ne songèrent plus qu'à rentrer en possession de la proie qu'on avait essayé de leur ravir.

Cette restitution faite, M. de Morin pensa que sa tâche n'était pas terminée. Il se dirigea vers la barque où les Nubiens mécontents et tout honteux de leur défaite venaient de remonter ; il appela Nassar, le réprimanda vivement d'avoir laissé ses soldats se livrer à un acte de piraterie et lui ordonna de faire donner immédiatement devant lui dix coups de fouet aux cinq hommes qui avaient quitté le bord les premiers. Au moment où l'expédition allait être livrée à ses propres forces, où le vapeur égyptien devait se séparer d'elle, il était de la plus grande importance, pour la sûreté de tous, d'établir une discipline sévère dans l'escorte, d'affirmer le *pouvoir de punir* reconnu aux Européens.

— La fermeté de M. de Morin produisit un excellent effet sur tous ces gens toujours prêts à mordre qui les caresse, à baiser la main de celui qui les frappe, pourvu que sa force soit bien constatée, son droit indiscutable. L'homme blanc grandit de cent coudées dans l'esprit des nègres et devint aussitôt pour eux le véritable chef de la caravane.

La flottille avait repris sa course sur le fleuve. Dans la journée, on aperçut la ville de Fachouda, extrême limite du gouvernement égyptien, et on pénétra dans une région nouvelle, en plein pays noir.

Le lendemain, l'expédition passait devant l'embouchure de la rivière du Sobat, à neuf degrés de latitude nord de l'équateur, et quelques milles plus loin elle atteignait la petite rivière de la Girafe qui se joint au Nil entre le Sobat et la rivière des Gazelles. Enfin, quelques heures après, on rejoignit cette dernière rivière, où les Européens, fidèles à leur itinéraire, devaient s'engager et quitter le vapeur égyptien qui allait continuer sa course sur le Nil blanc jusqu'à Gondokoro.

Après avoir fait de chaleureux adieux au commandant du *Khédive*, dont ils n'avaient eu qu'à se louer, Mme de Guéran et ses compagnons se transportèrent sur l'embarcation qu'ils s'étaient réservée. Les remorques furent aussitôt lâchées, les grandes voiles des dahabiéhs se développèrent et l'expédition européenne, sans appui, sans protection maintenant, obligée de ne compter que sur elle-même, s'éloigna tandis que les canons du *Khédive* lui envoyaient un dernier adieu.

V

Des difficultés sérieuses, des obstacles sans nombre allaient surgir, dès le premier jour, comme pour donner un avertissement aux voyageurs, les engager, s'il en était temps encore, à rebrousser chemin, ou les aguerrir au début de leur périlleuse campagne.

La rivière des Gazelles (Bahr-el-Ghazal), qu'on devait remonter, n'a aucun rapport avec le Nil. Celui-ci court majestueusement depuis Khartoum ; plus il s'approche de ses sources, plus il semble s'agrandir. Ses rives sont parfois encombrées d'herbes flottantes, mais un grand courant passe au milieu d'elles et trace aux barques une superbe voie, souvent ouverte, souvent libre. La rivière des Gazelles ressemble, au contraire, à un grand étang dont les eaux semblent se reposer au milieu d'une puissante végétation. Il faut, au prix de mille efforts, se faire un passage à travers un chenal étroit, dans un amas de nénufars, de papyrus gigantesques et de petites plantes appelées *selt*, qui remplissent les vides, bouchent les crevasses, lient, pour ainsi dire, tous les obstacles l'un à l'autre.

Déjà Mlle Tinne, en 1863, Schweinfurth, en 1869, Baker, en 1870, avaient été arrêtés par cette barrière végétale ; elle créa les mêmes obstacles à l'expédition de janvier 1873. Il arriva un moment où la flottille fut dans l'impossibilité d'avancer, malgré le vent qui lui était favorable et la puissance de ses grandes voiles.

Alors l'escorte, les cinquante porteurs, les nègres adultes, précédemment délivrés par le vapeur égyptien, durent quitter les barques, se plonger dans le marais jusqu'à mi-jambe, s'attacher à de longues amarres et traîner chaque bateau l'un après l'autre. MM. de Morin, Périères et Delange auraient voulu joindre leurs efforts à ceux de tous ces gens, mais, comme Louis XIV que sa grandeur attachait au rivage, ils étaient retenus sur leur barque par la crainte de déchoir aux yeux des nègres, qui, méprisant le travail manuel, tiennent en médiocre estime l'homme blanc assez imprudent pour se commettre avec eux et partager leurs peines.

Ces messieurs avaient, toutefois, l'occasion de les rejoindre, non pour les aider, mais pour les secourir. Ces marais, ces îles flottantes, cette immense végétation servent de repaires ou de jungle à des troupeaux d'hippopotames, à de nombreux crocodiles. En général, les clameurs, les chants, les cris aigus poussés par la caravane qui s'excitait au travail, faisaient lever à l'avance tous ces animaux. On les voyait s'enfuir vers d'épais massifs où leur instinct leur disait qu'on ne pourrait les atteindre. Mais, parfois aussi, l'un d'eux, endormi sur son lit de roseaux, ne s'éveillait qu'au dernier moment, surgissait tout à coup, du milieu du fourré et semblait prêt à attaquer les étrangers assez téméraires pour pénétrer dans ses domaines. Alors, un des trois jeunes gens, quelquefois les trois réunis, dont l'attention avait été éveillée par les cris de terreur poussés par les noirs, descendaient de leurs barques, se faisaient montrer l'animal et marchaient vers lui. La lutte n'était pas de longue durée : les crocodiles eux-mêmes, malgré leur férocité, lorsqu'ils se voient franchement attaqués, ne tardent pas à prendre la fuite.

Si ces incidents de voyage, ces débarquements précipités et ces courtes chasses faisaient passer le temps à la colonie européenne, le valet de chambre Joseph ne paraissait pas les apprécier. Son maître avait décidé, pour l'occuper, pour l'empêcher de trop engraisser et de tenter plus tard les convoitises des anthropophages, qu'il le suivrait dans toutes ses excursions et porterait les fusils de rechange et les munitions. Obligé, comme entrée en campagne, de pénétrer dans des marais, de lutter contre des herbes envahissantes, de marcher contre des crocodiles, Joseph faisait une mine piteuse et réjouissait fort miss Béatrix Poles. Le malheureux homme, cependant, méritait d'être plaint : sa peau blanche, ses chairs molles, excitaient la curiosité et l'appétit, non pas des crocodiles, ce qui n'aurait pas été bien dangereux, puisque M. de Morin était là pour défendre son serviteur, mais des sangsues, des moucherons verts et des moustiques tachetés qui ont élu domicile dans les parages de la rivière des Gazelles. Les sangsues surtout s'attaquaient à Joseph ; elles osaient pénétrer dans ses guêtres et lui faisaient de sanglantes piqûres. Le malheureux commençait à trouver que les belles esclaves et les dents d'éléphant, pour lesquelles il voyageait, étaient à l'avance chèrement achetées.

Pendant que Joseph se lamentait, qu'il arrachait de ses mollets une opiniâtre sangsue qui, ne s'étant jamais trouvée à pareille fête, persistait à vouloir continuer son repas, Mme de Guéran, miss Poles et les trois jeunes gens, revenus de leur excursion, étendus sur leur barque remorquée par trois cents bras, admiraient le paysage.

Rien ne saurait donner une idée de ces curieuses régions. On refuse d'admettre qu'on navigue sur un fleuve, qu'un navire vous transporte. On est tenté de se croire sur la terre ferme, dans une vaste prairie arrosée par des ruisseaux, semée d'étangs et de petits lacs. Le soleil fait miroiter toutes ces eaux et donne plus d'éclat aux tiges grandioses, aux fleurs de toutes nuances, aux plantes de toutes espèces qui s'y baignent, aux nénuphars rouges, blancs et bleus, aux masses magnifiques de papyrus dont chaque tige s'élève à une vingtaine de pieds.

Ce fut autour de ces tiges, grosses comme des cannes à sucre, que la flottille enroula ses amarres, à la chute du jour. L'obscurité ne permettait plus de se tracer un chemin dans l'étroit chenal, et il eût été inhumain de laisser la troupe des remorqueurs au milieu de toutes ces herbes où ils pouvaient à chaque pas disparaître.

Bientôt apparaît sa chère fiancée (page 287).

VI

Au soleil levant, MM. Périères et de Morin donnèrent le signal du départ. Cependant les porteurs, l'escorte, les esclaves restèrent immobiles. Ils étaient couchés sur le pont de leur barque, pressés les uns contre les autres, inertes, sourds à tous les appels.

M. Périères appela un des Nubiens chargés du service particulier des maîtres et lui ordonna de prendre un des tambours pendus au mât et de faire un roulement prolongé.

L'homme obéit, mais ce bruit ne produisit aucun effet sur les passagers des barques voisines ; ils gardèrent le même silence, la même immobilité.

Alors étonnés, presque effrayés, les deux jeunes gens envoyèrent le Nubien à la recherche du guide Nassar.

Nassar arriva au bout de quelques minutes. Il paraissait exaspéré.

— Que se passe-t-il ? lui demanda vivement M. de Morin.

— Il se passe, maître, répondit le guide, que nos hommes refusent de remorquer les barques comme ils l'ont fait hier.

— Pourquoi ?

— L'escorte prétend qu'elle a été engagée pour vous protéger, vous défendre si on vous attaque, et non pas pour faire le métier de halage.

— Et leurs compagnons, quelles raisons donnent-ils ?

— Une raison du même genre : on les a pris comme porteurs et on n'a pas le droit de leur imposer le service des embarcations.

— Vous ne leur connaissez pas d'autres motifs d'abstention que ceux-là ?

— Ils prétendent encore qu'ils ont eu le corps déchiré hier par les *om-souf* et qu'ils ne veulent plus s'y exposer.

On appelle ainsi, en langue arabe, une plante couverte d'une couche épaisse d'aiguillons qui s'enfoncent dans la chair et la mettent en sang.

— Et ensuite ? demanda M. de Morin.

— Enfin, ils affirment qu'ils s'exposeront aujourd'hui aux plus grands dangers s'ils pénètrent dans les marais ; les hippopotames et les crocodiles se sont rapprochés pendant la nuit et nous entourent de toutes parts.

— Et qu'avez-vous fait pour vaincre les résistances de vos hommes ?

— Je les ai menacés, je les ai frappés, ils ne m'ont pas obéi.

— C'est un complot, alors ?

— Oui, je le crains, c'est un complot.

— Alors, venez, s'écria M. de Morin, nous n'atteindrons jamais le but que nous poursuivons si, dès aujourd'hui, je ne mets pas ces révoltés à la raison.

Tout en parlant ainsi, il marchait vers un petit pont volant établi entre la barque des Européens et celle de l'escorte.

M. Périères l'arrêta.

— Mon cher ami, lui dit-il, je vous prie de ne pas agir sans m'avoir écouté. Notre guide paraît jouir d'une grande influence sur ses hommes : ils le craignent et lui obéissent d'ordinaire. Si, malgré les réprimandes qu'il leur a adressées, les coups qu'il dit leur avoir distribués, on persiste à lui désobéir, c'est que le complot est sérieux. Il faut le déjouer, parbleu ! je suis de votre avis ; mais, croyez-moi, ne nous prodiguons pas inutilement. Qu'alliez-vous faire ? Ordonner, et si on avait résisté, saisir le plus mutin et lui brûler la cervelle. Nous serons certainement réduits quelque jour à cette extrémité ; peut-être, en ce moment, devons-nous employer d'autres moyens d'intimidation.

— Vous en connaissez ? demanda M. de Morin.

— Je crois en avoir trouvé un. Voulez-vous me laisser l'employer ?

— Avec le plus grand plaisir. Je tiens à ne massacrer personne ; je veux seulement, dans l'intérêt commun, être obéi.

— Vous le serez, je vous en réponds.

M. Périères appela Nassar, qui s'était discrètement éloigné.

— A quelle heure, lui dit-il, a lieu d'ordinaire le premier repas de vos hommes ?

— Vers sept heures, répondit le guide.

— Où se trouvent les provisions qui leur sont destinées ?

— Sur la barque des maîtres ; on apprête déjà le doura et la viande que vous leur avez promise hier en récompense de leurs fatigues.

— Bien. Donnez l'ordre aux cuisiniers d'interrompre leur besogne. L'escorte et les porteurs ne mangeront que lorsqu'ils auront travaillé. Il est inutile de les prévenir d'avance ; retournez auprès d'eux et laissez-les se reposer à leur aise.

Une heure environ après cette conversation, une certaine animation se produisit parmi les Nubiens. Ils commençaient à s'étirer, à se remuer ; ceux-ci même se dressaient sur leurs jambes. L'appétit leur venait, et bientôt, comme les animaux d'une ménagerie s'agitent dans leurs cages lorsqu'ils sentent approcher l'heure du repas, tous les nègres de l'expédition se mirent à se promener et à jeter de tendres regards sur la barque des chefs où chaque jour on préparait le déjeuner. Mais l'heure se passa, les brouillards du matin se dissipèrent, le soleil devint brûlant et le déjeuner n'apparut pas. Alors, soldats et porteurs commencèrent à murmurer, à gesticuler, à se plaindre, et le plus hardi d'entre eux, ou le plus affamé, alla trouver Nassar, qui assis dans un coin fumait tranquillement sa pipe.

— Nous avons faim, dit le Nubien.

— Eh bien, mangez, répondit le guide en aspirant une bouffée de tabac.

— Nous ne pouvons pas, on ne nous apporte pas notre repas.

— C'est qu'il n'y a personne pour vous l'apporter. Allez le chercher.

Le noir se rapprocha de ses camarades et leur fit part de la réponse du guide.

— Il a raison, firent plusieurs voix.

Une dizaine de Nubiens furent choisis par leurs camarades et envoyés en mission extraordinaire. Ils arrivèrent bientôt sur la barque des maîtres, se faufilèrent timidement à l'avant, du côté de la cuisine et des magasins de vivres, et restèrent atterrés lorsqu'ils s'aperçurent que cuisine et magasins étaient hermétiquement fermés.

Après avoir constaté leur déception, M. Périères s'avança, comme par hasard, les rejoignit, et leur demanda ce qu'ils faisaient sur la barque sans y avoir été appelés.

— Nous venions, balbutia l'un d'eux, chercher notre repas.

— Quel repas? fit le Français en jouant l'étonnement. Je n'ai plus à vous nourrir, puisque vous avez cessé d'être à mon service.

Les gens de Khartoum commençaient à comprendre.

— Mes amis et moi, continua Périères dont l'interprète Ali traduisait toutes les paroles, nous consentions à partager avec vous nos provisions, parce que nous espérions atteindre demain le pays des Nouers, et bientôt la *Mechra* du Rek. Mais vous ne voulez pas remorquer les barques, nous sommes menacés de demeurer longtemps à la même place, et nous gardons tous les vivres pour nous. Si vous vous décidez à travailler, vous ferez votre second repas; quant au premier, je le supprime. Allez répéter mes paroles à vos compagnons, et ne reparaissez plus devant moi sans que je vous aie demandés.

Les Nubiens quittèrent la barque l'oreille basse, et rendirent compte de leur mission. Bientôt on entendit de grands murmures, des vociférations, puis, entraînés par les plus raisonnables d'entre eux, tiraillés surtout par leur estomac, tous les noirs, soldats, porteurs et esclaves, descendirent dans le marais, saisirent les amarres et reprirent le service de halage.

Deux heures après, M. Périères leur faisait ordonner de remonter sur leur bateau où les attendait un substantiel repas auquel il avait fait ajouter plusieurs bouilloires de café. Touchés de cette attention, mais surtout dominés par la fermeté des Européens, les remorqueurs ne tardèrent pas à reprendre leur rude besogne, et vers le soir la flottille, malgré sa marche des plus lentes, put arriver au district des Nouers.

Cette tribu nombreuse, au sud des Chillouks, a presque toutes les coutumes de ses voisins. Mais si ce voisinage crée une grande ressemblance entre eux, il en fait des ennemis irréconciliables. En Afrique, il suffit que deux peuplades se touchent pour qu'elles se haïssent et se combattent. Aussi, par nécessité, la tribu des Nouers est-elle des plus guerrières, toujours prête à défendre sa frontière du nord contre la tribu des Chillouks, et sa frontière du sud contre celle des Dinkas.

Dès que les habitants d'un village eurent aperçu la flottille européenne, ils se précipitèrent dans leurs légers canots, y entassèrent chèvres et moutons et vinrent les troquer contre de la verroterie. Pour quelques perles de couleur, représentant une valeur de deux francs à deux francs cinquante, M. Delange, chargé des approvisionnements, obtenait facilement un splendide mouton. Joseph, témoin de ces achats, était dans le ravissement : on ne l'avait donc pas trompé, et bientôt il verrait le bienheureux pays où il pourrait s'approvisionner, à peu de frais, d'esclaves et d'ivoire.

La flottille, malgré les obstacles de la route, atteignit bientôt le point où un affluent assez considérable, le Bahr-el-Arab, se jette dans la rivière des Gazelles, si l'on peut donner le nom de rivière à ce grand marais sans courant et obstrué de toutes parts. Grâce à cette jonction, la marche des embarcations devint plus rapide, les masses végétales s'éclaircirent, le chenal s'élargit. On n'eut plus besoin de remorquer les bateaux; les rames et les gaffes suffirent pour les pousser, et, quelque temps après, les voiles purent faire leur office.

Le lendemain soir, la flottille arrivait au terme de son voyage, au port Rek, établissement situé dans un district de la tribu des Dinkas, sur un îlot entouré de marécages insalubres. Le voyage par eau était terminé; les Européens allaient former leur caravane définitive et poursuivre, à pied, leur route vers le sud.

Mais une semaine tout entière devait s'écouler avant que les traitants du port Rek fussent en mesure de procurer à l'expédition les nombreux porteurs dont elle avait besoin. Il s'agissait aussi de mettre à terre les bagages, les provisions de tout genre et les objets d'échange transportés jusque-là sur les barques. Ces soins demandaient du temps, et afin d'occuper leurs loisirs, dans le but surtout de s'éloigner pendant quelques heures des marais pestilentiels où tant d'Européens ont succombé, la caravane française résolut de faire dans les environs quelques chasses à l'éléphant.

VII

Le capitaine anglais Burton, dans un de ses ouvrages, pose en principe que l'éléphant jouit d'un instinct égal, non-seulement à l'intelligence des Africains, mais à celle d'un grand nombre d'Européens. Il nous est donc permis de consacrer quelques lignes à cet animal, créé par la nature pour notre plus grande humiliation. Et, d'abord, on peut s'étonner qu'à l'exemple de l'Asie, où il rend de si grands services, l'Afrique ne l'emploie pas comme porteur. On donne comme raison de cette bizarrerie que l'éléphant africain est beaucoup plus farouche, plus dangereux que son frère asiatique, qu'il serait impossible de le dompter et de l'élever. Ce motif n'est pas sérieux : des dessins gravés sur la pierre et de nombreuses médailles nous apprennent que dans l'ancienne Égypte, celle des Pharaons, et plus tard, sous l'empire romain, l'éléphant était réduit à l'état de bête de somme. Il faut chercher le véritable motif de son inutilité actuelle dans la torpeur, l'insouciance, la paresse de l'Arabe, du Turc et du nègre; ils n'auraient jamais la patience d'attendre l'entier développement d'un animal qui grandit lentement, sans se presser, en raison du nombre d'années qu'il lui est permis de vivre; car on ne met plus en doute qu'il n'atteigne, dans certaines régions, l'âge de trois cents ans. L'esprit mercantile, la rapacité des peuplades africaines ont aussi contribué à faire de l'éléphant un objet de commerce; on oublie les services qu'il peut rendre par sa force, son agilité souvent surprenante. L'animal disparaît, on ne songe qu'à l'ivoire. Et alors, pour se le procurer, pour fournir aux traitants toujours insatiables, le nombre de défenses qu'ils ont demandé, pour obtenir en échange des bracelets, des colliers, du cuivre ou du fer, les naturels organisent d'effroyables battues, de grandes tueries qui rendront bientôt l'éléphant aussi rare que le mastodonte des temps antédiluviens.

Quand on se dit que l'ivoire est un objet de luxe, qu'il sert surtout d'ornement, que la mode seule s'en est emparée, et encore d'une façon bien restreinte, on ne peut s'empêcher de déplorer la disparition prochaine d'une des plus belles espèces animales que la nature nous ait données. On s'attriste surtout en songeant aux fatigues, aux souffrances et aux tortures endurées par des milliers de gens pour satisfaire l'une de nos fantaisies européennes. Lorsque nous apparaît, dans le boudoir de quelqu'une de nos mondaines, un bibelot en ivoire, notre imagination nous transporte aussitôt dans le cœur de l'Afrique; nous voyons de longues caravanes d'esclaves plier sous le poids des défenses d'éléphant que leur maître a chargées sur leurs épaules. Nous voyons encore cent peuplades se combattre, pour s'enlever leur provision d'ivoire et s'enrichir aux dépens du voisin. Nous le répétons, la plupart des guerres intestines qui dépeuplent cette partie du monde sont provoquées par la traite et le commerce des défenses; ces deux fatales industries s'enchaînent et découlent l'une de l'autre.

Mais, sans plaindre plus longtemps l'Africain, occupons-nous seulement de ses chasses barbares, de la férocité dont il fait preuve dans ses expéditions contre l'éléphant.

Des chasseurs comme Baldwin, les frères Poncet, Baker ou Cumming attaquent franchement l'animal et essayent de l'atteindre, soit derrière l'oreille, soit au défaut de l'épaule. Il tombe d'ordinaire comme une masse, sans souffrance et sans agonie. S'ils l'ont manqué, le danger est extrême : le colosse s'élance sur eux, et, en plaine, les meilleurs coureurs ne peuvent lui échapper. Cette lutte d'un homme contre un ennemi intelligent et fort échappe à nos critiques.

Quelques naturels aussi payent de leurs personnes, exposent leur vie : ils organisent de grandes battues et enferment peu à peu leur gibier dans un petit espace qu'ils entourent silencieusement, la nuit, de plusieurs enceintes de lianes. Alors on assemble tous les habitants des villages voisins, on s'approche des palissades, et, à coups de flèche, on essaye d'abattre l'ennemi; mais si la barrière qu'on lui a opposée peut entraver sa fuite, elle est impuissante contre sa colère et sa soif de vengeance. Souvent il renverse tous les obstacles, se précipite sur les assaillants et en fait un effroyable massacre.

Dans d'autres régions, les chasseurs, montés sur des chevaux, fatiguent d'abord l'éléphant en le faisant longtemps courir. Lorsqu'ils le voient épuisé, l'un deux passe devant lui pour se faire poursuivre et attirer son attention seulement sur un point. L'autre met pied à terre, court vers l'animal et lui enfonce par derrière une lance, longue de trois à quatre mètres, destinée à perforer les intestins. Si l'éléphant ne tombe pas immédiatement, le chasseur est à la merci de son ennemi furieux.

Mais les nègres du centre de l'Afrique sont en général trop poltrons pour s'exposer à de tels risques, trop paresseux pour s'attaquer à un gibier isolé ; il leur faut de grands massacres, de vastes hécatombes où le courage est inutile, où la victoire est certaine et le bénéfice considérable.

A peine une troupe d'éléphants est-elle signalée que des milliers d'hommes se réunissent au son du tambour, comme s'il s'agissait de défendre le pays menacé d'un invasion. Ils poussent devant eux leur ennemi, qui finit par se réfugier, soit en plaine dans les hautes herbes, soit en forêt. Alors les naturels mettent le feu de tous les côtés à la fois. Les éléphants sont bientôt entourés d'un cercle de fumée et de flammes, qui se rétrécit de plus en plus et qu'ils ne peuvent franchir. Asphyxiés, couverts de brûlures, ils meurent dans une horrible agonie.

MM. de Morin, Périères et Delange ne comptaient pour chasser l'éléphant que sur leur adresse, leur courage et leur sang-froid, quoiqu'ils n'eussent pas cru devoir suivre le conseil de Livingstone : « Le cri de guerre de l'éléphant en fureur, dit-il, sonne à l'oreille de son ennemi comme le sifflet d'une locomotive française à celle d'un homme surpris par le train sur un chemin de fer sans issue ; nous engageons donc les Nemrods en herbe qui veulent tenter cette chasse périlleuse de s'y aguerrir en se plaçant sur un chemin de fer et en y restant jusqu'à ce que le train qui s'approche ne soit plus qu'à une faible distance. »

Nous avons dit que Mme de Guéran et miss Poles devaient sinon chasser, du moins accompagner les chasseurs ; on s'adjoignit aussi les deux interprètes et une douzaine de Dinkas et de Nubiens choisis dans l'escorte. Nassar fut obligé de rester au port Rek pour s'occuper des préparatifs du prochain départ et surveiller les quarante soldats qui lui

Une belle statue de bronze (page 292).

restaient et les porteurs anciens et nouveaux. Il eût été imprudent de laisser ces gens livrés à eux-mêmes pendant l'absence des maîtres ; ils se seraient pris de querelle avec les naturels du pays et auraient compromis les Européens.

M. de Morin, persuadé que son valet de chambre ne lui rendrait aucun service dans cette excursion, l'avait dispensé de l'accompagner ;

mais l'amour de l'ivoire triompha, chez Joseph, de sa paresse et de ses timidités. Il sollicita la faveur d'accompagner son maître, et celui-ci, prenant pour du dévouement ce qui n'était que de la convoitise, lui permit de se joindre aux chasseurs.

Ceux-ci, montés à cheval, sans excepter miss Poles, à qui on avait fait comprendre qu'à pied elle retarderait la marche, se mirent en route vers cinq heures du matin. Après être sortis des marais et des cours d'eau, la petite troupe se dirigea vers une plaine située sur la lisière d'une forêt, où, disait-on, un grand nombre d'éléphants avaient élu domicile. Les naturels, prévenus depuis la veille de l'arrivée des Européens, accoururent à leur rencontre. Ils étaient accompagnés de leur sorcier, car chaque peuplade possède un charmeur d'éléphants, qu'il est d'usage de consulter avant la chasse. S'il déclare qu'elle ne saurait avoir lieu sans danger, on dépose les lances et les flèches et l'on rentre chez soi. S'il pense, au contraire, que l'on peut se mettre en route, tous brandissent leurs armes et marchent à l'ennemi. Dès qu'on l'aperçoit, le charmeur se croit en devoir de lui adresser un discours : « O chef ! s'écrie-t-il, nous sommes venus pour vous tuer. O chef ! ainsi que bien d'autres, vous allez mourir ; les dieux me l'ont déclaré cette nuit, et avant la fin du jour, nous vous mangerons. »

Malgré ces discours et ces rodomontades, les nègres s'empressent, en général, de prendre la fuite à la première approche du colosse, s'il débouche brusquement dans une plaine où l'on ne saurait se mettre à l'abri. C'est ce qui devait arriver, dès le début de la chasse que nous racontons. Pendant que les Européens se disposaient à pénétrer dans la forêt pour y faire une battue, on entendit un grand bruit dans les fourrés voisins, et on en vit sortir un éléphant femelle suivi de son petit. Aussitôt les naturels, y compris le sorcier, se sauvèrent dans toutes les directions et laissèrent leurs hôtes livrés à eux-mêmes.

VIII

L'éléphant ne paraissait pas s'être aperçu de la présence des chasseurs. Il jouait avec son éléphanteau, qui pouvait avoir trois ans, balançait gaiement sa trompe, s'éventait avec ses grandes oreilles et agitait sa queue pour exprimer son bien-être. Lorsqu'il fut las de ces amusements, il s'approcha d'un arbre que les Arabes appellent *héglig*, et parut savourer voluptueusement ses fruits connus sous le nom de *lébé*. Sa gourmandise fut sans doute excitée plutôt que satisfaite, et on le vit gagner un marais où, après avoir encore folâtré quelque temps, il se mit en quête de trouver des grains de papyrus, en arabe *souteb*, que l'éléphant d'Afrique, habitant les régions du Nil, préfère même au lébé.

M. de Morin, en sa qualité de sportman, avait pris la direction de la chasse et s'était empressé de défendre à l'escorte de faire feu avant son commandement. Mais un Dinka, plus ardent que ses camarades, lui désobéit et tira un coup de carabine.

Aussitôt la mère interrompit son repas, leva la tête et essaya de découvrir son ennemi. Elle ne put y parvenir ; les éléphants ont une très mauvaise vue ; mais leur odorat est des plus subtils et leur suffit. L'animal attaqué sentit la poudre et aussitôt, sans hésiter, sans se tromper, il s'élança suivi de son petit vers le point d'où le coup était parti.

Rien ne peut donner une idée du bruit que fait un éléphant lancé dans l'espace. La terre tremble et s'ébranle sous ses larges pieds. On dirait qu'elle va s'entr'ouvrir et donner passage à un volcan souterrain ; on croirait entendre le sourd grondement du tonnerre, lorsque, sans éclater encore, il roule dans le lointain. Tout ce qui fait obstacle à la course impétueuse du colosse est foulé, brisé, arraché de terre ; les plus hautes herbes s'affaissent, les buissons desparaissent, les buttes s'aplanissent, des arbres énormes sont parfois déracinés et toute la moisson d'un district ravagée.

Les deux éléphants, le grand et le petit, passèrent près des Européens sans les atteindre, sans paraître les apercevoir. Ils suivaient obstinément la route qu'ils s'étaient tracée ; ils marchaient droit à l'invisible ennemi, dont le coup de feu avait indiqué la présence et trahi la cachette.

Tous les nègres de l'escorte s'étaient enfuis au galop de leurs chevaux ; seul, le chasseur Dinka, qui aurait eu le plus d'intérêt à fuir, était démonté ; son cheval, effrayé par la détonation, l'avait renversé et courait dans la plaine. Le malheureux nègre, réduit à ses propres forces, se sauvait avec une vitesse surprenante. Mais, malgré tous ses efforts, il fut bientôt rejoint. L'éléphant le saisit avec sa trompe, le souleva et le jeta par terre afin de le fouler aux pieds. Il est rare, en effet, que l'animal dont nous parlons se précipite, du premier coup, sur son ennemi et l'écrase sous son poids. Il préfère se servir de sa trompe, comme nous nous servons de nos bras et terrasser d'abord celui qu'il veut étouffer.

Un Nubien, ou tout autre nègre, fût retombé à moitié évanoui, mort de frayeur aux pieds de son terrible adversaire. Mais les Dinkas, dont nous avons déjà vanté le courage, savent conserver leur sang-froid dans les occasions périlleuses. L'homme qui, après avoir été si brusquement enlevé de terre, venait d'y retomber, se releva vivement et courut se réfugier sous le ventre de l'éléphanteau. La mère, étonnée de cet incident imprévu, sembla réfléchir ; puis, sans se presser, après avoir jeté un regard attendri sur son petit, elle s'approcha, et reprit délicatement son prisonnier.

Le Dinka fit encore la même manœuvre ; elle lui réussit comme la première fois,

Mais alors l'éléphant, dont la colère paraissait s'être calmée, redevint furieux, saisit le nègre violemment et, après l'avoir enlevé de terre, fit tournoyer brusquement sa trompe pour l'étourdir et le mettre hors d'état de s'enfuir de nouveau.

Une minute encore, et le malheureux était perdu.

Tout à coup, un coup de fusil fut tiré et l'éléphanteau s'affaissa.

C'était M. Périères qui venait de le tuer. Dans l'impossibilité de tirer sur la femelle, sans courir le risque de tuer l'homme qu'elle tenait droit devant elle, pensant avec raison que s'il la blessait seulement, elle n'en deviendrait que plus furieuse et ne ferait aucune grâce à sa victime, il avait, en désespoir de cause, tiré sur le petit pour détourner l'attention de la mère.

Ce coup d'audace réussit. Terrifiée, désespérée, la malheureuse bête, au lieu de fouler à ses pieds le nègre qu'elle venait de rejeter par terre, l'abandonna pour s'élancer au secours du blessé. Elle se baissa vers lui, s'agenouilla, promena lentement sa trompe sur le dos, sur le cou de l'éléphanteau et chercha sa blessure. Elle parvint à la trouver, puisa de l'eau dans son estomac et arrosa la plaie. Puis, comme si elle voulait empêcher le sang de couler et boucher le trou béant fait par la balle, elle se colla contre son petit, le tenant pressé, essayant de lui faire avec sa chair une nouvelle chair.

On l'entendait pousser de sourdes plaintes qui avaient quelque chose d'humain, et, de ses yeux, si expressifs malgré leur petitesse, on aurait pu voir couler de grosses larmes.

Mais l'éléphanteau se débattait vainement contre la mort. Son corps s'agita convulsivement. Il tomba sur le côté, ses pattes se raidirent, et il expira.

La mère, après avoir poussé une dernière plainte, un cri plus lamentable que les autres, se releva brusquement et ne songea plus qu'à le venger.

Le Dinka fuyait toujours ; il était déjà loin et près d'atteindre la forêt où il espérait trouver un refuge.

La poursuite devenait inutile, l'éléphant le comprit. Peut-être aussi, avec sa merveilleuse intelligence, se dit-il que cet homme n'était pas son véritable ennemi, qu'il existait d'autres chasseurs cachés dans la clairière, derrière quelque buisson ; il fallait les atteindre et les massacrer.

Il promenait sa trompe dans toutes les directions, il aspirait l'air tandis que son regard, maintenant plein de fureur, fouillait les hautes herbes.

Enfin le colosse s'ébranla et prit sa course vers le point que Mme de Guéran, miss Poles et leurs compagnons n'avaient pas encore quitté.

Le danger devenait pressant, immédiat, terrible. L'animal n'était plus qu'à trente pas.

Trois coups de feu retentirent, et l'éléphant, frappé au défaut de l'épaule, tomba comme une masse.

Alors, les chasseurs quittèrent le buisson et s'avancèrent prudemment, comme on le leur avait conseillé. On a vu, en effet, des éléphants qu'on croyait morts, et qui n'étaient que blessés, se relever brusquement et, dans un élan suprême, charger leurs ennemis, pour expirer, un instant après, sur leurs corps broyés. Mais celui-ci était si bien mort que Joseph ne craignit pas de s'en approcher, après avoir toutefois, en fermant les yeux, tiré sur la bête un nouveau coup de fusil. Il ne négligeait aucune précaution et savait se montrer audacieux vis-à-vis d'un ennemi dans l'impossibilité de se défendre.

Les naturels, sur le territoire desquels on chassait, s'étaient éloignés dès la première apparition de l'éléphant, mais ils ne s'étaient pas entièrement désintéressés de la chasse. Cachés de tous côtés, ils la suivaient des yeux à une distance respectable. Lorsqu'ils virent tomber le colosse, ils s'élancèrent sur lui de tous les points de l'horizon avec le même empressement qu'ils avaient mis à le fuir. Ils luttaient de vitesse avec les milans et les vautours qui, de leur côté, avaient flairé une proie et descendaient du ciel où tout à l'heure on ne les voyait pas, pour prendre part au festin.

« J'ai eu souvent, dit Schweinfurth, l'occasion d'observer pareil fait, surtout quand le temps est clair. Presqu'aussitôt que la pièce est tombée, vous apercevez dans le ciel des points noirs qui grossissent de plus en plus et sont suivis d'autres points noirs qui grossissent également; ils approchent, leurs formes se dessinent : ce sont des milans, des vautours et d'autres mangeurs de proie morte, qui viennent prendre part à la curée. On dirait que le ciel, comme se le figuraient les anciens, est divisé en plusieurs étages, d'où les oiseaux de proie, sans cesse à l'affût, se précipitent des différentes régions qu'ils occupent, dès qu'ils aperçoivent en bas quelque chose qui les tente. »

Réunis autour de l'éléphant et se disputant avec les oiseaux de proie, les naturels mesuraient le colosse qu'ils étaient appelés à se partager. Cette femelle avait atteint son complet développement et arrivait à une hauteur de 2^{m}64, ce qui est à peu près la grosseur des éléphants mâles de l'espèce asiatique.

Le désespoir de Joseph fut des plus bouffons lorsqu'il s'aperçut que ses maîtres abandonnaient aux naturels non seulement le corps de la bête, mais encore ses précieuses défenses. Quoi! l'on faisait si peu de cas de ces admirables dents qu'il voyait apparaître dans tous ses rêves et pour lesquelles il avait sacrifié sa chère rue Taitbout, ses amitiés avec les garçons de Tortoni, sa liaison avec le chasseur du Helder, le professeur d'arabe et sa tendre négresse. Ce superbe ivoire, dont un négociant de Paris eût tiré un si grand parti, qu'on aurait transformé aussitôt en merveilleux petits objets de toilette, il le voyait donner, sous ses yeux, à de misérables nègres, à moitié nus, ignorant, et pour cause, l'usage des brosses à habit et des boîtes de poudre de riz. Heureusement que la chasse n'était pas terminée, l'espoir lui revint.

La mort de l'éléphanteau, la douleur de la mère, l'agonie de ces intelligentes bêtes, avaient produit une vive impression sur les chasseurs et un peu calmé leur ardeur belliqueuse. Mais on leur disait merveille de la forêt qui s'étendait devant eux; ils n'avaient jamais pénétré dans ces splendides fourrés, auxquels la nature semble avoir prodigué toutes ses magnificences; ils étaient attirés vers ces sombres retraites, ces mystérieuses profondeurs, et ils voulurent les visiter.

IX

Il était environ deux heures de l'après-midi lorsque la petite troupe d'Européens entra dans la forêt. Son escorte de Dinkas et de Nubiens avait fini par se rallier et la suivait. Plusieurs naturels du pays, renonçant à obtenir de leurs camarades une part des éléphants déjà tués, s'étaient aussi décidés à remplir l'emploi de guides auprès des blancs, avec l'espérance que ceux-ci feraient une chasse fructueuse et continueraient à leur abandonner généreusement le gibier. La forêt se développait vers le sud-est, sur une étendue d'une dizaine de lieues. Un marais, maintenant desséché, avait donné à la végétation une grande puissance : les acacias, les mimosas, le tallan, le tamarinier, le sycomore atteignaient une hauteur considérable, et le sterculier, dont la tige s'amincit graduellement, montait jusqu'à cent pieds. Ces arbres, gigantesques pour la plupart, se trouvaient reliés l'un à l'autre par des touffes de papyrus qui se dressaient au milieu d'une flaque d'eau, dernier vestige de l'ancien marais, par des lianes immenses, de hautes graminées formant d'impénétrables buissons, des calamus aux terribles épines.

Une chaleur excessive régnait sous ces feuillages épais : on se serait cru dans une serre chaude démesurément chauffée. Cependant les Européens, tout entiers à leur admiration, oubliaient de se plaindre. Ils suivaient, depuis un instant, une sorte de ruisseau, limpide comme une source, couvert d'un berceau de lianes gracieusement entrelacées, et bordé de massifs d'amones, à la fleur jaune et blanche, au fruit rouge écarlate. Un rayon de soleil perçait l'épaisse ramée, faisait miroiter le feuillage et les fleurs et donnait une teinte argentée au ruisseau. Tout à coup, on déboucha dans une clairière. Les eaux qui venaient s'y perdre, les grandes ombres qui l'entouraient la rendaient aussi verdoyante qu'un pâturage de la Normandie. Les Européens et leur escorte s'arrêtèrent et prirent quelque repos, tandis que les noirs s'engageaient dans le fourré pour dépister les éléphants.

Une demi-heure à peine s'était écoulée, que cette troupe revint en poussant de grands cris. La plupart, sans se préoccuper des étrangers, fuyaient dans toutes les directions ou, choisissant les arbres les plus gros et les plus élevés, les gravissaient avec une agilité surprenante. D'autres, plus conscients de leur devoir, s'approchaient des Européens pour leur apprendre qu'une bande énorme d'éléphants s'avançait vers la clairière. Suivant les uns, il s'agissait d'une vingtaine d'animaux mâles et femelles ; suivant les autres, d'une centaine ; ces derniers criaient qu'il y en avait un millier. Rien n'est curieux comme l'exagération des Africains : sans avoir la plus petite notion d'arithmétique, ils sont de première force en fait de multiplication. Tout en tenant compte de cette exagération, il devenait avéré cependant qu'un formidable troupeau d'éléphants parcourait la forêt et dirigeait sa promenade vers le lieu choisi pour faire une halte.

— Je propose, dit Delange, de laisser les éléphants à leurs affaires et de fuir avec ces gens.

— Comment ! s'écria miss Poles indignée, nous avons l'occasion de voir un spectacle unique peut-être, et, lorsque la toile se lève, nous quitterions nos places !

— Permettez-moi de vous faire observer, ma chère miss Poles, fit Périères, que nous ne sommes pas venus en Afrique précisément pour chasser l'éléphant. Nous nous proposons un but beaucoup plus noble et nous n'avons pas le droit de dépenser nos forces, d'exposer notre vie, tant que nous ne l'aurons pas atteint.

— Personne ne vous parle de chasser, reprit l'opiniâtre Anglaise. Je ne suis pas folle ; j'imagine, et je ne songe pas à combattre une armée d'éléphants. Mais nous pouvons sans danger, je crois, rester quelques instants ici pour contempler nos visiteurs. S'ils font mine de s'élancer sur nous, nos chevaux nous auront vite emportés hors de leur atteinte.

— Vous en parlez à votre aise, répliqua M. Périères, nos chevaux ne parviendront jamais à galoper dans ces fourrés ; c'est à peine s'ils pouvaient, tout à l'heure, marcher au pas. Les éléphants, au contraire, ne craignent ni les buissons, ni les arbres, ni les épines, et ils nous rejoindront en un instant, s'il leur en prend fantaisie.

— Ce que vous venez de dire, mon cher Périères, est d'autant plus vrai, fit M. de Morin qui n'avait pas encore donné son avis, que je ne remonte pas à cheval : j'ai plus de confiance dans mes jambes que dans celles de ma bête.

— Vous êtes donc décidé à rester ici ? demanda M. Delange.

— Absolument décidé, si toutefois Mme de Guéran ne m'ordonne pas de partir.

— Mon Dieu ! messieurs, fit la baronne, j'en avais fort envie, je ne

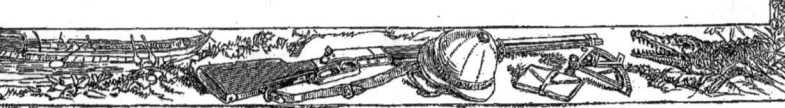

LA VÉNUS NOIRE.

Mon bain dura plus d'une heure (page 209).

vous le cache pas, mais il est trop tard maintenant pour vous donner cet ordre. Nos chevaux ne songent plus à brouter l'herbe de la prairie : ils dirigent leur tête vers un même point, leurs oreilles se dressent, tout leur corps frémit. L'instinct leur dit qu'un ennemi puissant s'avance vers eux. Tenez! les voici qui prennent la fuite.

En effet, les chevaux qu'on avait laissés en liberté dans la clairière, suivant l'usage arabe, s'élançaient affolés dans toutes les directions.

— Il est encore temps de battre en retraite, dit M. Delange. Vous me connaissez, vous savez que je n'ai pas peur; mais certaines témérités sont inutiles.

— Évidemment, ajouta M. Périères.

Mme de Guéran leva les yeux sur celui qui venait de parler. On aurait dit que son regard renfermait un reproche, qu'elle en voulait à M. Périères de partager l'opinion du docteur, de se refuser à braver le danger.

Elle se trouvait sans doute dans une de ces dispositions d'esprit qui rendent les femmes téméraires. Elle souffrait peut-être de la fausse position où elle était placée entre ces deux hommes qui l'adoraient, qui mouraient du désir de le lui dire, et dont elle ne pouvait écouter les protestations. Elle se demandait si l'épreuve à laquelle ils se soumettaient et qu'elle avait ordonnée, n'était pas au-dessus de leurs forces et des siennes. Peut-être allait-elle jusqu'à s'avouer qu'elle s'exposait à de sérieux dangers, qu'elle se préparait un triste avenir. Ne valait-il pas mieux, pour elle, pour eux, et même pour celui qu'on voulait rejoindre, qu'on voulait délivrer, que la situation se dénouât brusquement, le jour même, dans cette forêt, au milieu de cette clairière? A quoi bon affronter de nouveaux dangers auxquels on succomberait tôt ou tard? N'était-il pas préférable de périr en ce beau lieu, de mort violente, que de s'éteindre misérablement bientôt, à bout de forces, épuisée par la maladie? Au moins aujourd'hui elle mourrait la conscience tranquille, sans remords d'aucune sorte; pouvait-elle répondre qu'elle n'aurait pas, dans un avenir prochain, quelque faiblesse à se reprocher, quelque faute à déplorer?

Mais toutes ces pensées que nous lui prêtons, en vertu de notre droit d'analyse, et qu'elle avait eues sans doute précédemment, ne devaient pas en ce moment lui traverser l'esprit. A peine avait-elle levé les yeux sur M. Périères, pour lui reprocher de vouloir fuir, que la fuite devint impossible, et que de vives émotions changèrent le cours de ses idées.

De l'autre côté de la clairière, à deux cents mètres environ du lieu où les Européens s'étaient arrêtés, un grand bruit se faisait entendre. Il ressemblait au mugissement d'une mer houleuse, aux grondements des flots qui, poussés par le vent et la marée, s'engouffrent dans une excavation profonde, creusée sous les rochers. Il sortait de la forêt comme une longue plainte : le feuillage, les arbres semblaient gémir ; tout frémissait et s'agitait dans l'air ; des nuées d'oiseaux, troublés dans leur repos, fuyaient à tire-d'aile en poussant de longs cris ; une troupe de buffles, cachés dans les hautes herbes, se releva tout à coup, élargit ses naseaux, aspira l'air bruyamment, et, affolée, prit impétueusement sa course. Enfin, la terre elle-même trembla sous le poids énorme qui l'écrasait, et l'on vit une cinquantaine d'éléphants, élevant leur tête au-dessus des massifs, planant sur les herbes les plus hautes, s'avancer dans la clairière en bataillon serré.

X

Les éléphants ne paraissaient pas soupçonner la présence de chasseurs dans le voisinage. Maîtres du pays, souverains de la contrée, habitués à voir fuir devant eux tous les hôtes de la forêt, y compris le lion qui ne les attaque jamais, ils ne pouvaient se douter qu'à l'heure où ils étaient réunis en si grand nombre, quelques faibles humains oseraient leur disputer la place.

Arrivés dans la clairière qu'ils cherchaient sans doute pour se reposer et s'ébattre à leur aise, ils rompirent les rangs, et sans crainte, sans préoccupation, se répandirent dans les hautes herbes, suivant leur goût et leur fantaisie. Les uns cherchèrent un tapis de verdure pour s'étendre ; les autres se mirent en quête de leur nourriture habituelle, le feuillage de mimosa ou l'arrouel, surnommé le pain de l'éléphant. Ceux-ci s'arrêtaient devant une mare, y puisaient de l'eau avec leur trompe et se lavaient le corps pour se purifier de toutes les souillures du chemin ; ceux-là, les jeunes, âgés seulement d'une soixantaine d'années, folâtraient gaiement, agitaient leurs longues oreilles en signe de satisfaction, entrelaçaient fraternellement leur trompe, ou se poursuivaient dans la clairière.

Il faisaient un grand bruit, mais tout était silence autour d'eux : la forêt se taisait, ses hôtes avaient fui, et la nature elle-même était comme apaisée.

Les Européens, leurs interprètes et trois hommes de l'escorte qui leur étaient restés fidèles, se tenaient pressés sur un petit espace de la clairière. Cachés dans les hautes herbes, ils ne pouvaient être aperçus et personne n'élevait la voix : la prudence ordonnait à ceux-ci de se taire, l'admiration empêchait ceux-là de parler. En effet, le spectacle qui se déroulait devant eux avait quelque chose de féerique : ces masses noires s'agitaient dans un océan de verdure, et répandaient autour d'elles de grandes ombres ; les rayons du soleil coloraient magnifiquement ces chairs d'ébène et leur prêtaient des reflets métalliques ; l'ivoire jaunâtre des défenses faisait un superbe contraste au milieu de toutes ces teintes noires et vertes. Un ciel pur, sans nuage, d'un bleu sombre, s'étendait au-dessus de la clairière, se perdait à l'horizon et ajoutait à ce tableau une grandiose toile de fond. Une sorte de vapeur vacillante, qu'on remarque en plein midi sous les tropiques, montait de la terre et donnait au paysage des contours indécis.

Cependant, malgré leur admiration, malgré l'espèce de torpeur dans laquelle les plongeait cette chaude atmosphère et tous les capiteux parfums exhalés par les fleurs du marais, Mme de Guéran et ses compagnons commençaient à éprouver de sérieuses craintes. Le cercle, assez limité d'abord, dans lequel la troupe d'éléphants prenait ses ébats, s'agrandissait de plus en plus ; la moitié de la prairie, malgré sa grande étendue, était occupée déjà, et les éclaireurs de la bande, d'humeur audacieuse, vagabondaient de tous côtés et se rapprochaient par instant des Européens.

— Nous avons vu tout ce que nous voulions voir, murmura M. Delange à l'oreille de ses amis. Rien ne nous retient plus ; si nous partions ?

— Ma curiosité est satisfaite et j'ai la même pensée que vous, dit miss Poles de sa voix la plus éteinte. Mais le bruit que nous allons faire pour écarter ces hautes herbes, pour rejoindre la forêt attirera l'attention des éléphants. Ils se dirigeront de notre côté, au moins par curiosité, et nous écraseront le plus innocemment du monde.

— Si nous restons à notre place, répliqua M. Delange, le même sort nous attend ; ces animaux envahissent peu à peu la clairière, bientôt ils nous auront rejoints.

— Obligeons-les à s'éloigner, fit M. de Morin en se penchant vers ses amis.

Tous, sans parler, l'interrogèrent du regard ; personne ne comprenait son idée.

— Nous avons à notre disposition neuf fusils, reprit M. de Morin, sans compter les deux revolvers de ces dames ; c'est plus qu'il ne nous en faut pour nous débarrasser de tous ces importuns.

— Comment ! vous voulez que nous attaquions cinquante éléphants de la taille de ceux-ci ? s'écria M. Delange. C'est de la folie.

— Qui vous parle de les attaquer ? Je veux seulement les effrayer. Nous tirerons en l'air, parbleu ! et je parie qu'ils prendront tous la fuite.

— Et s'ils fuient de notre côté ?

— C'est impossible. Le premier mouvement de l'animal, quel qu'il soit, lorsqu'il a peur, est de retourner sur ses pas.

On se consulta quelque temps à voix basse. Mais l'ennemi s'approchait, et comme la retraite devenait impossible, car on aurait certainement été poursuivi, on résolut de suivre le conseil de M. de Morin.

Au signal convenu, neuf coups de fusil tirés en l'air, et deux coups de revolver retentirent en même temps.

Les éléphants relevèrent la tête, interrompirent leurs jeux, se rejoignirent vivement, vinrent se masser sur un point de la clairière et parurent se consulter.

Quelques secondes s'écoulèrent, terribles pour les chasseurs : ils étaient perdus, condamnés à mort sans recours en grâce, broyés en un instant, si l'ennemi se décidait à les charger, si l'avalanche roulait de leur côté.

Pendant qu'on attendait, soit un arrêt de mort, soit un acquittement, les cœurs les plus braves battaient à se briser. Les trois jeunes gens, malgré tout leur courage, avaient pâli. Miss Poles s'était approchée du docteur Delange et le serrait dans ses bras, comme si elle avait résolu de mourir avec lui. Seule, peut-être, Mme de Guéran ne tremblait pas.

Les interprètes et les soldats de l'escorte s'étaient couchés par terre, se faisant le plus petits possible pour passer inaperçus, et quant à Joseph, maudissant sa corpulence qui ne lui permettait pas de s'effacer, il était tombé à genoux, levant les bras au ciel et fermant les yeux.

Tout à coup, un des éléphants, le plus ancien de la bande, le plus expérimenté et le plus vénéré, fit une trouée au milieu de ses compagnons, et prit sa course vers la forêt.

Les autres le suivirent.

Le danger disparaissait, M. de Morin triomphait.

Cependant, deux animaux, d'un caractère énergique et indépendant sans doute, s'étaient refusés à imiter leurs camarades. Peut-être avaient-ils déjà fait connaissance avec les armes à feu, s'étaient-ils rencontrés avec des chasseurs et désiraient-ils venger quelque vieille offense, assouvir une haine qui venait de renaître? Non seulement ils ne prirent pas la fuite, mais ils regardèrent autour d'eux avec insistance, ils agitèrent leurs trompes d'une façon menaçante, en faisant entendre de sourds grognements.

C'étaient deux bêtes magnifiques, des mâles, hauts de dix pieds environ, et armés de défenses gigantesques. Après avoir inspecté la clairière, et au moment où les Européens, s'attendant à les voir fondre sur eux, les visaient déjà et s'apprêtaient à tirer, ils se dirigèrent vers un grand mimosa qui s'élevait à cent mètres de la place occupée par les chasseurs.

Arrivés au pied de l'arbre, ils s'arrêtèrent, dressèrent leurs trompes le long du tronc, et tentèrent d'atteindre le feuillage.

Ils ne purent y parvenir; ce mimosa avait plus de trente pieds et ses branches ne commençaient à se développer qu'à son sommet.

Alors ils firent entendre des cris de rage, auxquels répondirent des plaintes. Elles étaient poussées par un des noirs qui, une demi-heure auparavant, avaient annoncé l'approche de l'ennemi et s'étaient enfuis dans toutes les directions. Le malheureux avait cherché un refuge sur le mimosa; mais les deux éléphants venaient de l'éventer.

Quand ils s'aperçurent que leurs trompes ne pouvaient pas arriver jusqu'au feuillage, ils se décidèrent à déraciner l'arbre, et grâce à leur merveilleux instinct, ils se livrèrent à une opération des plus curieuses dont Jules Poncet, le fameux chasseur d'éléphants, fut souvent témoin. L'un d'eux s'agenouilla au pied du mimosa, enfouit ses défenses dans la terre, au milieu des racines, comme il y aurait enfoncé un bélier, et releva lentement sa lourde tête; l'autre, pendant ce temps, entoura le tronc avec sa trompe, lui imprima de violentes secousses et l'entraîna peu à peu à lui.

Quelques secondes encore et l'arbre gigantesque s'abattait, l'homme tombait, et s'il respirait encore après cette terrible chute, il était infailliblement broyé sous les pieds de ses ennemis.

Les Européens n'avaient pas le droit de rester inactifs; ils épaulèrent leurs carabines, visèrent, et firent feu en même temps.

Tous les coups avaient porté; mais aucun n'était mortel.

On aurait pu même croire que les éléphants n'avaient pas été atteints, si, de leurs blessures, on n'avait vu couler des flots de sang.

Ils ne s'étaient pas retournés du côté des chasseurs; ils continuaient leur besogne en poussant des cris aigus, de longs gémissements.

Alors MM. de Morin et Périères, sans hésiter, s'avancèrent de quelques mètres et firent une nouvelle décharge.

L'éléphant, qui se servait de sa trompe pour entraîner l'arbre, fut atteint au cœur et tomba foudroyé.

L'autre, dont les défenses étaient enfoncées dans les racines du mimosa, fit un suprême effort, et l'arbre, soulevé de terre, après avoir décrit un cercle dans les airs, vint rouler sur le sol.

Alors l'animal furieux, libre maintenant de ses mouvements, la trompe en avant, s'élança vers la tête de l'arbre tombé, fouilla dans le feuillage, saisit le nègre et le broya sous ses pieds.

Mais sa fureur n'était pas assouvie; c'était sur les Européens qu'elle allait maintenant se porter.

MM. Périères et de Morin, dès qu'ils eurent constaté la mort du nègre, s'étaient repliés du côté de Mme de Guéran et avaient cessé de tirer, voulant conserver leurs cartouches pour se défendre, et tenter une dernière fois d'abattre leur invulnérable ennemi.

Celui-ci s'était retourné vers les chasseurs, que les hautes herbes foulées et abattues par leurs courses successives ne dérobaient plus à sa vue. Son corps, autrefois noir comme de l'ébène, était devenu rouge; le sang jaillissait de ses blessures, et après s'être répandu sur tous ses membres, coulait sur l'herbe de la clairière et formait un ruisseau sanglant. Ses oreilles, trouées par les balles, étaient immobiles le long de son corps. Sa trompe seule avait été épargnée, mais il la promenait à chaque instant sur ses plaies comme pour les étancher, pour calmer sa douleur, et chaque fois qu'il la ramenait devant lui, elle était tout imprégnée de sang. Il poussait de formidables rugissements, que répétaient les échos de la forêt et qui devaient glacer de terreur tous ses hôtes. Enfin, il fit entendre un grand cri, plus terrible que les autres, et il s'élança vers le point où les Européens s'étaient réfugiés.

Alors, ils lui tirèrent leurs dernières balles.

Il s'arrêta, parut chanceler un instant, puis reprit sa course.

XI.

Lorsqu'un quart d'heure auparavant, on vit le premier éléphant tomber et le second, poursuivant sa vengeance, continuer à déraciner l'arbre, M. Périères et M. de Morin avaient ordonné énergiquement à leurs compagnons de prendre la fuite et de se disséminer dans la forêt ou dans la clairière. Les interprètes arabes et les soldats dinkas obéirent; quant à Joseph, il avait devancé les ordres de son maître.

M. Delange voulut rester avec ses amis. Mais on lui fit comprendre qu'il était un assez mauvais tireur et que son fusil serait mieux placé dans les mains de M. Périères ou de M. de Morin. En même temps, s'il refusait de fuir, miss Béatrix Poles, qui semblait avoir en ce moment une préférence marquée pour lui, ne voudrait pas le quitter, et on avait intérêt à se débarrasser d'elle. En effet, la coquette Anglaise, pour produire une vive impression sur les peuplades noires qui adorent les couleurs voyantes, avait, depuis quelques jours, arboré certain jupon rouge et certain voile bleu des plus dangereux : l'éléphant d'Afrique, comme le taureau d'Espagne, devenant furieux à la vue d'un chiffon de teinte trop accentuée ; M. Delange, dans l'intérêt commun, à la prière de ses amis, et pour sauver l'intrépide miss Poles, s'était donc éloigné avec elle.

Seule, Mme de Guéran se refusa énergiquement à chercher un refuge dans les environs, et voulut partager le sort de MM. de Morin et Périères. Elle affirmait n'avoir pas le droit de les quitter au moment du danger, et elle prétendait, ce qui était peut-être exact, qu'ils sauraient mieux défendre leur vie s'ils avaient aussi à défendre la sienne.

C'était donc seulement contre Mme de Guéran et ses deux amis que l'éléphant s'élançait. Malgré ses nombreuses blessures, sa course était toujours impétueuse et ses forces ne paraissaient pas avoir diminué. Quant à la rage du colosse, elle était arrivée aux dernières limites.

M. de Morin et M. Périères, nous l'avons dit, manquaient de cartouches : si, après avoir tiré leur dernier coup de feu, ils n'avaient pas enfin pris la fuite et entraîné Mme de Guéran avec eux, c'est qu'il n'était plus temps : l'éléphant les aurait rejoints et ils n'avaient aucune chance de lui échapper. En l'attendant, au contraire, de pied ferme,

Nous autorisons Nassar à nous conduire dans une sorte de harem (page 304).

ils espéraient encore — l'espoir était, hélas! bien vague — pouvoir se jeter de côté et le combattre à l'arme blanche.

Ils restaient donc en place, la tête haute, tenant à la main droite un couteau de chasse, et serrant de la main gauche le bras de Mme de Guéran, pour la renverser s'il en était besoin et se placer entre elle et l'ennemi.

Quant à Laure de Guéran, le corps rejeté en arrière, immobile, calme en apparence, la bouche un peu entr'ouverte, le regard vague, elle leur faisait face, et les mugissements du colosse, ses cris de fureur, le tremblement de la terre, lui disaient seuls qu'il s'approchait d'elle, qu'il allait l'atteindre.

Elle était merveilleusement belle en ce moment : sa taille cambrée paraissait avoir une souplesse extraordinaire, ses hanches accentuées se dessinaient nettement sous la tunique qui les couvrait ; sa poitrine, que l'émotion soulevait à temps égaux, paraissait admirable de modelé ; quelques boucles de cheveux d'un blond doré erraient sur son cou blanc et y répandaient leurs ombres, ses narines palpitaient, ses lèvres n'avaient rien perdu de leur coloris, et ses yeux alanguis, mourants, à moitié fermés, comme s'ils s'apprêtaient à se fermer pour toujours, avaient un charme indéfinissable.

Malgré la mort qui planait déjà sur eux, les deux jeunes gens ne pouvaient se défendre d'admirer cette délicieuse femme. Peut-être avaient-ils déjà fait le sacrifice de leur vie et goûtaient-ils une âpre volupté à mourir auprès de celle qu'ils aimaient, leurs yeux dans ses yeux, leurs mains dans les siennes, confondus en quelque sorte avec elle.

L'éléphant courait droit sur ses ennemis, sans hésitation, sans détour ; sa trompe, projetée en avant, les cherchait et s'apprêtait à les saisir ; ses effroyables mugissements les assourdissaient, leur ôtaient toute volonté ; son souffle puissant arrivait jusqu'à eux. Ils respiraient les émanations qui s'échappaient de ce corps échauffé, sanglant ; ils recevaient sur leurs mains, sur leurs visages, des gouttelettes de sang qui coulaient à flots de toutes ses blessures, et que la rapidité de la course projetait dans l'air, d'où elles retombaient en pluie.

Ils avaient cru pouvoir se jeter de côté au dernier moment, et combattre encore ; ils ne le pouvaient plus : ils étaient stupéfiés, paralysés, annihilés.

En effet, le sanglant colosse n'avait plus rien de terrestre. C'était un monstre sans nom, quelque chose d'immonde et de terrifiant que des humains ne pouvaient combattre.

Tout à coup la terre trembla ; on aurait dit qu'elle avait reçu un choc terrible, qu'un énorme bloc de rocher, roulant d'une montagne voisine, l'avait effondrée.

— L'éléphant, affaibli depuis une heure par la perte de son sang, blessé mortellement par les derniers coups de feu tirés sur lui, soutenu seulement depuis quelques minutes par la colère et la rage, venait, au moment où il allait satisfaire sa vengeance, de tomber comme une masse et de s'abîmer sur le sol. Pendant un instant, Mme de Guéran, M. Périères et M. de Morin restèrent interdits. Ils avaient vu la mort de si près qu'ils doutaient de leur existence ; il leur semblait impossible qu'ils eussent été délivrés aussi miraculeusement ; ils admettaient tout au plus une résurrection.

Il fallut bien se rendre à l'évidence : leur ennemi, si terrible tout à l'heure, était là, étendu, immobile. Ses rugissements n'emplissaient plus l'air, sa course n'ébranlait plus la terre, son sang coulait à flots sur le sol, l'inondait et formait déjà une mare rougeâtre autour des Européens.

Ceux-ci ne se regardaient plus : ils baissaient les yeux et paraissaient embarrassés de se trouver en face l'un de l'autre. Peut-être reprochaient-ils à la mort de ne les avoir épargnés que pour les mettre dans une position fausse, de leur avoir ouvert des horizons nouveaux pour les rejeter brutalement dans la réalité.

De toutes parts, cependant, on accourait les rejoindre, les féliciter de leur délivrance. Miss Poles et M. Delange arrivèrent les premiers. Malgré les supplications de MM. Périères et de Morin, ils n'avaient pas voulu fuir au loin, et ils s'étaient tenus dans un buisson voisin, prêts à mourir à leur tour, lorsque l'éléphant aurait immolé ses premières victimes.

Les craintes qu'elle avait éprouvées pour elle-même et ses compagnons, son tête-à-tête avec M. Delange, dans un moment où le cœur bat plus fort, où les émotions sont plus vives, avaient comme alangui miss Béatrix. Sa démarche avait comme de molles ondulations, son long cou se courbait avec grâce, sa tête s'inclinait, prête à se reposer sur l'épaule du docteur. Son regard, dont l'éclat était tamisé par ses grandes lunettes bleues, avait quelque chose d'indécis et de mourant. Peut-être regrettait-elle aussi d'être retombée sur la terre au lieu de s'envoler avec M. Delange dans les régions célestes ; peut-être son imagination la reportait-elle vers le pays des Touaregs, où sa vertu avait subi de si rudes assauts.

Les chasseurs étaient réunis ; seul Joseph manquait à l'appel. Où se cachait-il ? Personne ne put répondre à cette question. Il était incapable cependant de s'être enfoncé dans les profondeurs de la forêt ; il les redoutait trop. S'était-il réfugié sur un arbre? On écarta immédiatement cette hypothèse. La corpulence de Joseph, son manque absolu d'agilité, lui interdisaient des ascensions de ce genre.

Pendant plus de dix minutes on l'appela de tous côtés, et on commençait à ressentir quelque inquiétude, lorsqu'on le vit accourir.

On l'aurait dit atteint de la chorée, cette maladie appelée communément la danse de Saint-Guy. Il faisait des gestes désespérés, levait les bras, les laissait retomber, les étendait horizontalement, se frappait les épaules, la poitrine, le ventre, les cuisses, les mollets. Il imprimait aussi à son corps de grandes secousses, comme fait un chien qui sort de la rivière. Il n'était pas mouillé cependant : sa veste de cotonnade blanche paraissait des plus sèches; elle était seulement marbrée de grandes plaques rougeâtres, épaisses, en relief, qui se déplaçaient de temps à autre et semblaient animées. Il ne se contentait pas de se livrer à une gymnastique effrénée, il poussait des cris terribles, moins effrayants que ceux de l'éléphant, mais plus aigus et plus discordants.

On courut à lui et on reconnut que le malheureux était dévoré par une armée de fourmis rousses, ce fléau de l'Afrique. Elles s'entassaient, en forme de grappes et de pelotes, sur ses habits et ses guêtres. Elles avaient pénétré jusque dans sa barbe et ses cheveux. Elles se logeaient sur son visage, dans ses oreilles, descendaient le long de son cou, de sa poitrine, visitaient les plus petits recoins de sa grasse personne, et non contentes de leur indiscrétion, le mordaient avec rage, déchiraient ses chairs, s'incrustaient dans sa peau.

Lorsqu'il avait pris le parti de fuir, une heure auparavant, il ne savait où aller : il redoutait la forêt parce qu'elle était trop sombre, les buissons à cause de leurs épines, les herbes parce qu'elles ne lui offraient pas un abri assez sûr. Il errait éperdu, quand il aperçut, près d'un arbre, un petit monticule élevé d'un mètre, large de trois. Il s'y précipita tête baissée, se croyant, comme les enfants, soustrait à tous les regards, parce que son visage était caché. Il s'aperçut, du reste, qu'il pouvait enfouir tout son corps dans cette retraite : on l'aurait cru construite avec de la glu; elle cédait à la moindre pression, s'étendait, s'élargissait à volonté, et Joseph, en un instant, disparut tout entier.

Hélas! il se trouvait dans une de ces vastes fourmilières qui pullulent dans les forêts, au milieu des hautes herbes, au pied des arbres. Tous les voyageurs de l'Afrique équatoriale se plaignent des fourmis, dont ils comptent plus de vingt espèces. Livingstone assure qu'elles ne connaissent pas la crainte et se jettent avec une égale fureur sur les plus grands animaux aussi bien que sur les plus petits. Le marquis de Compiègne, qui vient de mourir au Caire, les appelle des *bashikouais*. Leurs pinces, dit-il, ressemblent à l'hameçon employé dans la pêche au brochet, et elles mordent avec un tel acharnement que la plupart du temps on parvient seulement à arracher le corps; la tête reste dans la plaie.

Heureusement pour Joseph que la plupart des nègres sont très friands de ces termites. Il les font frire ou bouillir, les mêlent aux grains de doura ou d'éleusine, et les mangent dans le creux de la main avec une volupté sans égale. Aussi les naturels s'élancèrent-ils sur Joseph pour le débarrasser de ses ennemis, au profit de leur estomac. Ils poussèrent même la courtoisie jusqu'à entraîner derrière un arbre le valet de chambre de M. de Morin; ils le déshabillèrent, secouèrent ses vêtements, et firent sur son corps une nouvelle récolte de fourmis. Toute la provision fut enfermée dans un panier et destinée au repas du soir.

Mais la nuit venait rapidement; il fallait au plus vite gagner la lisière de la forêt et chercher un refuge pour y passer la nuit. Les Européens, précédés de leur escorte, se mirent en route.

XII.

Ils atteignirent vers sept heures un village où on leur offrit l'hospitalité, et après un repas, dont les éléphants tués dans la journée firent tous les frais, ils s'empressèrent d'aller se reposer dans une assez vaste cabane, mise à leur disposition par le chef du district.

Joseph fut le seul qui ne suivit pas cet exemple : il ne parvenait pas à se consoler de ne pouvoir apporter en France, au moins comme trophée, comme souvenir d'une chasse à laquelle il avait pris une part... si active, les défenses d'éléphant devenues la propriété des noirs. Aussi, à peine ses maîtres se furent-ils retirés dans leur maison, faite de boue et de troncs d'arbres, qu'il se mit à la recherche de l'interprète Omar et qu'il le pria d'être son intermédiaire auprès des nègres pour entrer en arrangement avec eux. Il leur offrait, en échange des fameuses défenses tant désirées, cinq bracelets en cuivre et de magnifiques colliers de perles rouges dont il avait eu soin de se munir.

Les naturels, après s'être consultés, refusèrent perles et bracelets, mais déclarèrent qu'ils troqueraient leurs défenses contre des fusils. Ils avaient, dans la journée, constaté la puissance des armes à feu, et ils espéraient, grâce à elles, devenir les maîtres de la forêt, détruire tous les éléphants et s'enrichir dans un bref délai. Joseph conclut le marché : il fut convenu qu'on lui apporterait à la *mechra* du Rek les dents tant convoitées et qu'il donnerait les fusils demandés. Il s'était procuré à Paris, pour une dizaine de francs pièce, d'après les conseil de son ami l'Arabe, une douzaine de vieux mousquets et il faisait une affaire superbe, puisque chaque dent, l'une dans l'autre, lui représentait à peu près une valeur de cinq cents francs. Ravi du succès de sa première opération commerciale il s'endormit, après s'être fait cependant frictionner le corps d'huile de palme pour achever de se guérir des piqûres de fourmis.

Le lendemain, la petite troupe rentrait au port Rek. Nassar avait profité de cette absence pour compléter la caravane ; il s'était entendu avec cent cinquante porteurs environ appartenant à différentes tribus. Ces gens étaient pour la plupart de grands garçons de vingt à trente ans, aux bras solides, à la jambe nerveuse, aux larges épaules, à la poitrine profonde. Un morceau d'étoffe leur ceignait les reins et le reste de leur corps était suffisamment couvert par une foule d'ornements. On ne voyait sur leurs bras et leurs jambes que bracelets de cuivre et d'airain, cercles d'ivoire, colliers, petites clochettes en fer, bandelettes d'étoffe rouge; sur leur tête des coiffes en peau de singe, des crêtes de plumes de hibou ou d'autruche; sur la poitrine des Nubiens des sachets en cuir, espèces d'amulettes, dans l'intérieur desquels se trouvent inscrits les préceptes du Coran. A leur ceinture pendaient un couteau, une petite hache de bataille, un sac contenant les provisions de grain, et le tabouret en bois qui leur sert de siège, car les naturels de la plupart des pays noirs ne consentiraient jamais à s'asseoir par terre.

En général les caravanes s'augmentent d'un grand nombre de femmes esclaves ou libres, que les soldats et les porteurs emmènent avec eux pour charmer leurs loisirs et surtout pour se débarrasser d'une partie de leurs fardeaux. Nassar, cependant, grâce à sa fermeté, allégea le plus possible la caravane de ce renfort; quelques nouvelles

Soudaniennes, protégées par le docteur Delange, obtinrent seules la permission de se joindre à leurs compagnes, précédemment embauchées à Khartoum.

La caravane quitta le port Rek, le 14 février 1873. Elle se développait sur une longue ligne de trois cent cinquante personnes environ, distribuées de la façon suivante : en tête le guide Nassar, vêtu, suivant son désir, d'une sorte de tunique rouge et chaussé de grandes bottes en cuir auxquelles il n'est pas habitué, qui le gênent beaucoup, mais dont il est très fier. Ces bottes font l'admiration de tous les nègres et contribuent à leur inspirer le plus grand respect pour le guide. Son jarret est tendu, sa tête, surmontée d'une aigrette, est théâtralement rejetée en arrière; on croirait qu'il se dispose à faire le cavalier seul dans un quadrille du bal de l'Opéra. Il tient d'une main sa carabine, de l'autre la bannière de la caravane. Cet étendard de fantaisie est orné d'un croissant et quelques préceptes du Coran y sont inscrits en lettres rouges. Ce serait en vain qu'un Européen tenterait, dans certaines régions africaines, de déployer son drapeau national; les Nubiens refuseraient de le suivre. Ils consentent à servir un chrétien, mais à la condition expresse qu'ils se sentent protégés par la bannière de l'islam.

Des musiciens marchent à côté du guide; ils frappent sur des tambours, frottent l'une contre l'autre des espèces de cymbales, ou bien soufflent maladroitement dans des trompettes fêlées. Cette musique, si elle violente les oreilles européennes, est pleine de douceur pour les noirs. Baker dit quelque part qu'un voyageur qui jouerait opiniâtrément du piston traverserait sans accident l'Afrique centrale. S'il poussait le luxe jusqu'à se munir d'un orgue de Barbarie, pourvu de tout le répertoire des Bouffes ou de la Renaissance, il serait certainement suivi d'une foule enthousiaste, et avec cette escorte dansante, sans cesse renouvelée, il pourrait parcourir les territoires les plus hostiles.

Derrière la musique s'avancent les soldats : ils sont au nombre de quarante; les dix autres ferment la marche. Quoiqu'ils n'aient pas de bottes, ils marchent fièrement comme leur chef Nassar, la carabine sur l'épaule, une lance à la main; ils s'agitent, se déplacent à chaque instant, mais ils affectent de n'avoir aucun rapport avec les porteurs noirs, qu'ils considèrent comme des êtres inférieurs.

Une place est réservée aux Européens, entre les soldats et les porteurs. Ils sont à cheval, à l'exception de miss Béatrix Poles, dont les longs pieds vont reprendre leur service, et de Joseph, remonté sur son âne. Une sorte de palanquin reposant sur deux longues perches et porté par quatre hommes est destiné à Mme de Guéran, mais il est rare qu'elle en fasse usage. Elle est trop active, trop nerveuse pour s'enfermer sous la moustiquaire de ce lit ambulant. A cheval ou à pied, elle peut se porter d'un point à un autre, presser la marche, donner un conseil à celui-ci, un encouragement à celui-là, s'informer de la santé de cette femme qui marche péniblement, s'interposer quand on se querelle, se rendre utile à tous. Grâce à ce mouvement du corps et de l'esprit, elle oublie ainsi qu'une caravane ne fait guère plus de deux milles et demi, trois milles à l'heure, en ligne directe, et encore lorsque l'air est léger et que les hommes ne sont pas trop chargés.

Les domestiques suivent leurs maîtres. Ce sont d'abord les deux interprètes, Omar et Ali, à cheval comme les Européens, parce qu'il est nécessaire qu'ils puissent, à tout moment, prêter leur concours. Les serviteurs des deux sexes : Arabes, Khartoumiens, Nubiennes et Soudaniennes, marchent ensuite. Ils portent les objets usuels, tels que : vêtements de rechange, fusils, cartouches, boîte de médicaments, quelques provisions de bouche pour les maîtres. Les Soudaniennes, vêtues de tuniques flottantes, blanches et rouges, que leur a données Mme de Guéran, les épaules, les bras et les jambes nus, forment un petit bataillon pittoresque et charmant. Ce sont de jeunes et belles filles, à la taille souple, aux reins solides, ardentes à la marche et au travail. Sur leur tête bien plantée, droite et ferme, repose une grande calebasse pleine des ustensiles nécessaires aux blancs. Elles ne paraissent pas s'apercevoir de la lourdeur du fardeau, car elles jettent de temps à autre des regards obliques sur MM. Périères et de Morin, qui, jeunes et jolis garçons tous les deux, doivent être pour elles l'idéal de la beauté. Ces messieurs, toujours auprès de Mme de Guéran lorsqu'ils ne chevauchent pas en avant, sont, hélas! insensibles à ces langoureuses œillades. Mais les Soudaniennes se dédommagent avec M. Delange qui, malgré les soupirs et quelquefois les coups de coude de miss Poles, tourne souvent la tête de leur côté.

Les porteurs proprement dits, engagés en petit nombre à Khartoum et en masse au port Rek, défilent ensuite, deux à deux, lorsque la route est étroite, en désordre lorsqu'ils peuvent s'ébattre sur les côtés. Ils sont chargés du gros des bagages : des graines, des aliments farineux, de l'eau, des caisses, renfermant les provisions de tout genre, des

Tout à coup, elle tira de sa poche un petit miroir (page 318).

tentes, des literies, de la cotonnade destinée aux cadeaux, du fil de métal enroulé autour d'une grande bobine, pour qu'il soit plus facile de le mesurer lorsqu'on vient de faire un achat, payable en fil de fer. C'est alors que M. Delange, caissier de l'expédition, s'approche de la bobine, déroule un morceau de fil plus ou moins long, et règle les comptes de la caravane. Quelquefois il se dirige vers une autre partie de sa caisse ou de ses magasins ambulants, ceux qui renferment le cuivre, le fer, les étoffes, la verroterie, les armes d'occasion, et paye à bureau ouvert avec ces différents objets, suivant le désir exprimé par les marchands ou la volonté des chefs qui réclament le droit de passage. Pour les achats d'une valeur secondaire, il s'est fait de la petite monnaie avec des coquillages appelés cauris, des perles détachées d'un collier et de petits morceaux de cuivre arrachés de quelque objet. Cette monnaie courante est enfermée dans un sac en cuir pendu à l'arçon de sa selle, et ses amis viennent puiser, suivant leurs besoins, dans ce porte-monnaie d'un nouveau genre.

Quelques femmes que Nassar a dû subir et une vingtaine de petits négrillons suivent pêle-mêle avec le bétail ; ils surveillent de grands bœufs achetés chez les Baggaras et qui servent de bêtes de somme en attendant les jours de disette. On est résolu cependant à faire mille efforts pour conserver ces animaux ; car les chevaux, les ânes et les mulets s'acclimatent difficilement dans l'intérieur ; les chameaux y sont pour ainsi dire inconnus, et l'on doit prévoir le moment où les Européens, fatigués, malades, et n'ayant plus de monture, seront trop heureux de s'étendre sur le dos d'un bœuf docile, ou d'une vache complaisante.

Enfin, dix soldats de l'escorte, détachés à tour de rôle de la compagnie qui marche en tête, forment l'arrière-garde, afin de presser les traînards ou d'empêcher les désertions. La fuite est surtout à craindre, lorsqu'on rencontre une caravane revenant de l'intérieur et se dirigeant vers le Nil. L'Africain, avons-nous déjà dit, a la passion du sol natal, et, malgré le salaire promis, les punitions qu'il encourt, il lui prend souvent un désir irrésistible d'abandonner les maîtres avec lesquels il marche en avant, pour retourner en arrière avec les nouveaux venus et revoir plus vite son village. Il ne fuit jamais pendant la nuit, dans la crainte des bêtes féroces et surtout du Zomby, le revenant des nègres. Mais, dans le jour, il se dissimule adroitement dans un fourré. Il est inutile alors de le poursuivre : le mal du pays dont il souffre développe son intelligence et le rend habile à se dissimuler.

Les maîtres prennent leur parti de ces désertions, lorsqu'elles sont isolées et qu'il s'agit d'un homme libre ; ils deviennent terribles quand c'est un esclave qui a pris la fuite. S'ils ont passé eux-mêmes par l'esclavage, s'ils sont encore dans une position infime, leur colère n'a pas de limites : l'homme ou la femme acheté sur leurs économies, au prix de grandes privations, est leur chose, leur bien. Le sentiment de la propriété, très développé chez eux, les rend féroces, et les Européens, dès leur seconde journée de marche, purent s'en rendre compte.

XIII.

M. Périères marchait sur les flancs de la colonne, lorsque son regard se porta sur un des soldats de l'arrière-garde ; cet homme avait les bras et les mains tachés de sang. Il le crut blessé et marcha droit à lui.

— Comment t'es-tu blessé? lui demanda-t-il.
— Je ne suis pas blessé, répondit d'un air sombre le Nubien.
— Alors, pourquoi tes mains sont-elles couvertes de sang?
— Ce n'est pas mon sang, c'est celui de mon esclave.
— Ton esclave? tu as un esclave, toi? Qui te l'a donné? où l'as-tu pris?
— Je l'ai achetée, dit fièrement le soldat en relevant la tête.
— Depuis que nous sommes partis? Tu as désobéi alors. Nous avons interdit formellement à toute la caravane le commerce des esclaves.
— Je n'ai pas désobéi ; cette femme m'appartenait depuis longtemps. Elle m'avait accompagné dans plusieurs de mes expéditions, et Nassar m'a permis de l'emmener avec moi.
— Où est-elle?
— Là-bas, dans le fourré près duquel nous venons de passer.
— Pourquoi reste-t-elle ainsi en arrière? Tu l'as maltraitée sans doute?
— Non, je lui ai coupé la tête, répondit le soldat avec la plus grande simplicité, comme s'il disait la chose la plus naturelle du monde.
— Misérable! s'écria M. Périères en lui saisissant le bras et le forçant à s'arrêter.

Le nègre ne comprenait rien à cette indignation ; il avait une esclave qui devait le suivre, porter ses fardeaux, piler ses grains, faire sa cuisine durant toute la route. Cette femme avait pris la fuite une première fois ; il s'était contenté de la battre. Le lendemain, elle s'était encore échappée ; alors, il l'avait tuée, persuadé que, s'il lui laissait la vie, elle disparaîtrait de nouveau, et que son bien, sa chose passerait de ses mains dans celles d'un autre.

M. Périères avait fait ordonner à la caravane de s'arrêter ; puis il avait envoyé les deux interprètes vers le fourré désigné par le nègre, avec ordre de constater la mort de l'esclave et de l'ensevelir.

Omar et Ali revinrent au bout d'un instant et firent leur rapport : ils avaient trouvé le cadavre à la place indiquée. Les Européens s'assemblèrent aussitôt en conseil et décidèrent qu'il serait donné immédiatement, devant toute la caravane réunie, cent coups de fouet au meurtrier. Mais il ne suffisait pas de punir ; il fallait expliquer pour quel motif on punissait. Les Arabes et les Nubiens n'auraient pas compris qu'on infligeât un châtiment à l'un des leurs pour s'être défait, comme il l'avait entendu, de sa propriété. Les interprètes furent chargés de déclarer à tous que le soldat était châtié parce qu'il s'était permis de répandre le sang, non pas de son esclave, mais d'une personne faisant partie de l'expédition, et que tout meurtre, quel qu'il fût, entraînerait à l'avenir la peine de mort.

Après avoir fait cet exemple et édicté cette loi, la caravane se remit en route. Nous allons l'accompagner pendant un instant. Le journal de l'expédition et quelques notes dues à la plume du capitaine Burton, nous permettront d'initier nos lecteurs à la curieuse existence de ces grandes troupes errantes à travers l'Afrique.

Vers quatre heures du matin, lorsque le camp est encore endormi et que les feux jettent leurs dernières lueurs, les coqs se mettent à chanter. Aussitôt la caravane, comme par enchantement, sort de sa torpeur. Chacun comprend qu'il importe de partir le plus vite possible, afin de gagner la première étape avant la grande chaleur. Les Arabes, les Nubiens, tous ceux qui croient au Prophète et se disent mahométans, se réunissent pour réciter les versets du Coran. Les nègres invoquent la divinité en faveur dans leur pays, et les païens eux-mêmes adorent un fétiche quelconque.

Ces soins pieux ne les empêchent pas de songer à leur déjeuner : tout en priant, ils attisent les tisons, remuent les cendres encore chaudes et placent bientôt sur le feu le chaudron plein d'eau, ou la poêle à frire dans laquelle ils jettent quelques fèves. Tous se pressent, en bâillant, autour de la flamme du foyer, et se frottent les mains pour se réchauffer; le thermomètre marque de seize à dix-huit degrés au-dessus de zéro, à cette heure matinale; pour l'Africain, c'est le froid.

Pendant que soldats et porteurs se chauffent et mangent, les Soudaniennes s'occupent du déjeuner des maîtres. Elles apprêtent le thé ou le café qu'elles vont bientôt leur apporter sous la tente. Joseph lui-même s'est entendu avec une de ces belles filles pour qu'elle le servît; il ne se rend chez M. de Morin et n'entre en fonctions qu'après avoir fait son premier déjeuner. Quant à M. Delange, sous la direction duquel se trouvent les domestiques particuliers, il s'est traité le mieux possible, en s'attribuant les trois plus jolies servantes, malgré les remontrances de miss Poles qui trouve *shoking* ce service féminin. A ces observations, le docteur répond que les nègres lui font horreur. S'il tolère auprès de lui les Soudaniennes, c'est qu'elles appartiennent au sexe dont miss Poles est un des plus beaux ornements. Flattée, sans être convaincue, l'Anglaise insiste :

— Une seule Soudanienne, dit-elle, devrait vous suffire. Je vous en passerais même deux; mais trois, c'est trop, c'est abusif.

— En France, vous auriez raison, répond Delange avec un sang-froid imperturbable, mais en Afrique, trois servantes me sont indispensables, et je songe même à m'en attacher une quatrième lorsque nous serons plus près de l'équateur.

« Vers cinq heures, dit Burton, le réveil est complet, le bruit commence; c'est un moment critique : les porteurs avaient promis de partir de grand matin et de faire une longue étape; mais, changeants comme l'onde ou la femme, ils se disent fatigués, ils se plaignent de la fièvre. Puis, dans toutes les caravanes, il existe des paresseux au verbe haut, à l'esprit de travers, dont le seul plaisir est de faire de l'opposition. Résolus à ne pas s'éloigner, ils restent devant les tisons à se chauffer les pieds et les mains sans détourner la tête, ou en jetant un regard oblique sur le maître qui enrage. Si la bande a décidé de ne pas partir, vous n'avez plus qu'à rentrer sous la tente. Si, au contraire, elle hésite, elle flotte, si le maître sait ordonner et se faire obéir, les hésitations cessent bientôt; on s'éloigne du feu, les voix s'élèvent et bientôt les cris volent de toutes parts : « Chargeons! chargeons! en route! en voyage! » et les fanfarons d'ajouter : « Je suis un âne! je suis un bœuf! un chameau! » Le tout acccompagné du bruit des tambours, des flûtes, des sifflets et des cors. »

Ce chargement a une grande importance. Un chef habile doit répartir les fardeaux suivant les forces de chacun et ne jamais donner à un porteur, lorsqu'il s'agit d'une grande marche, un poids de plus de cinquante livres.

Ceux qui sont prêts les premiers vont attendre les autres le long de la route; les uns, debout sur une jambe, la plante du pied gauche appuyée contre le genou droit; ceux-ci, leur bras fraternellement passé autour du voisin. Quant à ceux-là, accroupis à la mode africaine ou asiatique, le postérieur sur les mollets et les talons, les coudes sur les cuisses, le menton sur les mains, ils regardent fixement celui qui doit ordonner le départ.

D'autres, réunis en groupe, semblent prêts à se battre : ils crient, ils gesticulent. Les soldats brandissent leurs armes, les porteurs soulèvent leurs fardeaux comme s'ils allaient les laisser retomber sur la tête de leurs adversaires, mais ils se calment tout à coup, comme par enchantement.

Enfin le guide Nassar, après avoir pris les ordres des Européens, se met à la tête de la colonne et ordonne le départ. Aussitôt, les tambours battent, les cymbales s'agitent, les trompettes sonnent, et, comme si ce bruit ne suffisait pas, chacun chante, glapit, siffle ou hurle, suivant ses goûts, pour imiter les cris des oiseaux ou des bêtes féroces.

Une heure après, lorsque la chaleur commence, tout ce grand vacarme cesse, les nègres se contentent de s'interpeller entre eux et de babiller; ils ne sauraient rester silencieux. Mais un autre bruit, couvert tout à l'heure par le roulement du tambour, se fait entendre : c'est le cliquetis des ustensiles de cuisine, des chaudrons, des casseroles. Tout se heurte, se choque; parfois aussi tout roule par terre, au grand amusement de l'escorte. Les gourdes, les marmites, les plats et les calebasses se brisent et le rire redouble.

Dès qu'on aperçoit un village, l'orchestre recommence son ramage, et les nègres se remettent à crier : « Hopa ! Hopa ! du courage ! arrêtons-nous ! Pas de halte ? Des vivres ? En avant ! Le Kraal est voisin ! Le pays est proche ! Oh ! voir nos mères !... Nous allons donc manger ! »

On atteint vers onze heures ou midi le point désigné à l'avance par les guides pour la première étape sérieuse. La journée est généralement finie : il est rare qu'on puisse décider la caravane à faire une nouvelle course dans l'après-midi ou dans la soirée. Les nègres ont marché six ou sept heures ; on ne peut pas leur demander davantage.

Quelquefois, c'est dans un village qu'on s'arrête. Le chef du pays, moyennant quelques cadeaux dont l'importance est débattue, cède aux nouveaux arrivés, jusqu'au lendemain, sa demeure et les cabanes de ses administrés. Mais les chefs d'expédition évitent, quand ils le peuvent, cette hospitalité ruineuse; ils en redoutent aussi les dangers, car les habitants, s'ils consentent à céder leur toit, ne se croient pas obligés de s'en éloigner. Ils se mêlent à leurs hôtes, et bientôt des querelles s'élèvent. Les femmes sont, la plupart du temps, une cause de discorde. Si elles se montrent de mœurs faciles, leurs maîtres et leurs maris feignent d'être jaloux afin d'obtenir quelque présent; si elles sont cruelles, on les traque de tous côtés, on les maltraite, et leurs proches essaient de les défendre.

Le premier soin, lorsqu'on a choisi le lieu du campement, est de décharger les bagages, de les réunir en un bloc, de les compter et de les couvrir de toiles imperméables. Puis, avant de distribuer les vivres, car l'escorte, si elle les voyait apparaître, renoncerait à tout travail, domestiques, soldats et porteurs indistinctement courent faire une provision d'herbes, de branches et d'écorces. On plante les plus fortes branches en terre, on les rapproche vers le haut, on les maintient avec des lianes et on les recouvre de grandes gerbes destinées à rendre la hutte imperméable. « Le tonnerre pourrait gronder, dit Schweinfurth, le vent et la pluie faire rage au dehors, le voyageur en sûreté dans sa case jouirait du repos qu'il a si bien gagné. » Ces demeures, que les nègres construisent en quelques minutes, sont supérieures aux tentes, intolérables dans les pays chauds. Elles furent, dès la première nuit du voyage en caravane, adoptées pour toujours par les Européens.

Enfin, le camp est dressé, et on n'entend plus de toutes parts que les cris : A manger! à manger!

Après avoir dévoré dans la gamelle commune, ou dans le chaudron particulier dont l'esclave a pris soin, une épaisse bouillie de doura; après avoir mangé pour rôti un morceau de bœuf, de mouton ou de chèvre généreusement donné par les Européens, et quelques pintades volées dans les villages; après s'être offert comme hors-d'œuvre : des fourmis grillées, des rats cuits sous la cendre, comme légumes : des herbes bouillies, du sorgho et des racines de tous genres, les porteurs et les soldats ne songent plus qu'à fumer du tabac ou du chanvre et à mâcher certaine terre rouge que produisent les fourmilières.

Le soir arrive et ils digèrent encore, lorsqu'ils ne mangent pas de nouveau, et ne dissipent pas ainsi en un jour toutes les provisions de la semaine. Alors on se décide à parquer les bœufs et les vaches, à entraver les ânes, à allumer les feux du bivouac. Les hommes de garde sont placés auprès du campement, et, engourdis par le froid, vers deux heures du matin, trop apathiques pour se réchauffer par la marche ou le mouvement, ils s'endorment souvent à leur poste. « Quelquefois, dit Burton, lorsque la lune, qui produit sur nos hommes la même excitation que chez les chacals, répand sa douce lumière, le tambour fait rage, les mains battent avec force, et un chant monotone que la foule redit en chœur appelle à la danse et convie à l'amour toute la jeunesse des environs. L'exercice est laborieux ; mais ces Africains, si vite fatigués au travail, ne sont jamais las quand il s'agit de plaisir.

« On se salue avec une gravité extrême ; en nulle autre occasion les natifs ne sont aussi sérieux, aussi absorbés par le but qu'ils se proposent. On forme un cercle : au milieu du cercle, un homme est debout et chante un solo que tout le monde accompagne en sourdine. Le corps se balance avec lenteur, les pieds se lèvent alternativement, comme ceux d'un ouvrier qui fait marcher une grue ; au dernier temps de la période musicale, tous les danseurs frappent la terre, et le sentiment du rhythme est si prononcé chez eux que les deux cents talons ne forment qu'un seul et même coup.

Peu à peu la voix s'élève, le cercle s'anime, les bras s'agitent, les corps se baissent, touchent le sol et rebondissent ; le groupe se condense, la voix grandit, le mouvement s'accélère et un sorte de galop infernal emporte ce tourbillon satyriaque, aux gestes qui n'ont plus rien d'humain. Lorsque la frénésie est à son comble, le chant s'arrête et les danseurs éclatant de rire se jettent à terre pour reprendre haleine et se reposer. Souvent un danseur de mérite, le bouffon de la caravane, exécute un pas seul : la tête, les bras et les jambes ornés de lanières de peau de vache, il s'avance au milieu des spectateurs et fait flotter autour de lui ses banderoles poilues, en se démenant et en se contournant comme s'il avait les membres disloqués. Pour les femmes, elles aiment mieux danser entre elles que de se mêler aux hommes, et les Européennes le comprendraient, si la traduction littérale des paroles qu'un bal inspire toujours aux Africains arrivait à leurs oreilles. Vers huit heures, le cri : « Sommeil !... sommeil ! » se fait entendre ; chacun s'empresse d'y obéir. La caravane s'endort et la scène devient imposante, surtout quand on bivouaque dans les bois ; la flamme qui

M. de Morin, couché sur le dos, fumait un cigare (page 336).

jaillit par intervalles du brasier languissant, éclaire des groupes de bronze variés de formes et d'attitudes. Un ciel d'un bleu foncé, pailleté d'or, forme une voûte profonde, limitée par la nuit. Tout est calme et revêtu de cette sublimité que la nature imprime à ses œuvres. »

En général, la petite troupe européenne, lorsque les étapes de la journée n'ont pas été trop longues, ne se couche pas avant neuf ou dix heures. On se réunit devant une cabane, on cause, on forme des projets, on interroge le guide Nassar sur les incidents de la journée, on trace avec lui l'itinéraire du lendemain. Mme de Guéran est l'âme de ces réunions ; quand il lui arrive de se retirer de bonne heure, chacun l'imite, et c'est alors que MM. de Morin et Delange se livrent à l'écarté, au bésigue ou au piquet. Ils en sont environ à leur centième partie et les chances s'égalisent. L'arriéré reste donc toujours le même : le docteur ne voit pas diminuer sa dette flottante, mais elle ne s'augmente pas, la déveine ne le poursuit plus avec acharnement. Aussi est-il confiant dans l'avenir : il ne désespère ni de s'acquitter, ni de gagner une somme considérable. Cette perspective l'aide à supporter les ennuis de la route et le met de très joyeuse humeur. Tout en trouvant Mme de Guéran adorable, il a eu le bon esprit de comprendre qu'il perdrait son temps s'il devenait amoureux d'elle ; il se garde donc bien de marcher sur les brisées de ses amis, et, aux heures d'épanchement, il se contente de la conversation sentimentale de miss Béatrix Poles. Plein de prudence, il l'écoute sans la regarder, dans la crainte que le côté plastique ne gâte le côté intellectuel et moral. Mais, pour occuper agréablement sa vue et goûter toutes les voluptés, il jette de temps à autre un coup d'œil sur les belles Soudaniennes qui, d'après ses ordres, vont et viennent autour de lui.

XIV

M. Périères, dédaigneux de la société de miss Poles et des Soudaniennes, abandonné par Mme de Guéran, qui est rentrée chez elle, et par les deux incorrigibles joueurs, profite de son isolement pour écrire ses impressions de voyage. Il rédige le journal de l'expédition, et c'est à lui, aux communications qu'il nous a faites, que nous devons la plupart de nos renseignements.

Lorsqu'on arrive à l'étape, l'espèce de registre tenu par M. Périères est apporté dans la cabane qu'on vient de lui construire ; il est déposé sur le lit de camp et chacun peut consigner ses notes, ses aperçus ou ses réflexions. Personne ne signe ; la rédaction est des plus occultes, mais toutes ces idées mises en commun, ces appréciations différentes, ces phrases détachées, ces faits divers consignés par différents reporters, donnent une certaine originalité à ce journal.

Nous ne le suivrons pas à la lettre, nous saurons nous contenter de puiser dans le registre en question quelques détails intéressants, et de suivre l'itinéraire de la caravane, sans cependant nous croire obligés de nous arrêter avec elle dans toutes les bourgades qu'elle traverse.

A ces notes de voyage écrites en commun, sous la direction du rédacteur en chef, M. Périères, nous joindrons parfois quelques pages plus intimes dues à la plume de l'un des voyageurs. Le hasard a mis en notre possession ces feuillets détachés d'albums pour ainsi dire personnels et privés, et nous ne croyons pas commettre une indiscrétion en les publiant.

« Mars 1873. — Nous traversons, depuis deux jours, le territoire occidental des Dinkas, dont la grande famille habite non seulement la rive droite du fleuve Blanc, mais se divise encore en nombreuses tribus éparses au sud de la rivière des Gazelles. Notre guide Nassar et la plupart de nos soldats sont en pays de connaissance, et nous tremblons qu'ils ne nous quittent tout à coup pour jouir des douceurs de la vie de famille.

Nous retrouvons dans ces tribus la plupart des habitudes précédemment remarquées; le Dinka, comme le Chillouk et le Nouer, se barbouille le visage et le corps de cendres; mais s'il daigne se débarrasser un instant de cet odieux badigeon, se frotter d'huile ou simplement se laver, son corps a le poli et l'éclat du plus beau bronze.

Dès qu'il ouvre la bouche, un Dinka trahit sa nationalité : les incisives de la mâchoire inférieure ont été arrachées de toutes les gencives, sans qu'il soit possible de s'expliquer les motifs de cette mutilation devenue une coutume, une mode à laquelle chacun se conforme.

Le Dinka méprise l'habillement; il ne le revêt que contraint et forcé, s'il accompagne une caravane qui se respecte comme la nôtre. En revanche, les femmes de cette tribu sont vêtues d'une façon plus complète que toutes les négresses de l'intérieur; elles portent, par devant et par derrière, deux tabliers en peau qui leur retombent jusqu'à la cheville.

Les hommes seuls ont recours au tatouage : il se compose de dix lignes droites qui partent de la base du nez, s'en écartent comme une sorte de rayon solaire et vont se perdre sur le front et sur les tempes. D'épais anneaux d'ivoire, des bracelets en peau d'hippopotame, des queues de chèvre et de vache, contribuent encore à embellir les gens de la tribu.

Leurs demeures sont d'une extrême propreté ; on ne rencontre, par exception, dans ce coin de l'Afrique, ni puce, ni vermine. Peut-être ces insectes craignent-ils le voisinage des serpents, qui vivent dans la plus étroite intimité avec les Dinkas, et sont l'objet d'une sorte de culte. On les traite souvent comme des animaux domestiques, on les appelle par leur nom ; on croirait commettre un crime si on les tuait. Cette vénération pour les serpents a été mise à la mode par leurs prêtres et leurs sorciers, habiles dans la science des conjurations, des évocations et même de la ventriloquie.

5 mars. — Nous venons de faire nos adieux aux habitants de Koudy, l'un des derniers villages appartenant aux Dinkas, et nous n'avons qu'à nous féliciter de la façon dont la caravane a été traitée. On s'est quitté dans d'excellents termes, après avoir échangé du fil d'archal et du fer contre du laitage, des fruits et plusieurs paires de bœufs. Mais, à peine avons-nous fait un mille sur la route qui doit nous conduire à la prochaine station, que nous voyons accourir de notre côté une nuée de naturels ; ils paraissent furieux et dirigent sur nous leurs massues en ébène et leurs lances acérées, les seules armes dont ils font usage, mais qui sont terribles dans leurs mains.

XV

« Au lieu de presser le pas de la caravane et de fuir devant la troupe armée et menaçante qui s'avance vers nous, l'ordre est immédiatement donné de faire halte et de se tenir prêt au combat. Les interprètes passent en même temps dans les rangs des soldats et leur défendent de notre part de tirer un seul coup de fusil tant que nous ne serons pas attaqués.

Ces dispositions prises, Nassar et plusieurs Dinkas à nos gages courent au-devant de leurs compatriotes, pour leur demander les motifs de l'animosité qu'ils semblent avoir contre nous.

Un quart d'heure s'écoule et notre guide nous rejoint. Les naturels nous accusent d'avoir abusé de leur hospitalité pour réduire en esclavage deux jeunes filles de leur bourgade, parentes du chef. Ils ont constaté la disparition de ces femmes, quelques instants après notre sortie du village, et ils se sont aussitôt lancés à notre poursuite.

Que signifie cette accusation? Quel est l'homme de l'escorte qui a osé enfreindre nos règlements et nous compromettre ainsi? Où se trouvent ces femmes? On a pu les cacher, les dissimuler à nos yeux, au milieu de quelque groupe plus ou moins compacte, et à l'aide de bâillons, étouffer leurs cris; mais nous sommes prévenus et rien n'est plus facile que de les découvrir.

Nassar retourne trouver ses compatriotes et leur déclare, en notre nom, que si les deux femmes font partie de la caravane, on les remettra, dans un instant, entre leurs mains. En même temps, de Morin ordonne à tous les soldats, aux porteurs et aux femmes qui les accompagnent, de se ranger sur un seul rang.

Cette manœuvre exécutée, nous passons la revue de nos gens. Familiarisés, depuis quelques jours, avec tous les visages, s'il y en a de nouveaux, nous les découvrirons aisément.

L'inspection est terminée, et nous n'avons pu trouver celles qu'on nous réclame. Il y a évidemment erreur. Ces deux dames dinkas ont pris leur volée avec quelque séducteur, et, vu la mauvaise réputation de toutes les caravanes, on accuse la nôtre de l'enlèvement.

Sur mon invitation, plusieurs Dinkas se sont approchés et peuvent, à leur aise, parcourir nos rangs, et constater l'absence de leurs compatriotes.

Tout à coup, un grand garçon, d'une vingtaine d'années, qu'on nous dit être le fiancé d'une des fugitives, fait un bond prodigieux, saute par-dessus la tête des porteurs rangés devant nous, tombe au milieu des bagages et s'élance vers une tente enroulée autour de la perche qui aide à la soutenir lorsqu'elle est dressée.

Plusieurs Nubiens ont rompu les rangs, le rejoignent et veulent l'éloigner, mais Delange qui se trouve près de là, intervient, ordonne à nos gens de se reculer et de laisser le Dinka faire ce qu'il lui plaît.

Celui-ci prend un couteau pendu à sa ceinture, fend la toile de la tente, et, bientôt, apparaît sa chère fiancée.

Il l'attire vers lui, la presse dans ses bras, la charge sur ses épaules, franchit de nouveau nos rangs, et court rejoindre les siens qui l'accueillent avec des cris frénétiques.

Pendant qu'il s'éloigne, Delange défait la corde enroulée autour d'une autre tente et délivre la seconde prisonnière à laquelle le Dinka, satisfait d'avoir retrouvé sa belle, n'avait même pas songé. Cette femme, dès qu'elle est délivrée de son enveloppe, frotte ses yeux que le soleil éblouit, regarde autour d'elle avec étonnement, aperçoit les gens de sa tribu et s'élance de leur côté sans la moindre hésitation. Il est dès lors évident que ces deux personnes n'ont pas quitté leur pays de bon gré, et ne se sont pas fait ficeler dans la toile pour se soustraire aux regards de leurs compatriotes. Elles doivent avoir été violentées par quelques-uns des nôtres et emprisonnées de façon qu'on ne pût ni les voir, ni entendre leurs cris. Ce rapt nous est d'autant plus pénible que nous devons passer pour les complices de nos gens. Il faut, afin de sauver notre honneur européen et dégager notre responsabilité, trouver les coupables et les punir. Pour atteindre ce résultat, il ne s'agit que de faire comparaître les porteurs des deux tentes. Ils doivent s'être aperçus qu'elles n'ont pas leur légèreté habituelle, que la toile renferme quelque chose de lourd, de chaud et de grouillant, et le silence de ces hommes, leur résignation, leur docilité à porter un fardeau insolite, les désignent clairement comme les auteurs ou les complices de l'enlèvement.

Nous devions, en les interrogeant, faire une nouvelle et cruelle découverte : les porteurs de tentes ne sont que de malheureux salariés, de simples recéleurs, de pauvres égarés ; pour atteindre le coupable, il faut lever les yeux plus haut, regarder dans nos rangs.

Hélas ! il appartient à la colonie européenne, il est blanc comme nous, fait à peu près à notre image. C'est Joseph !

Les porteurs, sur le point de recevoir des coups de corde, déclarent que le domestique de M. de Morin leur a donné trois colliers de perles et plusieurs anneaux en fer pour s'emparer des deux jeunes filles, étouffer leurs cris, les emmaillotter dans la toile et les emporter. Joseph a pensé que ces deux captives, devenues des colis, disparaîtraient sans qu'on s'en aperçût, qu'il pourrait les désempaqueter le lendemain, lorsque la caravane se trouverait sur un autre territoire, et qu'il aurait ainsi deux esclaves destinées soit à être échangées contre des dents d'éléphant, soit à lui faire de ces excellentes soupes à la tortue, que les femmes Dinkas, de véritables cordons bleus, excellent à préparer.

On fait comparaître Joseph ; il essaye de nier, accuse les porteurs de vouloir le perdre dans l'esprit de ses maîtres. Puis il s'embrouille, se dément et, convaincu de mensonge, finit par tout avouer.

Quelle punition lui infliger? On songe à lui administrer la correction destinée à ses complices. Il la mérite certainement. Mais nous craignons de diminuer le prestige dont les blancs sont entourés, quelle que soit leur situation, si nous infligeons un châtiment corporel à un Européen, et après réflexion il est décidé que Joseph, en expiation de ses torts, sera mis à pied pour le reste du voyage, c'est-à-dire qu'il descendra immédiatement de son âne. Il est, en outre, condamné à offrir sa monture aux deux femmes dinkas pour les dédommager du préjudice qu'on leur a causé.

Joseph hésite à faire pénitence et à payer l'amende ; mais de Morin lui déclare que, s'il ne s'exécute pas à l'instant même, on le laissera entre les mains des gens qu'il vient d'offenser. Cette menace produit un effet immédiat : Joseph lance son âne au petit trot, rejoint les naturels, met pied à terre et présente sa monture à ses deux anciennes prisonnières.

Ce présent les comble de joie ; elles se précipitent vers l'âne, qu'elles couvrent de caresses ; de son cou, elles passent à celui de leur ravisseur, et, oubliant ses torts, l'embrassent comme les négresses savent embrasser.

Lorsqu'il peut s'arracher de leurs bras, Joseph revient vers nous en se traînant, ou plutôt en se roulant sur la route. Il pleure ses deux esclaves si démonstratives et son âne si complaisant. L'animal, au contraire, comprend qu'il est débarrassé de ce gros corps et se met à braire en signe d'allégresse. Les Dinkas, habiles à imiter le cri des animaux, font chorus avec lui, les tambours de la caravane résonnent, les cymbales et les trompettes leur répondent, et, salués par les naturels redevenus nos amis, nous prenons la route du Sud.

. . . .

Nous voici au milieu d'une petite peuplade formant un groupe isolé au milieu des tribus puissantes qui l'entourent. Nos interprètes donnent à ces gens le nom d'Al-Ouadjs ; ils occupent une grande forêt peuplée de girafes, de singes et d'éléphants.

Les girafes marchent en troupe, et l'approche de l'homme ne paraît pas les effrayer. Cependant si on les chasse, il faut les abattre du premier coup et renoncer à les atteindre dans le cas où elles prendraient la fuite : à la première détonation, toute la bande disparaît avec une rapidité inouïe. Grâce à de Morin, nous goûtons à ce gibier qui est excellent et remplace avantageusement le veau.

Témoins du plaisir que nous éprouvons à manger des rôtis de girafe, les naturels nous offrent des singes de leurs forêts : mais ils ont le tort de nous les présenter vivants. Ce sont des espèces de gorilles, au visage jaune, au front bas, aux oreilles élevées, avec des favoris et quelques poils de barbe. Ces animaux ont trop de rapport avec l'espèce humaine pour que nous consentions à nous en régaler. Nous aurions des scrupules, et, si plus tard les Niam-Niams nous mangeaient, nous ne serions plus en droit de nous plaindre.

Suivant Delange, le singe aurait même donné naissance au cannibalisme : s'il n'y avait pas de singes les anthrophages n'existeraient pas. « En effet, affirme le docteur, le singe étant un animal, on l'a mangé fort innocemment comme les autres gibiers ; puis, comme le singe ressemble d'une façon étonnante à l'homme et surtout à certains nègres, on s'est dit : Puisque nous mangeons le singe, pourquoi ne mangerions-nous pas l'homme ? et on est arrivé ainsi, par une pente douce et un raisonnement des plus logiques, à l'anthropophagie. « Si l'innovateur Brébant, ajoute Delange, se mettait à nous servir du singe, je suis persuadé que dans les cabinets particuliers de sa maison, ceux qu'il réserve aux hommes de lettres, gens très avancés, on lui demanderait au bout de quelque temps un petit rôti d'homme ou de femme. Les délicats préféreraient la femme et la désigneraient même par son nom au restaurateur à la mode. »

Quant aux éléphants, qui vivent en grand nombre dans la forêt des Al-Ouadjs, ils n'ont plus de mystères pour nous, et nous fuyons prudemment leur société. Cependant, nous croyons, en vue de notre instruction, devoir nous renseigner sur les différents modes de chasse usités dans cette nouvelle contrée. Il n'en existe que deux : la chasse au piège et la chasse au poison. Pour la première, les naturels construisent d'énormes fosses recouvertes de branches légères, d'herbes et de feuillages. Ce sol factice cède sous le poids de l'éléphant ; il tombe comme une masse dans la fosse, se brise les reins ou les pieds et devient une proie facile. Dans la chasse au poison, les naturels se contentent, dès qu'une bande d'éléphants leur est signalée, d'imprégner d'une substance vénéneuse les feuillages et les fruits que l'éléphant, qui est un fin gourmet, recherche d'ordinaire. Il ne tarde pas à faire son repas quotidien, et il tombe bientôt anéanti, sans forces pour se défendre.

Les trois femmes, merveilleusement belles, sont portées en palanquin (page 355).

Ce n'est pas seulement à la chasse que les naturels de ces contrées font usage du poison. L'Africain, du Nord au Sud et de l'Est à l'Ouest, possède le secret d'une foule de drogues terribles. Il lui arrive souvent de se débarrasser d'un ennemi avec quelques racines d'aspect innocent, dont il a par hasard découvert les propriétés malfaisantes. Aussi les chefs de tribus, exposés journellement à quelque vengeance, ont-ils inventé des peines terribles contre les empoisonneurs.

Nous avons eu l'occasion de nous trouver en présence d'un supplicié des Al-Ouadjs, et, malgré l'horreur que ce souvenir nous inspire, nous devons, en historiens fidèles, donner une idée des tortures de ce malheureux.

XVI

« Nous venions de quitter la forêt des Al-Ouadjs ; il était dix heures du matin, et nous avions à traverser une vaste plaine pour gagner notre prochaine étape. La chaleur était terrible, lourde et orageuse, sous un ciel sans nuage cependant. Le soleil, comme s'il prévoyait qu'un voile allait bientôt s'interposer entre la terre et lui, que la saison des pluies arrivait et qu'il ne régnerait plus en souverain absolu sur ces contrées, dardait ses rayons les plus brûlants. Nous marchions lentement, fatigués, accablés, nous pressant les uns contre les autres pour nous abriter mutuellement.

Tout à coup, au milieu de la plaine dénudée, aride et brûlée, nous apercevons un arbre sans feuillage dont la tête et les branches avaient été coupées pour qu'il servît de poteau. Près de l'arbre, dressé contre lui, scellé dans son tronc, faisant face au soleil, nous croyons apercevoir un être humain.

De Morin et Delange nous quittent, poussent leurs chevaux et s'arrêtent étonnés.

Un homme d'une vingtaine d'années, entièrement nu, est en effet attaché au poteau. Ses traits sont réguliers et d'une grande énergie, ses yeux étranges d'expression, et son sourire a quelque chose de sardonique. Une belle statue de bronze, œuvre d'un grand artiste, donnerait seule une idée de ses formes sculpturales et de la nuance de sa chair d'un brun chaud avec des reflets métalliques. Malgré les liens qui l'enserrent, le captif a conservé une fière attitude. La jambe droite est bien posée, son buste se redresse, sa tête, au lieu de s'incliner sur l'épaule, est droite et ferme.

Suivi de nos deux interprètes et de quelques Al-Ouadjs qui nous servent de guides jusqu'à la prochaine étape, j'ai rejoint de Morin et Delange, et, d'un commun accord, nous nous apprêtons à couper les liens du prisonnier. Aussitôt, les naturels s'élancent vers nous et se livrent à des discours véhéments dont nous prions nos interprètes de nous dire le sens.

L'homme que nous voulons délivrer est, dit-on, un empoisonneur. Il appartient à la tribu guerrière des Baggaras que l'on rencontre en remontant le Nil, au sortir de Khartoum. Fait prisonnier par des traitants qui se dirigeaient vers le Sud, il a été vendu l'année précédente, à l'un des chefs des Al-Ouadjs. Bientôt celui-ci, toute sa famille, et plus de dix personnes dans la tribu sont morts empoisonnés; les soupçons s'étant portés sur l'esclave, il a été condamné au supplice du soleil.

Ce supplice, dont nous n'avions pas entendu parler jusqu'à ce jour, est des plus simples. On se demande comment il n'est pas plus répandu, sous les tropiques et sous l'équateur bien entendu, car en Europe, dans le Nord surtout, il ne produirait pas grand effet.

Il suffit d'attacher le condamné au milieu d'une plaine, par cinquante degrés de chaleur, et de le laisser ainsi en place, immobile, brûler à petit feu, ou plutôt à... grand soleil, de la façon la plus naturelle du monde, sans apprêts, sans dépense de fagots et de bûcher.

Les Al-Ouadjs, en véritables artistes, apportent cependant des raffinements dans le supplice qu'ils ont imaginé : pour qu'il dure plus longtemps, pour que le condamné ne meure pas trop précipitamment d'un transport au cerveau, ils lui couvrent la tête de feuillages. Le crâne, le front, parties trop vulnérables, sont ainsi épargnés, mais tout le reste brûle, se calcine et se dessèche; la peau ne tarde pas à se détacher, et le soleil darde ses implacables rayons sur la chair vive.

Peut-être se dira-t-on que, malgré ces précautions, le supplice ne peut être de longue durée : abandonné de tous, rivé à son poteau, l'esclave, avant d'être tué par le soleil, périra certainement de faim et de soif. Ceux qui font ce raisonnement méconnaissent les Al-Ouadjs : ils n'abandonnent pas ainsi le supplicié; ils ont pour lui de véritables attentions. Chaque jour, lorsque la chaleur est tombée et qu'ils ne craignent plus pour eux-mêmes les rayons solaires, ils viennent apporter à leur captif quelques grains et quelques gouttes d'eau. Ils prolongent ainsi son existence, et le condamné meurt seulement par le soleil, comme il a été décidé.

Ces explications, loin de nous faire renoncer à nos projets de délivrance, les fortifient, au contraire. Il est peut-être imprudent et indiscret de restituer un empoisonneur à la société, même à la société africaine, et si on se contentait de le pendre ou de le décapiter, nous laisserions probablement la justice suivre son cours. Mais les souffrances qu'il endure, celles qui l'attendent encore, l'horreur de son supplice, rendent son crime moins effroyable. Nous oublions le criminel pour ne voir que la victime.

Armés de nos couteaux, nous avançons donc de nouveau pour couper les liens du prisonnier, sans daigner prendre garde aux récriminations et aux menaces des Al-Ouadjs, lorsque notre interprète Ali nous rejoint et nous montre le ciel.

— Eh bien! lui dit Delange, que vient faire le ciel dans cette affaire? Craignez-vous que le soleil nous en veuille de lui arracher sa victime? Il ne l'a pas exigée; on la lui a offerte.

— Ce n'est pas cela que je veux dire, répond notre guide; je vous montre le ciel parce que depuis un instant il est chargé de nuages. Un orage est sur le point d'éclater, la pluie tombera en abondance, et puisque le condamné doit être sauvé tout naturellement, il est inutile de le délivrer et de nous aliéner les gens de cette tribu.

— Soit! réplique Delange, le soleil interrompra son œuvre de destruction; la pluie rafraîchira ce pauvre corps brûlant et lavera ses blessures, je le veux bien encore; mais l'astre ne tardera pas à reparaître plus lumineux, plus ardent que jamais.

— Le supplice va cesser, s'empresse de dire notre interprète, au courant de toutes les coutumes des peuplades que nous traversons. Une sécheresse impitoyable règne depuis longtemps dans ces contrées; la saison des pluies, qui commence d'ordinaire à la fin de février, est retardée, cette année, de plus de quinze jours. Vous avez vu les Dinkas, qui ont tant besoin d'eau pour leur bétail, venir vous offrir de l'ivoire et des esclaves, si vous vouliez faire pleuvoir. Les Al-Ouadjs souffrent autant que leurs voisins. Superstitieux, comme nous le sommes tous en Afrique, au lieu de se dire que la saison des pluies commence tout naturellement, ils croiront que le soleil n'a pas voulu de la victime qu'on lui offrait, et qu'il s'est voilé pour la protéger et la sauver. Non seulement ils accourront bientôt couper les liens du supplicié, mais ils l'élèveront au rang de sorcier, en lui attribuant le pouvoir d'arrêter le soleil dans sa marche et de faire pleuvoir à son gré, ils l'entoureront de tous leurs respects.

L'Arabe avait dit vrai, nous entrions dans la saison des pluies : un orage terrible éclata bientôt. Alors, comme on nous l'avait annoncé, les naturels s'élancèrent sur leur prisonnier, coupèrent ses liens et se prosternèrent devant lui.

L'esclave, sauvé si miraculeusement, se crut-il vraiment protégé par le soleil? Se prit-il au sérieux comme sorcier? Nous ne l'avons pas interrogé à ce sujet; nous l'avons vu seulement, dès qu'il a été libre, regarder fièrement autour de lui, et suivi de ses anciens bourreaux, devenus ses courtisans, se diriger vers la bourgade où il va passer à l'état de demi-dieu, être adoré de tous et faire... la pluie et le beau temps.

Peut-être compte-t-il rentrer dans les affaires, reprendre la suite de... ses empoisonnements; mais on n'aura plus rien à lui dire : en sa qualité de sorcier et de demi-dieu, il empoisonnera officiellement avec un brevet du gouvernement.

10 mars. — Nous marchons très rapidement. Grâce à des suppléments de vivre et à quelques cadeaux, nous obtenons de notre escorte des étapes doubles. On se repose de dix heures du matin à quatre heures de l'après-midi; on recommence à marcher jusqu'à neuf ou dix heures du soir, la plupart du temps par un clair de lune merveilleux, et, vers cinq heures du matin, la caravane se remet en mouvement comme elle le faisait autrefois.

Nous traversons, en ce moment, une sorte de territoire neutre d'une étendue de trois cents milles carrés, sur lequel se trouvent situées, à cinq ou six lieues de distance l'une de l'autre, les fameuses zéribas des marchands de Khartoum.

On appelle zériba de grands établissements, des espèces de comptoirs fondés à la frontière des Dinkas, des Bongos, des Djours, et en relations commerciales avec toutes ces peuplades et leurs voisins du Sud. L'industrie apparente à laquelle on se livre dans ces établissements, est celle de l'ivoire, mais elle a pour conséquence et presque pour nécessité, nous l'avons dit, le commerce des esclaves. Les grands négociants de Khartoum : Gattas, Abd-ès-Samate, Agad, Abou-Gouron (père des bêtes à cornes), ont besoin de nombreux serviteurs pour l'entretien de leurs bâtiments, la construction de leurs cabanes, la culture des champs, la surveillance des bestiaux et le transport des dents d'éléphants, qu'ils récoltent de tous côtés. Il serait ruineux pour eux de louer sept à huit cents serviteurs; ils préfèrent en devenir propriétaires et les acheter une fois pour toutes, ou bien, sans bourse délier, ce qui leur sourit encore davantage, faire une razzia dans les environs. Ils se contentent d'entretenir à leur solde des employés, originaires de Khartoum pour la plupart, et une armée permanente montant à deux cents hommes environ par zériba. Chaque soldat et employé se paye vingt-cinq francs par mois, plus une part dans le bénéfice de l'ivoire ou des esclaves.

Grâce aux lettres de créance qu'on nous a données à Khartoum, nous sommes admirablement accueillis des chefs de tous ces comptoirs. Ils mettent à notre disposition de spacieuses demeures en chaume ; ils nous fournissent toutes les denrées dont nous avons besoin et nourrissent abondamment notre caravane.

Tous ces gens sont loin d'avoir des mœurs irréprochables ; ils méritent entièrement la mauvaise réputation que les voyageurs européens leur ont faite. Mais on doit reconnaître aussi qu'ils comprennent à ravir l'hospitalité, et qu'ils ne le cèdent en rien, sous ce rapport, aux créoles du sud de l'Amérique et de nos colonies françaises.

Nous revoyons avec plaisir les lieux autrefois habités par John Petherick, le fameux agent consulaire britannique, qui, l'un des premiers, éclaira la route du Sud ; par Bolognési, son représentant ; par le marquis Antinori, dont le séjour dans une zériba se prolongea pendant plusieurs mois ; par Alexandre Vayssière, chasseur français, littérateur distingué, fondateur d'un petit établissement dans ces parages.

Qu'est-il arrivé à miss Poles ?

Elle court éperdue, en poussant des cris, et dans quel costume, mon Dieu !

La malheureuse a dû recevoir un coup de soleil. Je lui avais bien dit de prendre plus de précautions. Elle est devenue folle ! »

XVII

« Vous me passez la plume, vous exigez que je consigne moi-même sur ce registre les terribles aventures où j'ai failli laisser la vie et l'honneur. Soit, messieurs ! Il ne sera pas dit que miss Béatrix Poles aura jamais manqué à ses devoirs et essayé de voiler la vérité. J'appartiens à l'histoire, je ne dois rien céler à mes contemporains et à la postérité. Je ne veux pas que les différentes sociétés de géographie du globe puissent me reprocher un jour de leur avoir dérobé quelque épisode de mon voyage, d'avoir laissé des lacunes dans ma vie. Depuis le jour où mon nom a été inscrit au *Bulletin géographique*, où la date de mon départ pour l'Afrique y fut consignée, j'ai perdu la faculté de m'envelopper de voiles, d'être mystérieuse et nuageuse. Je dois marcher en pleine lumière, visage et cœur découverts, prête à répondre à toutes les questions des ethnographes et des savants.

Mais pourquoi, me dira-t-on, résignée comme vous l'êtes à tous les sacrifices, n'avez-vous pas autrefois raconté vos aventures chez les Touaregs?

Parce que, répondrai-je, il est certaines bornes qu'on ne saurait franchir. Les Touaregs ont peut-être été trop audacieux, et le voyageur le plus véridique, le plus prolixe, peut, dans certains cas, sans manquer de franchise, mettre une sourdine à ses confidences. Du reste, les aventures auxquelles on fait allusion ne sont arrivées qu'après l'assassinat de Mlle Tinne. L'expédition, depuis la mort de son chef, avait perdu tout caractère officiel. Moi qui n'y avais joué qu'un rôle secondaire, je disparaissais, je ne devais plus compte de mes actions à personne, et je pouvais garder mes secrets intimes.

Aujourd'hui, c'est autre chose : la nouvelle expédition dont je fais partie est loin d'avoir dit son dernier mot; je lui appartiens corps et âme, et puisque mes compagnons de route m'y convient, je dois prendre la plume et m'exécuter. C'est ce que je fais.

J'avais un peu de vague dans l'âme, je broyais du noir depuis quelques jours. Je n'en dirai pas le motif, c'est affaire entre Dieu et moi; les géographes n'ont rien à y voir.

Il était midi : toute la zériba reposait; Mme de Guéran faisait à son album quelques confidences intimes; M. de Morin et M. Périères, étendus sous un palmier, fumaient avec respect leurs derniers cigares achetés au Grand-Hôtel; quant à M. Delange, retiré dans sa case, il donnait une leçon de français aux trois Soudaniennes, ses gardes du corps. Peut-être aurait-il pu mieux passer son temps; peut-être, s'il m'avait rejointe, s'il m'avait confié le soin de le distraire, n'aurais-je pas songé à m'éloigner et ne serais-je pas forcée de prendre aujourd'hui la plume pour raconter l'aventure dont je frémis encore.

Quoi qu'il en soit, j'avais quitté la zériba, et, seule, pensive, un peu vaporeuse, je me dirigeais vers un petit bois traversé par un cours d'eau qui va, quelques milles plus loin, se jeter dans la rivière du Djour, un des tributaires les plus considérables du Nil.

La chaleur était terrible, et cependant je marchais très vite pour deux raisons : d'abord, je ne sais pas marcher doucement, mes pieds s'y refusent; ensuite, la transpiration m'est nécessaire en ce moment. Comme je l'avais prévu, j'engraisse beaucoup en Afrique; je me suis fait peser hier, dans une balance destinée aux dents d'éléphant, et j'ai constaté avec regret que mon poids s'était augmenté de trois livres. Ce n'est pas énorme, si l'on songe qu'elles sont réparties sur toute ma personne et que je mesure un mètre soixante-huit, sans talons. Mais je dois m'arrêter, je dois me dire : « Béatrix, vous n'irez pas plus loin! Vous ne permettrez pas à l'embonpoint de vous envahir; à partir d'aujourd'hui vous lutterez contre cet ennemi des femmes qui ont passé trente ans. » Les ai-je passés? Je ne réponds pas à cette question.

Ma course rapide me permit d'atteindre, en peu d'instants, le bois dont j'ai parlé. Il était mystérieux et solitaire à cette heure de la journée consacrée à la sieste; aucun soldat, aucun esclave n'apparaissait. Seuls quelques animaux folâtraient dans l'herbe et sur les branches des arbres voisins. Je les suivais des yeux et je ne pouvais m'empêcher d'envier leur gaieté, leur profonde quiétude. Heureux êtres! Ils ne connaissent point toutes les angoisses d'une âme aimante et sans cesse tourmentée!

Une guenon noire attirait surtout mon attention; assise sur une grosse branche, à quelques pas de moi, elle paraissait me regarder avec une certaine admiration. Cette bête me plut, je voulus m'approcher d'elle et l'étudier sur le vif au profit de la science. Mais, tout à coup, des fruits aussi gros, aussi durs que le coco et que l'on appelle des sapotes, roulèrent à mes pieds; la guenon m'exprimait sans doute, à sa manière, qu'elle ne voulait pas entrer en relations avec moi. Elle aurait pu s'y prendre autrement; on n'attaque pas ainsi une femme qui n'a d'autre tort que de vous faire des amitiés. Elle méritait une leçon et je voulus la lui donner.

Je m'armai de mon revolver et je tirai au hasard pour l'effrayer.

Alors apparurent, comme par enchantement, sur toutes les branches environnantes, une foule de singes noirs, gris et jaunes; ils poussaient des cris aigus, me montraient leurs dents blanches, et, à

Elle était vraiment délicieuse (page 353).

l'exemple de la guenon, me lançaient des sapotes. J'en reçus de tous côtés, sur les épaules, sur le dos et plus bas, lorsque je me courbais pour préserver mes lunettes de leurs atteintes, et pour leur présenter une partie de ma personne moins vulnérable que le haut de mon corps.

J'étais furieuse; je déchargeai mon revolver dans toutes les directions. Hélas! je ne blessai aucun de mes ennemis.

Alors, obligée de renoncer aux armes à feu, je ramassai les sapotes dont ils me criblaient et je les leur lançai à mon tour; c'était de bonne guerre, je me servais de leurs armes.

Aucun de ces projectiles ne les atteignit; ils se jetaient de côté, se baissaient, bondissaient, se dérobaient à mes coups avec une agilité surprenante. Je dus bientôt humilier ma fierté britannique, et dignement, majestueusement, après avoir foudroyé mes ennemis de mon regard, je pris la fuite.

Les singes et les guenons me poursuivirent pendant quelque temps encore, de branche en branche, mais je gagnai une petite clairière et ils n'osèrent pas y pénétrer. Telle fut ma première aventure dans cette journée néfaste. Je pus m'en tirer avec quelques meurtrissures, deux bosses au front, des bleus par-ci, par-là, dans le haut et dans le bas.

Un chemin dans la clairière me conduisit à la petite rivière dont j'ai parlé. A moitié couverte par de grands arbres, elle avait pour moi des tentations irrésistibles. Ses eaux limpides et transparentes semblaient me sourire et me supplier de leur confier ma personne. Peut-être n'avaient-elles jamais eu l'honneur d'humecter une Anglaise, de se jouer sur le corps d'une femme blanche.

Je jetai de longs regards autour de moi; rien n'annonçait la présence d'un être humain. La chaleur avait encore augmenté; les bosses que m'avaient faites les sapotes enflaient; mes bleus prenaient une teinte plus foncée. Jamais le besoin d'un bain ne s'était fait aussi vivement sentir. Cependant, je n'avais pas apporté le costume de rigueur. Après avoir fouillé dans toutes mes poches, je n'y découvris qu'un bonnet en toile cirée, qui me servait de sac à ouvrage. On pensera peut-être que je n'aurais pas dû me contenter de ce bonnet. Mais si ces notes de voyage sont un jour publiées, je prie le lecteur de se souvenir que je me trouve au cœur de l'Afrique, au milieu d'un pays absolument sauvage, loin des regards profanes, et qu'on ne peut pas me demander d'observer tous les règlements en vigueur sur les plages de Brighton et de Boulogne.

Quel bonheur! quelle volupté! à la suite de l'exercice que je venais de prendre avec les singes, sous ce soleil de feu, dans cette atmosphère embrasée, de pouvoir me rafraîchir au délicieux contact de ces eaux! Je nageotais, je sautillais en poussant de petits cris, je faisais la planche, je tirais gracieusement ma coupe, je plongeais lorsque les herbes et les tiges de papyrus ne m'enserraient pas trop étroitement.

J'étais si pleinement satisfaite, que j'avais oublié tous mes soucis : comme mon corps, mon âme se rafraîchissait et nageait en pleines délices.

Quelques rayons de soleil perçant le feuillage qui m'entourait, venaient se jouer sur la surface des eaux, éclairaient mon visage épanoui par le bien-être, illuminaient mes cheveux qui s'étaient échappés de mon serre-tête et s'épandaient sur mes épaules en boucles soyeuses. Il m'arrivait de me prendre pour la nymphe de ces eaux, pour une naïade, protectrice de cette rivière. Cette pensée donnait à mon regard plus d'éclat, à mes gestes plus de noblesse : en faisant la coupe, j'arrondissais mes bras avec plus de grâce ; l'exercice même de la planche devenait poétique.

Mon bain dura plus d'une heure. Je me dédommageais du passé, je prenais un large acompte sur l'avenir ; peut-être les fleuves, les lacs et les rivières me feront-ils bientôt défaut dans les régions que je vais parcourir.

Enfin, purifiée, rafraîchie, je me décidai à gagner la rive, de naïade à redevenir femme.

Je jette un long regard autour de moi ; il importe, surtout en ce moment, que je sois bien seule, loin de tout profane.

Je ne vois personne, le bois est toujours désert, la solitude complète.

Alors, je cherche des yeux mes vêtements. Je les ai accrochés sur une branche, afin de pouvoir les saisir facilement, tandis que je serai encore protégée par l'eau. Je veux sortir de mon bain comme j'y suis entrée, avec la même décence, je dirai même avec autant de délicatesse et de discrétion.

Tout à coup, je me sens pâlir : mes vêtements ne sont plus là ! L'arbre ne porte plus le dépôt sacré que je lui ai confié.

Je n'en puis croire mes yeux ; je fais évidemment erreur. Entraînée doucement par le courant, sans m'en apercevoir, j'ai dû dépasser la place où je me suis déshabillée, j'ai perdu de vue mon cabinet de toilette.

Non, je le reconnais bien. Cette branche avait une forme bizarre que j'ai remarquée, et c'est la seule qui s'avance à hauteur de mon bras dans cette partie de la rivière.

Que sont devenus mes vêtements ? Un naturel les aurait-il volés ?

Ce n'est pas possible, je l'aurais entendu, je l'aurais aperçu. Pour arriver jusqu'à l'arbre il fallait traverser la clairière; l'herbe n'est pas élevée, il ne pouvait se dissimuler.

Peut-être mes vêtements, entraînés par leur poids, ont-ils glissé le long de la branche et sont-ils tombés dans l'eau?

Je regarde de tous côtés, je cherche et je ne vois rien; le courant ne peut les avoir emportés au loin, les hautes herbes qui m'entourent les auraient arrêtés.

Rien! rien!... Mais c'est horrible! Que vais-je devenir? Comment rentrerai-je à la zériba?

J'ai près d'un mille à faire sous bois, un autre mille en plaine, et ensuite je tombe dans un établissement considérable. Les nègres, passe encore; mais les Arabes, mais les traitants, mais les gens de Khartoum, mais les Européens, mais ces messieurs! La grande chaleur s'est apaisée, on ne fait plus la sieste, tout le monde est dehors. Dans quel costume ou plutôt dans quel état, puisque je n'ai pas de costume, vais-je paraître devant cette foule? A cette terrible pensée, tout mon sang reflue à mon cœur, mes cheveux se dressent sur ma tête et mon bonnet de toile cirée, le seul vêtement qui me reste, tombe dans la rivière.

Jamais une femme, jamais une Anglaise ne s'est trouvée dans une telle situation!

XVIII

« Je n'ai plus de vêtements pour sortir de l'eau. Voilà le fait dans toute son horreur. Que m'importe de savoir, en ce moment, de quelle façon ces vêtements ont disparu? C'est un détail, un simple détail. J'approfondirai plus tard ce mystère; maintenant il faut aviser.

Mais les voici, mes vêtements! Ils s'agitent devant moi, on les secoue, on me les montre, on me les présente!

Hélas! je ne puis les atteindre, je ne pourrai jamais m'y introduire.

Ah! les misérables singes! Ce sont mes voleurs!

Ils m'ont suivie à travers la clairière, cachés dans les herbes, marchant à quatre pattes, rampant pour se dérober à mes regards. Sans méfiance, pleine de sécurité, je me suis déshabillée, je me suis glissée dans l'onde, et pendant que je me délectais, que je faisais ma coupe, que je plongeais, ils se sont approchés sans bruit de mon cabinet de toilette, ils ont sauté sur la branche et se sont emparés de ma défroque.

Ah ! les drôles ! si je les tenais !

Et ils osent encore rester sur le théâtre de leur crime pour se moquer de moi, pour me narguer ! Ce grand singe noir s'est assis à califourchon sur la rive ; il me fait la grimace tout en déchirant mon beau jupon bleu... Mais, malheureux, nous ne sommes pas à Paris, je ne puis pas renouveler ma garde-robe. Un autre petit singe gris, à l'air futé, essaye de se glisser dans mon spencer rouge. Son camarade s'est coiffé d'une de mes bottines ; des chaussures toutes neuves ! Que vais-je devenir, moi qui use tant ! La guenon, ma première ennemie, celle que j'ai eu le tort de mécontenter, s'est parée de mes dépouilles les plus précieuses : elle a enroulé autour de son cou mon grand voile vert, elle essaye mes lunettes bleues que j'avais déposées si soigneusement sur la rive : elle tient dans ses dents le canon de mon revolver. Ah ! s'il pouvait éclater et lui brûler la cervelle ! Mais, hélas ! toutes les cartouches ont été brûlées !

Là-bas, trois affreux singes fouillent dans la petite trousse que je porte toujours avec moi ; ils grignotent mon taffetas d'Angleterre, ils boivent mon acide phénique. Ceux-là, du moins, périront, c'est ma seule espérance.

Ah ! si je pouvais les rejoindre, leur reprendre mon bien, leur arracher mes dépouilles, je crois que je n'hésiterais pas ; j'oublierais toute pudeur, je me montrerais à leurs yeux en plein soleil, en pleine lumière, telle qu'ils m'ont mise. Mais ils ne me perdent pas de vue, ils suivent tous mes mouvements : lorsque je fais mine de m'approcher de terre, ils fuient, les lâches, et mettent, en une seconde, un espace considérable entre eux et moi. Jamais je ne les rejoindrai : mes vêtements sont perdus, bien perdus ! Après m'avoir abritée sous leurs plis, ils couvriront des singes ! Quelle déchéance !

Je suis furieuse ! Moi qui prenais un bain de santé, un bain rafraîchissant pour me calmer les nerfs, me reposer le sang, j'ai bien réussi !

Que faire, mon Dieu ! je ne puis pas rester éternellement dans l'eau, voir descendre le soleil à l'horizon, attendre la nuit pour qu'elle me voile à tous les yeux ! Je ne retrouverais pas mon chemin, je me perdrais dans ces bois, j'errerais dans cette solitude, je serais dévorée par une foule de bêtes malfaisantes. Moi, qui redoutais tant, tout à l'heure, la rencontre d'un être humain, j'en suis arrivée à désirer l'apparition de quelque naturel à qui je ferai comprendre par mes gestes ma position désespérée. Il courrait à la zériba me chercher un vêtement de rechange ou quelque couverture ; je n'ai pas le droit d'être difficile en ce moment.

Mais personne n'apparaît ; mon isolement est complet. Seuls, les singes me tiennent compagnie.

Allons ! il faut me décider ; le froid me gagne, mon corps tremble, je ne veux pas être ensevelie dans cette tombe liquide, je dois faire le sacrifice de toutes mes pudeurs ! Je sais bien que Virginie a préféré mourir que de se montrer dans l'état où je vais apparaître ; mais Paul pouvait la voir et personne ne m'apercevra.

J'ai encore un espoir : celui d'atteindre, sans être rencontrée, une cabane que j'ai laissée là-bas, près de la clairière, à deux ou trois cents mètres d'ici. Elle est habitée par des Nubiens, en chasse depuis ce matin pour notre compte. Je courrai dans cette direction, je me précipiterai sous le chaume hospitalier et je trouverai certainement dans cette habitation, un morceau de toile ou d'étoffe, une peau de bête ou un vieux sac, pour me couvrir, sinon pour me vêtir et me permettre à la nuit tombante, de gagner le campement.

C'est dit : je vais sortir de l'eau et prendre mon courage à deux mains, puisque je ne puis prendre que cela !

Eh bien ! non, je n'ose pas, c'est plus fort que moi ; je frémis à l'idée que je vais surgir tout à coup du fond de la rivière et apparaître sur le rivage comme une simple sauvage ! Il est vrai qu'Amphitrite, lorsqu'elle sortait des flots, n'était pas beaucoup plus couverte que moi ; mais on passe à une déesse tant de choses qu'on ne saurait tolérer chez une simple mortelle !

Il faut absolument que je me vête d'une façon quelconque. Avec un rien, soit ; il y a des riens qui acquièrent une importance énorme dans certains cas. J'ai vu des femmes simplement habillées de feuillages ; j'aurai du feuillage.

Je me glisse vers les plantes qui m'entourent et se baignent, comme moi, dans la rivière, je cueille quelques larges feuilles de papyrus, j'attire à moi des tiges de nénuphar et je procède à ma toilette, sans quitter le fond de la rivière.

Je suis sortie de l'eau, le rouge au front, la tête basse, le regard un peu voilé et je m'avance dans la clairière.

Ah! si les singes me restituaient au moins mes bottines! Moi dont la marche est d'ordinaire si rapide, je m'avance en trébuchant. Mes pauvres pieds qui m'ont rendu tant de services, que j'avais en si grande estime, quel triste sort vous était réservé! Les pierres vous déchirent, les épines pénètrent dans vos chairs, vous souffrez le martyre! J'ai pitié de vous, je m'arrête, je cueille des herbes, je vous en recouvre et je vous emmaillotte.

Je marche un peu plus vite maintenant. Peut-être aurait-il mieux valu conserver ma première allure. A chaque pas, à chaque mouvement, je perds une partie de mes vêtements improvisés. Impossible de les remplacer, la rivière et ses plantes sont déjà loin.

Mais personne n'apparaît, personne ne me voit éparpiller sur mon chemin mes derniers voiles.

Encore un effort et je suis arrivée. Il était temps.

Je pénètre aussitôt dans l'intérieur de la cabane. Il y a des moments dans la vie où l'on ne se donne pas la peine de frapper à la porte. Du reste, il n'y avait pas de porte.

Puis, je l'ai dit, la cabane était inhabitée. Si j'avais pensé y trouver quelqu'un, aurais-je jamais eu l'idée d'y entrer?

Je regarde autour de moi, je cherche une peau de bête, n'importe quoi, pour me couvrir. J'avise dans un coin un morceau de cotonnade que nous avons justement échangé la veille avec les habitants de la cabane contre une antilope; je me précipite en poussant un cri de joie sur cette étoffe et je l'attire à moi.

Horreur! la cotonnade recouvrait deux hommes qui dormaient dans un coin.

Ils se réveillent, se dressent sur leurs pieds et m'apostrophent, tandis que sans force pour fuir, sans voix pour crier, je suis clouée à ma place, inerte, inanimée, comme une belle statue : celle de Diane surprise par Actéon.

Heureusement que, la première émotion passée, je rentre en possession de moi-même. J'aurais préféré rentrer en possession de mes vêtements; mais on rentre dans ce qu'on peut. Je me baisse, je ressaisis le morceau d'étoffe qui, dans mon émoi, m'était tombé des mains : je le tire, je l'élève pour en faire une sorte de rideau.

Mais les Nubiens, car ce sont des Nubiens, croient que je veux leur reprendre leur cotonnade, la voler peut-être, et pendant que je tire d'un côté, ils tirent de l'autre.

Le désespoir me donne des forces et la moitié du rideau me reste entre les mains.

J'étais sauvée!

Non, je ne l'étais pas!

Ils s'élancent tous les deux sur moi.

A quel sentiment obéissaient-ils? Je ne veux pas le savoir. N'avaient-ils qu'une pensée : reprendre leur chiffon? Je l'espère pour eux.

Moi, je ne songeais qu'à fuir à l'extrémité de la cabane, à me draper dans ma cotonnade. J'y parviens. Je me blottis dans un coin et vivement, mais avec grâce, d'un geste plein d'ampleur, je jette sur mon épaule, à la façon antique, le morceau d'étoffe; je le ramène devant moi, j'en fais une sorte de tunique qui m'enveloppe la plus grande partie du corps. Mes bras seuls, mon buste, ne sont pas entièrement voilés; mais au bal, on en voit bien d'autres. Que la femme qui n'a jamais montré ses bras et sa poitrine me jette la première pierre!

Les Nubiens se consultent : ils ont évidemment de mauvais desseins; ils s'avancent vers moi.

« N'approchez pas! N'approchez pas! » leur criai-je, et, tremblante, effarée, je me faisais toute petite dans mon coin; je serrais pudiquement la tunique contre moi.

Ils ne m'écoutent pas; ils s'avancent, ils s'avancent toujours, les misérables!

Ils vont m'atteindre, ils s'apprêtent à saisir leur étoffe; mais je fais un bond gigantesque, je gagne l'autre extrémité de la cabane, je m'empare d'une massue que je viens d'apercevoir, je la soulève, et, tout en la faisant tournoyer au-dessus de ma tête, je marche à reculons et je sors dignement, fièrement, toujours drapée, toujours pudique et chaste.

Les Nubiens n'osent pas me suivre; mon attitude, mon geste, mes regards les ont intimidés.

Bientôt, je trouve un sentier qui conduit directement à la zériba, je me mets à courir sans prendre garde cette fois à mes pieds, et j'arrive enfin ici, émue, palpitante, la massue à la main.

Voilà mon récit. J'ai tout dit : on n'a plus rien à me demander.

Le chef de la zériba, lorsqu'il a connu mon aventure, m'a proposé de punir les deux Nubiens. J'ai refusé. Il est certain que des Anglais

LA VÉNUS NOIRE.

Elle prit le titre de rente et l'enferma dans sa caisse (page 357).

se seraient conduits autrement que ces deux hommes. Ils auraient eu pitié de ma détresse, et ne seraient pas descendus jusqu'à disputer une méchante guenille à une pauvre naufragée. Mais je ne puis prétendre trouver chez des sauvages toutes les délicatesses de mes compatriotes. Puis ces gens-là ont peut-être été éblouis, affolés; on le serait à moins, et je ne saurais leur en vouloir. »

XIX

« Nous avons, dans les derniers jours de mars, continué notre route vers le sud.

Nos hôtes de la zériba firent cependant tous leurs efforts pour nous retenir : ils nous objectèrent que la saison pluvieuse venait de commencer et qu'elle nous mettrait à de rudes épreuves. Ils nous rappelèrent que Schweinfurth lui-même, malgré son excellente santé, n'avait pas cru devoir, en 1869, poursuivre sa course, qu'il s'était reposé pendant plusieurs mois, se contentant de faire quelques excursions dans le pays des Djours.

Leurs conseils étaient peut-être fort sages ; mais nous ne sommes pas dans le cas de Schweinfurth, nous ne voyageons pas ; nous marchons vers un but, sinon vers un point déterminé. Le docteur Delange croit, du reste, et nous sommes de son avis, qu'il est dangereux pour les Européens de faire de trop longues stations dans le cœur de l'Afrique. Suivant lui, on ne saurait essayer de s'acclimater dans un pays insalubre ; il vaut mieux le fuir et changer d'air, quand bien même on ne devrait pas en respirer de meilleur ; il soutient que le mouvement, les déplacements, sont encore les remèdes les plus efficaces, lorsqu'il s'agit de couper la fièvre.

Un autre motif nous engageait à partir : la défection se mettait dans notre caravane. Nos gens, en relations quotidiennes avec les employés et les soldats de la zériba, se laissaient peu à peu corrompre par eux ; ils devenaient moins disciplinés, plus paresseux, ils s'endormaient dans le bien-être relatif dont ils jouissaient. Ils se demandaient s'il ne leur serait pas avantageux de nous quitter pour passer au service des traitants. Auprès de ceux-ci, grâce au commerce de l'ivoire et des esclaves, ils pouvaient espérer s'enrichir ; à notre service, au contraire, ils ne comptaient que sur des gages ou des récompenses plus ou moins éventuelles. Puis, leurs amis, les Nubiens, les Dinkas du comptoir, pour les décider à se fixer au milieu d'eux, leur peignaient les pays où ils s'étaient engagés à nous suivre sous les couleurs les plus sombres. Ils assuraient que la caravane n'en reviendrait jamais, qu'elle serait certainement massacrée sinon par les Niams-Niams, du moins par les Mombouttous ou les Akkas, dont ils se plaisaient à faire des êtres difformes et cruels, des espèces de monstres.

Cinq de nos soldats, vingt de nos porteurs, séduits par les promesses, effrayés par ces récits, nous avaient déjà quittés. Si le nombre des déserteurs n'était pas plus grand, nous le devions à l'éloquence de nos deux interprètes, Ali et Omar, qui, en leur qualité d'Arabes, jouissaient d'une assez grande influence auprès de notre escorte. Nous le devions surtout à la fermeté de notre guide Nassar et à la délicatesse du chef de la zériba. Ce traitant, cet homme de sac et de corde, comprenait tous les devoirs de l'hospitalité. Non content de nous avoir admirablement traités, lorsqu'il s'aperçut que nous étions menacés à son profit d'une désertion en masse, il déclara qu'il ne prendrait à son service aucun de nos gens. Il poussa même la courtoisie jusqu'à mettre ses propres soldats à nos ordres pour retrouver nos déserteurs.

Malgré ces bons procédés, peut-être à cause de ces bons procédés qui nous faisait ses obligés plus que nous ne le voulions, et pour les autres causes que nous avons dites, nous crûmes devoir nous mettre en route.

Si quelques hommes nous manquaient, nous étions, en revanche, parfaitement approvisionnés : notre troupeau était nombreux, nos porteurs chargés de toutes les denrées alimentaires que nous avions pu nous procurer.

Deux jours de marche nous suffirent pour traverser une portion du territoire des Djours, dont le nom signifie : homme des bois ou homme sauvage. C'est une peuplade de vingt mille hommes environ dont la vie est uniquement agricole, et qui ont de grands rapports, au point de vue de l'idiome, de la physionomie et des coutumes, avec nos anciens amis les Chillouks.

Nous ne faisons que passer devant la station du Guire et le village de Koulongo, pour pénétrer bientôt chez les Bongos ou les Dours, ou les Dorhs, d'après l'orthographe des voyageurs allemands, mais qu'il ne faut pas confondre avec les Djours dont nous venons de parler.

Les Bongos occupent, entre le sixième et le huitième degré de latitude nord, un territoire presque dépeuplé, mais d'une étendue égale à celle de trois de nos départements ; au sud, ils touchent à la partie orientale du grand pays des Niams-Niams. La caravane ne s'écarte donc pas de la route autrefois parcourue par M. de Guéran.

Les traitants, secondés par les Nubiens et les Dinkas, après avoir envahi, il y a vingt-cinq ans, ces contrées, sont parvenus à les asservir. Cependant les Bongos, malgré leur état de vasselage, conservent la plupart de leurs coutumes et de leurs mœurs, et nous essayerons d'en donner une idée avant que cette race si bien douée, si perfectible, ait entièrement disparu.

Dès nos premiers pas dans la contrée, il nous est facile de nous apercevoir que nous sommes entrés dans des régions nouvelles, au milieu de la série des peuplades qui s'étendent vers le sud et ont un caractère essentiellement original. Nous trouvons encore, chez les Bongos, quelques individus noirs comme l'ébène, mais la couleur dominante, le fond du teint, est la couleur rougeâtre, la nuance du cuivre. De Morin a essayé, hier, de faire le portrait d'un Bongo, et il a dû employer la couleur qui porte le nom de rouge pompéien.

Sous le rapport de le chevelure, cette nouvelle tribu se distingue aussi d'une façon notable de toutes celles que nous avons visitées. On ne voit plus au-dessus de la tête ces échafaudages grotesques enduits de gomme et de cendre. La toison du Bongo est courte, épaisse, crépue ; elle ne subit aucune odieuse préparation. La tête est large et carrée, la taille moyenne ; les membres sont vigoureux, les muscles saillants.

Le sexe fort porte généralement un petit tablier en cuir, ou une ceinture faite d'une bande d'étoffe qui retombe par devant et par derrière. Le reste du corps est orné de bracelets, d'anneaux, de croissants de cuivre ; la lèvre supérieure percée de façon à recevoir un clou, une bague, ou simplement, en cas de pauvreté, un brin d'herbe. Des dessins décoratifs remplissent tous les vides.

Quant aux femmes, leur complète nudité établit aussi entre elles et les habitants des contrées que nous venons de voir, une ligne de démarcation. C'est à peine si quelques-unes consentent à se faire une étroite ceinture d'un bouquet d'herbes ou d'une branche d'arbre garnie de ses feuilles. Mais que nos amis les Parisiens qui peut-être, un jour, liront ces notes de voyage, sachent bien que nos regards n'ont pas lieu de se réjouir. En effet, chez les Bongos, la femme n'a rien de la femme, ou plutôt, nous nous trompons, elle en a la coquetterie ; mais la coquetterie bête, sans goût, burlesque et sauvage. Leur vanité, leur dévouement à la mode, en ont fait des êtres sans nom, défigurés et difformes. Tout est prétexte pour elles à incisions et à perforations ; elles en arrivent à introduire des ornements sur toutes les parties de leur corps; elles se lardent aussi facilement que chez nous on se maquille.

Leur lèvre inférieure, élargie et grossie d'une façon démesurée par des chevilles cylindriques, dépasse de deux ou trois pouces la lèvre supérieure et arrive à rejoindre le nez. Celui-ci n'a pas été épargné : sa cloison supporte un anneau, ses narines d'autres bijoux. Le pavillon de l'oreille est troué pour donner passage à des boucles de fer, des croissants de métal. Les merveilleuses de l'endroit poussent le raffinement jusqu'à se faire des incisions dans la peau du ventre pour y pendre des clous à grosse tête, des anneaux faits de peau d'éléphant ou de buffle. A côté de ces ornements fixes, à demeure, incrustés pour ainsi dire dans la chair, se placent d'autres bijoux qu'on peut retirer : de nombreux colliers, de lourds anneaux de fer et de cuivre qui s'enroulent autour des bras, des poignets et surtout de la cheville.

Qu'on ne croie pas que tous ces atours aient été importés dans le pays par les traitants ; les Bongos exploitent le fer et le cuivre, et les travaillent avec beaucoup d'adresse. Dès que la moisson est faite, que les pluies ont cessé, vers la fin d'octobre ou le commencement de novembre, ils allument leurs fourneaux primitifs, s'arment de leurs soufflets, de leurs marteaux, et fabriquent des fers de lance, des bêches, des monnaies grossières, des ornements de toute sortes pour hommes et pour femmes : boutons, clochettes, anneaux, agrafes, épingles en forme de lance, pinces appelées *pinoh*, qui servent aux femmes à s'arracher les cils et les sourcils, comme si elles prenaient à tâche de perfectionner leur laideur.

Et si elles se contentaient d'être laides ! Par suite d'un embonpoint excessif, elles arrivent aussi à être difformes. Chez elles, toutes les courbures, toutes les lignes du corps disparaissent sous un amas confus de graisse. Il n'y a plus de taille, il n'y a plus de hanches ; on peut tirer une ligne perpendiculaire de l'épaule au pied ; tout se confond et tout se mêle : la poitrine descend, le ventre remonte ; ce n'est plus de la chair, c'est de la gélatine.

A côté de ces phénomènes, l'obèse Joseph paraît maigre. Quant à miss Béatrix Poles, lorsqu'elle s'approche d'une femme bongo, on croirait voir une allumette plantée à côté d'un éléphant.

L'allumette triomphe, l'allumette a beau jeu. Il est certain que la maigreur, toute disgracieuse qu'elle soit, est moins repoussante que l'embonpoint excessif. Aussi, notre chère Anglaise écrase-t-elle de son dédain les femmes bongos. Elle les traite comme les dernières des misérables, elle se venge sur leurs rondeurs de toutes ses aspérités.

— C'est ainsi que vous voudriez me voir, n'est-ce pas? dit-elle parfois amèrement au docteur Delange, à qui elle n'a pu encore pardonner son ancienne admiration pour les bayadères et pour les danseuses soudaniennes.

— Mais non, mademoiselle, répond Delange sans se départir de son éternel sans-froid. Je ne vous veux pas comme ces femmes; seulement vous conviendrez qu'il existe une nuance entre la femme replète, aux contours harmonieux, et des monstres comme ceux-ci.

— Non, monsieur, non, s'écrie miss Poles, il n'y a pas de nuances, toutes les femmes replètes, comme vous les appelez, arrivent à l'obésité, et, si j'étais homme, je me méfierais d'elles.

— Je me méfie aussi, mademoiselle, croyez-le bien.

— Pas assez, monsieur, pas assez; vos trois servantes, par exemple, ces créatures qui ne vous quittent pas, deviennent difformes.

— Vraiment! Je ne m'en étais pas aperçu, mademoiselle. Je vous remercie de m'avertir; je vais les changer contre trois autres.

Sans attacher autant d'importance que miss Poles à l'embonpoint des dames bongos, il nous arrive cependant de nous demander, pour notre propre satisfaction, si leur obésité est naturelle ou bien si elle est factice. Nassar, qui a vécu longtemps au milieu d'elles avec Schweinfurth, déclare que son maître n'a jamais pu obtenir de renseignements à ce sujet; mais il se fait fort, si nous le désirons, de nous mettre à même de résoudre la question. Delange et de Morin acceptent, et nous autorisons Nassar à nous conduire dans une sorte de harem, dont le propriétaire, un chef bongo, veut bien nous faire les honneurs. Miss Poles demande à nous suivre, et nous ne pouvons lui refuser ce plaisir. Il est certain que sa présence dans un harem est plus naturelle que la nôtre. Nous exigeons seulement qu'elle prenne l'engagement de mettre une sourdine à son indignation, lorsqu'elle se trouvera en face des phénomènes, chez lesquelles on nous conduit.

XX

« Le grand village bongo, dans lequel nous nous trouvions, lorsque Nassar nous proposa d'étudier de près les mœurs des femmes du pays, est situé près de Daggondoûd, zériba importante.

Chemin faisant, nous questionnâmes notre guide sur l'hôte qui allait nous recevoir. Cet homme était autrefois, nous dit Nassar, un chef puissant, mais il avait vu son village brûlé, ses champs dévastés par les Dinkas et les Nubiens; les trois quarts de ses sujets avaient pris la fuite, et maintenant il vivait tranquille et retiré pour ne pas attirer sur lui l'attention de ses voisins de la zériba, devenus pour ainsi dire ses maîtres. Nassar lui avait manifesté le désir de nous faire pénétrer les secrets de son intérieur, et il avait consenti dans l'espoir d'obtenir de nous quelques présents.

Édifiés à son sujet, nous voulûmes avoir des détails plus généraux sur ses mœurs et celles de ses compatriotes.

Quoique la polygamie soit en vigueur chez les Bongos, comme chez la plupart des peuplades noires, le nombre de leurs femmes paraît être limité à trois. Le prix courant d'une épouse, d'une jeune fille, bien entendu (la veuve n'a pas de cours, c'est un article qu'on ne demande pas), est de vingt fers de lance et de dix plaques de fer pesant chacune deux livres. Il y a, comme on voit, progrès. Dans les contrées que nous venons de traverser, on échange les femmes contre des bœufs et des vaches; aujourd'hui, on les paye pour ainsi dire en numéraire. Mais n'oublions pas qu'on les achète toujours sans jamais exiger de dot. Si l'institution du mariage, dans ces pays, laisse à désirer sous beaucoup de rapports, si la femme y remplit un rôle beaucoup trop effacé, du moins l'homme conserve sa dignité, et on ne voit pas, comme en Europe, de ces mariages où toute la fortune vient de la femme; où, pour un titre de rente, une propriété, la plus laide et la plus vieille peut acheter du même coup un nom, un titre et un mari. En Afrique, la femme est vendue par ses parents; chez nous, il arrive trop souvent que l'homme se vend de son plein gré.

Pour en finir avec ce sujet, disons que l'adultère est puni chez les Bongos : l'époux a le droit de tuer l'amant, et la femme coupable doit être flagellée publiquement, comme autrefois en France au moyen âge.

Lorsqu'on parle des coutumes d'un peuple, il est difficile de ne pas dire un mot de sa religion. Mais d'après Nassar, les Bongos, comme la plupart des nègres, ne se font nulle idée de l'immortalité de l'âme; ils n'ont, dans leur idiome aucune expression pouvant correspondre avec le mot divinité. Les esprits malfaisants qui passent pour hanter les forêts et les bois sont redoutés; mais on ne songe ni à les invoquer, ni à les prier; on les exorcise, au contraire, et on essaye de s'en débarrasser à l'aide de certaines racines magiques, dont les sorciers ont le secret. Les vieillards sont en général soupçonnés d'entretenir des relations avec ces mauvais esprits; on les rend responsables de tous les maux qui frappent une famille, et on leur fait payer de leur vie leur mauvaise réputation. Aussi la vieillesse est-elle des plus rares dans ce pays. Malgré ces absurdes superstitions, malgré beaucoup de coutumes barbares, les Bongos ont des délicatesses inouïes : leurs lois défendent de marier les garçons avant dix-huit ans, les filles avant quinze, et interdisent de la façon la plus absolue de conserver la nuit, dans la même case que ses parents, l'enfant qui n'est plus à la mamelle.

XXI

« Nassar nous avait appris tout ce que nous voulions savoir, lorsque nous arrivâmes devant la demeure du chef.

— J'hésite à entrer, disait miss Poles, lorsque je songe que je vais voir de près ces créatures atroces, que je suis appelée à les surprendre dans le plus grand déshabillé.

— Oh! rassurez-vous, faisait Delange, elles ne seront pas déshabillées, puisqu'elles n'ont jamais eu de vêtements. Et puis, miss Poles, permettez-moi de vous dire que depuis votre aventure, vous pourriez être moins sévère pour les femmes un peu décolletées.

— C'est mal à vous, docteur, répliquait l'Anglaise en baissant les yeux, de me rappeler sans cesse le plus triste accident de ma vie.

— Oh! le plus triste! Et les Touaregs!... Je vois avec chagrin, mademoiselle, que vous traitez trop légèrement cette aventure. Ce n'est pas un reproche; je n'en ai pas à vous adresser, c'est une simple observation.

— Gardez pour vous vos observations, monsieur, s'écriait miss Poles devenue pourpre. Moi je ne vous en fais pas, et Dieu sait que j'aurais beaucoup à dire.

— Sur quoi donc, mademoiselle?

— Sur vos Soudaniennes, par exemple, monsieur! Elles deviennent de plus en plus familières, et je ne comprends pas...

— Miss Poles, fit de Morin pour mettre un terme à cette scène de

M. de Morin organisa bientôt des tirs à la cible (page 368).

jalousie sans cesse renouvelée, la porte est ouverte, notre hôte nous attend.

— Allons, monsieur, allons voir vos horreurs! s'écria miss Poles en continuant de jeter des regards courroucés sur le docteur.

— Nos horreurs! nos horreurs! murmurait l'imperturbable Delange, personne ne vous a priée, mademoiselle, de venir les voir.

— Je le reconnais, monsieur. On s'est bien gardé d'avoir cette amabilité. Mais je voyage pour m'instruire, pour instruire mes contemporains ainsi que les générations de l'avenir, et lorsqu'il s'agit d'une étude, malgré la répulsion qu'elle m'inspire, loin de m'y soustraire, je dois la rechercher.

Le chef nous fit pénétrer dans la première pièce de son logis. C'était une sorte de vestibule ou d'antichambre sans meubles, mais dont les murs étaient recouverts de panoplies et de trophées. Ici, des fers de lance, d'un dessin très élégant et dus à l'industrie du pays; là, le danga-bord, série d'anneaux superposés, d'un travail remarquable et qui forme un brassard des plus flexibles. De ce côté, des flèches de lance mêlées à des défenses d'éléphant, sur lesquelles on aperçoit quelques ciselures, car le Bongo, habile à travailler le fer, montre aussi de grandes dispositions pour la sculpture. Au plafond des arcs, des peaux de bête, des tambours creusés dans la tige d'un tamarin.

Notre hôte nous forçait à tout admirer; il ne nous faisait grâce d'aucun détail: il semblait nous dire: « Vous n'avez jamais vu cela, ni chez mes voisins, ni dans votre pays. » Nous n'étions évidemment à ses yeux que des sauvages; il se croyait, dans ces contrées, le seul représentant des arts et de l'industrie.

Enfin, il souleva de grandes peaux de bête cousues ensemble et ressemblant à des portières. L'espèce de salon où il nous fit entrer était recouvert, en guise de tapis, d'un paillasson de roseaux. On voyait rangés symétriquement tout autour de la pièce des petits tabourets en bois d'un seul morceau et appelés *hegbas*. Quoique cette pièce fût encore déserte, nous nous trouvions évidemment dans l'appartement des femmes, car le Bongo dédaigne les sièges; il ne permet qu'aux femmes et aux enfants de s'en servir.

Au-dessus de ces tabourets, et retenus à la muraille par des chevilles en bois sculpté, pendaient des boîtes cylindriques contenant de la farine, des gourdes pleines d'une bière appelée *leghuy*, faite avec du sorgho, et de grossiers paniers en éclats de bambou remplis de grains.

La vue de ces denrées alimentaires causa une vive émotion à miss Poles.

— Mon Dieu! s'écria-t-elle d'une voix comique et effrayée tout à la fois, notre hôte aurait-il le projet de nous offrir une collation!

La terreur de notre compagne pouvait s'expliquer jusqu'à un certain point. Voisins des pays où nous verrons bientôt fleurir le cannibalisme, les Bongos sont eux-mêmes fort peu délicats en fait de nourriture. Toute substances animale, quel que soit son état de décomposition, leur est agréable. Ils se régalent de vautours devenus de véritables charognes, de vers, de chenilles, de scorpions; rien ne les écœure, rien ne révolte leur odorat ni leur goût.

Miss Poles se rassura bientôt; le chef n'avait nulle envie de nous convier à sa table. Il prétendait seulement, comme nous le lui avions demandé, nous présenter ses trois femmes légitimes. Mais en leur qualité d'épouses d'un personnage autrefois puissant, elles devaient apparaître entourées d'un certain prestige. Notre hôte frappa dans ses mains, et son orchestre privé, car le Bongo est fanatique de musique, fit une entrée triomphale.

Cet orchestre se composait de quatre jeunes filles esclaves, armées d'instruments grossiers; l'une tenait à la main une sorte de guitare; l'autre, une calebasse vide recouverte d'une peau très flexible, sur laquelle on frappe avec un morceau de bambou; les deux dernières se contentaient de secouer avec ardeur de grandes gourdes remplies de cailloux. La voix se mêle au bruit des instruments; un chant mélancolique les accompagne, et le sentiment musical est tellement développé chez tous ces gens que le concert qu'ils nous donnaient était étrange sans être grotesque.

Après avoir joui un instant de son triomphe, le chef fit un nouveau signal et ses femmes, soulevant une draperie, s'avancèrent pesamment l'une derrière l'autre.

On se serait cru sous la tente de quelque saltimbanque, d'un montreur de phénomènes. Il nous semblait entendre résonner à nos oreilles ces mots : « Entrez, messieurs, prenez vos places, vous ne payerez qu'en sortant, si vous êtes contents. Vous allez voir apparaître une sauvagesse née dans les contrées les plus reculées de l'Afrique et qui vient de faire son tour d'Europe. Toutes les têtes couronnées ont voulu la contempler et lui ont donné des témoignages flatteurs de leur admiration. Cette femme, aussi colossale que sauvage, pèse, avant ses repas... »

Je m'arrête. Les phénomènes étaient devant nous; il nous était permis de les admirer à notre aise. Les trois femmes s'étaient assises le long de la muraille sur les tabourets. Quand je dis qu'elles étaient assises, j'exagère; elles appuyaient simplement la partie la plus charnue de leur personne sur ces tabourets trop étroits; le reste débordait de tous côtés. Si leurs formes trop hottentotes ne leur avaient pas interdit de s'asseoir d'une façon sérieuse, certain appendice, dont elles s'étaient affublées pour nous faire honneur, les en aurait empêchées. Elles portaient une espèce de queue en filasse qu'elles mettent seulement dans les grandes occasions afin d'indiquer leur rang, leur position dans le monde et surtout afin de produire un plus grand effet.

Pour le reste du costume, à l'exception de quelques plumes sur la tête, autre élégance du meilleur ton, elles ressemblaient à toutes les autres femmes bongos. De leur chair molle, flasque et perforée, sortaient une infinité d'ornements, des colliers innombrables s'étalaient sur leurs poitrines tombantes, leurs plus beaux anneaux de cuivre pendaient de leurs narines et de leurs lèvres monstrueuses.

Le seigneur et maître de ces atroces créatures prenait notre étonnement pour de l'admiration; il se rengorgeait, et trop heureux ou trop fier pour demeurer silencieux, il nous adressait des discours que Nassar traduisait :

— Personne avant vous, disait-il, n'a obtenu la faveur de voir mes femmes; mais faites attention, c'est seulement pour les regarder. Cette recommandation était bien inutile.

Mais nous étions venus surtout pour prendre des renseignements sur le mode d'engraissement auquel ces femmes étaient soumises, et nous demandâmes au chef de s'expliquer.

Au lieu de répondre verbalement aux questions que Nassar lui adressait en notre nom, le chef bongo, désireux de nous instruire par des faits plutôt que par des mots, frappa pour la troisième fois dans ses mains.

XXII

« Quelques secondes s'écoulèrent, et nous vîmes entrer cinq nouvelles esclaves : trois d'entre elles portaient une immense jatte en bois remplie de lait; les deux autres, des écuelles en fer contenant une pâte épaisse faite avec le sorgho et la farine d'éleusine, que les Arabes appellent *téléboun* et les Abyssiniens *tokousso*.

— Mon Dieu! on va manger! s'écria miss Poles; vous le voyez bien, je ne m'étais pas trompée.

— Vous êtes libre, mademoiselle, fit observer Delange, de ne pas toucher à ces aliments ; ils n'ont rien, du reste, de répugnant.

— C'est possible ; mais je ne m'assiérai jamais à la même table que ces créatures !

— Oh ! à la même table. Où voyez-vous une table ?

— C'est une métaphore, monsieur, répliqua miss Béatrix assez sèchement, je regrette pour vous que vous ne l'ayez pas compris.

Les nouvelles appréhensions de notre chère Anglaise ne furent pas justifiées : le repas qu'on venait d'apporter était destiné aux dames bongos. Il devait servir à la démonstration du chef, et celui-ci se mit aussitôt en devoir d'opérer sous nos yeux.

Il prit une petite calebasse, la remplit de farine, et, s'approchant de ses femmes, porta la calebasse aux lèvres de l'une d'elles. Quand je dis aux lèvres, c'est par habitude, je me sers d'une expression en usage dans mon pays. Je suppose que les lèvres s'entr'ouvrent pour donner passage à la nourriture ou à la boisson. Mais ici, il n'en est rien : la bouche ayant, par suite de la mode dont j'ai parlé, la forme d'un long bec, les Bongos sont obligés de faire usage de leurs doigts pour relever la lèvre supérieure et glisser la nourriture dans leur gosier. Lorsque, après s'être entr'ouverte, cette bouche qui s'avance comme un bastion et qui est cuirassée de plaques d'ivoire ou de cuivre, se referme, on entend un bruit sec, métallique des plus curieux.

Après avoir fait avaler au moins une livre de farine à chacune de ses femmes, le chef, plongeant sa calebasse dans la terrine, les gorgea de lait.

Ces trois malheureuses, embottées pour ainsi dire dans leurs tabourets par le débordement de leur formidable embonpoint, gênées lorsqu'il s'agissait de soulever leurs bras, dont les jointures disparaissaient sous une chair molle et flasque, ressemblaient à de gros poupards à qui une nourrice sèche présente le biberon. On aurait pu aussi les comparer aux oies que l'on engraisse dans certains pays en les attachant sur une planche.

Elles ne paraissaient éprouver aucune répugnance pour le régime auquel elles étaient soumises. Du reste, leur mari se gardait bien de les consulter : infatigable, il plongeait sans cesse la calebasse dans la farine ou dans le lait ; il ne s'arrêta que lorsque la terrine et l'écuelle furent entièrement vides. Alors il se retourna vers nous, et montrant... ses produits, il prononça les paroles suivantes que Nassar s'empressa de traduire : « Voilà comment je les nourris, voilà comment elles atteignent cette perfection de formes, qui en fait les plus belles femmes du pays, et qui les rend dignes d'être les épouses d'un homme de mon rang. »

— A quel âge commencent-elles à suivre cet excellent régime? demanda Delange.

— Dès leur plus tendre enfance, répondit le chef. Les pères de toutes les filles du pays ont intérêt à les nourrir de cette façon. Plus elles sont grasses, plus nous les payons cher, lorsque nous les épousons. C'est à nous ensuite de les maintenir dans l'état où on nous les livre et de les faire progresser. Les filles de tout homme distingué sont tenues d'absorber, tous les matins, une terrine de lait sous l'œil de leur père. Si elles refusent, si elles hésitent, il les bat jusqu'à ce qu'elles se soient décidées à se conformer à la mode.

— Est-ce que tous les hommes de votre tribu, demanda le docteur, ont des femmes aussi grasses et les nourrissent aussi bien !

— Oh! non, s'écria le chef en se rengorgeant, nous sommes un peuple agricole, nous élevons très peu de bestiaux, et les hommes dans ma position peuvent seuls se procurer des vaches. Mes voisins remplacent le lait par de la bière, mais ils n'arrivent pas à d'aussi beaux résultats que moi.

— Espère-t-il que nous allons primer ses produits et lui donner une médaille? demanda de Morin.

— J'ai tout lieu de le croire, répondit Delange, et pour lui être agréable, je vais passer une inspection sérieuse, comme je l'ai vu faire au Palais de l'Industrie, les jours de concours, par des messieurs en habit et en cravate blanche.

— Prenez garde, mon cher! m'écriai-je, le chef a recommandé de ne pas toucher.

— Rassurez-vous, il ne peut être que flatté de mon examen.

— Comment! s'écria miss Poles, en essayant de retenir Delange, vous oserez vous mettre en contact avec ces monstres !

— Certainement, mademoiselle, je représente le côté scientifique de l'expédition, et la science ne saurait se contenter d'une étude imparfaite; il lui faut des chiffres, je vais lui en fournir.

Il tira de sa poche une ficelle, un calepin, et, grave, solennel, s'approcha d'une des femmes, la plus obèse. Le chef, comprenant ce qu'il voulait faire, donna l'ordre à son épouse de se lever. Après de grands efforts, celle-ci parvint à se désemboîter. Alors, Delange déroula sa ficelle, l'éleva jusqu'à la tête du sujet, la laissa retomber et écrivit : un mètre soixante-dix.

Puis il mesura le tour du bras : cinquante-six centimètres ; le mollet, cinquante-deux ; la taille, un mètre trente.

— Superbe ! fit-il, lorsqu'il eut fini.

Nassar traduisit le mot dans l'idiome bongo.

— N'est-ce pas ! s'écria le chef au comble de la satisfaction. Vous n'en avez jamais vu comme ça ?

— Jamais ! répondit Delange en donnant toutes les marques de la plus complète admiration. Et quel est l'âge de cette charmante femme ? ajouta-t-il.

— Dix-sept ans.

— Elle promet.

Lorsque le docteur revint vers nous, miss Poles se recula vivement en criant :

— Ne m'approchez pas ! ne m'approchez pas ! Je ne veux pas avoir de rapports avec un homme qui s'est aussi peu respecté.

— La science, mademoiselle, la science !... faisait Delange.

— Elle n'excuse pas certains écarts, monsieur ! Je suis fâchée de vous le dire : vous avez manqué de délicatesse. Mais que peuvent avoir ces femmes à me dévisager de la sorte ? Elles m'agacent, à la fin. Nassar, demandez-leur ce qu'elles me veulent.

Le guide prit aussitôt ses renseignements et, se tournant vers miss Poles :

— Les épouses du chef, mademoiselle, fit-il, sont très intriguées par vos vêtements. Elles voudraient savoir pourquoi vous êtes habillée de la sorte.

— Comment, pourquoi je m'habille de la sorte ! s'écria l'Anglaise ; parce que c'est l'usage. Je me conforme à la mode du pays et des peuples civilisés. Est-ce qu'elles veulent, par hasard, que j'adopte leur costume, que je me contente de bracelets, de plumes et de feuillages, que je me passe des anneaux dans le nez ! Je trouve leur étonnement et leurs questions indécents.

Nassar traduisit fidèlement ce qu'on venait de lui dire, puis il s'empressa de reporter à miss Poles les nouvelles observations des femmes bongos.

— Ces dames, dit-il, savent très bien que les blancs ont l'habitude de se couvrir le corps de choses inutiles ; mais elles s'étonnent que vous n'ayez pas un costume semblable à celui de vos amis.

— Comment! elles veulent que je m'habille comme ces messieurs? Dites-leur que ce n'est pas l'usage chez nous. Le sexe masculin et le sexe féminin ont des vêtements différents.

Lorsque l'interprète eut de nouveau traduit cette dernière phrase, les femmes se penchant l'une vers l'autre, se mirent à chuchoter.

— Que disent-elles? demanda miss Poles.

L'interprète hésitait à répondre.

— Que disent-elles? répéta l'Anglaise d'une voix sévère. Je veux le savoir : parlez.

— Elles prétendent, fit Nassar en baissant les yeux, que vous êtes du même sexe que ces messieurs.

— Hein ! vous dites? s'écria miss Poles furieuse. Elles n'ont pu dire cela ; vous n'avez pas compris : interrogez-les une seconde fois.

Les mêmes paroles furent prononcées par les épouses du chef et répétées par Nassar.

Notre chère Anglaise levait les épaules, agitait les bras, paraissait indignée.

— Il ne leur suffit donc pas, s'écria-t-elle, d'être difformes, il faut aussi qu'elles soient idiotes. Elles n'ont pas reconnu mon sexe à la longueur de mes cheveux, à la couleur de mon teint, aux ondulations de mon buste, à la douceur de ma voix !

Tout à coup elle s'arrêta, et redevenant plus calme :

— Pauvres créatures! fit-elle, je devrais les plaindre au lieu de les accabler. Ce qui nous donne une irrésistible puissance, ce qui nous distingue des hommes : la finesse des contours, le modelé des formes, la grâce, le charme, elles en sont absolument dépourvues et elles ne peuvent l'admirer chez les autres.

Et se tournant vers Nassar :

— Je veux, du moins, dit-elle, que ma visite ait un heureux résultat pour ces pauvres déshéritées, que leur ignorance soit moins complète. Je ne veux pas surtout passer, même auprès de ces barbares, pour ce que je ne suis pas. Dites-leur bien, Nassar, que non seulement je suis femme, mais que je suis demoiselle.

A peine Nassar eut-il traduit ce discours, que les trois femmes du chef éclatèrent de rire.

Nous devons reconnaître que leur gaieté, leur hilarité ne les embel-

LA VÉNUS NOIRE.   321

C'est un homme dans toute la force de l'âge (page 379).

lissaient pas. Ces trois becs qui s'élargissaient, ces lèvres inférieures qui venaient claquer contre les autres, ces morceaux de métal qui s'agitaient produisaient l'effet le plus grotesque, et à voir rire ces femmes, nous riions nous-mêmes comme des fous.

Miss Béatrix Poles, elle, ne riait pas. Ses yeux lançaient des éclairs sous les lunettes de rechange qui les recouvraient, depuis que les singes avaient soustrait ses premières conserves. De pâle, elle était devenue jaune. Ses dents, nerveusement serrées, ne pouvaient plus se séparer : la colère la rendait muette. Elle n'avait plus que l'usage de ses pieds et de ses bras, et elle s'en servait pour courir d'une femme à l'autre, s'arrêter devant chacune, lui montrer le poing et recommencer sans cesse le même exercice. Nous voulûmes entraîner notre compagne hors de la salle ; mais elle nous repoussa durement.

Les femmes ne riaient plus cependant ; les gestes de leur visiteuse, les menaces qu'elle semblait leur faire avaient fini par les mettre en colère, elles aussi. Le claquement de leurs bouches devenait encore plus expressif, et toutes les fois que l'étrangère s'approchait d'elles, leurs gros bras se soulevaient, se projetaient en avant, se croisaient avec les bras maigres de miss Poles.

Quant au chef, d'abord ahuri, maintenant indigné de l'attitude d'une personne qu'il avait reçue si poliment, il s'était précipité au dehors, et il appelait ses nombreux serviteurs au secours de ses chères épouses, insultées et menacées.

Delange sauva la situation ; grâce à sa présence d'esprit, nous pûmes conjurer le danger que l'amour-propre exagéré de miss Poles avait attiré sur nos têtes. Le docteur, se souvenant des présents destinés à notre hôte et à ses femmes, dit un mot à Nassar qui courut dans le vestibule où ces cadeaux étaient restés sous la garde d'un de nos Nubiens.

Dès que le guide fut de retour, il s'empressa d'ouvrir les colis, et aussitôt apparurent des gravures coloriées dont nous avions fait provision à Paris, des photographies achetées à bas prix, des poupées, des marionnettes, des ménages, des bergeries. Ces jouets, qui auraient séduit n'importe quelle négresse de l'Afrique centrale, devaient surtout convenir aux femmes dont voulions apaiser la colère. Elles oublièrent aussitôt miss Poles et ses menaces, firent des efforts désespérés, parvinrent à se lever, à se traîner jusqu'aux boîtes, en ouvrant de grands yeux, en poussant des petits cris de joie, et en avançant les mains comme de véritables bébés.

Delange commença la distribution, tandis que le chef, rassuré, rasséréné, allait congédier ses esclaves, et revenait auprès de nous recevoir une très belle couverture double qui lui était destinée.

Quant à miss Poles, moins excitée, mais toujours furieuse de l'affront qui lui avait été fait, elle ruminait quelque atroce vengeance.

Tout à coup, elle tira de sa poche un petit miroir, dont elle faisait d'ordinaire un fréquent usage, et le plaça brusquement devant le visage d'une des femmes. Elle s'était dit, sans doute, que la malheureuse, mise en présence de sa difformité, allait reculer d'horreur.

Il n'en fut rien : les yeux de la femme étincelèrent de joie, ses lèvres grimacèrent un sourire, et, au comble du bonheur, cette grosse masse de chair se mit à frémir et à tressauter ; on aurait dit un pingouin en gaieté.

— Elle se trouve donc belle ? s'écria miss Poles.

— Certainement, lui répondit Delange. Je dirai même que dans son genre elle est vraiment belle ; comme vous l'êtes dans le vôtre, mademoiselle, ajouta-t-il galamment.

Miss Béatrix leva les épaules et voulut remettre son miroir dans sa poche ; mais la femme bongo le saisit des deux mains et refusa de le rendre.

— Je ne vous le donne pas ! criait miss Poles. Il ne manquerait plus que je vous fisse des cadeaux maintenant ; que j'eusse des attentions pour une mal-apprise qui m'a confondue avec un homme ! Rendez-moi ça ! rendez-moi ça !... Je ne veux pas infliger à un miroir, habitué à mes traits, la douleur de reproduire les vôtres !

Mais la femme, sans rien comprendre à ce discours, continuait à tirer de plus belle.

Une querelle allait recommencer. Delange vint encore à notre secours :

— Vous n'y songez pas, miss Poles ! s'écria-t-il. Ce miroir n'existe plus pour vous. Il vous serait impossible de vous servir d'un objet que les mains de cette créature ont touché.

— C'est vrai, fit-elle avec dégoût, elle l'a profané. Je le lui abandonne.

Et fière, digne, sans daigner faire ses adieux au chef et à ses femmes, sans s'occuper de savoir si nous allions la suivre, elle sortit de la pièce où nous nous trouvions. Mais notre curiosité était entièrement satisfaite ; nous avions étudié la femme bongo sur le vif et sous toutes ses formes ; nous ne tardâmes pas à rejoindre notre ombrageuse compagne.

XXIII

« 6 avril. — Nous poursuivons notre route sur le territoire des Bongos sans nous occuper des peuplades voisines. Si nous voyagions dans d'autres conditions, si nous n'avions pas un but que nous sommes pressés d'atteindre, au lieu de faire, il y a deux jours, une courte étape à *Sabbi*, la caravane s'y serait fixée pendant quelques semaines, et nous aurions profité de ce temps d'arrêt pour visiter les *Mittous*, que l'on dit être certainement aussi curieux que les Bongos.

Chaque jour, malgré la surveillance la plus active, nous constatons de nouvelles désertions dans nos rangs. La terreur qu'inspirent les tribus du Sud augmente chez nos gens. Il est vrai que les habitants des diverses zéribas qui se trouvent encore sur notre route, ont soin d'entretenir ces terreurs. Les traitants, leurs soldats, leurs employés ne veulent pas admettre que nous fassions un aussi long voyage pour retrouver les traces d'un de nos amis : « C'est un prétexte, disent-ils, les Francs se dirigent vers le Sud, comme autrefois leurs compatriotes, les frères Poncet, pour récolter l'ivoire et nous faire concurrence. »

Ces gens n'osent pas nous attaquer ouvertement, parce que notre force est respectable et qu'ils nous savent protégés par les principaux habitants de Khartoum, avec lesquels ils sont en relations continuelles d'intérêt ; mais ils essayent de nous nuire indirectement, de diminuer notre escorte, de nous enlever nos porteurs. Matériellement, on nous traite assez bien, dès qu'on a vu nos lettres de créance, et surtout nos fusils ; moralement, nous ne recevons plus, dans ces dernières stations commerciales, l'accueil qu'on nous a fait dans les premières. Mais le pays est sûr, les vivres abondent, et nous avons encore assez de monde pour les porter. Si l'effectif de la caravane est maintenant diminué d'une trentaine de personnes, nous n'en souffrons aucunement, car d'étape en étape, nous trouvons des Bongos tout prêts à combler nos vides ; malheureusement, ils ne nous sont attachés qu'à titre provisoire et ne dépasseront certainement pas la frontière.

La saison des pluies est dans toute sa force. Nous avons, cependant, de fréquentes intermittences de beau temps et une assez grande égalité de température. Le thermomètre, qui marque dans la journée de trente-cinq à quarante degrés à l'ombre, descend la nuit jusqu'à seize et dix-huit degrés : mais c'est une variation à laquelle nous sommes habitués.

Nous souffrons surtout des terribles averses qui viennent nous assaillir pendant la route, lorsqu'il est impossible de changer de vêtement. Les nègres, grâce à leur demi-nudité, reçoivent ces douches avec un grand stoïcisme et souvent avec plaisir. Il nous arrive de regretter que nos mœurs nous interdisent leur costume de bain, et nous assurons à miss Poles, qui ne goûte pas cette plaisanterie et nous lance des regards furibonds, que les singes avaient peut-être de bonnes intentions, le jour où ils lui ont volé ses vêtements.

Mme de Guéran vient d'avoir plusieurs accès de fièvre ; elle les a d'abord courageusement supportés sans se plaindre, sans demander une consultation au docteur. Mais miss Poles, toujours attentive auprès d'elle, toujours bonne malgré ses petits défauts, s'est aperçue de l'état maladif de notre chère baronne et l'a forcée à prendre de la quinine. Mme de Guéran va beaucoup mieux, et, après s'être fait porter deux jours dans son palanquin, elle est remontée aujourd'hui à cheval.

9 avril. — Ce matin, après une nuit passée sur les bords d'une petite rivière appelée le Touduy, et à quelque distance du grand village de Nyoli, lorsque nous sommes sortis de nos tentes pour nous mettre en route, Nassar est accouru nous dire que l'escorte et les porteurs se refusaient à partir. Cette résistance lui paraissait cette fois invincible, et il trouvait prudent d'accorder à la caravane un jour de repos.

— Soit ! a dit de Morin, après avoir échangé quelques mots avec Mme de Guéran. La journée a été dure hier, les étapes longues, les averses nombreuses, la chaleur accablante. Nous sommes d'avis de passer la journée ici, près de cette rivière et de ces beaux ombrages ; mais nous ne devons point paraître céder à nos gens. Il faut leur faire croire que le désir de nous reposer nous est aussi venue. Je m'en charge.

Nous laissâmes agir de Morin ; il s'entend merveilleusement à conduire les noirs. Ils le savent sévère, mais toujours disposé à distribuer des récompenses, augmenter un salaire, doubler une ration. Il a aussi le talent de prendre ces grands enfants par l'amour-propre : « Toi, un Nubien ? dit-il, tu te conduis comme un Bongo ; je n'aurais pas cru ça de toi. » A cet autre : « Tu as du sang arabe dans les veines, on le voit à la couleur de ta peau, et tu es aussi paresseux qu'un nègre. » Tous les moyens lui sont bons ; il fait appel aux passions de ce dernier ;

« Toi qui aimes les femmes, lui dit-il, toi qui tournes sans cesse autour des Soudaniennes, tu hésites à nous suivre vers le Sud. Tu ne sais donc pas que tu y trouveras des épouses en grand nombre°... et elles sont toutes jolies ! j'ai eu des renseignements. » Ces expédients, ces promesses, tous ces artifices, une plaisanterie faite à propos, ont un grand succès auprès de ces sauvages avec qui la discipline, telle que nous la comprenons en France, est impossible.

De Morin alla donc tranquillement fumer son cigare dans le camp, et au premier Nubien qui s'avança il se mit à crier dans la langue arabe, que nous commençons à parler assez facilement :

— Dis donc à tes camarades, toi, de ne pas enlever le campement; nous passons la journée ici à nous reposer. Il y a ce soir une fête au village voisin et nous désirons la voir. Tant pis pour vous si vous voulez partir; on ne bougera pas, je le défends.

Cette nouvelle se répandit immédiatement dans tout le Kraal : les Européens voulaient voir la fête, une orgie qui se préparait dans le village de Nyoli. C'était bien pour y prendre part que les nègres refusaient de se mettre en route; mais ils n'espéraient pas que le chef blanc partagerait leur désir. S'ils appréciaient sa générosité et sa justice, ils redoutaient aussi sa colère, et ce n'était pas sans une certaine appréhension qu'ils avaient fait le complot de demeurer à la même place. Leurs craintes avaient disparu; ils étaient maintenant tout entier à la joie de se reposer durant le jour, et de se livrer le soir à tous les excès.

Nous avons occupé cette journée de repos forcé à étudier les mœurs, non plus du Bongo, mais du nègre en général. Pendant que Mme de Guéran et miss Poles, sous la garde de Delange et des interprètes, restaient au campement, de Morin et moi, suivis de Nassar, nous fîmes un temps de galop qui nous conduisit au village voisin. Nous voulions surprendre les naturels à leur lever et les suivre pas à pas jusqu'au soir. Il est certain que, revenus en France, on ne manquera pas de nous dire : « Mais enfin, comment tous ces gens passent-ils leur temps? Vivent-ils? Quels sont leurs plaisirs, leurs amusements? Quel rapport leur existence a-t-elle avec la nôtre? » Nous espérons maintenant pouvoir répondre à ces questions.

XXIV

« Vers six heures le nègre quitte le tas d'herbes sèches ou la peau de bête qui lui a servi de lit, et son premier soin est d'allumer sa pipe. Il la fume béatement, puis entr'ouvre sa porte de roseaux, se chauffe aux premiers rayons du soleil et souhaite le bonjour à tous ses voisins qui sont venus saluer l'astre en même temps que lui.

Vers sept heures, il déjeune d'une bouillie de farine, et, s'il est à son aise, s'il n'a pas consommé en quelques jours toute sa provision de l'année, il boit une copieuse rasade, soit de bière, soit de vin de banane, très recherché pour l'ivresse presque instantanée qu'il produit.

Après avoir pris ce premier acompte sur les nombreux repas de la journée, l'Africain se rend sur la place publique où il sait retrouver tous ses amis. C'est là qu'il passe la plus grande partie de sa journée à causer de mille riens, à cancaner comme une femme, à rire sans motif, à dormir, à fumer et souvent à jouer. Il ne connaît ni les cartes, ni les dés, mais il les remplace par des pierres, des morceaux de fer ou de cuivre qu'il s'agit de faire retomber d'un côté ou d'un autre. Ces jeux primitifs lui suffisent pour se ruiner, et il n'est pas rare de voir un nègre, après avoir perdu sa chèvre, sa vache, sa case, sa provision de grains, vendre aussi ses femmes, sa famille, sa vieille mère et se vendre lui-même pour pouvoir continuer la partie.

Lorsque les rayons verticaux du soleil rendent la place publique inhabitable, il rentre à son foyer. C'est surtout le désir de manger le repas préparé par ses femmes qui le ramène chez lui. Le besoin de revoir sa famille ne se fait que médiocrement sentir. Excepté chez les Niams-Niams, nous dit-on, où l'amour conjugal est des plus vifs, le nègre n'a pour ses compagnes qu'une tendresse des plus restreintes ; il subit ses enfants plutôt qu'il ne les aime.

Il est une heure environ ; il va faire son repas le plus sérieux, qui varie suivant les peuplades et surtout les latitudes. Dans certains pays, le poisson, les légumes, le grain, le laitage et le miel abondent ; dans les autres, on se contente de racines, de quelques grains et de chair de toute nature, plus ou moins avancée.

Le repas fini, après une longue sieste, le nègre court de nouveau à la place publique reprendre ses importantes occupations du matin : jouer, fumer et bavarder.

Le coucher du soleil le trouve étendu devant sa case avec ses femmes qui, après avoir travaillé toute la journée, s'asseyent enfin sur leur petit tabouret et fument leur pipe. En général, la pipe fait le tour de l'assemblée; mais chez les Bongos, par un surcroît de raffinement, la filasse destinée à intercepter le jus du tabac, au lieu d'être placée dans le tuyau, se met dans la bouche du fumeur et passe en même temps que la pipe d'une bouche à l'autre. L'habitude de chiquer est aussi très commune chez les femmes et chez les hommes, et, d'ordinaire, le tabac qu'on emploie pour cette préparation se tient en réserve derrière l'oreille. Comme on le voit, l'Africain de certaines régions a toutes les délicatesses.

Le soir venu, on se clôture dans le village, entouré, la plupart du temps, de palissades; chacun rentre chez soi, ou bien on se réunit de nouveau dans une cabane commune, espèce d'auberge, pour boire jusqu'à l'ivresse. Nos lampes et nos bougies sont remplacées, dans ces réunions, lorsque le ciel est sombre, par des morceaux de bois résineux qui jettent une flamme assez brillante, et qu'on renouvelle environ tous les quarts d'heure.

Vers onze heures, de sonores ronflements emplissent tout le village, car, malgré les siestes de la journée, l'Africain, sans se préoccuper des moustiques, passe d'excellentes nuits. Les femmes seules profitent parfois du repos de leurs maîtres, pour se réunir dans quelque coin et boire à leur aise la liqueur de sorgho et le vin de bananes dérobés au ménage. Il n'existe pas, en Europe, un seul pays où l'on rencontre autant d'ivrognes que dans l'est de l'Afrique ; dont acte aux sociétés de tempérance.

Si, en parlant de l'emploi de la journée, nous avons gardé le silence sur les heures consacrées au travail, c'est qu'il serait indiscret de nous étendre sur ce sujet. Au milieu de ces pays d'une végétation si puissante, où l'on fait parfois jusqu'à quatre récoltes par an, où la nature est bienfaisante et prodigue envers la créature, celle-ci, pour ne pas la désobliger, se garde bien de marcher sur ses brisées. A l'approche seulement des premières pluies d'hiver, quelques nègres, en très petit nombre, parviennent à vaincre leur indolence, se réunissent afin de s'entraîner les uns les autres, et gagnent au son de leur inséparable tambour les champs voisins. Trois ou quatre heures de travail,

Joseph chez les Monbouttous (page 399).

pendant une quinzaine de jours, leur assurent le pain quotidien de toute l'année; mais la plupart d'entre eux négligent ce détail.

Quand il s'agit de plaisirs, ils deviennent plus actifs; il ne reste plus aucune trace de leur inertie habituelle. Leurs fêtes ou plutôt leurs orgies ont un caractère particulier, et nous devons savoir gré à notre escorte de nous avoir forcé la main et obligés d'assister à l'une d'elles.

XXV

« La lune était dans son plein et le ciel paraissait éclairé comme en plein jour, le soir où nous fûmes appelés à partager les jeux et les ris des Africains. Delange nous avait rejoints, mais nos deux compagnes étaient restées prudemment sous leur tente. Elles ne pouvaient s'exposer au contact de ces fantoches en délire, dont les gestes et les propos ne seraient pas tolérés, une nuit de mardi-gras, dans nos bals de barrière les plus décolletés.

Les tambours convièrent, dès huit heures du soir, toute la bourgade à la fête. Aussitôt, les plus grandes huttes du village furent transformées en cafés où tous les Bougos, leur chef en tête, vinrent s'abreuver pour se mettre en train. Les vins capiteux reposaient dans de grandes jarres de terre alignées le long des murs; on y puisait, comme dans une gamelle, avec de petites gourdes ou des calebasses.

Peu à peu les têtes se montent, le tumulte augmente, on entend de tous côtés crier : « A la danse! à la danse! »

Les cabanes se vident, les rues du village s'emplissent, et tous les hommes, suivis de femmes et d'enfants, s'élancent en courant, en gambadant, vers un terrain voisin entouré de fourrés épais.

La fête proprement dite commence; on forme un cercle autour de quelques maigres vieillards, de quelques sorcières édentées qui entament un long récitatif sur un rhythme traînant, presque douloureux. Bientôt les assistants dont l'oreille saisit immédiatement la mesure, accompagnent le chant, et toutes ces voix ne forment plus qu'un chœur immense, retentissant, au milieu duquel perce tout à coup l'aboiement d'un chien, le gloussement d'une poule, le cri d'un coq, le rugissement d'un lion, le cri aigu de l'éléphant. C'est un loustic de la bande qui donne carrière à son talent imitatif.

Lorsque le chant s'est éteint en un long gémissement : « La danse! la danse! » crie-t-on de toutes parts. Un orchestre d'instrumentistes se place sur des troncs d'arbres renversés, ou sur quelque monticule. Ce musicien souffle à pleins poumons dans une trompe gigantesque en bois, et décorée de sculptures qui représentent presque toujours une tête humaine; cet autre frappe avec ses poings et ses pieds sur une énorme caisse taillée dans de gros arbres et recouverte de peaux de veau; ce dernier se place devant l'*oupaton* ou tamtam, morceau d'airain, sur lequel il laisse retomber à temps égaux un lourd morceau de bois. Nos anciens chapeaux chinois, les clochettes, les grelots sont remplacés par des gourdes remplies de cailloux que les femmes et les enfants ne cessent pas de secouer.

Alors hommes et femmes se confondent dans un affreux pêle-mêle, tourbillonnent, rebondissent, roulent, se livrent à une série de contorsions, de déhanchements, de gestes, de bonds rapides, étourdissants, mais réguliers cependant et exécutés d'ensemble. C'est un délire, une frénésie indescriptibles.

Tout à coup l'orchestre s'arrête, les cris cessent, chacun reste en place; un grand silence, un grand repos succèdent à ces mouvements désordonnés.

Une demi-minute s'écoule. Si l'on n'entendait pas la respiration de toutes ces poitrines haletantes, le souffle puissant des ces poumons surmenés; si de cette foule échauffée, en sueur, tassée, pressée, il ne montait une sorte de buée et des senteurs de fauve, on croirait que le sol s'est entr'ouvert pour engloutir tous les danseurs.

Soudain les tambours donnent un nouveau signal et la danse recommence plus délirante, plus frénétique que jamais. Elle continue des heures entières, quelquefois jusqu'au matin. Alors, les pieds ne touchent plus la terre: la plupart des danseurs, épuisés, vaincus, sont tombés sur le sol, sur le théâtre même de leurs exploits; c'est leur chair que les plus intrépides piétinent et foulent.

Nous n'avons pas cru devoir assister à la fin de ces saturnales et, vers trois heures du matin, nous nous sommes empressés de regagner notre camp, nous demandant avec inquiétude si notre caravane, qui avait pris sa part de la fête, serait en état de partir le lendemain.

Ce départ a été difficile, en effet; il ne s'est effectué que dans l'après-midi, et encore a-t-il fallu, avant que la caravane fût sur pied, bien des roulements de tambour, mêlés à des menaces, à des promesses, à des distributions de récompenses et de punitions.

11 avril. — Nous rencontrons une caravane qui vient du Sud. Les tambours battent, les étendards s'agitent, les coups de feu retentissent en signe d'allégresse. Nous obtenons cependant de notre escorte qu'elle ne s'arrête pas pour fraterniser avec les nouveaux venus, qu'elle se contente de poignées de main et d'embrassades. Le chef de la caravane,

un Turc d'assez mauvaise figure, nous salue en passant devant nous; on lui rend gravement sa politesse.

Ses femmes, trois négresses merveilleusement belles de visage et de formes, le suivent portées sur des palanquins. Ont-elles fait le voyage avec lui, ou les a-t-il achetées dans le pays vers lequel nous nous dirigeons? Cette dernière hypothèse sourit à Delange, qui commence à être un peu las de la société de ses Soudaniennes. Le sombre éclat de leurs yeux lui fait moins d'impression qu'autrefois; il en est arrivé à trouver que leur conversation manquait de variété, qu'elles se montraient rebelles aux questions artistiques ou scientifiques.

Malgré notre froideur pour le Turc et ses gens, cette rencontre fait un instant diversion aux ennuis de la route. On s'en est occupé, comme en pleine mer, dans le cours d'une longue traversée, on s'intéresse au navire qui grandit peu à peu à l'horizon, s'approche, hisse son pavillon, diminue, et bientôt disparaît.

12 avril. — Nous parcourons, depuis hier, un pays giboyeux et, tout naturellement, les naturels se plaignent du voisinage des lions. A propos de ces animaux que nous aurons peut-être l'occasion de chasser, mais pour lesquels nous ne voulons pas en ce moment nous détourner de notre route, citons, à titre de renseignements, ces lignes de Schweinfurth que nous pouvons certifier véridiques: « En Europe, beaucoup de gens se figurent qu'un voyageur au centre de l'Afrique est menacé perpétuellement de la rencontre des lions, tandis qu'il en est d'autres qui vous adressent cette question naïve : « Là-bas, en avez-vous jamais vu? » Les deux opinions approchent de la vérité. Il y a des lions dans toute l'Afrique et vous pouvez en rencontrer partout; mais leur nombre est proportionné au rang qu'ils occupent parmi les animaux, et le chiffre en est peu considérable. »

Dans la matinée du 13 avril, nous avons quitté la vallée et gravi des collines qui s'élèvent à plus de cinq cents pieds. Tout à coup, Nassar vient à nous et nous montrant, dans la direction du sud-ouest, une crête de montagne, nous dit :

— C'est le *Mbala-Nguia* qui sépare le territoire des Bongos de celui des Niams-Niams. Demain vous foulerez le sol de cette nouvelle tribu, et bientôt vous pourrez vérifier l'exactitude des renseignements que je vous ai donnés sur celui que vous cherchez.

Nous allons donc enfin pénétrer dans ce vaste pays qu'un si petit nombre d'Européens ont visité ; nous voici au milieu de ces fameux hommes soi-disant à queue, au sujet desquels on a fait tant de récits mensongers, et de ces anthropophages qu'on dépeint si terribles. »

XXVI

La caravane, n'ayant pas encore franchi toutes les collines, qui forment une barrière naturelle mais peu respectée, entre le territoire des Bongos et celui des Niams-Niams, le camp venait d'être dressé sur les derniers escarpements de la montagne, au milieu d'un large plateau où la vue embrassait un merveilleux horizon. Le soleil, au moment de disparaître, répandait des teintes violettes sur la cime des collines, sur les grands bois qui s'étageaient le long de leurs flancs, et éclairait magnifiquement au loin un village avec ses toits de chaume, en forme de coupoles, surmontés d'une aigrette ou d'un panache, comme une pagode chinoise. Près du village roulait l'Ibba, cours supérieur du Tondj, et ses eaux transparentes reflétaient déjà les teintes des montagnes voisines. Dans un horizon plus proche, autour du campement, on apercevait des bouquets d'arbres couronnés de fleurs, des palmiers aux courbes gracieuses, des bananiers, des figuiers de Bengale, des lianes sans nombre, et, sur le plateau, rafraîchi par les pluies de mars et d'avril, le vert se confondait avec les teintes rosées du couchant. Le ciel, encore bleu dans sa plus grande partie, était d'une transparence parfaite ; quelques vapeurs floconneuses, revêtues de pourpre et d'or, se formaient par instant, pour se perdre bientôt dans son immensité. Mille parfums s'échappaient des fleurs de la prairie ; la chaleur du jour, très tempérée sur ces plateaux, diminuait graduellement, disait adieu à la terre en même temps que le soleil, et disparaissait avec lui. La vie débordait de toutes parts : des oiseaux aux mille nuances se poursuivaient de branche en branche, ou bien, se posant sur quelques lianes, entonnaient déjà l'hymne du soir ; les antilopes passaient leurs têtes à travers le buisson, jetaient un regard craintif autour d'elles, et, rassurées, couraient s'ébattre au milieu des fougères, des gingembres, ou sur le velours des mousses qui descendaient vers la rivière. Le soleil venait à peine de disparaître que déjà la lune, désireuse de prendre part à cette fête de la nature et de contribuer à l'harmonie de la scène, répandait sur la prairie sa lumière encore un peu pâle et tout argentée.

Bientôt tout le camp reposa : fatigués d'une longue course sur le flanc abrupte de la montagne, les porteurs et les soldats avaient plus tôt que d'habitude succombé au sommeil.

Avant de descendre chez les Niams-Niams, M. Périères réunissait les notes recueillies sur les Bongos et mettait au courant le registre de l'expédition. M. de Morin avait fait étendre une peau de bœuf sur l'herbe de la prairie, près de sa tente, et, couché sur le dos, un cigare à la bouche, il regardait les étoiles s'allumer dans le ciel. Miss Poles, les bras croisés, la tête haute, arpentait le plateau à grands pas. Elle partait du campement, atteignait les premiers bouquets d'arbres, se retournait brusquement et reprenait sa marche dans le sillon qu'elle avait tracé. En voyant ses lèvres s'agiter sans cesse, il était facile de deviner qu'elle se livrait à un monologue ; elle se demandait sans doute si le docteur Delange était encore digne d'elle ; si le moment ne serait pas venu de l'abandonner aux Soudaniennes et de reporter ses affections sur M. de Morin ou sur M. Périères.

Mme de Guéran, avide de solitude par cette belle nuit, était assise devant sa tente ; elle paraissait cependant insensible aux splendeurs qui l'entouraient, et regardait fixement devant elle. Sa pensée la reportait en arrière, la promenait dans le vaste champ des souvenirs ; ou bien, peut-être, l'entraînait-elle en avant pour sonder l'avenir?

Depuis un instant, le docteur Delange passait et repassait devant elle, sans qu'elle le vît ; il paraissait désireux de l'aborder, mais encore hésitant à troubler ses méditations. Enfin, il se décida et la rejoignit. En le voyant, elle leva brusquement la tête, sembla vouloir chasser des pensées importunes et lui dit doucement :

— Vous avez à me parler, sans doute, cher docteur ? Je suis à vos ordres.

— Oui, fit-il, depuis plusieurs jours je désire avoir un moment d'entretien avec vous ; mais je ne puis vous trouver seule. Ce soir, chacun semble, au contraire, vouloir respecter votre solitude, et je me risque à la troubler.

— Vous avez bien fait. Mais pourquoi choisir cette heure tardive et cet isolement? Vous avez donc quelque secret à me confier?

— Non, reprit doucement M. Delange, c'est vous qui en avez un, et je viens vous supplier de me le dire. Ne vous révoltez pas déjà, ajouta-t-il, sur un geste de Mme de Guéran ; ne vous empressez pas de déclarer que je suis un ami de trop fraîche date pour essayer de pénétrer dans votre vie et de provoquer vos confidences. Vous seriez injuste en me parlant ainsi et vous me causeriez, madame, une peine que je n'ai pas méritée. Notre existence, depuis six mois, nous a liés plus étroitement que ne pourraient le faire des relations mondaines de plusieurs années ; je sais que vous daignez avoir déjà de l'estime pour moi, et un peu d'amitié. Vous, madame, vous m'inspirez un grand respect, une sainte affection. Le mot n'a rien d'exagéré ; vous me rappelez, trait pour trait, cœur pour cœur, une parente que j'ai beaucoup aimée et que j'ai eu le malheur de perdre, il y a deux ans. C'est peut-être sa mort qui m'a jeté dans certains écarts et m'a fait mener la vie de cercle, que je ne connaissais pas autrefois. Vous avez donc des raisons suffisantes pour m'honorer de votre confiance, et je puis, sans trop de hardiesse, la solliciter.

— Oui, c'est vrai, fit-elle en lui tendant la main ; mais qu'ai-je donc à vous dire? Que pouvez-vous me demander?

— Bien des choses, madame ; et si vous avez encore quelque scrupule, si vous croyez devoir être réservée avec l'ami, parlez, je vous prie, au médecin. Nous sommes, vous le savez, des confesseurs auxquels on peut tout dire, et qui savent tout garder.

— Mais, je ne suis pas malade, cher docteur.

— Voilà votre erreur. Vous êtes malade, et c'est pourquoi j'interviens, d'abord comme médecin. N'avez-vous pas depuis quelques jours de la fièvre?

— Oui ; c'est le climat.

— Non, le climat est excellent dans les dernières régions que nous avons traversées, et sur les hauteurs où nous sommes aujourd'hui. S'il avait pu avoir une influence sur une santé comme la vôtre, vous auriez été malade dans la première partie de notre voyage : à Khartoum, qui est très insalubre, sur le haut Nil et dans la rivière des Gazelles. Vous vous êtes, au contraire, parfaitement portée dans ces pays, mieux que nous tous, et vous n'avez souffert que le jour où nous ne souffrions plus.

— C'est peut-être de la contradiction, fit-elle en souriant ; mais quelle conclusion tirez-vous de votre petit discours?

— Voici : l'Afrique n'a aucune influence sur votre organisation, et je dois chercher d'autres causes à la fièvre qui vous tourmente, à l'état d'abattement et de prostration que je remarque chez vous, à certains phénomènes nerveux que vous ne pouvez me cacher, malgré tous vos efforts.

— Quelles sont ces causes, mon cher inquisiteur?
— Vous me permettez de vous les dire?
— Je suis décidée à tout entendre, fit-elle.

Il s'inclina et reprit :

— Elles sont d'un ordre purement moral. L'esprit s'inquiète, l'imagination travaille, le cœur souffre; de là les perturbations et les désordres que je viens de constater.

Pâle et émue, Mme de Guéran baissa la tête sans répondre. Elle paraissait gênée, troublée par l'espèce d'étude dont elle était l'objet; elle souffrait de se sentir ainsi devinée, mais elle se trouvait depuis un instant moins isolée, moins abandonnée. On la comprenait; les confidences qu'elle n'aurait jamais osé faire, on les faisait pour elle. Son silence remplaçait un aveu, et, tout en se taisant, elle se confessait pour ainsi dire.

Tout à coup, le docteur, qui semblait deviner ses pensées, se pencha vers elle, et, lui prenant les mains, l'entraînant, la forçant à se lever, il la regarda bien en face et lui dit avec chaleur :

— Confiez-vous donc à moi! Ouvrez donc au médecin, à l'ami désintéressé, qui ne songe qu'à vous, qui ne voit que vous, ce pauvre cœur souffrant et ulcéré! Vos efforts pour être calme, pour ne pas vous trahir, le silence que vous gardez, l'isolement de votre esprit, vous épuisent... parlez! parlez donc! Plaignez-vous de quelqu'un ou de quelque chose, accusez les hommes, accusez le destin, criez, pleurez, et vous serez sauvée! Vous le savez bien : depuis longtemps vous cherchez un confident, mais vous ne pouvez en trouver; vous ne me jugiez pas ce que je suis vraiment : sérieux à certaines heures et entièrement dévoué à ceux qui m'inspirent une profonde sympathie. Miss Poles? vous ne pouviez lui ouvrir votre cœur; ses excentricités empêchent de la prendre au sérieux. Quant à nos deux amis, ce sont les dernières personnes que vous choisiriez pour confidentes.

— Pourquoi? fit-elle brusquement.
— Vous désirez le savoir?
— Je le veux! Franchise pour franchise.
— Et si ma franchise vous déplaît?
— Tant pis pour moi : je l'aurai provoquée.

Le pétillement du vin lui causa une certaine impression (page 402).

— Eh bien! on ne prend pour confident qu'un ami, et ces messieurs vous aiment d'amour, vous le savez.
— Ils vous l'ont dit? demanda-t-elle vivement.
— Jamais, je vous le jure, répondit M. Delange. Mais vous avouerez, ajouta-t-il avec un sourire, qu'il était facile de le deviner.
— Eh bien! oui, ils m'aiment, fit-elle résolument; mais vous

oubliez, docteur, que nous nous occupons de mes souffrances ; ce n'est pas l'amour de ces messieurs, j'imagine, qui les a provoquées ?

— Si, en partie.

— Par exemple ! Il faudrait alors que je fusse sensible à ce double amour, que je fusse éprise de mon côté.

— Non. Il est évident pour moi que vous n'aimez pas ces messieurs. Mais vous souffrez de les voir souffrir ; vous éprouvez un malaise constant à vous dire : « Que résultera-t-il de tout cela ? Dans quelle impasse me suis-je mise ? Quelle fausse situation ai-je acceptée ? »

— Et c'est ce simple malaise qui suffirait, suivant vous, à me donner la fièvre, à me pâlir, à me jeter dans un état d'abattement, à déterminer des crises nerveuses ? Je me croyais plus forte.

— Vous l'êtes, en effet. Les souffrances de ces messieurs vous chagrinent seulement. Votre mal est en-dedans de vous-même ; vos nerfs sont surexcités par les combats qui se livrent en vous, vos hésitations, l'incertitude où vous vivez sans cesse.

— Quelles incertitudes ?

— Vous n'aimez pas ces messieurs, mais vous n'êtes pas persuadée de ne les point aimer. Ils vous plaisent évidemment, leur entretien vous est agréable, leurs regards vous causent un trouble passager. Lorsqu'ils font une belle action, lorsqu'ils vous rendent un service, votre cœur bat plus vite. Et, ce qui vous désole, ce qui vous énerve par-dessus tout, vous révolte et vous enfièvre, c'est que vous ignorez lequel des deux vous séduit le plus. Vous flottez sans cesse de l'un à l'autre ; votre imagination s'égare, et vous vous perdez en interrogations, en recherches impuissantes.

— C'est que je n'aime pas ! s'écria-t-elle. Est-ce qu'on ne sait pas qui l'on aime ? Est-ce qu'on peut s'y tromper ?

Elle avait relevé la tête et parlait avec énergie.

La nuit était tout à fait venue, depuis quelques instants, et la lune, qui avait pris possession du ciel et y régnait en souveraine, éclairait le charmant visage de Mme de Guéran, l'argentait en quelque sorte, et répandait sur ses traits une douceur infinie.

XXVII

Le docteur reprit tranquillement sans se troubler :

— Je suis de votre avis, baronne, et je me suis déjà expliqué à ce sujet. Vous n'aimez pas. Demain ces messieurs s'éloigneraient de vous, que vous les oublieriez. Leur présence vous cause seulement un certain émoi ; je pourrais dire une certaine irritation. Ils ne vous inspirent aucun sentiment sérieux, ils ne vous font éprouver que des sensations nerveuses. Excusez-moi ; c'est le médecin qui étudie son sujet.

— Alors, fit Mme de Guéran, mon mal est connu, et vous en avez trouvé la cause. M. de Morin et M. Périères m'inspirent un intérêt vague, mal défini, presque inexplicable, et cet intérêt divisé, continua-t-elle en souriant, m'accable, me torture et me tue.

— Non, non, ma chère cliente, nous n'y sommes pas encore. Ce n'est pas tout à fait cela. Vous n'êtes pas femme à vous laisser émouvoir pour si peu. Vous ne ressemblez en aucune façon à ces jeunes filles ignorantes de la vie que leurs scrupules de conscience, leurs exagérations de sentiment, étiolent et alanguissent. L'intérêt, puisque nous avons adopté le mot, que vous éprouvez pour nos deux amis, ne vous accable pas à ce point. Il ne vous cause même aucun remords, lorsque vous songez à M. de Guéran et que vous espérez le retrouver. Vous aviez les plus sérieux motifs pour vous croire veuve, vous l'étiez même légalement, officiellement ; vous pouviez donner votre cœur tout entier à l'un de vos compagnons de voyage, et l'on doit vous admirer de n'avoir accordé qu'une petite parcelle... d'intérêt, que vous saurez même reprendre si le besoin s'en fait sentir. Donc, je le répète, aucun remords, de ce côté, du moins.

— Il y a donc un autre côté ? fit-elle en essayant de sourire, mais sans pouvoir cacher l'émotion que lui causaient ces dernières paroles.

— Oui, fit-il avec résolution, vous aimez sérieusement, là-bas, tout là-bas, celui qui n'a pas pu vous accompagner ; celui que je remplace. Vous aimez le docteur Desrioux.

Elle tressaillit à ce nom, mais elle ne répondit pas ; elle n'essaya pas d'imposer silence à son indiscret confident.

Il continua d'un ton plus enjoué :

— Ah ! si vous croyez qu'entre confrères, entre médecins, on peut se cacher quelque chose. Je ne parle pas souvent, on croit que je ne vois rien; on se dit : « Ce monsieur Delange n'a d'yeux que pour les cartes ; il n'est pas gênant. » On se trompe ; je regarde au-dessus de mon jeu, et je fais mes petites observations ; j'ausculte... moralement mes voisins, tout en abattant neuf ou en retournant le roi. Le jour où j'ai eu l'honneur de vous être présenté, madame, et de faire la connaissance de M. Desrioux dans votre salon, j'ai compris que mon confrère avait pour vous un sincère attachement. Le lendemain, je devinais que vous n'y étiez pas insensible. Mais, pour être complet, pour ne rien laisser dans l'ombre, je dois déclarer aussi que vous ignoriez la force de votre... affection, le jour où vous avez quitté la France. Si vous vous en étiez rendu compte, vous n'auriez pas accepté MM. de Morin et Périères comme compagnons de voyage ; vous les saviez épris de vous, et il eût déplu à votre délicatesse de les laisser s'éprendre encore davantage et sans espoir. C'est peu à peu, c'est plus tard, par l'éloignement, l'absence, les lettres échangées, les nouvelles reçues, que vous avez constaté la puissance de votre attachement et que, peut-être, il s'est accru.

Elle continuait à garder le silence, pensive, recueillie et toute frémissante de ce qu'elle entendait. Elle s'était dit ces choses, doucement, en tremblant, avec des réticences, mais c'était la première fois qu'on lui en parlait. Debout, appuyée contre le tronc d'un arbre, la tête un peu renversée, elle écoutait cependant le docteur sans l'interrompre, sans paraître désirer qu'il fût moins explicite et plus discret. Le triste sourire qui se dessinait, au contraire, sur ses lèvres, semblait dire : « Allez, allez toujours, vos paroles me font du mal, mais il faut que je les entende ; il faut que je me rende bien compte de ma situation. Vous paraissez la connaître mieux que moi, parlez donc, et si après avoir parlé, vous pouviez me guérir, en votre qualité de médecin, vous me rendriez bien service, je vous assure. »

M. Delange se sentait de son côté encouragé par le silence, les regards de Mme de Guéran et, debout devant elle, le coude appuyé contre le tronc de l'arbre près duquel ils s'étaient arrêtés, la tête dans la main, il continuait à parler doucement, fraternellement, un peu ému lui-même de ce qu'il disait, un peu impressionné aussi, à son insu, par le contact troublant de cette femme adorable.

— Cet amour, disait-il, que vous avez emporté avec vous sans le savoir, vous brise et vous tue. Vous voudriez l'arracher de votre cœur et vous ne le pouvez pas. Par moments il vous arrive de vous rapprocher de MM. de Morin et Périères dans l'espérance qu'ils vous guériront de… l'absent, et à peine vous ont-ils charmée, parce qu'ils sont charmants, que vous les fuyez dans la crainte de n'être pas tout entière à… l'autre. Vous lui revenez humble, repentante, soumise, et alors, tout à coup, votre mari vous apparaît là-bas, bien loin, dans les régions inconnues vers lesquelles nous marchons. Vous désirez le retrouver; le devoir vous y convie et son souvenir vous est cher, mais vous tremblez à cette pensée que votre cœur ne vous appartient plus, qu'il vous est impossible de le lui rendre. Voilà, chère baronne, tout ce que vous pouvez me dire. Je suis un confident bizarre ; c'est moi qui ai parlé tout le temps. Je vous demandais vos secrets; vous les avez gardés et j'ai dû vous faire part de mes petites découvertes. Cependant je ne saurais me repentir de mes indiscrétions, de mon bavardage. Ils vous ont appris à me connaître, à voir en moi un ami dévoué, un frère soucieux de votre bonheur. Vous ne me tiendrez plus éloigné de vous, et lorsque vous souffrirez trop, vous m'appellerez et vous m'ouvrirez tout à fait votre cœur : c'est le seul moyen de moins souffrir.

Il se tut; et alors, elle se détacha de l'arbre contre lequel elle était appuyée, et, toujours silencieuse, prit amicalement le bras du docteur.

Ils se dirigèrent vers le campement et atteignirent bientôt les premières tentes. Arrivée devant la sienne, Mme de Guéran, avant de quitter M. Delange, se retourna vers lui et lui tendit les deux mains. Ce geste voulait dire :

— Je vous pardonne la hardiesse de votre langage; vous vous êtes montré mon ami et je vous en sais gré.

Puis elle disparut, pendant qu'il s'éloignait de son côté et regagnait son gîte.

M. Périères et M. de Morin n'étaient pas tellement absorbés, l'un par ses notes de voyage, l'autre par son cigare et la contemplation de la nature, qu'ils n'eussent suivi des yeux une partie de la soirée Mme de Guéran et le docteur. Ils s'étaient rejoints et faisaient leurs réflexions sur ce long tête-à-tête.

— Que peut-il lui dire? demandait M. Périères.

— Je ne m'en doute pas, mais leur conversation paraît intéressante.

— Oui, la lune éclaire en plein le visage de la baronne ; elle paraît

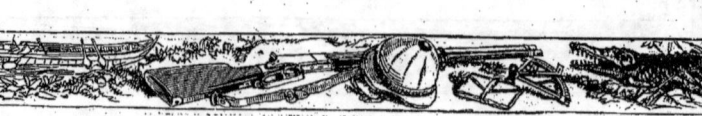

fort émue. Pensez-vous que le docteur se rende compte de notre situation vis-à-vis de Mme de Guéran?

— J'en suis persuadé, repondit M. de Morin; il est trop intelligent, trop observateur pour ne pas s'être aperçu de notre profond attachement. Pourquoi me demandez-vous cela?

— Parce que Delange est homme, s'il ne nous savait pas amoureux, à le devenir pour son propre compte.

— Et s'il nous sait amoureux, vous croyez que cela l'arrêtera?

— Parfaitement; il nous est trop dévoué, il a des idées trop droites pour marcher sur nos brisées. Est-ce que vous seriez jaloux, mon cher?

— Du docteur, oh! non! J'ai trop de respect pour Mme de Guéran, et je la crois assez malheureuse déjà de sa situation vis-à-vis de nous pour qu'elle veuille la compliquer encore.

— De Morin?

— Périères?

— Voulez-vous que nous soyons très sincères?

— Nous l'avons toujours été.

— Excepté à Karthoum, où nous avons failli nous brouiller.

— Oui, mais nous avons profité de l'occasion pour nous jurer une entière franchise et je n'ai jamais manqué à mon serment.

— Ni moi au mien; vous n'en doutez pas?

— Certes. Nous avons pris, du reste, nos précautions contre la tentation que nous aurions pu éprouver de nous dévorer. Nos conventions sont des plus sages, des plus justes : si Mme de Guéran, par un mot, par un regard, laissait entendre à l'un de nous qu'il est le préféré, l'autre devrait prévenir immédiatement le... sacrifié, qui renoncerait à tout espoir, à toute tentative, et s'éloignerait.

— Oui, c'est bien cela; et je ne puis malheureusement pas, mon cher ami, vous prier de vous en aller.

— Je brûle, mon cher Périères, de vous dire : partez, et rien ne m'y autorise.

— Tant mieux, car je serais vraiment fort embarrassé s'il fallait retraverser tout seul le territoire de ces affreux Bongos, de ces excellents Dinkas; sans parler des Chillouks et des autres. Je crois qu'il vaut mieux, pour moi, du moins, que Mme de Guéran ne se décide pas en votre faveur.

— En vérité, mon cher, j'ai bien peur qu'elle ne se décide ni pour l'un, ni pour l'autre.

— Je le crains aussi; elle a peur de faire trop de mal au vaincu. Nous ne sommes pas généreux envers elle, nous lui ôtons son libre arbitre, nous l'empêchons de s'exprimer comme elle le voudrait, peut-être.

— Je ne puis pas cependant vous proposer, cher ami, au lieu de descendre cette colline demain matin, avec tous nos compagnons, pour pénétrer chez les Niams-Niams, de reprendre le chemin déjà parcouru en compagnie de mon fidèle Joseph et monté sur un âne que vous voudriez bien détacher de la caravane.

— Je n'y songe pas, mon cher de Morin, et cependant si nous avions vécu à une autre époque que la nôtre, nous aurions trouvé moyen de nous entendre.

— Oui, des mousquetaires de la reine, par exemple, dans la même situation que nous, n'auraient pas hésité à mettre flamberge au vent. J'y ai quelquefois songé; l'époque avait du bon : l'épée tranchait bien des questions.

— On pourrait remettre ces usages en vigueur... Oh! dans le cœur de l'Afrique, nous n'appartenons pas à une époque plutôt qu'à une autre. Lorsqu'on vient de faire visite aux femmes bongos, on n'a plus qu'une vague idée du temps où l'on vit; on ne saurait nous en vouloir de faire un retour vers le passé, le dix-huitième ou le dix-septième siècle.

— Je vois que l'idée vous sourit. Mais, croyez-moi, ne lui donnons aucune suite : s'il m'arrivait de vous tuer ou d'être tué, Mme de Guéran, je la connais, me prendrait en horreur, ou concevrait de la haine pour vous. Elle n'aime pas le dix-huitième siècle; elle est de son temps, et elle passe à travers l'Afrique, en poursuivant une idée, sans prendre garde aux mœurs des Bongos.

— C'est bien possible. Alors, mon pauvre ami, attendons.

— Oui, attendons. C'est la seule chose qu'il nous reste à faire pour le moment.

— Pardon; nous avons aussi à nous coucher. Il est deux heures et nous partons à cinq heures du matin.

— C'est juste. Vous ne m'en voulez pas d'avoir songé aux mousquetaires de la reine?

— Vous en vouloir! L'idée était excellente; seulement elle n'était pas pratique comme beaucoup de bonnes idées.

— Je tâcherai de trouver autre chose.

— J'y songerai de mon côté; bonne nuit, mon cher.

— Au revoir, cher ami, à bientôt; dans trois heures.

Le lendemain, avant midi, la caravane, tambours en tête, faisait irruption sur le territoire des Niams-Niams.

XXVIII

Pendant qu'au centre de l'Afrique équatoriale, à cinq cents lieues environ de toutes les mers qui baignent le continent africain et communiquent avec l'Europe, l'expédition française s'apprêtait à pénétrer encore plus avant dans l'intérieur du pays, à franchir des limites réputées jusqu'alors infranchissables, les Parisiens continuaient leur train de vie habituel, et sans prendre souci des intrépides voyageurs, vaquaient à leurs petites affaires et à leurs grands plaisirs.

Les différentes sociétés géographiques avaient cependant donné, dans leurs bulletins, quelques renseignements envoyés de Kartoum, en janvier 1873; mais ces bulletins ne font point partie de la littérature courante et sont ignorés des gens du monde. Dans le salon de la marquise de Genevray, la tante de M. de Morin, après s'être entretenu de la pièce nouvelle, du dernier procès et des modes de l'avenir, on faisait parfois une allusion à l'Egypte et à la mer Rouge, mais on s'arrêtait bientôt dans la crainte de commettre quelque grosse erreur géographique. Le jour où Mme de Genevray, pour animer la conversation, avait dit : « Je viens de recevoir des nouvelles de mon neveu, il est à Souakin », on s'était regardé avec étonnement et personne n'avait osé relever la phrase, à l'exception d'une vieille demoiselle qui crut devoir répliquer, en remuant la tête d'un air entendu : « Souakin! c'est bien loin de Paris! » Et, en chœur, toutes les femmes avaient dit : « Oh! oui, c'est bien loin! »

Quelque temps après, lorsque la marquise prononça les noms de Korosko, Bahr-el-Gasal, Gondokoro, ses hôtes donnèrent des signes d'effroi; ils se demandaient ce que signifiaient tous ces noms baroques si durs à l'oreille, où se trouvaient ces pays dont personne n'avait

LA VÉNUS NOIRE. 345

Lorsqu'elle leva ses grands bras et détacha son voile (page 422).

jamais soupçonné l'existence. Aussi, Mᵐᵉ de Genevray se promit-elle d'être plus réservée à l'avenir au point de vue géographique.

Au cercle, dont faisaient toujours partie MM. Périères, Delange et de Morin, on vit pendant trois semaines, étalés sur la grande table de la bibliothèque, quelques-uns des livres publiés par Hachette : *L'Alber-N'yanza*, de Baker, *l'Ismaïlia*, du même, *l'Afrique australe*, de Livingstone, les *Voyages aux grands lacs* du capitaine Burton; mais ces volumes, achetés en souvenir de collègues aimés, furent à peine coupés et disparurent bientôt sous les romans parus la veille, les revues de quinzaine et les journaux du soir. Si, en octobre et en novembre, quelques membres du cercle, dans la journée, de cinq à sept, ou le soir, avant de se mettre à la bouillotte et au baccarat, s'entretinrent parfois de l'expédition parisienne, en demandèrent des nouvelles et parurent s'intéresser à cette entreprise, en décembre et en janvier on l'avait oubliée. Les dernières pièces d'Augier et de Sardou, les exploits de Mlle X..., le duel de Z..., le désastre du jeune D..., faisaient, à cette époque, avec un peu de politique, tous les frais de la conversation.

Le docteur Desrioux et le comte de Pommerelle avaient seuls continué à suivre, de la pensée et sur les cartes, leurs amis africains. Mais ceux-ci n'ayant plus donné de leurs nouvelles depuis leur départ de Kartoum, MM. de Pommerelle et Desrioux durent se contenter de l'itinéraire tracé en quelques lignes et du plan qu'on leur avait développé. Ce fut sur des données vagues, des probabilités plutôt que des certitudes, qu'ils purent encore les accompagner à l'aide des cartes, se diriger avec eux vers des territoires sommairement indiqués. Aux lettres intimes, où la personnalité de chacun de leurs amis se trahissait si diversement, et qu'ils lisaient autrefois avec tant de joie, succédèrent des récits de voyage pour ainsi dire publics, à la portée de tous. Ils étudiaient l'Afrique dans des livres, au lieu d'y vivre, comme ils l'avaient fait jusqu'alors, avec ceux dont le souvenir leur était cher.

Ils voyaient même déjà l'époque où la caravane, ayant dit adieu au pays des Mombouttous, ils ne trouveraient plus aucun document, aucune narration qui leur permît de se faire une idée des pays parcourus. Une lacune immense de plusieurs centaines de milles allait se présenter, et leur imagination seule pourrait suppléer aux données sérieuses qu'ils avaient encore. Se rappelant alors les regrets manifestés par Périères, dans sa dernière lettre datée de Kartoum, sur la route qu'il avait prise, et se souvenant de l'itinéraire peut-être plus direct qu'il avait tracé dans le sud-ouest, les deux voyageurs en chambre se promettaient alors de partir de Zanzibar et de marcher vers l'ouest dans la direction des grands lacs, au-devant de leurs amis. Ils plantaient déjà des épingles sur leurs cartes, et apprêtaient leur loupe pour découvrir les points supposés où l'expédition devait s'arrêter.

Cependant, ces pensées et ces soins n'avaient pas entièrement absorbé M. Desrioux et M. de Pommerelle : le premier partageait son temps entre ses malades et sa mère, dont la santé devenait tous les jours plus chancelante, et qui lui donnait de sérieuses inquiétudes ; le second continuait à vivre comme par le passé, désœuvré, ennuyé, fatigué de Paris où cependant il était toujours retenu par ses habitudes et par certaine chaîne qu'il s'était mise au cou depuis plusieurs années.

Les anneaux de cette chaîne avaient d'abord été cachés par des fleurs qui la faisaient ressembler à une guirlande légère, embaumée, douce aux regards. Puis, avec le temps, ces roses s'étaient fanées ; feuilles et tiges avaient disparu. Rien ne recouvrait plus les anneaux de fer ; ils se montraient dans toute leur nudité et rouillés par places. Mais plus solides que les fleurs, ils ne se séparaient pas les uns des autres, et, à moins d'accident, de violences, qui les auraient rompus brutalement, ils étaient certainement assez forts pour retenir longtemps encore leur prisonnier.

Tout est à craindre, cependant, d'une chaîne dont les fleurs se sont détachées, et que la rouille seule recouvre : M. de Pommerelle put le constater, en l'an de grâce 1873, au renouveau de la nature, aux premiers effluves du printemps, lorsque la femme et l'oiseau rêvent à de jeunes amours, aspirent à prendre leur vol vers des horizons ensoleillés.

Après avoir fait en victoria le tour du grand lac, s'être arrêté quelques instants au cercle pour y prendre langue, et jeter un coup d'œil sur sa toilette, M. de Pommerelle se dirigea, certain soir d'avril, vers la place de la Madeleine et monta l'escalier de Durand. Arrivé au premier étage, il vit une porte s'ouvrir devant lui, et il pénétra dans un petit salon dont les rideaux étaient déjà fermés, quoiqu'il fît encore jour au dehors.

Sur la table, placée devant le divan traditionnel surmonté d'une glace, deux couverts étaient disposés à côté l'un de l'autre. Le maître d'hôtel de Durand attendait évidemment M. de Pommerelle et avait pris ses mesures en conséquence. Cependant le comte, contre tous les usages des dîneurs en cabinet particulier, n'avait aucun partenaire : les deux couverts et les candélabres allumés, pour remplacer le gaz détesté des gens élégants, lui tenaient seuls compagnie.

Sept heures ; puis sept heures et demie sonnèrent à la petite pendule, faux Louis XVI, qui ornait la cheminée, et M. de Pommerelle, calme du reste, stoïque comme un homme habitué de longue date aux bizarreries féminines, en était toujours réduit, pour passer le temps, à boire du vermouth et à lire les journaux du soir.

Enfin, vers huit heures moins un quart, des pas légers, un bruit de soie qui frôle les murs, se firent entendre dans le corridor. Un garçon ouvrit vivement la porte du cabinet, puis s'effaça pour donner passage à une femme vêtue de couleur sombre, la tête ornée d'un capuchon et hermétiquement voilée. Alors l'air s'emplit de parfums faibles et doux, tandis que le salon parut s'illuminer et rayonner.

La nouvelle arrivée, aidée par le comte, se débarrassa de ses voiles et l'on put voir une taille ronde, une poitrine abondante, des cheveux blonds ondulés, des yeux d'une douceur, d'une ingénuité infinies, et un charmant petit visage qui semblait se défendre encore très habilement contre les premières indiscrétions du temps, et ne prendre aucun souci des indélicates sommations de la trente-cinquième année.

— Comme vous venez tard, ma chère Lucile! dit le comte à la nouvelle arrivée.

— Au lieu de vous plaindre, remerciez-moi, mon cher, fit celle-ci en s'asseyant et en étalant sa robe sur le canapé de telle sorte que M. de Pommerelle, qui avait pris place à côté d'elle, disparut à moitié. J'ai bien cru que je ne pourrais jamais sortir; j'ai eu des visites jusqu'à sept heures.

— Comme vous voyez du monde, maintenant! fit-il d'un ton de reproche.

— Oui, je vois beaucoup de monde, ça me fait passer le temps, ajouta-t-elle en grignotant des crevettes.

Un mystérieux garçon, une ombre, un sylphe servit le potage et deux entrées, puis disparut discrètement.

Les deux convives se mirent à dîner : le comte, comme un homme dont un vermouth trop prolongé a creusé l'estomac; sa compagne, comme les blondes un peu grasses qui ont atteint la trentaine savent manger : voluptueusement, à pleines lèvres, de toutes leurs dents, avec des petits cris de bien-être, des petites exclamations sensuelles.

Tout à coup, cependant, celle qu'on appelait Lucile, sans quitter la côtelette d'agneau qu'elle entamait de ses dents blanches, se tourna vers le comte et le regardant bien en face :

— Voulez-vous m'épouser, mon cher? lui dit-elle.

— Hein! Quoi? Que dites-vous? fit M. de Pommerelle qui, sur le point d'avaler un morceau de sa côtelette, s'arrêta brusquement.

— Votre étonnement n'est pas poli, reprit la dame blonde. J'ajouterai que rien ne le justifie. Je suis veuve ; j'ai eu un mari, un vrai. On ne l'a pas connu, parce que j'hésitais à le produire ; mais il a existé. Je fais donc partie des femmes qu'on peut épouser sans trop de scandale, surtout lorsqu'on a contracté envers elles une petite dette de reconnaissance.

— Ma reconnaissance sera éternelle, ma chère, n'en doutez pas, dit le comte qui, un peu remis, avait avalé sa bouchée.

— Oui, je connais ça, et votre amour aussi sera éternel, et mon veuvage s'éternisera de la même façon. Eh bien ! non, mon cher ami. Nous sommes en avril, époque des mariages ; jetez un coup d'œil sur les mairies, elles ne désemplissent pas. Je suis allée hier à la campagne, et j'ai vu des nids dans tous les arbres. Cela m'a donné envie d'en avoir un à mon tour, un nid que vous embellirez de votre présence légale. Jusqu'à ce jour, nous n'avons fait que percher de ci, de là, à droite, à gauche ; je suis lasse de cette vie errante. J'ai besoin de fixer ma destinée, et j'ai pensé tout naturellement à vous, mon cher comte, à qui j'ai consacré si gracieusement la plus belle partie de ma verte jeunesse.

— Je vous remercie beaucoup, fit M. de Pommerelle qui entamait tranquillement la seconde entrée ; oui, beaucoup, et je suis très sensible à l'attention. Mais, votre jeunesse est encore dans tout son épanouissement ; je pourrais même dire, lorsque je vous regarde, qu'elle est à son aurore, et je ne vois pas bien pourquoi vous songez à...

— A faire une fin, n'est-ce pas ! disons le mot, quoiqu'il soit généralement destiné à votre sexe. J'y songe, mon cher, parce qu'il est grand temps.

— Oh ! non.

— Oh ! si. Veuillez suivre mon raisonnement.

— Avec plaisir ; un peu de ce salmis ?

— Volontiers ; je reprends.

— Je vous écoute.

— Vous pouvez encore m'épouser, mon cher, en paraissant dominé par votre passion pour moi. Si vous tardez, au contraire, on dira que vous obéissez à mes ordres et ce sera moins flatteur pour votre servante, moins explicable de votre part. Puis, j'ai encore un autre petit motif...

— Voyons-le, s'il est tout petit.

— Je vous le garde pour le rôti, on pourrait nous interrompre.
— Alors je vais sonner, je suis pressé de vous entendre.
— C'est cela, sonnez, et dès que nous serons seuls, en face du caneton annoncé sur cette carte, et de l'excellent chambertin que vous commandez toujours à mon intention, je vous défilerai mon petit chapelet.

M. de Pommerelle pressa le bouton de la sonnette électrique.

XXIX

A l'appel du comte, le garçon apparut armé du caneton et du chambertin commandés à l'avance, mit de l'ordre sur la table, jeta un coup d'œil discret mais éloquent sur les deux convives, sourit comme les garçons de cabinets particuliers savent sourire, et, ouvrant la porte, s'évapora dans le corridor.

Pendant cette courte opération, M. de Pommerelle regardait Lucile du coin de l'œil : elle était vraiment délicieuse avec ses grands yeux transparents, ses petites boucles de cheveux blonds qui descendaient sur son front, ses sourcils bien fournis, bien dessinés, ses narines palpitantes, ses lèvres charnues, humides, son menton rond et gras, son teint merveilleux dont le chambertin accentuait les fraîches couleurs.

On ne lui aurait certainement pas donné plus d'une trentaine d'années, surtout si on avait jeté les yeux sur son cou parfaitement lisse, où l'âge de la femme peut d'ordinaire, lorsqu'on sait regarder, se lire en toutes lettres.

— Eh bien ! ma chère amie, dit le comte en taillant des aiguillettes dans le caneton, le moment est venu, je crois, de défiler votre petit chapelet, suivant votre pittoresque expression.

— J'y songeais, dit Lucile, mais si vous étiez bien aimable, vous changeriez de place pour vous mettre là, en face de moi. Je suis en ce moment obligée, pour vous parler, de me donner un torticolis et de manger de côté, ce qui est malsain et incommode.

— Qu'il soit fait comme vous le désirez, répondit le comte.

Il glissa son couvert de l'autre côté de la table, se leva et allant s'asseoir en face de sa compagne :

— Voilà qui est fait, dit-il.

— Vous êtes un amour, répondit Lucile; et pour le remercier, elle lui sourit des yeux et des lèvres.

Puis, sans perdre de vue ses aiguillettes qu'elle entama et son verre de chambertin qu'elle but à moitié, la vaporeuse blonde avança sur la table son buste arrondi, opulent, et fixant ses yeux bleus sur son vis-à-vis.

— Mon cher, lui dit-elle, soyons sérieux et parlons franc. Il est important pour moi d'être fixée ce soir ou demain, au plus tard dans la semaine, sur vos intentions à mon égard, et vous êtes trop intelligent pour ne pas comprendre le raisonnement que je vais vous faire. Vous me suivez, n'est-ce pas?

— Je vous suivrai lorsque le raisonnement sera commencé.

— Le voici : ne perdez pas un mot.

— Ni un mot, ni une bouchée, se dit le comte qui, les yeux fixés sur son assiette, achevait le caneton.

— Étant données ces idées de mariage, reprit Lucile, il n'est que temps, comme je vous le disais tout à l'heure, d'y donner suite. A vous, je puis bien avouer mon âge : j'ai trente-trois ans, mettons trente-quatre et n'en parlons plus. Mais je ne les parais pas : les femmes ne m'en donnent que trente-deux et demi, et les hommes que vingt-cinq. Je suis même dans tout l'éclat de ma beauté, je ne me suis jamais sentie aussi jolie, et on ne s'y trompe pas, croyez-le bien.

— Je le crois, je le crois, chère amie, comment donc! Vous êtes en plein rayonnement. Une pincée de ces petits pois à l'anglaise?

— Deux pincées si vous le voulez bien. Donc il faut profiter de mon rayonnement, comme vous appelez cela. Lorsque cette belle lueur s'éteindra on ne sait pas ce qui peut advenir. Je vois les choses nettement, moi, mon cher, je suis pratique. En ce moment, il tourne autour de moi un tas de petits jeunes gens, très gentils, de vingt-deux à vingt-huit, entre trente et cent mille francs de rente, avec des noms agréables à porter, des titres même, enfin ce qui constitue le vrai bonheur. Si je me mets en tête de me faire épouser par un de ces messieurs, après avoir bien réfléchi, intelligemment choisi dans mon petit tas, j'y arriverai certainement, je ne suis pas blonde pour rien. Notre longue liaison est, sinon entièrement ignorée, du moins très facile à nier, et, vous en êtes persuadé, j'espère, personne autre que vous ne peut avoir des doutes sur ma vertu.

— Comment donc! mais, ma chère amie, moi-même je n'en ai pas.
— Soyez donc sérieux, je vous prie, et sonnez pour le dessert.

Lorsque cinq minutes après, un parfait convenablement glacé, des fraises hâtives et une bouteille de vieux porto eurent été placés sur la table, Lucile reprit :

— Ainsi, mon cher, en m'y prenant dès demain, je fais, cet été ou cet automne, la chose est sûre, un bon mariage. Si, au contraire, j'attends encore, l'hiver vient à son heure, me joue quelque méchant tour, et diminue mon tas d'amoureux. Vous me resterez encore un bout de temps, je ne dis pas non, le passé et votre loyauté vous engagent ; mais après, rien !... absolument rien. Du cou de la blonde, vous passerez au cou de la brune, c'est dans l'ordre ; et moi je reste veuve comme devant, avec dix mille francs de rente et de beaux restes! Que voulez-vous que je devienne avec ça ? Je me résume : épousez-moi, comte, et vous avez encore quelques bonnes années. Puis l'habitude fait passer sur bien des choses : les transformations s'opérant sous vos yeux ne vous frapperont pas ; vous me verrez longtemps encore, telle que j'ai été, telle que suis. Nous vivrons dans le passé, après avoir vécu de notre mieux dans le présent. J'embellirai votre déclin avec une moisson de jolis souvenirs : pas mal d'esprit, et l'indulgence de la femme qui a vécu. Je vous serai fidèle comme je viens de l'être pendant six ans ; je porterai dignement votre nom, et après avoir un peu crié pour la forme, le monde, à qui nous donnerons de bons dîners, m'appellera : la comtesse de Pommerelle! long comme le bras, et vantera votre intelligence et mes vertus. Si cette proposition ne vous tente pas, si vous avez résolu de rester garçon ou de donner votre nom à quelque pure jeune fille, afin de devenir maître d'école, alors, mon cher, séparons-nous dès aujourd'hui, sans récrimination, sans reproche, en gens d'esprit. Vous recevrez, d'ici à quelque temps, une lettre de convocation à mon mariage et vous aurez le bon goût de ne pas sourire en la lisant.

Elle se tut, et comme cette longue tirade l'avait un peu altérée, elle avala d'un trait un verre de porto.

— Ainsi, dit le comte en allumant un cigare et en savourant le café qu'on venait d'apporter, la position est bien nette ; il faut, avant une semaine au plus tard, vous dire : « Publions les bans », ou bien il faut m'effacer devant le petit tas, dans lequel vous choisirez mon successeur.

— Oh! votre successeur légal, entendons-nous bien. On ne saurait

Leurs mêlées sont furieuses... (Page 364.)

vous remplacer, cher comte, que par un mari, un vrai. On s'immole par raison; l'utile succède à l'agréable, voilà tout.

— Oui, oui, j'ai bien compris, ma chère amie, et je vous remercie de votre délicatesse. Mais voyons, vous ne comptez pas me prendre ainsi, à l'improviste, sans que j'aie eu le temps de réfléchir, de peser le pour et le contre?

— Mais non, mais non. Je vous donne vos huit jours.
— Votre générosité me confond. Vous n'avez plus rien à me dire?
— Je ne vois rien.
— Alors, je puis quitter la sellette sur laquelle vous m'avez fait rester toute la soirée?
— Certainement; venez ici et passez-moi une cigarette.
— Voilà. Comme vous êtes jolie!
— N'est-ce pas? Oh! je le sais bien. Mais j'aime à me l'entendre dire par vous, et pour vous remercier, voilà ce que je décide. Quel jour sommes-nous?
— Jeudi.
— Eh bien, je m'engage à oublier jusqu'à jeudi prochain la conversation que nous venons d'avoir et à dîner ici, avec vous, toute la semaine; cela vous va-t-il?
— Si ça me va!
— Seulement, prenez garde, je serai charmante, et, au bout des huit jours, peut-être n'oserez-vous plus dire non.
— Eh bien! je ne dirai pas non. Que voulez-vous? Cela me regarde... nous verrons...
— Mon cher comte, fit Lucile, en répandant un nuage de fumée autour d'elle, vous êtes un roué. Mais je ne me rétracte pas; ce qui est dit est dit : entrons dans la semaine des amours; puisse-t-elle ne pas être la dernière! c'est la grâce que je vous souhaite.

Le Jeudi suivant, à midi, la blonde Lucile décachetait une grande enveloppe carrée, contenant un titre de cinq mille francs de rente trois pour cent au porteur. A cet imprimé du ministère des finances était joint le mot suivant :

« Décidément la fiancée est délicieuse, mais le mariage ne me dit rien. Comme il dira certainement à d'autres, permettez-moi de parfaire la dot. »

Lucile soupira, essuya une larme, petite, toute petite, puis elle prit le titre de rente et l'enferma dans sa caisse (elle avait une caisse) où il rejoignit une liasse d'autres valeurs. Un instant après elle faisait, pour se rendre au bois, une merveilleuse toilette, destinée à éblouir les trois petits jeunes gens, au milieu desquels elle devait choisir bientôt une victime.

Quant au comte, le soir de sa rupture, il éprouva un grand bien-être. « Enfin je suis libre, se disait-il. Ah! que c'est bon, après un esclavage de six ans! je me sens renaître! »

Le lendemain il se sentait... ennuyé.

Le surlendemain, il errait dans Paris comme une âme en peine, se demandant ce qu'il allait devenir, et triste, triste à pleurer.

La semaine suivante, trois fois dans la même journée, il se dirigea vers la maison qu'habitait sur le boulevard Haussmann sa blonde délaissée. Mais trois fois aussi il eut le courage, arrivé devant la porte, de s'en retourner comme il était venu, sans même parler au concierge.

Cependant, deux jours après, il eut peur, tellement peur de succomber à la tentation, qu'il fit ses malles dans le but de quitter Paris. Pour prendre une aussi grande détermination, du caractère qu'on lui connaît, il fallait qu'il fût bien malade.

Il avait le projet de se diriger sur Monaco. Puisqu'il s'y était déjà rendu une fois, il espérait pouvoir y retourner sans trop de difficultés. Dans cette station, il jouerait, il s'étourdirait, il oublierait, et, au retour, peut-être serait-il guéri et Lucile mariée; il n'y aurait plus alors de danger que pour le mari.

Mais, avant de quitter Paris, il voulut dire adieu au docteur Desrioux, très négligé pendant la semaine des amours et celle des regrets. Il le trouva chez lui, pâle, défait, vêtu de noir, le visage inondé de larmes.

— Qu'avez-vous donc? s'écria M. de Pommerelle. Que vous est-il arrivé, mon pauvre ami?

M. Desrioux se jeta dans ses bras, en criant :

— Ma mère! ma mère vient de mourir!

— Ah! mon Dieu! que me dites-vous là! Pourquoi ne m'avez-vous pas prévenu de sa maladie?

— Je n'avais pas le temps, je n'y songeais pas, répondit le jeune homme à travers ses larmes, je luttais pour la sauver, j'étudiais le mal, je consultais mes confrères, j'essayais de tout, je martyrisais la pauvre femme pour amener un mieux!... Ah! mon Dieu! mon Dieu! il aurait peut-être mieux valu ne rien tenter, la laisser mourir en paix; elle était perdue! Tous me le faisaient comprendre, mais je ne voulais pas les croire, j'espérais, j'espérais toujours!... J'ai fait si souvent des miracles, avec les autres, les étrangers... mais quand il s'agit de sa mère, on ne sait plus en faire... Enfin, que vous dirais-je, elle est morte celle que j'aimais tant, celle que je n'ai jamais quittée, celle à qui j'ai tout sacrifié... Je suis seul maintenant, seul.

— Mais non, s'écriait le comte, il vous reste des amis dévoués, et je suis du nombre. Voyons, calmez-vous, arrachez-vous de cette maison, venez avec moi.

— Non, non! il faut que je la veille encore; elle n'est pas enterrée... C'est demain, demain que je ne la verrai plus du tout, du tout... En ce moment je puis encore la voir et je retourne auprès d'elle. Mais demain, après, vous savez... prenez-moi, emmenez-moi loin, bien loin! Ah! je ne pourrai plus rentrer ici, je le sens bien!

— Je suis tout à vous, dit le comte, j'irai où vous voudrez.

XXX

Le journal de l'expédition dirigée par Mme de Guéran est des plus concis pour tout ce qui touche aux Niams-Niams, sur le territoire desquels les Européens allaient pénétrer lorsque nous les avons quittés.

Une force irrésistible entraîne la caravane en avant; elle se repose à peine, elle marche, elle marche toujours. On est parvenu à vaincre l'apathie des premiers temps; on s'approche de l'équateur, et cependant, grâce à l'élévation du sol (le territoire des Niams-Niams est en moyenne à deux mille mètres au-dessus du niveau de la mer), grâce surtout aux nombreux cours d'eau qu'on rencontre à chaque pas, la chaleur est moins forte, l'air plus léger; on se sent plus alerte et plus vigoureux.

L'escorte est aussi mieux disciplinée : au milieu de ces peuplades redoutées qu'elle connaît seulement par les récits qui circulent dans le Nord, elle craint des accidents, des catastrophes, et elle n'ose pas s'écarter des chemins tracés. Chacun emboîte le pas de son voisin : les flâneurs, les fantaisistes, hésitent maintenant à rester en arrière, à se jeter de côté dans les fourrés et les buissons. Puis, la caravane n'est plus aussi nombreuse qu'au départ. Nous l'avons déjà vue se disséminer sur la route, perdre quelques-uns de ses membres dans les différentes zéribas et chez les Bongos. Mais, à la dernière étape, lorsqu'il s'est agi de pénétrer enfin chez les Niams-Niams, la panique s'est mise dans les rangs : plus de soixante hommes se sont enfuis dans toutes les directions. Ceux qui restent offrent du moins cet avantage, qu'ayant su résister aux tentations, ils inspirent plus de confiance pour l'avenir. On les voit se presser autour de leurs chefs, en qui ils paraissent avoir une confiance absolue. Ils comprennent qu'ils ont maintenant besoin, pour vaincre le danger, de l'appui et de l'aide des Européens, de l'influence morale que les blancs exercent toujours sur les populations noires. A mesure qu'ils s'avancent, ils sentent qu'un retour partiel, la fuite, la désertion, deviennent difficiles. Comment pourraient-ils se retrouver, se diriger, sans guide, sans conseil, au milieu de ce réseau de bois, de forêts, de rivières? Ils ressemblent à nos marins : bruyants, indisciplinés parfois, tant qu'ils se trouvent dans le port ou sur la rade, ils obéissent en mer aveuglément à leurs officiers. Ils ont conscience de leur inexpérience; ils savent que, malgré leur nombre, ils seraient impuissants à diriger le navire, à vaincre les éléments; la force corporelle s'incline devant la force morale.

Les Européens ont donc, suivant toutes probabilités et quoiqu'ils ne s'expliquent pas à ce sujet, profité de l'abaissement de la température et des bonnes dispositions de la caravane pour faire des étapes plus longues et parcourir, le plus vite possible, le territoire des Niams-Niams. Le soir, brisés de fatigue, ils n'ont pas eu toujours le courage de consigner sur leur journal les notes recueillies dans la journée. Ils se bornent à des impressions fugitives, de courtes esquisses, auxquelles nous joindrons les renseignements que nous avons puisés nous-même dans des livres estimés. Nous pourrons ainsi peindre en quelques lignes un peuple des plus curieux, presque inconnu, d'une sauvagerie qui dépasse parfois toutes les bornes, et parfois aussi d'une civilisation qu'on ne peut se défendre d'admirer.

Et d'abord, éclaircissons un mystère important. Les Niams-Niams sont-ils anthropophages? Les rares voyageurs qui ont parcouru leur territoire n'admettent aucun doute à ce sujet. Schweinfurth, de son côté, après avoir fait remarquer que le nom de Niam-Niam, emprunté au vocabulaire des Dinkas et accepté par tous les Arabes, signifie mangeur, mot à mot *mange-mange*, affirme qu'on rencontre des cannibales dans la plupart des districts qu'il a visités. D'après lui, ces naturels sont anthropophages complètement, sans réserve, à tout prix, en toute circonstance. Ils ne font aucun mystère de leur goût pour la chair humaine; ils se fabriquent des colliers avec les dents de leurs victimes; ils placent au milieu de leurs trophées de chasse les crânes des malheureux dont ils se sont nourris. La graisse de l'homme est chez eux très estimée; on prétend même, sans que cette assertion ait pu être contrôlée, qu'elle enivre ceux qui en font abus. Pendant la guerre, ils dévorent des ennemis de tout sexe et de tout âge, mais surtout les vieillards, moins tendres peut-être, mais plus faciles à tuer. Dans tous les temps, lorsqu'un individu meurt sans laisser de parents qui réclament son cadavre, il est mangé par les gens de son district. Les Niams-Niams eux-mêmes ne craignent pas d'avouer leur terrible passion. Jamais chez eux, disent-ils, un homme n'est dédaigné comme nourriture, à moins qu'il ne soit mort d'une maladie de peau; cette restriction prouve leur extrême délicatesse. En un mot, les Niams-Niams ne le cèdent en rien, sous le rapport du cannibalisme, aux Pahouins, qui déterrent les cadavres pour les dévorer, et sont aujourd'hui officiellement accrédités auprès des Européens comme anthropophages.

Seul le voyageur italien Piaggia met en doute le cannibalisme de ce peuple, au milieu duquel il a vécu deux années, de la fin de 1863 au mois d'avril 1865. Il avoue cependant avoir vu dévorer un cadavre, mais par haine et par esprit de vengeance. Cet exemple pourrait suffire, car nous n'allons pas jusqu'à prétendre que les Niams-Niams se mangent entre eux par amitié. Piaggia, du reste, n'a visité que la partie occidentale du vaste territoire dont nous nous occupons. Comme un jour, avant de connaître le pays, Schweinfurth mettait en doute les mœurs barbares de ses habitants et s'appuyait sur Piaggia, un de ses interprètes lui répondit: « L'homme blanc dont tu parles n'a visité que la province de Tombo, où les gens sont bien moins mauvais que par ici. Attends quelques jours; toi-même tu seras témoin du fait; un de nos gens ira certainement cuire dans la marmite d'un Niam-Niam. »

Et, en effet, quelque temps plus tard le voyageur écrit ces lignes : « Dans une promenade aux environs de la zériba, j'arrivai un jour devant une hutte, près de laquelle une vieille femme, entourée d'enfants, taillait des courges. Vis-à-vis d'elle, sur le seuil de la hutte voisine, un homme était assis paisiblement et jouait de la mandoline. Entre l'homme et la femme, sur une natte posée à terre, et sous un soleil implacable, gisait un nouveau-né, qui, de minute en minute, faisait entendre un cri plaintif.

« Je m'avançai, j'interrogeai, et on répondit tranquillement à mes questions que c'était l'enfant de l'une des esclaves prises dans la razzia de la veille. On l'avait emmenée dans un autre endroit, et elle avait abandonné son petit, parce que ses nouveaux travaux ne lui permettaient pas de le nourrir. Le pauvre enfant était destiné à servir de régal aux gens qui l'entouraient ; tout en se livrant à leurs occupations journalières, ils n'attendaient que son dernier soupir pour le mettre dans la marmite.

« Je ne me possédais plus et, dans ma fureur, je fus sur le point de tuer cette femme qui regardait cet affreux spectacle sans la moindre pitié, ne songeant qu'au repas qu'elle allait faire. Mais les paroles des Khartoumiens me revinrent à l'esprit ; je ne pouvais pas changer les mœurs des Niams-Niams et transformer leurs habitudes. Si grande que fût mon indignation, elle était impuissante : quelle influence une intervention isolée pouvait-elle avoir sur tout un peuple ? Des missionnaires trouveraient là un champ fécond pour leurs efforts ; mais il leur faudrait être pleins de renoncement et avoir fait l'entier sacrifice d'eux-mêmes. »

Cette question d'anthropophagie est donc aujourd'hui résolue ; déjà Bolognési, après avoir longtemps défendu les Niams-Niams, finit par dire :

« L'habitude, généralement répandue dans cette contrée, de porter une queue d'animal quelconque attachée autour des reins, aura fait croire à quelques-uns que cet appendice faisait partie de l'individu, et, sans se donner la peine de vérifier le fait, ils ont affirmé avoir vu de leurs yeux des hommes à queue. (Cette assertion a même permis de déclarer que les Niams-Niams, en leur qualité d'hommes-singes, étaient les pères du genre humain.) Quant à leur anthropophagie, j'en ai douté jusqu'au jour où le sang-froid de M. Pethérick le préserva seul de faire les frais d'un festin. »

Le dernier voyageur qui ait visité le pays des Niams-Niams, Chaillé-Long, chef d'état-major du colonel Gordon, successeur de Baker, constatait aussi, l'année dernière, l'existence du cannibalisme dans cette partie de l'Afrique, tout en reconnaissant que l'influence égyptienne tendait à le faire disparaître.

Le fait établi, occupons-nous des Niams-Niams sous d'autres rapports, qui leur seront certainement plus avantageux. Leur immense territoire est drainé, en quelque sorte, par d'innombrables rivières, des sources vives d'une richesse merveilleuse. Le luxe des tropiques y étale toute sa splendeur. « Des arbres énormes, plus élevés que tous ceux de la région précédente, sans même en excepter les palmiers d'Égypte, dit Mme Loreau, dans sa très remarquable traduction du voyageur allemand, croissent en lignes épaisses sur ces rives toujours humides et abritent des tiges moins élevées, dont les cimes s'échelonnent sous leur ombrage. Vus du dehors, ces bois ressemblent à un mur de feuillage; l'enceinte franchie, vous vous trouvez dans une avenue ou plutôt dans un temple, dont la colonnade soutient la triple voûte. Les piliers de cette nef ont, en moyenne, cent pieds de hauteur; les plus bas arrivent à soixante-dix. Aussi loin qu'il puisse atteindre, l'œil n'aperçoit que verdure. Les étroits sentiers qui se déroulent sous les fourrés, ou qui les tournent, sont composés de marches formées par les racines nues et saillantes qui retiennent la terre spongieuse. Des troncs d'arbres couverts de mousse, et plus ou moins vermoulus, vous arrêtent à chaque pas. Ce n'est plus la chaleur des steppes inondées de soleil, ni l'air des bosquets ombreux, c'est l'atmosphère étouffante d'une serre chaude, vingt-cinq à trente degrés environ, mais une chaleur moite, saturée d'eau par l'exhalation du feuillage, et à laquelle on est heureux d'échapper. »

Piaggia appelle cette partie du territoire des Niams-Niams, ses *galeries*; elles lui rappellent, dit-il, les sentiers ombragés et embaumés, les jardins enchantés des poètes; mais au lieu de belles nymphes, on n'y rencontre que de pesants rhinocéros, des buffles sauvages, de lourds éléphants, une nombreuse variété de singes.

La population des régions connues, car on n'a pas encore pénétré jusqu'aux frontières extrêmes de l'Ouest, s'élève à trois millions environ d'habitants, répartis sur le territoire compris entre deux degrés, du nord au sud, et six degrés de l'est à l'ouest.

L'aspect de ces gens qui s'appellent entre eux Zandès, ou Sandéhs, car le nom de Niam-Niam leur a été donné comme sobriquet, est ce qu'il y a au monde de plus saisissant. Tout ce que l'on a vu jusqu'alors dans le haut Nil jusqu'à Khartoum, et dans toute la province située au sud de la rivière des Gazelles, s'efface de la mémoire, ou paraît terne et sans relief.

Il s'est assis sur le trône... (Page 376.)

XXXI

M. Périères relate, dans son journal, qu'à peine arrivée sur le territoire des Niams-Niams, la caravane fut entourée d'une foule de curieux qui grossissait sans cesse. C'était à qui pourrait voir, le premier, les hommes blancs et surtout la femme blanche, la sultane, dont la vue faisait pousser des cris d'admiration. Le bruit de l'arrivée du cortège se répandit de hameau en hameau ; on formait la haie sur son passage. Les Européens n'étaient du reste l'objet d'aucune manifestation malveillante ; quelques chefs seulement exigeaient un tribut, mais dès qu'ils l'avaient reçu, ils se mêlaient à l'escorte, lui servaient de guides jusqu'au district voisin, et souvent lui rendaient des services. M. Périères profita de cette curiosité, qui le mettait en contact continuel avec les indigènes, pour tracer leur portrait en quelques lignes, tandis que M. de Morin, en marchant ou du haut de son cheval, esquissait un costume pittoresque, un visage original.

Voici, d'après la plume et le crayon, et surtout d'après nature, le portrait des Zandès ou Niams-Niams : taille des Européens, buste très long, jambes courtes, disposition à l'embonpoint, couleur de la peau rouge terreux, tête ronde et large, cheveux épais et crépus, mais d'une longueur exceptionnelle, disposés en touffes et en nattes qui tombent sur le dos, sur les tempes et s'enroulent parfois autour du cou. Les yeux fendus en amande ont des sourcils nettement dessinés, aucun ornement ne déforme les lèvres, et le Zandès, qui se garde bien d'imiter les Dinkas, ne s'arrache aucune dent, mais il lime en pointe les incisives, comme ses confrères en anthropophagie et ses congénères occidentaux les Pahouins.

Son costume est fait de peaux de bête, qui entourent les reins et descendent jusqu'aux genoux, ou d'une ceinture ronde en peau d'hippopotame, à laquelle pend une petite courge remplie de la graisse destinée à enduire le corps. Sur ses épaules, on voit aussi attachée une sorte de gibecière contenant des aliments ; car, en sa qualité de grand mangeur, le Niam-Niam ne sort jamais de chez lui sans provisions de bouche. La partie du corps qui reste nue est ornée de dessins variés, recouverte quelquefois de colliers en fer ou en bois, ou composés de dents d'animaux. La tête est nue ; seuls, les chefs, malgré la chaleur, portent une sorte de capuchon en fourrure.

Quant au costume des femmes, M. Périères le décrit en quatre mots : elles n'en ont pas. Les femmes Zandès, ajoute l'homme de lettres de l'expédition, feraient cependant preuve de goût, si elles se couvraient davantage ; à l'exception de quelques jeunes filles, assez jolies et assez bien faites, les femmes, sans être repoussantes comme leurs voisines les femmes bongos, sans avoir aucune de leurs difformités, n'ont rien de séduisant, et Delange attend toujours avec impatience ces fameux pays peut-être légendaires où, dit-on, habitent les splendides créatures qu'il a déjà surnommées les Vénus noires.

La laideur n'exclut certainement pas l'amour, car chez aucune peuplade de l'Afrique on ne trouve d'aussi bons maris que parmi les Niams-Niams. Malgré la polygamie, en honneur chez cette nation comme dans tous les pays voisins, le Zandès a une véritable affection pour ses femmes. De leur côté, elles se font remarquer par leur réserve. Voici le certificat que leur donne Schweinfurth : « La tenue des femmes, dit-il, est ici complètement différente de ce que j'ai vu, à cet égard, dans les États voisins. Tandis que chez les Mittous et chez les Bongos, les deux sexes font preuve d'une égale familiarité avec les voyageurs ; tandis que les femmes des Mombouttous sont d'une indiscrétion inimaginable, celles des Niams-Niams ont une réserve excessive. M'arrivait-il d'en rencontrer sur le chemin, soit dans les bois, soit dans la plaine, je les voyais invariablement faire un détour, regarder d'un autre côté et attendre que je fusse loin d'elles pour continuer leur route. Peut-être cela vient-il d'une plus grande sujétion, peut-être de la jalousie dont elles sont l'objet, car l'un des traits qui honorent le plus les hommes de ce pays est l'amour qu'ils ressentent pour leurs épouses ; amour sans pareil chez les tribus du même ordre, et qui surprend de la part d'un peuple que l'on s'attendrait à voir endurci par la pratique constante de la chasse et de la guerre. Il n'est pas de sacrifice auquel un mari ne consente pour ravoir la femme qu'on lui a prise. Ayez en otage l'épouse d'un Niam-Niam, et vous obtiendrez de celui-ci tout ce qu'il pourra donner ; les traitants ne l'ignorent pas et en abusent. »

Cet amour, cette retenue, cette estime mutuelle, sommes-nous tenté de dire, quoiqu'il s'agisse d'un peuple de cannibales, sont dus peut-être à la façon dont se contractent les mariages dans ce petit coin de l'Afrique. Ici le père ne donne plus sa fille au dernier enchérisseur, il ne réclame de lui ni vaches, ni morceaux de cuivre, comme nous l'avons vu faire, quoi qu'en dise Piaggia. Lorsqu'un homme désire se marier, il en avertit le chef de son district, qui se charge de lui procurer une épouse convenable. Celle-ci, dès qu'elle a été choisie, agréée, est conduite par le chef à son futur ; des musiciens, des bouffons l'accompagnent et se livrent bientôt à un de ces festins homériques, comme les Niams-Niams savent en faire.

Dans les repas de noces, le *condi*, espèce de mandoline d'un travail vraiment remarquable, accompagne le bruit des mâchoires, car le Zandès est encore plus passionné de musique que tous ses confrères africains. Il jouerait, disait Piaggia, de son instrument pendant vingt-quatre heures sans le quitter d'une seconde, oubliant de boire et de manger; et Schweinfurth ajoute : « Bien que je connaisse la voracité de ce peuple, je crois que Piaggia avait raison. »

Après le repas, on passe à la pipe en argile de grande dimension et dont le fourneau représente en général une tête d'homme aux oreilles pendantes; puis vient le jeu du *mangala*, très en faveur dans le pays; il consiste à lancer adroitement des cailloux dans de petites cavités, au nombre de dix-huit, creusées dans une longue pièce de bois ou simplement dans la terre. Ce jeu, connu des Nubiens et qu'on retrouve jusqu'aux bords de l'Atlantique, finit par passionner le docteur Delange : s'appuyant sur le traité que nous connaissons, il obligea plusieurs fois son ami de Morin à jouer au mangala.

Les Niams-Niams sont gouvernés par des chefs dont le pouvoir est absolu; ils disposent de la vie de leurs sujets, infligent des peines corporelles comme la perte des doigts ou celles des oreilles, décident de la paix ou de la guerre. Cependant, ils se garderaient d'attaquer une puissance voisine sans avoir consulté les augures : on prend un liquide oléagineux extrait d'un bois rouge, on l'administre à une poule; si l'oiseau meurt, l'entreprise est douteuse; s'il survit, au contraire, la victoire est assurée : on se met en campagne. Dans ce dernier cas les hommes s'arment de lances, de flèches, de boucliers et de *troumbaches*, lames de fer tranchantes, pointues, quelquefois en forme de faucilles. Leurs mêlées sont furieuses; Piaggia, ayant assisté à un de leurs combats, assure avoir vu un guerrier dévorer son ennemi après l'avoir égorgé. C'est ce spectacle qui le décida enfin à reconnaître que les Niams-Niams étaient anthropophages, mais seulement à leurs heures.

Cependant, le journal de l'expédition constate que la caravane a traversé tout le pays des Zandès sans qu'aucun de ses membres ait été mangé. Personne n'a même été l'objet ni de tentatives, ni de propositions. « Joseph, par sa corpulence, ses chairs blanches et molles, a pu exciter quelques convoitises, dit M. Périères; j'ai vu parfois un naturel jeter sur lui un regard d'envie, mais Joseph se réfugiait aussitôt parmi nous, et le pauvre Niam-Niam, tout désappointé, était obligé de se dresser un autre menu, composé d'ordinaire de chiens, passés dans cette contrée à l'état d'animaux de basse-cour, de singes, de reptiles joints à la farine de manioc et au jus de la canne à sucre, comme dessert. »

Bref, la caravane ne paraît avoir couru aucun danger sérieux, grâce peut-être aux nombreux fusils dont elle disposait. Les Zandès prenaient, dans les premiers temps, ces fusils pour des lances, les appelaient des bâtons de fer et s'en moquaient. Mais M. de Morin, autant pour exercer ses hommes que pour donner une idée de sa force, organisa bientôt des tirs à la cible. Les Niams-Niams furent atterrés d'abord, émerveillés ensuite; à partir de ce moment, ils regardèrent les Européens comme des êtres supérieurs, avec lesquels il fallait compter.

Miss Béatrix Poles fut même élevée au milieu de cette peuplade au rang de demi-déesse. Une boîte d'allumettes chimiques lui valut cette haute situation. Ces gens, habitués à ne se procurer du feu qu'à la suite d'un long travail, par le frottement prolongé d'une baguette sur une autre baguette, furent au comble de l'ébahissement lorsqu'ils virent miss Poles tirer une boîte de sa poche, en extraire une petite bougie et l'allumer instantanément. « Elle fait jaillir le feu à volonté! Elle fait jaillir le feu à volonté! » s'écrièrent-ils, et tous ouvraient de grands yeux et de grandes bouches qui faisaient trembler Joseph, car, malgré l'impunité dont il jouit, la réserve des Niams-Niams à son égard, il n'aime pas à voir leurs dents pointues.

Nous avons à peu près résumé le journal de l'expédition en ce qui concerne les principales coutumes des Niams-Niams.

Vers le milieu de mai, la caravane atteignit la rivière qui sépare le territoire des Zandès de celui des Mombouttous, la dernière peuplade, dans cette partie de l'Afrique, sur laquelle on possède quelques renseignements sérieux. On se trouvait, enfin, dans le pays où le guide Nassar prétendait avoir rencontré M. de Guéran dix-huit mois auparavant.

XXXII

« Dès nos premiers pas chez les Mombouttous, grâce à leur franchise, nous savions à quoi nous en tenir sur leurs goûts : comme nous leur avions proposé des échanges, ils crurent devoir nous apporter une quantité d'ossements, des mains, des mâchoires et des fragments de tête qui devaient certainement avoir passé par leur cuisine. Nous étions, dès lors, de l'avis de Schweinfurth, qui déclare que les Mombouttous sont les premiers anthropophages du monde. « Cette peuplade a, dit-il, chez les tribus voisines un vaste champ de combat, ou pour mieux dire, un terrain de chasse et de pillage, où ils se fournissent de bétail et de chair humaine. Les corps de ceux qui tombent dans la lutte sont immédiatement répartis, découpés en longues tranches, boucanés sur le lieu même et emportés comme provisions de bouche. Conduits par bandes, ainsi que des troupeaux de moutons, les prisonniers sont classés en différentes catégories, et égorgés pour satisfaire l'appétit des vainqueurs. Les enfants sont considérés comme friandises et réservés pour la table du roi. Cependant, les Mombouttous sont une noble race, des hommes bien autrement cultivés que leurs voisins. Ils ont un esprit public, un orgueil national; ils sont doués d'une intelligence et d'un jugement que possèdent peu d'Africains, et savent répondre avec bon sens à toutes les questions qu'on leur adresse. Leur industrie est avancée, leur amitié fidèle. »

Je viens de donner l'opinion textuelle du grand voyageur allemand; voyons par nous-mêmes maintenant ce qu'il faut penser de cette peuplade. Elle occupe un espace de quatre cents milles carrés, situés entre le quatrième et le troisième degré de latitude au nord de l'équateur, entre le vingt-sixième et le vingt-septième degré de longitude à l'est du méridien de Paris.

Ce pays, qui compte environ un million d'habitants, est encore, comme il y a deux ans, lorsque Schweinfurth l'a visité, sous l'entière domination d'un seul monarque, le roi Mounza, souverain des plus absolus, qui règne à l'ouest, et qui a délégué une partie de ses pouvoirs à son frère Degberra, vice-roi des provinces orientales. Mais Mounza seul est connu et la science s'arrête, nous le répétons, au pays des Mombouttous.

Le voyage que nous allons faire, si toutefois nos renseignements sur M. de Guéran nous entraînent dans la Sud, comblera donc une lacune que, jusqu'ici, malgré les plus grands efforts, personne n'a pu remplir. Quelles données recueillerons-nous sur le séjour de notre compatriote au milieu de ce peuple, sur la route qu'il a suivie pour le quitter? Peut-être est-il encore ici, peut-être Mounza le retient-il prisonnier? Nous sommes sous le coup d'une grande appréhension, d'une anxiété continuelle. S'il nous arrive d'interroger un indigène, nous croyons qu'il va nous parler de l'homme blanc qu'il a vu avant de nous voir, et qui a certainement frappé son imagination. Mais nous ne pouvons espérer d'utiles renseignements qu'auprès de Mounza, au milieu de sa cour, dans son entourage; aussi, pour arriver le plus vite à la résidence royale, activons-nous sans cesse le zèle de notre escorte et de nos porteurs.

Mme de Guéran a pris la tête de la caravane; elle marche à côté du guide Nassar, pour donner, dit-elle, du courage à ceux qui la suivent. Et, en effet, la vue de cette intrépide jeune femme resplendissante de beauté, toujours parée du costume original qu'elle s'est fait et que nous avons décrit, produit une grande impression sur nos soldats. Pour ces gens elle n'a rien évidemment de terrestre; elle fait concevoir à ces païens l'idée d'un monde tout autre que celui qu'ils habitent. Ils l'ont toujours respectée, aujourd'hui ils la vénèrent et ils l'aiment. Elle a su conquérir toutes les sympathies, frapper l'imagination de tous ces Orientaux.

Il circule à son sujet des anecdotes et même des légendes que nous avons eu plus d'une fois l'occasion de recueillir : « C'est la fille d'un grand prince du Nord, disent les uns; son père l'a envoyée chez nous pour voyager et s'instruire. » « C'est, prétendent les Nubiens, une grande sultane dont l'époux a été fait prisonnier par des habitants de Khartoum; elle court à leur poursuite et nous aurons bientôt à nous battre pour elle. » Puis, avec l'exagération nègre, on raconte qu'elle a délivré dans le désert une caravane de deux mille esclaves, qu'elle les a envoyés dans le royaume de son père, où ils sont bien nourris et portent de beaux vêtements comme elle.

Nous nous gardons bien de rétablir les faits, de les réduire à de plus justes proportions; nous inventons, au contraire, nous-mêmes, des anecdotes propres à exalter encore davantage notre escorte, à augmenter le prestige de notre chère compagne. Mais saura-t-elle conquérir, à première vue, ce fameux roi Mounza, duquel notre sort dépend, comme elle a su charmer ces hommes qui la connaissent depuis six mois?

Nous faisons, cependant, toutes les bassesses désirables pour mériter les bonnes grâces du monarque; nous le comblons à l'avance de présents que nous lui envoyons par les courriers venus à notre rencontre. Ces présents se composent de dix pièces d'indienne, dix autres de cotonnade, plusieurs tapis et couvertures, une lanterne, une paire de ciseaux, un sabre, une épée, une boîte à cirage, une guitare, cinq boîtes d'allumettes chimiques, trois paires de chaussettes pleines de verroteries diverses. Si Mounza ne se tient pas pour satisfait, c'est qu'il sera difficile. Nous nous sommes conformés strictement aux usages admis en pareilles circonstances, et les voyageurs les plus fortunés ne se sont jamais montrés plus généreux. Nous gardons en réserve, pourtant, d'autres présents destinés à conquérir entièrement le monarque, à délier sa langue au sujet de M. de Guéran, et à obtenir l'autorisation de poursuivre notre route vers le Sud, si nous en voyons la nécessité.

En attendant qu'il nous soit permis de faire connaissance avec Mounza, disons quelques mots sur son peuple. D'abord une remarque importante : au point de vue du visage, les Mombouttous diffèrent essentiellement des nègres et portent l'empreinte d'une origine sémitique. Le teint est le plus clair que nous ayons encore vu en Afrique ; il a la nuance grisâtre du café en poudre. Les traits ont de la finesse, on trouve chez eux des nez aquilins. Mais ce qui les distingue entre toutes les autres peuplades, ce qui leur donne un caractère tout particulier, c'est qu'un vingtième de la population au moins a des cheveux blonds cendrés, couleur filasse.

Quant au costume, qui ne varie jamais, il est plein de cachet. Il se compose d'une écorce d'arbre, le *rokko* (espèce de figuier), travaillée avec soin, peinte en brun rougeâtre et qu'au moyen de cordelières les Mombouttous s'attachent autour du corps, depuis la poitrine jusqu'aux genoux ; leur chevelure, disposée comme celle des Niams-Niams, est surmontée d'une sorte de bonnet de paille ou toque.

Si les hommes sont presque couverts, en revanche les femmes ne le sont pas. Elles se contentent de dessins d'une grande régularité et représentant des fleurs, des étoiles, des abeilles, des peaux de léopard ou de zèbre. Cependant, nous devons rendre justice à ces dames, s'il leur arrive de faire des visites, elles se munissent d'une petite bande d'étoffe qu'elles placent devant elles lorsqu'elles s'asseyent. Je leur donne volontiers cette attestation de pudeur, sans y joindre un certificat de vertu : mon amour de la vérité s'y oppose.

Nous parcourons le district populeux des Maoggous gouverné par un frère du roi Mounza, et nous arrivons sur les bords de l'Ouellé. Grâce à des pirogues, de trente pieds de long sur quatre de large,

Le roi Mounza.

creusées dans d'énormes troncs d'arbres, et que les indigènes mettent à notre disposition, nous traversons les flots sombres et profonds de cette rivière, à laquelle les voyageurs en quête des sources du Nil attachent une grande importance.

Sur la rive occidentale du fleuve, des envoyés du roi prennent la tête de la caravane et la dirigent vers la résidence royale, au milieu d'une région où le Paradis terrestre n'aurait certes pas été déplacé. A chaque pas, on rencontre des ruisseaux transparents, des fougères sans nombre, des plantations de bananiers, de manioc, de cannes à sucre, d'immenses figuiers dont le soleil ne peut traverser le feuillage. C'est un jardin superbe, d'une végétation inouïe, plein de fleurs et de fruits, égayé par le chant d'innombrables oiseaux.

Parisiens, mes frères, quand je pense que les neuf dixièmes, au moins, d'entre vous, se représentent l'Afrique comme un vaste désert, dépourvu d'eau et de feuillage! Malheureux que vous êtes : aucun pays du monde, peut-être, n'est traversé par autant de torrents et de rivières, n'est ombragé par des arbres aussi gigantesques, n'est embelli par une nature aussi luxuriante que certaines parties de l'Afrique centrale. Mais je n'ai pas le temps de réfuter toutes les erreurs de mes compatriotes, erreurs que je commettais, du reste, comme eux, autrefois. Nous voici dans les domaines particuliers de Mounza ; il s'agit maintenant d'obtenir de ce puissant despote le mot de l'énigme qui nous intéresse si fort.

XXXIII

« Le roi nous avait fait désigner, pour y dresser notre camp, un vaste espace, situé à deux cents mètres de sa demeure. A peine y fûmes-nous établis, dans la matinée du 30 mai, qu'un officier vint dire à nos interprètes que son maître nous recevrait le même jour.

Comme nous voulions paraître devant le monarque africain dans toute notre splendeur, chacun de nous dut s'occuper immédiatement de sa toilette. Nous n'avions pas eu, depuis Khartoum grande occasion de nous habiller, et ce fut avec un certain contentement, une nuance de coquetterie, que nous fîmes ouvrir nos porte-manteaux, afin d'en tirer les vêtements réservés pour les grandes circonstances.

De Morin et moi nous choisîmes des vestons de chasse à boutons ciselés, des gilets de piqué blanc, des toques en velours, de superbes bottes à l'écuyère. Nos ceinturons en cuir retenaient à nos côtés de solides couteaux de chasse, des revolvers chargés, une boîte de cartouches, et, avec nos carabines pendues en bandoulière, complétaient notre accoutrement.

Le docteur adopta une tenue semi-officielle qui devait frapper l'imagination des noirs : habit bleu à la française avec de magnifiques boutons de cuivre, pantalon gris-clair, bottes molles, épée au côté, pistolets dans les poches du gilet.

Quant à Mme de Guéran, elle avait cru, elle aussi, devoir remplacer ses habits de voyage par un costume de fantaisie, semi-européen, semi-oriental, comme le premier qui lui avait valu le surnom de Sultane parisienne. Lorsqu'elle nous apparut ainsi transformée, tout étonnée de se voir si belle, le regard animé, souriante, nous ne pûmes nous empêcher de courir à elle, et de lui faire part de notre admiration.

— Prenez garde, messieurs, dit-elle en riant, vos compliments frisent l'insulte. Ils semblent dire que j'ai besoin de toilette, et que, ce matin encore, dans mes vêtements fatigués par la route, brûlés par le soleil, j'étais à peine supportable.

Comme nous allions nous récrier, miss Poles prit la parole.

— Ma chère baronne, fit-elle, ces messieurs ne vous ont rien dit de désobligeant. La nature, voyez-vous, a besoin d'être aidée : plus elle s'est montrée généreuse envers nous, plus nous devons faire quelque chose pour elle. Un bout de toilette nous complète en quelque sorte, nous donne un rayonnement nouveau. Je n'ai jamais tant regretté qu'aujourd'hui la conduite des singes à mon égard; en me volant mes vêtements habituels, les misérables m'ont contrainte à me servir, depuis longtemps, de mes habits d'apparat; je n'ai rien à me mettre, cette fois, pour parfaire la nature.

Miss Poles exagérait : à défaut d'une nouvelle robe, elle avait planté dans ses cheveux un énorme bouquet de fleurs rouges, jeté sur ses épaules un châle orange, mis des gants bleus à dix boutons. Suivant son expression, elle complétait la nature... en qualité d'arc-en-ciel. Peut-être même était-il imprudent de la conduire chez Mounza; mais du moment que Mme de Guéran faisait cette visite, sa dame de compagnie devait la suivre.

Pour redevenir sérieux, je dirai que nous nous étions, en effet, demandé s'il convenait que notre chère baronne se rendît à l'audience du monarque africain. Nous ne pouvions savoir quel spectacle nous attendait chez ces sauvages, et sous le prétexte de nous faire fête, quel genre de divertissement ils allaient nous offrir. Mais, dans l'intérêt commun, pour atteindre le but que nous poursuivions, nous n'avions pas le droit de nous montrer trop réservés, trop prudes, même lorsqu'il s'agissait de notre compagne. Orgueilleux comme tous les nègres, susceptible à l'excès comme tous les despotes, Mounza, renseigné depuis longtemps par ses émissaires sur la présence parmi nous d'une femme blanche, aurait été nécessairement froissé de son absence et de son abstention, le jour où il daignait recevoir des étrangers. Cette blessure faite à son amour-propre pouvait, dès le premier jour, nous compromettre, nous causer les plus grands soucis, et nous résolûmes de ne pas même parler à Mme de Guéran de nos scrupules.

Les aurait-elle compris? Comme la religieuse chargée de la surveillance de nos prisons effleure les vices les plus honteux, et vit en continuel contact avec les criminels les plus endurcis, sans rien perdre de sa pureté, de même Laure de Guéran passe au milieu de toutes ces peuplades sauvages, sans songer ni à leur nudité, ni à leur corruption. Elle poursuit fièrement, chastement sa route, elle admire les magnifiques pays qui s'ouvrent devant elle, sans voir les habitants qui les déparent; elle salue la création, sans s'occuper de la créature.

Nous sommes, du reste, toujours prêts à voiler tout ce qui peut blesser son regard, et malgré notre désir de ne pas désobliger le monarque africain, s'il lui prenait fantaisie de nous donner quelques fêtes dans le genre de celles des Bongos, nous saurions bien entraîner notre compagne loin de sa demeure.

Lorsque notre toilette fut achevée, nous passâmes en revue l'escorte. Il avait été décidé que les porteurs resteraient au camp; les soldats nubiens et dinkas, ainsi que nos serviteurs et servantes personnels, avaient seuls le droit de nous accompagner.

Le guide Nassar, pour la circonstance, avait trouvé moyen de faire reluire comme un miroir les fameuses bottes que nous lui avions données; nos deux interprètes arabes, qui avaient revêtu des burnous de rechange, étincelaient de blancheur; nos Soudaniennes, drapées dans leurs tuniques flottantes, sous lesquelles on devinait des formes accomplies, les cheveux graissés, la peau reluisante, l'œil brillant, avaient grand air, et les Nubiens, le corps couvert de leurs amulettes les plus précieux, en tenue de combat, la carabine à la main, donnaient une haute idée de la civilisation des tribus du Nord.

Vers deux heures de l'après-midi, un nouvel officier de Mounza vint nous chercher, et nous quittâmes le campement.

La moitié de notre escorte, commandée par Nassar, marchait en tête. Nous venions ensuite : Mme de Guéran, portée sur son palanquin; Delange, de Morin et moi à cheval, suivis de Joseph en habit noir, en cravate blanche, rasé de frais, rose, épanoui. La seconde moitié de l'escorte, dirigée par les interprètes, fermait la marche.

Une foule immense est accourue de toutes parts pour nous voir : elle se bouscule en flots tumultueux autour de nous, elle gambade, elle pousse des cris, elle ne peut contenir son admiration, et pour l'exprimer, à la mode des Mombouttous, chacun ouvre la bouche démesurément et la couvre avec la paume de la main.

Notre cortège n'aurait pu s'avancer si des gens, remplissant les fonctions d'agents de police et armés de longues gaules, n'avaient pris soin de charger cette foule à chaque instant et de frapper dans le tas.

Des sorciers, couverts d'anneaux, de colliers, de bracelets, de mille colifichets, se précipitent vers nous pour nous haranguer; mais dignes, graves, calmes, majestueux, nous passons sans nous arrêter.

Un courrier du roi arrive essoufflé : il apporte le *salam* et repart comme une flèche remercier son maître de notre part et lui annoncer notre prochaine arrivée.

Enfin, nous voici dans les jardins du palais; nous sommes débarrassés de la foule; elle n'oserait nous suivre dans cette enceinte respectée. Mais elle se dédommage en poussant des cris frénétiques et en faisant un terrible vacarme avec ses trompes et ses tambours.

Le palais se compose d'une réunion de grandes huttes et de hangars, aux destinations diverses. Ici un bâtiment circulaire, au toit conique, tenant lieu d'arsenal. Il renferme toutes les armes fabriquées dans ce pays, si riche en fer, en cuivre, et où l'on trouve même du platine. Là, des espèces de greniers d'abondance, où sont emmagasinés, avec beaucoup d'ordre, les vivres destinés aux innombrables serviteurs de tout rang et de tout sexe qu'entretient Mounza. Plus loin, un groupe de bâtiments, entourés d'arbres splendides, et formant la demeure privée du roi. Les officiers envoyés à notre rencontre ont reçu l'ordre de nous faire visiter le palais, en attendant que leur maître, retenu au marché, nous disent-ils, soit prêt à nous recevoir. Ils nous font pénétrer dans une galerie, longue de quatre-vingts mètres, et dont la toiture est soutenue par cinq rangées de piliers. Les appartements du monarque s'ouvrent sur cette galerie : dans une grande pièce se dresse un échafaudage recouvert de nattes, de peaux de bête et flanqué de poteaux : c'est le lit

royal. De la chambre à coucher, nous passons dans de grands cabinets consacrés aux costumes de fantaisie, que seul Mounza peut se permettre, car la mode est invariable chez les Mombouttous. On voit suspendus à la charpente : des chapeaux, des panaches en plumes, des fourrures de toutes sortes, des queues de girafe, des colliers faits avec les canines de plus de cent lions et d'autres ornements plus étranges les uns que les autres.

Lorsque nous sortons de ces bâtiments, on nous désigne, sans nous inviter à y pénétrer, un hameau composé d'une centaine de huttes et entouré de fortes palissades. Ce sont les demeures des femmes de Mounza. Ces dames sont au nombre de quatre-vingts et chacune d'elles a sa demeure particulière, où son royal époux vient lui faire visite, de temps à autre, non pas secrètement, mais en grande pompe, accompagné de ses courtisans, qui, restés sur le seuil de la hutte, poussent des cris d'allégresse, et donnent une sérénade au maître et à la favorite du moment.

Ces quatre-vingts personnes, décorées du titre d'épouses royales, ne suffisent pas à former tout le sérail de Mounza. Les femmes de son père lui appartiennent aussi, car, d'après une coutume africaine, à la mort d'un roi, toutes les épouses du défunt deviennent la propriété de son successeur.

Comme miss Poles ne peut se défendre de faire des observations et qu'elle déclare à haute voix qu'il est *shocking* d'avoir un si grand nombre de femmes, je lui fais remarquer, pour la calmer, que, d'après nos renseignements, les femmes en question cumulent les fonctions d'épouses et de cuisinières.

— En effet, dis-je, le monarque mange en secret, loin de tous regards indiscrets, et personne, à l'exception de ses femmes, ne doit toucher à ses aliments.

— Eh bien ! monsieur, s'écrie miss Poles, vos explications, loin de me satisfaire, me font concevoir encore une plus mauvaise opinion de M. Mounza. Ravaler une femme légitime jusqu'au rôle de cuisinière, c'est monstrueux et digne d'un barbare.

— Vous oubliez, miss Poles, fait observer Delange, que dans les deux tiers des ménages parisiens ou londoniens, la femme fait la cuisine et souvent balaye l'appartement.

— C'est qu'alors, monsieur, on n'a pas les moyens d'avoir une bonne ; ce n'est pas le cas de M. Mounza.

Miss Poles prononce ces mots : Monsieur Mounza, avec un dédain écrasant pour le monarque.

Cette conversation est heureusement interrompue par le bruit assourdissant des trompettes et des tambours annonçant que le roi revient du marché et rentre dans son palais. Nous l'apercevons de loin ; il est accompagné de ses gardes et suivi de son peuple qui lui crie aux oreilles : « Ih, ih, Tchoupi! Ih, Mounza, ih! » ce qui répond assez bien au « Hip, hip, hurrah ! » des Anglais.

On nous fait aussitôt pénétrer dans la salle d'audience.

XXXIV

« L'édifice où nous nous trouvons n'a pas de muraille ; une simple palissade à hauteur d'appui l'entoure de tous côtés. Mais il est recouvert dans toute sa longueur, c'est-à-dire sur un espace de soixante mètres, par une toiture que soutiennent des arbres gigantesques. Le parquet est remplacé par une couche d'argile rouge.

Des officiers en costume de guerre, les grands personnages du royaume vêtus de leurs vêtements d'écorce et le chignon surmonté de plumes, sont assis sur les tabourets qu'ils ont apportés, suivant la coutume africaine ; ils emplissent environ les deux tiers de la salle. L'autre tiers est occupé par le trône, une sorte de banc muni d'un dossier et de bras. Sur une peau de léopard sont étalés nos présents. Mais, comme si le monarque avait voulu nous faire sentir qu'il était habitué aux générosités des blancs, il a fait placer, aux milieu de nos cadeaux, d'autres objets de fabrication européenne: un plat d'argent, un vase en porcelaine, un télescope, un livre doré sur tranches et un double miroir grossissant d'un côté, rapetissant de l'autre.

La vue de ces objets produit une vive impression sur Mme de Guéran. Viendraient-ils de son mari? Les aurait-il donnés au monarque africain? Mais de Morin, placé à côté d'elle, lui fait immédiatement remarquer que Mounza doit tenir ces objets de Schweinfurth. En effet, le voyageur allemand parle de l'étonnement produit par son miroir et de l'erreur du roi qui prit l'argent pour du fer-blanc et la porcelaine pour de l'ivoire.

Des deux côtés du trône, un grand espace est réservé aux femmes du monarque, et derrière, comme toile de fond, on voit étinceler d'immenses panoplies de cuivre rouge, d'un effet très pittoresque.

Enfin, les trompettes, les cornets d'ivoire recommencent leur vacarme; des sonneurs ambulants promènent de tous côtés leurs énormes cloches; au dehors des cris frénétiques retentissent et le cortège royal apparaît.

Mounza marche en tête. C'est un homme dans toute la force de l'âge, beau, de grande taille, aux membres nerveux. A ses traits presque corrects, à sa barbe qu'il porte tout entière, on dirait un homme du Nord, à ses lèvres épaisses on reconnaît un nègre. Il est, pour ainsi dire, vêtu de cuivre; on le prendrait pour une batterie de cuisine : une plaque de cuivre se projette au-dessus de son front comme la visière d'un casque, des lames de cuivre taillées en pointe lui servent de collier; des cercles de cuivre enserrent ses poignets et ses chevilles; il tient à la main une sorte de cimeterre en cuivre pur; enfin la cordelière destinée à retenir autour de ses reins l'écorce de figuier teinte en rouge qui lui sert de vêtement, se termine par de grosses boules en cuivre. Aux places que les ornements ne recouvrent pas, apparaît la peau enduite d'une pommade qui lui donne la couleur du rouge antique. Enfin, la tête est coiffée d'un bonnet de paille, de forme cylindrique, adopté dans tout le royaume, et surmonté d'une aigrette rouge formée de plumes de perroquet.

Depuis qu'il est entré dans la salle, les « Ih, ih, Tchoupi! Ih, Mounza, ih ! » redoublent. Sans se retourner il ouvre de temps à autre la bouche et fait entendre un « Brr » retentissant, qui semble vouloir dire : « Salut à vous. »

Le buste rejeté en arrière, la tête droite, les coudes appuyés contre les hanches, il marche d'un pas allongé, un peu théâtral. Il ne jette aucun regard, ni sur sa cour ni sur nous, et si ce n'était le feu de ses yeux, le sourire cruel qui se dessine sur ses lèvres et son « Brrr » énergique, on croirait que sa tête immobile est en bronze.

Il s'est assis sur son trône; aussitôt ses femmes qui le suivaient prennent place sur les petits tabourets que des esclaves leur ont apportés. Les dames de la cour ressemblent en tous points aux femmes du peuple dont nous avons parlé, et sous le rapport de la beauté et au point de vue de la nudité. Leurs magnifiques chignons, comme marque distinctive de leur rang, sont seulement décorés d'un plus grand nombre de

LA VÉNUS NOIRE. 377

Il posa sa lance à terre. (Page 450.)

plaques de métal, d'épingles en ivoire, de pointes de porc-épic. Quelques-unes d'entre elles, les mieux faites et les moins laides, portent aussi les colliers de perles de Venise que Schweinfurth tenait de son ami Miani, et dont il avait fait présent, deux ans auparavant, au roi des Mombouttous. Ces perles de premier ordre ne ressemblent en rien aux grains de verre que nous avons achetés à Paris; il est facile de les reconnaître d'après ce qu'en a dit le voyageur allemand, et nous en concluons aussitôt que Mounza, trop fier pour porter un objet de fabrication étrangère, a paré ses favorites des perles de son hôte.

Toute la cour s'étant assise, nous croyons devoir l'imiter. On nous place à cinq mètres environ du roi, et l'espace reste libre entre nous et lui. Notre hôte affecte toujours de ne pas nous apercevoir: le buste renversé, les jambes croisées, le bras droit appuyé sur le dossier de son trône, il tient de la main gauche une pipe de deux mètres de long, et en aspire quelques bouffées; puis, rendant sa pipe à l'une de ses femmes, il lance nonchalamment, avec une certaine grâce, la fumée dans l'air. De temps à autre, il mâche, pour se rafraîchir la bouche, une banane verte, une noix de *cola*, ou un morceau de canne à sucre placé à côté de lui.

— Quelle drôle de façon de nous recevoir! Est-ce qu'il appelle cela une audience? dit miss Poles en se tournant vers nous.

— C'est une audience muette, répondit de Morin qui, après avoir allumé un cigare, essayait de fumer avec autant de majesté que le roi des Mombouttous.

— Mais nous ne sommes pas venus ici pour regarder ce monsieur, reprenait miss Béatrix.

— Vous ne pourriez mieux faire cependant, mademoiselle, disait Delange; le puissant monarque, que vous appelez ce monsieur avec un sans-gêne adorable, est très beau dans son genre, ne vous y trompez pas. A Paris il aurait un succès fou.

— Je n'en doute pas, monsieur, répliquait sèchement miss Poles; vos Parisiennes sont capables de toutes les aberrations.

— Mais, ma chère miss, demandai-je à notre compagne, si vous n'êtes pas venue pour admirer le roi Mounza, comme le fait toute sa cour, quelles sont vos intentions?

— Je m'étonne, monsieur Périères, dit miss Poles, que vous me fassiez une semblable question. Mes intentions ne sont-elles pas les vôtres? Ne devons nous pas demander au roi, par le canal de nos interprètes, des renseignements sur M. de Guéran?

De Morin l'arrêta vivement.

— Ne prononcez pas ce nom! lui dit-il.

— Comment? Vous ne voulez pas...

— Non, certes; pas en ce moment du moins.

— Je ne comprends pas.

— Vous allez comprendre : si le roi a quelques raisons pour se taire ou pour nous tromper au sujet de notre compatriote, il ne faut pas que sa cour entende ses réponses, parce que plus tard elle nous répondrait de la même façon.

— C'est parfaitement juste, ajoutai-je, et me tournant vers miss Poles : N'oubliez pas, chère mademoiselle, lui dis-je, que vous êtes en présence d'un despote devant qui tous ces gens s'inclinent et tremblent. Vous n'obtiendrez rien du plus puissant d'entre eux, s'il croit déplaire au roi en vous donnant satisfaction.

— Alors, messieurs, s'écria notre Anglaise, c'était une audience particulière qu'il fallait demander.

— Rassurez-vous, mademoiselle. Nous demanderons l'audience particulière ; mais nous avons été obligés d'accepter pour aujourd'hui ce qu'on nous a donné. Du reste, nous ne nous doutions pas de la présence dans cette salle de tous ces badauds.

— Si nous ne pouvons parler aujourd'hui, allons-nous-en.

— Comment, nous en aller ! Et la politesse, qu'en faites-vous ?

— Le roi est-il poli envers nous ?

— Il ne nous dit rien ?

— C'est justement pour cela, monsieur.

— S'il n'a rien à nous dire ?

— Comment, s'il n'a rien à nous dire ! Ne peut-il pas nous demander des nouvelles de notre pays, du vôtre, de la grande Angleterre, de la France ?

— Oh ! si je lui dis que nous sommes en république, fit observer M. de Morin, il n'y comprendra rien ; le roi Mounza me paraît avoir l'oreille un peu sourde aux idées avancées.

— Quoi qu'il en soit, monsieur, je souffre comme Anglaise du peu de respect qu'on me témoigne et je me trouve déplacée au milieu de tous ces hommes.

— Ah ! permettez, permettez, mademoiselle, dit Delange avec son magnifique sang-froid, vous n'avez pas le droit de vous plaindre. Les hommes dont vous parlez sont habillés des pieds à la tête et aussi convenables que vos gentlemen les plus accomplis. Périères, de Morin et moi, nous pourrions seuls nous offusquer de la présence de toutes ces dames couvertes seulement de tatouages et de colliers ; mais nous savons, sans nous plaindre, baisser nos yeux et les tourner de votre côté.

— Oh! monsieur, vos belles phrases ne me convaincront pas, répliqua miss Poles, qui paraissait revenue sur le compte de Delange et lui parlait avec aigreur. Je suis décidée à rompre le silence et à forcer le roi à nous regarder.

— Mais, mademoiselle, il vous regarde déjà.

— Tiens! c'est vrai! fit miss Poles en rougissant.

Le fait est que Mounza, fatigué de *poser* pour la galerie et d'affecter une indifférence qu'il ne ressentait peut-être pas, dirigeait depuis un instant sur nous son long regard oblique. Seulement ce n'était pas miss Poles qui paraissait attirer son attention; malgré sa sauvagerie, il avait été frappé, sans doute, de la beauté de Mme de Guéran, et c'était elle que, de temps à autre, entre deux bouffées de tabac, il contemplait à la dérobée.

— Si je m'avançais pour lui parler, dit tout à coup miss Poles, puisque je suis parvenue à fixer son attention et peut-être à lui plaire?

— Gardez-vous en bien, mademoiselle, s'écria Nassar, assis à nos côtés en sa qualité d'interprète. Nul n'a le droit de s'approcher du trône sans y avoir été invité; ce serait un crime que Mounza punirait immédiatement de mort.

— Et n'oubliez pas, continua de Morin en répandant autour de lui un nuage de fumée, que ce monsieur, comme vous l'appelez, n'aurait qu'un signe à faire pour qu'on nous mît tous à la broche. Jetez un regard sur nos Nubiens : ils sentent tellement le danger qu'ils restent, contre toutes leurs habitudes, silencieux et impassibles. Quant à Joseph, il est absolument abruti par la peur; ses voisins ne peuvent pas ouvrir la bouche sans qu'il tremble de tous ses membres, et lorsqu'il arrive au roi de faire : « Brrr! » mon infortuné valet de chambre s'affaisse sur ses voisins.

Ce nouveau discours ne convainquit pas miss Poles, mais elle se tint tranquille : le roi venait de donner signe d'existence.

XXXV

« Il s'était levé et avait reçu d'une de ses femmes un instrument assez semblable à ces jouets communs que l'on donne aux enfants et qui s'appellent des hochets. Il se compose d'un manche en osier terminé par un petit panier rempli de cailloux. C'était l'archet du monarque. Il l'agita solennellement comme un véritable chef d'orchestre et aussitôt les trompes, les cornets d'ivoire, les timbales, les cloches grandes et petites, toute la ferraille, toute la batterie de cuisine des Mombouttous nous donnèrent un charivari encore plus complet que les précédents.

De temps à autre pourtant, la grande voix de l'orchestre se taisait pour permettre à quelque solo de se faire entendre : un musicien s'avançait et tirait d'une immense trompe des sons destinés à reproduire le bruit du vent, le chant des oiseaux, le mugissement de la tempête ou le rugissement des lions. Chez ces peuples primitifs, ce qu'on appelle la musique imitative est toujours en faveur.

Le concert terminé aux cris répétés de : « *Ih, Ih, Mounza Tchoupi!* » le monarque reprit place sur son trône, et nous comprîmes qu'il était enfin disposé, après s'être fait admirer au point de vue plastique et comme chef d'orchestre, à nous faire jouir de sa conversation.

Nassar s'étant avancé, d'après mon ordre, dans l'espace qui se trouvait vide entre nous et le roi, celui-ci déclara qu'il voulait s'entretenir avec le chef de la caravane.

À peine ce désir nous fut-il transmis que nous priâmes de Morin de nous représenter. Il se leva, prit son tabouret, alla le placer dans la petite enceinte réservée et s'assit tranquillement, à côté de Nassar et en face du souverain, avec autant d'aisance que s'il s'était trouvé dans les salons de notre cercle.

Mais Mounza ne paraissait pas satisfait de ces dispositions. Il avait l'air de dire en montrant de Morin : « Ce n'est pas celui-là que je veux; vous vous trompez. » En même temps il désignait Joseph du regard et du geste.

— Ce n'est pas le chef, disait Nassar, c'est un serviteur, un esclave; tu ne peux pas t'entretenir avec un esclave, grand roi.

— Non, non, reprenait Mounza, c'est le chef, et en même temps il montrait l'habit et la cravate de Joseph.

Nous comprîmes : Schweinfurth, lorsque, deux ans auparavant, il avait été reçu par le roi, portait, en sa qualité de savant, l'habit noir et la cravate blanche. En voyant notre domestique dans cette tenue officielle, en tous point semblable à celle du voyageur allemand, Mounza avait pensé que Joseph était le personnage le plus important de nous tous.

Nassar se chargea de lui expliquer son erreur, mais il y parvint difficilement. Le roi répétait toujours en montrant le domestique : « L'homme blanc était comme ça, pourquoi votre esclave est-il habillé comme l'était le grand chef?

Il nous aurait traités d'imposteurs si nous lui avions dit que chez nous les plus grands personnages, les ministres et les souverains portaient absolument la même toilette que le plus infime garçon de café. Aussi dûmes-nous chercher une autre explication et, pour ne pas perdre Schweinfurth dans l'esprit du monarque africain, déclarâmes-nous que, depuis deux ans, la mode avait changé dans notre pays: que de Morin, Delange et moi nous avions seuls le costume qui convenait à notre rang élevé. Ce n'était pas très clair pour le souverain d'un peuple chez lequel la mode ne varie jamais ; Mounza, pourtant, daigna se contenter de l'explication, ou plutôt avec cette finesse dont il devait plus tard nous donner trop de preuves, il comprit, après avoir attentivement examiné de Morin et Joseph, que l'habit ne fait pas le moine.

Bientôt, avec l'aide de Nassar, la conversation put s'entamer entre mon ami et le monarque africain.

Le roi avait repris une pose nonchalante et continuait à tirer de sa pipe, à temps égaux, quelques bouffées de fumée qu'il envoyait ensuite voltiger dans l'air. Quant à de Morin, le cigare aux lèvres, à cheval sur son petit banc, la jambe droite un peu relevée et les mains croisées sur son genou, il avait une tenue des plus fantaisistes, mais que Mounza pouvait prendre pour une posture respectueuse.

Au milieu de notre escorte et parmi les femmes et les courtisans régnait un silence profond: le roi s'apprêtait à parler, personne n'aurait osé élever la voix.

Dès les premiers mots, les Européens purent se rendre compte de son intelligence et comprirent qu'il faudrait compter avec lui.

— Qui êtes-vous, d'où venez-vous? quels motifs vous ont amenés dans mes États? avait demandé Mounza.

— Nous sommes, répondit de Morin, de grands personnages dans notre pays, et nous voyageons pour notre plaisir et pour te voir.

— Comment avez-vous entendu parler de moi?

— Par Schweinfurth qui a vanté tes vertus, ta puissance et ta générosité. Là-bas, dans le Nord, les rois, les grands et le peuple s'entretiennent de toi.

Mounza parut flatté ; son regard s'anima, il se redressa légèrement sur son banc.

— Est-ce que l'homme blanc, demanda-t-il, n'a dit que du bien de moi?

— Certainement, tu ne lui as fait que du bien.

— C'est vrai, mais je ne lui ai pas accordé ce qu'il me demandait, je ne lui ai pas permis d'aller dans le Sud, comme il le voulait. Savais-tu cela?

— Oui, je le savais, et je connais aussi les motifs de ton refus.

Le roi parut étonné.

— Dis-les, je veux que tu les dises, fit-il.

— Je ne demande pas mieux, répondit de Morin, d'autant plus que je t'approuve. Tu craignais que le traitant Abd-ès-Samate, qui accompagnait Schweinfurth, n'établît des relations commerciales avec les autres royaumes voisins de tes États, au sud, à l'est et à l'ouest. Si Schweinfurth, au lieu d'être accompagné d'Abd-ès-Samate, avait été seul, tu l'aurais laissé traverser ton territoire, comme tu nous le permettras certainement à nous, qui ne faisons ni le commerce de l'ivoire, ni celui des esclaves.

— Ah! fit le monarque africain, vous voulez vous rendre dans le Sud?

— Nous avons le projet, dit hardiment de Morin, de t'en demander l'autorisation.

Mounza regarda notre ami pour la première fois bien en face, et lui dit :

— Tu n'as donc pas quitté ton pays comme tu le disais, seulement pour me voir, puisque tu désires connaître mes voisins?

L'observation était assez fine ; heureusement que de Morin ne se laissa pas émouvoir.

— Nous sommes venus, dit-il, pour te faire visite ; mais il faudra bien retourner chez nous et nous ne voulons pas prendre le même chemin.

— Puisque tu viens du Nord, dit Mounza, tu es obligé de reprendre la route du Nord. Pourquoi parles-tu d'aller au Sud?

— Parce qu'au Sud, je trouverai la mer et des vaisseaux qui me ramèneront dans mon pays, vers le Nord, sans que j'aie besoin de marcher.

— La mer! répéta le roi devenu rêveur. Oui, l'homme blanc m'a déjà parlé de cela, mais je n'ai pas compris. Explique-moi, si tu peux, ce que c'est que la mer.

— As tu des lacs dans ton pays, ce que l'on appelle dans l'Est des *Nyanzas?*

— Non, je n'en ai pas.

— Mais tu as beaucoup de rivières?

— Des rivières, oui, oui : la Gadda, le Kibah...

— Eh bien! la mer se compose d'un nombre infini de rivières, sans rivages, placées les unes à côté des autres.

Mounza ferma les yeux pour essayer de se représenter ce qu'on venait de lui dire. Y parvint-il? Nous ne pûmes le savoir; il ne s'expliqua jamais à ce sujet. Tous les Européens, du reste, qui ont essayé de donner aux peuplades du Centre une idée de l'Océan n'ont pu y parvenir. On a remarqué que l'imagination était rebelle à cette image. Peut-être de Morin aurait-il mieux fait de prendre le ciel comme point de comparaison et d'essayer d'expliquer que la mer était un ciel retourné, dont le regard ne pouvait apercevoir les limites, et qu'on avait devant soi au lieu de l'avoir sur la tête.

Le roi avait repris :

— Ainsi, c'est pour rejoindre la mer que tu veux traverser mes États et gagner le Sud?

— Oui, c'est d'abord pour cela, mais j'ai aussi un autre motif.

— Fais-le moi connaître.

— Pas en ce moment, trop de monde t'entoure ; les blancs n'ont pas l'habitude de confier leurs secrets à la foule. Quant tu voudras me donner, ainsi qu'à mes amis, une audience particulière, nous te dirons le véritable but de notre voyage.

— Bien, fit le roi intérieurement flatté de la confiance qu'on lui montrait et de la distinction qu'on établissait entre ses sujets et lui, je te recevrai demain, au coucher du soleil.

Il garda un instant le silence ; mais on devinait qu'il avait encore quelque chose à dire. Le coude droit appuyé sur le bras de son trône, la tête dans la main, il regardait de temps à autre de notre côté, et Mme de Guéran semblait toujours attirer son attention. Ses grands yeux fendus en amande d'un noir profond, mais voilés et fuyants pour ainsi

Il le mordit à l'épaule. (Page 469.)

dire, se tournaient par instants vers elle. Il devait désirer nous adresser certaines questions, et craindre en même temps de paraître s'occuper de nous plus qu'il ne convenait à sa dignité.

Enfin, la curiosité l'emporta sur l'orgueil et, s'adressant à Nassar :

— Demande au chef, lui dit-il, quels sont les deux blancs placés à côté de lui.

Il prenait évidemment un chemin détourné pour en arriver à Mme de Guéran qui l'intriguait plus que nous.

Dès que Nassar eut traduit la question, de Morin répondit sans hésiter :

— Ce sont mes deux frères; l'un est un homme très savant, et il me montrait; il écrit comme tu as vu écrire Schweinfurth ; l'autre, ajouta de Morin en désignant Delange, est un grand médecin, il guérit tous les maux.

— Et la vieille là-bas? demanda tout à coup le roi en désignant miss Poles.

Nassar, qui en voulait à notre chère Anglaise, un peu raide avec lui, au lieu, dans sa traduction, d'atténuer la phrase de Mounza, la répéta à haute et intelligible voix. Ce fut d'autant plus cruel pour miss Béatrix qu'en se voyant désigner par le roi, et avant qu'il l'eût qualifiée de vieille femme, elle s'était à moitié soulevée de son tabouret, avait retiré ses lunettes pour produire plus d'effet et souriait de la façon la plus gracieuse.

Quand elle entendit ces mots : « et la vieille là-bas, » elle retomba d'abord sur son tabouret comme si elle avait reçu un boulet de canon en pleine poitrine, puis rebondissant, se dressant sur ses longues jambes, gesticulant, les joues empourprées, les yeux pleins d'éclairs, elle se mit à apostropher le roi.

— Une vieille femme! une vieille femme! Il m'appelle vieille femme, ce sauvage, ce vandale, cet anthropophage! On t'en donnera des vieilles femmes comme moi! Mais tu ne sais donc pas, affreux pacha, que dans ton sérail il n'existe pas une femme qui m'arrive à la cheville? Vieille! vieille! moi, à mon âge!

Malgré nos efforts, nous n'arrivions pas à calmer notre irascible Anglaise. Mme de Guéran seule y parvint en lui faisant observer que dans le pays où nous nous trouvions une femme passe pour vieille à vingt ans et qu'elle se trouvait rangée elle-même, malgré sa jeunesse évidente, dans la catégorie de miss Poles.

Le roi, sans se préoccuper des cris et des gestes de l'Anglaise, et sans se soucier de cette scène à laquelle, du reste, il ne comprenait absolument rien, mangeait des bananes et des noix de cola. Il avait eu seulement, cette fois, l'attention d'en offrir à de Morin, qui toujours à cheval sur son tabouret et nous tournant le dos, épluchait tranquillement sa banane et donnait à voix basse, sur miss Poles, par l'entremise de Nassar, des renseignements qui semblaient dérider le monarque.

Enfin, Mounza renonçant à faire de nouveaux circuits, à tourner autour de la question, dit brusquement à Nassar en désignant des yeux Mme de Guéran :

— La femme blanche est sans doute une épouse du chef?

Notre interprète, auquel il avait été recommandé de ne faire aucune réponse qui ne lui aurait pas été transmise par nous, traduisit à de Morin l'observation de Mounza.

— Dis-lui, répliqua notre ami, que je n'ai pas d'épouse.

Le roi, dès que cette phrase lui fut reportée, ouvrit démesurément la bouche en signe de surprise, et toute la cour ouvrit la bouche comme lui, ce qui effraya vivement Joseph et les Nubiens de l'escorte; ils crurent que l'heure du festin avait sonné et qu'ils allaient en faire les frais.

Quant aux femmes, elles ne se contentèrent pas d'ouvrir la bouche, elles eurent un accès de folle gaieté, quoiqu'elles fussent habituées à ne faire aucune manifestation devant leur loyal époux. Celui-ci, du reste, à l'exemple de son entourage, finit aussi par éclater de rire. Ce sultan, à la tête de trois à quatre cents femmes, si l'on comptait ses belles-mères et ses belles-sœurs, devait comprendre difficilement qu'un homme pût ne pas avoir une seule épouse. Mais sa gaieté ne devait être qu'accidentelle : son visage redevint sérieux, impassible, et il fit demander à de Morin de lui désigner celui de ses compagnons qui était le mari de la femme blanche.

— Elle n'est l'épouse d'aucun de nous, répondit de Morin, elle est notre sœur.

— Ah! c'est leur sœur! Très bien! répéta trois fois Mounza.

Cependant il ne paraissait pas convaincu. Chez les Africains, l'amour de la famille est des plus modérés et ne crée aucun devoir : on voit une femme accompagner son mari à la guerre ou dans une expédition, mais les mères, les filles et les sœurs ne poussent pas le dévouement à ce point. Aussi Mounza, après un moment de réflexion, fit part de ses doutes. Il lui semblait extraordinaire que la femme blanche eût entrepris un aussi long voyage, fût venue jusqu'à sa cour sans autre motif que de ne pas se séparer de ses frères.

Notre ami comprit qu'il fallait donner une explication rationnelle de la présence de Mme de Guéran parmi nous, et il prononça ces mots qui furent fidèlement traduits par Nassar :

— Je n'ai pas dit que notre sœur n'avait pour nous accompagner aucun motif particulier. C'est justement pour faire connaître ce motif au roi que nous lui avons demandé une audience secrète.

Dès lors, Mounza ne songea plus qu'à lever la séance.

Rien n'était plus facile : il fit un signe et aussitôt toute la cour, habituée à lui obéir au doigt et à l'œil, entonna l'hymne : « Ih, ih, Tchoupi, ih, Mounza, ih! » Il y répondit par un : « Brrr » puissant, qui semblait s'adresser à nous, et il sortit majestueusement comme il était entré, suivi de toutes ses femmes et au bruit des timbales, des grelots, des tambours, des trompes et des cornets d'ivoire.

XXXVI

« Il paraît que Mounza nous a témoigné les plus grands égards : il reçoit d'ordinaire beaucoup plus froidement les étrangers, et on le voit rarement leur adresser la parole. Pour s'être entretenu aussi longuement avec nous il faut qu'il nous ait en grande estime.

Nous pouvons nous rendre compte de nos progrès dans la faveur royale, si nous comparons l'attitude des courtisans, après le départ du monarque, à leur manière d'être avant son arrivée. Silencieux, réservés, deux heures auparavant, ils se montrent maintenant empressés, gracieux et surtout gênants. Ils nous entourent, nous questionnent; c'est à qui nous examinera de plus près et touchera nos vêtements. Quelques mains osent même se porter jusqu'à nos visages, et nous sommes obligés de taper avec les fourreaux de nos couteaux de chasse sur des doigts trop audacieux.

Quant à Mme de Guéran, on ne peut heureusement s'approcher d'elle. Aidés de Nassar et de nos interprètes, nous l'entourons et nous faisons bonne garde.

Miss Poles est aussi l'objet de la plus vive curiosité : ses lunettes excitent l'étonnement, sa personne une profonde stupéfaction. Peut-être les Mombouttous, comme autrefois les femmes Bongos, la prennent-ils pour un homme et s'étonnent-ils de lui voir porter une robe comme Mme de Guéran. Mais miss Poles ne saurait nous inquiéter : elle est femme à se défendre elle-même, et, sans aucun respect pour les grands dignitaires du royaume, elle applique de vigoureux soufflets sur tous les visages qui osent effleurer le sien.

Après être sortis de la salle d'audience et avoir traversé les cours et les jardins du palais, nous retombons au milieu du peuple, qui pour faire honneur aux hôtes de son roi, nous donne un nouveau charivari et nous accompagne jusqu'à notre camp. Là, seulement, nous sommes délivrés des importuns, grâce à nos porteurs, qui ont eu l'idée d'occuper leurs loisirs, pendant notre absence, à construire autour du Kraal une forte palissade faite en bois d'élaïs. Par suite aussi d'une attention qu'on doit faire remonter jusqu'à Mounza, renseigné sur l'indiscrétion de ses sujets, une garde d'une cinquantaine d'hommes armés de gaules entoure le campement et éloigne les curieux.

Une autre surprise royale nous attend : sous une grande hutte construite pour abriter nos bagages et nos vivres, nous apparaît un présent des plus précieux dans la situation où nous nous trouvons. Il consiste en aliments de toutes sortes : grains, légumes, fruits, volailles, chèvres, bière. Notre hôte a prévu tous nos besoins, tous nos désirs, et s'il s'est montré peu communicatif avec nous, il a su du moins être intelligemment prodigue.

Aussitôt nous nous empressons de lui envoyer, comme présent, un nouvel objet auquel tous les Africains sont on ne peut pas plus sensibles, quoiqu'ils ne sachent pas s'en servir, ou qu'ils le cassent avec la plus grande facilité. C'est une boîte à musique d'assez grande dimension. Nous y joignons une montre excellente, mais dont le boîtier est en cuivre, puisque l'argent et l'or sont inconnus dans le pays et pris pour du cuivre ou de l'étain.

En attendant le repas que nous apprête notre chef de cuisine, un Nubien cordon-bleu, aidé de deux Soudaniennes très expertes en pareille matière, nous passons en revue les événements de la journée. Il est évident que Mounza paraît bien disposé en notre faveur; mais pourra-t-il nous donner les renseignements désirés et que nous devons lui demander dans l'entrevue du lendemain? Nous commençons à en douter. Durant sa conversation avec de Morin, aucune allusion, même indirecte, n'a été faite à M. de Guéran. Le roi s'est entretenu de Schweinfurth et se le rappelle parfaitement, quoique la mémoire des Africains soit des plus fugitives, mais il n'a prononcé aucune parole qui eût trait à notre compatriote.

Pourquoi cette réserve? Pourquoi ce silence? Mounza ne sait-il donc rien? N'a-t-il jamais vu M. de Guéran? Ignore-t-il que cet Européen a passé dans ses États, comme l'affirme Nassar, comme notre compatriote l'a écrit lui-même? Il est difficile d'admettre cette ignorance. Comment un despote, entouré de nombreux émissaires, n'aurait-il pas été prévenu de l'arrivée d'un homme blanc sur son territoire?

Nous faisons comparaître Nassar et nous lui demandons si le silence du roi ne l'a pas étonné, s'il ne s'attendait pas à l'entendre parler de M. de Guéran, qui l'a visité après Schweinfurth. Notre guide répond qu'en effet il croyait que le roi parlerait de notre compatriote. — Mais, ajoute-t-il, les nègres oublient facilement ce qu'on leur rapporte et ce qu'on leur dit; ils ne se souviennent que des faits. Le roi des Mombouttous a vu Schweinfurth, l'a reçu à sa cour, lui a touché la main; ce sont des faits et il se les rappelle. Quant à M. de Guéran, il peut avoir seulement entendu parler de lui et l'avoir oublié.

— Vous admettez donc, demandai-je, que notre compatriote ait parcouru ce pays sans voir le roi?

— Certainement, a répondu Nassar; dans la crainte d'être retenu par Mounza, comme l'avait été son maître Schweinfurth, il s'est peut-être dirigé vers le sud, sans s'arrêter ici.

— Il s'y est arrêté, cependant, puisque vous lui avez offert l'hospitalité pendant vingt-quatre heures.

— Ce n'est pas dans ce district que je l'ai reçu, a répondu vivement Nassar; c'est plus au sud du côté de l'Orient, dans une contrée dépendant du royaume de Mounza, mais administrée par un de ses frères, Degberra. Je surveillais alors, comme je l'ai déjà dit, un comptoir fondé par Abd-ès-Samate et Mounza ne tolère aucun comptoir dans les provinces qu'il gouverne lui-même.

Ces explications sont très plausibles. En effet, M. de Guéran, dans sa lettre, a parlé du pays des Mombouttous, mais n'a pas écrit le nom de Mounza. Celui-ci peut donc, comme le dit Nassar, avoir oublié la présence accidentelle dans ses États d'un étranger qu'il n'a jamais vu. En faisant appel à ses souvenirs nous obtiendrons, sans doute, d'utiles indications.

Grâce aux libéralités du monarque africain, notre dîner, le meilleur que nous ayons fait depuis plus de trois mois, est des plus animés. Mais Joseph, qui nous sert d'habitude, est d'une tristesse navrante. Il nous tend les plats d'un air mélancolique, il tremble au moindre bruit; si on lui demande une fourchette sur un ton un peu élevé, on le voit s'affaisser ; tout à l'heure je l'ai surpris portant à ses yeux la serviette qu'il tient sous le bras.

Cependant il devrait être heureux et fier du rôle qu'il a joué dans la journée : le roi d'un grand peuple, un de ces souverains craints et respectés sans conteste et sans opposition, comme on n'en voit plus beaucoup en Europe, a daigné lui adresser la parole, le prendre un instant pour le chef de la caravane. Ne comprendrait-il pas son bonheur? Dédaignerait-il aujourd'hui les satisfactions d'amour-propre, après les avoir tant recherchées? Que se passe-t-il dans ce cœur troublé?

Au dessert nous enjoignons à notre serviteur de s'expliquer. Il hésite, il se fait longtemps prier ; enfin, sur de nouvelles instances, il prend une pose théâtrale et d'un ton déclamatoire il s'écrie tout à coup :

— *Timeo Danaos et dona ferentes.*

Nous nous regardons avec stupéfaction, puis le rire nous gagne.

— Vous savez donc le latin? s'écrie de Morin lorsqu'il a recouvré son sang-froid.

— Certainement, répond Joseph, en se rengorgeant. Avant de me mettre au service, j'ai fait la classe de quatrième dans un lycée de province.

— Que me dites-vous là! Vous avez fait la classe de quatrième, vous! A quel titre, comme professeur peut-être ?

— Non, monsieur.

— Comme élève?

— Non, monsieur, pas davantage.

— Comme quoi, alors, expliquez-vous ?

— Comme garçon, monsieur ; j'époussetais, je balayais, j'allumais le feu, et pendant que je vaquais à ces soins, j'écoutais les leçons des professeurs, je lisais les cahiers des élèves et je m'instruisais.

— Alors, continua de Morin qui faisait de grands efforts pour ne pas éclater de rire au nez de son valet de chambre, vous savez le sens de la phrase que vous venez de dire?

— Certainement, monsieur, répliqua Joseph, *Timeo Danaos et dona ferentes* veut dire en français : Je crains les Grecs et jusqu'à leurs présents.

— C'est parfait. Mais pourquoi, tout à coup, nous avoir envoyé cette phrase en pleine figure, comme on enverrait un boulet de canon?

— Monsieur, dit gravement Joseph, je faisais de la couleur locale, car les Grecs, dans ma pensée, représentent les Mombouttous, et le mot « présents » veut dire nourriture, aliments, repas. C'est donc comme si j'avais dit : Je crains les Mombouttous et les repas qu'ils nous donnent.

— Et pourquoi cette crainte, Joseph? demanda de Morin. Croyez-vous ce dîner empoisonné? Il serait un peu tard pour nous le dire.

— Non, monsieur, mais rien ne m'ôtera de l'idée que cette peuplade d'anthropophages nous comble de nourriture et nous engraisse pour nous manger plus tard avec plus de plaisir.

De Morin ne put se contenir plus longtemps; il rit de tout son cœur et nous fîmes chorus.

Joseph paraissait scandalisé de notre accès de gaieté, et répétait sans cesse :

— Ce n'est pas mon opinion personnelle que j'ai donnée à monsieur. C'est l'opinion de tous les porteurs; s'ils ont construit avec tant de zèle une palissade autour du campement, c'est dans la crainte d'être attaqués cette nuit. Hélas! nous protégera-t-elle?

XXXVII

« Malgré les craintes de Joseph et de notre escorte, nous passâmes une excellente nuit sous des huttes beaucoup plus confortables que celles des jours précédents. Le lendemain, chacun s'éveilla sans avoir été dévoré, et comme notre audience ne devait avoir lieu que dans l'après-midi, nous essayâmes d'occuper nos loisirs.

Vers huit heures du matin, de Morin, Delange et moi nous nous dirigions vers une petite rivière qu'on nous avait indiquée la veille, et, dans une eau limpide et préservée du soleil par un dôme de feuillage, de lianes et de fleurs, nous prîmes un bain des plus agréables.

S'il ne nous arriva, pendant cette partie de natation, aucune aventure qui pût rappeler, même de loin, celle de miss Poles, nous pûmes constater que les femmes mombouttoutes laissent à désirer sous le rapport de la réserve et de la pudeur. Comme autrefois la chaste

Ils se mirent à jouer. (Page 480.)

Suzanne, nous fûmes épiés, non pas trois vieillards, mais par une dizaine d'affreuses créatures qui nous gâtèrent le paysage. Notre vanité ne se trouva, du reste, aucunement flattée de la curiosité dont nous étions l'objet et qui n'a rien en soi d'immoral : pour tous ces gens, avec notre peau blanche, nos cheveux plats, nos barbes et nos moustaches, nous ne sommes pas des hommes, mais des animaux curieux, qu'on regarde et qu'on étudie comme nous étudions les singes au Jardin des Plantes.

Du bain nous nous rendîmes au marché. Rien n'est plus pittoresque que ces grandes assemblées, passées en Afrique, si je puis m'exprimer ainsi, à l'état d'institutions. C'est un véritable lieu de plaisir pour les acheteurs et les vendeurs, les riches et les pauvres, les grands et les petits, pour les hommes qui se promènent en coquetant, pour les femmes qui répondent avec usure à leurs avances. C'est un bruit, une animation extraordinaires : les rires, les cris, les vociférations se croisent de toutes parts. Ici, l'on marchande; là, on ou se lutine; plus loin, on se querelle; plus loin encore, on se bat. Tous les fruits et tous les légumes se confondent : manioc, patates, maïs, connu chez les Mombouttous sous le nom de *mendo*, ignames, bananes, faisceaux de cannes à sucre. Des urnes en terre d'un travail remarquable, avec des dessins en relief, contiennent la bière et d'autres boissons.

Dans cette partie du marché, on voit étalé le poisson pêché, nous dit-on, à l'aide d'une plante vénéneuse qui l'empoisonne sans le rendre nuisible. Ce figuier colossal abrite des chèvres, des antilopes, des perroquets à robe grise, des outardes, qu'on échange contre du fil de laiton ou du cuivre. Ici, les femmes passent en courant ; elles portent sur leurs épaules des coqs suspendus la tête en bas. Les cris des volatiles se mêlent aux bêlements des chèvres et aux plaintes des outardes. Enfin, dans un coin plus retiré, une vingtaine de femmes assises sur leurs bancs aspirent lentement la vapeur qui s'échappe de leurs pipes au tuyau de fer, à la cheminée en feuilles de bananier sans cesse renouvelées, et destinées à rendre la fumée du tabac aussi douce qu'elle pourrait l'être en passant dans un narghilé.

En voyant tous ces produits qui abondent sur le marché : fruits, légumes, poisson, gibier, on est tenté de se demander si les Mombouttous sont vraiment cannibales. Ils le sont malheureusement et non point par besoin, mais par dépravation du goût. Je dois constater cependant qu'ils ont la délicatesse de ne pas vendre ouvertement leur mets de prédilection. Il n'existe même pas chez eux de marchés à esclaves ; les captifs faits dans une razzia ou dans une guerre et qui n'ont pas été mangés, sont donnés par le roi à ses officiers et à ses grands dignitaires, qui se garderaient bien de vendre un présent royal. Quant au commerce des esclaves avec les rares traitants qui ont pénétré dans le pays, il est formellement interdit.

A notre retour au camp, vers deux heures de l'après-midi, nous cûmes la visite des favorites du roi. Ces dames, au nombre d'une vingtaine, se montrèrent beaucoup plus réservées qu'on ne pouvait l'espérer. Il est vrai que Mounza leur avait fait la leçon, et qu'on ne lui désobéit pas impunément.

Quelques-unes d'entre elles manifestèrent cependant d'une façon si expressive le désir de passer leurs doigts dans la barbe et les cheveux d'un blanc, que nous crûmes devoir les satisfaire. Mais comme aucun de nous ne voulait se sacrifier, de Morin appela Joseph, le fit asseoir sur un tabouret et autorisa nos aimables visiteuses à se servir de sa tête comme les coiffeurs se servent des têtes en bois. Joseph, flatté d'abord de sentir sur son crâne toutes ces mains royales, voulut protester et se défendre, lorsqu'on se mit à tresser les poils de sa barbe et à tirer sur ses cheveux pour éprouver leur solidité. Nous lui fîmes observer que les épouses du roi lui tiendraient compte de sa complaisance, l'empêcheraient peut-être un jour d'être mangé, et qu'à tout prendre, il valait mieux perdre une mèche de cheveux que la tête. Il comprit ce raisonnement et se résigna tout en poussant, chaque fois qu'on tirait trop fort, des cris aigus qui faisaient les femmes trépigner de joie.

Après avoir folâtré dans les cheveux et la barbe de Joseph, les Mombouttoutes exprimèrent un nouveau désir. Jusqu'à ce jour, elles n'avaient vu que des hommes et des femmes nu-pieds; nos grandes bottes les intriguaient beaucoup et elles brûlaient de savoir si ces morceaux de cuir qui entouraient nos pieds et nos jambes faisaient partie de notre personne, étaient naturelles, ou bien s'il s'agissait seulement d'une enveloppe dans le genre de nos habits. Nous trouvâmes que pour une première visite ces charmantes curieuses s'étaient suffisamment instruites à nos dépens, et nous remîmes à un autre jour la nouvelle étude qu'elles désiraient faire.

Les femmes congédiées avec quelques cadeaux, nous pûmes nous reposer jusqu'à l'heure fixée pour l'audience particulière. Mais, à six heures précises, nous prîmes la route du palais avec Nassar et une dizaine de soldats.

Miss Poles nous accompagnait; le roi, depuis le matin, lui était devenu très-sympathique, grâce à Delange, qui dans la crainte d'un esclandre, avait fait la leçon à Nassar. Celui-ci s'était empressé de demander un entretien à notre chère Anglaise pour lui confier ses doutes et ses remords. Il craignait, disait-il, d'avoir mal compris la pensée de Mouuza au sujet de miss Poles ; le mot vieille femme n'avait certainement pas été prononcé par le monarque; l'interprète s'était trompé et avait mal traduit l'expression mombouttoute qui voulait dire au contraire, après renseignements, jolie femme, femme étrange.

Miss Poles avait accepté ces explications avec l'empressement que nous mettons à croire ce qui nous est agréable et, de belle humeur, radieuse, en grande toilette, elle nous suivit au palais.

On nous attendait devant la dernière enceinte ; nous la franchîmes facilement et nous atteignîmes bientôt le bâtiment où se trouvait la demeure du roi. Mais, au moment où nous allions entrer dans la galerie précédemment décrite, un officier se présenta et déclara, de la part de son maître, que celui-ci ne voulait donner audience qu'à la femme blanche.

Nous nous arrêtâmes étonnés. Que signifiait ce caprice? Quelle singulière idée avait traversé le cerveau du monarque africain? Pourquoi nous séparer de Mme de Guéran, nous exclure de l'entretien?

— Qu'en pensez-vous? dis-je en me tournant vers mes amis.

— Je pense, répliqua de Morin, que ce sauvage est fou et qu'il mérite une leçon.

— Et vous, mon cher? demandai-je à Delange, qui me paraissait moins exaspéré que de Morin.

— Il ne faut pas lui céder, fit le docteur.

— Comment, lui céder ! s'écria de Morin ; est-ce que quelqu'un y songe? Qui donc aurait l'idée de laisser Mme de Guéran pénétrer seule dans ce repaire? S'il en était seulement question, messieurs, je me lancerais dans ce palais, le revolver au poing, et j'irais brûler la cervelle de ce sauvage insolent.

— Calmez-vous, mon cher, dis-je à notre ami ; il n'est venu à l'idée de personne d'obéir aux caprices du roi.

Puis, me tournant vers Mme de Guéran :

— Je vous demande pardon, madame, ajoutai-je, d'avoir consulté ces messieurs avant vous ; mais quand il s'agit de votre sûreté, nous avons le droit, vous le savez, car c'est vous qui nous l'avez donné, de ne prendre conseil que de nous-mêmes. Votre avis est bien conforme au nôtre, n'est-ce pas?

— Absolument, répliqua la baronne de sa voix tranquille et douce. Je ne sais pas si le tête-à-tête qu'on exige est dangereux, si j'ai quelques risques à courir dans ce palais. Mais, d'une part, la prétention de Mounza est injurieuse pour vous, et, d'un autre côté, si nous cédions à ce premier caprice, nous en verrions naître d'autres plus sérieux. Les sauvages ressemblent aux enfants : si l'on obéit à leurs premières exigences, ils deviennent bientôt de véritables despotes.

— Alors, madame, que faut-il faire? demandai-je.

— Nous retirer, messieurs, et renoncer à une audience dans laquelle du reste, je le crains bien, nous n'aurions pas appris ce que nous voulions savoir.

— C'est absolument mon avis, dis-je en m'inclinant.

— Et le mien aussi, fit Delange.

De Morin, seul, garda le silence ; il regrettait évidemment de n'être pas autorisé à brûler la cervelle au roi.

Nous allions donc faire volte-face, lorsque miss Béatrix, qui n'avait pas encore dit son dernier mot, nous arrêta tout à coup et nous pria de l'écouter.

XXXVIII

« Que pouvait-elle avoir à nous dire? Quelle communication songeait-elle à faire, dans un moment où la prudence nous ordonnait de partir au plus vite, puisque nous ne voulions pas nous soumettre à la volonté du roi?

— Nous vous écoutons, mademoiselle, lui dit Delange ; mais faites vite, je vous prie, tous ces pourparlers sont dangereux en ce moment.

— Rassurez-vous, messieurs, répliqua miss Béatrix, je serai brève. Avant de vous laisser prendre une détermination grave et qui peut avoir une grande influence sur notre avenir, je veux seulement vous poser une question.

— Posez, miss, posez.

— Êtes-vous sûrs, messieurs, commença miss Poles en relevant ses lunettes, que le roi ait voulu parler de Mme de Guéran, que ce soit avec elle qu'il désire un tête-à-tête?

Delange regarda de Morin, de Morin me regarda, je regardai

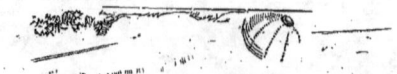

Nassar, qui regarda la baronne. Personne ne devinait encore où voulait en venir miss Béatrix.

Elle reprit :

— Je vous ferai observer, messieurs, que le nom de Mme de Guéran n'a pas été prononcé pour une excellente raison, du reste, c'est qu'on ne le connaît pas. L'officier a simplement déclaré que le roi ne voulait recevoir que la femme blanche. De quelle femme blanche s'agit-il ? De la baronne ou de moi ? Je crois être blanche comme elle.

Nous avions enfin compris, et c'était à grand'peine que nous gardions notre sérieux. Miss Poles continua :

— Mon Dieu, messieurs, il est des circonstances dans la vie où l'on ne saurait faire de fausse modestie. J'ai des raisons de croire que Mounza a voulu me désigner ; hier, pendant l'audience, il n'a pas cessé de me regarder ; il m'a souri, il m'a gracieusement offert une banane et une noix de cola ; enfin, vous savez maintenant par notre interprète qu'au lieu de me traiter de vieille femme, il a dit en me désignant : « Cette jolie femme, cette femme étrange ! » Tous ces indices, malgré mon absence complète d'amour-propre, je pourrais même dire ma profonde humilité, ne m'autorisent-ils pas à vous demander si vous ne faites pas fausse route, si ce n'est pas moi que le roi désire entretenir particulièrement ?

Je m'étais retourné pour que miss Poles ne me vît pas rire ; de Morin m'avait imité ; Delange seul tint tête à miss Poles.

— Mademoiselle, lui dit-il, il est possible que le roi ait voulu vous désigner : je suis même tenté de le croire. Mais cela ne change rien à la situation ; d'une part, Mounza nous fait injure en ne nous permettant pas de vous accompagner, et, d'autre part, nous ne pouvons pas vous autoriser à vous rendre seule auprès de lui.

— Mon Dieu, monsieur, répliqua notre chère Anglaise, s'il s'agit de l'intérêt commun, je suis femme à savoir me dévouer. Personne, du reste, ne me fait peur, et je n'ai aucune raison de penser que le roi ne se conduira pas en gentleman avec une femme doublée d'une Anglaise.

— Nous n'avons pas les mêmes idées que vous à ce sujet, fit Delange d'un ton ferme, je refuse absolument, pour mon compte, de vous laisser pénétrer seule dans cette caverne. Veuillez nous suivre, nous partons.

En effet, de Morin venait de se mettre à la tête de l'escorte. Quant

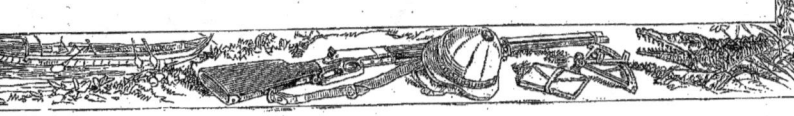

à moi, rejoignant l'officier qui nous avait porté les ordres de Mounza, je le chargeai de dire à son maître que nous avions pour habitude de ne jamais nous séparer de notre sœur, et que nous partions puisqu'on refusait de nous recevoir avec elle.

— C'est bien grave, ce que vous faites là, messieurs, disait miss Poles tout en nous suivant.

— Ce serait bien plus grave, murmurait de Morin à mon oreille, de l'envoyer auprès du roi, à la place de Mme de Guéran. Mounza trouverait la plaisanterie mauvaise, et il aurait raison. Mais regardez bien autour de nous, mon cher ami, pendant que de mon côté je surveille l'escorte. On transmet en ce moment notre réponse au roi, on l'informe de notre départ; il doit être furieux, et nous pouvons tout craindre.

— En effet, disais-je, un homme habitué à faire plier la volonté de tous, le demi-dieu de plus d'un million d'hommes, admettra difficilement qu'une poignée d'étrangers refuse de lui obéir et le brave jusque dans son palais.

Cependant, malgré nos craintes, nous traversâmes sans le moindre accident l'espace qui nous séparait de la palissade. Le bâtiment occupé par Mounza, et dont nous avions refusé de franchir le seuil, restait silencieux. Personne n'en sortait, soit pour nous ordonner de revenir, soit pour transmettre des ordres aux soldats qu'on apercevait de tous côtés. Nous rejoignîmes bientôt la porte, et quelques instants nous suffirent pour atteindre notre camp.

Par mesure de prudence, de Morin défendit aux hommes de l'escorte de s'éloigner; il visita leurs fusils, et, sans distribuer de munitions, ouvrit nos boîtes de cartouches et les tint prêtes à tout accident. Nos gens qui n'avaient, comme l'affirmait Joseph, qu'une confiance très limitée dans les Mombouttous, approuvèrent ces précautions. En même temps, Nassar, auquel nous avions recommandé, je l'ai dit, de ne prendre aucun renseignement sur le baron de Guéran, reçut, au contraire, l'ordre de s'entretenir avec les naturels, petits et grands, qui stationnaient toute la journée autour de notre campement, et d'essayer d'obtenir habilement quelques révélations au sujet du passage, sinon du séjour, d'un homme blanc dans le pays.

Ces mesures prises, nous attendîmes. Il était évident pour nous que Mounza ferait parler de lui d'une façon ou d'une autre dans la soirée; un nègre ne sait pas attendre, il ne remet rien au lendemain, à moins qu'il ne s'agisse de travailler.

Suivant nos prévisions, une heure environ après notre retour au camp, nous vîmes s'avancer vers nous, de toute la vitesse de ses jambes, un des coureurs du roi, celui qui, la veille, au moment de l'audience publique, était venu nous apporter le salam. Aux fonctions de coureur, il joignait évidemment celles d'ambassadeur ou de maître des cérémonies ; nous le reçûmes donc avec tous les honneurs dus à son rang élevé, c'est-à-dire qu'on lui permit de franchir la palissade et de s'approcher de la hutte où nous étions tous réunis, notre interprète à nos côtés.

Mounza nous faisait dire qu'il ne comprenait pas pourquoi nous n'avions pas voulu laisser notre sœur entrer seule dans le palais : n'avait-il pas permis, le matin, à ses femmes de se rendre auprès de nous sans être accompagnées ?

Nous répondîmes que chaque pays avait ses usages : nous respections ceux des Mombouttous, mais nous voulions conserver les nôtres. Dans le grand royaume où nous étions nés, une femme ne pénétrait seule dans la demeure d'un homme que lorsqu'il était son père, son frère ou son époux.

A peine cette réponse lui fut-elle transmise, que le coureur repartit aussi vite qu'il était venu.

Une demi-heure après, nous le vîmes accourir de nouveau. Mounza faisait ses réflexions une à une et nous les envoyait porter, comme on envoie une lettre ou une dépêche, dès qu'il avait conçu une idée et adopté une formule.

Cette fois, l'ambassadeur était chargé de nous dire que son maître avait voulu recevoir sans témoins notre compagne, parce que le chef des blancs lui avait affirmé, la veille, qu'elle désirait ne pas s'expliquer en public.

Nous répliquâmes en ces termes :

« Notre compagne, ne peut, en effet, parler devant toute la cour, mais rien ne l'empêche de s'expliquer en présence de ses frères, qui connaissent son secret, comme le roi doit bien le penser. »

Ce n'était pas fini : pour la troisième fois, le maître des cérémonies vint nous déclarer que le roi consentait à nous recevoir tous et qu'il nous attendait.

Depuis un instant chacun prévoyait cette communication : on devinait que Mounza, pour un motif ou pour un autre, mettrait les pouces, s'il est permis d'employer cette expression vulgaire, lorsqu'il s'agit

Quand partons-nous ?

d'un puissant monarque. Mais, dans notre intérêt, pour soutenir notre réputation de blancs et de grands personnages, nous étions résolus à faire de la dignité.

Le coureur fut donc encore chargé de reporter à Mounza, le plus textuellement possible, la phrase suivante :

« Le roi ayant refusé aux blancs l'entrée de son palais, les blancs ne peuvent pas, après un tel affront, retourner immédiatement chez lui.

Mais ils sont prêts à le recevoir de leur mieux, s'il daigne leur faire visite. »

Cette conversation, par intermédiaire et à bâtons rompus, était terminée.

La soirée et la nuit se passèrent sans autres incidents ; nous crûmes cependant devoir faire bonne garde autour du camp et, comme nous en avions pris depuis longtemps l'habitude, Delange, de Morin et moi, nous divisâmes la nuit en parts égales : tandis que deux d'entre nous dormaient, le troisième fit son quart, à l'exemple des marins.

Le lendemain, nous fûmes rassurés sur les dispositions du roi à notre égard : des vivres, en grande quantité, nous furent envoyés comme la veille. Mounza ne nous gardait pas rancune, ou bien il avait intérêt à ne point paraître nous en vouloir.

Vers huit heures, un grand mouvement se produisit autour du camp, une foule compacte se pressa contre notre palissade et nous apprîmes que le souverain des Mombouttous se disposait à se rendre auprès de nous.

En effet, bientôt, les tambours, les trompes, les cornets, se mêlant aux vociférations, commencèrent leur vacarme obligé, et le roi nous apparut, au milieu d'une escorte nombreuse, qui éloignait brutalement ses sujets trop empressés à le contempler.

Aussitôt de Morin fit prendre les armes à nos soldats et à la plupart de nos porteurs, les rangea sur deux rangs et, après leur avoir donné ses ordres, vint nous rejoindre sous notre hutte la plus importante, où nous devions attendre, de pied ferme, le monarque.

Nous pensions qu'il allait pénétrer dans notre retranchement avec ses officiers. Il n'en fut rien : il leur ordonna de l'attendre au dehors, et seul, sans armes, la tête haute, impassible, comme il nous était apparu la première fois, il s'avança au milieu de la haie qu'on venait d'établir et qui partait de la palissade pour se terminer devant notre hutte. Nos soldats, à qui de Morin avait appris depuis trois mois, dans ses moments de loisir, une sorte d'exercice sommaire, portèrent les armes, tandis que ceux de nos Nubiens, qui remplissaient les fonctions de tambours, essayaient de battre aux champs, comme j'avais essayé de le leur apprendre.

Au-dessus de notre hutte se déployait le drapeau français. Nous avions cru pouvoir l'arborer en cette circonstance, et nos chères couleurs nationales, que nous n'avions pas contemplées depuis longtemps, nous faisaient battre le cœur. Je ne suis même pas bien sûr qu'à la vue de ce morceau d'étoffe s'agitant dans l'air et nous saluant au nom de la patrie absente, l'un de nous n'ait essuyé une larme. En souvenir de la naissance de Mme de Guéran et de ses premières affections, par condescendance aussi pour miss Poles, le drapeau de la Grande-Bretagne flottait à côté du nôtre, mais Delange, chargé de prendre ces dispositions décoratives, s'était arrangé de façon que nos couleurs enveloppassent celles de l'Angleterre. Il est bien permis, lorsqu'on est si loin de la patrie et qu'on ne blesse aucune susceptibilité, de donner la meilleure place au drapeau de son pays.

Le monarque africain venait d'arriver devant notre hutte. De Morin en sortit aussitôt et, lui tendant la main, le pria d'entrer dans notre demeure.

XXXIX

« En vérité, si Mounza est le plus grand monarque de ces régions, il est certainement le plus civilisé des sauvages. Il s'est assis sur un banc et, sans manifester trop de curiosité, il regarde les objets réunis pour l'occuper et le distraire. Dès que son attention se porte sur une montre, une boussole, une lorgnette, un instrument ou une arme quelconque, Delange prend cet objet et, s'approchant du roi, essaye, grâce à Nassar, de lui en expliquer le mécanisme et de lui en faire comprendre l'usage. Cependant, nous devons le confesser, il écoute notre interprète d'une façon distraite; son regard, au lieu de se porter sur les choses, se dirige peut-être plus qu'il ne faudrait sur les personnes. Il est évident que Mme de Guéran est son principal objectif. Assez maître de lui pour ne pas la contempler trop fixement, il continue à lui jeter, comme la veille, des coups d'œil obliques et rapides.

Nous ne pouvons le dissimuler, la beauté de notre blonde compagne a fait une profonde impression sur le monarque africain. Malgré sa sauvagerie, il a certainement l'instinct, sinon le sentiment de la forme. Il comprend que ce visage, ces cheveux, ces mains, cette taille sont supérieurs à tout ce qui l'entoure, à tout ce qu'il a vu; il est émerveillé, il est sous le charme, et, s'il l'osait, s'il n'était pas retenu par l'orgueil, ce païen se prosternerait devant cette nouvelle idole.

Nous avons déjà constaté l'influence que Mme de Guéran exerce sur les noirs, le prestige dont elle est revêtue à leurs yeux. Mais il s'est agi jusqu'à ce jour d'effets moraux en quelque sorte : on la respecte, on la vénère, on l'idolâtre, mais on la place si haut, on la croit tellement supérieure aux êtres qui l'entourent, que les noirs, ses adorateurs, dans l'ancien sens du mot, ne songent pas à voir en elle une femme. Mounza, au contraire, semble la prendre pour une créature terrestre, et au lieu de la diviniser, de l'adorer les yeux baissés, il l'enveloppe de ses regards profanes. Sa puissance le rend audacieux, et en sa qualité de demi-dieu qui voit le fond des choses, sait de quoi il retourne, et ne se prend peut-être pas au sérieux, il se refuse à croire aux déesses.

Ces dispositions d'esprit du souverain nous causent une certaine inquiétude. Elles nous en font pour le moment un allié, un ami ; c'est à elles que nous devons le bien-être qui nous entoure et la bienveillance qu'on nous témoigne, malgré nos résistances de la veille. Mais nous savons que le nègre en général et les rois noirs en particulier ne sont pas d'humeur purement contemplative. L'amour réservé, tranquille et platonique, comme nous le comprenons parfois en France, leur est inconnu. Ce que nous appelons chez nous faire la cour à une femme, n'est pas dans leurs usages ; ils dédaignent les petits soins, n'ont aucune idée du marivaudage et, au lieu de louvoyer comme nous, vont d'ordinaire droit au but.

Que deviendrions-nous, mon Dieu ! si Mounza se prenait d'une belle passion pour notre chère sultane ? C'est que la position n'est pas nouvelle : elle est historique, comme l'établit l'aventure suivante, arrivée à Baker, et que je vais essayer de me rappeler.

Il se trouvait avec sa femme à quelques journées du lac Albert ou lac *Mwoutan*, au milieu d'une peuplade noire, commandée par le chef Kamrasi. Mme Baker, minée par la fièvre, désirait ardemment de continuer sa route, de gagner des régions plus salubres. De son côté, Baker croyait toucher au but qu'il poursuivait depuis longtemps : quelques pas encore, quelques efforts, et les sources du Nil, suivant lui, étaient découvertes. Mais Kamrasi ne tenait aucun compte ni de la fièvre qui dévorait la femme, ni de la passion scientifique du mari. Malgré ses promesses, ses engagements, il retenait toujours M. et Mme Baker dans son district et leur refusait les porteurs dont ils avaient besoin pour continuer leur route. Un jour enfin, comme Baker devenait plus pressant, Kamrasi lui répondit :

— Je te permettrai de me quitter, mais seulement si tu laisses ta femme avec moi.

Furieux, le voyageur anglais dirigea son revolver sur la poitrine du roi nègre ; mais celui-ci s'écria :

— Pourquoi te fâcher ? Quelle offense t'ai-je faite en te demandant ta femme ? Je te donnerais une des miennes si tu le désirais, et je ne croyais pas que tu hésiterais à me céder la tienne. J'offre ordinairement de jolies épouses à ceux qui me font visite, et il me paraissait tout simple de faire un échange avec toi. Ne me garde pas rancune ; si ma proposition te déplaît, je ne la renouvellerai plus.

Il tint parole, mais Kamrasi était d'un naturel plus doux, d'une humeur plus facile que le terrible roi des Mombouttous.

Nous pouvons donc nous trouver dans une position embarrassante, périlleuse même si, comme nous commençons à le croire, le monarque africain, aux passions ardentes, habitué à satisfaire tous ses caprices, se sent entraîné vers la première femme blanche qu'il ait vue et la plus belle créature qu'il ait rêvée.

Miss Poles propose, il est vrai, de détourner l'attention du monarque et de la reporter sur elle ; miss Poles s'offre en holocauste. Dévouée, toujours prête aux immolations lorsqu'il s'agit du salut de tous, elle s'écrie :

— Puisqu'il faut une femme blanche à ce monstre, qu'il me dévore et qu'il épargne ma protectrice et mon amie !

Mais Mounza est évidemment trop délicat pour accepter un tel sacrifice.

En ce moment, du reste, il ne s'agissait que de le recevoir de notre mieux, d'exciter sa curiosité, de le réveiller, lorsqu'il s'oubliait à contempler Mme de Guéran. De Morin eut d'abord recours aux allumettes chimiques ; quand il voyait le roi trop absorbé il tirait de sa poche son briquet en argent et faisait éclater une petite bougie phosphorescente. Mais cette opération, qui avait eu déjà du succès, au milieu des autres peuplades, finit par laisser Mounza absolument froid. Des allumettes nous passâmes aux rafraîchissements : une bouteille de champagne qui nous restait fut extraite de la caisse contenant nos dernières provisions parisiennes, et on la déboucha en l'honneur du roi. L'explosion, le saut du bouchon, le débordement de la mousse, le pétillement du vin lui causèrent une certaine impression, mais elle fut de courte durée, et, avec un esprit d'imitation surprenant, sans le moindre embarras, il

choqua contre les nôtres le gobelet d'argent que nous lui avions présenté, et but comme il nous voyait boire.

Alors de Morin, décidé à le distraire de sa contemplation par tous les moyens possibles, prit son fusil de chasse, coucha en joue un superbe perroquet qui folâtrait sur un palmier voisin et l'abattit. Le roi, en entendant la détonation, fit un bond en arrière bien justifié par la surprise, mais il redevint aussitôt maître de lui et, comme son peuple effrayé poussait des cris affreux et se ruait sur notre palissade, il courut le rassurer et lui ordonner de se tenir tranquille.

Lorsqu'il nous rejoignit, nos drapeaux qu'un souffle de vent faisait frissonner, attirèrent son attention ; après les avoir regardés un instant, il appela Nassar et lui dit :

— A quoi servent ces morceaux d'étoffe ?

Nassar, d'après nos ordres, expliqua que c'étaient des drapeaux, et que chaque nation en avait un différent.

— Alors, fit observer Mounza, vous n'êtes donc pas de la même nation que l'autre voyageur blanc ? Son drapeau ne ressemblait pas à celui-ci.

Nous essayâmes de faire comprendre au roi que le territoire habité par les blancs était immense et divisé en plusieurs royaumes : Schweinfurth habitait du côté de l'Orient et nous à l'Occident.

Puis, Delange, profitant de l'occasion, dit à Mounza qu'il devait connaître notre drapeau, puisqu'il avait déjà reçu à sa cour un homme de notre nation. Le roi parut étonné, remua la tête et prononça, de l'air le plus innocent du monde, ces mots qui nous furent immédiatement traduits :

— Non, je n'ai jamais vu qu'un blanc, le Mangeur de feuilles, et il n'avait pas ce drapeau-là.

Les Mombouttous avaient surnommé Schweinfurth le Mangeur de feuilles parce qu'il occupait ses loisirs, en sa qualité de botaniste, à faire des collections de plantes rares, qu'on croyait destinées à lui servir de nourriture.

Malgré son désir évident de rester plus longtemps auprès de nous, Mounza, par orgueil sans doute, n'osa pas prolonger sa visite. Il nous quitta après avoir jeté à la dérobée un long regard sur Mme de Guéran. Notre escorte lui présenta de nouveau les armes, et nos tambours, se mêlant aux trompes des Mombouttous, lui firent une superbe sortie, comme on dit au théâtre.

Bientôt tous les renseignements recueillis par Nassar durent nous convaincre que le roi était d'une entière bonne foi, lorsqu'il soutenait n'avoir reçu aucun homme blanc à sa cour, depuis le départ du voyageur allemand. Comme le pensait notre interprète, le baron de Guéran avait donc traversé, sans s'y arrêter, les États de Mounza, pour se rendre directement dans la province commandée par Degberra. Dans cette dernière région nous pourrions seulement obtenir des renseignements sérieux. Mais comment nous y rendre sans l'autorisation du roi? Comment même oser la demander immédiatement, sans mécontenter notre hôte, qui continuait à nous combler de ses faveurs et à nous honorer de ses visites?

Hélas! pendant ces visites, tous les jours plus fréquentes, nous constations avec un regret profond que le monarque africain, s'étant pris d'une véritable passion pour notre compagne, ne lui permettrait certainement pas de s'éloigner.

Nous n'avions pas songé, je l'avoue, à des complications de ce genre : nous nous étions dit que les obstacles matériels du chemin, les attaques dont nous pouvions être l'objet, la désertion de notre escorte, la fatigue, le découragement, la maladie, la faim, nous empêcheraient peut-être de poursuivre notre course; jamais il ne nous serait venu à la pensée que l'amour d'un monarque africain pour notre chère sultane nous défendrait d'atteindre notre but.

Nous avions tout prévu et fait une large part aux éléments qui pouvaient se déchaîner contre nous, aux événements de tout genre, aux hommes dont l'hostilité était à craindre, à la nature toujours prête à dire aux audacieux : Tu n'iras pas plus loin. Mais nous n'avions pas compté sur les passions humaines qui, cependant, peuvent naître et éclater aussi bien sous le ciel brûlant de l'Afrique que dans nos climats tempérés.

Mille bruits venaient certifier nos soupçons, affirmer nos craintes : Mounza n'était plus, disait-on, ce souverain un peu indolent, qui passait sa vie à contempler ses richesses, à se faire admirer de son peuple, à se revêtir de costumes étranges, à danser devant sa cour, ou à courir la nuit dans son harem d'une hutte à une autre. Il faisait de grands préparatifs de guerre, il entassait dans son arsenal des armes de toutes sortes, il se montrait d'humeur inégale, ne pouvait tenir en place, avait des emportements d'une violence excessive, et quant à ses femmes, elles semblaient condamnées à un veuvage anticipé.

Comment cela finira-t-il? Aucun de nous n'ose émettre une opinion.

20 juin. — Je crains que miss Poles n'ait fait des siennes. Pendant que j'écris ces notes, Nassar vient me chercher pour la secourir au plus vite. »

XL

« Ces notes, my darling, ne vous parviendront probablement jamais. Il est même probable qu'après les avoir écrites je les anéantirai. Mais, c'est plus fort que moi, il faut que je m'ouvre à vous; mon cœur déborde, laissez-moi le déverser dans le vôtre.

A qui me confierai-je, si ce n'est à vous? Qui parmi mes compagnons de voyage mériterait de recevoir mes confidences? MM. Périères, de Morin, Delange, il n'y faut pas songer. Je n'ai pas le droit de leur infliger cette peine, cette amère déception, de leur faire perdre en un instant les illusions qu'ils possèdent encore, de leur dire brusquement : Je m'étais trompée, messieurs, je ne vous aime pas.

Quant à Mme de Guéran... Ah!. my dear, vous le savez, il peut être dangereux de se confier à une rivale!

Dans mon isolement, c'est donc avec vous que je vais m'épancher, malgré la distance qui nous sépare : si je me sens, quelque jour, en danger de mort, je brûlerai cette page, discrète dépositaire de mes plus secrètes pensées; si, au contraire, j'ai le bonheur de vous revoir, nous la lirons ensemble et je vous développerai, j'analyserai pour vous, ma main dans votre main, mon regard fixé sur le vôtre, des idées seulement indiquées, des sentiments que ma plume sera certainement impuissante à bien définir.

Je commence : Nous sommes, en ce moment, dans le pays des Mombouttous, à la cour du roi Mounza. C'est un homme de trente-cinq ans environ, dans toute la force de l'âge et des passions. Sa taille est élevée et bien prise; ses traits superbes rappellent les belles statues antiques d'un monarque de la vieille Éthiopie. Ce n'est pas un nègre, ne nous y trompons pas, c'est un blanc foncé.

Ses vêtements, car il a des vêtements, vous me connaissez assez

Elles regardaient avec étonnement.

pour penser que je ne vous entretiendrais pas d'un de ces hommes immodestes qui remplacent l'habillement par le tatouage ou par la bouse de vache, ses vêtements, dis-je, ont une grande originalité. Il porte tout ce qu'on a l'habitude de porter chez nous, à l'exception des gants et des chaussures. Oui, il va pieds nus, je le confesse. Ne vous empressez pas, ma chère, de le mal juger pour ce détail, car il m'est arrivé à moi-même, à la suite d'une aventure terrible, dont je vous parlerai si nous nous revoyons, de faire plus de deux milles sans la moindre bottine et même la plus légère espadrille. Et bien, je vous assure que des pieds nus n'ont rien de disgracieux : pendant la course en question, je regardais de temps à autre les miens, j'en admirais la longueur, la finesse, les gracieux contours, les ongles roses, les petites veines bleues, et je me demandais si ce n'était pas vraiment de la barbarie d'emprisonner toutes ces jolies choses dans de grossiers brodequins en cuir et de les dérober à tous les regards. Nous montrons nos mains, notre visage, notre cou, nos bras, nos épaules, pourquoi nos pieds ne jouiraient-ils pas des mêmes avantages, n'auraient-ils pas le droit de s'épanouir en pleine liberté, en pleine lumière? Vous me direz à cela qu'à Londres, au milieu des brouillards, ils bleuiraient un peu; affaire d'habitude, ma chère. Du reste, nous ne sommes pas à Londres, et le froid ne bleuit pas, je vous assure, les pieds du roi Mounza.

C'est donc un très bel homme, artistement habillé et de grand air. C'est, de plus, hâtons-nous de le dire, — car je fais bon marché, vous le savez, du côté plastique, — un homme intelligent, des plus fins et, ce qui ne gâte rien, un puissant monarque.

Pourtant, ma chère, Mounza qui nous comble de prévenances et avec lequel nous sommes du dernier mieux, se refuse absolument à nous laisser quitter ses États. Pourquoi ce caprice? Pourquoi cette rigueur, demandez-vous? C'est bien simple ; le roi, qui n'a connu jusqu'à ce jour que d'affreuses femmes mombouttoutes, sans grâce et sans costume, lorsqu'il a vu arriver dans ses États deux femmes blanches, jeunes, agréables, bien faites et bien mises, s'est épris de l'une d'elles. Quoique sauvage, on a un cœur comme les Européens ; je crois même que ce cœur est plus inflammable à cause du climat.

Mais, des deux femmes blanches, quelle est la préférée? A qui, de Mme de Guéran ou de moi, le beau Pâris a-t-il donné la pomme? Telle est la question qui se pose naturellement et qui divise notre petite colonie européenne.

MM. Delange, de Morin et Périères, amoureux de moi depuis longtemps, vous le savez, désirent tout naturellement que Mounza ne soit pas leur rival; aussi s'empressent-ils, avec une entière bonne foi, de me mettre en dehors de la question et d'affirmer que les regards du monarque se portent sur la baronne, que les soupirs royaux montent jusqu'à elle.

Je vous vois venir, my darling ; vous m'arrêtez par ces mots : « On peut se tromper sur la direction d'un soupir, mais non pas sur la direction d'un regard. Suivant vous, miss Poles, qui voyez les choses froidement, quel est l'objectif des regards de Mounza? »

C'est Mme de Guéran, chère amie. Je ne puis me le dissimuler et je vous dois toute la vérité ; je me la dois surtout à moi-même, puisque ces notes ne vous parviendront sans doute jamais et qu'elles sont destinées à soulager mon cœur.

Mais vous souvenez-vous de ce joli proverbe. *le Chandelier*, écrit par un auteur français, Alfred de Musset? Dans nos longues soirées d'hiver, en face d'une tasse de thé, nous l'avons souvent relu ensemble. Vous devinez où je veux en venir : le monarque, avec sa remarquable finesse, avec une délicatesse bien rare chez les nègres et que je dois d'autant plus admirer, détourne les soupçons et, pour ne pas me compromettre, laisse croire qu'il est amoureux de Mme de Guéran. C'est on ne peut pas plus naturel.

Telle est la situation, ma chère ; le plus puissant des rois de l'Afrique centrale est épris de votre meilleure amie.

Cela devait advenir tôt ou tard ; je m'y attendais. Mais je ne pouvais prévoir qu'il en arriverait à vouloir, non seulement me retenir auprès de lui, mais retenir aussi mes compagnons, notre escorte et nos porteurs.

Ai-je le droit d'entraver la course d'une caravane, de retarder la délivrance de M. de Guéran s'il est prisonnier, de laisser plus longtemps dans l'obscurité certains points géographiques que notre marche vers le Sud allait certainement éclaircir?

Non, je ne le pense pas, et puisque je suis gênante, embarrassante, compromettante pour tous, je dois m'effacer, me sacrifier. J'irai trouver le roi et je lui dirai : « Sire, vous devez séparer ma cause de celle de mes amis ; si j'ai eu le tort de vous plaire, vous ne sauriez rendre les autres responsables de ma faute. Ne les retenez pas plus longtemps dans vos États ; de graves affaires les obligent à gagner le Sud. Mais, puisque vous ne voulez pas vous séparer de moi, que mon destin s'accomplisse ! Je serai votre prisonnière, je serai votre esclave, et je deviendrai un jour votre épouse, si quelque pasteur protestant, de passage dans le pays, bénit notre union. »

Oui, ma chère amie, voilà ce que je lui dirai, et il est impossible qu'il ne soit pas touché, qu'il ne rende pas la liberté à mes amis. Mais

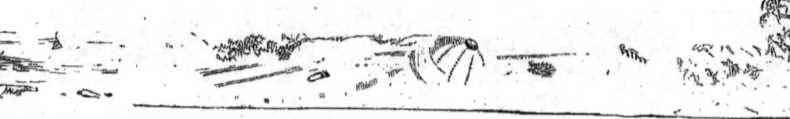

je vous entends vous écrier : « Et vous, ma pauvre Béatrix, que deviendrez-vous au milieu des quatre-vingts femmes légitimes de ce monarque et de ses trois ou quatre cents femmes indirectes? » — Oh! pour cela, ne vous inquiétez pas. Je les aurai bien vite mises à la raison, et, du reste, depuis qu'il m'aime, le roi les a, sinon définivement congédiées, du moins bannies de sa présence. Je régnerai bientôt en souveraine sur le cœur de Mounza. J'ai une noble mission à remplir auprès de cet homme, encore un peu sauvage, mais que mon amour civilisera. Il rougira de ses égarements passés, de son sérail inutile, de son oisiveté et de l'ignorance dans laquelle il laisse vivre ses sujets. Je veux qu'avant un an il soit devenu le père de son peuple, qu'on l'appelle Mounza le Bien-Aimé et qu'il ait fondé dans son royaume d'utiles institutions ; peut-être même le déciderai-je à renoncer au pouvoir absolu, pour établir un gouvernement parlementaire !

« Oui, oui, me dites-vous, je le vois, je le sens. Vous avez, ma chère Poles, dans le royaume des Mombouttous, de quoi vous occuper ; vous pouvez y faire de grandes et belles choses, votre esprit ne sera pas inactif ; mais, à votre cœur, quelle pâture donnerez-vous? Mounza vous aime, je le reconnais, et tout l'affirme. Mais arriverez-vous à l'aimer, vous, si délicate et si fine, toujours hésitante lorsqu'il s'agit de fixer votre destinée, de faire un choix, pourrez-vous jamais vous attacher cet homme exceptionnel, je le veux bien, mais d'un esprit inculte et de mœurs si opposées aux vôtres ? »

Assez, mon amie, assez, je reconnais la justesse de vos observations ; mais je vais d'un mot vous fermer la bouche... j'aime déjà.

Oui, je ne crains pas de me l'avouer à moi-même : le regard ardent de Mounza, son profil antique, son sourire dédaigneux m'ont fait une singulière impression. Sa grande situation, pourquoi ne le confesserai-je pas aussi, les respects qui l'entourent, le culte dont il est l'objet m'ont peut-être aussi troublée. Notre attachement est-il jamais exempt de vanité? Enfin, son grand amour m'a touchée ; pouvait-il en être autrement?

Soyez indulgente pour votre amie, ne lui reprochez pas son inconstance, épargnez-lui vos reproches, ne me parlez pas en ce moment de MM. de Morin, Périères et Delange. J'ai cru, en effet, les aimer l'un après l'autre, mais quelle erreur, grand Dieu! Comme les émotions qu'ils me causaient étaient loin de ressembler à celles que je ressens aujourd'hui! Comme tous ces hommes plus ou moins blonds, avec leurs yeux bleus, leurs gestes sans majesté, leurs vêtements étriqués sont loin de ressembler... à l'autre !

Ils étaient trois cependant, je n'avais qu'à choisir, et c'est peut-être ce qui m'a éloigné d'eux. Oui, ma pensée flottait toujours de l'un à l'autre ; j'allais irrésolue, je passais sans cesse de celui-ci à celui-là, et je n'ai jamais pu me fixer. Si j'avais pu me dire un jour : « Voilà ton préféré, il est supérieur à tous les autres », c'était fini : je lui appartenais pour la vie et j'aurais frôlé Mounza sans le voir. Mais ces messieurs ont trop de qualités, ils se ressemblent trop, les perfections que je suis à même, tous les jours, de constater chez chacun d'eux m'ont jetée dans un embarras terrible. Au moins aujourd'hui je ne suis plus embarrassée.

Quand je dis que je ne le suis plus, ce n'est pas exact. Je viens de faire à Mounza un petit discours sur le papier ; mais comment lui répéter de vive voix ce que j'ai écrit pour vous ? Il sait quelques mots arabes que lui a autrefois appris Abd-ès-Samate, et, de mon côté, grâce à ma prodigieuse facilité, le dialecte des Mombouttous ne m'est pas inconnu. Mais le trouble que j'éprouverai certainement auprès de lui, l'émotion qu'il ressentira de son côté, nous permettront-ils de nous expliquer clairement ? Je ne puis amener un interprète avec moi ; il est des circonstances dans la vie où l'interprète, au lieu de vous aider, vous dessert.

Il faut cependant, dans l'intérêt de tous et pour ma propre tranquillité, pour fixer mon sort, que je parle le plus vite possible au roi.

Hélas ! je ne sais même pas comment j'arriverai jusqu'à lui.

Allons, du courage ! Je le verrai ce soir ; il faut que je le voie. Lorsque tout le monde reposera autour de moi, je me dirigerai vers le palais. Ensuite, à la grâce de Dieu !

Je vous quitte, ma chère amie, afin de faire un peu de toilette, non pas par coquetterie, nous n'en sommes plus là, Mounza et moi, mais par déférence pour la Majesté royale. »

XLI

« Comme je l'écrivais hier, au moment où Nassar est venu me chercher, miss Poles a fait des siennes. J'ai appris, seulement ce matin ce qui s'est passé, et j'en rends compte sur ces feuilles détachées, car, lorsqu'il s'agit de notre Anglaise, dont les faits et gestes sont vraiment trop excentriques, je suis obligé de laisser de côté notre journal; il ne saurait contenir certains détails personnels.

Hier soir, miss Poles, arrachée par Nassar et par moi à de sérieux dangers, était encore trop exaltée pour répondre, même aux questions de ses libérateurs. Sans nous dire un mot, elle s'est réfugiée précipitamment sous sa tente, et ce matin elle n'a pas reparu.

J'en suis réduit à faire prendre des informations par nos interprètes et ils me mettent bientôt au courant de la situation : nous n'avons pas en Europe le privilège des bavardages, des cancans et des racontars ; les nègres savent tout ce qui se passe chez leurs voisins et ils le savent d'autant mieux que, vu le climat, les portes et les croisées, lorsqu'il en existe, sont rarement fermées. La demeure du roi est moins que toute autre à l'abri des indiscrétions; elle excite davantage la curiosité et on a sans cesse les yeux fixés sur elle. Les nombreux officiers qui la peuplent, ces serviteurs de tout genre, toutes ces femmes inactives causent, jabotent, popotent et apportent en ville les nouvelles de la cour.

Donc hier, vers neuf heures du soir, miss Poles, en grande toilette, parée comme une chasse, mais hermétiquement voilée, comme une Parisienne qui se rend à un rendez-vous illicite, miss Poles, dis-je, s'échappant de notre camp, se dirigea vers le palais, parvint à en franchir le seuil, et fit demander au roi un entretien secret.

Peut-être Mounza éprouva-t-il d'abord une certaine déception, lorsqu'il la vit entrer dans la salle où, étendu sur des nattes, seul et rêveur, il fumait sa longue pipe. On lui avait dit qu'une femme blanche désirait le voir et il avait pu, un instant, espérer qu'il ne s'agissait pas de miss Poles.

Quand elle apparut maigre, anguleuse et sèche, à cet Oriental si proche voisin des peuplades qui par amour de l'embonpoint engraissent les femmes comme on engraisse le bétail, le roi dut recevoir une première commotion. Lorsqu'elle leva ses grands bras et détacha son voile comme pour dire à Mounza : « Contemple et admire », le malheureux qui, deux minutes auparavant, évoquait sans doute une autre image, se sentit envahir par une sourde colère.

Alors elle ne craignit pas de s'asseoir, sans façon, à ses côtés et de lui parler longuement, tendrement, le regard baissé, avec des airs langoureux, des gestes pudiques. Que lui dit-elle? Personne ne le sait positivement, puisque ce premier tête-à-tête ne fut pas troublé, mais ce qui s'est passé ensuite suffit pour nous renseigner.

Mounza, arrivé sans doute au paroxysme de l'énervement et de la colère, se leva tout à coup et frappa dans ses mains pour appeler ses officiers de service, toujours prêts à lui porter secours dans les grandes circonstances. Ceux-ci s'étant approchés, le souverain leur dit quelques mots à l'oreille et, dix minutes après, toutes les épouses royales, qu'on était allé convoquer à la hâte, firent irruption dans la pièce où miss Poles émue, troublée, palpitante, s'attendait à voir d'un moment à l'autre Mounza tomber à ses pieds.

A peine toutes les femmes furent-elles réunies, que le roi, montrant miss Béatrix, leur dit : « Cette femme blanche prétend vivre ici dans mon palais et vous remplacer auprès de moi. Faites-en ce que vous voudrez, je vous la livre. »

Puis il disparut, laissant notre Anglaise aux prises avec les quatre-vingts épouses royales.

On peut facilement se figurer la scène qui se passa. Les femmes se regardent, hésitantes, indécises encore, tout ahuries. Si ce n'était pas le maître qui avait parlé, elles ne pourraient croire ce qu'elles viennent d'entendre ! Quoi! cette bizarre créature, dont le harem s'amuse depuis le jour de la présentation, prétend, à elle seule, les remplacer toutes, les supplanter, accaparer leur cher Mounza, leur idole, leur Dieu!

Peu à peu, les têtes se montent, les regards lancent des éclairs, les quatre-vingts bouches s'ouvrent en même temps et des injures de toute espèce en langue mombouttoute, de terribles invectives, tombent comme grêle sur notre pauvre Anglaise.

Elle ne sait à qui répondre ; sa présence d'esprit l'a abandonnée ; ses dents sont serrées, ses lèvres contractées. Elle se tient droite, immobile ; on croirait voir la statue de la résignation et de la douleur.

Aux injures succèdent les gestes, et, s'excitant l'une l'autre, s'exaltant, les plus timides prenant exemple sur les plus audacieuses, les plus calmes devenant enragées, toutes ces furies s'abattent sur miss Poles et veulent la mettre en pièces.

Alors le sentiment du danger lui rend son sang-froid et sa bravoure accoutumés qui seuls la sauvent d'un ridicule complet. Elle tire de sa poche son fameux revolver, et menaçant ses ennemies les plus proches, gagne une sortie et prend sa course.

Les femmes la poursuivent en poussant des cris frénétiques. Mais toutes ces mégères, nourries dans le sérail, et bien nourries, appesanties par l'oisiveté, ne pouvaient lutter avantageusement contre les longues jambes et les grands pieds de notre Anglaise : elles ne l'auraient jamais rejointe, si, sa course terminée, elle avait pu pénétrer, sans coup férir, dans notre campement.

Hélas! notre unique porte était fermée. Miss Béatrix se trouva bientôt, comme un cerf aux abois, acculée contre la palissade et obligée de faire tête à la meute des femmes qui venaient de la rejoindre.

Malgré sa belle contenance et son revolver, elle allait être terrassée, écrasée, écharpée, dévorée peut-être, si Nassar n'était venu m'appeler pour ouvrir la porte, délivrer notre compagne et mettre en fuite les furies déchaînées contre elle.

Lorsque l'équipée de miss Poles nous fut connue dans tous ses détails, Mme de Guéran, Delange et moi, nous ne pûmes nous empêcher de rire. Seul, de Morin, au lieu de partager notre gaieté, déclara qu'en vertu des droits que nous lui avions donnés, il allait adresser une verte semonce à la dame de compagnie, et lui interdire désormais toute démarche que nous n'aurions pas autorisée.

— Laissez-la donc tranquille, fit Delange, elle est assez punie de sa déconvenue, sans que votre sermon l'humilie davantage.

— Sa déconvenue! répliqua de Morin, vous vous trompez, si vous croyez qu'elle s'en rend compte. Elle attribue la conduite de Mounza à toute autre cause qu'à son dédain. Elle est persuadée qu'il ne l'a pas comprise, et qu'il se serait jeté à ses pieds si elle s'était mieux exprimée. Vous ne la connaissez pas aussi bien que moi. Je rends hommage à toutes ses qualités, mais au point de vue de la fatuité féminine, c'est le type le plus réussi qu'il soit donné à l'homme d'étudier. De bon conseil, sensée, intelligente, lorsqu'il s'agit des autres et que ses ridicules prétentions ne sont pas en jeu, elle perd la tête dans certains cas.

— Vous avez raison, mon cher ami, dis-je, et vous ferez bien, je le reconnais, de nous mettre en garde contre elle. Mais sa dernière équipée n'a pas d'importance, et si j'étais à votre place...

De Morin m'arrêta :

— Je ne comprends pas, mon cher Périères, s'écria-t-il avec animation, que vous puissiez parler ainsi. L'événement de cette nuit aura, soyez-en certain, une grande influence sur notre avenir. Miss Poles, malgré ses ridicules, ses folies, n'en reste pas moins une femme blan-

Nous partons à cheval, au galop.

che faisant partie de la caravane. On la voit sans cesse avec nous; on la sait notre compagne, notre amie, sinon notre égale. La conduite de Mounza et de ses femmes n'atteint pas seulement miss Poles, elle nous atteint aussi et diminue le prestige dont nous jouissions. Il est maintenant établi parmi les Mombouttous qu'on peut nous insulter, nous menacer, essayer de nous faire un mauvais parti. Hier, aux yeux du peuple, nous étions des gens privilégiés, entourés d'une sorte d'auréole, nous ressemblons à tout le monde aujourd'hui.

— C'est juste, fis-je; je m'étonne, en effet, de n'avoir pas pensé à cela.

— Si c'était tout, reprit de Morin, je me consolerais encore; nous saurons bien nous faire respecter. Mais l'équipée en question, j'en ai bien peur, va nous jeter dans un embarras extrême.

— Je ne comprends pas, dit Mme de Guéran, veuillez vous expliquer.

— C'est bien simple, continua de Morin : vous étiez pour Mounza, madame, surtout en votre qualité de femme blanche, un être à part qu'il se permettait d'aimer, nous ne pouvons, hélas! en douter, mais qu'il aimait à distance, sans oser le dire. L'étrange et grotesque déclaration que votre dame de compagnie semble lui avoir faite, a certainement diminué la distance qui, dans son esprit, le séparait de vous. Il n'avait que des aspirations, il n'osait pas concevoir d'espérances; vous vous dérobiez sans cesse à sa vue dans une sorte de nuage; vous étiez entourée de lumière et placée sur une hauteur qu'il croyait inaccessible. Miss Poles lui a malheureusement appris que les femmes blanches savent descendre de leurs sommets, s'abaisser jusqu'aux rois nègres, et qu'il peut, s'il lui en prend fantaisie, les traiter non plus comme des déesses, mais comme de simples mortelles. Je serais donc fort étonné si bientôt sa réserve, notre sauvegarde, ne s'évanouit pas.

25 juin. — De Morin avait raison : le roi qui, pendant deux jours, n'a pas donné signe d'existence et ne nous a fait aucune visite, afin de réfléchir probablement et de mûrir ses projets, vient de nous dépêcher son coureur, maître des cérémonies et ambassadeur, comme on voudra. Ce fonctionnaire, pour qu'on attache sans doute plus d'importance à sa mission, est entouré d'une nombreuse escorte de soldats, d'officiers et surtout de musiciens.

Avertis par le bruit, curieux de savoir ce dont il s'agit, et non sans inquiétude, nous sortons de nos huttes, nous faisons prendre les armes à nos gens, et nous recevons aussi solennellement que possible cette solennelle escorte.

L'envoyé s'avance, parle, Nassar traduit, et nous apprenons que le souverain des Mombouttous fait demander notre sœur en mariage.

XLII

Nous sommes atterrés : cette demande est évidemment grotesque; mais adressée par Mounza, dont nous connaissons le caractère, elle est terrible aussi.

Comment décliner l'honneur qu'il croit nous faire, sans le blesser profondément, dans son orgueil d'homme et de souverain?

Si, pour gagner du temps, nous lui répondons que ses offres ne peuvent être acceptées sans examen, nous lui donnons une espérance et notre position n'en devient que plus dangereuse. De Morin est d'avis que nous devons, au contraire, paraître scandalisés, sans cependant froisser la vanité du monarque. On se range à cette idée et nous envoyons dire à Mounza qu'il fait injure à notre sœur, en lui proposant de partager le sort de ses nombreuses épouses.

Quelle impression ces paroles produiront-elles sur l'esprit du roi? Il n'est pas homme à s'en contenter, à se tenir pour battu. Il va nous faire une nouvelle communication, et nous sommes dans la plus vive anxiété.

Non. Cette fois il ne parle plus, il agit.

Une dizaine de soldats, porteurs de ces immenses tambours que j'ai décrits et qui servent, dans toute l'Afrique, à faire connaître au peuple les décisions des chefs et des souverains, sortent du palais et se répandent de tous côtés. L'un d'eux commence à remplir sa mission à quelques pas de notre campement.

Les Mombouttous s'avancent, forment un grand cercle et poussent bientôt des cris de joie.

Nassar, qui s'est mêlé à la foule, vient en courant nous annoncer que le roi invite son peuple à se rendre au palais, où il va lui être fait une grande distribution de femmes.

C'est ainsi que Mounza nous répond : d'un coup, il se débarrasse de tout son harem et l'offre généreusement à ses sujets, pour pouvoir nous dire ensuite : « Je n'ai plus une seule femme, rien ne vous empêche de me donner votre sœur. » On n'est pas plus ingénieux, et on ne met pas les gens dans un embarras plus complet.

A notre stupeur se mêle de la pitié pour toutes ces créatures qui, d'un palais, vont passer dans des cabanes, et d'épouses royales devenir de simples bourgeoises.

Horreur! Une nouvelle bien autrement grave se répand parmi nous : dans le lot qu'on va distribuer au peuple figurent seulement les belles-mères et les belles-sœurs de Mounza, les femmes dont il a hérité, suivant la coutume du pays. Quant aux quatre-vingts épouses royales que nous connaissons, et qui, après avoir appartenu à Mounza, ne sauraient appartenir à ses sujets, elles auront la tête coupée. C'est ainsi que les grands monarques africains tranchent les questions, en tranchant les têtes.

Laisserons-nous Mounza donner à Mme de Guéran une preuve aussi éclatante de son amour, accomplir le sanglant sacrifice qu'il médite, se livrer à cette hécatombe gigantesque?

Nous n'y songeons même pas ; tout nous ordonne de sauver ces malheureuses, qu'un mot de nous, une phrase maladroite ont condamnées à mort.

Cependant que dirons-nous au roi? Si nous lui demandons la grâce de ses femmes, il ne manquera pas de nous répondre avec sa logique habituelle : « Leur nombre n'effraye donc plus votre sœur ; elle consent donc à vivre dans mon harem? » Oui, telle doit être sa réponse. Mais s'il tue ses femmes, ne pourra-t-il pas dire aussi : « Le motif que vous m'avez donné pour repousser ma demande a disparu, exécutez-vous maintenant. »

Nous ne sortirons jamais de cette impasse et, pendant que nous discutons, le massacre commence peut-être. Allons ! en route, sans plus tarder. Vingt de nos soldats choisis par Nassar reçoivent l'ordre de nous accompagner. Delange et moi nous prenons nos meilleurs pistolets, nos carabines les plus sûres. Seul, de Morin est à peine armé. Comme nous nous en étonnons, il nous interrompt pour nous dire avec une grande animation :

— Tout ce que j'avais prévu est arrivé. Notre situation est des plus graves ; mais je puis vous sauver. Ne me demandez rien, ne m'interrogez pas, je n'ai pas le temps de vous répondre. Donnez-moi pleins pouvoirs, et je tire profit du stupide amour de Mounza. Avant trois jours vous quittez ce pays, vous marchez vers le Sud et vous disposez, pour la dernière partie de votre voyage, de ressources que vous n'avez jamais rêvées.

Qu'entend-il par là ? Que signifie cette sortie ? Quelle idée lui est venue tout à coup ?

Pendant que Delange et moi nous nous regardons avec étonnement, Mme de Guéran, toujours résolue à l'heure du danger et de résolution prompte, s'avance vers de Morin, lui tend la main et lui dit :

— Faites. Pour mon compte, je vous approuve à l'avance, et, si vous vous êtes trompé, aucun reproche ne sortira jamais de mes lèvres.

— Bien, fait de Morin, merci, madame. Puis, se tournant vers nous : Ratifiez-vous, demande-t-il, les paroles de Mme de Guéran ?

— Parbleu, lui dis-je, en doutez-vous ?

— Vous avez une idée et nous n'en avons pas, répond à son tour Delange, nous ne pouvons donc pas préférer notre opinion à la vôtre, et je vous donne carte blanche, cher ami.

— En avant ! crie de Morin.

Nous partons à cheval, au galop ; notre escorte nous rejoindra. Mme de Guéran reste au camp sous la garde des interprètes arabes et de quelques soldats. Miss Poles, l'amour-propre meurtri, quoi qu'en pense de Morin, le cœur encore endolori, s'est réfugiée sous sa tente ; l'idée n'a pu lui venir de courir au secours de quatre-vingts femmes qui, trois jours avant, voulaient l'écharper.

Cinq minutes nous suffisent pour arriver au palais. Aucun soldat ne songe à nous arrêter ; on nous sait les amis du roi et, du reste, notre course est des plus impétueuses.

Devant la demeure de Mounza nous mettons pied à terre, et nous demandons à voir le souverain. Il donne aussitôt l'ordre de nous introduire dans la pièce où il se trouve, et il marche avec empressement à notre rencontre :

— Les hommes blancs consentent donc enfin, dit-il en souriant, à se rendre dans ma demeure ?

— Oui, répond de Morin, nous avons une communication à te faire de la part de notre sœur. Veux-tu nous écouter ?

— Je t'écoute.

— On vient de nous apprendre que tu voulais lui donner une preuve d'amour en lui sacrifiant ton harem. Est-ce vrai ?

— Oui, c'est vrai, dit le roi. Trois cents femmes ont déjà quitté le palais et n'y reviendront plus. Quant aux autres, ajouta-t-il de sa voix la plus calme, je les ai condamnées à mort.

Delange et moi nous frissonnons. Mais, sans sourciller, de Morin, qui poursuit son idée, demande au roi :

— A quel moment doivent-elles mourir ?

— Dans une heure, fait Mounza. Les exécuteurs s'apprêtent.

Nous commençons à respirer : nous sommes arrivés à temps.

Quant au roi, il a pris la main de notre ami et l'entraîne vers une salle voisine. Nous les suivons. Dans un coin de cette pièce, sur une sorte de tréteau, sont étalés de grands plats en cuivre, ce grand luxe des Mombouttous. Mounza nous les désigne d'un geste et nous dit, sans se départir un instant de son sang-froid :

— Ce soir, chacun de ces plats contiendra une tête, et je les enverrai tous à la sultane, votre sœur, pour qu'elle voie par elle-même que je n'ai plus une seule épouse.

On ne peut pas faire les choses plus galamment et s'exécuter, ou plutôt exécuter les autres, de meilleure grâce. Heureusement pour les épouses royales que nous sommes insensibles à tant de prévenances et décidés à nous y soustraire.

— Notre sœur, reprend de Morin, nous a chargé de te demander d'épargner la vie de tes femmes.

— Elle n'est donc pas jalouse d'elles ? fait le monarque en pâlissant.

De Morin, qui semble lire dans le cœur de Mounza, s'empresse de répondre :

— Elle est jalouse de ton harem et non pas de ces créatures ; qu'elles ne t'appartiennent plus, et cela lui suffira !

Le sourire revient sur les lèvres du roi, mais il fait observer à notre interprète qu'il n'a, pour se débarrasser de ses femmes, qu'un moyen, celui de les tuer ; car la loi défend que les épouses du roi régnant deviennent la propriété d'un sujet mombouttou.

— D'un sujet, soit ! répond vivement de Morin ; mais nous ne sommes pas tes sujets.

— Quoi ! vous voulez que je vous donne mes femmes ? demande Mounza surpris.

— Nous voulons que tu les donnes à notre sœur comme esclaves.

— Ah! s'écrie le roi, qui paraît charmé. Elle veut les faire souffrir, sans doute, pour se venger d'elles !

— Peut-être, répond tranquillement de Morin.

J'avoue qu'en ce moment, ni Delange, ni moi, nous ne comprenous où il veut en venir. Nous trouvons qu'il compromet beaucoup Mme de Guéran, et qu'il l'engage vis-à-vis de Mounza plus qu'il ne convient. Mais nous avons donné pleins pouvoirs à notre ami ; nous devons le laisser faire.

Le monarque africain, après avoir réfléchi un instant, dit à de Morin :

— Soit! mes femmes ne mourront pas ; je les donne à ta sœur. Elle en fera ce qu'elle voudra et je brûlerai toutes leurs maisons ; je n'aurai plus de harem. C'est bien ce qu'elle désirait, n'est-ce pas ?

— Entièrement, fait notre ami. Puis, il attend qu'à son tour Mounza exprime ses désirs, manifeste ses volontés.

Le roi hésite : ce despote, ce tyran impitoyable, devient un enfant, lorsqu'il s'agit de celle qu'il aime. Enfin il se décide à parler :

— Quand votre sœur, demande-t-il, daignera-t-elle se rendre dans ma demeure pour remplacer toutes celles que je viens de lui donner ?

— Lorsqu'elle aura le consentement de notre père, répond de Morin sans hésiter.

Cette fois des regards désespérés s'échangent entre Delange et moi ; notre cher compagnon perd évidemment la tête.

Quant à Mounza, il éprouve le même étonnement que nous, mais il s'y mêle de la colère :

— Votre père n'est pas avec vous, dit-il, il ne saurait me donner sa fille.

— Alors notre sœur ne peut t'épouser, fait de Morin. Elle doit respecter les usages de son pays. Du reste cet usage existe chez toutes les peuplades que nous avons visitées avant d'arriver jusqu'à toi. N'est-on pas toujours obligé de s'adresser au père pour obtenir la fille ?

— Comment veux-tu que je m'adresse au tien ? s'écrie Mounza presque furieux. Il est loin, bien loin dans ton pays, je ne puis le rejoindre.

— S'il était loin, comme tu dis, réplique de Morin toujours calme, je ne te parlerais pas de lui. Mais notre père n'est plus, depuis longtemps, dans notre pays ; il habite un État voisin de celui-ci, dans le Sud, et il est retenu prisonnier.

Mounza regarde attentivement de Morin ; il essaye de lire dans ses yeux, d'y découvrir la vérité. Quant à Delange et à moi, nous respirons plus librement : nous commençons à avoir une vague idée du projet de notre ami. Comme il l'a dit en partant, il veut sans doute, dans notre intérêt à tous, tirer parti de l'amour du monarque africain ; il veut que Mounza nous aide à retrouver M. de Guéran, et, au lieu de le présenter comme le mari de notre compagne, ce qui serait dangereux pour elle et pour nous, il le fait passer pour son père

XLIII

Après avoir longuement examiné de Morin, le roi lui dit tout à coup :

— Pourquoi me parles-tu aujourd'hui seulement de ton père ? Pourquoi ne pas m'avoir appris plus tôt le but de ton voyage ?

— J'ai voulu te l'apprendre depuis longtemps, répond notre ami. Ne t'ai-je pas demandé une audience secrète ? Tu me l'as accordée, et ma sœur s'est présentée le lendemain chez toi avec nous. Si tu nous avais reçus, nous t'aurions tout appris.

— Mais, fait observer Mounza, vous m'avez vu souvent, vous pouviez me parler.

— Tu nous avais offensés, tu n'étais plus notre ami. On ne confie des secrets de cette importance qu'à un ami. Si je parle aujourd'hui, c'est que je t'ai pardonné depuis que tu as demandé la main de ma sœur.

Mounza ne trouve rien à répliquer. Il paraît encore inquiet, cependant, et finit par s'expliquer.

— Comment ton père, demande-t-il, peut-il résider au sud de mes États ? D'où est-il venu ?

— Du même pays que nous, il a suivi le chemin que nous venons de suivre.

— Alors, pour gagner le Sud, il aurait traversé mon royaume ?

— Il l'a traversé.

— C'est impossible ; il serait entré dans ce palais ; j'y reçois tous les étrangers.

— Il s'est rappelé que tu avais empêché Schweinfurth de continuer sa route, et au lieu de s'arrêter chez toi, il s'est dirigé vers la province administrée par ton frère Degberra.

— Alors Degberra l'a connu ?

— Prenez garde! vous avez perdu hier.

— Sans aucun doute, répond hardiment de Morin, Degberra ou ses sujets. Tu peux envoyer des courriers chez ton frère, et tu sauras bientôt que je dis vrai. Interroge, du reste, l'homme qui nous sert d'interprète et que tu as déjà reconnu pour l'avoir vu avec Schweinfurth; il te déclarera que, laissé par Abd-ès-Samate, ton ami, dans une zériba située au sud-est, il a donné l'hospitalité à notre père.

Mounza s'entretient un instant avec Nassar. Puis, se tournant vers nous :

— Alors vous voulez vous rendre chez Degberra? demande-t-il.

— Oui, d'abord, répond de Morin, mais ensuite plus loin encore si, comme nous le supposons, notre père est plus loin.

— Et la sultane vous suivra?

— Sans doute ; notre sœur ne peut nous quitter tant qu'elle ne sera pas mariée.

— Et tu crois que je la laisserai partir ainsi? s'écrie le roi.

— Pourquoi pas?

— Parce qu'elle ne reviendrait plus.

— Tu l'obligeras à revenir.

— Comment le pourrai-je, si elle n'est plus dans mes États?

— Elle sera toujours dans tes États, si tu l'accompagnes avec ta puissante armée.

— Quoi! tu veux... s'écrie Mounza dont le regard brille.

— Je ne veux rien, fait de Morin, je t'indique seulement le moyen de ne pas nous quitter, de rejoindre notre père avec nous, et de lui demander sa fille. Si tu ne te sens ni assez brave ni assez puissant pour t'avancer dans le Sud, laisse-nous poursuivre seuls notre route ; les hommes blancs ne craignent rien, ils sont courageux, ils sont forts. Voilà ce que j'avais à te dire en notre nom à tous et au nom de ma sœur. Décide ; nous retournons à notre camp attendre ta visite ou celle de tes envoyés. Rappelle-toi seulement que tes femmes appartiennent à notre sœur. Tu n'as plus le droit d'en disposer : tu les lui as données, et un grand roi comme toi ne manque pas à sa parole.

Nous laissâmes Mounza livré à ses réflexions, nous rejoignîmes notre escorte et, quelques instants après, nous entrions dans le campement. Réunis, et le premier moment de surprise passé, nous examinâmes de sang-froid le plan de de Morin et nous dûmes reconnaître que, s'il était d'une réalisation difficile, s'il pouvait nous jeter dans des embarras immenses, il offrait aussi de précieux avantages. Il fallait aussi rendre cette justice à notre ami, qu'il n'avait pas le choix des moyens et que nous nous trouvions, le matin encore, dans une situation des plus difficiles. Il était, en effet, de toute évidence depuis quelques jours, chacun de nous se le disait, sans oser l'avouer à haute voix, que le roi des Mombouttous ne nous laisserait jamais, ni continuer notre route vers le Sud, ni remonter vers le Nord. Sa passion pour Mme de Guéran nous faisait ses prisonniers : la persuasion, les prières ne pouvaient avoir aucune influence sur son esprit ; si nous voulions notre liberté, il fallait employer la force.

Alors nous nous comptions : trente soldats nous restaient, et, parmi nos porteurs, vingt seulement, dans un cas extrême, nous auraient inspiré assez de confiance pour nous permettre de les armer. En nous joignant à cette escorte, nous arrivions, avec Nassar et nos interprètes, au chiffre de cinquante-cinq hommes environ, bien armés, il est vrai, capables de se défendre longtemps contre plusieurs centaines de nègres. Mais, après avoir fait un immense massacre, après avoir, grâce à la portée de nos armes, abattu tous ces ennemis, d'autres plus nombreux et sans cesse renaissants, ne se lèveraient-ils pas contre nous à l'appel de leur roi? A bout de forces, sans munitions, sans espérances, écœurés de verser tant de sang, ne finirions-nous pas par renoncer à cette lutte inutile, ou par succomber sous le nombre? On a vu parfois une poignée d'Européens tenir tête à toute une peuplade africaine. Mais on ne saurait longtemps se défendre contre une véritable nation commandée par un roi ardent, résolu, intéressé personnellement à vaincre.

Nous triomphons, cependant, de tous les obstacles ; un coup de feu nous débarrasse de Mounza, ses soldats s'enfuient, le chemin est libre. Mais, après? Nos forces, si restreintes déjà, ne se sont-elles pas encore affaiblies dans cette suprême lutte? Trouverons-nous dans un pays ennemi, où chaque habitant aura quelqu'un des siens à venger, les ressources nécessaires pour marcher en avant? Degberra, lorsque nous arriverons sur son territoire, ne nous combattra-t-il pas comme nous a combattus son frère?

Soit, nous passons encore comme ont passé, non pas de ce côté, mais dans d'autres régions dangereuses, bien des voyageurs isolés. Nous avons atteint le but : M. de Guéran est là, prisonnier des Monvous, des Akkas, ou de cette peuplade dont quelques Momboutlous nous parlent quelquefois : une peuplade, disent-ils, commandée par une femme, une sorte d'amazone. Eh bien! comment, sans ressources maintenant, épuisés, impuissants même à nous défendre, délivrerons-nous notre compatriote? Nous partagerons sa captivité : tel sera le seul résultat que nous aurons atteint.

Combien la situation change, au contraire, si Mounza fait cause commune avec nous, devient notre allié, nous accompagne! Nous ne sommes plus cinquante, nous sommes deux mille, cinq mille, ce que nous voulons. Notre poignée d'hommes devient une armée commandée et dirigée par des Européens, appuyée par notre escorte, fortifiée par nos armes à feu. Aucune peuplade africaine ne peut nous résister, et rien ne nous empêchera plus de gagner les régions de l'Ouest et la mer des Indes.

Quelle erreur est la vôtre ! Croyez-vous donc que le roi des Mombouttous osera dépasser ses frontières de plus d'une trentaine de lieues, longueur déjà immense pour ce pays? Trente lieues, dites-vous, mais nous n'en demandons pas plus ! Trente lieues vers le sud-est nous suffisent pour rencontrer les premiers chaînons des *Montagnes bleues !* L'armée de Mounza peut alors nous abandonner ; elle nous devient absolument inutile. C'est à nous de franchir ces montagnes, au versant desquelles nous trouverons le lac Albert, et, si nous parvenons à le traverser, des routes, sinon frayées, du moins déjà tracées sur les cartes, par Speke, Grant et Burton.

Et Mounza, qu'est-il devenu? Qu'en avez-vous fait? Espérez-vous donc qu'il vous laisse poursuivre tranquillement votre route, et qu'il rebrousse chemin avec son armée pour rentrer dans son royaume? Vous êtes ses prisonniers, ne l'oubliez pas. Vous serez obligés de le suivre, de revenir ici avec lui, et dans trois mois votre position sera la même qu'aujourd'hui.

Évidemment, si nous ne savons pas reconquérir notre liberté et nous débarrasser des Mombouttous.

Comment saurez-vous faire alors ce que vous n'osez pas entreprendre aujourd'hui?

Parce que, alors, l'armée de Mounza ne sera plus appuyée, comme elle l'est en ce moment, par toute une nation : au lieu de se trouver chez elle, au milieu des siens, elle occupera un territoire ennemi. Elle sera découragée par la fatigue, décimée peut-être par les combats qu'il lui aura fallu livrer, affaiblie de toutes les façons. Résolus comme nous le sommes, dans la nécessité absolue de vaincre, nous pourrons la combattre avec avantage, et, Dieu aidant, triompher.

Votre conscience ne vous reprochera-t-elle donc pas de vous mettre en guerre ouverte avec vos alliés, avec ceux qui vous auront permis de surmonter tant d'obstacles?

Notre conscience ! Pourquoi nous parler de notre conscience ? Allons-nous donc faire du sentiment dans la situation où nous nous trouvons, avec cette armée d'anthropophages et avec ce roi nègre qui, tout à l'heure, voulait nous envoyer sur des plats de cuivre les têtes de ses quatre-vingts femmes ? Pourquoi nous retient-il prisonniers dans son pays, entrave-t-il nos desseins ? N'est-ce pas lui qui nous oblige à user de ruse et d'adresse. Il est le plus fort, soyons les plus habiles. Notre droit de lutter contre lui, de vaincre si nous le pouvons, est indiscutable.

Au point de vue de la conscience, nous ne sommes attaquables que sur un point : pour nous ouvrir une route vers le Sud et servir nos intérêts personnels, nous est-il permis d'entraîner toute une armée derrière nous, de la laisser répandre sur son passage, comme le font toutes les armées africaines, la ruine et la désolation ? Mais, encore ici, nous sommes à l'abri du remords : le roi des Mombouttous, je l'ai déjà dit, fait depuis quinze jours de grands préparatifs de guerre ; tous les ans, à pareille époque, lorsque la saison des pluies n'est plus dans toute sa force, il attaque ses voisins du Nord ou du Sud. Nous ne changeons donc rien à la situation, nous ne pouvons que l'améliorer, en rendant, grâce à notre influence sur Mounza, la guerre moins meurtrière et moins barbare.

Tout bien raisonné, tout bien calculé, nous adoptons le plan de notre ami. Mais Mounza ne s'est pas encore prononcé ; nous ne savons pas s'il accepte nos propositions.

Il les accepte. Regardez le ciel, on peut y lire sa réponse.

Vers neuf heures, tout à coup, la nuit s'éclaire ; de grandes gerbes de feu montent au ciel et font pâlir les étoiles. C'est le harem qui brûle ; plus de trois cents cabanes en chaume sont en ce moment la proie des flammes. Dans un instant, toutes les demeures des femmes de Mounza auront disparu ; il n'en restera plus vestige.

Et, pendant que le peuple s'entasse, se presse, s'étouffe, pour admirer ce grandiose incendie, qu'il bat des mains, qu'il vocifère et qu'il danse, les tambours, les cornets d'ivoire, les trompes, mêlent leur bruit à tous ces autres bruits, et des officiers se répandent dans la foule pour annoncer que la guerre est déclarée par le roi aux peuplades du Sud.

Les cris redoublent, et la foule entonne l'hymne national : *Ih, ih, Tchoupi, ih Mounza !* L'horizon est empourpré, l'incendie dans toute sa force, dans toute sa splendeur, et les quatre-vingts femmes de

Mounza, sans asile maintenant, attachées deux à deux, conduites par des soldats, se dirigent vers notre campement.

XLIV

« L'incendie d'un village, la dispersion de trois cents belles-mères et belles-sœurs, la décapitation de quatre-vingts femmes, ne sauraient suffire à Mounza pour affirmer son amour. Il veut aussi se montrer délicat et attentionné : comme il a pensé que Mme de Guéran serait embarrassée pour loger son stock d'esclaves, il s'est empressé d'envoyer au campement une foule de serviteurs chargés de construire un vaste hangar.

L'idée est charmante et témoigne d'un cœur excellent : en effet, ces malheureuses, privées depuis le matin de leur royal époux, tombées brusquement du faîte des honneurs, menacées de perdre la tête, ne pouvaient pas se trouver, le soir venu, sans domicile.

Par discrétion, nous n'assistons pas à leur long défilé ; mais on nous rapporte qu'elles ne paraissent ni trop courroucées, ni trop humiliées. La crainte les domine : elles se demandent à quels supplices, à quelles tortures les réserve la femme blanche, à qui l'on vient de les donner. Peut-être redoutent-elles d'être mangées, l'une après l'autre, par leur nouvelle maîtresse. Qu'elles se rassurent : Mme de Guéran ne pousse pas la jalousie jusqu'à cette limite.

Malgré l'air abattu des épouses de Mounza, nous n'osons pas trop nous fier à leur résignation ; il est toujours dangereux d'avoir pour voisines une centaine de femmes humiliées, sacrifiées et avides de vengeance. En Orient, et surtout en Afrique, il est prudent de prendre garde aux substances vénéneuses, que des sultanes évincées ne craignent pas de répandre dans les aliments de leurs ennemis. Aussi comptons-nous tenir à distance respectueuse les épouses ci-devant royales, et maintenir une certaine discipline parmi elles. Delange, à qui nous avons confié depuis longtemps la surveillance des serviteurs de tous genres et de tous sexes, s'acquitte de sa mission avec beaucoup de zèle auprès des nouvelles arrivées. Mais, à voir le docteur se promener sous le hangar, au milieu de toutes ces belles délaissées en bonne disposition déjà d'être consolées, on le prendrait pour un sultan dans son harem plutôt que pour un sous-chef de caravane.

Ce Delange a vraiment tous les bonheurs ; on dirait que nous voyageons seulement pour son agrément personnel. Quand je pense que de Morin en a été réduit à lui gagner cent mille francs au jeu pour le décider à nous suivre ! Il fait un voyage des plus pittoresques, sans grands soucis, sans responsabilité, en compagnie d'amis empressés à lui plaire, et toujours entouré de jolies femmes : des bayadères sur la mer Rouge, des almées à Khartoum, des Soudaniennes le long de la route ; aujourd'hui, l'aristocratie, le dessus du panier des dames mombouttoutes, un bloc de femmes choisies. Et dire que l'avenir semble lui promettre des créatures encore plus belles, qu'il entrevoit déjà dans le lointain celle qu'il a surnommée la Vénus noire. En vérité, il fait sur la terre son paradis... de Mahomet.

Mais pour Delange un paradis, quelque bien meublé qu'il soit, n'est un véritable paradis que si on y peut faire, de temps à autre, sa partie de piquet, d'écarté ou de baccarat. Aussi, à peine s'est-il promené dans son sérail, a-t-il passé la revue de ses quatre-vingts nouvelles femmes, que tout à coup une idée le frappe : il n'a pas joué de la journée, et comme il a perdu la veille, de par son traité, il dispose de son adversaire.

Cependant de Morin, étendu devant ma hutte, cause avec moi, tout en regardant d'un œil distrait les dernières lueurs de l'incendie.

— Désolé de vous déranger, cher ami, lui dit Delange en nous rejoignant ; vous me devez une revanche pour la partie d'hier.

— Cher docteur, réplique de Morin, qui voyait venir son éternel adversaire et s'attendait à cette ouverture, je me permettrai de vous faire observer que, depuis longtemps, vous ne cessez de prendre cette revanche. Vous m'avez regagné plus de soixante mille francs, à tous les jeux connus en Europe et en Afrique. Je ne sais pas si la médecine, la botanique, la géographie et la science profiteront beaucoup de notre voyage, mais je puis affirmer qu'à votre retour à Paris, vous pourrez écrire un livre des plus curieux sur les différents jeux africains. Vous avez un flair merveilleux pour les découvrir, une facilité surprenante pour les comprendre. Les nègres en sont arrivés à se méfier de vous et vous refusent absolument de faire votre partie. « L'homme blanc est trop habile, disent-ils. Il nous gagnerait jusqu'à notre chemise. » Excusez ce mot, aussi inconnu dans ce pays que le vêtement qu'il désigne, mais il rend bien la pensée de vos adversaires. Bref, s'il existait un Jockey-Club chez les peuplades africaines, et que vous vous y présentiez, soyez certain qu'on vous blackboulerait.

— Votre discours est terminé, mon cher de Morin? demanda Delange.

— Oui, mon cher docteur. En auriez-vous, pour votre compte, un autre à placer? J'en serais charmé et vous prierais, dans ce cas, de vous asseoir, à nos côtés, sur cette caisse vide, l'ancienne dépositaire de notre vin de Bordeaux. Je vous demande pardon de ne pas vous offrir de cigares; les derniers se sont envolés, hélas! comme nos autres provisions. Mais si cet affreux tabac nègre vous convient, ne vous gênez pas pour en prendre; c'est le roi des Mombouttous qui nous l'offre.

— Mon cher, répliqua Delange, lorsque de Morin voulut bien lui rendre la parole, je ne m'assiérai pas sur cette caisse : elle a des clous et ils m'ont déjà enlevé un morceau de mon pantalon gris-perle. Les tailleurs étant rares dans ce pays, permettez-moi de ménager mes derniers effets; ils me fuient lâchement, malgré l'affection que je leur témoigne, et je vois déjà l'heure où je m'habillerai avec des feuilles, comme miss Poles. Quant à fumer une pipe, je n'en ai pas le loisir : il est onze heures du soir et nous n'avons plus que soixante minutes pour faire notre partie quotidienne et obligatoire.

— Ah! vous y revenez! mes raisons ne vous ont donc pas convaincu?

— Au contraire, cher ami; elles m'ont convaincu qu'il fallait jouer sans relâche puisque, vous l'avouez vous-même, je suis en veine.

— Prenez garde! vous avez perdu hier.

— C'est justement ce qui me permet, d'après nos conventions, d'exiger que vous vous leviez immédiatement pour me suivre.

— Vous suivre! où donc, mon Dieu?

— Dans la demeure des épouses royales.

— Mais leurs demeures brûlent; regardez, c'est encore très beau.

— Je ne parle pas de ce défunt village devenu une vaste fournaise. Nous avons bien assez chaud déjà sans rechercher les brasiers. Je parle du nouveau hangar, sous lequel toutes ces dames nous attendent.

— Comment! elles ne dorment pas?

Et tirant une chandelle romaine. (Page 437.)

— Elles ne sauraient dormir, répondit gravement Delange, je leur ai fait espérer ma visite.

De Morin avait fini sa pipe; il se leva, et, toujours fidèle à sa parole, toujours résigné, il suivit Delange. Je l'imitai; il me plaisait d'assister à une partie de cartes, qui promettait d'être assez curieuse, dans le milieu où elle allait se faire.

Les dames mombouttoutes, comme l'avait annoncé le docteur, ne s'étaient pas endormies. En nous approchant de leur hangar, nous entendîmes un vaste chuchotement, un bourdonnement, une sourde rumeur. Ces dames se plaignaient sans doute, entre elles, de leur royal époux ; elles lui reprochaient de les avoir traitées légèrement.

— Dire que nous avons maintenant des esclaves ! faisait de Morin, en s'avançant.

— C'est Delange qui les a, mon cher, répliquai-je ; le docteur est devenu un affreux traitant, un négrier. Nous le livrerons, à notre retour, aux autorités égyptiennes.

— Est-ce que vous allez amener toutes ces dames dans le Sud ? demandait de Morin.

— Je n'en sais trop rien, et vous devriez me donner un conseil à ce sujet, répondait le docteur. Il serait gênant de nous faire suivre par ce troupeau féminin ; en même temps Mounza peut nous reprocher de dédaigner son présent.

— Mon cher, fis-je observer, le roi est persuadé qu'après un petit voyage à l'extérieur, il nous ramènera dans ses États. Il trouvera donc très naturel que nous laissions ces dames ici dans notre camp ; elles seront censées faire le ménage en nous attendant.

— Et elles feront, ajouta de Morin en riant, très bon ménage avec les sujets de Mounza. Je crains que le souvenir de leurs grandeurs passées n'ait pas d'influence sur elles.

Nous étions devant le hangar ; des bouffées d'air chaud venaient de notre côté, et le feu d'une infinité de regards, comme autant de rayons lumineux, convergeait vers nous. Cependant, malgré leur nombre, tous ces petits phares n'avaient pas assez de puissance pour éclairer une nuit sans lune.

— Comment allons-nous pénétrer dans cette fourmilière humaine ? demanda de Morin. Nous risquons de nous y engloutir, et quant à la partie que vous exigez, elle est impossible : nous n'arriverons jamais à voir nos cartes.

— Rassurez-vous, répliqua le docteur, je pense à tout ; vous serez suffisamment éclairé.

En parlant ainsi il semblait chercher un objet dans la poche de son habit.

— Auriez-vous encore des bougies ? m'écriai-je ; je croyais que nous avions donné hier notre dernier paquet à Mme de Guéran.

— J'ai mieux que des bougies, fit Delange.

Il trouva ce qu'il cherchait, nous quitta un instant, se recula de quelques pas, se baissa, et faisant partir une allumette, mit le feu à plusieurs petites pièces d'artifice, que d'après les conseils des voyageurs nos prédécesseurs, et pour le plus grand amusement des nègres, nous avions mêlées à nos provisions de cartouches et de poudre. Les pièces choisies par le docteur étaient des flammes de Bengale. Au lieu de nous éblouir et de nous aveugler pour s'éteindre immédiatement comme le fait une fusée, ces feux devaient nous éclairer longtemps et répandre autour de nous leur douce lumière de couleurs variées. Delange remplaçait ainsi les lustres par des veilleuses.

Malgré la douceur de cette illumination, les femmes, l'esprit encore frappé de l'incendie dont elles avaient été victimes, s'imaginèrent qu'on allait brûler leur nouvelle demeure et se prirent à trembler de tous leurs membres. Cependant, bientôt, à la crainte succéda l'admiration : ces flammes bleues et vertes qui, placées en face d'elles, les éclairaient d'une façon si pittoresque et si nouvelle, les plongeaient dans l'extase. Au lieu de se reculer, comme elles l'avaient fait tout d'abord, elles s'avançaient peu à peu, s'étendaient sur une seule ligne, se présentaient de face à la flamme, puis se retournaient pour se rendre compte de l'effet produit par l'illumination sur leurs épaules, leur dos et leurs reins.

Quant à l'organisateur de cette fête, il plaçait au milieu du hangar trois tabourets : le premier pour de Morin, le second pour lui-même, et le troisième destiné à servir de table de jeu. Ces préparatifs terminés, il fit signe à son partenaire de s'asseoir et, remettant trois jeux de cartes sur la table, déclara, suivant son droit, qu'on allait jouer au bésigue ordinaire en quinze cents points.

XLV

« La partie commença. Les femmes, exclusivement occupées d'abord des flammes de Bengale qui se succédaient sans cesse, grâce aux habiles dispositions prises par le docteur, se retournèrent peu à peu, s'approchèrent des joueurs, et, passant d'une extase à une autre, contemplèrent le nouveau spectacle qu'on leur offrait. Peut-être leur admiration ne fut-elle pas exclusive et crurent-elles pouvoir la partager entre les cartes, qu'elles voyaient pour la première fois, et les deux jeunes gens, qui déjà avaient frappé leur imagination.

De son côté M. de Morin, pour être tout entier à son jeu, promenait par instants son regard sur tous ces corps éclairés d'une façon si étrange, et se présentant à lui de face, de côté et de dos. Aucune de ces femmes n'était jolie; mais elles étaient jeunes, de formes variées et souvent accomplies; les imperfections se perdaient dans la masse et l'ensemble ne laissait rien à désirer.

— Vous êtes un habile metteur en scène, disait de Morin à Delange tout en battant ses cartes.

— N'est-ce pas, cher ami? Aussi allez-vous perdre.

— Je le crois; mais pourquoi dites-vous : aussi? Votre mise en scène est-elle pour quelque chose dans mon jeu?

— Non pas dans votre jeu, mais dans votre manière de jouer : le spectacle que je vous offre vous cause de nombreuses distractions et vous fait commettre des fautes sur lesquelles j'ai compté.

— Vraiment, fit de Morin en riant, vous n'en avez donc pas, vous, de distractions?

— Aucune. Avant d'aller vous chercher, j'avais fait une répétition et je savais ce qui m'attendait ici.

— Très bien. Je vais me tenir sur mes gardes; vous avez, je crois, dévoilé trop tôt vos plans machiavéliques.

De Morin put recouvrer assez facilement son calme habituel : il rangea ses cartes dans sa main droite, les éloigna l'une de l'autre pour former une sorte d'éventail, et, le nez dans son jeu comme s'il était myope, il ne s'occupa plus ni des feux de Bengale, ni des femmes mombouttoutes.

Mais il avait compté sans la curiosité, l'indiscrétion et l'expansion de ces dames. A chaque instant, elles se rapprochaient davantage des joueurs; elles se poussaient, se bousculaient, s'étouffaient. Les spectatrices du premier rang s'étaient baissées, agenouillées, accroupies par terre et, sans se laisser distraire par les rebuffades du second rang, qui les trépignait, les écrasait, montait sur elles pour mieux voir, elles dévoraient des yeux les joueurs et leurs cartes. Enfin d'autres femmes, grimpées le long des arbres qui soutenaient le hangar, se retenaient à l'aide des jambes et des bras tandis que leurs compagnes les enlaçaient, les tenaient pressées pour ne pas tomber, et formaient ainsi des grappes humaines d'un effet très pittoresque.

De Morin ne s'occupait plus de la galerie. Mais ses plus proches voisines, lasses de regarder, fatiguées de servir de marchepied au second rang, s'étaient levées pour la plupart, et osaient maintenant avancer les mains sur la table de jeu, toucher aux cartes et passer leurs doigts, suivant la manie des femmes africaines, dans les cheveux des hommes blancs.

— Ne touchez pas, ne touchez pas! A bas les pattes! criait de Morin.

On ne le comprenait pas, les indiscrétions continuaient, et l'une de ces dames, plus familière que les autres, osa même lui passer un bras autour du cou.

Heureusement pour de Morin, que Delange venait de faire quinze cents points. La partie était terminée ; les deux joueurs se levèrent.

— Messieurs, fis-je observer, les feux de Bengale viennent de s'éteindre et je ne me sens plus en sûreté dans l'obscurité, au milieu de cette nombreuse assemblée féminine. Je demande à partir.

— Partir, partir! Si vous croyez que c'est facile! Regardez-les donc, elles vont nous étouffer. Nous sommes trois contre quatre-vingts, et elles ont des petits bancs.

— C'est vrai, répliqua Delange, mais le feu d'artifice n'est pas terminé ; je tiens le bouquet en réserve.

Le docteur fit aussitôt une violente poussée dans la foule, se donna du champ, et tirant une chandelle romaine de sa poche, la planta sur le sol et l'alluma.

Au bruit, à la première lueur, toutes les femmes se jetèrent en arrière, roulèrent les unes sur les autres, dégringolèrent de leurs tabourets et tombèrent des arbres comme des fruits mûrs.

Le passage était libre : nous en profitâmes lâchement sans songer à tendre la main à ces dames et à les relever. Elles eussent été, du reste, injustes de se plaindre. Une journée mal commencée pour elles s'était admirablement terminée ; au lieu d'être décapitées au coucher du soleil, comme on le leur avait promis, elles avaient eu le triple plaisir de voir un feu d'artifice, de nous contempler et d'apprendre le besigue.

De Morin et moi nous nous empressâmes de regagner nos huttes et de nous étendre sur nos lits de camp, la journée du lendemain promettant d'être laborieuse. Quant au docteur, après nous avoir reconduits et souhaité une bonne nuit, il dut retourner sous le hangar prêcher le silence et le calme aux anciennes épouses de Mounza. Il répond du repos de la caravane et doit y veiller.

XLVI

« Il n'est pas possible d'en douter : quoique le roi ne nous ait encore rien fait dire, qu'il ne nous mande pas à son palais et qu'il ne vienne pas nous voir, une grande agitation se manifeste au milieu du peuple ; les Mombouttous se préparent à une longue campagne. Le marché, sur lequel nous venons de jeter un coup d'œil, paraît encore plus animé que d'habitude. Les lieutenants de Mounza font main basse sur toutes les denrées et les chargent sur les épaules de nombreux esclaves, qui prennent aussitôt la route du palais. Nous craignons, un instant, qu'il nous soit impossible de faire à notre tour nos provisions. Mais à peine les officiers nous aperçoivent-ils, qu'ils s'éloignent en nous témoignant le plus grand respect. Il est évident que nous avons démesurément grandi dans leur esprit : des étrangers à qui le roi envoie d'un coup en présent ses quatre-vingts femmes favorites, sont certainement de grands personnages avec lesquels les ministres eux-mêmes doivent compter. Nous pouvons donc nous livrer à de nombreux achats personnels, qui nous seront indispensables si, pendant la route, il nous arrive de nous brouiller avec Mounza, ou bien si son armée gaspille les provisions ; on ne peut pas trop compter sur la prévoyance de gens qui ont toujours sur la planche, lorsque les denrées ordinaires leur manquent, un bon petit morceau de chair humaine.

Rentrés au camp, nous prenons nos dispositions comme si le départ devait avoir lieu le lendemain. En Afrique, une guerre projetée est une guerre commencée : on néglige de consulter ses voisins, de former des alliances, de lancer des manifestes, de réunir en conférences extraordinaires tous les diplomates du continent ; on part sans tambour ni trompette, je me trompe, avec beaucoup de tambours et de trompettes, on se bat, on pille, on incendie, on tue, on se dévore et tout est dit. En quelques semaines la guerre est terminée ; il est vrai qu'elle recommence, mais, en Europe, elle recommence aussi, cela s'est vu et cela se voit.

Donc, nous faisons le compte de nos provisions, de nos vivres, de nos munitions. Hélas! le nombre de nos objets d'échange est bien diminué : les bobines de fil de fer, que nos porteurs soulevaient si difficilement autrefois, vont leur paraître légères, et ils s'en réjouissent. Nos cotonnades, qui auraient habillé toute une peuplade, couvriraient à peine aujourd'hui les anciennes épouses de Mounza, s'il nous prenait fantaisie de les vêtir, prodigalité à laquelle nous ne songeons même pas. Nous avons, il est vrai, de l'argent et de l'or, mais on ne nous donnerait pas un poulet pour un louis, dans un pays où l'or ne jouit d'aucune considération. Quant à nos traites et à nos billets de banque, je vois d'ici la stupeur du marchand à qui j'offrirais, en échange d'une banane, mille francs en papiers.

Malgré cette pénurie, nous ne sommes pas réduits, cependant, à l'extrême misère, et si on ne nous dépouille pas de nos dernières ressources, nous arriverons au terme du voyage sans avoir été obligés de mendier en route.

Nos munitions sont, grâce à Dieu, encore respectables. Les Nubiens n'ont pas trop gaspillé la poudre à l'entrée des villages, et nos exercices à feu, indispensables pour aguerrir nos hommes, nos chasses à l'éléphant, à l'antilope et à divers gibiers, ne paraissent pas avoir diminué démesurément le nombre de nos cartouches.

Après nous être occupés des choses, nous songeons aux personnes. Notre escorte est, comme je l'ai dit, loin d'être complète, mais nous pouvons compter sur les hommes qui nous restent. Notre situation vis-à-vis d'eux est pour ainsi dire renversée : à la rigueur, grâce au roi, nous saurions nous passer de leurs services et sans nous, au contraire, ils ne reverraient jamais leur pays. Aussi, dans la crainte d'être abandonnés en plein pays mombouttou, se montrent-ils dociles à tous nos ordres.

Les domestiques et les porteurs partagent les sentiments des soldats; nous n'avons plus besoin de leur infliger de punitions. Si l'un d'eux fait mine de désobéir, on le menace de le chasser du campement; aussitôt il devient charmant et peut rendre des points, sous le rapport de la politesse, aux domestiques européens les plus stylés. Comme le peuple mombouttou, tous ces gens comprennent que nous sommes les amis d'un monarque puissant et qu'un mot de nous suffirait à faire tomber leurs têtes. Au départ de Khartoum nous étions de simples voyageurs qu'ils songeaient peut-être à quitter, comme ils en ont quitté bien d'autres ; on nous prend aujourd'hui pour de grands chefs, des sultans, des monarques en villégiature dans l'Afrique centrale.

Tout compte fait, nous ne sommes pas à plaindre et, sans trop d'imprudence, nous pouvons prendre notre vol vers les régions inexplorées.

Pendant que maîtres et serviteurs établissent le bilan de la caravane, Joseph, qui a quelquefois du bon, vient de découvrir une dernière bouteille de J. Mumm, enfouie dans la paille d'une caisse qu'on croyait vide. On se réunit aussitôt pour boire au succès de nos entreprises futures ce cher vin de France.

Vers deux heures de l'après-midi, le roi fait prier de Morin, Delange et moi de nous rendre auprès de lui. Nous souscrivons immédiatement à ce désir.

XLVII

« Lorsque nous eûmes atteint les dépendances du palais, l'idée nous vint de jeter un coup d'œil, avant de rejoindre Mounza, sur le théâtre du grand incendie de la veille.

Ce qui avait été le village des épouses royales, le harem des femmes de Mounza, ressemblait à une immense charbonnière. Toutes les huttes avaient disparu, il n'en restait plus de traces ; les splendides arbres qui les ombrageaient naguères étaient réduits en poussière. Seuls, quelques troncs gigantesques, épargnés par la flamme, mais noircis par elle, tendaient vers le ciel leurs grosses branches dépouillées de feuilles. L'argile rouge du sol avait fait place à un épais tapis de cendres blanches ; on aurait dit une clairière couverte de neige. Des nuages de fumée, que le vent n'était pas assez fort pour soulever, traînaient de tous côtés et se répandaient comme un brouillard sur ce paysage, d'autant plus funèbre qu'il contrastait avec la campagne voisine, resplendissante de verdure et de clarté.

La passion insensée du monarque africain pour Mme de Guéran est-

LA VÉNUS NOIRE.   441

Il avait saisi le pistolet. (Page 443.)

elle destinée à faire de nouveaux ravages? Mounza, de peur d'être grotesque, s'est-il juré d'être terrible?

Nous trouvâmes le roi dans son arsenal; il distribuait des armes à de nombreux soldats rangés dans les jardins, et donnait des ordres aux officiers. Il marcha vers nous dès qu'il nous aperçut, et chargea Nassar de nous apprendre ses projets. Il devait se mettre en campagne le jour de la pleine lune, se diriger vers le district de son frère Degberra, afin d'obtenir des renseignements sur l'homme blanc qui, après Schweinfurth, avait traversé le pays, et, ces renseignements recueillis, décider de la route à suivre.

Il nous fit demander si ce plan nous convenait, et nous répondîmes qu'il était excellent et que nous n'en n'avions jamais eu d'autre. Nous ne pûmes, en même temps, nous empêcher d'admirer le caractère résolu de cet homme, l'énergie qu'il savait déployer au besoin, la promptitude de ses déterminations ; chez un nègre ce sont des qualités rares. Du reste, plus nous étudions le peuple mombouttou, plus nous trouvons qu'il s'éloigne de la race nègre. C'est une peuplade à part, égarée dans l'Afrique centrale, et nous comprenons les regrets qu'exprime Schweinfurth de n'avoir pu pénétrer plus avant dans cette région. Sur le territoire compris entre deux degrés de latitude, nous devons certainement rencontrer des mœurs étranges, de curieux phénomènes que les Mombouttous font pressentir. Leur pays est, en quelque sorte, la première étape de l'excentricité.

Mounza, nous ayant demandé quel concours nous comptions lui prêter, dans le cas où il aurait à combattre des peuplades puissantes, de Morin crut devoir répondre, en notre nom :

— Nous prendrons les armes seulement si nous sommes attaqués personnellement. Il s'agit d'un voyage et d'une expédition pacifique plutôt que d'une guerre. Tu ferais plaisir à notre sœur, si tu voulais te pénétrer de ces idées.

— Je le veux bien, répondit Mounza, mais je ne le pourrai pas. J'ai souvent fait la guerre à mes voisins, et lorsqu'ils me voient arriver avec mon armée, les faibles s'enfuient en brûlant leurs récoltes afin de m'affamer, et les forts m'attaquent ; il faudra me défendre, et tu dois m'aider.

— Si tu es attaqué, dit de Morin, sans avoir frappé le premier, nous devrons nous considérer comme attaqués nous-mêmes, et nous n'hésiterons pas à nous joindre à toi.

— Tu possèdes, reprit le roi, beaucoup d'armes semblables à celles que tu m'as montrées, ces morceaux de bois et de fer qui lancent la foudre ?

— Oui, répondit de Morin, tous mes soldats ont, en effet, les armes dont tu parles.

— Tu en as d'autres en réserve. Veux-tu les confier à mes troupes et leur apprendre à s'en servir ? Nous serions alors invincibles.

— Non, répondit hardiment notre ami, je ne le veux pas.

— Pourquoi ? demanda le roi en relevant la tête.

— Je crois en ta loyauté, je suis sûr de toi, mais je n'ai pas la même confiance en tes soldats. Si tu venais à mourir, je me trouverais à leur merci, et, comme ils sont beaucoup plus nombreux que nous, je désire avoir sur eux l'avantage que me donnent mes armes. Voudrais-tu donc que la sultane, si tu ne pouvais plus la protéger, fût à la merci de tes troupes ?

Ce dernier argument devait toucher Mounza ; il réfléchit et ne fit aucune observation.

Mais de Morin qui, par sa fermeté, sa franchise, d'habiles concessions et d'adroites flatteries, commençait à prendre sur le roi autant d'influence qu'il en avait prise sur notre escorte, crut devoir ajouter :

— Pour te prouver que je ne te confonds ni avec tes officiers, ni avec tes soldats, et qu'en toi j'ai une confiance entière, je t'accorde ce que je crois devoir refuser aux autres : je te donnerai la meilleure de mes carabines et, en attendant, je te remets une autre arme tout aussi terrible. Je n'ai pas besoin d'être armé quand je suis dans ton palais et sous ta protection.

En parlant ainsi il retirait de sa ceinture son revolver et le tendait au roi. Celui-ci ne put contenir sa joie ; il avait saisi le pistolet, il le retournait dans tous les sens, ses mains frémissaient, ses yeux brillaient ; le puissant monarque africain redevenait un enfant, le nègre reparaissait et reprenait ses droits.

De Morin profita de ce moment d'expansion pour aborder, d'une façon sommaire, un sujet délicat. Il dit au roi que les Mombouttous passaient dans le Nord pour manger leurs ennemis tués à la guerre, et qu'il voudrait bien éviter à sa sœur un spectacle odieux, qui répugne aux hommes blancs.

Mounza répondit avec un peu de confusion, car il se sentait peut-être personnellement coupable, qu'il lui était difficile de réformer tout à coup les mœurs de son peuple, mais qu'il aurait soin que le regard de la sultane ne fût jamais blessé. Pressé de questions par de Morin, il avoua qu'un soldat mombouttou ne se croit invulnérable dans les combats, qu'après avoir dévoré le foie d'un de ses ennemis. Cette révélation ne pouvait nous surprendre : Baker ne déclare-t-il pas que les soldats de son escorte personnelle, les quarante voleurs, comme on les appelait, troupes éprouvées, d'un grand courage et à moitié civilisées, avaient les mêmes habitudes que les Mombouttous. « Avant un combat, dit-il, mes hommes, s'imaginant que chacune de leurs balles tuerait un ennemi, s'ils dévoraient le foie de l'un d'eux, avaient arraché le foie d'un cadavre et l'avaient mangé cru. Ils avaient ensuite découpé le corps et disséminé les membres en guise d'épouvantail, à l'adresse des ennemis. » Ce fait se passait l'année dernière, dans la région du Nil, entre Khartoum et Gondoroko, en présence de Baker et de sa femme; nous ne pouvons donc ni nous étonner, ni nous plaindre, si dans des régions encore plus sauvages que celles du Nil, nous assistons à des spectacles du même genre. Nous devons, au contraire, nous féliciter des précautions prises par Mounza pour ménager nos pudeurs : ses soldats continueront à manger leurs ennemis, on ne peut leur refuser ce plaisir, mais ils les mangeront à huis clos, sans ostentation, en gens discrets et délicats, qui respectent les opinions de leurs voisins.

Tous les voyageurs n'obtiennent pas d'aussi beaux résultats. Le général Baker, que je viens de nommer, raconte encore qu'il essaya de faire comprendre un jour, à un chef noir, l'immoralité du commerce des esclaves, et qu'il croyait l'avoir convaincu, quand le chef lui dit brusquement :

— Avez-vous des enfants?

— Hélas! non, je les ai tous perdus, répondit Baker.

— Eh bien, moi, reprit le chef, j'ai un fils, mon unique enfant, il est tout petit et bien maigre, mais avec vous, il engraisserait à vue d'œil. Oh! vous pouvez le nourrir tant que vous voudrez : il a toujours faim, il mange toute la journée et toute la nuit, sans être jamais rassasié; on fait ce que l'on veut de lui pourvu qu'on lui remplisse le ventre. Vous ne pouvez vous figurer comme il est gentil, ce cher enfant! Eh bien, je vous le vends pour une *molote* (espèce de pelle africaine).

Nous avions obtenu, au point de vue de l'anthropophagie, un meilleur résultat. Mounza n'était pas convaincu, mais il ne paraissait pas insensible à nos discours, comme le chef nègre à ceux de Baker.

Après quelques minutes d'entretien, le roi nous proposa de nous faire passer en revue une partie de son armée. Nous acceptâmes avec empressement, autant par curiosité que pour savoir jusqu'à quel point nous pouvions compter sur le concours de ces troupes, et surtout s'il nous serait possible de les combattre avec avantage, le jour où Mounza voudrait nous reconduire dans son royaume.

Deux mille hommes environ étaient rassemblés dans une espèce de champ de manœuvres, dépendant du palais. Les vêtements en écorce d'arbre, que j'ai décrits, leur servaient d'uniformes, mais laissaient à découvert leurs jambes, leurs bras et leur poitrine, barbouillés de peinture de guerre, rouge, noire ou bleue. Les officiers se distinguaient seulement des soldats par des plumes de diverses couleurs qui ornaient leurs toques cylindriques. Leur armement était des plus complets : à la ceinture des sabres à lames recourbées, des hachettes, des couteaux, des poignards traversés par de petites rainures afin de faciliter l'écoulement du sang; à la main droite une lance ou un arc avec ses flèches; à la main gauche un bouclier primitif, fait d'une planche rectangulaire de quatre pieds environ, et qu'une poignée en cuivre permettait de porter.

Cette troupe reçut l'ordre de manœuvrer devant nous et nous surprit par sa discipline, la précision de ses mouvements.

— Ce sont des gens, me dit de Morin à voix basse, qu'il faudrait essayer de tenir à distance avec nos carabines, si nous étions obligés de les combattre. Leurs sabres, leurs hachettes, leurs poignards sont redoutables et rendent dangereuse une lutte corps à corps. Mais leurs flèches, quoiqu'elles portent, vous le voyez, à trois cents pas, sont d'une telle légèreté, elles décrivent une si grande courbe avant d'arriver au but, qu'elles doivent l'atteindre seulement par hasard.

Une charge à fond de train termina la revue : tous les soldats, après avoir mis une centaine de mètres entre eux et nous, s'élancèrent de notre côté; les uns brandissaient leurs haches, les autres tenaient la lance en arrêt, ceux-ci, l'arc tendu, dirigeaient sur nos positions la pointe de leurs flèches. Tous poussaient des cris affreux, donnaient à leurs visages une expression féroce, grinçaient des dents, paraissaient prêts à nous dévorer. Sans poltronnerie, sans timidité exagérée, nous aurions pu croire que ces troupes voulaient nous anéantir. Cependant aucun de nous ne broncha : étions-nous persuadés qu'il s'agissait d'un jeu, ou bien notre orgueil européen nous défendait-il de donner, devant ces sauvages, la plus petite marque de faiblesse?

Le roi s'était mis à l'écart, pour augmenter sans doute nos craintes et nous laisser croire qu'il avait lancé son armée contre nous. Il nous regardait, et dut être satisfait de notre attitude : s'il avait voulu faire une expérience, il savait maintenant que ses nouveaux alliés ne se laisseraient pas intimider facilement.

Au moment où les soldats allaient nous atteindre, il s'élança de notre côté et nous couvrit de son corps. Aussitôt les arcs, les flèches, les lances s'abaissèrent ; la troupe s'arrêta presque automatiquement, salua le roi, et rebroussa chemin.

6 juillet 1873. — L'armée se met en marche dans un instant. Le peuple est accouru de tous côtés pour la voir passer et bat des mains ; les femmes se lamentent, les tambours et les trompettes se livrent à un nouveau vacarme, les soldats de notre escorte tirent des coups de fusil en signe d'allégresse. Nous montons à cheval et nous donnons à notre caravane l'ordre de rejoindre l'armée.

En route pour l'inconnu ! »

FIN DE LA DEUXIÈME PARTIE.

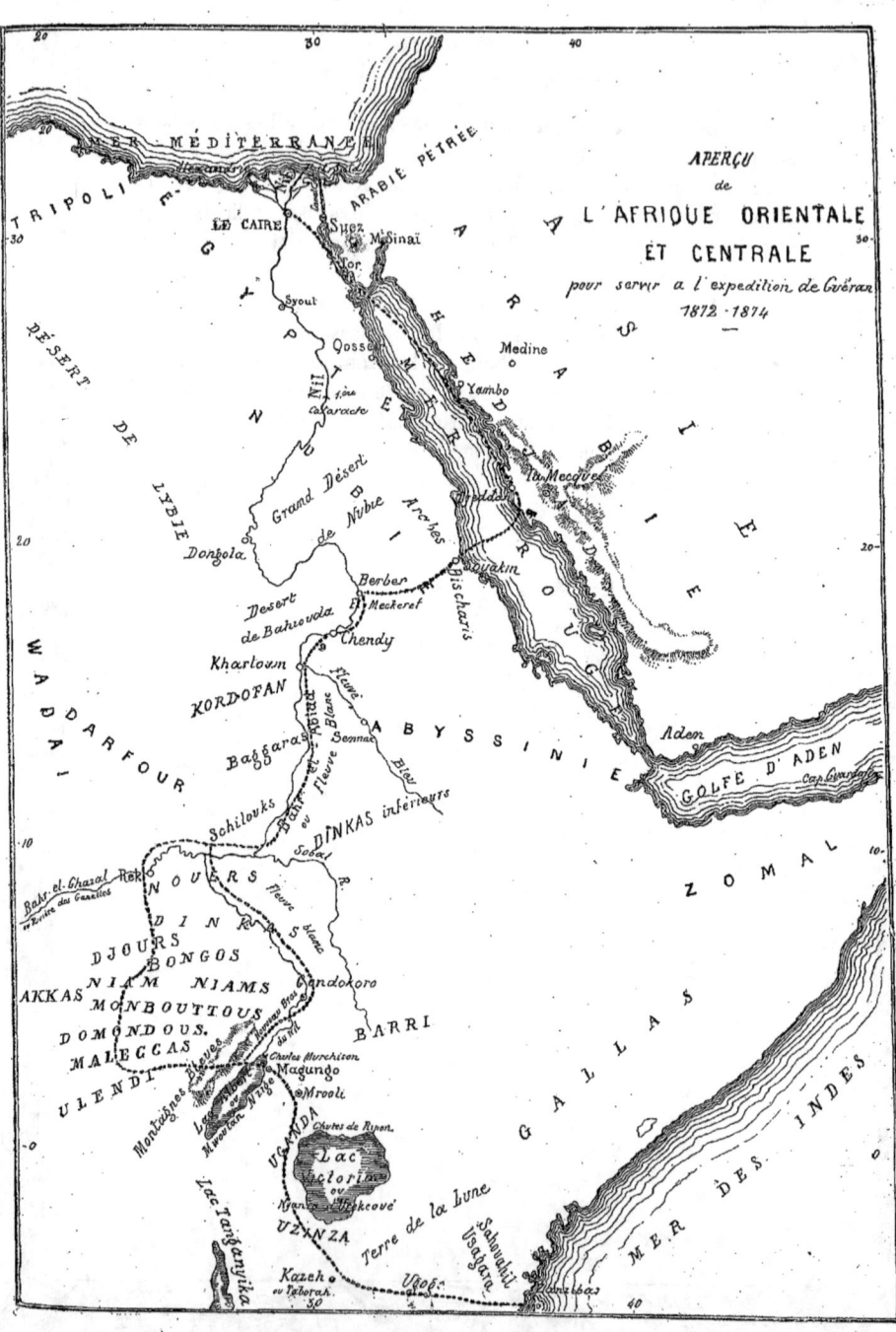

La moitié du temps nous pataugeons. (Page 455.)

TROISIÈME PARTIE
LA VÉNUS NOIRE

I

On se souvient que, dans le courant du mois de mars 1873, le comte de Pommerelle fit une visite au docteur Desrioux et le trouva dans un violent désespoir. Le jeune médecin venait de perdre sa mère, qu'il adorait au point de lui avoir sacrifié son amour pour Mme de Guéran, ses projets de voyage avec elle, ses espérances les plus chères. Il s'était précipité dans les bras du comte et lui avait dit : « Il faut que je la veille encore, elle n'est pas enterrée... mais demain, demain... prenez-moi, emmenez-moi loin, très loin... Ah! je ne pourrais plus rentrer ici, je le sens bien. » — « Je suis tout à vous, avait répondu M. de Pommerelle, j'irai où vous voudrez. »

Ils se revirent à l'enterrement de Mme Desrioux. De la maison mortuaire on se rendit à l'église, et de l'église au Père-Lachaise. Le comte se perdit d'abord discrètement dans la foule des parents et des amis accourus pour donner au docteur une marque de sincère sympathie ; mais, lorsque les assistants, après avoir serré la main de M. Desrioux, remontèrent dans les voitures de deuil, ou s'enfoncèrent dans les longues avenues du cimetière, M. de Pommerelle reprit la place à laquelle l'appelaient ses rapports journaliers avec le docteur, les liens qui les unissaient si étroitement depuis quelques mois, et les paroles échangées entre eux la veille.

— En vertu des pouvoirs que vous m'avez donnés, je m'empare de vous, fit le comte.

Et, en effet, il passa son bras sous celui de M. Desrioux et l'entraîna loin du lieu où le malheureux se tenait, debout, silencieux, le regard fixe, comme hébété.

Quelques minutes après, à la porte du cimetière, il le faisait monter dans un coupé de maître qui, au bout d'une demi-heure, les déposa devant un petit hôtel de la rue Montaigne.

M. Desrioux descendit machinalement de voiture, gravit le perron et pénétra avec son hôte dans un salon du rez-de-chaussée. Il ne paraissait avoir conscience ni du chemin qu'il venait de parcourir, ni des mouvements auxquels il se livrait. On aurait dit que son esprit, pour tenir comme autrefois compagnie à sa mère, s'était fait enfermer dans le cercueil, s'était enfoui sous terre avec elle, et que son cœur venait de remonter au ciel avec l'âme de la chère morte.

Le comte crut devoir le faire sortir de cet engourdissement, de cette sorte de léthargie morale, de cette prostration physique et intellectuelle, qui succèdent souvent à des fatigues surhumaines, à de longs accès de désespoir. Il se plaça vis-à-vis de M. Desrioux, lui prit les deux mains dans les siennes et le forçant à le regarder :

— Vous avez rempli, lui dit-il, tous vos devoirs de médecin et de fils. Vous avez lutté, vous avez été vaincu par la mort; maintenant, qu'allez-vous faire?

M. Desrioux le regarda d'abord sans l'entendre, sans le comprendre. Puis, comme M. de Pommerelle répétait sa phrase :

— Ce que je vais faire ! s'écria le malheureux, je ne sais pas !... je ne sais pas !...

— Je sais, moi, fit le comte avec fermeté ; vous allez rejoindre celle qu'après votre mère vous aimiez le plus au monde, celle auprès de qui vous pourrez non pas oublier, mais souffrir moins cruellement. Vous allez partir pour l'Afrique et essayer de retrouver Mme de Guéran.

— Non! non! ne parlons pas d'elle en ce moment, s'écria M. Desrioux, je n'en ai pas le droit... je dois être tout entier au souvenir de ma mère. Toutes mes pensées lui appartiennent et ne peuvent appartenir à une autre.

— Mme de Guéran n'était-elle pas sympathique à votre mère? demanda le comte.

— Oh! si! bien sympathique!

— Alors, reprit M. de Pommerelle, quelle faute commettez-vous en vous occupant d'une personne chère à celle que vous avez perdue? C'est rendre hommage aux morts que de songer à tout ce qu'ils ont aimé ici-bas. Ne m'avez-vous pas dit aussi que Mme Desrioux avait regretté de vous voir rester à Paris auprès d'elle, et refuser d'être le compagnon de Mme de Guéran?

— Oui! oui, dans son désintéressement, dans sa sublime abnégation, elle voulait me forcer à partir, elle me répétait sans cesse : « Va! va, cher enfant, accompagne cette adorable femme, je ne suis pas jalouse, je l'aime comme ma fille, je me soignerai pendant ton absence, je ne ferai aucune imprudence, je me conserverai pour toi; tu me retrouveras à ton retour dans mon fauteuil, près de la fenêtre, le regard courant au-devant du tien, souriante, les bras tendus vers toi. » Ah! comme j'ai bien fait de ne pas l'écouter, ajouta M. Desrioux que ses sanglots étouffaient, je ne l'aurais pas retrouvée, elle m'aurait cherché inutilement à son chevet; ses derniers moments, adoucis peut-être par ma présence, auraient été désespérés.

— Soit! vous avez bien fait de rester, j'en conviens, mais aujourd'hui vous ferez bien de partir, parce que c'est le seul remède à votre douleur. N'en aviez-vous pas la pensée, du reste, et ne m'avez-vous pas prié de vous entraîner loin, très loin?

— Oui... Peut-être aurais-je la force de vous suivre, de me laisser guider par vous, mais seul, je ne me sens pas le courage, en ce moment du moins, de ne plus voir les lieux qu'elle a si longtemps habités, de m'éloigner de cette tombe où nous venons de l'ensevelir.

— Qui vous parle de voyager seul? demanda M. de Pommerelle. Pourquoi supposez-vous que je veuille vous abandonner?

— Comment! fit le docteur surpris, vous iriez en Afrique, vous, vous!

— Oui, j'irais en Afrique, moi! Quand on est allé jusqu'à Monaco, comme je l'ai fait, on est capable de tout. Du reste, déjà, n'avons-nous pas dû partir? tous nos projets n'étaient-ils pas arrêtés?

— Nous les avions formés, un soir d'exaltation passagère; le lendemain, revenus à la raison, nous nous sommes dégagés vis-à-vis l'un de l'autre.

— Dites plutôt, cher ami, que vous vous êtes dégagé vis-à-vis de moi.

— C'est vrai, mais avouez-le franchement, si j'étais parti, m'auriez-vous suivi?

— Non, parce qu'alors des motifs, moins graves que les vôtres, j'en conviens, mais sérieux à mon point de vue, me retenaient ici. Ces motifs ont disparu, et avec eux les goûts boulevardiers, la haine des voyages que j'ai si souvent affichée pour me tromper moi-même, et essayer de dissimuler les chaînes, les boulets, qui me fixaient comme un forçat au sol parisien. Je ne ferai pas à votre douleur l'injure de la comparer à certaine peine que je viens d'éprouver. Mais le coup le plus rude vous a déjà été porté : si vous êtes destiné à beaucoup souffrir encore, vous ne courez du moins aucun danger ; votre avenir, votre honneur ne sont pas menacés. A mon chagrin se mêlent au contraire des craintes sérieuses : je tremble de succomber à une tentation ridicule, de faire un insigne acte de faiblesse, d'en être réduit, enfin, je n'ai pas de secrets pour vous, à me mésallier avec une charmante mais... inépousable créature. Donc partons, partons vite, mon cher ami ; vous, afin de vous sauver du désespoir, moi pour m'éviter une lâcheté et un acte presque déshonorant. Partons, vous dans mon intérêt, moi dans le vôtre. Je vous entraîne là-bas vers la femme que vous aimez et qui est digne de votre amour ; vous m'entraînez loin de celle que je hais, que j'adore, et que je redoute surtout. Ce n'est pas trop de mettre la France, la Méditerranée, la plus grande partie de l'Afrique entre elle et moi : je me ferme ainsi toute possibilité de retour et de lâcheté. Je sais que là-bas je laisserai peut-être la vie, mais c'est peu de chose à côté de tout ce que je perdrais certainement ici. L'Afrique, toute cruelle qu'elle soit, aura pour moi quelques ménagements, dont la blonde en question est incapable. Je préfère être dévoré physiquement par les Niams-Niams, que moralement par cette anthropophage du boulevard Haussmann. Enfin, mon cher, de même qu'un lâche révolté fait, dit-on, des prouesses, de même un sédentaire comme moi, le jour où il devient nomade, est capable de toutes les fantaisies, se livre à toutes les extravagances, ne trouve aucun voyage assez lointain, et escaladerait la lune, si elle ne s'était mise depuis longtemps hors de la portée des voyageurs tardifs, comme votre serviteur, et, par cela même, trop audacieux.

M. de Pommerelle cessa de parler, attendant l'effet de sa longue tirade.

Au bout d'un instant, M. Desrioux se leva et lui prenant la main :
— Quand partons-nous? dit-il.
— Quand vous voudrez, répondit le comte, le plus tôt sera le mieux pour vous, pour moi, pour nos amis, s'ils courent là-bas quelques dangers et s'ils nous appellent.
— Je suis de votre avis. Cependant nous avons des préparatifs à faire.
— Nous les ferons en Afrique, dans notre port de débarquement. Emportons de l'argent, beaucoup d'argent, toutes les difficultés seront aplanies. Rappelez-vous que Stanley, qui ne songeait pas à Livingstone, s'est décidé en vingt-quatre heures à le rejoindre. Montrons aux Américains que nous savons à l'occasion être aussi expéditifs qu'eux, aussi résolus.
— Soit! Mais il ne s'agit pas seulement d'aller en Afrique, il faut encore y aller utilement. De quel côté l'aborderons-nous? Prendrons-nous la route précédemment suivie par nos amis?
— Nous nous en garderons bien, répondit M. de Pommerelle, ce serait le moyen de ne jamais les retrouver, puisqu'ils ont plus de six mois d'avance sur nous. Rappelez-vous leur dernière lettre. Ils nous disaient : « Si au lieu d'avoir été renseignés à Khartoum sur le sort du baron de Guéran nous avions pu l'être en France, notre itiné-

raire eût subi une grande modification. En effet, dans le cas où M. de Guéran serait parvenu à dépasser la frontière des Mombouttous, nous allons tout simplement courir derrière lui sans aucune chance de le retrouver. En attaquant, au contraire, l'Afrique par Zanzibar, en nous dirigeant vers le nord-ouest, vers le lac Victoria et le lac Albert, nous devions le rencontrer, puisqu'il marchait en sens inverse. Si c'était à recommencer, concluait Périères, nous partirions de Zanzibar. »

Donc, mon cher ami, nous ferons ce que n'ont pu faire nos amis, nous profiterons de leur expérience; leur raisonnement au sujet de M. de Guéran doit aussi s'appliquer à eux, car ils suivaient la même route que lui. Au Caire, à Khartoum, dans le pays baigné par le Nil blanc et la rivière des Gazelles, on les a vus passer, mais on ne pourrait nous dire ce qu'ils sont devenus. A toutes nos questions on répondrait ce que nous savons par leurs lettres : « Ils se dirigeaient vers le Sud-Est. » A Zanzibar, au contraire, nous les trouverons prêts à s'embarquer pour revenir en Europe, ou bien nous marcherons à leur rencontre.

— Ces idées sont très justes, fit M. Desrioux, et j'accepte votre itinéraire.

— Approuvez-vous aussi toutes les dispositions que je vais prendre pour notre très prochain départ?

— Sans doute, je vous donne plein pouvoir.

— Alors je retiendrai notre passage sur le premier paquebot qui sortira du port de Marseille, en destination de la mer des Indes. J'ai tant voyagé sur la carte avec vous, depuis six mois, que je connais mon affaire.

II

Pendant que les deux amis, le docteur Desrioux et le comte de Pommerelle, se disposaient à partir pour l'Afrique équatoriale, la caravane européenne, que nous avons suivie jusqu'à ce jour, escortée maintenant par l'armée de Mounza, roi des Mombouttous, s'avançait au milieu de peuplades inconnues, dans des contrées désignées sur les cartes par ces mots : régions inexplorées. Nous reprenons le journal de l'expédition, rédigé par M. Périères.

« Quand je pense qu'il nous est arrivé de nous plaindre de la lenteur avec laquelle marchait notre caravane ! Nous faisions alors, pourtant, quatre ou cinq lieues par jour en moyenne ; nous en avons fait même cinq à six dans les pays découverts ; aujourd'hui, avec l'armée de Mounza, c'est à peine si nous avançons de six à huit milles anglais par vingt-quatre heures. Nous nous trouvons, il est vrai, au milieu de cours d'eau sans nombre ; par leurs enlacements, ils forment un réseau semblable à celui que Livingstone a rencontré dans d'autres parties de l'Afrique et qu'il compare aux arabesques formées par la gelée sur les vitres.

La saison des pluies, sur le point de finir, semble vouloir aussi laisser de son passage dans les provinces équatoriales un long souvenir : elle convertit les steppes en marais, grossit tous les affluents. La moitié du temps nous ne marchons pas, nous pataugeons. S'il nous arrive de rencontrer une véritable rivière, comme la Gadda, par exemple, toute une matinée se passe à transporter l'armée d'une rive à l'autre. Les bateliers ne manquent pas, cependant ; sur l'ordre de Mounza ils sont accourus en grand nombre et mettent à notre service non seulement leurs pirogues, mais d'énormes arbres qu'ils viennent d'abattre sur le rivage et qui forment ici un radeau, là un pont volant.

Lorsqu'il s'agit de traverser une forêt, les lenteurs sont encore plus grandes : souvent une après-midi suffit à peine pour faire une lieue. Les troupes sont obligées de s'ouvrir un passage à coups de hache dans ces épais fourrés où l'on ne trouve aucun chemin, car la nature recouvre en peu de jours tous ceux qu'on peut y tracer. Et cependant, malgré les difficultés sans cesse renaissantes de cette route à travers des forêts, sinon tout à fait vierges, du moins à peine déflorées, malgré la chaleur humide qui nous accable sous ces voûtes de verdure, on ne peut s'empêcher, par moments, de s'arrêter et d'admirer. Les averses réitérées ont fini par pénétrer ces feuillages superposés, ces lianes entrelacées, ce manteau de fougères et les fleurs de toutes sortes se sont épanouies : ici c'est le poivre sauvage, aux baies de corail, qui s'enchevêtre à la tige des arbres ; là ce sont des guirlandes, de riches festons, des grappes de fleurs au rouge éclatant, des campanules d'un jaune orange ; elles brillent dans l'épaisseur du fourré et semblent destinées à éclairer ces profondes retraites où règnent toujours la nuit.

Comme il est difficile de surveiller l'armée de Mounza et de la faire marcher en bon ordre dans ce labyrinthe, elle profite de la situation pour se répandre sur les côtés, errer sous les massifs les moins touffus et, toujours préoccupée de sa nourriture, faire la chasse à ce qui se mange et à ce qui ne se mange pas. Cette troupe de vingt à trente hommes s'attaque aux chimpanzés, les hôtes habituels de ces forêts. Cette autre assiége, le tison à la main, une ruche d'abeilles, et engloutit avec une égale ardeur la cire, le miel et celles qui les ont produits. Ces soldats isolés rencontrent tout à coup une véritable ville avec des monticules de dix à douze pieds, construits par les termites, s'attaquent à ces insectes, les écrasent et les dévorent.

Dans les villages, les soldats s'oublient encore plus volontiers, grâce aux femmes qui se précipitent en foule à leur rencontre pour leur offrir l'hospitalité la plus illimitée. Le relâchement des mœurs est excessif, je crois l'avoir dit, dans le royaume de Mounza, et c'est à grand'peine qu'on arrache l'armée de tous ces villages enchanteurs et enchantés qui sont pour eux autant de Capoues africaines.

Cependant, à force de lutter contre la nature et les passions humaines, nous franchissons l'espace qui nous sépare du district de Degberra et nous rencontrons ce chef accouru à notre rencontre.

Si Mounza s'est dispensé de nous renseigner sur le compte de son frère, Nassar, depuis longtemps, nous a fait de cet Africain un assez triste portrait. Disons tout d'abord que Degberra est tout simplement un parricide. Son père vivait depuis trop longtemps et le gênait; il l'a fait assassiner. Mais ce crime, dont il croyait profiter pour régner sur les Mombouttous, n'a servi qu'à Mounza. Celui-ci s'est empressé de monter sur le trône laissé vacant, et a fait de son frère un simple lieutenant ou vice-roi.

Ce qui permet de penser que notre hôte et ami est étranger à ce meurtre, c'est qu'une fois sur le trône, il n'a pas cru devoir se débarrasser de son frère : un parricide ne se serait pas arrêté en si beau chemin et n'aurait pas reculé, par excès de sensibilité, devant un fratricide commode, presque indiqué. Peut-être, cependant, ne doit-on pas vanter outre mesure la réserve du souverain des Mombouttous : s'il n'a pas tué Degberra, il s'est appliqué à le mettre dans l'impossibilité de lui nuire. Connaissant la vivacité des passions de son frère, il lui a envoyé, en présent, les plus jolies Mombouttoutes du royaume. Degberra a bientôt possédé un harem des plus nombreux et des mieux choisis, il s'y est tellement complu qu'il a oublié de faire de la politique. C'est aujourd'hui un homme efféminé, sans énergie, incapable de

Mounza les interrogea les uns après les autres. (Page 461.)

se révolter contre son suzerain, qui lui inspire une profonde terreur.

L'entrevue des deux frères fut des moins touchantes et eut lieu en notre présence. Les paroles échangées entre eux et immédiatement traduites par Nassar, avaient une telle importance pour nous que je les transcris presque textuellement.

— Pourquoi portes-tu ce costume? dit le roi à son lieutenant. Tu sais que dans mon royaume, tous mes sujets, petits ou grands, doivent avoir le même vêtement.

Mounza ayant remarqué, en effet, que son frère était coiffé d'une sorte de turban de soie et que ses pieds reposaient dans des babouches orientales, amenait d'une façon détournée la conversation sur le sujet qui l'intéressait.

Degberra, timide à l'excès devant le roi, quoiqu'il fût d'un despotisme inouï avec ses sujets, balbutia quelque temps et finit par répondre qu'il tenait ces présents d'Abd-ès-Samate.

— Ce n'est pas vrai, dit brusquement Mounza. Tu les tiens d'un homme blanc qui a traversé ton district, il y a déjà longtemps, et dont tu ne m'as jamais parlé. Je veux que maintenant tu m'entretiennes de lui.

Pris ainsi au dépourvu, le vice-roi ne sait trop que répondre ; il se tourne vers ses officiers et veut les interroger, mais le souverain des Mombouttous donne à voix basse un ordre à ses propres officiers, et aussitôt ceux de Degberra sont séparés de leur maître et isolés les uns des autres.

Nous ne nous expliquons par d'abord cette manœuvre, mais elle nous paraît bientôt excellente et des plus ingénieuses. S'il prenait, en effet, fantaisie à Degberra de mentir, tout son entourage répéterait le même mensonge, et Mounza ne saurait pas la vérité. Pour la connaître, il va d'abord faire parler l'accusé ; il interrogera ensuite les témoins à tour de rôle ; un juge d'instruction et un président d'assises en France ne procéderaient pas autrement.

— Réponds, dit le roi des Mombouttous à son frère, lorsque celui-ci est seul devant lui. Un étranger a résidé dans tes États sans que je l'aie su ; donne-moi sur lui des renseignements complets ; à ce prix seulement, je te pardonne.

— Interroge, je répondrai, fait Degberra.

— D'abord, quelle est l'époque du voyage de cet homme blanc ?

Degberra fait attendre sa réponse. Les nègres les plus intelligents se rendent difficilement compte du temps. Les nouvelles lunes servent en général de base à ce genre de calcul, long et souvent inexact. Cependant, après de grands efforts, le lieutenant de notre hôte parvient à donner, très clairement pour nous, la date du passage de M. de Guéran à travers son district. Cette date s'accorde avec les indications de Nassar et la suscription de la lettre dont il était dépositaire.

Ce premier point établi, Mounza pose de nouvelles questions :

— Fais-moi le portrait de l'homme blanc, dit-il à son frère.

Cette question produit un certain émoi parmi nous. En effet, nous avons donné M. de Guéran pour un père et non pas pour un mari. Si l'on déclare qu'il était jeune, Mounza peut concevoir des soupçons et découvrir la vérité. Mais lorsqu'il s'agit de l'âge d'un homme, les idées des peuples équatoriaux diffèrent des nôtres ; chez eux on est un vieillard à cinquante ans, et comme le baron de Guéran venait d'atteindre la quarantaine en 1872, Degberra ne songeait pas à le prendre pour un jeune homme.

Le portrait qu'il trace est, du reste, conforme à celui que nous a fait Mme de Guéran, et l'émotion de notre compagne est extrême. Son regard humide, sa pâleur, l'expression de sa physionomie, la trahissent suffisamment. Mounza l'observe ; s'il avait encore des doutes, il serait maintenant convaincu qu'elle est à la recherche d'une personne aimée et qu'elle vient de retrouver ses traces.

Aussi l'interrogatoire continue-t-il plus ardent, plus serré.

— D'où venait l'étranger ? demande le roi. Avait-il traversé ma résidence, lorsqu'il est arrivé dans ton district ?

— Non, répond Degberra, qui fait de grands efforts de mémoire. Il ne s'était pas engagé dans la partie occidentale de ton empire. Il venait du Nord, et pour descendre au Sud, il avait traversé le territoire des Mondous et les montagnes à l'est de tes États.

Ces paroles venaient confirmer celles de Nassar ; ses affirmations, jusqu'à ses suppositions, étaient, pour ainsi dire, certifiées.

— Et pourquoi, demanda le roi d'une voix sévère, ne m'as-tu pas appris l'arrivée de l'homme blanc chez toi ?

Degberra hésitait à répondre ; son frère lui lança un tel regard qu'il dut obéir.

— Il m'a supplié, fit-il, de ne pas t'avertir ; il te craignait, il savait que tu avais empêché un autre voyageur de pénétrer dans le Sud.

— Dis donc plutôt, s'écria Mounza, qu'il a payé ton silence et ta trahison. Tu te fais remettre un tribut par les étrangers, et, pour ne pas le partager avec moi, tu me caches leur séjour dans ton district.

Mais je t'ai dit que je te pardonnerais si tu disais la vérité. Combien de temps ton hôte est-il resté chez toi?

— Je ne me souviens pas, fit Degberra; d'une lune à l'autre, je crois.

— Sa caravane était-elle nombreuse?

— Non; pendant son séjour chez les Zandès, la petite vérole avait fait de grands ravages parmi ses soldats et ses porteurs.

— Paraissait-il en bonne santé?

— Oui, depuis qu'il était dans nos contrées; mais les marais qu'on trouve chez les autres peuplades lui avaient autrefois donné la fièvre.

Toutes ces questions qui se suivent ici, se faisaient longtemps attendre, et les réponses étaient encore plus longues à venir.

— L'as-tu bien traité, au moins? reprit Mounza.

— Je l'ai reçu dans mon palais; il amusait beaucoup mon harem; il faisait toute la journée de la musique avec un instrument qu'il avait apporté de son pays et qui marchait tout seul.

Ce renseignement était précieux. En effet, Mme de Guéran avait autrefois appris que son mari, sur le point de partir pour l'Afrique, avait acheté chez un fabricant de Paris une grande boîte à musique; c'était évidemment de cet instrument que parlait Degberra. Le baron, profitant de l'expérience acquise dans ses précédents voyages, voulait, grâce à la musique, se rendre sympathique aux Africains.

Enfin, Mounza crut le moment arrivé d'aborder la question importante pour lui et pour nous, celle qui allait décider de notre avenir.

— De quel côté, demanda-t-il tout à coup à son frère, s'est dirigé l'homme blanc le jour où il t'a quitté? Quelle route a-t-il suivie?

Émus, anxieux, nous attendîmes la réponse de Degberra.

III

« Au lieu de répondre de vive voix à la demande de son frère, il prit à deux mains la lance sur laquelle il s'appuyait, se baissa, la coucha sur le sol, et, après un moment d'hésitation, se mit en devoir de l'orienter. C'est ainsi, qu'en général, les Africains montrent la route qu'on a suivie, ou désignent la position d'un lieu. L'exactitude de ce genre d'orientation est telle, disent plusieurs voyageurs, que le point désigné, à cent milles de là, peut être gagné sans déviation aucune.

Lorsque la lance fut immobile, nous nous baissâmes pour regarder sa pointe, et, à l'aide de nos boussoles, nous pûmes constater que la direction indiquée était le Sud-Est. Le nouveau renseignement fourni par Degberra confirmait encore la lettre de M. de Guéran. Le baron ne manifestait-il pas l'intention de gagner les Montagnes-Bleues de Baker, et ces montagnes ne se trouvaient-elles pas précisément au Sud-Est?

Nous venions de résoudre un point des plus importants, car M. de Guéran parlait aussi de rejoindre peut-être, au Sud, le lac Tanganyika, ou, à l'Ouest, les provinces explorées par Livingstone dans ses premiers voyages, et conduisant au Zaïre, vers l'océan Atlantique. Il devenait évident que le baron, d'après les données recueillies dans le pays des Mombouttous, s'était décidé à suivre le premier de ces itinéraires, beaucoup plus simple, beaucoup moins compliqué que les deux autres, et bien plus rationnel, puisque, sur le territoire de Degberra, situé à l'orient du royaume des Mombouttous, il se trouvait déjà sur la route de l'Est.

Notre hôte arracha, du reste, à son frère des aveux encore plus précis : l'homme blanc, sur le point de partir, avait posé un grand nombre de questions au sujet des peuplades du Sud-Est, et s'était renseigné sur leur compte auprès de tous les officiers et de toutes les personnes capables de l'instruire. Il avait, en outre, obtenu de Degberra que celui-ci le fît accompagner par une escorte jusqu'à la frontière des Domondoûs. Cette escorte, après une dizaine de journées de marche, s'était séparée de lui et l'avait vu poursuivre sa route vers le Sud-Est.

On ne pouvait pas avoir d'indications plus précises, plus sérieuses, et, en même temps, plus conformes à nos renseignements personnels, à nos suppositions et aux probabilités.

Mounza ne se trouva cependant pas satisfait; il avait ses raisons pour se méfier de Degberra et pour faire subir un interrogatoire aux officiers, mis habilement de côté depuis le commencement de l'entretien. Il donna donc l'ordre de les amener devant lui, leur déclara que s'ils se permettaient le plus léger mensonge, ils auraient immédiatement la tête tranchée, et, ayant produit son effet avec cette aimable menace, destinée à remplacer, d'une façon avantageuse peut-être, le serment qu'on exige chez nous des témoins, il les interrogea l'un après l'autre.

La crainte inspirée par le roi, qu'on savait impitoyable lorsqu'il était en tournée d'inspection chez son frère, surexcita les mémoires les plus rebelles, délia les langues, disposa chacun à la franchise, et les nouveaux renseignements obtenus de ces gens vinrent confirmer ceux qu'avait donnés leur maître.

Ils firent plus que de les confirmer, ils les complétèrent en quelque sorte, tout en éclairant un point encore obscur, en dissipant un doute qui nous tourmentait et que nous avions communiqué à Mounza.

En effet, on s'expliquait difficilement que Degberra eût laissé M. de Guéran partir pour le Sud, simplement parce que son hôte lui avait payé un tribut et fait quelques cadeaux. La rapacité du vice-roi était notoire, mais sa mauvaise foi l'était aussi : il aurait reçu le tribut et les présents, puis il aurait fait défense à M. de Guéran de continuer sa route. Initié depuis longtemps à la politique de son frère au sujet des étrangers, partageant sa crainte de les voir établir des zéribas et des comptoirs chez les peuplades de l'Equateur, il se serait bien gardé, pour tenir sa parole vis-à-vis d'un étranger, de mécontenter un maître puissant et redouté. Mais, grâce aux révélations de son entourage, nous savions maintenant, ou plutôt nous devinions pourquoi il avait accordé si gracieusement à M. de Guéran le droit de passage.

Le baron, pendant que sa boîte à musique faisait les délices de la cour, s'était livré à quelques études psychologiques; elles lui avaient appris que Degberra était d'humeur amoureuse, de caractère volage, et qu'il brûlait du désir de rajeunir et de renouveler son harem. En même temps, les récits qui sont déjà venus jusqu'à nous, et dont j'ai dit quelques mots, circulaient plus précis dans l'entourage du vice-roi : on parlait à chaque instant d'un pays situé au pied des montagnes, et où toutes les femmes, disait-on, étaient beaucoup plus belles que les Mombouttoutes. M. de Guéran comprit aussitôt le parti qu'il pouvait tirer de ces récits, peut-être mensongers, mais auxquels son hôte ajoutait foi. Imitant, sans le savoir, Mounza, il flatta les passions de Degberra, non point pour l'efféminer, comme son frère y était parvenu, mais pour développer son imagination, et faire naître en lui le désir de voir affluer dans son harem les superbes créatures dont il était question.

Le jour où le désir qu'il avait habilement accru fut à maturité, il proposa de partir pour le Sud, de faire une razzia de femmes, de les amener prisonnières dans le Nord, et de les échanger, avec son hôte, contre des dents d'ivoire. Cette idée sourit bientôt à Degberra; il crut aux promesses de l'homme blanc et le laissa partir sous la garde, toutefois, d'une escorte qui devait le surveiller, et, au besoin, le reconduire. Mais, arrivé chez les Domondoûs, M. de Guéran ne tarda pas à se débarrasser de son escorte, poursuivit seul sa route et ne revint jamais.

Tel fut à peu près le sens des révélations qui nous furent faites et auxquelles notre imagination eut une grande part. Mais il était impossible de ne pas ajouter foi à l'ensemble de ces renseignements donnés par les ministres, les principaux officiers, et qui s'accordaient, du reste, si bien avec le caractère et les passions de Degberra.

Nous étions édifiés; le roi des Mombouttous s'était admirablement acquitté de ses fonctions de juge-instructeur; nous crûmes devoir lui témoigner notre satisfaction et le remercier.

Ainsi, au mois de février de l'année précédente, on ne pouvait plus en douter, M. de Guéran s'était enfoncé dans les régions encore inexplorées qui s'arrêtent aux Montagnes-Bleues.

Avait-il été massacré par les peuplades au milieu desquelles son escorte l'avait laissé? Etait-il mort de maladie, ou de fatigues, sur ce territoire si voisin de l'Equateur. Y était-il retenu prisonnier? Ou bien encore, après avoir atteint les Montagnes-Bleues, était-il parvenu à les franchir et à rejoindre les routes frayées? Dans ce dernier cas, il pouvait avoir regagné Zanzibar, s'y être embarqué pour l'Europe et attendre, peut-être en ce moment, Mme de Guéran à Paris.

Toutes ces hypothèses, maintenant admissibles, ne pouvaient avoir aucune influence sur notre itinéraire : soit que nous continuions de marcher à la recherche de notre compatriote, soit que nous retournions en France, nous n'avions plus, dans les conditions où nous nous trouvions, qu'une route à suivre : celle qu'on venait de nous indiquer. Elle paraissait, du reste, parfaitement convenir au roi des Mombouttous, et c'était un grand point : au Sud-Est, il allait rencontrer des peuplades chez lesquelles il avait déjà fait de nombreuses razzias, et qu'il s'apprêtait à combattre encore cette année pour y compléter sa provision de chèvres et de bœufs, animaux qui ne se trouvent pas chez lui. Il ne sortait donc pas, pour ainsi dire, de ses habitudes, et l'armée le suivrait sans étonnement. Il pouvait craindre d'être entraîné encore plus loin à notre suite; mais les nègres, quelle que soit leur intelligence, ne se préoccupent pas à ce point de l'avenir.

Nous ne fîmes pas un long séjour dans le district de Degberra. Le roi paraissait avoir peu de sympathie pour son frère et désirer le quitter le plus tôt possible. Il était en même temps trop sage pour laisser son armée aux prises avec les séductions du pays.

Les troupes se remirent donc en marche, aux cris mille fois répétés de *Pouchio! pouchio!* ce qui veut dire : Viande! viande! On marchait, en effet, contre les possesseurs d'innombrables troupeaux, et, à défaut de chèvres ou de bœufs, contre des ennemis bons à manger.

Après avoir tenu un conseil avec Mounza, nous décidâmes que l'armée se dirigerait vers le Kibali. Cette rivière prend sa source, d'après nos renseignements, dans les Montagnes-Bleues, et si nous parvenons à ne jamais la perdre de vue, elle nous indiquera notre route et nous conduira pour ainsi dire par la main.

Il fut convenu aussi que, dans tout notre parcours, nous essayerons d'interroger les chefs de tribus comme nous avons interrogé Degberra. Le roi, s'il n'obtient pas de renseignements précis sur les territoires voisins, compte en avoir chez un de ses alliés les plus puissants, le souverain des Maoggous ou des Maleggas. Il ne nous cache pas qu'il craint de ne pouvoir s'aventurer plus loin, si dans ce dernier pays nous n'avons pas rencontré celui que nous cherchons.

Notre itinéraire ne nous a pas permis de traverser en ligne droite le territoire des nains Akkas, que Delange, devenu un voyageur enragé, désirait tant voir. Mais nous cotoyons leurs frontières occidentales et, comme les habitants de cette région sont les alliés et même les tributaires de Mounza, nous faisons connaissance avec de nombreux échantillons de cette curieuse petite race.

Schweinfurth, qui les a vus à la cour de Mounza et non pas, comme nous, sur leur territoire, se demande si les Akkas ne sont pas les fameux Pygmées dont parle Hérodote. Il n'arrive pas à se faire une opinion arrêtée sur ce sujet, mais il croit pouvoir affirmer que ce peuple n'est pas isolé dans l'Afrique équatoriale, qu'il appartient à une race aborigène répandue, çà et là, de l'océan Indien à l'Atlantique. Je crois que le voyageur allemand a raison : la tribu de chasseurs nomades dont parle Du Challu, et dont la taille ne dépassait pas un mètre trente-neuf centimètres, ne diffère des Akkas que par le corps qui est extrêmement velu. On eut rattacher aussi à ces Pygmées les Matimbas, dont il est question dans les récits d'Escayrac de Lauture, les Kimos de Madagascar, les Bushem, habitants des bois de l'Afrique australe. Tous ces petits êtres ont incontestablement des liens de parenté, comme en

Retirez-vous, je vais vous mordre! (Page 469.)

ont entre eux les anthropophages des diverses parties de l'Afrique.

Schweinfurt raconte la façon dont il fit la connaissance des Akkas : « Un matin, j'entends des exclamations; je m'informe et j'apprends qu'Abd-ès-Samate s'est emparé d'un nain de la suite du roi, et qu'il me l'apporte. Malgré la vive résistance du capturé, je vois en effet arriver Samate ayant sur l'épaule une étrange petite créature, dont la tête s'agite convulsivement, et qui jette partout des regards pleins d'effroi. Il dépose son fardeau sur le siège d'honneur ; l'interprète royal s'approche. J'ai enfin sous les yeux une incarnation vivante de ce mythe qui date de milliers d'années. »

Le voyageur européen lui pose diverses questions ; mais, bientôt ennuyé de cet interrogatoire, le petit homme fait un bond prodigieux et prend la fuite. On court après lui, on l'arrête : de nouvelles cajoleries triomphent de son impatience, et on finit par obtenir quelques figures de sa danse guerrière. Il porte le vêtement d'écorce et le bonnet à plumes des Mombouttous ; une lance, un arc et des flèches en miniature complètent son équipement. Sa danse est d'une vivacité inouïe, à la fois si variée et si burlesque, que tous les spectateurs s'en tiennent les côtes. L'interprète affirme que les Akkas traversent les grandes herbes, en bondissant à la manière des sauterelles ; qu'ils s'approchent de l'éléphant, lui plantent leur flèche dans l'œil, et l'éventrent ensuite d'un coup de lance. Nous ne les avons pas vu éventrer d'éléphants ; mais nous avons appris à nos dépens, ou plutôt à ceux de Joseph, que... décidément, ce serviteur est prédestiné à tous les accidents, et mérite qu'on lui ouvre, sur ce registre, un compte particulier. Je veux lui consacrer une demi-page.

IV

« Nous avions été rejoints, le 20 juillet, par une petite troupe d'Akkas, qui avaient profité du passage du Mounza près de leurs frontières pour venir le saluer et lui payer le tribut annuel. Dès que la cérémonie d'audience fut terminée, les Akkas, aussi curieux de voir des blancs que nous étions avides de voir des Pygmées, se dirigèrent de notre côté.

D'abord, d'une timidité un peu farouche, ils se familiarisèrent peu à peu avec nous, et de Morin profita de leurs bonnes dispositions pour faire le portrait de plusieurs d'entre eux, tandis que je jetais sur mon carnet les notes suivantes : Grosse tête cylindrique sur un cou mince et faible, taille d'un mètre trente-cinq centimètres à un mètre quarante-cinq, bras longs, poitrine resserrée dans le haut et s'élargissant jusqu'au ventre toujours énorme, une panse plutôt qu'un ventre, genoux gros et noueux, mains d'une finesse, d'un dessin qu'envieraient bien des Européennes, allures vacillantes, le centre de gravité étant déplacé par suite de la grosseur du ventre, crâne large, présentant un creux profond à la racine du nez, menton fuyant, mâchoire en pointe, cheveux courts, absence complète de barbe, en dépit de la légende qui prête aux Akkas de grandes barbes blanches descendant jusqu'aux genoux. Après avoir esquissé ce portrait, j'ajoutai ces mots : malgré toutes leurs imperfections, ces petits personnages ne ressemblent nullement aux nains difformes qu'on exhibe chez nous pour de l'argent. Leur difformité est naturelle pour ainsi dire ; elle n'est le résultat ni d'un accident, ni d'un phénomène particulier.

Je refermai mon agenda et je fis fête, autant que possible, à nos petits visiteurs, pour leur laisser un bon souvenir de ces fameux hommes blancs dont la renommée était venue jusqu'à eux. Mme de Guéran leur avait fait quelques cadeaux, Delange s'était empressé de les étudier très sérieusement au point de vue phrénologique, et miss Poles elle-même, si sévère pour les femmes, mais toujours indulgente pour notre sexe, prenait ces petits personnages au sérieux, les trouvait très réussis dans leur genre, et vantait la vivacité de leurs regards.

Malgré l'intérêt que nous inspiraient les Akkas, comme ils profitaient de leur petite taille et de la sympathie que nous leur montrions pour devenir indiscrets, nous finîmes par leur céder la place et les laisser avec nos serviteurs. C'est alors que Joseph sortant de la coulisse où il était relégué, crut devoir entrer en scène. Plein d'importance et de présomption comme toujours, infatué de ses mérites, fier de ses avantages physiques, se croyant supérieur à tous les Africains réunis, en sa qualité d'homme blanc, il se mit à passer la revue des Akkas.

Il se promenait au milieu d'eux, faisait le beau, le joli cœur, caressait ses favoris, toisait du haut de sa grandeur tous ces petits êtres, dont le plus grand avait la taille d'un enfant de dix ans. De temps à autre, il interrompait sa promenade pour jeter un regard moqueur sur ceux qui l'entouraient, rire en les regardant, de ce gros rire épais, familier aux bellâtres et aux imbéciles, et distribuer de ci, de là, du revers de la main, quelques petites tapes protectrices.

Bientôt, plusieurs Akkas, des hommes graves, de grands personnages peut-être, comprirent que l'homme blanc se moquait d'eux et donnèrent des signes d'impatience. Joseph ne s'en aperçut pas ; non content de parader et de rire, il voulut jouer avec ses petits compagnons, comme un gros maître d'école joue avec les bambins du village. L'amusement qu'il inventa pour remplacer les balles et les cerceaux ne fut pas heureux : il imagina, à l'exemple de Gulliver, de s'ériger en arc de triomphe et de faire passer sous ses jambes les nouveaux Lilliputiens.

Plusieurs d'entre eux, d'humeur complaisante et débonnaire, se livrèrent à cet exercice; mais, tout à coup, un homme d'une trentaine d'années, irrité depuis un instant déjà d'être traité en gamin, et que cette dernière fantaisie avait rendu furieux, au lieu de passer sous l'arc de triomphe, fit un bond, sauta sur le dos de Joseph, lui entoura le cou de ses bras et lui mordit l'épaule jusqu'au sang.

La douleur fut des plus vives, mais elle ne peut être comparée à la crainte qu'éprouva Joseph : cette attaque imprévue, cette morsure firent tout à coup surgir tous les spectres du cannibalisme qui hantaient depuis quelque temps son esprit troublé. Les nains Akkas, qu'il croyait inoffensifs, disparurent; il vit se dresser devant lui de gigantesques anthropophages : on ne le mordait pas, on le mangeait en détail; tout son corps allait y passer.

Il poussait des cris terribles, il demandait grâce, mais le Pygmée se trouvait à ravir sur son dos, avait du goût pour son épaule et s'en donnait à cœur joie, ou plutôt à belles dents, tandis que tous ses compagnons, les mains sur leurs gros ventres, riaient à se tordre, comme ils avaient vu rire Joseph.

Plus notre serviteur se démenait, plus il cabriolait pour faire tomber l'Akka, plus celui-ci se cramponnait à son cou avec ses bras et à son épaule avec ses dents. Il se servait de Joseph comme d'une monture, l'éperonnait de ses talons, le forçait à courir, l'arrêtait à son gré, en lui serrant plus fort le cou, ou en le mordant avec plus de frénésie. Joseph avait voulu jouer, de quoi se plaignait-il? On jouait au cheval; c'était lui la bête et l'Akka le cavalier.

Et quel cavalier! Impossible de le désarçonner. Sa monture, se rappelant les ébats familiers aux ânes qui se roulent sur le dos, les quatre jambes en l'air, s'était couché tout de son long et essayait de l'écraser de son poids. Mais l'adroit cavalier savait se retourner; il quittait le dos pour enfourcher le ventre, et lorsque Joseph se relevait, l'Akka lui faisait face, dardait ses petits yeux sur lui, et montrait ses dents pointues.

Alors Joseph poussa des cris si terribles que plusieurs soldats mombouttous accoururent. Ils se rendirent compte de ce qui se passait, et comme ils avaient peut-être déjà jeté leur dévolu sur Joseph pour un jour de famine, ils le sauvèrent des dents du nain, afin qu'il pût en rester quelque chose.

Le lendemain de ce petit accident, Joseph, dont le cerveau avait été troublé, fut pris d'une fièvre terrible avec accompagnement de contractions musculaires, de crampes d'une violence excessive. Au milieu de ces accès, il ne cessait de répéter qu'il avait été mordu par un animal enragé, et, se croyant enragé lui-même, il criait : « Retirez-vous? retirez-vous, je vais vous mordre! » Sans craindre la rage, qui est presque inconnue en Afrique, le docteur Delange fut un instant effrayé de la violence de ce délire, mais Nassar nous apprit qu'il accompagne presque toujours la maladie dont Joseph était atteint, le *kichyoma*, propre à ces climats.

Les sorciers, les féticheurs de toutes espèces qui suivaient l'armée, accoururent faire leurs offres de service au malade; nous les renvoyâmes après les avoir comblés d'égards et de petits cadeaux, car il ne faut jamais, en Afrique, indisposer contre soi ces charlatans, souvent plus puissants que les monarques.

Delange suffit à mettre sur pied notre imbécile de domestique; mais, s'il est guéri, il n'est pas corrigé; il lui arrivera bien encore quelque accident; il en fait collection.

2 *août*. — Nous sommes en pays ennemi, chez les Domondoûs. Les habitants ont pris la fuite à notre approche, abandonnant tout ce qu'ils possèdent à la rapacité et surtout à la voracité des Mombouttous. Ceux-ci font main-basse sur les volailles, les chèvres, les perles de verre, l'ivoire, les peaux d'animaux, les étoffes d'écorce, le tabac. C'est une véritable campagne de maraudeurs.

Mounza marche presque toujours à nos côtés, grave, recueilli, souvent taciturne. Il ne prend aucune part aux désordres de son armée, semble les répudier, mais il ne fait rien pour les empêcher.

« — Si je leur défendais de piller et de manger, dit-il un jour à Mme de Guéran, ils me croiraient fou et ne me suivraient plus. Dans l'intérêt des hommes blancs, ce n'est pas en ce moment que je dois réformer les mœurs de mon peuple. »

C'était fort sage, et il aurait pu ajouter que les mœurs africaines se réforment bien difficilement. Plus nous allons et plus nous sommes découragés sous ce rapport. Quand on pense que ce peuple, vieux comme le monde, n'a pas fait un progrès depuis des siècles, qu'il semble, au contraire, avoir reculé jusqu'aux dernières limites de la barbarie. Pour un homme un peu plus intelligent et plus civilisé que les autres, comme l'est Mounza, on rencontre à chaque instant de véritables brutes. Pour une peuplade comme celle des Mombouttous, plus avancée que les tribus voisines, on se trouve tout à coup en présence des Domondoûs, qui diffèrent de l'animal seulement par la parole.

Si encore ils avaient l'instinct de la guerre dont ils vivent, ou plutôt dont ils meurent. Ils ne l'ont même pas : depuis un nombre infini d'années, les Mombouttous font irruption chez eux à des époques déterminées, les pillent, les volent, les tuent, les mangent, et ils ne se sont pas encore dit qu'il était facile de les exterminer, de se débarrasser à tout jamais de ces terribles envahisseurs. Cinq à six cents hommes cachés dans les hautes herbes, qui dans ce pays peuvent mettre à couvert toute une armée, protégés par des arbres gigantesques, à l'abri derrière les rochers de la Kibali, ou réfugiés sur les collines que l'ennemi est obligé de contourner, suffiraient à protéger ce territoire admirablement disposé pour la défense, presque inexpugnable. Mais non ; à peine l'ennemi est-il signalé, qu'ils se sauvent et lui abandonnent tout ce qu'ils possèdent, sans avoir même la pensée de charger sur leur dos leurs biens les plus précieux, et d'aller les cacher dans la montagne. Puis tous les fuyards se réunissent, se groupent et attendent l'armée des Mombouttous pour lui livrer bataille sur un terrain bien découvert, où tous les corps se dressent comme autant de cibles. Une lutte s'engage ; elle dure quelques heures à peine, et tout est fini : les Mombouttous s'en retournent avec leur butin et mille prisonniers, pour revenir l'année suivante à la même époque, déposer leur carte de visite chez leurs voisins.

Oui, c'est bien cela, on ne nous avait pas trompés, les voici là-bas en plaine, au nombre de cinq ou six mille, serrés les uns contre les autres, pressés comme des épis de blé dans un champ, gesticulant, criant, tapant sur leurs tambours. Il n'y aurait qu'à tirer sur eux : avec nos soixante carabines, dont tous les coups porteraient dans le tas, en dix minutes, toute cette armée serait couchée dans la prairie.

Mais qu'elle se rassure : nous ne prendrons pas notre part de ce massacre. C'est affaire entre les Mombouttous et les Domondoûs ; les Européens n'ont pas à s'en mêler.

Les Nubiens et les Dinkas de notre escorte brûlaient cependant du désir de combattre. Notre société dont ils jouissent depuis six mois, les exemples de modération et d'humanité que nous leur avons donnés, leur demi-civilisation ne suffisent pas à calmer leur esprit belliqueux ; le vieux sang africain leur monte à la tête, il faut qu'ils se remuent, qu'ils fassent du bruit, qu'ils cognent, qu'ils tuent.

Ils nous entourent et nous demandent la permission de combattre. « Que penseraient de nous les Momboutlous, disent-ils, si nous n'étions pas à leurs côtés ? »

— Combattez, mes amis, combattez, leur dit de Morin, et il distribue à chacun d'eux une dizaine de cartouches à blanc qu'il a préparées la veille pour la circonstance. Elles feront beaucoup de bruit sans faire aucun mal.

Quant à nous, armés de longues-vues et nous tenant à distance, nous suivrons toutes les péripéties de la lutte ; si elle tournait mal pour nos alliés, alors, seulement, nous interviendrions. Nous ne croyons pas avoir le droit d'agir autrement.

Des flèches commencent à se croiser dans l'air, le combat est engagé, attention !

V

« Dans la retraite que nous avions choisie, sur les flancs des deux armées, à trois cents mètres environ d'elles, et protégés par de gros arbres, nous ne courions aucun risque : les flèches les plus maladroites ne pouvaient nous atteindre. Mais si, grâce à nos longues-vues, il nous était donné de suivre les évolutions des troupes, de nous rendre compte de leurs manœuvres, de distinguer les masses, tous les détails du combat nous échappaient. Nous avions le spectacle d'une grande mêlée ; nous étions privés des incidents curieux qu'elle comporte.

— Nous sommes trop loin ! ne cessait de répéter de Morin, qui ne pouvant tenir en place, se promenait avec agitation et se mettait à découvert.

Personne ne lui répondait. Que lui dire! Nous savions que nous étions, en effet, trop loin pour bien voir, mais parfaitement placés pour ne rien attraper, et cela nous suffisait.

Après avoir fait deux ou trois fois le tour des arbres, de Morin, poursuivi sans doute par une idée fixe, revint de notre côté et nous dit :

— Si encore, de notre observatoire, on apercevait le roi ! La politesse semblerait nous obliger à être témoins de ses prouesses.

— J'en suis témoin, répliquai-je ; il ne tient qu'à vous, mon cher, de jouir du même spectacle. Si, au lieu de vous promener avec cette frénésie, vous consentiez à vous arrêter un instant, vous verriez le grand Mounza, dominant de la tête et de sa toque empanachée toute sa garde d'honneur. Il s'est précipité au plus fort de la mêlée et a fait déjà un grand vide autour de lui. Tenez, il vient de se retourner de notre côté et semble nous dire : C'est pour vous que je combats !

Ma dernière phrase était maladroite ; je m'en aperçus aussitôt.

— C'est justement pour cela, s'écria de Morin, que j'enrage de n'être pas à ses côtés. Il s'expose pour nous et...

Pour réparer ma faute, je m'empressai de dire :

— Mon Dieu, mon cher, il s'expose parce qu'il est de son devoir de combattre à la tête de ses hommes. Les chefs Niams-Niams seuls, parmi toutes les peuplades noires, se tiennent à l'écart pendant le combat, prêts à se cacher avec leurs femmes et leurs trésors dans les marais les plus inaccessibles, si l'affaire tourne mal ; ils ne reviennent en scène que pour partager le butin. Mais le roi des Mombouttous a d'autres habitudes.

— Ajoutez, fit miss Poles, qui depuis quelque temps parlait de Mounza de la façon la plus méprisante, que ce sauvage a des goûts épouvantables, qu'il se complaît dans le meurtre et l'incendie, et vous aurez dit les véritables raisons qui l'ont fait se jeter tête baissée dans la mêlée.

De Morin n'avait pas entendu ce discours plein de fiel qu'une cruelle blessure d'amour-propre avait dicté à miss Poles. Trouvant un espace libre devant lui, grâce au vide que les bananiers font autour de leurs tiges, il se promenait de long en large, fiévreux, agité. Pour qui connaît de Morin, il était évident qu'il méditait quelque chose.

Tout à coup, il interrompit sa course, et, revenant vers nous :

LA VÉNUS NOIRE. 473

— Vous voulez, aller là-bas. (Page 475.)

— Les paroles de nos Nubiens ne vous ont-elles pas frappés? demanda-t-il.
— Quelles paroles? fit Mme de Guéran.
— Ils nous ont dit, madame, répondit de Morin, qu'ils seraient méprisés des Mombouttous s'ils ne se battaient pas avec eux.
— Oui, eh bien?

— C'est que, reprit timidement notre ami, si nous continuons à demeurer inactifs, j'ai peur qu'ils ne nous méprisent aussi.

— Vous vous préoccupez du mépris des Mombouttous ! Oh ! monsieur ! fit miss Poles avec un suprême dédain.

Les griefs de miss Béatrix contre Mounza la rendaient injuste envers le peuple ; dans sa haine, elle confondait le roi avec l'armée.

Sans relever les paroles de notre Anglaise, je fis remarquer à de Morin que nous n'avions pas le droit de massacrer ces braves Domondoûs, auxquels nous ne pouvions reprocher la plus petite indélicatesse à notre égard.

— Je ne parle pas de les massacrer, reprit de Morin. Mais nous devrions nous trouver à la tête de nos Nubiens. Voyez, ils sont très prudents, ils attendent nos ordres pour tirer ; nous en ferons tout ce que nous voudrons.

— Nassar suffit pour les diriger, fit observer Mme de Guéran. Croyez-moi, mon cher compagnon, ajouta-t-elle en souriant, continuons à observer la plus stricte neutralité dans cette affaire ; vous aurez d'autres occasions, dans un temps peut-être prochain, de vous battre pour votre compte.

Malheureusement, la baronne, après avoir fait entendre ces sages paroles, s'éloigna de nous avec miss Poles, pour se mettre sous un sycomore gigantesque, à l'abri du soleil. Sa présence avait jusque-là modéré les ardeurs de notre ami ; dès qu'il ne subit plus cette influence salutaire, il perdit absolument la tête, comme il savait la perdre, du reste, sans qu'il y parût. Jamais ce cher grand fou ne raisonnait mieux, n'avait plus de sang-froid et de calme, que lorsqu'il méditait ou faisait une folie. Cette fois ce fut à Delange qu'il s'en prit. Il trouvait à qui parler : le docteur si sage, si prudent au commencement du voyage, a dû recevoir quelque coup de soleil ; il a, par moments, de petits accès de folie douce.

— Mon cher, lui dit de Morin, vous vous souvenez sans doute qu'un soir où je fumais tranquillement ma pipe auprès de la hutte de Périères, vous m'avez obligé à me lever et à vous suivre sous le haugar des quatre-vingts femmes de Mounza.

— Si je m'en souviens ! répliqua Delange, nous avons fait, au milieu de ces dames et des feux de bengale, une charmante partie de besigue. J'étais dans mon droit, cher ami, de vous déranger comme je me le suis permis ; j'avais perdu la veille.

— Aussi ne me suis-je pas plaint. Mais, si je ne me trompe, vous l'avez gagnée cette partie de bésigue, et, depuis, la chance n'a pas cessé de vous sourire. Hier encore, j'ai perdu une partie de piquet.

— Je ne vous aurais pas rappelé ce triste souvenir, fit Delange; mais puisque vous l'évoquez... Oui, ma dette envers vous est maintenant insignifiante, quelques mille francs au plus.

— Si nous faisions quitte ou double? proposa tout à coup de Morin.

Le regard de Delange brilla, son teint s'anima. Cependant, il crut devoir dire :

— Avons-nous le droit d'enfreindre une des clauses les plus formelles de notre traité?

— Bast! répliqua de Morin, il est si vieux ce traité! Et puis, du moment que nous sommes d'accord pour lui porter des coups de canif.

— Évidemment. Vous concevez, mon cher, c'est pour vous ce que j'en dis. Je suis en veine et...

— Que votre délicatesse se rassure, je crois que je gagnerai.

— Nous verrons cela.

— Voyons-le tout de suite.

— Volontiers. Voici nos cartes, elles ne me quittent jamais : ce vieux tronc d'arbre va nous servir de table de jeu.

— Comment! Vous proposez de faire notre partie ici, bien à couvert, tandis qu'on s'égorge près de nous! Vous n'y songez pas, cher ami.

— Est-ce que vous voulez?... fit Delange en montrant un point à l'horizon.

— Précisément; l'endroit est excellent, entre les deux armées, au-dessous des flèches qui volent plus compactes que jamais; elles nous tiendront lieu de tente ou de vélum, et nous abriteront du soleil.

— C'est juste, quelle charmante idée vous avez là!

— Vous êtes des fous, m'écriai-je en intervenant, les flèches ne vous passeront pas au-dessus de la tête; elles vous atteindront en plein dos et en pleine poitrine.

— Alors nous ressemblerons à une pelote sur laquelle on plante des épingles, fit en riant de Morin.

— Ce sera très drôle, ajouta Delange. Partons, cher ami. Je suis à vos ordres.

Je voulus essayer de retenir ces deux écervelés.

— Messieurs, leur dis-je, je serais le premier à vous approuver et à vous suivre, si vraiment ce que vous voulez faire avait la moindre utilité.

— Comment! s'écria de Morin en m'interrompant, vous ne trouvez pas utile d'apprendre à tous ces gens que nous n'avons pas peur d'eux, que nous dédaignons leurs flèches et leurs lances? Vous voulez qu'en retournant dans leur pays ils puissent dire : « A l'heure du danger, les blancs se cachent derrière les bananiers et laissent leurs alliés se faire tuer pour eux. » Il n'est pas seulement utile, il est indispensable de nous... poser dans l'esprit des Mombouttous; le succès de notre entreprise dépend peut-être de l'attitude que nous saurons garder aujourd'hui.

— De Morin a raison, fit Delange; lorsque ces gens seront affolés par la victoire, ils pourront faire payer cher à notre caravane son inaction et sa prudence.

— Alors, messieurs, dis-je, si tel est votre avis, je dois vous suivre; j'ai assisté à votre partie de cartes sous le hangar, j'assisterai à celle que vous allez faire sous les flèches.

— Non, non, cher ami, s'écria de Morin, restez auprès de Mme de Guéran.

— Suivriez-vous ce conseil, si j'étais à votre place et si je vous le donnais, mon cher de Morin? demandai-je.

— Je m'en garderais bien, mon cher Périères, répliqua mon rival.

— Alors, souffrez que je vous accompagne. Le combat paraît s'animer; les Mombouttous possèdent quelque teinte de stratégie et ont à peu près tourné l'ennemi. Je crois que la lutte ne sera pas de longue durée.

— Pourvu qu'ils nous laissent le temps, dit de Morin, de faire une partie d'écarté!

— Une seule? demanda Delange, songez que je vous dois encore onze mille francs, je viens de consulter mon carnet; onze mille francs en cinq points, c'est peut-être beaucoup.

— Préférez-vous une partie liée?

— Oui, une partie liée, c'est cela. Mais, continua Delange, une pensée me frappe. Si je gagne, je ne vous devrai plus rien?

— Évidemment, puisque nous jouons quitte ou double.

— Alors, nous ne jouerons plus jusqu'à la fin du voyage? fit le docteur d'une voix émue.

— Rassurez-vous, cher ami, répondit de Morin. Je ne serai pas cruel à ce point. Il a été convenu que nous ferions tous les jours une partie de cinquante louis; nous continuerons à la faire. Si je suis en perte au retour, tant pis pour moi. Le traité subsiste dans toute sa force; c'est exceptionnellement que nous lui désobéissons.

— A la bonne heure, dit Delange. J'étais un peu inquiet, je ne vous le cacherai pas, et je songeais à retourner tout seul à Paris. Mais, du moment qu'il me reste quelques parties sur la planche, l'Afrique m'est douce.

Tout en parlant ainsi, mes deux chers fous avaient franchi trois cents mètres environ et je marchais à côté d'eux, sans conviction, tout en suivant dans l'air le vol des flèches, dont nous entendions maintenant à ravir le sifflement aigu.

VI

« Les chants de guerre, les vociférations, les cris de douleur nous arrivaient distinctement aussi. Les Domondous exprimaient leurs souffrances par cette plainte : *Aou! aou!* ou par cette autre, lorsque la souffrance se prolongeait : *Akonn! akonn!* Le gémissement des Mombouttous, au contraire, nous parvenait ainsi : *Nanegoué! nanegoué!*

— Vous le voyez, cher ami, disait de Morin, nous avons bien fait de quitter nos mauvaises places au fond du théâtre et de prendre un supplément pour les avant-scènes; nous nous instruisons. Ces cris nous apprennent que chaque peuple exprime sa douleur d'une façon différente. Nous autres Français, nous faisons : *Aïe! aïe! Oh! la! la!* Les Anglais font : *Oh! oh! oh!* Les Allemands : *Och! Och! Och!* Les Bongos : *Aah!* Les Djours : *Aouay!* Quant aux Mombouttous, vous les entendez. Crient-ils assez fort, ces imbéciles-là!

— Ces remarques, continuait Delange toujours grave lorsqu'il plaisante, sont d'un intérêt immense pour la science; nous aurons bien mérité de toutes les sociétés savantes du globe. Quand je pense que les malheureux Parisiens, la conscience tranquille, l'esprit en repos, se promènent aujourd'hui sur les plages de Dieppe ou de Trouville, sans songer à se dire : « Mais nous ne connaissons pas les cris de douleur des Mombouttous ! »

— Il est vrai, ajoutait de Morin, qu'ils ne connaissent même pas l'existence desdits Mombouttous.

— Est-ce possible ! Pauvres gens, sont-ils à plaindre ! ajoutait Delange.

Nous avions atteint le point que nous voulions occuper ; c'était un petit monticule bien en vue, sans aucun abri, situé à une égale distance des troupes de Mounza et de l'armée ennemie. Arrivés à destination, nous prîmes place sur l'herbe, qui n'avait pas à cette place plus de dix centimètres de hauteur, et Delange, tirant deux jeux de cartes de sa poche, dit à de Morin :

— Voyons qui donnera le premier.

Nous n'étions pas vraiment trop exposés au soleil : comme l'avaient prévu ces messieurs, les innombrables flèches des deux armées obscurcissaient le ciel. Il faisait seulement un peu chaud.

La partie commença ; je puis assurer qu'elle fut des plus sérieuses. De Morin était peut-être moins ardent que son adversaire, mais comme il s'agissait d'une assez grosse somme, dont la perte ou le gain devait changer sa situation et l'entraîner à ne plus jouer sur le velours, suivant l'expression consacrée, il n'avait pas trop de distractions. Quant à Delange, l'espoir qu'il nourrissait de s'acquitter enfin d'une dette qui l'avait si fort tourmenté et, dans un temps prochain, d'être peut-être à son tour créancier, le surexcitait au plus haut point, tout en le laissant habile et maître de lui.

Pendant que ces messieurs étaient tout entiers à leurs cartes, étendu à leurs côtés je regardais les combattants des deux partis. Les Mombouttous, en voyant notre petite troupe se diriger vers le champ de bataille, pensèrent naturellement qu'elle venait leur prêter main-forte et l'accueillirent par des cris frénétiques. Puis, lorsqu'ils nous virent nous arrêter en chemin, nous asseoir, tirer des petites images de nos poches, les agiter dans nos mains, ils restèrent stupéfaits. Seul peut-être de toute son armée, Mounza était capable de deviner notre sentiment : il comprit, nous le sûmes plus tard, que, résolus à ne pas nous battre, nous avions voulu avoir notre part de périls. Du reste, si le mobile qui nous guidait échappait à la masse, elle était frappée par un fait évident ; il lui sautait aux yeux : à la place que nous venions occuper de notre plein gré, nous étions exposés à recevoir les projectiles des deux armées. Instinctivement on admira notre courage, notre impassibilité, et lorsqu'on s'aperçut que les flèches ne nous atteignaient pas, on nous crut invulnérables, ce qui devait augmenter notre prestige.

De leur côté, les Domondoùs avaient été atterrés par la soudaine apparition de ces trois hommes blancs, vêtus d'une façon étrange, s'avançant pas à pas dans la plaine. S'ils avaient eu la moindre teinte de religion, ils nous auraient pris pour des créatures célestes, des anges descendus des nuages pour assister aux luttes humaines. Mais, sans avoir de nous une aussi haute opinion, ils durent croire que nous sortions de dessous terre pour les protéger. Quand, au lieu d'étendre nos ailes sur leur armée, ils s'aperçurent que nous nous contentions de nous... étendre sur l'herbe et de leur tourner le dos, ils en conçurent un grand mécontentement et se mirent à nous insulter. Les uns faisaient des gestes menaçants; les autres, poussant leur cri de guerre, bondissant çà et là, dansant comme s'ils se livraient à une pantomime, s'approchèrent de nous et nous accablèrent d'injures.

Des flèches, que leur faisait sans doute décocher Mounza, les obligèrent à s'éloigner, et nous n'entendîmes plus, dès lors, que le sifflement des traits, le grand tumulte de la bataille.

— J'ai la première manche, fit Delange, au bout d'un instant.

— Tant mieux, répliqua de Morin, je gagnerai la seconde et nous aurons une belle.

— En attendant je marque le roi, reprit le docteur.

— Marquez, c'est votre droit. Permettez-moi seulement de jeter un coup d'œil sur cette flèche qui nous arrive; j'ai failli la recevoir dans le dos.

Il avança le bras, et sans avoir besoin de se lever, il arracha de terre l'indiscret projectile.

— Voyez, continua de Morin en se tournant vers moi, la hampe est munie de deux ailes composées d'un morceau de feuille de bananier.

— C'est pour lui donner plus de légèreté, faisait observer Delange tout en battant ses cartes. La pointe est-elle en fer ou en bois?

— En fer.

— C'est mauvais, très mauvais, la blessure est plus difficile à guérir.

— Regardez donc, fit de Morin en présentant la flèche au docteur, on dirait que la pointe est enduite d'une substance gommeuse.

— Elle l'est, en effet, cher ami, et cette substance n'est autre que du poison.

— Du poison, brrr! comme fait Mounza, je n'aime pas cela.

— Rassurez-vous, reprit le docteur, si vous êtes blessé par un de ces engins, je laverai la plaie avec de l'eau phéniquée et vous pourrez peut-être vous en tirer. Voulez-vous des cartes?

— Non, merci; je joue.

Les flèches volaient de plus belle et, tout en les regardant tomber autour de nous, je me souvenais de ces mots de Schweinfurth, lorsqu'il se battait avec les Niams-Niams : « La grêle de traits, dont ils accueillirent notre approche, fut si épaisse que le fourré était couvert de flèches, comme il l'aurait été de brins de chaume, si une charretée de paille l'eût traversé pendant un ouragan. »

En même temps les cris de guerre, les hurlements, les plaintes des blessés et des mourants, les sonneries des trompes, les roulements du tambour, se mêlaient, se confondaient dans un immense vacarme, un peu gênant pour de paisibles joueurs d'écarté.

Tout à coup, au plus fort de ce tumulte, il se fit un profond silence parmi les Mombouttous, tandis qu'une grande clameur, où l'on pouvait distinguer des cris de joie et de triomphe, sortit des rangs de l'armée ennemie. Quelque grave incident venait évidemment de se produire. Je pris ma longue-vue, je l'appuyai sur l'épaule du docteur qui, de plus en plus attentif à son jeu, ne s'aperçut même pas qu'il me servait de page ou de trépied, et je regardai du côté des Mombouttous.

— Mounza vient d'être blessé! m'écriai-je.

— Ah! fit de Morin.

— Ah! fit Delange. J'ai le point, nous sommes quatre à.

— Est-ce que vous n'allez pas offrir vos soins au blessé? demandai-je.

— Au contraire, c'est mon intention; je connais mes devoirs. Mais du jeu que me donne en ce moment de Morin dépend mon sort. S'il est beau, j'ai gagné la seconde manche et, par conséquent, la partie; Mounza n'en mourra pas pour attendre une seconde.

Il prit les cinq cartes, que son adversaire venait de poser délicatement sur l'herbe, les regarda et dit :

— Je joue.

— Jouez, fit de Morin en souriant.

Il avait opéré seul. (Page 483.)

Il semblait heureux de cette décision.

J'oubliai un instant le roi des Mombouttous, et je m'intéressai à ce coup qui pouvait être décisif.

Il ne le fut pas. De Morin, grâce à un misérable petit atout, fit une troisième levée inattendue et marqua le point. On se trouvait maintenant manche à manche, il fallait faire la belle.

— Je vais panser la blessure du roi, dit le docteur en jetant un coup d'œil sur sa trousse pendue à ses côtés.

— Voulez-vous que je vous accompagne? demanda de Morin.

— Inutile, répondit Delange en s'éloignant, je reviens dans un instant. Veillez plutôt sur les cartes, mettez-les à l'abri des flèches.

— Je les couvrirai de mon corps, cria de Morin.

Le docteur, pressé de revenir pour terminer la partie, se dirigeait à grands pas vers l'armée des Mombouttous. J'avais cru devoir le suivre, il pouvait avoir besoin de mon concours, et, persuadé que personne ne me demanderait ma commission ou mon diplôme, je me donnai immédiatement le titre de chirurgien de seconde classe.

En voyant accourir Delange, qu'ils appelaient le sorcier blanc, les officiers de Mounza s'étaient élancés vers lui et l'entraînaient du côté de leur maître, au grand désespoir des sorciers officiels, patentés et titulaires dont nous venions, sans délicatesse, prendre la place.

Pendant que toute l'armée se désolait, que chaque soldat, comme s'il était blessé, répétait en chœur son lamentable *Nanegoué! nanegoué!* le roi, étendu sur un bouclier, ne donnait aucun signe de faiblesse, ne laissait échapper aucune plainte. Il remercia d'un sourire Delange, lorsqu'il le vit s'approcher, et fit de la main un geste pour éloigner les importuns.

Le docteur s'étant baissé constata que le roi avait été atteint d'une flèche à la cuisse. Le fer était encore dans la plaie et aucun des sorciers nègres n'avait même tenté de l'extraire. Cette opération d'ordinaire ne leur présente aucune difficulté : ils saisissent à pleines mains la hampe de la flèche et tirent de toutes leurs forces jusqu'à ce qu'elle veuille bien sortir de la chair. Mais, par un raffinement ingénieux, les Domondoûs disposent leurs traits de façon à ce qu'ils se rompent dans la blessure, la pointe y reste plantée et la hampe tombe à terre. L'opérateur n'a plus alors de point d'appui, et lorsque cet opérateur est un sorcier nègre, il crie, s'arrache les cheveux, et ne fait rien.

Delange, lui, sans hésiter, ouvrit sa trousse, y prit un de ces petits instruments, qui nous font frissonner lorsque nous passons dans la rue de l'École-de-Médecine, et froidement, sans le plus léger scrupule, se permit de pratiquer dans la cuisse royale une large incision, de manière à faire sortir le fer avec ses barbillons. L'extraction opérée, sans que Mounza se fût permis la moindre observation, il lava la plaie, étancha le sang, banda la cuisse, fit enfin consciencieusement tout ce qui concerne son état, puis il mit en ordre ses petits outils, reprit sa trousse, serra la main que lui tendait le blessé reconnaissant, et s'ouvrit un passage au milieu des troupes.

Il avait opéré seul, comme les photographes; jaloux de moi, sans doute, il avait même dédaigné de me donner à tenir sa charpie. Cependant je crus devoir le suivre, et quelques instants après, nous rejoignîmes de Morin.

Pendant notre absence il s'était amusé, pour passer le temps, à ramasser les flèches qui tombaient autour de lui et en avait formé un petit faisceau d'une grosseur très respectable.

— Faisons la belle, dit le docteur, en s'accroupissant à côté de son adversaire.

VII

« La place n'était plus tenable pour des joueurs d'écarté; les flèches tombaient plus rapides, plus serrées. De Morin aurait eu le dos transpercé déjà plusieurs fois, si le havre-sac qu'il portait d'ordinaire ne lui avait fait une espèce de cuirasse; trois flèches s'y étaient plantées, mais arrêtées par divers ustensiles contenus dans ce sac de voyage, elles n'avaient pu le traverser.

— Touché! disait de Morin chaque fois qu'il sentait un trait s'enfoncer dans sa carapace. Avec toutes ces pointes qui semblent sortir de mon corps, je finirai par être pris pour un porc-épic.

— Oui, faisait Delange, ces imbéciles commencent à devenir adroits, et je vois le moment où je serai obligé de me faire la même opération qu'à Mounza. Cela me sera plus désagréable, je ne vous le cache pas.

Les Domondoûs méritaient certainement l'épithète d'imbéciles que venait de leur donner le docteur ; au lieu de profiter du succès qu'ils avaient obtenu en blessant le roi des Mombouttous et de la terreur répandue dans l'armée ennemie, pour l'attaquer plus vivement, s'élancer sur elle et peut-être l'anéantir, ils chantaient, gambadaient, célébraient leur triomphe; et nous décochaient des flèches. On aurait dit qu'à nous trois nous représentions l'armée de Mounza, et que si on parvenait à nous exterminer, toute cette armée disparaîtrait.

Mais le roi veillait sur nous : dès qu'il vit que nous étions décidés à ne pas quitter notre place, il voulut la rendre moins dangereuse et la fortifier en quelque sorte. Sur son ordre, une vingtaine de soldats nous rejoignirent, dressèrent derrière nous une palissade avec leurs grands boucliers de bois, puis se rangeant à droite et à gauche, élevant ou abaissant leurs autres boucliers lorsqu'ils voyaient arriver une flèche, ils nous protégèrent ainsi de tous côtés. Nous étions dès lors en sûreté, à l'abri non seulement des projectiles, mais des rayons du soleil, et les deux joueurs ne tarissaient pas en éloges sur Mounza.

— On n'est pas plus ingénieux, faisait de Morin, grâce à cet excellent homme, nous jouissons de toutes nos aises. Tiens, j'ai la vole!

— C'est, ma foi, vrai! Je vais vous rendre cela.

Le docteur n'eut pas la vole, mais il marqua le roi et fit le point, ce qui revenait au même.

Les deux adversaires étaient égaux : quelques minutes encore, et ils allaient connaître leur sort.

L'idée de la palissade était vraiment très heureuse : de petits coups secs produits par le fer des flèches sur les boucliers de bois nous apprenaient que nos ennemis continuaient à s'escrimer contre nous.

— On dirait qu'il grêle, faisait remarquer de Morin.

— Je ne sais pas s'il grêle, cher ami, répliquait Delange, mais je sais que je marque encore le point. J'en ai trois et vous en avez deux.

— Je le vois bien ; vous pourriez avoir la générosité de vous taire.

Un soldat mombouttou, distrait par le jeu de ces messieurs, laissa pénétrer une flèche dans notre campement.

— Faites donc attention, maladroit ! s'écria de Morin ; si je perds, je m'en prendrai à vous et je vous réclamerai quelques centaines de louis.

Le soldat nègre se mit à rire aux éclats, absolument comme s'il avait compris ce petit discours.

Les cartes venaient d'être distribuées par Delange, qui avait retourné un as de cœur. De Morin regarda son jeu et, sans aller aux cartes, joua le roi de pique.

Un imperceptible sourire courut sur les lèvres du docteur. Il coupa le roi avec un petit atout, joua la dame de cœur qui était maîtresse, et avança timidement un valet de carreau ; son adversaire ayant dans cette couleur une carte inférieure au valet, trois levées sur cinq appartenaient à Delange.

Il regarda de Morin et lui dit :

— Je marque deux points, ne vous déplaise, puisque vous avez cru devoir jouer d'autorité. Trois et deux font cinq, dans tous les pays, même en Afrique, et j'ai gagné la belle.

— Vous avez le triomphe ironique, fit de Morin en se levant.

— Ne m'en veuillez pas, cher ami, répliqua Delange, je suis enfin quitte envers vous et... je reviens de loin.

— Oui, vous revenez de quatre-vingt-dix mille francs.

— Si nous nous occupions de revenir en France, fis-je à mon tour ; c'est peut-être le moment.

— Tiens, c'est juste, dit de Morin, j'oubliais ce petit détail. Cette salle de jeu que nous a fait construire Mounza, est si commode, si agréable que je me croyais à mon cercle.

— Ne trouvez-vous pas, continuai-je, que cette bataille dure trop longtemps : ne serait-il pas convenable d'intervenir ?

— Intervenons, soit ! Mais comment ?

— Autorisons enfin nos Nubiens à prendre part à la lutte. Regardez-les là-bas, ils semblent bouillir d'impatience et caressent amoureusement leurs carabines inactives. Sans Nassar qui les retient, ils auraient fait feu depuis longtemps.

— Ce n'est pas leur feu qui mettra fin à la bataille ; leurs fusils ne sont chargés qu'à poudre.

— Le regrettez-vous ? dit de Morin.

— Ma foi, les Domondoûs nous ont décoché assez de flèches pour que nous ayons droit, à notre tour, de leur envoyer quelques balles.

— Bast, fit de Morin, gardons nos projectiles pour une meilleure occasion, les cartouches à blanc suffiront.

Il se débarrassa des boucliers qui l'entouraient, s'avança de quelques pas et se livra à une série de gestes désordonnés, afin d'attirer l'attention de Nassar. Il y parvint et, grâce à de nouveaux mouvements des plus expressifs, il fit comprendre à notre escorte qu'on avait besoin d'elle.

Elle n'attendait que ce signal pour courir de toute la vitesse de ses jambes ; dix minutes après, elle se trouvait à nos côtés. En même temps, Nassar était chargé d'aller prier le roi de nous envoyer une centaine de ses meilleurs tireurs. Lorsqu'ils furent arrivés, de Morin

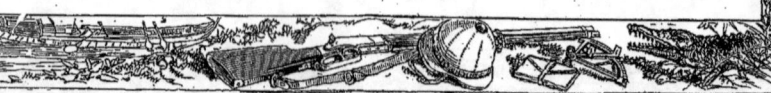

les rangea sur deux lignes et leur fit ordonner d'attendre pour envoyer leurs flèches, qu'il en eût donné l'ordre. Nos soldats, auxquels nous nous étions joints, devaient faire feu, tous en même temps, au moment où les flèches partiraient.

Delange et moi nous comprîmes immédiatement l'idée de notre ami : les détonations de nos armes répandraient la terreur parmi les Domondoûs, tandis que les flèches tirées à petite distance, feraient un ravage immédiat dans leurs rangs. Grâce à cette combinaison, les Nubiens voyant tomber leurs adversaires, croiraient les avoir tués ou blessés et ne s'apercevraient pas que leurs cartouches manquaient de balles. Quant à l'ennemi affolé par le bruit, il se croirait frappé par nous. Notre conscience ne nous reprocherait rien : nos armes à feu resteraient inoffensives, et en quelques instants nous mettions fin à une lutte qui, si elle se prolongeait, serait certainement plus meurtrière.

Au signal de de Morin, les flèches partirent et une formidable détonation retentit.

Bientôt nous vîmes les Domondoûs en pleine déroute : les uns couraient éperdus dans la plaine, les autres cherchaient un refuge dans les hautes herbes, ceux-ci fous de terreur se couchaient à plat ventre, ceux-là se jetaient à genoux, tendant vers nous les bras et implorant notre pitié. Nous ne demandions pas mieux que de leur faire grâce, et nous aurions donné beaucoup pour pouvoir dire maintenant à ces malheureux : « Laissez vos armes dans la plaine, retournez dans vos villages, il vous est pardonné. » Mais pouvions-nous arrêter l'armée de Mounza, l'empêcher de poursuivre les fuyards, de faire prisonniers les uns, de massacrer les autres ?

Nous parvînmes cependant à sauver une partie de nos ennemis en leur donnant le temps de se sauver. D'après nos ordres, et croyant faire merveille, nos Nubiens continuaient leur feu, et les Momboultous, aussi effrayés par ces détonations que l'étaient leurs ennemis, n'osaient les poursuivre. Placés entre les deux armées, nous réussîmes ainsi, pendant quelque temps, à établir une sorte de barrière entre les vainqueurs et les vaincus. Mais nos soldats, comme je l'ai dit, n'avaient que dix cartouches chacun, et bientôt le feu cessa.

Alors la plaine fut le théâtre d'une horrible mêlée : les lances, les hachettes, les couteaux, les dents remplacèrent les flèches. On se battit corps à corps, on s'égorgea, on se mordit, on se dévora. Ce fut un pêle-mêle effroyable, quelque chose d'horrible et d'infernal. Tout à coup un groupe de soldats cessant de combattre, se mettait à danser en rond autour des victimes ; d'autres, ivres de bruit et de sang, gambadaient dans la plaine en faisant des contorsions épouvantables ; ceux-ci s'acharnaient sur un cadavre et lui coupaient des lambeaux de chair ; ceux-là, comme l'avait dit Mounza, croyant se rendre à tout jamais invincibles, fouillaient avec leurs couteaux dans le corps de leur ennemi pour y chercher le foie. Toutes ces scènes étaient hideuses, mais nous n'avions pas le droit de nous y soustraire et de faire du sentiment ; nous courions au contraire, de groupe en groupe pour essayer d'arracher quelques victimes à leurs bourreaux.

Mounza nous secondait de son mieux. Sur la prière de Mme de Guéran qui, suivie de ses interprètes arabes s'était courageusement dirigée vers le roi, celui-ci avait ordonné de cesser le massacre, d'épargner la vie des Domondoûs et de les faire prisonniers. Il surveillait lui-même l'exécution de ses ordres : précédé de ses musiciens, porté sur un pavois par dix coureurs, il parcourait comme nous le champ de bataille. Quant aux prisonniers, nous obtînmes que nos Nubiens se joindraient aux Mombouttous pour les garder. Nous avions, cette fois, armé nos gens d'excellentes cartouches, et nous savions qu'ils ne laisseraient pas, devant eux, couper la tête des captifs : les peuplades auxquelles ils appartiennent ont une horreur superstitieuse de la décapitation.

Nous avions ainsi contribué de tous nos efforts à rendre moins terribles les suites de cette guerre en quelque sorte annuelle, et que notre séjour chez les Mombouttous n'avait pas provoquée. Mais, le soir venu, nous fûmes impuissants à empêcher le pillage et l'incendie. Un grand village était voisin du champ de bataille ; c'était même pour le protéger que toute la peuplade avait réuni ses forces sur un seul point et accepté le combat. Les troupes de Mounza, la lutte terminée, se précipitèrent dans cette bourgade importante, et après avoir pillé les huttes y mirent le feu.

Delange, de Morin et moi nous les avions suivis, dans l'espoir de sauver des vieillards, des enfants, ou des malades abandonnés dans les habitations. Nous parvînmes, en effet, à prendre quelques malheureux sous notre protection, et nous allions nous retirer avec eux, les entraîner loin des flammes, lorsque nous entendîmes des cris déchirants.

Ils partaient d'une hutte que l'incendie n'avait pas encore atteinte. J'y courus le premier et j'y trouvai un malheureux infirme qui, ne pouvant se traîner au dehors, appelait au secours pour n'être pas brûlé vif. Au moment où je le prenais dans mes bras, les lueurs de l'incendie illuminèrent l'intérieur de la hutte et une sorte de tableau pendu à la muraille frappa ma vue.

Je m'approchai. Sur une grande feuille, détachée d'un album, étaient tracées une centaine de lignes, au bas desquelles on voyait, en grosses lettres, cette signature : Baron de Guéran.

VIII

« De Morin et Delange m'avaient rejoint. Ils m'aidèrent à mettre en sûreté l'habitant de la hutte. Nous le confiâmes à Nassar, avec les autres malheureux délivrés par nous, et nous prîmes le chemin de notre camp. Mme de Guéran nous attendait; je marchai vers elle, et, après lui avoir expliqué en quelques mots ce qui venait de se passer, je lui tendis la feuille de papier que son mari avait couverte d'une écriture fine et serrée.

Elle prit cette feuille, y jeta un coup d'œil, et me la rendant :

— Je ne puis pas lire, dit-elle d'une voix émue, veuillez me remplacer et faire cette lecture à haute voix ; je n'ai de secrets pour aucun de vous.

A la lueur de l'immense incendie, qui embrasait tout le village des Domondoùs et gagnait les bois voisins pour mourir seulement à une centaine de mètres de notre campement, je parvins à déchiffrer ce document précieux.

Je le copie textuellement sur le journal de l'expédition :

« De combien ai-je vieilli pendant ma longue agonie? Suis-je au milieu ou à la fin de 1872? Je ne puis pas répondre d'une façon précise à cette question.

« Si je regarde pourtant au dehors, le ciel, aujourd'hui sans nuages et d'un bleu sombre, la chaude coloration des arbres, de grandes plaques roussâtres qui couvrent les hautes herbes, le brouillard qui

LA VÉNUS NOIRE. 489

La lettre de M. de Guéran. (Page 491.)

monte de la terre brûlante et fait comme un voile à l'horizon, tout me dit que la sécheresse est revenue.

« Ma maladie, ou plutôt ma longue léthargie, aurait donc duré au moins quatre mois! En effet, j'étais encore en possession de moi-même pendant la saison des pluies; j'ai vu naître juillet, je m'en souviens; je n'ai pu m'interrompre de vivre qu'après cette époque.

« Il faut bien consulter la nature. Qui me renseignerait, si ce n'est elle, sur le temps écoulé?... Je suis seul... Il y a longtemps, bien longtemps, que mes interprètes et tous mes serviteurs ont été massacrés sous mes yeux... Quant à mes soldats et à mes porteurs, les uns sont morts ; les autres, plus heureux que moi, ont pris la fuite.

« Seul, je suis seul, et si loin de mon pays, si loin de tous ceux que j'ai aimés, si loin d'elle !

« Combien je suis puni de t'avoir quittée, ô mon adorée compagne ! d'avoir préféré l'imprévu, les émotions des voyages lointains aux douces joies de notre cher foyer; d'avoir osé mettre l'amour de la science au-dessus de l'amour de toi... Tu me crois mort en ce moment, tu me pleures. Ah ! tu peux me pleurer; je vis encore, mais je suis si faible, si dénué de ressources, si découragé, que je n'irai pas bien loin; tu peux porter mon deuil, il n'est qu'anticipé.

« Je ne mourrai pas du moins sans t'avoir dit un dernier adieu. Je détacherai cette page de mon album, je l'attacherai à la cloison de ma hutte, et j'essayerai de faire comprendre au malheureux infirme qui l'habite, au seul être qui, dans ce pays, m'ait montré un peu de pitié, que ce morceau de papier est un fétiche destiné à le protéger. Il ne s'en dessaisira jamais, et peut-être qu'un jour d'autres voyageurs, suivant le chemin tracé par moi, trouveront ces lignes et les rapporteront dans ma patrie.

« Que m'est-il arrivé?... Pourvu que ma mémoire affaiblie puisse me venir en aide? Essayons.

« J'ai commis une grande faute : celle de permettre aux soldats de Degberra de pénétrer sur le territoire des Domondous. Bientôt je suis parvenu, comme je me l'étais promis, à me débarrasser de cette escorte compromettante, à l'effrayer tellement qu'elle s'est enfuie dans son pays. Mais les Domondous avaient reconnu au milieu de ma caravane leurs plus mortels ennemis, ceux qui, chaque année, les pillent, les tuent, et les réduisent en esclavage. Ils ont voulu se venger des Mombouttous sur moi et sur mes gens.

« Chaque jour on nous attaquait, on nous envoyait des flèches, on tuait quelques-uns de mes hommes. Bientôt nous sommes tombés dans une embuscade, et, malgré une lutte acharnée, nous avons été écrasés par le nombre. Ils m'ont pris tout ce que je possédais, mes bagages, mes vivres, mes armes : ils n'ont pu me prendre mes munitions ; elles étaient épuisées depuis longtemps, nous combattions à l'arme blanche. Avec dix carabines j'aurais réduit tous ces gens !

« Au lieu de les vaincre, je suis devenu leur esclave, l'esclave d'une tribu de bêtes fauves. Oh ! que les Mombouttous ont raison de leur donner le titre méprisant de *Monvous* ! Les Mombouttous ! Ce sont des raffinés de civilisation à côté de cette peuplade. Elle n'a qu'un mérite : elle n'est pas cannibale. L'anthropophagie paraît s'être arrêtée à ses frontières, de ce côté de l'Afrique. Mais si elle ne mange pas ses prisonniers, elle les fait terriblement souffrir. Peut-être serait-il plus humain de les manger.

« Un jour, épuisé par les privations, les fatigues, torturé de corps et d'esprit, brisé, anéanti, je suis tombé dans une rue du village, et je ne me suis plus relevé.

« Que s'est-il passé alors ? Je ne le sais plus, je ne le saurais jamais. On m'a cru mort, sans doute ; j'ai été jeté dans quelque coin, où, plus tard, on m'a ramassé pour me porter ici. Quelle maladie ai-je faite ? Je dois avoir eu une terrible insolation ou quelque longue fièvre typhoïde. Qui m'a soigné ? Personne... Je me souviens seulement qu'un nègre, un infirme, l'unique habitant de la hutte, se traînait parfois jusqu'à moi, et portait à mes lèvres une calebasse contenant un breuvage qu'il avait composé. Comment cet être compatissant s'est-il égaré dans l'enfer des Domondoûs ? Je lui dois la vie et je ne puis lui témoigner ma reconnaissance. Plaise à Dieu de payer ma dette, de veiller sur cette âme encore embryonnaire, de la faire progresser graduellement.

« Plus tard, bien plus tard, j'ai pu ouvrir les yeux, les promener autour de moi ; j'ai senti que je vivais, mais c'était tout... je ne pouvais ni remuer, ni parler, ni penser.

« Peu à peu les forces me sont revenues ; mon hôte me donnait parfois une banane ou une poignée de farine trempée d'eau. Mon affaiblissement a diminué, j'ai repris possession de moi-même. Depuis dix jours environ, je marche dans la cabane de mon hôte... mais il m'a fait comprendre qu'il ne fallait pas en franchir le seuil : ses compatriotes me croient mort ; je pourrai, grâce à cette erreur, me sauver pendant la nuit.

« Me sauver ! où irais-je, dans l'état où je suis ? Retourner chez Degberra ? C'est trop loin, il faudrait traverser tout le territoire des Domondoûs ; je serais repris, je redeviendrais leur prisonnier. Non ! non ! assez d'outrages, assez de tortures... Et, du reste, comment m'accueil-

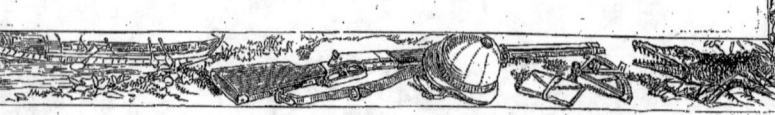

lerait ce tyran que j'ai trompé, et qui a été déçu dans ses espérances?

« Je n'ai qu'un parti à prendre : atteindre la frontière des Maleggas, dont quelques milles à peine me séparent. Ce peuple, m'avait-on dit autrefois, est plus humain que les Domondoûs; il me laissera peut-être rétablir mes forces sur son territoire, recouvrer la santé, et, plus tard, continuer ma route.

« Ma route! dire que je songe encore à mes projets; que, dans l'état où je suis, dans mon dénûment absolu, je songe encore à relier les découvertes de Schweinfurth à celles de Speke et de Grant !

« Eh bien! oui. Tout espoir ne m'a pas abandonné. Je ne puis pas avoir couru tant de dangers pour mourir maintenant, avoir tant fait pour laisser ma tâche inachevée. Mon terrible passé garantit en quelque sorte mon avenir.

« Je partirai donc cette nuit! Je me traînerai jusqu'à la frontière voisine. Que Dieu ait pitié de moi, et que sa miséricorde s'étende sur ceux qui liront ces lignes. »

Lorsque cette lecture fut terminée, je levai les yeux sur Mme de Guéran : son visage était noyé de larmes.

Nous allions nous éloigner discrètement, lorsque, essuyant ses pleurs, dominant son émotion, elle fit un geste pour nous prier de ne pas la quitter; puis, au bout d'un instant, plus forte, plus maîtresse d'elle-même, elle nous dit :

— L'hôte dont parle mon mari vit-il encore? Pourrons-nous le retrouver?

— Certainement, madame, répondis-je, il est près d'ici, au milieu de nos gens; nous avons eu le bonheur de le sauver, de l'arracher aux flammes.

— Ah! s'écria-t-elle en montrant le papier que je lui avais rendu, mon mari ne s'était pas trompé! Ces lignes ont servi de talisman à ce malheureux!... Je veux le voir, je veux l'interroger... Peut-être sait-il encore quelque chose... peut-être...

— Elle s'arrêta. Mais nous avions compris sa pensée.

— Vous devriez, madame, nous permettre d'interroger nous-mêmes cet homme, dit de Morin; nous vous jurons de vous reporter fidèlement ses paroles; mais si nous avions quelque triste nouvelle à vous apprendre, elle vous arriverait moins brusquement, moins brutalement...

— Soit! Allez, messieurs, dit-elle, je vous attends ici.

Nous rejoignîmes Nassar. Il faisait bonne garde auprès de nos prisonniers personnels, ou plutôt de nos protégés, et il nous conduisit vers l'homme qui nous intéressait spécialement. Le malheureux ne dormait pas, tant ses craintes étaient vives : il lui paraissait impossible qu'on l'eût délivré des flammes, qu'on l'eût fait prisonnier, si on n'avait pas l'intention de le manger. Les Mombouttous jouissant auprès de lui de la plus détestable réputation, il nous confondait avec ses ennemis.

Nassar parvint à expliquer qu'au lieu de lui vouloir du mal, nous lui voulions, au contraire, le plus grand bien. Lorsqu'il l'eut à peu près rassuré, il l'interrogea sur l'homme blanc, qui avait été si longtemps son hôte.

— Qu'est-il devenu? dit notre interprète. A-t-il gagné la frontière de Maleggas?

Le nègre chercha longtemps; la terreur qu'il venait de ressentir avait encore affaibli sa courte mémoire. Enfin, il fit comprendre que l'homme blanc n'avait jamais reparu.

— Mais, reprit l'interprète, n'est-il pas mort avant d'arriver dans la tribu voisine?

— Non, répondit l'infirme, il y est arrivé, et il m'a envoyé plus tard, en présent, un bœuf que lui avait donné le roi de cette tribu.

Nous fîmes traduire et répéter deux fois cette réponse, tant elle nous paraissait importante; elle établissait, en effet, que non seulement M. de Guéran avait pu fuir ses ennemis et continuer sa route, mais qu'il avait été bien accueilli par les Maleggas.

— Et, depuis, tu n'as plus entendu parler de lui? demanda Nassar.

— Non, fit le nègre.

— Eh bien, dit de Morin pendant que nous rejoignions la place où nous avions laissé Mme de Guéran, je commence à croire qu'un jour ou l'autre, nous retrouverons ce cher baron.

— Oui, répliquai-je. Il y a maintenant des chances.

— N'est-ce pas? Mais en même temps que ces chances augmentent, avez-vous remarqué que les nôtres diminuent?

— Évidemment. Quel effet cela vous produit-il?

— Et à vous?

— Moi, mon cher, c'est bizarre, me dit de Morin, j'ai fini par partager les espérances, les doutes, les craintes, les angoisses de notre campagne. Il me semble que j'ai un intérêt à retrouver son mari, lorsqu'au contraire je devrais en avoir un à ne jamais le connaître. Enfin, cette charmante femme m'est tellement sympathique, j'ai pour elle un tel culte, que je me surprends par instant à effacer ma personnalité devant la sienne, à ne plus songer qu'à son bonheur.

— Je pense absolument comme vous, répondis-je ; seulement je voudrais qu'elle mît son bonheur à faire le mien.

Cette dissertation philosophique fut interrompue par la personne qui en était l'objet. Elle courut à notre rencontre dès qu'elle nous vit et nous interrogea. De Morin devait avoir raison, car j'éprouvai un véritable plaisir à lui apprendre les bonnes nouvelles que nous venions de recueillir.

La nuit était avancée lorsque nous nous quittâmes, après avoir décidé de la conduite à tenir le lendemain.

IX

« Une heure après le lever du soleil, le docteur Delange commença ses visites. Les blessés de la veille avaient besoin de son précieux concours. De Morin et moi, nous le suivîmes, en qualité de carabins ou d'infirmiers : moins présomptueux que la veille, j'avais renoncé à ma position de sous-chirurgien.

— Messieurs, nous dit Delange, tout en marchant, je suis d'avis de ne rien perdre de mes habitudes parisiennes. Lorsque j'étais médecin à Lariboisière, je commençais ma tournée par cet hôpital ; mes riches clients ne venaient qu'ensuite. Je vais donc me rendre d'abord auprès des prisonniers, je donnerai mes soins à ceux qui ont été maltraités hier, puis j'irai panser la jambe royale. Cela vous va-t-il ?

— Parfaitement répondis-je ; nous aurons sans doute une longue conversation avec Mounza et les autres malades finiraient par s'impatienter.

Les prisonniers avaient été parqués dans une grande enceinte, entourée d'une palissade ; entièrement nus, étendus pêle-mêle comme un troupeau de moutons arrivé à l'abattoir, ils attendaient avec résignation les bouchers. Grâce aux précautions que nous avions prises à notre surveillance, on ne leur avait fait aucun mal.

Ils auraient été du reste injustes de se plaindre : en Afrique, le sort des prisonniers est terrible, non seulement dans les provinces reculées où nous nous trouvons, mais sur les territoires relativement civilisés du Nord. J'ai encore présent à la mémoire un épisode de voyage raconté par Vogel : Un jour, dans le Bornou, on conduisit à un chef, dont la tente était voisine de la sienne, une quarantaine de prisonniers valides, jeunes, en bonne santé. Le lendemain, il voulut les revoir, et il s'aperçut avec horreur que ces captifs avaient été, depuis leur arrivée, mutilés à l'aide d'un mauvais couteau : l'un avait perdu la jambe au-dessous du genou, l'autre le bras droit à partir du coude. Ils gisaient sur le sol, attendant que la perte de leur sang amenât une mort qui devait mettre un terme à leurs effroyables souffrances. Trois d'entre eux seulement avaient été épargnés par leur bourreau, mais ce n'était que pour se voir privés de la main droite et renvoyés en cet état dans leur pays, afin d'informer les leurs du triste sort qui les attendait. Sur ces trois mutilés, deux moururent la nuit même, et le dernier fut trouvé le lendemain étendu au milieu de ce champ de carnage, les traits décomposés, l'œil morne et les joues sillonnées par les larmes ; il appelait la mort à grands cris.

Non seulement Delange ne crut pas devoir se livrer à des mutilations de ce genre, mais il pansa les blessures qu'il n'avait pas faites, remit en place quelques membres disloqués et enleva fort adroitement des pointes de flèche restées indiscrètement dans la chair. Ses clients lui surent-ils quelque gré de cette attention ? Le prirent-ils pour un chirurgien ou pour un cuisinier ? Afin de résoudre ces questions, le docteur crut devoir étudier quelques crânes. Hélas ! après examen, il avoua que le gorille et le chimpanzé lui paraissaient supérieurs aux Domondoùs, sous le rapport intellectuel. Cependant, au point de vue de la charpente du corps, nous reconnaissons qu'en avançant vers l'Equateur, les formes humaines semblent se perfectionner : les Niams-Niams et les Domondoùs sont mieux faits que leurs voisins du Nord.

— Nous approchons évidemment, dit Delange, de la fameuse peuplade qu'on nous a si fort vantée ; nous trouverons enfin cette Vénus noire, à laquelle je rêve toutes les nuits.

Mounza parut très-sensible à la visite du docteur : ses médecins ordinaires ne seraient jamais parvenus à extraire la pointe de flèche qui l'avait frappé, et sans Delange il souffrirait horriblement, si toutefois il n'était pas mort empoisonné. Aussi se prêta-t-il de la meilleure grâce du monde à un nouveau pansement, qui le mit en bonnes dispositions de nous écouter.

Nassar lui fit le récit de l'incident survenu la veille, et résuma les confidences de M. de Guéran. Un fait auquel nous attachions nous-mêmes peu d'importance, frappa d'abord le monarque africain.

— Les Domondoûs ont fait du mal à votre père, dit-il. Vous voulez, sans doute, vous venger. Prenez mes deux mille prisonniers, tuez-les sans pitié, je vous les donne.

Nous répondîmes que les hommes blancs ne se vengeaient pas, qu'ils faisaient du bien même à leurs ennemis. Mounza garda pendant un instant le silence; malgré de grands efforts, il ne nous comprenait pas.

— Alors, finit-il par dire en s'adressant à Delange, si vous m'avez secouru hier, si vous avez guéri ma blessure, ce n'est point parce que je suis votre ami.

— C'est parce que vous souffriez, répliqua le docteur. J'essaye de guérir tous ceux qui souffrent...

Le roi fut encore un instant silencieux, puis murmura des mots qui peuvent se traduire ainsi : Les hommes blancs sont bien étranges !

Une sorte de révolution lente et progressive se faisait dans l'esprit de ce barbare. Il était encore loin de comprendre nos idées et de les partager, mais elles le frappaient; il essayait de s'en rendre compte, de se les rappeler, de les comparer aux siennes. Il vivait avec nous dans un monde nouveau et qu'instinctivement il admirait.

— Ainsi, reprit-il au bout d'un instant, vous ne voulez pas que je vous donne mes prisonniers?

— Au contraire, fit de Morin, mais nous les rendrons à la liberté.

— C'est impossible, dit Mounza lorsque cette phrase lui fut traduite, mes soldats se révolteraient. Ce que nous prenons à l'ennemi leur appartient comme à moi.

— Donne-nous alors ta part de butin, fis-je hardiment.

— Oui, je la donne à ta sœur, dit le roi.

— C'est bien; merci pour elle. Nous délivrerons les femmes, les enfants et les blessés.

— Soit ! Dans votre pays, que faites-vous donc des prisonniers? demanda-t-il au bout d'un instant.

— Nous les gardons quelque temps, répondit de Morin, pour qu'ils

De belles jeunes filles allaient à la rivière. (Page 504.)

ne puissent pas nous nuire. Lorsque la guerre est terminée, nous les renvoyons chez eux.

— Et où les gardez-vous ?

— Dans nos villes; les officiers peuvent même en sortir, ils sont libres sur parole.

Nassar ne put traduire cette dernière expression, et nous dûmes employer une périphrase, pour l'expliquer au roi.

— Et cela suffit? dit Mounza.

— Les blancs ne mentent jamais, répondit imprudemment de Morin.

— Ah! s'écria le roi. Alors, dites-moi si vous croyez que votre sœur reviendra dans mon royaume et m'épousera.

De Morin avait commis la faute, il dut la réparer.

— Elle reviendra certainement, fit-il, si nous retrouvons notre père et s'il lui permet de t'épouser.

— Mais lui permettra-t-il?

— Je ne puis pas le savoir et je ne puis pas te répondre. Dire une chose qu'on ne sait pas c'est mentir; je t'ai dit que nous ne mentions pas.

Un long silence se fit.

— Ainsi, reprit Mounza, vous voulez vous rendre chez le peuple que tu appelles les Maleggas et que nous appelons les *Maoggous?* Je puis vous y conduire et je n'aurai aucune bataille à livrer; le roi Kadjoro est mon allié. Mais si votre père a quitté son territoire?

— Nous irons plus loin.

— Je ne puis pas m'éloigner autant de mon pays.

— Même pour conquérir notre sœur?

— Ah! si j'étais sûr de la conquérir, fit-il, je donnerais mon royaume!

Nassar n'eut pas besoin de traduire cette phrase, nous la comprîmes tant il y eut d'expression dans le regard, dans le geste et dans la voix de Mounza.

Il fut convenu que le roi des Mombouttous ferait prévenir son allié de sa prochaine arrivée et que l'armée reprendrait sa marche vers le Sud. Quant aux prisonniers, ils devaient être dirigés immédiatement sur le district de Dogberra; mais il serait défendu, sous peine de mort, aux soldats chargés de leur garde, de les maltraiter.

— Décidément, disait Delange en revenant avec nous vers notre campement, Mounza se civilise de plus en plus; l'amour fait des prodiges. Ne trouvez-vous pas cependant, messieurs, invraisemblable la conduite de ce sauvage? Lorsque nous raconterons cet épisode de voyage, personne ne voudra nous croire. Je vois d'ici les esprits forts du cercle s'écrier : « Allons donc! Vous *nous la faites bonne!* Au lieu de filer le parfait amour avec Mme de Guéran, et de se mettre à la recherche de son soi-disant père, un monarque africain vous eût tout bonnement massacrés ou empoisonnés. Puis, débarrassé des *gêneurs*, il aurait enfermé la baronne dans son palais, pour en faire sa maîtresse de gré ou de force. »

— Vous avez raison, mon cher Delange, répondit de Morin, les imbéciles et les ignorants parleront ainsi. Cela prouvera simplement qu'ils ne connaissent pas le caractère crédule et naïf du nègre, qu'ils ne se rendent pas compte surtout du prestige incroyable que les blancs exercent sur toutes ces peuplades africaines. Les hommes intelligents se donneront la peine de réfléchir; ils se diront que les plus forts et les plus nombreux n'osent pas toujours s'attaquer aux faibles. Ici la couleur de la peau jouit de grands privilèges; en Europe, l'éducation, le grade en ont d'aussi grands. Prenez un régiment, envoyez-le en campagne, isolément, loin de tout contrôle, à l'abri de toutes craintes. Les soldats sont deux mille, les officiers au nombre de vingt, et ces vingt hommes, l'épée au fourreau, imposeront leur volonté à cette foule armée de sabres et de fusils. Matériellement, Mounza ne saurait nous craindre; moralement, sans le savoir, il tremble devant nous.

— Alors, dis-je à de Morin, suivant vous, nous n'aurons jamais à combattre le roi et son armée?

— Oh! je ne dis pas cela! Le jour où nous ne voudrons pas retourner dans ses États, lui abandonner Mme de Guéran, il peut devenir terrible. L'influence exercée en ce moment sur lui s'effacera devant sa passion: le sauvage reprendra tous ses droits et je ne donnerais pas alors grand'chose de nos trois existences. Mais, mon cher ami, laissons-nous conduire par les évènements, comme nous l'avons toujours fait; si nous avions tout calculé avant de nous mettre en route, Paris aurait encore l'honneur de nous posséder.

Dans l'après-midi, des officiers de Mounza vinrent nous chercher pour nous demander de choisir nos prisonniers. Sans discrétion et sans délicatesse, nous en délivrâmes beaucoup, ou plutôt nous les fîmes délivrer par notre protégé, l'hôte de M. de Guéran. Il choisissait ses amis, et aussitôt on les faisait sortir de l'enceinte. Il acquit ainsi, à peu de frais, une grande réputation dans son pays, et passa bientôt à l'état de sorcier, ce qui lui faisait une position superbe. La dette du baron était payée.

X

« On dirait que l'Afrique, flattée d'être visitée par les Européens, leur ménage chaque jour une surprise nouvelle, veut les étonner par la diversité de ses paysages et de ses mœurs : le sol, et ceux qui le peuplent, changent d'aspect à tout instant, pour que le regard ne se fatigue jamais, que la curiosité soit toujours en éveil, l'imagination sans cesse surexcitée.

Hier, nous rencontrions un peuple de nains, les Akkas; aujourd'hui nous sommes en présence, chez les Maleggas, d'hommes de grande taille, avec des bras et des jambes admirablement proportionnés. Le front est découvert, l'œil allongé, la bouche bien faite, le teint bronzé. Hier, nous combattions contre les Domondoûs, de véritables brutes, lâches et cruels; aujourd'hui, nous sommes reçus à bras ouverts par des gens hospitaliers, braves et presque intelligents.

Les naturels que nous avons visités depuis quelques mois, ne peuvent se décider à cultiver la terre, si peu exigeante cependant et prête à se contenter des moindres avances; ils coupent la moisson avant qu'elle soit mûre, arrachent les fruits encore verts, se montrent ingrats de toutes les façons envers le paradis où le hasard les a fait naître. S'ils sont las des légumes et des fruits qu'ils n'ont que la peine de récolter, si la manne qui leur tombe du ciel ne leur suffit plus, s'ils veulent une nourriture plus substantielle, ils vont piller leurs voisins, voler leur bétail, s'engraisser à leurs dépens.

Depuis plusieurs jours, au contraire, nous parcourons un vaste territoire parfaitement cultivé, où l'habitant se suffit à lui-même. Les bœufs forment la richesse du pays, et chaque bourgade en possède une grande quantité. Ils errent dans de vastes pâturages, arrosés par de nombreux ruisseaux courant vers le Kibali. La fraîcheur de l'eau conserve, même pendant l'été, à ces prairies les vertes couleurs que leur a données la saison des pluies. De grands bois les entourent et les protégent des rayons du soleil. Si la plaine est trop vaste pour être suffisamment abritée par sa bordure forestière, des arbres épars çà et là l'empêchent de se brûler et de se dessécher. Ici c'est un tamarin de de quatre-vingts pieds de diamètre et qui forme berceau ; là un baobab dont le tronc atteint dix-huit mètres de circonférence.

Les bestiaux qu'on ne laisse pas en liberté sont parqués dans de vastes kraals entourés de palissades; des gardiens les surveillent et allument de grands feux pour les protéger des moustiques et des mouches. Nous sommes au milieu d'un peuple de pasteurs, aux mœurs douces, mais qui peut être obligé de se défendre contre ses voisins, dont il excite l'envie. Aussi des sentinelles veillent-elles sans cesse autour des parcs et des villages, le tambour est-il toujours prêt à réunir la tribu et à lui faire prendre les armes. Cependant, comme s'ils voulaient affirmer qu'ils ne sont ni des envahisseurs ni des oppresseurs, qu'ils se bornent à protéger leur sol, leurs demeures et leurs familles, les Maleggas n'ont aucune arme défensive. Ils remplacent l'arc et la flèche par un couteau à longue lame et une terrible massue à tête de fer.

Ils sont terribles dans la défense, et leurs voisins le savent si bien qu'ils hésitent à les attaquer. Les Maleggas se montrent du reste de bonne composition avec eux : pour jouir de la paix, pouvoir élever tranquillement leur bétail, ils payent certaines redevances aux tribus dont ils redoutent la force. Quant aux Domondoûs, leurs voisins du Nord, ils ne s'en inquiètent pas : les Mombouttous se chargeant tous les ans de mettre à la raison cette tribu et d'emmener en esclavage, comme nous l'avons vu faire, tous ses hommes valides.

Au milieu de cette peuplade, dépaysée au cœur de l'Afrique, et que Dieu semble avoir donnée comme exemple aux tribus voisines, exemple qui ne leur profite guère, nous devons facilement trouver les renseignements que nous cherchons.

Si le hasard ne nous avait mis entre les mains les notes écrites par M. de Guéran, nous n'aurions rien appris chez les Domondoûs, incapables de comprendre même nos interprètes et de leur répondre. Mais ici, avec la connaissance que nous avons acquise des dialectes noirs, très variés, mais ayant toujours entre eux certaines analogies, nous arrivons souvent à nous expliquer et à saisir le sens des réponses. Le vocabulaire de tous ces peuples n'est pas considérable comme le nôtre : quelques mots simples, quelques expressions usuelles forment le fond de la langue; on arrive peu à peu à les connaître, et le geste, le regard remplacent avantageusement, d'un côté et de l'autre, les défaillances de la parole.

Ces entretiens n'ont pas toujours été faciles : dans les premiers districts que nous avons traversés, notre arrivée causait un grand émoi. Le roi Kadjoro s'était empressé cependant de prévenir ses sujets qu'ils n'avaient rien à craindre des Mombouttous. Mounza avait, en même temps, établi une discipline rigoureuse dans son armée, et pour y parvenir, décapité du premier coup quelques maraudeurs et quelques pillards.

Malgré les attentions délicates de Mounza et les avertissements de leur roi, les paisibles Maleggas commençaient par prendre la fuite à l'approche de cette formidable armée tumultueuse et toujours désordonnée. Peu à peu, cependant, lorsque les soldats, après s'être arrêtés, avaient construit leur camp, lorsqu'on les voyait déposer leurs armes et s'étendre paisiblement à l'ombre, les naturels revenaient sur leurs pas, s'approchaient et se dirigeaient généralement de notre côté.

Sans être vêtus d'une façon à peu près complète, comme les Mombouttous, les Maleggas ont une sorte de caleçon fait de peau de vache qui les rend présentables. Leur tatouage, très compliqué, composé de lignes courbes et de lignes droites s'enchevêtrant les unes dans les autres, de zigzags et de cercles entrecroisés, complète leur parure. Les femmes, à l'exemple de leurs sœurs des autres tribus, remplacent la robe par quelques plantes adroitement disposées, mais elles ne lésinent pas sur l'étoffe, qui est toujours de grande largeur. Sous l'Equateur, la nature fait bonne mesure au feuillage, et les dames maleggas profitent de cette générosité pour donner de l'ampleur à leurs vêtements.

Des groupes ne tardent pas à se former autour de nous, on nous regarde avec curiosité, sans trop d'effronterie. De notre côté, nous cherchons dans la foule l'homme ou la femme, qui semble offrir le plus de garanties d'intelligence. Quand on a trouvé le sujet, on l'appelle, on lui fait signe de s'avancer. Il hésite, il fait mine de fuir, mais ses compagnons le poussent et il se décide à marcher vers nous, en se dandinant pesamment sur ses hanches.

Alors l'un de nous interroge celui qui vient de pénétrer dans notre cercle. M. de Guéran fait tous les frais de la conversation. Ici nous apprenons qu'il s'est arrêté dans le village voisin près de quinze jours : il paraissait malade, fatigué, nous dit-on ; il se traînait plutôt qu'il ne marchait. On lui a donné l'hospitalité dans cette cabane qu'on nous montre au loin. Il s'y est reposé tant qu'il a voulu et, lorsqu'il s'est senti plus fort, il a repris sa route vers le Sud. Nous suivons ainsi, pas à pas, notre compatriote. Nous voyons, pour ainsi dire, ses forces renaître, ses étapes devenir plus longues. L'hospitalité des Mallègas hâte sa convalescence; dans les villages de la frontière, c'est encore un malade qui chancelle; dans les bourgades du Centre, c'est un homme plus actif, plus vigoureux. Il marche et ne se traîne plus.

Son portrait ne varie jamais ; il semble gravé dans la mémoire de toute la peuplade. Ceux qui n'ont pas vu l'homme blanc ont entendu parler de lui si souvent, qu'ils le connaissent et peuvent le peindre. Le passage de cet étranger dans le pays a été un véritable évènement, dont le souvenir n'est pas encore près de s'éteindre.

On s'accorde à dire qu'il avait une longue barbe blonde et de longs cheveux. Ce dernier détail surprend d'abord la baronne, qui a connu son mari avec des moustaches et des cheveux courts, mais elle comprend aussitôt que M. de Guéran, auquel les Domondoùs ont enlevé tous ses bagages, s'est trouvé obligé de laisser pousser ce qu'il ne pouvait ni raser, ni tailler. Les voyageurs du centre de l'Afrique, même ceux qui n'ont pas été pillés, comme le baron, ne donnent pas, du reste, de grands soins à leur toilette, et nous sommes privilégiés sous ce rapport, grâce à Joseph, élevé dès le commencement du voyage au rang de barbier de l'expédition. Souvent même, au point de vue du teint, les Européens finissent par ressembler aux Africains : les blonds deviennent café au lait, les bruns couleur chocolat; des coups de soleil écaillent la peau, on est méconnaissable et on pourrait passer inaperçu sinon parmi les véritables noirs, du moins chez plusieurs peuplades moins foncées. M. de Guéran paraît avoir sauvé de son désastre les vêtements qu'il portait sur lui; on nous fait comprendre qu'il était habillé à peu près comme nous. Ce détail semble ravir miss Poles; elle ne nous a pas caché qu'elle craignait de retrouver le baron de Guéran à l'état de sauvage, « ce qui serait bien *shocking*, » ajoutait-elle.

Les naturels nous indiquent toujours, d'une façon très précise, la route suivie par l'homme blanc pour se rendre de leur village dans la bourgade voisine; mais il nous est impossible de savoir de quel côté il s'est dirigé, le jour où il a quitté leur pays, et s'il l'a quitté. Leurs connaissances et leurs renseignements ne dépassent jamais un rayon de cinq ou six lieues; les districts du Nord ignorent ce qui se fait dans les districts du Centre et du Sud. Il ne saurait en être autrement dans un pays où les communications sont des plus difficiles et où les journaux font absolument défaut. Nous ne serons fixés, sous ce rapport, qu'auprès du roi qui, d'après divers renseignements, semble avoir donné l'hospitalité au voyageur européen. En attendant, grâce à l'intelligence des Maleggas, nous pouvons dater, en quelque sorte, chaque étape de notre compatriote : il est arrivé, chez eux, au milieu d'octobre, à l'époque où nous quittions nous-mêmes Paris pour nous mettre à sa recherche. Il y a donc juste un an, puisque nous sommes en octobre 1873. Nous pouvons même nous rapprocher encore de lui par la pensée, car il n'est pas douteux qu'il ne soit resté plusieurs mois chez les Maleggas : il aura profité de leur hospitalité pour prendre des forces, se refaire, comme on dit vulgairement, avant de tenter de nouvelles entreprises. Six ou huit mois seulement nous séparent donc de lui, six ou huit mois nous échappent; comment les a-t-il remplis? C'est ce que nous ne pouvons pas tarder à savoir.

En approchant de la résidence royale, le pays devient encore plus pittoresque, et les villages se succèdent serrés, nombreux. Ils s'élèvent sur des coteaux et semblent comme accrochés à leurs flancs boisés et fleuris. On est tenté d'oublier l'Afrique pour se croire en Normandie. Des chèvres courent sur la colline, des vaches paissent dans la vallée, de petits pâtres armés de lances et de massues en miniature gardent les troupeaux. De belles filles, les épaules rejetées en arrière, la jambe nerveuse et fine, portent sur la tête de grands vases, et se dirigent vers la rivière. Devant les cabanes, sous une sorte de vérandah en feuilles de bananier, la famille se repose : depuis le vieillard à tête grise, jusqu'à l'enfant qui s'essaye à marcher. Le soleil verse à flots ses rayons sur ce tableau ; des parfums d'une suavité indicible s'échappent des bouquets d'arbres couronnés de fleurs, les oiseaux chantent dans le feuillage. Nous prenons le plus d'avance possible sur l'armée pour jouir de tous ces spectacles avant qu'ils soient troublés.

Enfin aux roulements de nos tambours répondent dans le lointain d'autres roulements, des cris se font entendre, des hommes courent, des soldats apparaissent. C'est Kadjoro qui vient à la rencontre de son allié Mounza. Malgré la simplicité de ses mœurs, il a trouvé l'occasion de faire un peu de mise en scène ; en sa qualité de souverain africain il ne saurait se priver de ce plaisir.

Les Walindis. (Page 512.)

XI

« Le souverain des Maleggas avait pris par la main son confrère en royauté, et l'entraînait vers un immense baobab, sous lequel il donnait ses audiences et rendait la justice. Le sol, sur une étendue de vingt mètres carrés environ, était tapissé de peaux de bœuf; des troncs d'arbres recouverts de la dépouille des hyènes, des lions, des léopards servaient de trône et de sièges.

Pendant que nous restions en arrière des deux chefs de tribus, et au milieu de leurs escortes respectives, j'examinai Kadjoro. C'est un homme d'une trentaine d'années, de grande taille, aux membres nerveux. Ses allures tiennent à la fois de celles du paysan et de celles du guerrier. Ses traits sont agréables et réguliers : ses yeux noirs, beaux, pleins de vivacité; ses cheveux, ou plutôt sa toison, séparée au milieu du front, retombe derrière les oreilles et jusqu'aux épaules en torsades nombreuses. Des plumes d'autruche, d'aigle ou de vautour, sont plantées çà et là, dans cette laine épaisse.

Il tient de la main gauche un bouclier de peau de buffle, de la main droite une massue et, à l'exemple des gens de sa tribu, une partie de son corps est cachée par une sorte de caleçon très ample. Si l'on considère uniquement ses traits, sa physionomie, son teint seulement olivâtre, on est tenté de le prendre pour un Européen; sa toison, ses ornements, son tatouage en font un sauvage, « mais un beau sauvage », affirme miss Poles, qui déjà, derrière ses lunettes bleues, a fait ses remarques et vient les joindre aux nôtres.

— Prenons garde, me dit de Morin à l'oreille, elle est capable de s'enflammer pour Kadjoro et de faire quelque nouvelle folie.

Je promets à notre ami de la surveiller.

Le roi ne s'est pas encore assis ; il cause avec son hôte et l'interroge sans doute sur notre compte, car il nous regarde souvent, ce qui fait palpiter miss Poles, déjà persuadée que le nouveau souverain la remarque et l'admire.

— Comme il est bien mieux que Mounza! ne cesse-t-elle de répéter.

Tout à coup Kadjoro, renseigné sans doute à notre sujet par son royal ami, le quitte brusquement, marche de notre côté, nous tend la main à tous trois, s'incline devant nos deux compagnons, comme le ferait un véritable Européen, et, d'un geste, nous invite à le suivre.

— C'est charmant, murmure Delange, ce sauvage a des allures de grand seigneur.

Tout en lui faisant observer que Kadjoro s'est sans doute inspiré auprès de M. de Guéran, nous suivons le roi et nous foulons bientôt le tapis de fourrure.

Notre entrée dans l'enceinte réservée s'est faite au bruit de la musique des Maleggas. Une vingtaine de musiciens, placés à une distance respectueuse, soufflent à pleins poumons dans des espèces de conques en dents d'éléphant, tandis qu'ils remuent les bras et frappent du pied pour agiter des petites sonnettes en fer pendues à leurs poignets, à leurs genoux et à leurs chevilles. Derrière ces musiciens se tient la cour, avide de nous contempler : chacun se dresse sur la pointe des pieds, quelques grands dignitaires montent même, au mépris de toutes les convenances, sur le dos de leurs voisins ; mais personne n'ose pénétrer dans l'enceinte réservée au roi et à ses hôtes. Aucune femme n'apparaît à l'horizon ; il paraît qu'elles sont bannies, chez les Maleggas, de toutes les réunions publiques.

Sur un signe de Kadjoro, l'orchestre fait silence. Nous prenons place sur les sièges que le roi nous désigne, et l'entretien, depuis si longtemps désiré, commence.

— Soyez les bienvenus dans mon royaume, nous fait d'abord dire Kadjoro. Vous êtes les amis de mon allié, le roi des Mombouttous ; cela me suffit et je n'ai pas besoin de connaître vos projets.

— Ces projets, dit aussitôt de Morin, nous voulons au contraire te les confier. Nous ne devons pas avoir de secrets pour celui qui nous a offert une si généreuse hospitalité, depuis que nous sommes dans ses États.

— Parlez, répond le roi, j'essaierai de vous être utile.

— Nous te croyons ; celui qui voit ton visage et entend le son de ta voix, ne peut douter de ta franchise.

De Morin venait d'exprimer notre pensée à tous ; on se sentait, à première vue, entraîné vers ce sauvage, bien supérieur à ceux que nous avions vus et même au roi des Mombouttous.

— Prenez garde de blesser l'ombrageux Mounza, en faisant trop de compliments à son allié, dis-je à de Morin.

— Rassurez-vous ; il aura son tour, me répondit mon ami.

Il reprit à haute voix, en se tournant vers Kadjoro :

— Nous sommes à la recherche d'un homme blanc, notre père ; il a longtemps séjourné dans ce pays et nous venons te demander de ses nouvelles.

Le roi nous regarda et répéta plusieurs fois :

— Votre père ! l'homme blanc était votre père !

De Morin ne se dissimulait pas les dangers de la situation ; mais, toujours résolu, il n'avait pas cru devoir tourner la difficulté et éveiller ainsi les soupçons de Mounza, qui nous écoutait avidement. Il espérait aussi que, par suite des raisons précédemment développées, ce nom de père donné à M. de Guéran passerait inaperçu, ou que du moins Kadjoro n'y attacherait pas d'importance.

Il ne s'était pas trompé : le roi revit sans doute, par la pensée, les traits fatigués de M. de Guéran, sa barbe longue, ses cheveux tombants, son visage qu'une cruelle maladie avait altéré, et jetant un coup d'œil sur Mme de Guéran, jeune, charmante, le teint animé par l'émotion qu'elle ressentait en ce moment, il se dit qu'elle pouvait bien être la fille de l'étranger.

Sans lui donner le temps, du reste, de prononcer quelques paroles dangereuses pour nous, de Morin, avait aussitôt repris :

— Nous avons fait un long et périlleux voyage pour nous entretenir avec toi. Nous te supplions de nous dire tout ce que tu sais sur le compte de celui qui fut ton hôte.

— Oui, il a été mon hôte et mon ami, dit d'une voix vibrante le chef des Maleggas.

— Où est-il? demanda vivement de Morin. Serait-il encore dans tes États ?

— Non, non, répondit avec tristesse le roi. Il m'a quitté depuis longtemps.

Nous partagions tous l'émotion de Mme de Guéran. Quant à notre compagne, elle s'était levée, et, pâle, frémissante, résolue à connaître le plus vite possible son sort, elle adressait elle-même au monarque africain des questions que Nassar traduisait.

Ces questions n'ont peut-être pas été posées dans l'ordre où je les écris, mais cet entretien, auquel nous nous sommes tous mêlés, sans excepter Mounza, est encore aujourd'hui si présent à ma mémoire que je suis sûr de ne rien oublier et de ne me tromper ni sur le sens des demandes, ni sur celui des réponses, faites sans hésitation et avec la plus entière franchise :

— Celui qui fut ton hôte et ton ami existe-t-il encore? avait osé demander brusquement Mme de Guéran.

— Je ne sais pas, répliqua le roi ; depuis le jour où il a franchi mes frontières, je n'ai plus eu de ses nouvelles.

— A quelle époque t'a-t-il quitté?

Kadjoro fit un calcul, donna quelques explications à Nassar, et nous comprîmes que six mois à peine s'étaient écoulés depuis le départ de M. de Guéran.

— De quel côté s'est-il dirigé après t'avoir dit adieu?
— Vers le Sud, dans la direction des montagnes.
— Quel pays a-t-il rencontré en sortant du tien?
— Le *Ulindi*.
— Est-il grand?
— Oui, il s'étend jusqu'aux montagnes.
— Comment s'appelle le roi qui les gouverne?
— Ce n'est pas un roi, c'est une reine, la reine Walinda, qui a donné son nom au pays et à ses sujets; on les appelle les Walndis.

Nassar nous fait observer qu'en Afrique lorsque le nom d'un pays commence par un U, le nom des habitants commence par *Wa*.

— Penses-tu que cette reine ait permis à notre père de continuer sa route? demanda de Morin.

— Non, je ne le pense pas. Elle ne laisse même pas ses voisins, ses alliés, comme nous, pénétrer sur son territoire.

— Cependant, d'après ce que tu dis, notre père semble y avoir pénétré?

— Oui, malgré tous mes conseils; mais on l'aura fait aussitôt prisonnier.

— En es-tu certain?
— Il ne peut en être autrement : il n'est pas revenu dans mes États.

— Il n'avait pas besoin d'y revenir, s'il a pu franchir les montagnes?

— On ne peut les franchir. Ce sont les frontières de la terre; elle finit là.

Au lieu de combattre cette erreur, de Morin dit au roi :

— Alors, si notre père existe encore, nous le trouverons chez les Walindis?

— Non, vous ne le trouverez pas; on vous fera prisonniers comme lui, dès votre arrivée dans le pays.

— Nous achèterons le droit de passage, dis-je aussitôt.

A peine Nassar eut-il traduit ces mots de son mieux, que le roi lui demanda des explications : il ne pouvait saisir le sens de ma phrase. En effet, dans les contrées où les marchands d'ivoire et d'esclaves n'ont jamais pénétré, l'idée de prélever un droit de passage n'est pas même venue à l'esprit des indigènes; ils reconnaissent que chacun est libre de traverser les terres incultes, et regardent, à de rares exceptions près, comme une faveur, la visite d'un étranger. Si, dans les régions arrosées par le Nil et sur le parcours des caravanes, on exige un tribut, c'est que les marchands d'esclaves, dans la crainte qu'on ne délivre leurs prisonniers, ont pris autrefois l'habitude d'offrir des présents aux chefs pour obtenir leurs bonnes grâces. Ceux-ci ont ignoré longtemps pour quel motif les étrangers allaient ainsi au-devant de leurs désirs, ils ont fini par s'en rendre compte et sont devenus d'une rapacité inouïe avec les hommes blancs, qu'ils prennent tous indistinctement pour des négociants de chair humaine.

— La reine des Walindis, reprit Kadjoro, dès qu'il eut compris ce qu'on voulait lui dire, refusera vos présents et ne vous permettra même pas d'arriver jusqu'à sa résidence.

— Nous y arriverons de force, dit de Morin.

— On voit bien que vous ne connaissez pas mes voisins, répliqua le roi; je suis puissant, je suis fort, et cependant je leur paye un tribut pour qu'ils ne me fassent pas la guerre.

— Leur armée est donc plus nombreuse que la tienne?

— Non, mais les bataillons de femmes qui la composent épouvantent nos soldats.

Le roi s'aperçut de notre étonnement et s'empressa de donner à Nassar les détails suivants : Au commencement de son règne, les Walindis avaient tout à coup envahi le territoire des Maleggas pour y faire une razzia de bétail. Il s'était vaillamment défendu, et peut-être allait-il remporter la victoire, lorsqu'une nombreuse troupe de femmes, commandées par la reine, avait pris part au combat, et mis, en peu d'instants, son armée en fuite. Ces guerrières, dont il n'avait jamais soupçonné l'existence, étaient jeunes, belles pour la plupart, d'une force et d'une bravoure extraordinaires. Elles ne perdaient pas leur temps à lancer des flèches, elles ne combattaient pas à distance; elles se précipitaient, tête baissée, dans la mêlée et y faisaient de terribles ravages avec leurs piques acérées et leurs longs couteaux. On ne pouvait ni les étreindre, ni les approcher de trop près : leurs fronts, leurs cous, leurs tailles, leurs poignets, leurs jambes au-dessus du jarret, leurs pieds au dessus de la cheville, étaient entourés de cercles en fer bardés de lames aiguisées d'un pied de long, qui leur servaient à la fois d'armes offensives et d'armes défensives. Elles poussaient en combattant, disait le roi, des cris terribles ; leurs yeux lançaient des éclairs, leurs bouches écumaient; elles ne faisaient jamais grâce, dédaignaient les prisonniers, et dès qu'elles avaient blessé un ennemi, elles l'achevaient. Aussi ces femmes inspirent-elles aux Maleggas une terreur invincible, et c'est à cause de cette terreur que Kadjoro avait cru devoir faire d'habiles concessions à ses voisins, et acheter l'alliance de leur reine, l'invincible et belle Walinda, comme on l'appelle dans le pays.

— Je crois, dit de Morin en se tournant vers nous, que nous avons trouvé au centre de l'Afrique un nouveau royaume de Dahomey.

— Et moi, je crois, murmura Delange à mon oreille, que je vais être bientôt en présence de ma Vénus noire.

XII

Si les amazones, dont l'existence vient de nous être révélée, méritent que nous comptions avec elles, nous ne devons pas cependant laisser soupçonner qu'elles nous effrayent.

Aussi de Morin a-t-il repris la parole, et, s'adressant au roi :

— Je comprends, lui dit-il, que tes troupes, pourvues seulement de lances et de massues, redoutent la reine des Walindis et ses guerrières. Mais il ne saurait en être de même pour nous : avec nos armes, nous pouvons tenir l'ennemi à distance et éviter ainsi les luttes corps à corps que tu dis meurtrières.

— Je connais vos armes, répond le roi; votre compatriote m'a parlé de leur puissance. Je sais qu'elles lancent la foudre, mais je sais aussi qu'elles ne peuvent pas toujours la lancer. Il arrive un moment où elles ne valent pas même nos massues que tu sembles dédaigner.

M. de Guéran avait évidemment expliqué de son mieux à Kadjoro le mécanisme des armes à feu, et le roi nègre se rendait compte de leur inutilité, lorsque les munitions venaient à manquer.

— En effet, reprit de Morin en montrant sa carabine, il arrive un moment où cette arme ne donne plus la mort. Mais elle peut, en quelques instants, disperser ou détruire toutes les forces des Walindis.

Demande à ton allié combien il nous a fallu de temps pour vaincre les Domondoûs, lorsque nous avons pris part au combat.

Kadjoro secoua la tête. Nous ne l'avions pas convaincu :

— Mes voisins du Sud, fit-il, sont plus terribles que mes voisins du Nord ; je ne crains pas les Domondoûs et je redoute les Walindis. Tu massacreras peut-être la moitié de leur armée ; l'autre moitié t'exterminera toi et les tiens. Votre père les savait redoutables et partageait mes craintes.

— Ce qui ne l'a pas empêché, répliqua de Morin, de se rendre, seul, au milieu d'eux. Nous ne pouvons pas hésiter à faire ce qu'il a fait, lorsqu'il s'agit de le délivrer, de le sauver.

Kadjoro, entêté comme tous les nègres, ne céda point.

— Votre compatriote était seul, reprit-il, on ne le craignait pas ; sa vie a peut-être été épargnée. Vous êtes nombreux, vous êtes armés, on vous tuera.

— Eh bien, on nous tuera! s'écrièrent de Morin et Delange, auxquels je crus devoir me joindre.

Au lieu de nous admirer, Kadjoro jeta sur nous un regard de pitié ; la sagesse, la prudence dominaient chez lui l'enthousiasme. Mais le roi des Mombouttous vint à notre secours : si Kadjoro, en sa qualité de nègre, avait la bosse de l'entêtement, son frère africain était, de son côté, orgueilleux à l'excès, et de Morin, depuis un instant, faisait tous ses efforts pour surexciter cet orgueil. Mounza prenant à partie le roi des Maleggas, lui dit que les blancs étaient ses hôtes, ses amis, qu'il ne les abandonnerait pas et marcherait avec eux contre la peuplade qui retenait leur père prisonnier.

— Tu te feras battre, répondit tranquillement Kadjoro.

Aucune parole ne pouvait mieux servir nos intérêts. Mounza devint furieux, prétendit que son armée était invincible et qu'il le prouverait bien. Si Mme de Guéran ne s'était pas jointe à nous pour le calmer, il eût déclaré, sur l'heure, la guerre au roi des Maleggas, afin de bien établir sa force. Mais, dès lors, nous pouvions compter sur notre puissant allié ; il était décidé à se mesurer contre la tribu des Walindis. Peut-être que l'adroit Kadjoro jouait avec lui un jeu semblable au nôtre : il l'irritait contre des voisins incommodes, dangereux, qu'il n'osait attaquer et que Mounza, par orgueil, allait combattre. Quel que fût le résultat de la lutte, le roi des Maleggas devait y gagner : la défaite des Mombouttous les rendrait moins exigeants envers un allié

Quant à son tatouage, de Moriu le réussit. (Page 548.)

qu'on traitait parfois en vassal; leur victoire, au contraire, diminuerait la puissance des Walindis et peut-être arriverait-on à ne plus payer de tribut. Les rois nègres sont, en maintes circonstances, de très fins politiques, et Kadjoro, plus intelligent que tous ses collègues, devait au besoin se transformer en diplomate et réussir dans l'emploi.

Nous venions, en une heure, de faire un grand pas : nous savions de la façon la plus précise que, six mois auparavant, le baron de Guéran s'était dirigé vers l'Ulundi. Nous avions des raisons sérieuses de croire qu'il se trouvait dans ce pays, dont quelques journées de marche seulement nous séparaient. Enfin, Mounza, qui peut-être aurait refusé de pénétrer plus avant dans le Sud, s'était décidé, non plus seulement pour complaire à Mme de Guéran, mais par orgueil de nègre et de souverain, à nous suivre, à tenter avec nous de nouvelles aventures. Nous n'avions plus d'efforts à faire pour l'entraîner au loin; il s'agissait, au contraire, maintenant, de tracer des limites à son zèle, de calmer une ardeur qui, mal appliquée, nous serait nuisible.

En effet, si, comme l'affirmait Kadjoro, ses voisins étaient redoutables, l'armée de Mounza, malgré notre appui, pouvait être battue, massacrée, et nous partagions son sort. Il fallait donc, dans notre intérêt, dans celui de Mme de Guéran, dans l'intérêt de tous, éviter, si nous le pouvions, de nous mettre en hostilité avec la Vénus noire, comme Delange persistait à l'appeler.

Mme de Guéran, dont l'influence sur Mounza était d'autant plus grande qu'elle ne daignait jamais l'exercer, se chargea de prêcher au roi la prudence, sans cependant éteindre tout à fait ses idées belliqueuses. Elle lui conseilla d'envoyer à Walinda une sorte d'ambassade chargée de proposer une alliance et de demander une entrevue. Si la reine acceptait, l'armée des Mombouttous pénétrerait pacifiquement sur le territoire voisin, et nous aiderait dans nos tentatives pour délivrer notre compatriote. Si, au contraire, Walinda refusait l'alliance on marcherait contre elle, et les Européens, la conscience tranquille, défendant cette fois leur propre cause, prêteraient leur concours aux Mombouttous.

Une difficulté cependant se présentait : comment les ambassadeurs de Mounza arriveraient-ils jusqu'à la reine, dans un pays toujours en éveil, toujours soupçonneux, où tous les chefs de districts avaient ordre de traiter les étrangers en ennemis?

Kadjoro nous vint en aide : on était à l'époque où il payait d'habitude aux Walindis son tribut annuel, et il nous proposa de joindre nos envoyés aux siens. Les officiers de Mounza se mêleraient à la caravane des Maleggas, passeraient inaperçus au milieu d'eux, et arriveraient ainsi jusqu'à la résidence royale, située à l'extrémité du royaume, au pied des montagnes, disait-on. Cette dernière proposition fut acceptée, et bientôt nous prîmes congé de Kadjoro. Le départ fut aussi simple que l'avait été l'arrivée; un peu de musique, quelques cris; ce fut tout. Soit que le roi des Maleggas dédaignât la mise en scène, soit qu'il ne fût pas en position d'en faire, sa réception ne ressemblait en rien à celle du roi des Mombouttous, mais elle avait été plus franche et plus cordiale.

Tandis que nous rejoignions notre camp, de Morin s'était approché de moi; je lui pris le bras et je dis :

— Vous êtes d'avis, n'est-ce pas, mon cher, qu'il ne suffit pas d'envoyer dans l'Ulindi les ambassadeurs de Mounza? Ils vont proposer une alliance et une entrevue fort importantes, je n'en disconviens pas, mais seulement dans le cas où M. de Guéran serait prisonnier, ce qui est possible, probable même, sans être certain. Il faut, avant tout, nous assurer de la présence de notre compatriote sur le territoire voisin, et charger de cette mission un homme de confiance.

— C'est évident, mon cher, me répondit de Morin et j'ai... poussé à l'ambassade, afin d'être fixé le plus vite possible à l'égard du baron. Si nous apprenons sa mort, il ne nous restera plus qu'à nous débarrasser de Mounza, et à chercher pour regagner Zanzibar une route plus au Sud, qui nous dispensera de passer chez les terribles Walindis. Nous pourrons, dans ce cas, contourner les Montagnes Bleues et gagner le lac Victoria par l'*Ouando*, sans nous occuper du lac Albert. Je serai désolé de ce détour pour Delange qui brûle déjà de voir sa Vénus noire, mais je dois songer, avant tout, à notre sûreté. Si, au contraire, notre envoyé trouve M. de Guéran prisonnier au milieu de la peuplade voisine, il essayera de se mettre en relation avec lui, et viendra nous communiquer son plan d'évasion.

— Parfait, dis-je, c'est très bien imaginé; mais, cet envoyé intime, l'avez-vous cherché? Il le faut brave, intelligent, sûr, dévoué, prudent. Qui dans la caravane remplit toutes ces conditions indispensables?

— Delange, vous et moi, répondit de Morin. Mais nous ne pouvons pas demander au docteur un tel sacrifice, ce serait abuser. Quant à vous, mon cher Périères, si je vous hais comme mon rival, j'ai en même temps pour vous la plus sincère amitié et je ne saurais vous conseiller de faire ce que je suis incapable de faire moi-même; mon dévouement à Mme de Guéran s'arrête à la crainte du ridicule.

— Le ridicule, répétai-je, je ne comprends pas; que voulez-vous dire?

— Comment! vous ne comprenez pas, reprit de Morin, qu'étant

données les dispositions hostiles des Walindis, un homme blanc ne peut se mêler à l'ambassade qu'on va leur envoyer, que s'il consent à se métamorphoser entièrement, à passer pour un Malegga ou un Mombouttou? Mon Dieu, ce n'est pas bien difficile : je me chargerais, en une heure, de me transformer en sauvage, et ce travestissement serait réussi, je vous assure. Mais la crainte du ridicule, je vous l'ai dit, voilà précisément ce qui m'arrête. Je connais les femmes ; elles ne peuvent dominer certaines impressions : Mme de Guéran, lorsqu'elle apprendra que je pars, seul, à la découverte de son mari, s'écriera : « Ah! ce monsieur de Morin, quel charmant homme! Quel dévouement! » Mais lorsque je lui apparaîtrai, rasé, avec des plumes d'autruche dans les cheveux, de la cendre sur la figure pour dissimuler mon teint encore trop blanc malgré les coups de soleil, tatoué sur toutes les coutures, aux trois quarts vêtu d'un caleçon en peau de vache, les pieds nus, une massue dans une main, un bouclier dans l'autre, elle rira de toutes ses jolies dents, et je serai à jamais perdu dans son esprit... Et le mari? Voyez-vous le mari, qui refusera de me prendre pour un Européen! Il faudra lui dire : « Je ne suis pas un sauvage, comme vous le croyez, je suis un Parisien : M. de Morin, rue Taitbout, à côté de Tortoni. Je cours après vous depuis six mois, en compagnie de votre femme, que j'aime, je vais la rejoindre, donnez-moi donc un petit mot pour elle... » Non, mon cher Périères, non, je n'ose pas, malgré tout mon dévouement, me rendre grotesque à ce point, et je vous recommande la même réserve. Cependant si, malgré mes conseils, vous croyez devoir vous mettre en sauvage, cela vous ira peut-être mieux qu'à moi, et je vous laisserai faire... sans trop de chagrin : l'ami sera désolé, le rival se frottera les mains.

— Que l'ami se rassure, répondis-je, et que le rival ne s'empresse pas de se réjouir ; je ne sais pas plus que vous, mon cher, me mettre au-dessus des préjugés. Renonçons donc à nous sacrifier, mais cherchons quelqu'un qui se sacrifie à notre place et que nous puissions travestir.

— Cherchons, fit M. de Morin.

Il réfléchit un instant et s'écria tout à coup :

— J'ai trouvé!

— Qui donc?

— Miss Poles!

XIII

« L'idée de déguiser miss Poles en sauvagesse était plus amusante que pratique. Je fis observer à de Morin que notre Anglaise se trouvait dans la même situation que nous : ni le courage, ni l'intelligence ne lui manqueraient pour tenter l'aventure, mais elle aurait peur du ridicule.

— Comment, le ridicule! s'écria de Morin. Il est à craindre pour nous, qui sommes amoureux d'une femme blanche; nous redoutons de paraître devant elle en costume de sauvage et nous avons raison. Mais miss Poles qui vise au cœur des rois nègres, qui vient de s'affoler de Kadjoro, ne sera pas ridicule à ses yeux, si elle s'habille comme toutes les femmes du pays; au contraire.

— Sans doute, cher ami, dis-je en riant de cette nouvelle sortie. Mais remarquez que les femmes Maleggas ne s'habillent pas du tout et que nous devons tenir compte de la pudeur de notre Anglaise.

— Sa pudeur! sa pudeur! répéta de Morin. Mais, puisqu'il s'agit de se rendre au milieu d'une peuplade d'amazones. Que diable! elle ne va pas, j'imagine, faire des manières avec des personnes de son sexe!

— Vous oubliez qu'elle aura des hommes pour compagnons de voyage; du reste, si les amazones sont en majorité dans l'Ulindi, on doit y rencontrer aussi quelques guerriers.

— Oui, vous avez raison. C'est dommage cependant : je me faisais une fête de voir miss Poles, le corps couvert de dessins bizarres, avec des clochettes aux jambes, et n'ayant conservé pour tout vêtement que ses lunettes bleues. Nous aurions pu indifféremment la travestir en sauvage ou en sauvagesse sans que personne eût réclamé : sa maigreur, son aplatissement se prêtent également à ces deux métamorphoses. Si elle avait choisi le costume masculin, la reine Walinda serait probablement devenue amoureuse d'elle, ou plutôt de lui. Voyez-vous l'effet!

— Je vois, cher ami, qu'il faut nous dépêcher de trouver un remplaçant à miss Poles. Mounza, au point de vue de l'activité et des déterminations promptes, n'a rien du nègre. Je l'aperçois là-bas au milieu de ses officiers. Il doit déjà faire son choix d'ambassadeurs;

dès demain, dès ce soir peut-être, la caravane se mettra en route. Cherchons donc notre homme.

— Que diriez-vous de Nassar? Il est fidèle et dévoué.

— C'est un Dinka, répondis-je. On aura beaucoup de peine à le confondre avec des Maleggas ou des Mombouttous. La nationalité des gens de cette peuplade se trahit aisément : sans parler d'autres détails, leurs gencives dépourvues de plusieurs dents, suivant la mode du pays, les signalent à l'attention. Puis Nassar, mon cher, est fier de son demi-costume, surtout de ses bottes. Vous le décideriez difficilement à les quitter; il craindrait de perdre de son prestige. Si nous avons de l'amour-propre, Nassar n'en manque pas.

— Il ne nous reste alors, fit de Morin, que nos deux interprètes arabes : Omar et Ali. Le second surtout a donné maintes preuves de dévouement, de courage et d'intelligence. C'est à lui, comme à vous, que je dois ma délivrance, lorsque j'étais prisonnier des Bédouins de l'Hedjad.

— C'est une idée! m'empressai-je de dire; notre brave Ali fera complètement l'affaire. Il se plaint depuis longtemps de son inaction, porte envie à Nassar qui nous est, dans ces contrées, plus utile que lui, et il sera, je n'en doute pas, enchanté de notre choix.

— Mais, fit observer de Morin, il ne connaît pas le dialecte du pays.

— Tant mieux; sa mission ne consistera-t-elle pas seulement à regarder autour de lui, à faire des observations, à nous rapporter ce qu'il aura vu? Il serait dangereux qu'il interrogeât les Walindis sur le compte de M. de Guéran; il donnerait aussitôt l'éveil, et la reine doit surtout ignorer qu'on est à la recherche de son prisonnier. Réjouissons-nous donc de l'insuffisance d'Ali au point de vue de la langue. Il sera muet, à moins qu'il ne rencontre M. de Guéran et qu'il puisse lui parler; dans ce cas, il sait très suffisamment le français.

— Vous m'avez convaincu, mon cher, fit de Morin. Rejoignons la baronne, qui s'entretient là-bas avec Delange, soumettons-lui notre idée; si elle l'approuve, agissons sans perdre de temps.

Le soir même notre interprète Ali était en état de passer pour un naturel du pays : son teint olivâtre n'aurait pu être désavoué par un Malegga; quant à son tatouage, de Morin qui s'en chargea le réussit à merveille.

— Ah! disait-il, tout en dessinant des soleils, des arabesques, des oiseaux, des animaux sur la peau de notre interprète, comme j'aurais préféré peindre ainsi le dos de miss Poles! C'est en vérité bien cruel pour un artiste de ne pouvoir choisir sa toile!

Pendant que de Morin travestissait un Arabe en Malegga, Delange et moi nous rédigions une note destinée à M. de Guéran, si notre envoyé se trouvait en sa présence sans pouvoir lui parler.

Cette note fut ainsi conçue :

« Une expédition européenne envoyée à votre recherche vous sait prisonnier des Walindis. Tâchez de la rejoindre sur le territoire de votre ancien hôte Kadjoro, ou bien faites connaître, par un mot que vous remettrez à notre envoyé, la meilleure marche à suivre pour vous délivrer. »

D'accord avec Mme de Guéran, nous n'avions pas parlé d'elle. En apprenant que sa femme, qu'il croyait à Paris, était si près de lui, le baron pouvait, pour la rejoindre, commettre une imprudence qui lui aurait coûté la vie.

La caravane, composée d'une dizaine de Mombouttous, d'une trentaine de Maleggas, auxquels s'était joint Ali, et d'un millier de bœufs que Kadjoro envoyait comme tribut à la reine Walinda, se mit en route le 10 octobre. Un mois devait s'écouler avant son retour; il nous suffisait à peine pour atteindre le but que de Morin se proposait : former un bataillon capable de nous seconder et de fortifier notre escorte. Dans la pensée de notre ami, cette troupe devait se composer d'une centaine d'hommes munis de fusils et de revolvers. Nous disposions d'une quantité d'armes correspondante à ce chiffre; il ne nous manquait que les soldats, mais le roi des Mombouttous devait s'empresser de nous les fournir. Nous avions refusé autrefois de lui confier nos armes de réserve, parce que nous craignions alors d'être obligés de le combattre pour recouvrer notre liberté. Si cette crainte existait encore, elle s'effaçait devant la nécessité où nous pourrions être bientôt, d'en venir aux mains avec la redoutable peuplade de l'Ulindi.

Mounza, d'après nos conseils, choisit avec le plus grand soin, dans son armée, une centaine d'hommes éprouvés, qui furent mis directement sous les ordres de de Morin. Celui-ci les arma, leur apprit le maniement du fusil et du revolver, et leur fit faire, tous les jours, l'exercice à feu. Joints à nos Nubiens, ils formèrent un bataillon très respectable, en état de tenir en échec les Walindis, hommes et femmes. En même temps, me rappelant que j'avais été soldat pendant le siège de Paris, j'apprenais quelques évolutions au gros de l'armée; je l'habituais à former des bataillons, à se disperser, à se rallier, à tourner l'ennemi, à l'attaquer sur les flancs; enfin, je faisais de mon mieux tout ce qui ne concernait pas mon état.

Kadjoro assistait en souriant à ces exercices : il commençait à se dire que ses terribles voisins, auxquels il venait encore d'envoyer les plus beaux de ses bœufs, pourraient bien, grâce à nous, être bientôt moins redoutables. Mais, en homme prudent, il refusait obstinément de joindre son armée à celle de Mounza. Son refus était des plus francs, son raisonnement des plus logiques :

— Si je me joins à toi pour battre les Walindis, disait-il à son collègue africain, tu t'empresseras, lorsque la guerre sera terminée, de retourner dans ton pays avec tes prisonniers, ton butin, et tout sera dit. Jamais la reine n'essayera de prendre sa revanche en venant t'attaquer dans tes États; tu demeures trop loin, tu es trop puissant. Mais moi, en qualité de proche voisin, je supporterai le poids de sa vengeance; elle me fera payer cher le mal que je lui aurai fait de concert avec toi. Si, au contraire, elle nous bat, elle ne prendra aucun repos avant de s'être emparée de mon pays, depuis longtemps convoité. Je préfère qu'elle ne reconnaisse dans les rangs de ton armée aucun de mes soldats : elle n'aura de cette façon rien à me reprocher, et nous continuerons à vivre en bonne intelligence.

Pendant que nous essayons de transformer l'armée de Mounza, Mme de Guéran vit loin de nous. Les émotions par lesquelles elle vient de passer, ses appréhensions, ses incertitudes, ses craintes jointes peut-être à la sécheresse de la saison, à une chaleur terrible, ont fini par ébranler son système nerveux, et lui donnent des fièvres intermittentes dont la quinine, cette fois, ne peut triompher. Elle ne sort plus de la hutte assez spacieuse que Kadjoro lui a fait construire, et ne nous reçoit qu'à de rares intervalles. Nous respectons la retraite à laquelle la condamnent son état moral et ses souffrances physiques, et nous sommes hommes à comprendre, de Morin et moi, le trouble qu'elle doit éprouver, les combats qui se livrent en elle. Delange, qui cumule les fonctions de médecin et de confident, nous dit parfois :

— Elle souffre beaucoup, je vous assure, mais c'est une adorable femme.

Nous le savons qu'elle est adorable! Nous ne le savons que trop pour notre tranquillité!

J'ai un papier à te donner. (Page 526.)

Cette prostration morale de Mme de Guéran, cette fièvre qui la retiennent chez elle ont du moins un avantage : Mounza, dont la passion semblait augmenter, ce qui nous faisait craindre par instant d'avoir à réprimer quelque acte de folie, se calme peu à peu depuis qu'il ne voit plus son idole.

L'amour chez le nègre, il ne faut pas se le dissimuler, est exclusivement matériel; le cœur n'y est pour rien, et le souvenir s'efface lorsque l'objet aimé disparaît. Ces êtres inachevés connaissent les emportements de la passion; ils en ignorent les infinies tendresses. L'absence, qui ravive notre amour, éteint le leur; ils ne sauraient revoir par la pensée, par l'imagination, celle qui les affolait. La maladie les éloigne aussi, instinctivement : habitués à mépriser la femme, à la regarder comme une bête de somme, elle devient pour eux un être inutile, elle n'existe plus dès qu'elle se laisse abattre par la souffrance. Je suis persuadé que Mounza, passionné hier et prêt à le redevenir demain, est aujourd'hui si tranquille, tellement apaisé, qu'il nous laisserait continuer notre route si son entêtement et son orgueil n'étaient pas en jeu.

6 *novembre*. — Notre ambassade ne peut tarder à revenir; il a été décidé que nous irions à sa rencontre jusqu'à la frontière. Nous obtiendrons ainsi plus vite les nouvelles attendues si impatiemment, et nous serons prêts à passer sur le territoire des Walindis pour les combattre, ou pour avoir une entrevue avec leur reine.

25 *novembre*. — Enfin la caravane, que depuis quelques jours on n'espérait plus revoir, apparaît... Prévenus de son arrivée, nous sommes sortis de notre campement... Oui! oui, nous ne nous trompons pas... C'est bien Ali qui marche en tête. Il nous a reconnus et se hâte de nous rejoindre. Pourquoi tant d'empressement s'il ne nous apportait pas des nouvelles de M. de Guéran? L'Arabe et le noir, lorsqu'ils ont conscience d'avoir mal rempli une mission, se dissimulent et se cachent... Notre interprète a donc de grandes nouvelles à nous donner... Notre sort va se décider.

XIV

« Ali, notre interprète, franchit en quelques secondes l'espace qui le séparait encore de nous.

— Je lis dans tes yeux, m'écriai-je dès qu'il fut arrivé en notre présence, que tu as réussi dans ta mission.

— Oui, j'ai réussi, répondit l'Arabe triomphant.

— Tu as retrouvé mon compatriote?

— Je l'ai retrouvé, je l'ai vu, je lui ai parlé.
— Que t'a-t-il chargé de nous dire ?
— Rien ; il n'a pu prononcer un mot, mais j'ai quelque chose à vous remettre.

Il fouilla dans un sac en peau de bête suspendu à sa ceinture, en tira un petit cahier de papier et nous le tendit.

J'ouvris : c'était bien l'écriture de M. de Guéran, celle de la lettre que Nassar nous avait remise à Khartoum et celle de la page trouvée chez les Domondoûs.

Je ne crus pas devoir parcourir ces notes avant que Mme de Guéran en eût connaissance. Mieux portante depuis le jour où elle avait quitté la résidence de Kadjoro pour suivre l'armée à la frontière, elle était encore trop souffrante cependant pour s'éloigner du campement, et elle ignorait l'arrivée de la caravane. Delange se chargea de lui annoncer une nouvelle, qu'il nous eût été pénible à de Morin et à moi d'apporter nous-mêmes, et de lui donner les papiers envoyés par son mari.

Seuls avec Ali, nous l'interrogeâmes de nouveau. Très nerveux, très agité, mais aussi très net, très précis dans ses questions, de Morin commença :

— Pourquoi, demanda-t-il, la caravane dont tu faisais partie a-t-elle tant tardé à revenir ? Elle est absente depuis plus de six semaines, et le voyage, aller et retour, nous dit le roi, se fait d'ordinaire en un mois. La reine vous a-t-elle retenu quelque temps prisonniers ?

— Non, dit Ali, mais son peuple ne nous laissait avancer que difficilement ; tous les chefs de districts faisaient demander des ordres avant de nous permettre de continuer notre route. Puis le pays ne ressemble pas à celui-ci : on y rencontre à chaque pas des torrents qui viennent de la montagne. Les orages ont été nombreux dans la dernière saison des pluies, et nous perdions beaucoup de temps à franchir tous les obstacles.

— Avez-vous rencontré un grand lac, celui qui est désigné sur quelques-unes de nos cartes sous le nom de lac Piaggia ?

— Non, je ne l'ai pas vu ; il ne doit pas exister dans ce pays.

— Le territoire des Walindis est-il très étendu ?

— Oui, vingt journées de marche avant d'arriver à la résidence royale.

— Est-ce qu'elle est située, comme on le dit, sur la frontière orientale du royaume ?

— Elle est au pied d'une grande montagne que personne ne peut gravir.

Notre interprète voulait sans doute parler de la montagne que les derniers explorateurs de l'Afrique appellent mont Maccorly ou mont Caroli.

— Derrière cette montagne, demandai-je, n'en existe-t-il pas d'autres?

— Oh! oui, de bien plus grandes encore, si grandes qu'elles cachent le ciel. Leur sommet paraît tout bleu, et la nuit on entend sortir de leurs entrailles un grand bruit, semblable à celui que pourraient produire cent torrents réunis, et tombant d'une hauteur considérable.

— Ce sont les chutes signalées au nord du lac Albert, me dit de Morin. Les renseignements que nous donne Ali établissent, d'une part, que la résidence de Walinda est située à deux degrés de latitude nord au pied des montagnes Bleues, et que le lac Albert est immédiatement derrière ces montagnes. Le bruit que notre interprète a entendu provient évidemment des cascades, des chutes, des cataractes qui se trouvent sur la rive orientale du lac à la hauteur de Magungo, et que certains géographes appellent chutes Murchison. Tous ces détails sont précieux, car je crois bien, ajouta de Morin avec une certaine amertume, que nous sommes maintenant appelés à... travailler pour le compte de M. de Guéran, à le jeter plus ou moins vite dans les bras de sa femme.

— Mon cher, dis-je, nous allons travailler surtout à sauver un de nos compatriotes. Admettez un instant que nous ne le connaissions pas, qu'au lieu d'être le mari de notre compagne, il soit un étranger pour nous, hésiterions-nous à lui porter secours?

— Non, certes, répliqua vivement de Morin. Tous les Européens qui pénètrent dans ces contrées se doivent mutuellement aide et protection. Cependant, fit-il après un instant de silence, depuis quelques moments, depuis que l'existence de M. de Guéran est un fait acquis, une idée bizarre, étrange, mauvaise peut-être, s'est emparée de moi et me persécute.

— Voyons votre idée, mon ami; peut-être ai-je eu la même.

— Parbleu, oui; vous l'avez eue! Vous vous demandez, comme moi, si M. de Guéran est véritablement le prisonnier de cette Walinda qu'on dit si belle, de cette Vénus noire, comme persiste à l'appeler

Delange? Vous êtes tenté de croire qu'il reste, de son plein gré, auprès d'elle, et qu'il trouve indiscrète cette expédition européenne qui vient troubler ses amours.

— Je ne vais pas si loin que vous, mon cher ami, répondis-je en souriant. Il se peut, en effet que notre compatriote n'ait pas toujours été insensible à la beauté de cette sauvagesse, et qu'elle se soit de son côté, enflammée pour le premier homme blanc qu'elle a vu, comme Mounza s'est épris de la première femme blanche qui lui est apparue. Ces sortes d'aventures ne sont pas rares en terre africaine. Mais un homme intelligent comme M. de Guéran, un Parisien, ne renonce pas à ses habitudes, à notre civilisation, à une femme comme la sienne, pour vivre auprès d'une naturelle de l'Ulindi! Voyez Delange : il ne dédaigne certainement pas les Africaines ; il nous l'a maintes fois prouvé. Mais laissez-le seul ici pendant quinze jours avec les plus belles créatures de ces contrées, il poussera des cris lamentables et n'aura qu'un désir, une idée fixe : revoir une Européenne, quelle qu'elle soit. Le plus affreux laideron du boulevard des Italiens, avec sa longue jupe trémoussante et ses fausses nattes, lui paraîtra préférable à la reine Walinda dans toute sa splendide nudité. Il quitterait avec joie cette dernière pour courir se jeter aux genoux de miss Poles, miss Poles elle-même !

— Vous allez un peu loin, fit de Morin en riant.

— Non, je suis dans le vrai. Demandez à tous les Parisiens qui ont visité l'Egypte, la Palestine et le reste. Donc, suivant moi, cher ami, M. de Guéran mérite notre pitié, quelle que soit sa situation chez les Walindis. Mais Ali peut, sans doute, nous donner des renseignements sur cette situation; continuons l'interrogatoire et coupons court à nos réflexions intimes qui nous sont dictées, il ne faut pas nous le dissimuler, par le dépit.

Ayant ainsi parlé, je me tournai vers notre interprète, et je lui dis :

— Tu as été reçu par la reine Walinda?

— Oui, maître, la caravane a pénétré dans son palais, un amas de grandes huttes recouvertes de feuillage.

— Quel effet t'a produit la reine? Est-elle aussi belle qu'on le prétend?

— Plus belle encore, répliqua vivement l'Arabe. Elle est grande, majestueuse. Elle a le teint brun-clair, les lèvres rouges, les dents comme de l'ivoire; ses grands yeux brillent entre les lignes noires de ses paupières.

Je craignis que cet enthousiasme nous fît perdre du temps et je posai de nouvelles questions :

— M. de Guéran se trouvait-il auprès d'elle, demandai-je, lorsque tu l'as vu?

— Oui, il ne la quitte jamais, ou plutôt elle ne le quitte pas. Il marche à côté d'elle, et ils sont entourés d'une cinquantaine de femmes, des guerrières, toutes jeunes, mieux faites encore que nos Soudaniennes, souples comme des serpents et...

Ali, toujours enthousiaste, allait se lancer dans une nouvelle description; je l'arrêtai.

— Parlons de M. de Guéran, lui dis-je. T'a-t-il paru en bonne santé?

— Non, les pommettes de ses joues sont rouges; il a le regard abattu, le teint pâle; il se traîne péniblement, les fièvres l'ont sans doute repris.

— Le climat de l'Ulindi est donc malsain?

— Il ne l'est pas dans le nord du royaume, au milieu des chaînes de collines que nous avons traversées; il doit l'être pour un étranger dans la vaste plaine où se trouve la résidence royale. Les montagnes qui l'entourent empêchent l'air d'arriver; on ne respire pas, et j'ai plus souffert de la chaleur dans ce pays que dans les déserts de la Nubie.

Je regardai de Morin comme pour lui dire : « Vous le voyez, M. de Guéran n'est pas aussi heureux que vous le supposiez. » Puis me tournant vers Ali :

— Comment es-tu parvenu à t'approcher de notre compatriote? lui demandai-je.

— La reine, répondit-il, s'était mêlée à notre caravane, afin d'examiner de plus près les bestiaux que nous lui amenions. J'ai profité de ce moment pour rejoindre l'homme blanc et lui dire à voix basse : « Tes amis m'envoient vers toi, ils veulent te délivrer; laisse tomber ton bras de mon côté, ouvre ta main, j'ai un papier à te donner. » Il avait tressailli en entendant ces mots prononcés dans sa langue. Mais il s'est remis aussitôt, et, sans parler, il a fait ce que je lui demandais. Au même instant, la reine l'a rejoint et s'est éloignée avec lui.

— Tu l'as revu plus tard?

— Oui, lorsque la caravane a pris congé de Walinda. J'étais encore parvenu à m'approcher de lui; il m'avait reconnu et m'avait fait signe. Je compris qu'il ne pouvait me parler, mais qu'il voulait me remettre quelque chose. Nos deux mains se rencontrèrent; il serra la mienne pour me remercier sans doute, et me glissa dans les doigts ce que je vous ai apporté.

— C'est tout? Il ne t'a jamais parlé?
— Jamais.

Je me tournai vers de Morin et je lui dis:
— Vous le voyez, cher ami, notre compatriote est véritablement prisonnier, et surveillé plus étroitement qu'on ne saurait l'être dans nos bagnes.

Il ne nous restait plus qu'à remercier chaudement notre brave Ali de ses services, et à l'envoyer auprès de Mme de Guéran, qui, après avoir terminé sa lecture, voudrait certainement l'interroger.

Pendant qu'il s'éloignait, nous vîmes accourir Delange de notre côté.

— Eh bien! nous dit-il, vous connaissez la réponse de la reine?
— Quelle réponse? demandâmes-nous.

Exclusivement occupés de M. de Guéran depuis une heure et des détails qui le concernaient, nous avions oublié l'ambassade envoyée par le roi des Mombouttous à la reine de l'Ulindi. Delange nous apprit qu'après s'être entretenu un instant avec la baronne et lui avoir remis les notes de M. de Guéran, il avait rejoint Mounza. Celui-ci venait d'interroger ses ambassadeurs et d'apprendre que Walinda refusait énergiquement toute alliance, toute entrevue avec lui.

« Je ne veux pas, avait-elle dit, que les peuplades du Nord pénètrent dans mon royaume pour y apporter leurs coutumes et leurs mœurs. Je ne vais pas chez elles, pourquoi viendraient-elles chez moi? Leurs alliances me sont inutiles, je suis assez forte pour me défendre contre tous mes voisins réunis. Dites à votre maître qu'il retourne dans ses États et qu'il ne m'envoie plus aucune ambassade, car il ne la reverrait pas; je ferais massacrer ses hommes depuis le premier jusqu'au dernier. »

— Cette réponse, comme bien vous pensez, a exaspéré Mounza; il veut immédiatement franchir la frontière pour attaquer l'insolente reine des Walindis.

— Nous ne saurions l'en empêcher, répondit de Morin. Je ne vois maintenant que ce moyen de délivrer notre compatriote.

— Il nous en indique peut-être un autre, fis-je observer. Rejoignons la baronne; elle a sans doute terminé sa lecture, et nous permettra de parcourir à notre tour les notes de son mari.

Nous nous dirigeâmes aussitôt vers la hutte que Mme de Guéran occupait au milieu du campement.

XV

« Miss Poles nous attendait.

— La baronne, nous dit-elle, vous recevra quand vous le désirerez, mais elle vous prie de parcourir ces papiers qu'elle vient de lire et qui vous sont adressés plutôt qu'à elle, puisque M. de Guéran ne se doute pas de sa présence en Afrique.

Je pris le cahier, et j'entraînai de Morin sous ma tente.

— Je craignais, lui dis-je chemin faisant, que Mme de Guéran refusât de nous recevoir aujourd'hui, et j'ai été étonné des paroles de sa dame de compagnie.

— Vous aviez tort de craindre, cher ami; la baronne sent bien que si nous nous réjouissons, comme compatriotes, de la résurrection définitive et officielle de M. de Guéran, nous la déplorons à un autre point de vue. Elle sait aussi que nous lui apporterons des visages assez renfrognés, et avec sa bravoure habituelle elle veut les affronter le plus tôt possible, se cuirasser contre notre désespoir. Du reste ne perdons pas de vue que depuis Khartoum sa situation est des plus nettes, des plus franches vis-à-vis de nous : elle ne nous a pas caché qu'elle pensait retrouver son mari, qu'elle ne se croyait plus veuve, qu'au lieu d'avoir à s'agenouiller sur une tombe, elle espérait se jeter bientôt dans les bras d'un vivant. Elle nous a suppliés de ne pas la suivre, c'est nous qui n'avons pas cru devoir la quitter; ce n'est pas de sa faute si nous avons conservé l'espoir que M. de Guéran était mort et enterré.

— Vous raisonnez comme un ange, cher ami, répondis-je pour être à la hauteur de la gaieté nerveuse de de Morin. Lisons donc les confidences du ci-devant défunt.

Ces confidences étaient écrites au crayon sur des feuilles de papier, arrachées de l'album qui avait déjà servi plusieurs fois au baron à donner de ses nouvelles.

Un de leurs exercices consiste à s'élancer entièrement nues. (Page 531.)

Je copie ces notes sur le journal de notre expédition, et non point sur l'agenda intime auquel je confie, chaque jour, mes impressions personnelles.

« Je remercie de toute mon âme, disait le baron de Guéran, l'expédition européenne qui, après s'être mise si courageusement à ma recherche, voudrait aujourd'hui me délivrer. Mais je ne puis ni la rejoindre

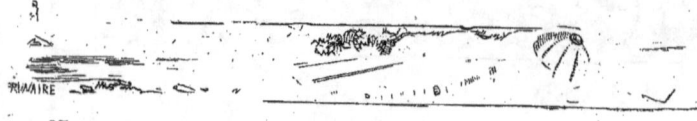

sur le territoire des Maleggas, ni lui permettre de venir à mon secours dans l'Ulindi.

Fuir est impossible; tous les habitants de la contrée sont, en quelque sorte, mes geôliers. Ils savent que la reine entend garder son prisonnier, et personne n'oserait se soustraire à sa volonté.

Il y a trois mois, j'ai tenté de me sauver, et j'ai fait environ cinq lieues dans la direction des montagnes; le lendemain, tous les gardes de Walinda étaient lancés à ma poursuite et découvraient ma retraite. On me reconduisait à la résidence royale avec les plus grands égards; mais tous les villages par lesquels j'avais passé, et où l'on supposait que je pouvais avoir reçu l'hospitalité, étaient brûlés par ordre de la reine, tous leurs habitants massacrés; plus de trois cents personnes sont mortes à cause de moi. Je n'ai plus le droit de fuir.

Je ne crois pas avoir davantage le droit pour reconquérir ma liberté d'exposer les Européens à une mort certaine. L'expédition, qui m'offre si généreusement son concours, a déjà renversé tant d'obstacles, surmonté tant de dangers, qu'elle croit pouvoir sortir saine et sauve d'une nouvelle aventure. Elle se trompe : les Walindis n'ont aucun rapport avec les autres peuplades du Nord. Ils sont plus forts, plus dangereux que les tribus les plus nombreuses, les plus belliqueuses du continent africain. Une journée, une heure peut-être leur suffira pour écraser une caravane malgré la bravoure de ses soldats, la terreur causée par les armes à feu.

Deux vices poussés à l'excès, la paresse et la sensualité, semblent avoir développé les vertus guerrières de ce peuple. Décidés à ne pas cultiver leur sol, plus abrupt du reste que celui des territoires voisins, résolus à ne pas élever de bétail, chasseurs et pêcheurs sans conviction, mais gourmands à l'excès, avides de légumes, de fruits, de viande et de poisson, les Walindis se sont faits peu à peu redoutables pour vivre aux dépens de leurs voisins; chaque habitant est devenu soldat afin de n'être ni laboureur, ni pasteur.

Une monarchie héréditaire, despotique, préside depuis longtemps aux destinées de cette peuplade et se transmet de règne en règne certaines traditions, certains usages destinés à développer les appétits belliqueux du peuple. C'est ainsi qu'un prince, s'inspirant des idées de ses prédécesseurs, a formé un corps d'amazones, devenu plus tard une formidable armée. Ces femmes, enrégimentées dès l'âge de douze ans, sont soumises à des exercices et à des pratiques qui développent leur corps, les rendent d'une adresse merveilleuse, les mettent en état de supporter toutes les fatigues, de braver tous les dangers. Un de leurs exercices consiste à s'élancer, entièrement nues, contre un village défendu par des faisceaux d'épines meurtrières, entouré de gigantesques cactus, et à le prendre d'assaut. C'est une sorte de petite guerre plus dangereuse que les nôtres et où chaque combattant laisse des lambeaux de sa chair, se fait souvent de profondes blessures.

A quinze ans seulement, ces jeunes filles devenues des femmes robustes, aux larges épaules, aux fermes poitrines, aux reins solides, d'une souplesse, d'une agilité merveilleuses, sont réparties dans l'armée, qui compte cinq bataillons, c'est-à-dire cinq à six mille guerrières. Leurs armes sont terribles : les flèches enduites d'un poison violent, les pointes en fer qui protègent leur corps ressemblent à des sabres-baïonnettes et rendent mortels leurs étreintes et leurs enlacements.

On ne peut se faire une idée de la discipline qui règne parmi elles; les moindres fautes sont punies de la façon la plus barbare, la peine de mort est prononcée à chaque instant. Quant aux récompenses, elles sont ardemment convoitées. Il s'agit, pour ces femmes, d'acquérir le droit de se marier ou de prendre un amant. C'est pour elles la récompense suprême de leurs fatigues, de leurs souffrances et de leur courage. Pour l'obtenir, elles doivent avoir tué un ennemi; tant qu'elles n'y sont pas parvenues, le célibat le plus rigoureux leur est imposé. Lorsque leurs efforts ont été couronnés de succès, elles ne font plus partie de l'armée active; elles appartiennent à une espèce de garde sédentaire chargée de la police intérieure du pays. Leurs filles, à moins qu'elles ne soient difformes, et dans ce cas on massacre impitoyablement ces pauvres petits êtres, sont destinées à devenir plus tard comme elles des amazones.

Les femmes constituent donc une puissance redoutable chez les Walindis. Aussi un jour, après s'être rendu compte de leur supériorité sur les hommes, ont-elles résolu d'être gouvernées par une reine plutôt que par un roi. Cette idée semble avoir été mise en pratique depuis vingt ans environ; la reine actuelle, Walinda, succède, sans interruption masculine, à six autres souveraines. Sa fille aînée, destinée au trône, est élevée au milieu des amazones dont elle partage les travaux; elle n'a pas à craindre la rivalité de ses frères, car tous les enfants mâles de la reine sont étouffés le jour de leur naissance. Cet ostracisme, dont notre sexe semble frappé chez les Walindis, s'arrête cependant à la royauté et à la dynastie royale. Le gouvernement des différents districts est confié aux hommes; ils ont aussi leur armée, moins redoutable que celle des amazones, moins disciplinée, mais bien supérieure à celle de toutes les autres peuplades.

Ces renseignements que je prie l'expédition européenne de transmettre, en mon nom, à nos diverses Sociétés géographiques, détourneront, je l'espère, mes chers compatriotes de leurs desseins. Je les supplie de renoncer à tout projet de délivrance : en mon âme et conscience, ils ne peuvent rien pour moi.

Qu'on me laisse mourir dans ce pays où j'ai fait déjà quelque bien, où j'espère en faire davantage encore. Walinda me retient prisonnier, il est vrai; plutôt que de me laisser quitter ses États, elle fera massacrer tout son peuple. Mais, lorsqu'il ne s'agit pas de ma liberté, j'exerce une sérieuse influence sur son esprit. Elle se dépouille peu à peu de sa barbarie. Je suis parvenu à lui faire abolir bien des usages sanguinaires; j'ai eu la joie de sauver des centaines de victimes, j'espère en sauver d'autres.

Si vous saviez à quels spectacles horribles j'assistais dans les premiers temps de mon séjour ici! Sous prétexte de sacrifier aux Dieux, c'est-à-dire à d'affreux serpents élevés par les prêtres et les féticheurs, que de sang on a répandu sous mes yeux! Une de ces fêtes a duré une semaine entière; la reine y assistait, entourée de sa garde particulière. Le premier jour, on apporta cent prisonniers sur une estrade élevée en face du palais. Ils étaient couchés dans d'immenses paniers, entassés pêle-mêle, hommes et femmes, les genoux repliés jusqu'au menton, les bras attachés en croix sur la poitrine, la bouche tamponnée avec des feuilles. Sur un signe de Walinda, la foule s'est approchée : rien ne peut donner une idée de l'animation, des gestes, des contorsions, des trépignements de cette populace féroce. Quelle joie répandue sur tous les visages! Quelle volupté dans le regard des amazones! Le cou tendu, la poitrine projetée vers l'estrade, le corps frissonnant de plaisir, elles guettent leurs proies, elles se repaissent à l'avance de la souffrance des victimes; leurs narines palpitent, leurs bouches s'entr'ouvrent sensuellement.

Un nouveau signal est donné, les tambours font entendre un roulement prolongé, un grand silence succède au bruit; la reine, indolemment couchée sur des nattes, se soulève à moitié et les sacrificateurs, qui n'attendent que ce mouvement, commencent leur office. Ils retirent des paniers chaque prisonnier l'un après l'autre, l'attirent sur le devant de l'estrade, le montrent à la foule, et l'égorgent ou le décapitent. Chaque exécution est accueillie par des cris de joie, des hurlements frénétiques : on trépigne, on danse, on se roule par terre, on s'écrase, et les amazones délirantes, éperdues, se précipitent vers la reine, se traînent dans la poussière et vont, en rampant, baiser ses pieds.

Eh bien, j'espère, je crois, que ces sacrifices n'auront plus lieu! J'ai supplié la reine de n'en plus permettre, de n'en plus ordonner. J'ai éveillé quelques sentiments d'humanité dans son âme ; elle m'a promis de m'épargner ces odieux spectacles ; elle paraît en comprendre l'atrocité.

Laissez-moi! laissez-moi sauver de nouvelles victimes, poursuivre la tâche que les circonstances m'ont imposée. Ne m'interrompez pas dans mon œuvre de régénération, d'apaisement, de pacification. Le bien que j'arriverai à faire dans ce pays compensera peut-être le mal que j'ai fait en abandonnant ceux qui m'étaient chers, ceux que je n'aurais jamais dû quitter.

Adieu, adieu, mes chers amis, c'est du fond de mon cœur que je vous remercie de vos efforts pour me retrouver et de vos projets de délivrance. Ils sont, hélas! irréalisables : je ne puis pas être sauvé ; je ne veux pas l'être. »

XVI

« Lorsque nous eûmes terminé la lecture de ces notes, je me tournai vers de Morin et je lui dis :

— Le baron de Guéran ne vous rappelle-t-il pas Ladislas Magyar?

— Je me souviens du nom, répondit de Morin, mais je n'ai plus présentes à l'esprit les aventures auxquelles vous voulez sans doute faire allusion.

— Ce voyageur, repris-je, était un Hongrois au service d'un comptoir portugais du Benguela, sur la côte occidentale d'Afrique, vers le 13e degré de latitude au sud de l'équateur. Obligé de faire en 1849 un voyage commercial dans l'intérieur des terres, il eut le malheur de plaire à la fille du roi de Bihé, la belle Ozoro, qui usa de son autorité pour se faire épouser. Ladislas Magyar n'ayant plus reparu en Europe depuis cette époque, on a supposé que la jalousie de sa femme, la surveillance qu'elle avait exercée sur lui, le retenaient loin de sa famille et de sa patrie.

— En invoquant, me dit de Morin, ce souvenir historique et géographique, vous voulez, n'est-ce pas, cher ami, établir que M. de Guéran est l'amant heureux de la Vénus noire? J'émettais cette opinion il n'y a qu'un instant, et vous la combattiez.

— Nullement, mon cher, répliquai-je, vous ne m'avez pas compris; je partageais, au contraire, votre opinion. Je soutenais seulement que les charmes de Walinda n'avaient pu suffire à faire un Parisien s'implanter, se localiser en Afrique. Les notes de M. de Guéran me fortifient dans cette pensée. Le baron est de chair comme nous, et bien capable d'être devenu, par ordre et même par caprice, l'amant de la reine. Mais cette faible attache ne saurait l'empêcher d'aspirer à la liberté. Il est absolument sincère, soyez-en convaincu, lorsqu'il parle de l'œuvre de régénération qu'il poursuit. M. de Guéran, le protégé, le filleul, je crois, de Livingstone, a dans les veines quelques gouttes du sang de ce missionnaire africain. Ce n'est pas seulement la passion des découvertes qui a fait le baron abandonner son foyer, sa patrie et une femme aimée; c'est aussi, c'est surtout la fièvre de l'apostolat, peut-être même la fièvre du martyre. Ne détruisez pas mon illusion : j'éprouve une certaine jouissance à élever ainsi le mari de Mme de Guéran. Je me refuse à penser que cette femme, au cœur droit, au jugement sûr, aurait choisi librement pour mari un simple coureur d'aventures lointaines.

— Je détruirai d'autant moins cette illusion, mon cher ami, me répondit de Morin, que je la partage. Je considère M. de Guéran, en sa qualité de mari, comme mon ennemi personnel, et j'ai pour principe de mettre mes ennemis sur un piédestal pour avoir plus de mérite à les renverser lorsque je puis y parvenir. Ce n'est pas la première fois, du reste, que je songe à M. de Guéran : on m'a souvent parlé de lui en France, j'en faisais grand cas; je respecte sa mémoire, et je veux aujourd'hui admirer sa conduite. C'est un missionnaire, un apôtre, un martyr, j'y consens, mais c'est aussi un original, un blasé de la vie parisienne, des mœurs européennes. Nos contrées lui ayant dévoilé tous leurs secrets, il n'a plus eu d'autre ressource que d'aller pénétrer de nouveaux mystères sur un autre continent. Il se complaît, croyez-le bien, au milieu de cette ménagerie de bêtes fauves appelées des amazones, et auprès de cette reine splendide, amoureuse jusqu'à la férocité dont il est le maître et en même temps l'esclave. Retrouvera-t-il jamais en Europe une maîtresse aussi étrange, un tel cadre pour ses amours, un tel entourage, autant de volupté dans l'air qu'il respirera? Non, il le sait, et il obéit à ses goûts d'artiste, tout en croyant de bonne foi remplir une mission sur la terre d'Afrique.

— Soit, répliquai-je, nos deux opinions peuvent s'accorder : M. de Guéran est un missionnaire pratique et laïque, si je puis m'exprimer ainsi. Sans mandat religieux, il fait le bien, civilise les sauvages et prêche la morale chrétienne. Mais il sait aussi mêler le profane au sacré, et passer le plus agréablement possible son temps d'apostolat. Nous voici d'accord. Mais lorsqu'il parle des dangers que nous devons courir chez les Walindis, de l'impossibilité où nous sommes de le délivrer, le croyez-vous sincère?

— Oui. Ses renseignements sont de la plus stricte vérité. Il est persuadé que nous serons écrasés, broyés, coupés en petits morceaux, si nous essayons de le sauver; mais il se trompe. D'après lui, notre expédition ressemble à toutes les autres : nous sommes livrés à nos propres forces comme nous l'avons été longtemps; notre caravane se compose d'une centaine de porteurs et d'une faible escorte. Il n'a pu deviner que nous disposions de cent cinquante soldats armés à l'européenne, et de plus de cinq mille hommes disciplinés par nous, fanatisés par leur roi.

— Alors, dans ces conditions, suivant vous, il ne faut tenir aucun compte de ses avertissements et de ses prières.

— Assurément. Du reste, mon cher, permettez-moi de vous faire observer que s'il plaît à M. de Guéran de se fixer en Afrique, d'y établir son domicile électoral et d'y mourir, nous n'éprouvons pas le même besoin. Nous voulons retourner chez nous; une seule route nous est ouverte, celle du Sud; nous la prenons. Si nous rencontrons le baron dans l'Ulindi, tant mieux ou tant pis pour lui, mais il faut que nous passions. *All right!* comme disent les Américains. Est-ce votre avis?

— C'est entièrement mon avis. M. de Guéran devient l'accessoire : tout en nous sauvant, nous le sauverons peut-être.

— Précisément, fit de Morin; de cette façon, il n'aura même pas à nous remercier. J'aime autant cela; sa reconnaissance me gênerait.

Nous aurions pu ajouter que si nous avions voulu éviter les Walindis et rebrousser chemin, le roi Mounza nous en eût empêchés pour nous entraîner à sa suite. A peine notre entretien fut-il terminé, que nous entendîmes des cris formidables partant du camp des Mombouttous et poussés par toute l'armée. Pendant que nous discourions, Mounza pérorait de son côté; il avait réuni ses troupes, et, se conformant à l'usage des chefs africains, il leur faisait une sorte de proclamation. Il disait ses griefs contre la reine des Walindis, vantait habilement la richesse de son territoire, la beauté des femmes qui le peuplaient, et demandait à ses soldats s'ils ne voulaient pas s'emparer de ces richesses et faire une razzia de superbes esclaves.

L'armée répondit comme toutes les armées répondent aux discours de leurs généraux, par des vivats. Le « *Ih, ih, Tchoupi, Ih, Mounza, ih!* » retentit frénétiquement, les tambours, les trompes s'en donnèrent à cœur joie, les arcs, les lances s'agitèrent, et les Mombouttous, sans attendre l'ordre du départ, incendièrent leur campement et se disposèrent à marcher contre l'ennemi.

Nous dûmes calmer cette belle ardeur et obtenir de Mounza qu'on se mît en route seulement le lendemain : nous avions encore quelques préparatifs à faire, et il nous paraissait dangereux, au moment où la nuit allait venir, de franchir la frontière.

L'heure du départ fixée, il nous restait à prévenir Mᵐᵉ de Guéran de nos résolutions. Elle nous attendait : dès qu'elle nous aperçut, elle fit quelques pas à notre rencontre, et, sans hésitation, sans embarras, nous tendant ses deux mains :

— Le docteur, nous dit-elle, m'apprend que, malgré les avertissements de M. de Guéran, vous êtes résolus à essayer de le délivrer?

— Mais non, madame, fit de Morin, vous vous trompez : nous n'allons délivrer personne; nous retournons simplement à Paris par le chemin le plus court.

— Nous n'en avons pas d'autre, ajoutai-je, à moins de revenir sur sur nos pas et de nous fixer chez les Mombouttous pour le reste de notre existence.

Elle sourit, et nous regardant de son beau regard plein de franchise, elle nous dit :

— Il est possible que vous parveniez à vous tromper vous-mêmes, à vous méprendre sur les sentiments qui vous font agir. Mais je vous

LA VÉNUS NOIRE. 537

Docteur, protégez-moi. (Page 538.)

connais, je sais depuis longtemps ce qu'il faut penser de votre courage,
de votre générosité, de votre abnégation. Amoindrissez-vous, si cela
vous convient, je saurai vous grandir, vous garder dans mon cœur la
grande place que vous méritez d'y occuper. Soit! J'accepte votre
nouveau sacrifice, et je ne veux même pas vous remercier ; on ne

remercie pas des gens tels que vous, on se borne à les admirer, à les aimer.

L'arrivée de Delange coupa court à cet entretien.

— Messieurs, nous dit-il, donnez-moi un conseil, je suis excessivement embarrassé de miss Poles. Elle est venue me trouver tout à l'heure, sous ma tente, et se précipitant dans mes bras : « Docteur, docteur, s'est-elle écriée, protégez-moi, je vous en supplie, contre moi-même. »

— Ah! grand Dieu! fis-je en riant, quel danger court-elle?

— Après une foule de circuits, de pudibondes hésitations, elle s'est décidée à m'avouer qu'elle aimait follement le roi Kadjoro.

— Nous nous en doutions bien un peu, dit de Morin.

— Est-ce qu'elle aurait manqué à ses devoirs? demandai-je d'une voix sévère au docteur.

— Non, rassurez-vous, reprit Delange, elle est encore pure, mais elle craint de succomber à l'heure du départ, au moment de se séparer pour toujours de l'objet aimé.

— Eh bien, s'écria de Morin, qu'elle succombe! Tant pis pour Kadjoro.

— Ah! m'empressai-je de répliquer, vous êtes ingrat, mon cher ami, envers ce monarque qui nous a comblé de bons procédés. S'il court un danger, nous devons l'en préserver; seulement c'est à Delange de nous indiquer ce qu'il convient de faire.

— Si je le savais, je ne viendrais pas vous parler de mon embarras.

— Qu'avez-vous répondu à miss Poles?

— Ce que la morale, les convenances, l'intérêt de Kadjoro m'ordonnaient de répondre. J'ai rappelé notre compagne au sentiment de ses devoirs. « Pour une satisfaction éphémère, me suis-je écrié, ne compromettez pas, ô miss, une existence sans tache jusqu'à ce jour, ne souillez pas votre belle robe d'innocence sur le sol africain, ne tachez pas votre blanche hermine. Si vous saviez quels remords vous vous préparez, quelle vie d'amertume! »

— Et un si beau sermon ne l'a pas convaincue? demandai-je.

— Rien n'y a fait; elle est plus exaltée que jamais.

— Il faut l'enfermer, dit de Morin, elle est encore capable de nous ridiculiser.

— L'enfermer! répliquai-je, c'est peut-être difficile dans un pays où les portes, et par conséquent les serrures et les verrous, manquent absolument. Mais Delange devrait se sacrifier, s'attacher jusqu'à demain aux pas de miss Poles, s'accrocher à sa blanche hermine, suivant sa propre expression, et, pour l'honneur des Européens, l'empêcher de se compromettre avec un nègre.

— Ah! s'écria Delange, vous m'en demandez trop, je me révolte à la fin! Je vous suivais sans murmurer chez les Walindis, où nous allons certainement nous faire écharper; mais veiller pendant une soirée, une nuit sur la vertu de miss Poles, la défendre contre ses passions, la voir pleurer sur mon épaule, m'exposer à être pressé dans ses bras, à être écorché par ses lunettes bleues, c'est trop dur! Non, non, jamais! Ah! continua-t-il, quelle faute j'ai commise lorsque j'ai consenti à vous suivre, à remplacer le docteur Desrioux! Quand je pense qu'aujourd'hui 25 novembre 1873, lorsque tant de dangers nous menacent, il est assis tranquillement auprès d'un bon feu, à côté de notre ami Pommerelle, et qu'ils continuent tous les deux à planter des petites épingles sur les cartes d'Afrique, à nous suivre de peuplade en peuplade, les pieds sur les chenets!

— Bast! ils ne nous suivent peut-être même plus, fit M. de Morin, ils nous ont sans doute oubliés.

Mme de Guéran, qui avait assisté à notre entretien et écoutait en souriant les folies de Delange, crut devoir défendre Desrioux:

— Il ne nous a pas oubliés, fit-elle, et sans sa mère, qu'il ne pouvait quitter, il serait auprès de nous, partagerait nos dangers.

26 novembre. — Le soleil vient de se lever étincelant, radieux. L'armée de Mounza est déjà en marche; nous la suivons.

XVII

« Le roi des Maleggas n'a pris congé de nous qu'à l'extrême limite de ses États. Nous nous sommes séparés avec regret de ce chef intelligent, humain et relativement civilisé, qui s'est montré parfait pour notre caravane. Il avait de son côté des larmes dans les yeux en nous quittant, nous serrait les mains avec chaleur, et nous saluait encore lorsque nous étions déjà loin de lui. Miss Poles prend naturellement pour elle tous ces saluts, et, afin d'y répondre, elle envoie des baisers à travers l'espace. Mais Delange, malgré ses protestations, a fini par se constituer le gardien de cette vertu chancelante, et il assure que ces baisers aériens sont les seuls que miss Poles se soit permis. Nous accueillons avec joie cette bonne nouvelle; l'un de nous peut perdre la vie pendant ce périlleux voyage, mais notre chère Anglaise ne saurait égarer son honneur en chemin.

Ali ne nous avait pas trompés : le pays que nous parcourons maintenant ne ressemble en rien au territoire des Maleggas. Plus de pâturages, plus de culture, plus de jolis villages sur des pentes boisées; des torrents, des rochers, des fragments anguleux de pierres les ont remplacés. Nous foulons évidemment une ancienne chaîne de la montagne qui déjà se profile à l'horizon. Une puissante secousse volcanique a dû se produire autrefois : une partie de la montagne s'est détachée, s'est aplanie en quelque sorte, et forme aujourd'hui le sol pierreux, inégal, profondément creusé sur lequel nous marchons. Mais la végétation est tellement puissante dans ces contrées, que des arbres grandioses s'élèvent au milieu des crêtes déchiquetées et sauvages, que les palmiers aux troncs écaillés, terminés par un éventail de feuilles, se dressent mêlés aux aloès, sur les bords des torrents.

La température, dans ce demi-désert, est étouffante : l'ombre ne trace au pied des rochers qu'une ligne imperceptible, la terre semble se pâmer sous l'action de la chaleur. Notre armée se déroule lentement, comme un long serpent, au milieu de toutes les sinuosités de la route. On marche en silence, pas à pas, les armes à la main, prêt à tout événement. Un corps d'éclaireurs, organisé par de Morin, doit nous signaler le danger. L'armée se compose de plusieurs bataillons, divisés eux-mêmes en détachements. Nous occupons le centre de cette cohorte avec notre escorte particulière et les Mombouttous que nous avons armés de fusils. Mounza, qui n'est pas entièrement guéri de sa blessure, est au milieu de nous, porté sur un pavois. Mme de Guéran repose dans un hamac suspendu à de grandes perches que supportent les épaules de huit Nubiens, marchant d'un pas cadencé. Delange, de Morin et moi nous sommes à pied, le dernier cheval qui nous restait ayant été attaqué chez les Maleggas par la mouche *tsetsé*, sorte d'insecte dont la piqûre, inoffensive pour l'homme et les animaux sauvages, est mortelle pour les chevaux. Enfin Joseph qui, par indolence naturelle, prolonge sa convalescence, s'étale sur le dos d'un bœuf devenu bête de somme. Tout le troupeau le suit, et il est devenu considérable, grâce aux largesses de Kadjoro. Nous ne pouvons pas compter sur l'hospitalité des Walindis, et nous avons pris nos précautions en conséquence. Notre caravane et l'armée sont abondamment pourvues de bétail et de graines, car nous avons obtenu de Mounza qu'on ne se livrerait à aucun pillage tant que nous ne serions pas attaqués.

On ne paraît pas, du reste, s'y préparer : personne ne s'oppose à notre marche, personne ne fuit à notre approche. Le long des villages que nous côtoyons sans les traverser, les habitants se réunissent, au contraire, pour nous voir passer. La reine Walinda aurait-elle changé d'idée à notre égard, ou bien attend-elle que nous soyons plus avancés dans le pays pour nous combattre, et réunit-elle en ce moment son armée? Cette dernière hypothèse est la plus probable.

Les naturels de cette contrée ont évidemment conscience de leur force et ne sont plus tourmentés de mille craintes à l'approche des étrangers. Aussi, lorsque nous les voyons réunis, nous arrive-t-il souvent à Delange, à de Morin et à moi, de nous détacher de l'armée et de les étudier de près. C'est une belle race, supérieure encore aux Maleggas, dont nous avons cependant admiré la beauté physique. L'angle facial est complètement droit, le front assez vaste, les lèvres épaisses sans bourrelet, les dents belles et bien rangées ; si le nez n'est presque jamais aquilin il est du moins délicatement arrondi.

La nudité la plus complète semble obligatoire dans toute la peuplade, d'où l'on semble avoir banni les peaux de bêtes les plus étroites, le feuillage le plus léger. Quelque souverain, pour permettre à son peuple de se développer en toute liberté, de s'épanouir sans aucune entrave, aura décrété une loi somptuaire des plus radicales.

Nous ne sommes pas encore en présence des véritables amazones, celles qui font partie de l'armée active, comme nous l'a écrit M. de Guéran ; nous n'apercevons çà et là que des amazones sédentaires, des espèces de gardes nationaux au service des chefs de district. Cependant ces femmes, pour ainsi dire de seconde catégorie, seraient, comme modèles, recherchées de tous nos sculpteurs. Le cou est bien planté sur des épaules larges, les bras sont parfaitement attachés, les hanches nettement dessinées, les jambes nerveuses, la saillie des muscles très vigoureuse. « C'est superbe ! disait Delange, toujours en admiration devant ces belles statues en bronze clair. Les naturelles de cette contrée sont évidemment filles de Vénus. Cette déesse de l'antiquité aura dérogé avec un dieu nègre, dont la mythologie, par discrétion, ne nous a point parlé. »

Comme plusieurs autres peuplades, les femmes de l'Ulindi, dédaigneuses de tout vêtement et de tout ornement, déploient un grand luxe dans leur coiffure. Leurs cheveux épais, abondants, crêpés plutôt que crépus, sont contenus dans une sorte de filet ou de réseau en écorce d'arbre. Au lieu de retomber sur les tempes, le cou et les épaules, toutes les nattes, toutes les mèches errantes se ramènent sur la tête, s'étagent les unes sur les autres pour former une couche épaisse de cheveux, une sorte de matelas d'une solidité extrême, capable de résister aux coups de sabre les mieux assénés. La plupart de ces casques d'un nouveau genre sont frottés d'ocre rouge, teinture naturelle provenant de l'argile déposée par les eaux dans les ravins du pays. Quelques femmes coquettes teignent aussi en ocre leurs paupières, leurs sourcils; on est tenté de les prendre de loin pour des rousses à peau noire, bizarrerie que la nature, malgré ses excentricités, ne s'est jamais permise.

Nous parvenons à pénétrer aussi dans quelques huttes du pays, entourées de trois murailles circulaires comme de véritables bastions, et surmontées d'une toiture sphérique construite avec des roseaux, reliés entre eux par une herbe souple et fine. Lorsqu'on s'est accroupi, et qu'à quatre pattes on parvient à franchir le trou qui sert de porte aux cabanes, on éprouve un bien-être indéfinissable : à la chaleur équatoriale du dehors succède une bienfaisante fraîcheur. Au bout d'un instant, cependant, on voudrait fuir : on cherche la porte, ou plutôt le trou. C'est que deux ou trois tisons placés dans un coin de la cabane l'enfument constamment pour la débarrasser des moustiques et dessécher les peaux d'animaux qui tapissent la muraille de terre. Je remarque plusieurs peaux de lions, très nombreux, nous dit-on, dans les parages voisins et que les amazones sont chargées de détruire. Elle peuvent gagner à la loterie de la chasse, comme à celle de la guerre, le mari promis à leur courage.

8 décembre. — Douze journées de marche dans l'Ulindi et nous n'avons encore aucune nouvelle de la reine ! On dirait qu'elle ignore absolument notre arrivée dans ses Etats, ou qu'elle dédaigne de s'en inquiéter. Mais il se trame certainement quelque chose : les chefs de district, dans la crainte que nous les interrogions, fuient à notre approche. Tous les hommes valides, toutes les femmes en état de combattre ont disparu des villages. Il n'y reste plus que des enfants, des vieillards, qui grimacent en tremblant au lieu de répondre à nos questions. Il se fait autour de nous un vide effrayant.

Nous aurons bientôt le mot de cette terrible énigme : Ali nous annonce que trois journées de marche nous séparent à peine de la résidence royale. Du reste les montagnes, qui dans le sud-est servent de frontières à l'Ulindi, se dressent à une dizaine de lieues. On distingue leurs crêtes, on se rend compte de leurs sinuosités ; au premier plan et au centre, le mont Maccorly ou Caroli qui peut avoir de cinq à six cents mètres de hauteur ; derrière, deux longues chaînes superposées l'une sur l'autre, et dont les pics se perdent dans le ciel. Elles remontent au nord-nord-ouest et descendent au sud-sud-est, sur une étendue de trente lieues environ.

Nos longues-vues n'interrogent pas seulement cet horizon lointain ; elles fouillent de tous côtés, elles étudient tous les replis du terrain. Nous faisons nous-mêmes le métier d'éclaireurs et nous ne laissons l'armée s'avancer qu'après de fréquentes reconnaissances. Cette armée nous étonne, du reste; a-t-elle conscience du danger qu'elle court et nous obéit-elle instinctivement? La discipline que nous avons essayé d'y introduire a-t-elle pris un grand empire sur ces sauvages? Ou bien encore se recueille-t-elle à l'idée de faire une grande razzia de belles prisonnières, et de manger les plus appétissantes?

Quoi qu'il en soit, personne ne s'éloigne du chemin que nous traçons à l'avance, aucun vol n'est commis, aucune querelle ne s'élève; les habitants, les demeures sont respectés. Nous en sommes heureux : vienne la bataille, le bon droit sera pour nous!

De tous les Mombouttous, Mounza, qui devrait donner l'exemple du calme et du sang-froid, est certainement le moins docile, le plus agité. Sans Mme de Guéran, occupée sans cesse à le calmer, il aurait déjà brûlé quelque village, massacré bon nombre d'habitants. Son inaction lui pèse, l'inconnu l'énerve, le silence, le vide qui se font de plus en plus autour de nous l'inquiètent ; il voudrait sortir, même au prix d'une imprudence, de la grande nuit dans laquelle nous marchons.

Depuis qu'il revoit aussi Mme de Guéran, dont les forces renaissent, depuis qu'il marche à ses côtés et qu'elle lui parle, sa folle passion semble être revenue.

Quelle situation, grand Dieu! Si nous sommes attaqués et vaincus par les Walindis, c'est la mort! Si nous sommes vainqueurs, il faudra de nouveau livrer bataille à Mounza pour reconquérir notre liberté... et nous l'avons armé contre nous! Quatre-vingts de ses meilleurs soldats ont des carabines et des revolvers, toutes ses troupes savent maintenant à peu près combattre, et il peut les commander; nous lui avons appris tout ce que nous savions! De Morin me fait part en secret de ces craintes que je partage.

Delange continue à déplorer, très gaiement du reste, que le docteur Desrioux, par amour filial, ait cru devoir l'envoyer voyager à sa place. Il en veut surtout à Pommerelle qui, après s'être risqué jusqu'à Monaco une fois dans sa vie, n'a pas eu la bonne pensée de faire deux mille lieues de plus pour nous apporter du renfort et quelques cigares. « C'est, dit-il, un égoïste, il préfère roucouler auprès de sa blonde maîtresse, qui finira un jour par le planter là!... Et il n'aura pas vu l'Ulindi! Un pays de femmes admirables, mais insaisissables! »

Miss Poles ne dit rien; ses pensées, ses regrets, son désespoir amoureux la préservent de toutes craintes. Elle marche à la mort et ne la voit pas. Peut-être la désire-t-elle! Sans Kadjoro, la vie lui est à charge.

Joseph, au contraire, se rend compte de la situation et proteste du haut de son bœuf. Mais de Morin lui fait de nouveau observer qu'il est libre de s'en retourner seul rue Taitbout.

11 décembre. — Ce matin, vers cinq heures, j'ai quitté ma tente pour jeter un coup d'œil sur l'horizon. De grandes masses confuses s'agitent le long des coteaux qui nous entourent. L'armée des Walindis a profité de la nuit pour nous rejoindre, et elle essaie de nous envelopper. »

XVIII

Le journal de l'expédition européenne se trouve brusquement interrompu à la date du 11 décembre, ou plutôt, à partir de cette époque, les notes de voyage prises par M. Périères sont tellement concises, qu'elles ne pourraient suffire à notre récit. Pour raconter avec quel-

LA VÉNUS NOIRE.

Et Walinda lui ordonna d'un geste de s'éloigner (Page 552.)

ques détails les événements qui vont se suivre avec rapidité et précipiter le dénouement de cette longue histoire, nous avons recours à des renseignements recueillis dernièrement auprès des personnes les plus autorisées à nous les donner.

M. Périères, dès qu'il eut constaté l'apparition de l'armée des Waliudis, courut prévenir MM. de Morin et Delauge.

— Eh bien! j'aime mieux cela, dit ce dernier, il fallait en finir.

— Nous allons être attaqués au lever du soleil, fit de Morin; c'est ainsi que les peuplades noires, lorsqu'elles font la guerre, aiment à saluer cet astre. Vite, éveillons le camp et prenons les armes.

— Vous ne voyez, demanda de Périères, aucun moyen d'éviter cette lutte qui menace d'être terrible?

— Je ne vois absolument rien, répliqua de Morin, et cependant j'ai assez cherché, car je prévois, depuis longtemps, le cas qui se présente ce matin.

— Si nous tentions d'envoyer des parlementaires à la reine?

— Elle les recevrait à coups de flèches. Puis, que lui diront nos ambassadeurs?

— Ils feront remarquer que l'armée des Mombouttous n'est coupable d'aucun méfait sur le territoire des Walindis, qu'elle a respecté les habitants et leurs biens, qu'elle s'est conduite en alliée plutôt qu'en ennemie, et ils proposeront de nouveau une alliance.

— Soit! J'admets cette dernière tentative, à condition toutefois que nous soyons nos propres ambassadeurs : en notre qualité d'hommes blancs, nous pouvons seuls avoir quelque influence. Mais si on nous attaque en route, si on nous tue avant que nous ayons rejoint la reine, si elle nous retient prisonniers, car il ne faut pas compter, n'est-ce pas, sur son respect pour les parlementaires, que deviendront, sans nous Mme de Guéran, notre caravane, Mounza et son armée?

— En effet, dit le docteur, votre concours à tous deux nous est on ne peut plus précieux, votre mort ou votre disparition répandrait le découragement chez les Mombouttous et les Nubiens. Mais je ne suis pas, comme vous, indispensable à tous; je puis mourir ou être fait prisonnier sans grand inconvénient, et j'offre de me rendre seul auprès de Walinda... Oh! ne vous récriez pas, gardez-vous de m'admirer. La curiosité surtout me guide en ce moment : je suis tourmenté depuis longtemps du désir de me trouver face à face avec cette belle reine dont je suis le parrain, puisque je l'ai baptisée du nom de Vénus noire. Je veux me rendre compte, par moi-même, de sa beauté, et cela sans tarder, car une de nos balles peut dans un instant défigurer ma filleule, ou faire un simple cadavre d'une jolie femme. Donc je pars seul et sans armes, c'est plus prudent. Cherchons seulement avec nos longues-vues de quel côté se tient Walinda; je n'ai pas envie de me promener à sa recherche au milieu de toute cette armée.

MM. de Morin et Périères n'essayèrent pas de détourner le docteur de son dessein; capables d'agir comme lui, ils trouvaient sa conduite des plus naturelles. Sans compter beaucoup sur la démarche de leur ami, ils reconnaissaient cependant aussi qu'on devait tout tenter pour empêcher l'affreux massacre, l'immense boucherie qui se préparait.

Ils ne donnèrent aucune instruction à Delange, ne sachant trop que lui dire et s'en rapportant à son intelligence, au calme imperturbable dont il avait fait preuve si souvent.

Pendant que le nouveau parlementaire se dirigeait tranquillement vers un monticule situé à cinq cents mètres environ, éclairé par les premières lueurs du soleil levant, et paraissant devoir être le point central de la ligne de bataille développée devant nous, MM. de Morin et Périères, sans perdre de temps, mettaient à exécution un projet qu'ils venaient de concevoir.

Le terrain sur lequel ils avaient passé la nuit, et qui allait probablement servir de champ de bataille, ressemblait à un grand cirque de forme oblongue, entouré au nord, à l'est, et à l'ouest, de collines s'élevant graduellement et borné au sud, dans toute sa largeur, par une montagne haute de cinq à six cents mètres.

Périères avait conçu la pensée d'appuyer l'armée contre ce dernier rempart et de creuser devant elle de profonds retranchements. Grâce à ce système de défense, les Walindis ne pourraient plus entourer leurs ennemis, comme ils l'auraient fait si ceux-ci étaient restés au milieu de la plaine; en même temps, la caravane européenne et une partie de l'armée des Mombouttous se trouveraient protégées par une forteresse où, en cas d'insuccès, on pourrait combattre en désespérés jusqu'à la dernière heure.

Pendant que soldats et porteurs, tous les gens capables de manier une hache ou de creuser la terre avec leurs mains, travaillaient au salut commun, de Morin regardait attentivement la montagne qui se dressait devant lui et disait :

— Quel dommage que cette superbe muraille soit infranchissable! Nous pourrions nous sauver de ce côté sans nous battre, fuir le territoire des Walindis et gagner le lac Albert.

— Faisons sauter ce bloc de rocher, répondait en riant Périères; il bouche peut-être l'entrée de quelque long défilé.

— Je crois, cher ami, répliquait de Morin, qu'en ce moment notre poudre doit être employée à un meilleur usage.

Quant au docteur il continuait tranquillement sa course à travers la plaine sans le moindre compagnon de voyage. On avait voulu lui adjoindre Nassar, mais il s'était empressé de le refuser, sous le prétexte que s'il voyait la reine il verrait aussi M. de Guéran, et qu'il préférait avoir le baron pour interprète.

Il ne s'était pas trompé : son compatriote devait lui venir en aide. Accueilli d'abord par un grand nombre de flèches, Delange constata bientôt qu'elles devenaient de plus en plus rares. Elles cessèrent même de voltiger autour de sa tête, et lorsqu'il fut à cent mètres du groupe qu'il s'était promis d'atteindre, quelqu'un s'en détacha et se dirigea vers lui.

XIX

C'était un homme d'une quarantaine d'années; grand, maigre, un peu courbé. Malgré son teint bruni par le soleil, ses cheveux incultes, sa longue barbe, les vêtements en lambeaux qui le couvraient à peine, on reconnaissait aux lignes de son visage, à ses traits énergiques et distingués, à quelques signes indélébiles, qu'on était en face d'un homme de race.

Il s'avança vers Delange et, soulevant un képi échappé à bien des naufrages, il dit en français et d'une voix émue :

— Vous faites partie, monsieur, de l'expédition qui s'est mise si généreusement à ma recherche?

— Oui, monsieur, fit le docteur qui s'était aussi découvert, car j'ai probablement l'honneur de parler au baron de Guéran?

— En effet, je suis le baron de Guéran ; à me voir dans cet accoutrement on ne s'en douterait pas, ajouta-t-il avec un fin sourire. Et à qui ai-je l'honneur, moi-même, de parler? C'est bien le moins que je connaisse votre nom, monsieur, pour ne jamais l'oublier.

— Le docteur Delange, un Français et un Parisien.

— Ah! Et vos amis, je vous prie?

— M. de Morin et M. Périères.

— Merci; ces trois noms sont pour toujours gravés dans ma mémoire. Maintenant, permettez-moi d'arriver droit au but, le temps presse. Je n'ai obtenu que bien difficilement de pouvoir m'entretenir un instant avec vous. Malgré mes conseils, vous avez persisté à vouloir me sauver. Soit! J'aurais peut-être agi de la même façon à votre place. Mais que désirez-vous en ce moment? Pourquoi vous êtes-vous avancé seul de ce côté?

— Je voudrais voir la reine, lui proposer la paix par votre entremise, éviter, s'il est possible, un combat meurtrier.

— Vous n'y parviendrez pas, la reine est furieuse contre les Mombouttous qui ont envahi son territoire, et dans sa colère elle vous confond avec ses ennemis. Depuis quinze jours, prévenue de votre arrivée dans l'Ulindi, elle veut vous combattre. Toute sa tribu le veut avec elle; ses sorciers, ses féticheurs ont ordonné la guerre, ils la prêchent comme on prêchait autrefois la guerre sainte, et je suis impuissant, hélas! à détourner de vous les maux qui vous menacent.

— Mais, comme vous l'écriviez, demanda le docteur, serons-nous donc nécessairement vaincus?

— Oui; je le crois fermement. Les forces dont dispose Walinda sont considérables... Ah! vous me rendrez au moins justice, ajouta M. de Guéran en saisissant la main du docteur, j'ai fait tout ce qui dépendait de moi pour vous empêcher de venir ici... et dire que je ne pourrai même pas combattre à vos côtés!

— Quoi! n'allez-vous pas vous joindre à nous? demanda Delange.

— Me joindre à vous! Ne l'aurais-je pas fait déjà, si je l'avais pu! Retournez-vous et voyez cette troupe de femmes qui nous guettent et nous épient. Cent mètres à peine nous séparent d'elles. Si je faisais un pas de plus, si je dépassais les limites qui m'ont été tracées, si je tentais de me rapprocher de votre camp, à l'instant même toutes mes geôlières s'élanceraient sur nous, et me ramèneraient vers la reine, après vous avoir massacré... Voyons, il en est temps encore : que vos amis renoncent à me délivrer, qu'ils repassent la frontière; peut-être obtiendrai-je qu'on vous laisse partir sans vous attaquer.

— Ce que vous conseillez est impossible : le roi des Mombouttous veut se mesurer avec Walinda et nous ne le persuaderons jamais de battre en retraite. Si la reine persiste à lui refuser une entrevue et une alliance, il l'attaquera avant même qu'elle l'attaque.

— Elle refusera comme elle a déjà refusé.

— Alors le combat est inévitable.

— Inévitable, vous dites vrai.

— Et c'est la défaite, la mort pour nous ? demanda le docteur.

M. de Guéran baissa la tête et garda le silence. Alors M. Delange lui dit d'une voix lente et s'arrêtant sur chaque mot :

— Vous savez que nous avons deux femmes blanches avec nous ?

— Oui, on l'a dit à la reine. Ce sont vos femmes, sans doute. Vous voyagez comme a longtemps voyagé mon vieil ami Livingstone, et comme voyageait encore Baker, lorsque je l'ai vu pour la dernière fois.

— Vous vous trompez, fit brusquement Delange, nous voyageons avec la baronne de Guéran, votre femme.

— Ma femme ! ma femme ici ! balbutia le baron, c'est impossible !... c'est impossible !

Delange l'interrompit :

— Je vous donne ma parole, fit-il, que je vous ai dit l'exacte vérité.

— Ah ! la vérité, c'est la vérité... Elle est là ! Ma femme est là ! répétait M. de Guéran, stupéfait, éperdu, chancelant.

— Oui, continua Delange, Mme de Guéran est à trois cents mètres environ de nous, au pied de cette montagne, au milieu de cette armée.

— Comment a-t-elle pu arriver jusqu'ici ? Comment a-t-elle osé... je ne comprends pas, je...

Il s'arrêta, l'émotion brisait sa voix. Le docteur vint à son secours :

— Elle a formé, dit-il, une expédition dont mes amis et moi avons l'honneur de faire partie, et depuis quatorze mois cette expédition est à votre recherche.

Tout à coup M. de Guéran qui, pour ne pas tomber, s'appuyait sur l'épaule du docteur, se redressa.

— Je veux la voir ! je veux la voir ! criait-il ; on me tuera, peu m'importe. Je veux la voir ! venez ! venez !

Il entraînait Delange qui, comprenant le danger, voulait le retenir.

Mais, à peine eurent-ils fait quelques pas tous les deux, qu'une centaine d'amazones s'élancèrent en courant vers les deux Français, les rejoignirent et, sans les arrêter, sans les toucher, se rangèrent sur trois rangs et formèrent un cercle autour d'eux.

Il devenait, dès lors, impossible de franchir cette enceinte vivante, cette triple muraille humaine, hérissée de pointes en fer, car toutes les amazones étaient parées de leur costume de guerre.

M. de Guéran avait recouvré une partie de son sang-froid.

— Vous le voyez, dit-il au docteur, je ne vous avais pas trompé, je suis prisonnier et, ajouta-t-il en montrant les amazones, j'ai de terribles geôliers. Mais la reine s'avance vers nous, le temps presse, écoutez-moi... Je persuaderai à Walinda que je ne voulais pas fuir avec vous... Je réclamerai votre liberté et je l'obtiendrai... Mais c'est tout... N'essayez pas de lui parler, ne lui proposez pas la paix; ce serait avouer votre faiblesse et vos craintes. Du reste elle n'est plus libre de ne pas faire la guerre, son armée est trop surexcitée... Dès que vous le pourrez, retournez auprès des vôtres... auprès des miens... Vous serez attaqués dans un instant... Défendez-vous, luttez, essayez surtout de tenir l'ennemi à distance; évitez tant que vous pourrez une lutte corps à corps... Ces femmes sont terribles lorsqu'elles peuvent joindre leur ennemi, l'étreindre, l'enlacer... Dès que la bataille sera engagée je serai plus libre, moins surveillé. Mes geôlières et la reine elle-même m'oublieront dans l'ardeur de la lutte; l'odeur du sang les enivrera, les affolera... Je profiterai de ce moment pour fuir, pour vous rejoindre... Si je meurs, au moins je mourrai auprès de vous, auprès d'elle... Voici la reine.

Walinda s'avançait, grave, tranquille, majestueuse, entourée d'une nouvelle garde.

Le cercle s'ouvrit devant elle et, sans se préoccuper de Delauge, elle marcha vers son prisonnier, l'interpella vivement et s'entretint avec lui.

Pendant ce temps, le docteur la regardait; il n'avait rien de mieux à faire. Voici le portrait qu'il a tracé d'elle et qu'on nous a communiqué :

« Elle m'a rappelé, dit-il, certaine reine de nos féeries parisiennes, la belle Delval, qui fit longtemps les délices de la Porte-Saint-Martin. La reine des Walindis a la même taille qu'elle, les mêmes épaules développées, le même buste admirable, les hanches aussi bien dessinées, toutes les attaches aussi parfaites; mais, comme elle lui est supérieure par la fermeté des chairs, la saillie des muscles, la netteté des contours! Quelle souplesse dans tous ses mouvements! Quelle grâce et en même temps quelle force!

« Oui, c'est une Vénus, une admirable statue de bronze moulée par un grand sculpteur, mais une statue animée, où l'on voit circuler le sang et d'où la vie déborde. Et quelle tête expressive, pleine de caractère, plantée sur ce beau corps! De longs cheveux, noirs comme du jais, dédaigneux de la mode du pays et dégagés de toute entrave, couvrent ses épaules et ses reins comme un manteau de soie ; un front large, carré, sans aucun pli ; un teint chaud, un peu cuivré, le teint d'une Indienne métisse ; des sourcils épais qui se rejoignent ; de grands yeux noirs allongés, au regard doux, langoureux en ce moment, énergiques, cruels l'instant d'après, des yeux qui pleurent, qui fascinent et qui foudroient ; un nez délicatement arrondi et terminé par des narines que la moindre émotion fait tressaillir ; de petites dents fines, aiguës, étalant leur blancheur derrière des lèvres épaisses repliées sur elles-mêmes et d'un rouge de sang ; dans le sourire tout à la fois de la grâce et de la cruauté. Je n'ai jamais rien vu, disait en terminant ce portrait M. Delange, je ne verrai jamais rien d'aussi pittoresque et d'aussi beau ; ébloui et tout entier à mon admiration, j'avais absolument oublié que je me trouvais dans une situation des plus périlleuses. »

La reine lut-elle cette admiration dans le regard du docteur qu'elle examinait depuis un instant? Fut-elle flattée et entraînée vers la clémence que lui conseillait énergiquement M. de Guéran, ou bien se dit-elle qu'elle pouvait laisser sans imprudence le parlementaire des Mombouttous s'éloigner, puisque dans un instant, une fois la bataille gagnée, il allait redevenir son prisonnier? Le docteur ne chercha pas à résoudre ces questions; il n'en aurait pas eu le temps du reste : une brèche se fit dans la muraille humaine qui l'entourait, et Walinda, étendant le bras, lui ordonna d'un geste de s'éloigner.

On le mettait tout simplement à la porte sans lui avoir même fait l'honneur de lui adresser la parole. Il ne crut pas devoir réclamer, toisa une dernière fois la reine de la tête aux pieds, pour bien s'imprégner de ses formes, échangea un regard avec le baron devenu impassible, et s'éloigna, en jetant toutefois des coups d'œil indiscrets sur la muraille élevée des deux côtés du chemin.

Un quart d'heure après, encore charmé de tout ce qu'il avait vu, il rejoignit ses amis. Ils avaient bien employé leur temps pendant son absence : un fossé, de cent mètres environ d'étendue et d'un mètre de profondeur, partant du pied de la montagne et formant un demi-cercle autour d'elle, avait été creusé par toute l'armée. La terre retirée de ce fossé et rejeté sur les bords, formait un remblai, qui pouvait préserver des flèches et, sinon empêcher, du moins, rendre plus difficile un assaut. Des troncs d'arbres, des blocs de pierre, tous les bagages de la caravane, les débris du campement de la veille, se dressaient aussi çà et là comme autant de forts détachés. Une de ces barricades, construite

Les rangs s'ouvrirent devant un homme armé. (Page 559.)

avec plus de soin que les autres, au pied de la montagne, et formant une seconde enceinte dans la première, devait servir d'abri à Mme de Guéran, à ses servantes, aux malades de la caravane et plus tard aux blessés.

Aux extrémités du demi-cercle, deux bataillons commandés par les meilleurs officiers de Mounza étaient prêts à marcher contre l'ennemi.

Le roi, à la tête d'une troisième troupe, se réservait de porter secours aux deux premières, lorsqu'elles se trouveraient en péril. Quant aux Européens, aux Nubiens, aux Dinkas, aux quatre-vingts Mombouttous pourvus d'armes à feu, on les destinait à repousser les assauts; ils ne devaient pas quitter la grande enceinte où, du reste, Périères et les interprètes arabes se chargeaient de les retenir et de les diriger.

M. de Morin se tenait aux côtés de Mounza en qualité de général en chef, et Nassar leur servait d'intermédiaire et d'aide de camp.

Sous le prétexte que chez les Walindis les femmes se battaient, miss Poles voulut avoir sa part des dangers communs. Elle s'était fait un costume de fantaisie, semi-bourgeois, semi-guerrier, tenait d'une main une lance, de l'autre son inséparable revolver. Elle aurait pu passer, à la rigueur, pour une amazone si elle avait été plus court-vêtue et un peu mieux faite, « un peu seulement », disait poliment Delange. Droite, immobile sur la barricade construite à l'intention de Mme de Guéran, on était tenté de la prendre pour une enseigne ou un mannequin destiné à effrayer les oiseaux.

Seul, Joseph n'avait pas offert ses services; il se prétendait atteint d'un accès de fièvre terrible, et geignait dans un coin de la seconde enceinte, derrière une troisième barricade qu'il avait construite pour son usage particulier; son bœuf de selle près duquel il s'était couché, devant aussi lui servir de dernier rempart.

Vers sept heures du matin, l'armée des Walindis s'ébranla : des masses compactes descendirent à la fois de tous les coteaux, envahirent la plaine et se dirigèrent vers le camp retranché qu'on venait de construire.

Grâce à sa longue-vue, de Morin reconnut qu'il ne s'agissait encore que des troupes masculines. Walinda ménageait ses forces, réservait sans doute ses amazones pour frapper un grand coup.

Arrivés à trois cents pas environ du campement, les archers Walindis poussèrent d'immenses clameurs, tendirent leurs arcs et lancèrent leurs flèches. Aucune d'elles n'atteignit le but. Ils s'aperçurent de leur insuccès, firent encore une centaine de pas en assez bon ordre et décochèrent de nouveaux traits : les uns passèrent au-dessus du campement pour se briser contre les parois de la montagne, les autres se plantèrent dans le sable qui formait comme un bourrelet autour du fossé.

— Je constate, au nom de tous, dit de Morin en se tournant vers les Européens, que jusqu'à ce jour nous n'avons fait aucun mal à cette tribu, et qu'elle vient de nous attaquer. Nous sommes, dès lors, dans notre droit de défense, et nous allons en user.

Il échangea quelques mots avec le roi; celui-ci donna des ordres et aussitôt les flèches des Mombouttous prirent leur volée dans les airs. La plupart arrivèrent au but et le désordre se mit dans les rangs des Walindis.

Ce premier succès devait perdre Mounza : impatient de combattre, furieux de l'inaction à laquelle il était depuis si longtemps condamné, il ne se contenta plus de décimer les bataillons ennemis à coups de flèches, il s'élança sur eux suivi de son petit corps d'armée.

Le premier choc fut terrible : les deux troupes brûlaient depuis si longtemps d'en venir aux mains, de se dévorer !

Trois fois les Walindis, qui combattaient sous les yeux des amazones et désiraient vaincre sans elles, parvinrent à repousser les Mombouttous jusqu'à leur retranchement; trois fois ils furent à leur tour obligés de reculer.

Les Européens ne pouvaient prendre une part active à cette lutte. La mêlée était trop compacte, les combattants trop pressés : les balles des carabines couraient le risque de frapper un allié et un ami.

Mounza, armé de sa hache d'armes, se conduisait comme un héros de notre ancienne Gaule, à l'époque des grandes luttes corps à corps. Imparfaitement guéri de sa blessure, dans l'impossibilité parfois de se tenir debout, il se traînait sur ses genoux, rampait de groupe en groupe, frappait ses ennemis aux jambes, les fauchait avec sa hache, et faisait une grande moisson autour de lui. Quelquefois aussi il se relevait, redressait sa haute taille, planait sur ses soldats et ses ennemis, jetait un long regard sur le campement des Européens, semblait y chercher quelqu'un et, oubliant sa blessure, poussant un cri terrible, bondissait au milieu d'un autre groupe.

Tout à coup un cri plus terrible que les autres retentit; des plaintes, de longs gémissements lui répondirent, puis on vit les Mombouttous se disperser, se sauver dans toutes les directions.

Le roi venait à son tour d'être mortellement blessé.

XX

Un coup de hache avait fracassé le genoux gauche de Moûnza, une pointe de lance avait profondément pénétré dans son flanc droit et, de ces deux blessures larges, béantes, coulaient des flots de sang. Cependant le roi combattait encore : il n'attaquait plus furieusement, mais il se défendait ; il tenait ses ennemis à distance, il les empêchait de s'approcher de lui pour l'achever. Impuissant à se redresser, le corps rivé à la place où il était tombé, son buste sanglant à peine soulevé de terre, il faisait encore tournoyer sa hache de combat et elle paraissait si terrible dans sa main, il jetait de tels regards chez les Walindis, il poussait de tels rugissements qu'un grand vide s'était fait autour de lui.

Peu à peu cependant la meute qui l'entourait se rapprocha ; elle savait que sa proie ne pouvait lui échapper, mais elle avait hâte de la saisir. Elle s'avança doucement, prudemment, silencieusement, prête à bondir dès qu'elle verrait Mounza faiblir.

Alors M. Périères, suivi d'une dizaine de Mombouttous armés de revolvers, s'élança tout à coup du campement et courut au secours du blessé. Il était temps : Mounza avait fait pour se défendre de tels efforts, que ses blessures s'étaient démesurément agrandies et qu'affaibli par la perte de son sang, il venait de s'affaisser sur le sol. Plusieurs soldats le soulevant dans leurs bras, l'entraînèrent vers le campement, tandis que M. Périères et le reste de sa petite troupe tenaient à distance la meute furieuse et hurlante.

On parvint à transporter le roi dans l'enceinte réservée à Mme de Guéran, aux malades et aux blessés. Mais le docteur Delange s'aperçut, après une seconde d'examen, que, cette fois, il ne pourrait le sauver. On ne lui avait pas apporté un blessé, on lui confiait une sorte de cadavre déjà roidi, dont les yeux seuls étaient grands ouverts et obstinément fixés sur Mme de Guéran qui venait de s'approcher.

Peut-être Mounza aurait-il eu la force de parler à la femme blanche, de la toucher ; mais il se contentait de la regarder et paraissait heureux de mourir ainsi près d'elle et pour elle. Il avait lutté héroïquement contre ses ennemis, il dédaignait de lutter contre la mort ; il l'acceptait, sans cris, sans menaces, sans blasphèmes. Ce sauvage mourait comme un Français.

Mme de Guéran s'agenouilla près de lui, et après avoir fait lentement le signe de la croix, posa le bout de ses doigts sur le front de l'agonisant. Il tressaillit à ce contact : ses yeux à moitié fermés déjà se rouvrirent par un suprême effort, son regard s'éclaira, ses lèvres s'agitèrent et il rendit le dernier soupir.

Laure de Guéran resta longtemps agenouillée : elle priait le Dieu des chrétiens de recevoir cette âme païenne qui, déjà relevée de son abaissement premier, était préparée à monter et à grandir. Elle priait aussi pour tous ses amis qui la défendaient vaillamment, pour son mari, si près d'elle et cependant si loin, lorsqu'elle songeait, non pas à la distance, mais aux terribles obstacles qui les séparaient encore.

Pendant qu'elle restait ainsi prosternée près de Mounza, les Walindis se réunissaient pour reprendre aux Européens le blessé qu'on avait arraché à leur vengeance. Ils ne savaient pas qu'il venait d'expirer et ils voulaient avoir la jouissance de l'égorger eux-mêmes, d'emporter son cadavre, de le jeter aux pieds de leur reine et de lui dire : « Tu vois que nous combattons aussi vaillamment que tes femmes ; tes guerriers valent tes amazones. »

Enivrés par le premier succès, croyant maintenant tous les triomphes faciles, ils se réunirent en un seul groupe, immense, compacte, et s'élancèrent sur le campement.

— Feu ! cria M. de Morin.

Cent coups de fusil partirent. Toutes les balles portèrent dans la masse ; cent hommes tombèrent, et les autres, effrayés, terrifiés, reculèrent tous à la fois et voulurent prendre la fuite.

Elle ne leur était plus permise : ils se trouvaient maintenant enfermés, enclavés, parqués, pour ainsi dire, entre leurs ennemis et leurs compatriotes.

En effet, l'armée des amazones venait de quitter les collines voisines, pour se précipiter dans la plaine et rejoindre les premiers combattants. Ceux-ci, en se retournant, avaient donc trouvé derrière eux une muraille vivante impénétrable, cinq mille femmes qui les injuriaient et les menaçaient de mort s'ils reculaient. Alors éperdus, honteux, dans l'impossibilité de fuir, ils tentèrent un nouvel assaut. Les Européens répondirent par une nouvelle décharge. Une centaine d'hommes tombèrent encore.

Mais cette fois le feu continua, feu roulant, terrible, où chaque coup portait. Les Européens comprenaient que s'ils s'arrêtaient une seconde, que si leur ligne était franchie sur un seul point par leurs innombrables ennemis, c'était la mort, la mort inévitable !

Les Walindis ne formaient plus qu'une masse affolée, grouillante, hurlante, s'entre-choquant, s'étouffant, s'écrasant, s'entre-tuant. Les premiers rangs tombaient sous les balles européennes ; les derniers, brutalement refoulés par les autres, venaient se heurter contre les amazones, se faire transpercer par les lames aigües dont le corps de ces femmes était couvert. Cependant la terreur bestiale répandue dans ce grand troupeau humain finit par lui donner une lueur d'intelligence ; il se rua tout à coup, en même temps, sur la barrière vivante qui l'enserrait, y fit une large brèche et, par cette ouverture, roula dans la plaine en flots pressés et tumultueux.

Rien ne séparait plus maintenant les Européens de l'armée des amazones. Cinq mille femmes environ, bardées de fer, armées de haches et de lances, cinq mille folles furieuses, n'attendaient qu'un signal pour se ruer sur le campement, que cent hommes à peine défendaient maintenant.

— Cette fois, disait gaiement le docteur Delange à ses deux amis, je crois que c'est fini, bien fini, et je n'en suis pas fâché. Nous n'aurons plus à nous demander tous les matins : « Est-ce pour aujourd'hui? Serons-nous exterminés avant ou après le coucher du soleil? » Nous voilà fixés : dans cinq minutes il ne restera plus de notre caravane qu'un agréable souvenir... pour les Walindis. De quoi nous plaindrions-nous? Nous pouvions mourir de la fièvre, ce qui est misérable, nous pouvions être égorgés par les Bongos, les Niams-Niams, les Domondoûs, de bien vilaines gens, et nous allons périr de la main d'adorables femmes... Oui, adorables, regardez-les : elles s'avancent justement pour se faire admirer. Sont-elles assez belles, le cou tendu, la poitrine haletante, le regard étincelant, les narines palpitantes, la bouche entr'ouverte!

Toutes les amazones s'avançaient, en effet, menaçantes, furieuses, mais en bon ordre, contenues par leur reine, qui, au milieu d'elles, marchait au premier rang.

— Vous n'ordonnez pas de tirer? demanda M. Périères à M. de Morin.

— Je m'en garderai bien, répondait M. de Morin. Nous n'avons plus qu'un espoir : les effrayer par une attaque générale et jeter le désordre dans leurs rangs.

— Vous êtes le maître, mais je ne crois pas que ces belles créatures se laissent intimider facilement.

— Je ne le crois pas plus que vous, cher ami, mais il faut bien tenter quelque chose.

— Qu'ont-elles fait de M. de Guéran? demandait M. Delange; malgré ma longue-vue, je ne l'aperçois pas.

— La reine, répondait de Morin, trouve sans doute inutile d'exposer une tête si chère; elle a mis son prisonnier en lieu sûr.

Pendant qu'il parlait ainsi, Mme de Guéran avait quitté la seconde enceinte et grave, calme, presque souriante, elle marchait vers les trois jeunes gens, les rejoignait et leur disait :

— Messieurs, je viens mourir avec vous.

Au même instant, un cri retentit dans les rangs des Walindis. Puis, le désordre se mit dans l'escorte qui entourait la reine : on aurait dit qu'un combat s'y livrait. Enfin les rangs s'ouvrirent devant un homme armé d'une hache qu'il agitait furieusement au-dessus de sa tête. Il marchait à reculons, faisait face à ses ennemis, et ceux-ci le poursuivaient, essayaient de l'entourer, mais n'osaient pas le frapper.

Il avait déjà parcouru une vingtaine de mètres, lorsqu'il se retourna tout à coup vers les Européens, chercha Mme de Guéran des yeux, échangea un long regard avec elle, et s'adressant aux trois jeunes gens qui l'entouraient, et essayaient de le retenir :

— Faites feu, messieurs, faites feu ! s'écria-t-il.

— Nos balles peuvent vous atteindre, s'écria M. de Morin.

— Qu'importe ! vous êtes tous perdus, si vous hésitez encore un instant.

— Feu ! cria M. de Morin.

Lorsque la fumée se dissipa, chacun chercha des yeux M. de Guéran : il n'était plus, comme tout à l'heure, debout, menaçant, terrible. La reine l'avait rejoint et, pendant qu'il hésitait sans doute à la frapper, elle s'était élancée sur lui, l'avait terrassé, enlacé dans ses bras, et lui enfonçait furieusement dans la chair toutes les lames qui sortaient de son collier, de ses bracelets, de ses ceinturons de fer.

En même temps, les amazones dont Walinda ne contenait plus l'ardeur, que les coups de feu isolés maintenant n'effrayaient plus, se ruèrent toutes à la fois sur le campement et l'envahirent.

Heureusement pour les Européens que pour porter secours à M. de Guéran, ils avaient franchi le fossé et se trouvaient de l'autre côté du rempart. Les Nubiens et quelques Mombouttous les avaient rejoints et formaient une sorte de petit bataillon carré prêt à se défendre encore. Les amazones leur accordaient un instant de répit; tout entières au massacre des malheureux restés dans le campement, ivres de sang, furieuses, folles, elles avaient même oublié leur reine, que Nassar et trois Dinkas, après une lutte acharnée, venaient enfin d'arracher du corps sanglant qu'elle étreignait convulsivement.

Cependant, une centaine de victimes ne pouvaient satisfaire la férocité des amazones. Lorsqu'elles eurent massacré tous leurs ennemis qui se trouvaient dans le retranchement, elles se retournèrent vers ceux qui en étaient sortis.

Elles formaient un groupe immense, adossé à la montagne et s'étendant jusqu'au fossé. Une seconde encore et elles délivraient leur reine, massacraient les Européens et leurs derniers défenseurs.

Mais, tout à coup, une effroyable détonation retentit : la montagne sembla s'entr'ouvrir ; des rochers, d'immenses blocs de granit roulèrent de ses flancs, et des pierres énormes lancées dans l'espace, détruisant, foudroyant tout ce qu'elles rencontraient, anéantirent ou dispersèrent toute l'armée des amazones.

XXI

Dans le premier chapitre de ce volume, nous avons laissé le docteur Desrioux et le comte de Pommerelle prêts à quitter Paris. Ils s'embarquèrent à Marseille sur le paquebot des Messageries maritimes qui, six mois auparavant, avait donné passage à leurs amis, mais, au lieu de s'arrêter à Suez, comme l'avait fait l'expédition de Guéran, les deux jeunes gens, sans quitter le bateau à vapeur, parcoururent toute la mer Rouge, franchirent le détroit de Bab-el-Mandeb et atteignirent Aden.

Le hasard seconda leur désir de voyager le plus promptement possible. Sans être obligés de descendre dans le port d'Aden, ils trouvèrent à Steamer-Point, grande rade ouverte où fait escale quelques

S'élançant sur son prisonnier, il entama la gorge de sa victime. (Page 563.)

heures le paquebot des Indes et de la Chine, un vapeur en partance pour Zanzibar. Leur passage fut immédiatement arrêté sur ce navire, leurs bagages y furent tranportés, et bientôt ils s'engageaient dans le golfe d'Aden, doublaient le cap de Guardafui (Cap des Aromates), entraient dans la mer des Indes, suivaient la côte stérile et déserte qui porte le nom de Somal, passaient sous l'équateur et débarquaient, à la fin d'avril 1873, dans l'île de Zanzibar par 7 degrés de latitude sud et 36 degrés de longitude est.

Afin de permettre au lecteur de nous suivre, nous lui rappellerons que la caravane de Mme de Guéran, après avoir marché plus d'une année vers le sud-est, s'est arrêtée, le 11 décembre 1873, devant les Montagnes bleues, à 2 degrés environ de latitude nord, et à 27 degrés de longitude est. Pour la rejoindre, MM. Desrioux et de Pommerelle sont donc obligés, en partant de Zanzibar, de faire route vers le nord-ouest et de franchir 9 degrés de latitude, c'est-à-dire environ deux cent vingt-cinq lieues, sans parler de la longitude, qui rend la route plus longue, puisqu'elle ne peut être directe.

Le docteur Desrioux et le comte de Pommerelle ne sont ni des géographes, ni même de sérieux explorateurs. Le premier n'a qu'une pensée : rejoindre au plus vite Mme de Guéran ; il ne voit qu'elle, il ne songe qu'à elle, et tant qu'il ne l'aura pas retrouvée il se montrera dédaigneux des pays parcourus et de leurs habitants. C'est le voyageur amoureux ; il n'a pas besoin de boussole, son instinct, les inspirations de son cœur, le guident vers un point unique d'attraction.

Quant à M. de Pommerelle, ce voyageur en chambre, cet explorateur passionné, mais latent, que la fièvre des expéditions lointaines consumait sourdement, depuis qu'il a pris son essor, depuis que sa passion, si longtemps contenue, a éclaté, il est comme affolé par sa nouvelle existence. Il ressemble au prisonnier qu'on vient de rendre à la liberté, au collégien en vacances, au lâche révolté, suivant sa propre expression, qui se décide enfin à combattre : il marche, il marche toujours sans vouloir s'arrêter ; il aspire à pleins poumons l'air nouveau qui l'entoure ; il regarde de ses yeux enfiévrés, il admire de tout son cœur épanoui les spectacles qui se déroulent devant lui.

Des voyageurs comme MM. Desrioux et de Pommerelle ne sont d'aucun secours à nos sociétés savantes. Ils ne tiennent pas de journal, et nous ne saurions nous en rapporter à leurs appréciations, si nous voulons peindre, même à vol d'oiseau, les curieuses contrées qu'ils vont parcourir. De véritables explorateurs les ont heureusement traversées avant eux et après eux, et leurs souvenirs, recueillis par la maison Hachette, se trouvent réunis dans la bibliothèque, ou plutôt le monument géographique et artistique, édifié sous l'inspiration et l'intelligente direction de M. Templier. C'est dans ce recueil que nous puiserons parfois les renseignements dont nous ont privés MM. Desrioux et Pommerelle.

Disons d'abord quelques mots des diverses expéditions européennes parties de Zanzibar, comme celle que nous allons suivre :

Vers la fin de 1844, M. Maizan, élève de l'École polytechnique et enseigne de vaisseau, fut autorisé par le gouvernement français à explorer les grands lacs du continent africain. Malgré les observations de ses amis et de M. Broquant, consul de France à Zanzibar, il se munit de caisses nombreuses d'armes et d'instruments qui devaient exciter la cupidité des naturels, et s'avança dans l'intérieur des terres avec une escorte trop faible pour le défendre. Accueilli d'abord avec une feinte cordialité par un chef de tribu appelé Mazoungéra, celui-ci lui reprocha bientôt les cadeaux faits à d'autres chefs, et, sans vouloir rien écouter, saisi de fureur subite, il s'écria en regardant son hôte : « Tu vas mourir à l'instant. » Aussitôt, malgré les efforts de la femme du chef, qui voulait sauver l'homme blanc, on attacha celui-ci par les bras et les jambes à de longues perches, et des esclaves le portèrent à cinquante mètres du village, auprès d'un baobab, que j'ai vu, affirme Burton. « Mazoungéra, s'élançant sur son prisonnier, lui trancha d'abord toutes les articulations, pendant que retentissait le chant de guerre et que le tambour battait une marche triomphale. Puis, entamant la gorge de sa victime et trouvant son couteau émoussé, le chef s'arrêta pour en aiguiser le tranchant, et termina son œuvre sanglante en arrachant la tête avant que la décollation fût complète. Ainsi mourut à vingt-six ans, un galant homme, plein de cœur, de savoir et d'avenir, dont le seul défaut était la témérité, ainsi qu'on appelle trop souvent l'esprit d'initiative, lorsque la fortune ne sourit pas au courage. »

En 1846, le capitaine Guillain, commandant le brick de guerre *le Ducouédic*, fut chargé d'obtenir le châtiment de l'assassin. Le sultan de Zanzibar se fit longtemps prier pour nous rendre justice; il dut enfin s'y décider et envoyer une expédition armée contre Mazoungéra. Mais celui-ci s'empressa de prendre la fuite, et on ne put capturer que l'homme qui avait battu le tambour pendant le supplice de notre malheureux compatriote. On ramena triomphalement ce prisonnier à Zanzibar, où les diplomates européens crurent devoir le faire passer pour le véritable assassin. Pendant deux ans, il fut enchaîné devant la porte du consulat français, puis transféré dans l'enceinte du fort, et attaché pendant onze ans à un canon placé sous un hangar.

A la malheureuse expédition de M. Maizan succéda celle du docteur Krapf, missionnaire anglican d'origine allemande, et du révérend Rebman, qui nous donnèrent des renseignements du plus grand intérêt, alors inédits, sur les chaînes de montagnes équatoriales et sur les lacs de l'intérieur.

En 1856, la Société géographique de Londres confia au capitaine Burton, officier à l'armée du Bengale, et célèbre déjà par des voyages en Arabie, la mission d'atteindre les grands lacs africains, qui commençaient à exciter l'intérêt du monde scientifique. Burton s'adjoignit le capitaine Speke, attaché comme lui à l'armée des Indes, et après avoir surmonté des obstacles de toute sorte, atteignit enfin le lac Tanganyika, si célèbre depuis par les voyages de Livingstone. En même temps, pendant qu'il était retenu par la fièvre à Kazeh (ou Taborah), son compagnon marchait vers le Nord, et relevait bientôt un lac d'une grande étendue, le *Nyanza d'Ukéréoué*, auquel il crut devoir, en souvenir de sa souveraine, donner le nom de lac Victoria. Speke revint enthousiasmé de sa découverte, et convaincu que l'espèce de mer intérieure, dont il avait constaté l'existence, était le réservoir mystérieux d'où sortait le Nil.

Burton repoussa vivement cette assertion. Il la traita d'hypothèse dénuée de preuves, indigne d'être examinée par des géographes sérieux. Quoi! son compagnon, celui qu'il s'est adjoint, son subalterne, pour ainsi dire, aurait découvert sans lui les sources du Nil, aurait résolu le grand problème! Il ne veut pas l'admettre! Speke, piqué au vif, se résout à consacrer ses ressources, sa vie à faire triompher l'idée qu'il vient d'émettre. Il entreprend une nouvelle exploration, après s'être associé au capitaine Grant, son ami de longue date, son compagnon de voyage dans l'Inde. Ils partent de Zanzibar en août 1860, atteignent bientôt le lac Victoria, étudient ses côtés, se dirigent vers le nord-ouest, et indiquent l'existence d'un troisième lac dominé par les Montagnes Bleues. Peu après, sir Samuel Baker, dont nous ne parlons que pour mémoire ici, puisque son point de départ est Gondokoro et non pas Zanzibar, confirme la découverte de Speke, la complète scientifiquement, et donne à ce troisième lac, appelé dans le pays lac *M'Woutan*, le nom de lac Albert.

Livingstone, en apprenant ces nouvelles conquêtes faites par la science sur le continent africain, sent renaître ses ardeurs d'explorateur et d'apôtre; il se refuse en même temps à reconnaître que le lac

Victoria et le lac Albert puissent donner la vie au Nil; suivant lui, le grand fleuve prend sa source encore plus au sud dans le Tanganyika, qu'il a découvert. Pour établir l'importance de son lac de prédilection, il regagne Zanzibar, et s'avance dans l'intérieur en mars 1866. Il donne plusieurs fois de ses nouvelles, mais, à partir de juillet 1868, on n'en reçoit plus. Le monde s'émeut de ce silence, et c'est alors qu'un journaliste américain, M. Stanley, est envoyé à la recherche du grand voyageur. Le passage où M. Stanley raconte son départ est tellement curieux que nous croyons devoir le reproduire.

« Le 16 octobre de l'an du Seigneur 1869, j'étais à Madrid, rue de la Croix; j'arrivais du carnage de Valence. A dix heures du matin, Jacopo m'apporte une dépêche; j'y trouve les mots suivants : « Rendez-vous à Paris; affaire très importante. » Le télégramme est de James Gordon Bennett fils, directeur du *New-York Herald*.

« A trois heures j'étais en route. Obligé de m'arrêter à Bayonne, je n'arrivai à Paris que dans la nuit suivante. J'allai directement au Grand-Hôtel et frappai à la porte de M. Bennett.

« — Entrez, dit une voix.

« Je trouvai M. Bennett au lit.

« — Qui êtes-vous? me demanda-t-il.

« — Stanley.

« — Ah! oui, prenez un siège. J'ai pour vous une mission importante.

« Il jeta sa robe de chambre sur ses épaules et dit vivement :

« — Où pensez-vous que soit Livingstone?

« — Je n'en sais vraiment rien, monsieur.

« — Croyez-vous qu'il soit mort?

« — Possible que oui, possible que non.

« — Moi je pense qu'il est vivant, qu'on peut le retrouver, et je vous envoie à sa recherche.

« — Avez-vous réfléchi, monsieur, à la dépense qu'occasionnera ce voyage?

« — Vous prendrez d'abord 25,000 francs; quand ils seront épuisés, vous ferez une traite d'autant, puis une troisième et ainsi de suite; mais retrouvez Livingstone.

« — Dois-je aller directement à la recherche de Livingstone?

« — Non, vous assisterez à l'inauguration du canal de Suez; de là, vous remonterez le Nil. J'ai entendu dire que Baker allait partir pour la haute Egypte; informez-vous le plus possible de son expédition. En remontant le fleuve, vous décrirez tout ce qu'il y a d'intéressant pour les touristes, et vous nous ferez un guide pratique ; vous direz tout ce qui mérite d'être vu et de quelle manière on peut le voir. Vous ferez bien, après cela, d'aller à Jérusalem; le capitaine Warren fait, dit-on, là-bas des découvertes importantes; puis, à Constantinople, où vous vous renseignerez sur les dissentiments qui existent entre le khédive et le sultan. Après... Voyons un peu... Vous passerez par la Crimée et vous visiterez ses champs de bataille ; puis, vous suivrez le Caucase jusqu'à la mer Caspienne; on dit qu'il y a là une expédition russe en partance pour Khiva. Ensuite, vous gagnerez l'Inde en traversant la Perse; vous pourriez écrire, à Persépolis, une lettre intéressante. Bagdad sera sur votre passage; adressez-nous quelque chose sur le chemin de fer de la vallée de l'Euphrate; et quand vous serez dans l'Inde, embarquez-vous pour rejoindre Livingstone. A cette époque, vous apprendrez sans doute qu'il est en route pour Zanzibar; sinon, allez dans l'intérieur et cherchez-le jusqu'à ce que vous l'ayez trouvé. Informez-vous de ses découvertes. Enfin, s'il est mort, rapportez-en des preuves certaines. Maintenant, bonsoir, et que Dieu soit avec vous!

« — Bonsoir, monsieur; tout ce que l'humaine nature a le pouvoir de faire, je le ferai, ajoutai-je, et, dans la mission que je vais accomplir, veuille Dieu être avec moi! »

Ce récit, qu'on dirait écrit par Alexandre Dumas, n'affirme-t-il pas la puissance extraordinaire des grands journaux du Nouveau-Monde, et ne met-il pas en relief la simplicité héroïque et l'audace américaines?

XXII

Nous avons brièvement raconté, dans la première partie de cette étude, de quelle façon M. Stanley accomplit sa mission. En novembre 1871 il retrouva Livingstone dans l'Oudjiji, non loin de son lac bien-aimé le Tanganyika. Cette nouvelle parvenue en Europe en 1872 détermina, on s'en souvient, Mme de Guéran à se mettre à la recherche de son mari.

M. Stanley quitta Livingstone le 13 mars 1872 et reprit la route des pays civilisés. Mais hélas! tandis que l'Angleterre se réjouissait encore de la résurrection de son grand compatriote, elle apprenait sa mort... définitive, et c'est ici que nous devons donner quelques détails sur une grande exploration à laquelle Paris vient de s'intéresser vivement.

Nous voulons parler de l'expédition du lieutenant Cameron, du docteur Dillon, de M. Murphy, officier de l'artillerie royale, et de M. Moffat, neveu de Livingstone. Parti de Zanzibar en mars 1873, un mois avant l'arrivée dans cette île de MM. de Pommerelle et Desrioux, Cameron suivit d'abord la route de ses devanciers, et il allait s'enfoncer plus avant dans l'Ouest lorsque, le 25 octobre 1873, un convoi ou plutôt une caravane funèbre guidée par Sousi, le fidèle serviteur de Livingstone, lui apparut.

C'était le corps du grand voyageur anglais qu'on transportait à Zanzibar. Livingstone, après le départ de Stanley et malgré ses souffrances, s'était efforcé de compléter ses études, mais, cette fois, la fièvre si longtemps combattue l'avait terrassé. Depuis longtemps il voyait la mort venir.

« Malade, vieux, épuisé, écrivait-il, habitant depuis six ans des climats meurtriers, je devrais regagner l'Angleterre. Stanley a employé les arguments les plus pressants pour m'y décider, et je reconnais que mes amis peuvent compléter mon œuvre... Cependant je ne pars pas... Mon Jésus, accorde-moi de finir ma tâche avant qu'une autre année s'écoule! »

Le 27 avril, il s'arrêtait dans un village et ajoutait à son journal ces lignes, les dernières écrites : « Je n'en peux plus et je reste ici. »

Le 31 avril, de grands cris retentissent dans le lointain; il appelle son domestique Sousi et lui demande si ce sont les hommes de la caravane qui font tout ce bruit. — « Non, maître, dit le serviteur, ce sont les habitants qui chassent les buffles des champs de sorgho. » Une minute après, sous le coup d'une vive souffrance, il fait entendre cette plainte : « Oh! dear, dear! » et il s'assoupit. Dans la soirée il prend quelques médicaments et dit à Sousi de se retirer.

« Il pouvait être quatre heures du matin, dit l'historien de sa mort, lorsque ses six domestiques entrèrent dans la chambre. Le lit était vide; agenouillé au bord de sa couche, la figure dans ses mains posées sur l'oreiller, Livingstone semblait être en prière et, par un mouvement instinctif, les serviteurs se reculèrent. Quand je me suis réveillé, dit

l'un deux, il était comme à présent, et, puisqu'il ne remue pas, j'ai peur qu'il ne soit mort. »

On lui posa doucement la main sur la joue; il n'y eut plus de doute: Livingstone était mort et déjà presque froid.

En ce moment, les coqs chantèrent, et comme il était plus de minuit lorsqu'il avait parlé pour la dernière fois, nous pouvons dire avec certitude qu'il expira le 1er mai, un peu avant l'aube.

Ses serviteurs dressent l'inventaire et placent dans des caisses en étain tous les instruments, papiers, dépêches, armes, montres, bible, livres d'église, tout ce qui lui avait appartenu, tout ce qui lui avait servi. Sousi et Chouma, les deux plus anciens serviteurs de Livingstone, prennent le commandement de la caravane et décident que le corps sera transporté à Zanzibar.

On rendit à l'homme blanc les honneurs funèbres usités dans le pays. Après la cérémonie, le corps fut transporté dans une case découverte. Farijala, un des serviteurs, fut chargé de l'embaumement. Les viscères furent enlevés avec soin et remplacés par du sel: Farijala mit de l'eau-de-vie dans la bouche et sur les cheveux, puis le corps fut laissé dans la hutte. La boîte de fer-blanc, où avaient été déposés le cœur et les autres organes, fut enterrée dans une fosse de quatre pieds de profondeur, creusée à l'endroit même. Toutes les vingt-quatre heures le corps était changé de position. Au bout de quatorze jours, il parut suffisamment sec. On l'enveloppa de calicot, on l'étendit dans un cercueil fait d'écorce d'arbre, recouvert de toile à voile goudronnée, et plusieurs hommes, après avoir attaché le précieux ballot à une forte perche, se chargèrent de le porter.

Les compagnons de Cameron, MM. Murphy et le docteur Dillon, dont les santés étaient altérées, prirent le parti de retourner à Zanzibar avec le triste cortège, mais le docteur Dillon ne devait point revoir la côte, saisi par les fièvres de la zone littorale, il se brûla la cervelle dans un accès de délire.

Cameron, resté seul, ne se laissa pas abattre: il se dirigea vers le Tanganyika, gagna les lieux témoins de la mort de Livingstone, recueillit ses livres, ses papiers et continua sa course qui devait le conduire au bout de deux ans et demi, à Benguela, sur l'océan Atlantique. Il avait fait ainsi plus de trois mille milles et traversé toute l'Afrique, de l'est à l'ouest, de la mer des Indes à l'océan Atlantique.

Les explorations dont Zanzibar a été le point de départ n'étaient

La possession d'une ombrelle les comble de joie. (Page 572.)

pas terminées. Le *Daily Telegraph* s'associe cette fois au *New-York Herald* pour faire les frais d'une expédition confiée de nouveau à Stanley, sur lequel on fonde avec raison les plus grandes espérances. Il quitte la côte orientale d'Afrique en septembre 1874, et s'enfonce dans l'intérieur. Bientôt il écrit : « Quoique souffrants de la fièvre et de la dyssenterie, insultés par les habitants, marchant sous la chaleur et les pluies équatoriales, les Européens qui m'accompagnent se montrent d'une noble et mâle nature, fermes, braves et, ce qui vaut mieux que tout le reste, vraiment chrétiens. »

Quelques jours après, sa marche devient des plus pénibles à travers des forêts d'acacias et d'euphorbes, sans route frayée. Ses guides prennent la fuite, six hommes dans son escorte périssent, trente sont malades, et un de ses plus fidèles compagnons, le jeune Edward Pococak, atteint de fièvre typhoïde, succombe à son tour. « Je me sentais prêt à pleurer, dit Stanley, à la vue de tant de misère, mais il me fallait garder toute ma fermeté pour ne pas ajouter à l'abattement de mes gens. »

Après avoir côtoyé le lac Victoria, étudié le pays qui sépare ce lac de l'Albert-Nyanza, il atteint cette dernière nappe d'eau et donne sur ses rives des détails qui complètent, sur plusieurs points, les renseignements contenus dans le journal de l'expédition de Guéran. En effet, sur la rive occidentale du lac Albert et dans sa partie méridionale, Stanley place le grand territoire de l'Oulléga, qui nous paraît devoir borner au sud le pays des Walindis, où nous avons laissé nos voyageurs.

Toute cette terre est merveilleuse, écrit-on, d'après le voyageur américain, mais elle est très inhospitalière. Entre autres choses remarquables, on y voit une montagne lançant du feu et des pierres, un lac salé d'une grande étendue, plusieurs collines de sel gemme, une grande plaine couverte d'une couche épaisse de sel et d'alcali, une race de gros chiens d'une férocité extraordinaire, et une population d'indigènes redoutables aux étrangers.

Pour arriver à toutes ces découvertes, Stanley passe de nouveau par de cruelles épreuves, comme le démontrent ces quelques lignes, arrachées à son courage, à sa persévérance et à son indomptable énergie :

« Ainsi, deux de mes quatre hommes blancs sont morts. A qui le tour? Et peut-être nos amis demanderont tristement en s'apitoyant sur notre sort : A qui le tour? Qu'importe à qui sera le tour! Cela ne nous avancerait à rien d'essayer de fuir cette terre fatale, car entre elle et la mer, il y a sept cents milles de pays, aussi malsain qu'aucun autre pays de l'Afrique. La perspective est plus encourageante en avant, quoique dans cette direction il y ait encore trois cents milles à parcourir. Nous avons toutefois devant nous des régions nouvelles, inconnues, dont les merveilles et les mystères seront comme autant de remèdes qui nous feront braver la fièvre et le trépas. »

Enfin, d'après des renseignements publiés par l'éditeur Lassailly, et confirmés par le vicomte de Bizemont, lieutenant de vaisseau et géographe distingué, nous apprenons que sous cette dénomination : *Mission Livingstonia*, une société de missionnaires écossais, sous la direction de M. Young, ancien officier de marine, s'est constituée pour aller prêcher l'Évangile dans cette partie du continent africain. Ces hommes intrépides, encouragés et appuyés par toute l'Angleterre, ont, le 6 octobre 1875, lancé sur le lac Albert un bateau à vapeur l'*Ilala*. Les Arabes qui viennent dans ces parages chercher des esclaves, se montrèrent très effrayés, lorsqu'ils virent un navire s'avancer sur ces eaux, où jusqu'alors ils avaient régné, grâce à leurs embarcations qui faisaient la traite et transportaient annuellement vingt mille esclaves.

Ces diverses expéditions ont précédé et suivi le voyage de MM. Desrioux et de Pommerelle ; elles donnent au lecteur une idée de l'intérêt qui s'attache à cette partie du continent africain. Nous allons maintenant raconter brièvement le voyage des deux jeunes gens et remplacer leurs notes de voyage, comme nous l'avons dit, par quelques aperçus puisés aux meilleures sources.

Décidés à rejoindre le plus vite possible l'expédition de Guéran, à ne ménager ni leurs forces, ni leur fortune, MM. Desrioux et Pommerelle, grâce au concours du sultan de Zanzibar et des consuls européens, purent en quelques jours former une caravane importante. Elle se composa de *pagazis* ou porteurs, esclaves affranchis, au nombre de deux cents environ, sous la conduite d'un guide indigène (*kirangozi*) et d'une escorte de soixante *beloutchis*, engagés volontaires, espèces de bachi-bouzouks ou *têtes folles* commandés par un lieutenant (*djemadar*) et armés d'excellentes carabines que M. de Pommerelle avait achetées à Paris au moment de son départ.

Ces apprêts terminés, nos compatriotes se transportèrent sur la côte, à Bagamoyo, d'où ils partirent le 15 mai.

XXIII

Autrefois, le nom de Zanzibar (*Zang* signifie nègre et *Bar* région) s'appliquait indistinctement à la côte, à l'île et à sa capitale; aujourd'hui on ne l'emploie sur les lieux que pour désigner cette dernière. Quant à l'île, elle prend le nom de *Kisikoua*, et la côte reçoit des appellations variées dont les plus connues sont le *Zanguebar*, la *M'rima* et le *Sahouahil*.

La population côtière, composée de négroïdes musulmans et de mulâtres arabes, reconnaît l'autorité nominale du sultan de Zanzibar, mais jouit de son autonomie. Les hommes sont en général d'un bronze jaunâtre, ont autour des reins une draperie qui tombe à mi-cuisse et ne paraissent en public qu'armés d'un sabre, d'une lance, ou tout au moins d'un bâton. La possession d'une ombrelle les comble de joie, et on les voit à l'ombre de cet objet rouler des tonneaux sur la plage.

Chez les femmes une sorte de fourreau, commençant au-dessous des bras pour mourir à la cheville, sert de robe. Elle portent des colliers composés de dents de requin; leurs oreilles, dont le lobe est d'une grande étendue, sont ornées de feuilles de coco, d'un disque en bois ou d'une noix de bétel; leur narine gauche est transpercée par une épingle d'argent ou de cuivre. La chevelure, abondamment graissée d'huile de sésame, est formée d'un double rouleau s'élevant de chaque côté de la tête, comme les oreilles d'un ours, ou bien, en guise d'accroche-cœurs, de petits tortillons d'une grande roideur.

Des coutumes sauvages existent encore dans cette population arabe plutôt que nègre : l'oncle par exemple, y jouit du droit au moins arbitraire de vendre ses neveux et nièces; lorsqu'un Européen s'étonne de cet usage : « Comment voudriez-vous, répond-on, qu'un homme restât dans le besoin lorsque ses frères et sœurs ont des enfants? »

Le vaste territoire que nous allons traverser avec MM. de Pommerelle et Desrioux, en nous renseignant auprès de leurs devanciers, et principalement de Burton, peut se diviser en plusieurs zones. La première s'étend sur une centaine de milles, du rivage de l'océan Indien jusqu'aux montagnes de l'*Usagara*. De profonds ruisseaux, de hautes futaies, des massifs de verdure couronnant des arbres gigantesques, donnent à cette région, en certains endroits, la physionomie d'un parc; les champs cultivés sont nombreux, et chaque village est caché dans l'herbe ou les broussailles. Sous l'influence d'une température à la fois chaude et humide, la végétation acquiert une force exceptionnelle; l'herbe s'élève à près de quatre mètres, donne des tiges de la grosseur du doigt, et ne permet pas de se détourner du sentier tracé dans les jungles.

La seconde zone se développe des montagnes de l'Usagara à la province de l'Ugogo. Les caravanes d'indigènes, lorsqu'elles ne sont pas trop chargées, la traversent d'ordinaire en trois semaines. C'est un pays de montagnes et de forêts : « Au parfum délicieux du jasmin, dit Burton, se joint la suave exhalaison des mimosas, dont les fleurs sont suspendues comme des boules d'or aux branches couvertes de feuilles. Le tamarin devient, dans ce pays, un arbre gigantesque; le baobab y est transformé en cabanes et un régiment s'abriterait à l'ombre du figuier sycomore. »

La couleur des habitants est de nuances diverses : on en trouve de presque noirs et d'autres d'un brun chocolat. L'homme s'enveloppe dans un grand morceau de cotonnade bleu foncé, ou de calicot écru; la femme, quand elle est riche, porte la *tobé*, draperie de quatre mètres de long qui passe sous les bras, serre la poitrine et revient s'attacher sur la hanche; la femme pauvre est vêtue d'une jupe de peau et d'un plastron qui se noue autour du cou et descend jusqu'à la taille. Hommes et femmes sont généralement laids, mais grands et vigoureux; malgré leur physionomie ouverte, ils n'en sont pas moins de francs pillards, toujours prêts à détrousser les petites caravanes.

La troisième zone s'étend jusqu'à *Kazeh* et comprend le vaste territoire, d'une étendue de cent milles carrés, connu sous le nom de l'*Ugogo*. Son aspect général est d'une monotonie excessive, d'une complète aridité. Dans plusieurs parties, le sol est condamné à une sécheresse éternelle; on ne trouve de l'eau que dans des trous profonds creusés par les indigènes. Les bêtes sauvages : l'hyène, le léopard, le zèbre, l'éléphant, la girafe et l'autruche y abondent. Les caravanes pénètrent en tremblant dans ces contrées, comme le témoigne certain discours prononcé par un des guides de Burton : « O blancs, écoutez-moi! et vous, enfants du Saïd, fils de Ramji, vous sombres descendants des ténèbres, soyez attentifs à mes paroles. Le voyage arrive à l'Ugogo. Prenez garde! prenez garde! (Gestes violents.) Vous ne counaissez pas les hommes qui l'habitent ; ils sont maudits, trois fois maudits ! (L'orateur frappe la terre du pied.) Ne parlez pas à ces païens de l'intérieur, n'entrez pas dans leurs cases, ne trafiquez pas avec eux, ne leur montrez ni étoffe, ni bracelets, ni grains de verre ! (Animation croissante.) Ne mangez pas, ne buvez pas avec eux, ne courtisez pas leurs femmes ! (Accent frénétique.) Kirangozi, toi qui les guides, retiens tes fils. Ne permets pas qu'ils errent dans les villages, qu'ils achètent du sel en dehors du camp, dérobent des provisions, s'enivrent de bière ou s'asseoient près des puits ! »

Un désert de quelques milles, appelé *Plaine embrasée* se trouve sur la limite de l'Ugogo. Burton y subit de dures épreuves, mais Cameron constate que le pays s'est amélioré : les habitants ont défriché de grands espaces, les ont mis en culture et sont parvenus à trouver de l'eau. MM. de Pommerelle et Desrioux, qui ont parcouru ce territoire en même temps que le lieutenant de la marine anglaise, durent bénéficier de ces progrès. En effet, ce fut en sortant de la Plaine embrasée que les deux jeunes gens, partis de Zanzibar six semaines après Cameron, mais voyageant plus vite que lui, le rejoignirent vers le mois de juillet.

L'illustre explorateur, qui commençait alors son voyage de trois années, n'était pas encore malade, comme il le fut au mois de septembre, lorsqu'il écrivait : « J'ai eu six accès de fièvre ; la chose la plus grave pour moi est l'inflammation de mes yeux. Je pense qu'elle est due à la poussière et à l'éclat éblouissant du terrain qui nous entoure. Dillon devient aveugle aussi... Hier, j'avais réuni seize porteurs, aujourd'hui, ils ne veulent plus partir ; et je suis là, ma tente pliée, sans un homme pour porter les bagages. Je deviendrai fou, si cela continue ! J'ai envoyé à *Taborah (Kazeh)* pour essayer d'avoir des porteurs, je réduirai la cargaison, si je n'ai pas assez d'hommes. Oh ! tout au monde pour quitter ce pays de fièvre et pour faire quelque chose ! Je serais heureux comme un roi, trop heureux si nous pouvions partir, dussé-je marcher pied nus jusqu'au bout de la route. Si je dois m'en aller seul, je prendrai neuf soldats, j'armerai six des porteurs les plus sûrs, et, pourvu qu'ils me restent, je serai tranquille. Il faut que je parte ; rien ne justifie une plus longue attente. »

MM. de Pommerelle et Desrioux interrogèrent Cameron, comme ils avaient interrogé deux mois auparavant les consuls de Zanzibar au sujet de l'expédition de Guéran, mais le voyageur anglais ne put leur donner aucun renseignement. Il devenait évident que leurs amis n'avaient pas encore pénétré dans ces régions, soit que le temps leur eût manqué, soit qu'ils fussent retenus plus au nord, soit encore qu'ils eussent péri. Le comte et le docteur continuèrent donc leur course précipitée.

Au territoire de l'Ugogo succède la *Terre de la Lune*, dont Kazeh est le point le plus important. Comme Khartoum, sur le Nil et dans le Nord, Kazeh est dans le Sud, l'entrepôt et le lieu de réunion des caravanes qui se rendent dans l'intérieur ou qui en reviennent. « Les négociants de cette ville, Arabes pour la plupart, ont une existence confortable, on pourrait dire fastueuse : leurs maisons, bien qu'à un seul étage, sont grandes et solidement construites, leurs jardins vastes et bien plantés ; ils reçoivent régulièrement de Zanzibar, non seulement tout ce qui est nécessaire à la vie, mais une quantité d'objets de luxe. Autour d'eux est une foule d'esclaves, parfaitement dressés au service. Ils ont pour montures des ânes de Zanzibar, et les moins riches possèdent des moutons. »

A Kazeh, MM. de Pommerelle et Desrioux avaient déjà franchi près de six cent milles en moins de trois mois. Ils auraient désiré poursuivre leur course sans s'arrêter ; mais ils durent compter avec la paresse de leurs porteurs et les usages qui veulent que les caravanes se reposent de leurs fatigues, au moins six semaines, dans la Terre de la Lune. Quelques lettres écrites de Kazeh, en Europe, par le docteur Desrioux, établissent cependant que cette étape, grâce à une grande fermeté, à quelques largesses et à des promesses consignées sur des procès-verbaux, fut abrégée de plus de moitié.

Vers le milieu d'août, la caravane européenne quitta Kazeh et se dirigea vers le lac Victoria. De même que Mme de Guéran et ses compagnons, après avoir rencontré sur les bords du Nil, jusqu'à la rivière des Gazelles, des habitants et des mœurs à peu près *présentables*, s'étaient trouvés ensuite aux prises avec la barbarie, MM. de Pommerelle et Desrioux, en s'éloignant de la côte et en remontant vers le Nord, allaient dire adieu à tout ce qui pouvait leur rappeler nos mœurs européennes.

XXIV

En quittant la *Terre de la Lune*, et après diverses étapes sur les territoires limitrophes, la cavaranes de MM. Desrioux et de Pommerelle atteignit la vallée de l'Ouzenza entourée de montagnes couvertes d'une luxuriante végétation, gravit le Nyamouara qui s'élève à plus de quinze cents mètres au-dessus du niveau de la mer, et pénétra dans le Karagoué, autrefois la résidence du roi Roumanika, dont il est tant parlé dans les voyages de Speke et de Grant.

Les Européens côtoyèrent pendant près de six semaines le lac Victoria et arrivèrent enfin au nord du lac dans le pays du Ganda (géographiquement Uganda), où règne encore, d'après les dernières nouvelles de Stanley, le fameux Mtésa.

Cette personnalité royale a laissé de tels souvenirs dans l'esprit de quelques voyageurs, que nous ne pouvons résister au désir de faire part de leurs impressions.

« Quand, dit Speke, le roi Mtésa se tient debout ou assis, personne n'oserait demeurer droit; on ne doit jamais s'avancer vers lui qu'en rampant et le regard baissé; lorsqu'on l'a rejoint, on s'agenouille ou on s'accroupit. Celui qui s'aviserait de toucher à ses vêtements et à son trône, même par hasard, ou de lever les yeux sur ses femmes, serait condamné à mort. Si le roi tient un de ses levers, une de ses audiences de cérémonie, il garde toujours à sa portée un certain nombre de sorcières appelées à détourner le mauvais œil. Leur tête est surmontée de lézards séchés, leur taille est entourée du tablier de peau de chèvre bordé de clochettes, et elles tiennent à la main de petits boucliers et des lances décorées d'une houppe de filasse.

« Quand l'assistance s'est accroupie, la cour se transforme en tribunal d'assises. Les officiers amènent les accusés et font leur rapport. La sentence est immédiatement prononcée, sentence de mort, impliquant peut-être les souffrances les plus atroces, sans autre forme de procès, sans investigation préalable et probablement à l'instigation de quelque personnage en crédit, animé de passions plus ou moins malveillantes. Si le prévenu essaye de se justifier, sa voix est couverte aus-

Combien sont destinées à une mort violente. (Page 578.)

sitôt par une clameur réprobatrice et la misérable victime, garrottée en quelques secondes, est emportée par une douzaine d'assistants.

« Cette justice expéditive rendue, Mtésa daigne recevoir les offrandes de ses sujets. Pour plaire au monarque et apaiser sa colère, nul don n'est aussi efficace que celui de jeunes beautés qui, après avoir habité le harem, seront distribuées comme récompenses de quelques services éclatants à des officiers fidèles. De jeunes vierges, dans un état de nudité complète et l'épiderme luisant de graisse, mais tenant des deux mains devant elles, par un reste de pudique scrupule, un petit carré d'étoffe, sont offertes par leur père, soit en expiation de quelque offense, soit tout simplement pour alimenter le harem.

« Et pourtant, dit le voyageur anglais, parmi ces malheureuses, combien sont destinées à une mort violente ! Il ne s'est point passé de jour où je n'aie vu conduire au supplice quelques-unes des femmes qui composent le harem de Mtésa. Une corde roulée autour de leur poignet, traînées ou tirées par les gardes du corps qui les conduisent à l'abattoir, ces pauvres créatures, les yeux pleins de larmes, poussent des gémissements à fendre le cœur : « O mon seigneur, mon roi ! O ma mère ! Et, malgré ces appels déchirants à la pitié publique, pas une main ne se lève pour les arracher au bourreau, bien qu'on entende çà et là préconiser à voix basse la beauté de ces jeunes victimes.

« Chaque mois, dès que la nouvelle lune s'est montrée, le roi se met en retraite pendant deux ou trois jours, pour se livrer à la contemplation et au classement de ses « cornes magiques. » Ce sont des cornes d'animaux sauvages, bourrées d'une poudre qu'on suppose propre à la fabrication des talismans. Telle est la part des loisirs consacrés à la religion ; tels sont, pour ainsi dire, les dimanches du roi. Les autres jours, il mène ses femmes, par deux ou trois cents, se baigner et s'ébattre dans les étangs ; ou bien il entreprend de longues promenades dans lesquelles il marche suivi de ses odalisques et précédé de ses musiciens. Derrière ceux-ci viennent s'échelonner les officiers et les pages ; lui-même est au centre du cortège, isolant le beau sexe de tout rapport avec le reste de l'assistance. Durant ces excursions, nul individu de la plèbe n'oserait lever les yeux sur le défilé royal : celui qui aurait le malheur d'être aperçu, serait à l'instant même relancé par les gens de la suite, dépouillé de tout son avoir, et devrait s'estimer fort heureux si rien de pire ne lui arrivait. Ces promenades sont assez fréquentes, et le roi consacre parfois une quinzaine au plaisir de la navigation sur le lac *Ukéréoué* (Victoria). Quel que soit l'emploi de ses loisirs, le même cérémonial est observé ; ses musiciens, ses officiers, ses pages et ses femmes sont inévitablement de la partie. »

Un jeune Français, M. Linant de Bellefonds, mort assassiné dans ces parages en 1875, fut autorisé par le roi à le suivre dans ses promenades en nombreuse compagnie.

« Dans une halte, dit-il, Mtésa, pour bien me faire voir à ses femmes, m'invite à ôter ma *coufieh* (mouchoir de soie qui couvre la tête) ; je me rends immédiatement à son désir, et, au même instant, je suis étourdi par des centaines de cris de : *Gromghi !* ce qui répond à : Bien beau ! J'en suis fort flatté ; mais, n'en déplaise au roi, à cette admiration générale de son harem, j'aurais préféré le plus petit mouvement de tête d'une de nos Européennes. »

Aux renseignements de Speke et de Linant de Bellefonds, nous ajouterons ceux de Chaillé-Long, qui vit décapiter, sur l'ordre de Mtésa, trente individus, et enfin nous compléterons ces détails avec le concours de Stanley, qui affirme que ce roi nègre s'est peu à peu civilisé, grâce à la fréquentation des Européens. De païen, il le croit devenu mahométan ; il le soupçonne même d'avoir des aspirations vers le christianisme. Le voyageur américain ne tarit pas d'éloges sur le compte de son hôte, dont la physionomie agréable respire l'intelligence et la douceur. Il lui fait l'effet « d'un homme de couleur bien élevé qui aurait fréquenté les cours d'Europe et acquis une certaine élégance, l'aisance des manières, avec un grand fonds de connaissances. »

MM. de Pommerelle et Desrioux paraissent n'avoir eu, comme Stanley, qu'à se louer de Mtésa. Au mois de septembre, ils quittent sans difficulté, et abondamment pourvus de vivres, la capitale du Ganda, laissent à l'Orient les célèbres chutes du Ripon, que Speke affirme être le véritable point de départ du Nil, traversent une rivière importante, le Kafour, et marchent directement vers le Nord-Ouest pour atteindre au mois d'octobre Mrooli, autrefois la capitale du roi Kamrasi, qui retint pendant si longtemps sur son territoire Speke, Baker et Mme Baker.

C'est dans ce pays que Baker vit sortir d'un village plusieurs centaines d'hommes qui s'avançaient en vociférant. « J'aurais craint une attaque, dit-il, si je n'avais aperçu dans cette troupe des femmes et des enfants. Ce n'était, en effet, qu'une espèce de fantasia. Les nègres se précipitaient sur nous comme une nuée de sauterelles, dansaient et hurlaient autour du bœuf que je montais. Ils feignaient de nous attaquer, puis de se battre entre eux. Je les vis même se jeter sur un des leurs et le déchirer à coups de lance. Leur équipement était grotesque : vêtus avec des peaux de léopard ou de singe blanc, ils portaient des queues attachées au bas de leurs reins, des cornes d'antilope fixées sur leurs têtes et des barbes postiches fabriquées avec les extrémités de plusieurs queues cousues ensemble. »

Quinze jours après son départ de Mrooli, la caravane atteint enfin le lac Albert ou M'woutan. A partir de ce moment, grâce à quelques notes jetées parfois sur un agenda, nous pouvons suivre les deux jeunes gens, d'après leurs propres renseignements.

« Rien de superbe, s'écrie M. de Pommerelle, comme l'aspect du lac Albert, dans cette région ! A mes pieds une grande ligne verdoyante de roseaux qui se baignent dans l'eau bleue et transparente, qu'une brise légère fait parfois frissonner. A l'horizon, un grand mur de montagnes, à demi voilées par des vapeurs légères, bleuies par le soleil et la distance. Des collines arrondies, boisées, verdoyantes, s'appuient sur ce grand bloc granitique, déroulent le long de ses flancs leur végétation tropicale et viennent mourir aux bords du lac. »

MM. de Pommerelle et Desrioux ne peuvent pas s'y tromper : les montagnes qui se dressent devant eux sont certainement les Montagnes bleues ; elles leur ferment la route du Nord-Ouest qu'ils ont si fidèlement suivie jusqu'alors d'après les indications contenues dans la lettre de M. Périères : si leurs amis ne se sont pas écartés de leur itinéraire, ils doivent se trouver de l'autre côté de ces montagnes. Mais comment les franchir ? Comment même traverser ce lac qui les en sépare ?

Ils le côtoient quelque temps et arrivent à Magungo par deux degrés de latitude nord. Ils reconnaissent ce port, grâce à la description de Baker : « Magungo, situé sur une éminence, domine d'environ deux cent cinquante pieds le niveau des eaux. On y jouit d'une vue splendide sur les lointains de la vallée du Nil, qui s'échappe du lac à quinze ou vingt milles au nord. Une mer de roseaux verts nous signalait le cours du fleuve d'aussi loin que le regard pouvait s'étendre. Le paysage était toujours d'une beauté grandiose : des montagnes de granit s'élèvent à pic au-dessus des eaux, le long de la rive ; nous voyons des torrents descendre avec rapidité d'abruptes ravines : une cascade tombe d'environ mille pieds de hauteur. »

Cette cascade, située à vingt-cinq milles environ de Magungo, fut plus tard baptisée par Baker du nom de chutes de Murchison, et ce nom a été respecté par Chaillé-Long et l'Italien Gessi lorsqu'ils ont dressé en 1875 et 1876 leurs dernières cartes.

Au point où nous en sommes arrivés, nous devons rappeler au lecteur les paroles échangées dans la seconde partie de cet ouvrage, entre

M. de Morin, M. Périères et leur interprète Ali, envoyé par eux pour se mettre en rapport avec M. de Guéran : « La résidence de la reine Walinda, dit l'interprète arabe, est située au pied d'une grande montagne que personne ne peut gravir. Derrière cette montagne (que M. Périères supposa devoir être le mont Maccorby ou Caroli), se trouvent d'autres montagnes plus grandes encore, si grandes qu'elles cachent le ciel. Leur sommet est tout bleu et la nuit on entend sortir de leurs entrailles un grand bruit semblable à celui que pourraient produire cent torrents réunis et tombant d'une hauteur considérable. » — Ce sont, avait fait observer M. de Morin, les chutes signalées au nord du lac Albert, à la hauteur de Magungo, et qu'on désigne sous le nom de Chutes de Murchison.

Quelque temps après, à la fin de novembre 1873, l'expédition de Mme de Guéran arrivait chez les Walindis et livrait bataille, le 11 décembre, à leur armée.

MM. de Pommerelle et Desrioux, de leur côté, atteignaient, en novembre, Magungo, sur la rive orientale du lac Albert, et ne se trouvaient plus, dès lors, séparés de leurs amis que par ce lac et les montagnes qui se dressaient sur sa rive occidentale.

XXV

MM. Desrioux et Pommerelle sont retenus pendant la plus grande partie du mois de novembre dans le port de Magungo. Tous leurs efforts tendent à essayer de traverser le lac ; ils ne peuvent y parvenir. Non seulement ils hésitent à confier leurs bagages et leurs personnes aux embarcations légères employées par les naturels, mais encore ils reconnaissent qu'il faudrait user de violence pour se procurer des canots insuffisants et dangereux. Les habitants confondent nos deux compatriotes avec les Arabes qui font la traite dans ces parages ; ils les soupçonnent de vouloir s'emparer des îles voisines pour s'approvisionner d'esclaves et ils ne veulent pas encourager cette industrie. Le temps s'écoule en pourparlers, en tentatives d'arrangement qui réussissent le soir pour avorter le lendemain. Lorsque les Européens, lassés d'attendre et d'être trompés, s'approchent de la plage et paraissent décidés à s'emparer des embarcations, la *nagara* (tambour) réunit tous les habitants, et bientôt des nuées d'indigènes, armés de lances, entourent la caravane.

Cependant, MM. Desrioux et de Pommerelle sont décidés à traverser le lac au point où ils se trouvent. D'après les renseignements recueillis de divers côtés, il est plus étroit dans cette partie que dans toute autre. Les montagnes, dont les sommets se dressent en face d'eux, leur paraissent aussi moins inaccessibles que celles entrevues plus au sud. Enfin s'ils remontaient au nord pour continuer à côtoyer le lac, d'une part ils s'écarteraient de leur itinéraire qui est le nord-ouest, de l'autre le Nil et les chutes Murchison pourraient arrêter leur marche.

Ils se décident enfin à se passer d'embarcations et construisent pour leur propre compte des radeaux ou plutôt d'immenses trains de bois. Ils ne pourront, il est vrai, les diriger à leur gré, mais M. Desrioux a remarqué que les chutes, en se précipitant dans le lac, déplacent un volume d'eau considérable et forment un courant qui semble se diriger vers la rive occidentale. Ce courant n'existe pas sur la rive de Magungo; on ne le constate qu'à deux ou trois kilomètres au large. Cependant le radeau, à l'aide de grandes perches appuyées dans une eau peu profonde, pourra l'atteindre aisément. Il sera facile aussi d'avancer en s'accrochant aux plantes aquatiques, aux nombreux *ambatch* qui partent de la plage pour disparaître seulement à la rencontre du courant.

Les naturels se seraient opposés à la construction de ce radeau s'ils en avaient connu la destination, mais peu rassurés déjà dans leurs propres canots, ils ne soupçonnent pas les Européens de vouloir se confier à des troncs d'arbres reliés entre eux par des lianes.

Ces trains de bois sont achevés en quelques jours et, dans la nuit du 25 au 26 novembre, on y transporte les provisions et les bagages de la caravane. Tous les obstacles ne sont pas vaincus : les porteurs (*pagazis*) refusent de monter sur le radeau qui leur est destiné et de lui confier leur existence. Cinquante hommes à peine, nés sur les côtes de la M'rima, habitués à l'océan Indien, et que le lac Albert ne peut effrayer, consentent à suivre leurs maîtres. Quant aux soldats (*béloutchis*), plus braves que les porteurs, et dont la plupart ont fait maintes fois le service de l'île de Zanzibar à Bagamoyo, ils prennent place sans trop de difficultés sur l'un des radeaux avec les deux Français, leurs interprètes et leurs guides.

L'embarquement, commencé vers minuit, ne put s'achever qu'à trois heures du matin. Au lever du soleil, les radeaux ne s'étaient éloignés de la plage que de deux milles environ et n'avaient pu encore atteindre le courant. Les naturels, dès qu'ils aperçurent ces embarcations d'un nouveau genre, poussèrent des cris, battirent le tambour et ne tardèrent pas à faire pleuvoir leurs flèches dans la direction des fuyards, mais ils se trouvaient trop éloignés pour les pouvoir atteindre. Une flottille composée d'une centaine de barques fut aussi lancée à la poursuite des Européens; quelques coups de carabine lui firent bientôt rebrousser chemin.

Vers huit heures du matin, l'eau que l'écorce d'ambatch rendait noire, devint plus transparente; les îles flottantes, les grandes herbes aquatiques disparurent peu à peu, et l'on entra dans le courant. Le docteur Desrioux ne s'était pas trompé : la direction de ce courant portait ceux qui s'y confiaient sur la rive occidentale du lac. L'expédition l'atteignit dans l'après-midi, sans rencontrer de nouveaux obstacles matériels : le mouvement des flots, la rapidité de leur marche avaient empêché les herbes de prendre racine sur les bas-fonds.

Le débarquement cependant fut assez difficile : le vent s'étant levé, les vagues soulevaient les radeaux et les heurtaient contre le rivage, très escarpé sur ce point. Enfin, on aperçut une petite anse hospitalière et on parvint à s'y réfugier. Il était temps : quoiqu'on ne fût pas dans la saison des pluies, un de ces terribles orages, si fréquents sur l'Albert-Nyanza, venait d'éclater. Les naturels de l'autre rive pensèrent sans doute que les Européens avaient fait naufrage, et s'empressèrent de se livrer à quelque orgie pour célébrer cette victoire indirecte.

La côte était absolument déserte, soit que les naturels eussent pris la fuite à l'arrivée de tous ces étrangers, soit que l'aridité du sol eût depuis longtemps éloigné les habitants. En effet, on ne voyait s'étendre entre le lac et la montagne qu'une langue de terre d'une largeur de cent mètres environ, inculte et sablonneuse, et les bois qui rampaient le long de la montagne ou s'étageaient le long de ses flancs, se dressaient trop perpendiculairement pour qu'on pût songer à en tirer parti.

C'était, pourtant, cette ligne de collines, cette chaîne de montagnes d'une élévation considérable qu'il s'agissait de franchir. L'ascension au premier abord paraissait irréalisable; M. Desrioux n'aurait peut-être pas osé la tenter, malgré tout son courage et certaine expérience acquise autrefois sur les sommets les plus élevés des Pyrénées et des

Alpes, si plusieurs des soldats de l'escorte n'étaient pas nés dans l'Oussagara, pays de montagnes élevées. Non seulement ces hommes ne reculeraient pas devant une ascension, mais se moquant de leurs camarades qui n'oseraient pas la tenter, ils les décideraient à les suivre. Quelques Béloutchis, habitants de la côte et ennemis jurés de la montagne, résistèrent seuls aux séductions et aux railleries. MM. de Pommerelle et Desrioux ne s'émurent pas de leur défection ; ils ne tenaient nullement à entraîner avec eux toute la caravane sur des sommets où l'on ne pouvait transporter ni bagages, ni provisions, et dans des régions évidemment inhabitées, qui ne fourniraient aucune nourriture.

Cinquante hommes pouvaient suffire pour tenter l'aventure ; chacun d'eux fut muni d'une carabine, d'une lance qui devait faire l'office de bâton ferré, d'une hache destinée à ouvrir des tranchées, d'une corde enroulée autour de la taille, d'un sac en toile porté sur le dos et contenant des vivres pour quelques jours. Quant à la poudre, elle fut divisée en parts égales entre tous les hommes de cette nouvelle escorte.

Les Béloutchis récalcitrants et les quelques porteurs, qui avaient tenté l'aventure du lac, furent laissés sur la plage sous le commandement du *djemadar* (lieutenant). Ils devaient attendre pendant un mois le retour des Européens ; ce délai passé, ils étaient libres de retourner à Zanzibar, où ils pourraient toucher, au consulat, avec une attestation que leur remettraient MM. Desrioux et Pommerelle, le prix intégral de leur engagement.

Le 28 novembre, au lever du soleil, cinquante Béloutchis, après avoir embrassé leurs compagnons avec cette ardeur, cette expansion propres à toutes les peuplades nègres, se rangèrent en file indienne, et commencèrent l'ascension. Pendant deux jours elle ne fut pas aussi pénible qu'on aurait pu le penser. Les bois que l'on traversait, s'ils faisaient parfois obstacle, favorisaient le plus souvent la marche : chaque tronc d'arbre servait de point d'appui, d'échelon, en quelque sorte ; il empêchait aussi, lorsqu'on l'avait atteint, de glisser et de rétrograder sur des pentes trop rapides. Le travail était fatigant, mais on l'interrompait par des haltes nombreuses, et la nouveauté de ce genre de marche, ce métier de montagnard, égayait fort les nègres qui s'amusent de tout et sont, nous l'avons dit, d'humeur joyeuse.

Bientôt cependant, l'ascension devint plus difficile, plus périlleuse : la végétation se faisait rare ; aux arbres avaient succédé des arbustes,

Y êtes vous? (Page 594.)

impuissants souvent à servir de point d'appui; de grands blocs de rochers perpendiculaires barraient tout à coup le chemin et le temps se perdait à essayer de les tourner. La caravane se trouvait aussi complètement isolée dans ces régions que l'est un navire, en plein Océan, sur une mer encore inexplorée. On n'apercevait aucune trace qui pût indiquer, sinon l'habitation constante, du moins le passage accidentel d'un être humain : les riverains du lac n'avaient sans doute aucun goût pour la montagne, peut-être même, comme on a pu souvent le constater, quelque coutume superstitieuse leur défendait-elle de s'aventurer dans ces parages.

Le 3 décembre, les instruments apportés par M. Desrioux constatèrent une hauteur de dix-huit cents mètres au-dessus du niveau du lac Albert, dont l'altitude est déjà considérable (2,720 pieds, d'après Baker). On était loin cependant d'avoir atteint les plus hauts sommets ; ils se dressaient à l'ouest comme une muraille de granit et supprimaient de ce côté toute espèce d'horizon. Après de si pénibles efforts faudrait-il s'arrêter devant ces derniers obstacles et reprendre le chemin précédemment parcouru, sans pouvoir même jeter un coup d'œil sur des contrées qu'un rideau de pierre dérobait seul à la vue ?

Pendant une halte, le docteur Desrioux remarqua qu'une montagne jusqu'alors cachée par des nuages, et démasquée depuis un instant, s'aplatissait à son sommet et au lieu d'un pic présentait un plateau. Il résolut d'atteindre ce point sinon extrême, du moins très élevé, d'où il pourrait sans doute dominer le versant occidental de la montagne.

L'escorte qui l'entourait ne pouvait que l'embarrasser pour une ascension de ce genre ; six hommes munis de cordes et de lances lui suffisaient. Il les choisit parmi les forts et les plus intrépides, et supplia M. de Pommerelle, qui depuis longtemps ne connaissait pas d'obstacles et voulait le suivre, de n'en rien faire et d'attendre son retour avec le reste de l'escorte.

Il avait pris ses dispositions dans la soirée et tenta l'ascension le lendemain 4 décembre aux premières lueurs du jour. Après des efforts héroïques, il atteignit le sommet qu'il avait choisi vers deux heures de l'après-midi et fut aussitôt récompensé de ses peines. Il se trouvait sur un vaste plateau qu'on peut, dit-il dans ses notes de voyage, comparer au port de Vénasque, dans les Pyrénées. Au lieu d'avoir la France au nord et l'Espagne au midi, il voyait à l'orient le lac Albert, les chutes Murchison et Magungo ; à l'occident, plusieurs chaînes de montagnes, moins élevées que celle qu'il avait atteinte, et, derrière ces montagnes, par des échancrures et des tranchées naturelles, une vaste plaine.

Le premier de tous les Européens, le premier peut-être de tous les hommes, il se trouvait au sommet des *Montagnes bleues* qui, dans cette partie de l'Afrique, coupent en deux le continent africain, et séparent les provinces de l'ouest du territoire oriental.

XXVI

La conquête que M. Desrioux venait de faire dans le domaine de la science ne devait pas exalter son orgueil. S'il se félicitait de ses succès, c'est qu'il était parvenu à franchir un des obstacles qui dans sa pensée le séparaient encore de Mme de Guéran : il lui paraissait impossible, en effet, que derrière ce dernier rideau de montagnes lointaines, dans ces vastes plaines certainement habitées, il n'eût pas enfin quelque nouvelle de la caravane européenne.

Son cœur se réchauffait à cette pensée que là-bas, sur la lisière d'une forêt, au bord d'un fleuve, dans un village inconnu, il se trouverait tout à coup en présence de Laure de Guéran. Il ne voulait pas s'avouer qu'au lieu de s'avancer vers le sud, elle pouvait avoir été obligée de remonter vers le nord, qu'elle pouvait avoir aussi péri victime du climat ou d'une agression. Non : quelque chose lui disait qu'il n'avait pas entrepris inutilement un aussi long voyage, surmonté tant d'obstacles, bravé tant de dangers. S'il ne s'était pas rapproché du but si ardemment désiré, son cœur battrait-il comme il battait en ce moment? Son regard plongerait-il avec tant de bonheur sur cet océan de plaines et de montagnes?

Pendant que sa pensée errait ainsi et qu'il essayait de découvrir à l'horizon les pays habités par Mme de Guéran, trois des hommes qui l'avaient accompagné rejoignaient dans la soirée M. de Pommerelle et lui remettaient un mot écrit au crayon sur une feuille détachée d'un carnet de voyage. M. Desrioux faisait part au comte du succès de l'ascension et le priait de la tenter à son tour, le lendemain, avec tous les soldats de l'escorte. Elle ne pouvait être dangereuse grâce aux guides qu'il lui envoyait et qui, l'ayant déjà faite, pourraient prendre le chemin le plus direct et signaler les points périlleux.

Dans l'après-midi du 5 décembre, le docteur, le comte de Pommerelle et cinquante hommes de l'escorte, se trouvèrent réunis sur le haut sommet, découvert et foulé pour la première fois par M. Desrioux.

Le reste de la journée fut consacré au repos : il fallait prendre des forces pour les longues marches des jours suivants. Mais on convint de partir, le lendemain, aux premières lueurs du jour, et de ne plus s'arrêter que devant des obstacles matériels ; la caravane n'ayant plus que pour cinq ou six jours de vivres, devait essayer d'atteindre au plus vite les lieux habités. L'air vif qui régnait sur ces hauts sommets, le froid relatif qui venait de saisir tous ces hommes habitués à une température constante de trente à quarante degrés, leur donnaient une ardeur et une activité inaccoutumées ; on pouvait leur demander des efforts qu'ils n'eussent certainement pas faits dans la plaine.

La descente fut d'abord facile : M. Desrioux, pendant qu'il attendait le comte de Pommerelle, avait employé son temps à étudier les environs, et put guider les premiers pas de la caravane. Mais, bientôt, les obstacles surgirent : à peine avait-on descendu une pente rapide, qu'une nouvelle montagne se présentait et fermait la route presque verticalement ; il fallait faire un long circuit, ou se frayer un chemin au fond d'un abîme. Depuis qu'on avait quitté le plateau, on n'apercevait plus la plaine entrevue pendant une journée. L'horizon était des plus limités : les pentes, les rochers, les cols, les gorges, les hauts sommets se succédaient sans interruption. On aurait pu se croire perdu dans un labyrinthe inextricable, et sans boussole on se serait à jamais perdu.

Les Béloutchis commençaient à murmurer : ils se plaignaient d'avoir été entraînés trop loin de la côte, et disaient qu'ils ne reverraient plus leur pays. Parfois ils s'arrêtaient tout à coup pour se désespérer comme des enfants ; il fallait, dix fois par jour, les raisonner, les supplier, les menacer. Le 8 décembre, aux premières lueurs du matin, lorsqu'ils reçurent l'ordre de se mettre en route, tous à la fois et d'un commun accord refusèrent de partir.

— A votre aise, dit tranquillement M. de Pommerelle, je pars seul avec mon ami et je vous laisse ici. Vous n'aurez plus personne pour vous guider, et dans deux jours vous serez morts de faim. Enfants ! qui ne comprenez pas que vous avez maintenant dix fois plus de chemin à faire pour regagner le lac que pour atteindre le pays où nous voulons arriver !

MM. Desrioux et Pommerelle joignirent l'action à la parole et, se séparant de l'escorte, gravirent lestement une colline qui se dressait devant eux.

Comme ils s'y attendaient, une demi-heure ne s'était pas écoulée que tous leurs hommes les rejoignirent, en les suppliant de continuer à leur servir de guides.

— Soit! répondit le docteur, mais à la première résistance, à la première crainte, nous vous quittons pour toujours, cette fois. Nous partirons la nuit, pendant votre sommeil, et vous ne pourrez jamais nous retrouver. Si, livrés à vous-mêmes, vous parvenez à regagner la côte, ce qui est douteux, toutes vos peines jusqu'à ce jour seront perdues, car les consuls refuseront de vous payer, et votre sultan, notre ami, vous fera punir pour nous avoir abandonnés.

Cet énergique raisonnement toucha l'escorte; les murmures cessèrent, on reprit courage.

Le 9, on gravit une nouvelle montagne et les premiers soldats qui l'atteignirent poussèrent des cris de joie : la plaine qu'on avait si longtemps perdue de vue se dessinait à l'horizon, plaine immense, entourée de collines boisées, et où l'on apercevait une masse noire, confuse, un village sans doute. Pour atteindre cette terre promise, il suffisait de descendre dans un vallon et de franchir une dernière montagne relativement peu élevée, qui, seule maintenant, se dressait devant la caravane.

M. Desrioux, lorsqu'il eut rejoint les guides de l'escorte, s'empressa d'interroger l'horizon avec sa longue-vue et reconnut, en effet, qu'un village important s'étendait sur un des côtés de la plaine.

Après quelques minutes d'examen, il crut aussi non seulement voir des habitations, mais distinguer des groupes d'hommes.

— Regardez donc à votre tour, fit-il en passant sa longue-vue à M. de Pommerelle.

— Oui, fit celui-ci au bout d'un instant, les points noirs que vous me signalez semblent s'agiter et changer de place. On dirait une armée de fourmis en expédition autour de sa demeure.

— Cette armée de fourmis, répondit M. Desrioux, est probablement une armée de naturels qui combattent ou s'apprêtent à combattre. Il n'y a là rien qui doive nous étonner : ces pays sont toujours en guerre.

Les Béloutchis ne se possédaient plus de joie, depuis qu'un village leur avait été signalé. Ils s'embrassaient, sautaient, gambadaient, et, croyant déjà avoir atteint le but, disposaient avec imprévoyance de leurs dernières provisions. Aussi ne firent-ils aucune objection, lorsqu'on ordonna de se remettre en route : las de se désaltérer, depuis huit jours, aux sources de la montagne, ils se délectaient à la pensée de se procurer du vin de banane, de la bière ou quelque liqueur fermentée.

On ne s'arrêta qu'à sept heures du soir, lorsque la nuit succéda définitivement au jour.

Le lendemain, après une marche de trois heures, l'expédition se trouva, tout à coup, à l'entrée d'une gorge où la montagne se divisait en deux parties, hautes de cent mètres environ. L'espace laissé libre entre les deux crêtes de ces falaises semblait très praticable.

On s'engagea sans hésitation sur cette route naturelle, creusée dans le roc. Suivant toutes les prévisions, comme elle traversait la dernière montagne dans sa largeur, de l'Est à l'Ouest, elle devait déboucher sur la plaine reconnue la veille. Elle devait aussi finir par se trouver au même niveau que cette plaine, car elle descendait rapidement, elle se prolongeait sur un grand parcours et, à son point de départ, elle n'atteignait pas une altitude de plus de cinq cents mètres.

Tout indiquait, du reste, qu'on arriverait bientôt à l'extrémité du col : la route, large de vingt mètres à son début, n'avait plus que cinq mètres à peine ; les crêtes des montagnes qui la dominaient s'étaient rapprochées au point de paraître se toucher ; on n'entrevoyait plus qu'un coin du ciel et on eût été tenté de se croire plutôt dans un souterrain que dans un chemin découvert.

Tout à coup, les guides qui marchaient en tête de la caravane s'arrêtèrent brusquement et poussèrent des cris. On accourut les rejoindre et on comprit leur émoi.

La route se trouvait barrée par un immense rocher. Au moment où la caravane allait enfin atteindre le but, un terrible obstacle se dressait devant elle.

Tous les Béloutchis, après avoir mêlé leurs lamentations à celles des premiers guides, firent silence et vinrent se ranger autour des deux Européens. Ils comprenaient que les hommes blancs pouvaient seuls vaincre la nouvelle difficulté qui se présentait.

— Qu'en pensez-vous, cher ami? disait M. de Pommerelle au docteur.

— Je pense, répondit M. Desrioux, que ce rocher est infranchissable ; je viens de l'examiner attentivement et je n'ai pu découvrir aucune fissure, aucune crevasse, aucun de ces échelons naturels qui permettent parfois de tenter une escalade. Quant à nos cordes, elles ne pourraient pas en atteindre le sommet, et nous manquons, du reste, de grappins pour nous y accrocher.

— Cependant vous reconnaissez avec moi que ce rocher nous sépare seul de la plaine?

— C'est incontestable : les deux montagnes, ou plutôt les deux falaises qui nous enserrent se terminent ici. Derrière ce rocher le ciel s'élargit et l'horizon s'étend. Nous avons suivi évidemment le lit d'un immense torrent, peut-être d'une chute considérable, desséchée, disparue depuis longtemps, depuis des siècles, peut-être. Ce torrent, qui se déversait autrefois dans la plaine, a entraîné un jour avec lui ce bloc de granit; le rocher a roulé tant que les deux montagnes lui ont livré passage et s'est arrêté entre elles, s'est incrusté dans leurs parois, lorsqu'elles se sont trouvées trop rapprochées l'une de l'autre.

— Je le veux bien, fit M. Pommerelle, mais peu nous importe de savoir comment ce rocher se trouve ici. Il nous ferme le passage, voilà l'essentiel et le plus triste de l'aventure. Quelques mètres de granit, en hauteur et en largeur, nous emprisonnent. Qu'allons-nous faire? Chercherons-nous une autre route?

— Non. D'abord j'ai étudié la montagne et je crois qu'il n'existe pas d'autre issue. Ensuite nos hommes, découragés, cette fois, refuseraient de nous suivre.

— Allons-nous donc revenir sur nos pas et reprendre le chemin du lac?

— Jamais, à aucun prix. Il faut passer coûte que coûte.

— Comment?

— En faisant sauter ce rocher.

XXVII

M. de Pommerelle ne put dissimuler son étonnement. Ses regards s'étaient vivement portés sur cet immense bloc; il en mesurait la hauteur et la grosseur et manifestait silencieusement par son sourire une certaine incrédulité. Enfin, il se tourna vers le docteur et lui dit :

— Vous avez donc à votre disposition de la dynamite ou de la poudre de mine?

— Hélas! non, fit M. Desrioux. Vous le savez bien.

— Alors?...

— Alors, j'en serai réduit à me servir de notre poudre ordinaire.

— Et vous croyez qu'elle aura assez de puissance pour...

— Je ne crois pas, fit le docteur en interrompant M. de Pommerelle, j'espère; voilà tout. Si vous avez autre chose, cher ami, à me proposer...

— Je ne me gênerais pas, croyez-le bien, continua le comte, mais j'ai beau chercher, je ne trouve rien.

— S'il en est ainsi, faites-moi la grâce de ne pas vous récrier à l'avance, et de discuter au moins ma très modeste proposition.

— Discutons. De quelle quantité de poudre disposons-nous?

— D'une quantité assez considérable : près de cent kilos.

— On peut faire quelque chose avec cela.

— On peut faire beaucoup, croyez-le bien; la poudre ordinaire a autant de force que la poudre de mine; si on emploie cette dernière c'est qu'elle est en grain et s'évente plus difficilement. Mais notre poudre, malgré sa finesse, n'a rien perdu de ses qualités dans ce pays ensoleillé; elle a été, en outre, conservée dans des boîtes en fer-blanc hermétiquement fermées; je la crois capable d'excellents effets. J'ajouterai, mon cher comte, que l'expression dont je me suis servi : « nous ferons sauter le rocher », n'est pas absolument exacte. Je ne prétends pas, même avec cent kilos de poudre, le faire éclater dans l'air comme une fusée. J'espère seulement l'ébranler fortement, lui imprimer une secousse violente, et, comme il se trouve placé sur une pente, comme rien ne paraît devoir l'arrêter du côté opposé à celui où nous nous trouvons, il se déplacera peut-être, roulera ou s'ouvrira pour nous livrer passage.

— Tiens, tiens! fit M. de Pommerelle, je commence à partager vos espérances. Une nouvelle objection cependant : vous n'avez remarqué aucune fissure dans ce bloc, et nous n'avons aucun instrument qui nous permette de le perforer profondément; comment espérez-vous introduire la poudre?

— Il n'existe, en effet, répondit le docteur, dans toute la hauteur du rocher, aucune fissure qui puisse aider à le gravir; mais, à sa base, voyez toutes ces déchirures. Tenez, approchez-vous et veuillez vous coucher à terre avec moi... Y êtes-vous?

LA VÉNUS NOIRE. 593

Au milieu de tous ces cadavres, des blessées se traînaient. (Page 598.)

— Oui, parfaitement. Cette crevasse est aussi longue que le rocher lui-même puisqu'on voit le jour à travers.

— Eh bien! c'est dans cette cavité que nous introduirons la poudre.

— Et comment y mettrez-vous le feu? Nous n'avons pas de mèches.

— Les cordes qui nous ont servi à gravir la montagne, nous en tiendront lieu; par cette sécheresse elles brûleront comme de l'amadou. Du reste, nous aurons soin de semer sur leur parcours des grains de poudre destinés, si elles étaient tentées de s'éteindre, à raviver leur feu.

— Vous avez réponse à tout. Allons! c'est décidé, à l'œuvre.

— Oh! non, je n'entreprendrai rien aujourd'hui; il est trop tard, l'obscurité nous envahira bientôt, et nous avons besoin, pour cette besogne délicate, de la plus grande clarté. Puis, je ne suis pas fâché d'avoir toute la nuit devant moi pour réfléchir; si je trouvais quelque chose de mieux...

— Vous ne trouverez pas.

— Bien, dit en riant M. Desrioux, vous voilà maintenant plus convaincu que moi. J'aurais mauvaise grâce à essayer d'ébranler des croyances que j'ai fait naître. Cependant, je vous rappellerai à la prudence; notre poudre nous est trop précieuse pour la jeter au vent sans nécessité absolue. S'il s'agissait pour nous, après avoir renversé ce rocher, d'entrer en pays ami, je vous dirais : faisons bon marché de nos munitions. Mais cette partie de l'Afrique où nous allons pénétrer si bruyamment, avec tant d'éclat, excusez ce jeu de mots, nous est inconnue. Si nous nous en rapportons même au coup d'œil jeté hier sur la plaine, nous tombons au milieu de peuplades nombreuses et guerroyantes. Permettez-moi donc de n'aviser que demain.

— A demain donc, cher ami, conclut M. de Pommerelle.

Le docteur fit avancer un Béloutchi servant d'interprète, et le chargea de dire à ses camarades que les blancs avaient trouvé le moyen de franchir l'obstacle qui les séparaient de la plaine. Les soldats éclatèrent en cris de joie qui devinrent moins bruyants, et dégénérèrent en murmure, lorsqu'ils apprirent qu'il fallait attendre jusqu'au lendemain. Mais ils se calmèrent bientôt : ils avaient trop besoin des Européens, en ce moment, pour les mécontenter.

Le lendemain, à cinq heures du matin, M. Desrioux alla réveiller M. de Pommerelle.

— Eh bien! demanda le comte, lorsqu'il eut recouvré ses esprits, que faisons-nous, qu'avez-vous trouvé?

— Rien de nouveau, mon cher.

— Alors, nous sautons?

— Nous sauterons peut-être, cela s'est vu ; mais en principe, c'est le rocher qui doit sauter.

— Je l'entends bien ainsi. Me voici prêt, je suis à vous.

Ils durent réveiller eux-mêmes les soldats, car pour éviter de s'encombrer on n'avait emporté, en quittant le lac, ni tambours ni clairons.

Lorsque les Béloutchis reçurent l'ordre de réunir en un seul tas leurs provisions de poudre, ils se regardèrent avec étonnement, formèrent un groupe et se parlèrent à voix basse.

— Qu'ont-ils? Pourquoi n'obéissent-ils pas? demanda M. Desrioux à l'interprète.

— Ils vous accusent, répondit celui-ci, d'avoir de mauvaises intentions à leur égard, de vouloir les abandonner et leur ôter la possibilité de se défendre et de vous résister.

Le docteur pénétra dans le groupe des Béloutchis et, avec le concours de l'interprète, essaya de leur expliquer le plus clairement possible ce qu'il voulait faire. Ils ne comprirent pas : la poudre, pour tous ces gens, se glissait dans un fusil, et lorsqu'on y mettrait le feu poussait une balle ; il ne leur était jamais venu à l'idée qu'on pût l'employer à un autre usage. Le docteur pensa qu'une expérience les instruirait plus facilement qu'un nouveau raisonnement. Il prit une pierre de la taille de nos pavés parisiens, glissa dessous une petite quantité de poudre, établit une sorte de mèche, mit le feu à la mèche et attendit. Au bout d'un instant, à la profonde stupéfaction des soldats qui ouvraient de grands yeux, une détonation se fit entendre et la pierre se rompit en plusieurs morceaux. On avait compris : il ne s'agissait plus que d'opérer en grand, et tous s'y prêtèrent.

Lorsque la poudre fut réunie en un seul tas, quatre hommes la transportèrent près du rocher et la firent glisser dans la fissure qui suivait la pente du bloc de granit.

Tout à coup, M. Desrioux qui, à moitié couché par terre, la tête près du sol, dirigeait cette opération, se leva brusquement, et s'adressant à M. de Pommerelle placé près de lui :

— On se bat, lui dit-il, dans la plaine, de l'autre côté de ce rocher !

— Il n'y a là rien d'étonnant, fit le comte; n'avons-nous pas reconnu hier avec nos longues-vues qu'une armée s'avançait vers la montagne ? N'avez-vous pas vous-même constaté que ces combats étaient fréquents dans cette partie de l'Afrique ?

— Oui, sans doute, dit M. Desrioux qui paraissait très ému, mais il ne s'agit pas ici, je crois, d'un combat ordinaire entre deux peuplades ennemies ; une caravane européenne doit être en ce moment aux prises avec les naturels de cette contrée.

— Ah ! qu'est-ce qui vous le fait croire ?

— Couchez-vous par terre, près de cette crevasse, approchez votre oreille du sol et écoutez.

Le comte obéit, et se relevant un instant après :

— J'ai entendu, en effet, dit-il, des coups de fusil, mais rien n'indique qu'ils soient tirés par des Européens ; les caravanes des Arabes et des traitants disposent, comme les nôtres, d'armes à feu.

— Je vous, moi, s'écria M. Desrioux de plus en plus exalté, que ce sont des Européens, et peut-être les amis que nous cherchons.

— Quoi ! vous voudriez ?...

— Pourquoi pas ? Ne nous attendons-nous pas à les rencontrer d'un moment à l'autre ; toutes nos prévisions, tous nos calculs ne nous ont-ils pas, depuis huit mois, conduits dans cette partie de l'Afrique ? Ce sont eux, vous dis-je. Je le sais, je le sens ! Mme de Guéran est là, de l'autre côté de ce rocher. Elle court peut-être un terrible danger !

Sa voix frémissait, son regard brillait ; il paraissait tellement convaincu de ce qu'il disait que l'incrédulité de M. de Pommerelle finit par être ébranlée.

— Alors, mon cher, fit-il, ne perdons pas notre temps à discourir ; agissons. Je ne partage pas votre conviction, mais je ne vois aucun inconvénient à continuer ce que nous avons commencé.

M. Desrioux reprit aussitôt sa place près du rocher et donna ses derniers ordres.

Une demi-heure après, les deux tiers de la poudre avaient disparu dans la fissure du rocher et l'autre tiers était distribué de nouveau aux soldats. Si l'opération qu'on allait tenter réussissait, on pouvait, après avoir combattu victorieusement la matière, avoir à combattre les hommes ; la prudence ordonnait de conserver quelques munitions.

Les cordes apprêtées, d'après les indications du docteur, furent disposées de façon à servir de mèches, puis toute l'escorte reçut l'ordre de fuir au plus vite. MM. Desrioux et de Pommerelle se chargeaient du soin d'allumer la mèche, de la surveiller le plus longtemps possible, et de ne s'éloigner qu'au dernier moment.

Comme l'avait espéré le docteur, la corde qui avait été divisée, amincie et, pour ainsi dire éméchée, prit feu facilement; au bout d'un quart d'heure elle était à moitié consumée. Les deux jeunes gens, après avoir constaté que rien ne pouvait plus arrêter cette combustion, alimentée et activée par des grains de poudre répandus çà et là, se décidèrent seulement à se mettre en sûreté.

Dix minutes s'écoulèrent encore.

Tout à coup une formidable détonation retentit; le sol trembla, la montagne frémit. Puis le silence et l'immobilité succédèrent à ce mouvement et à ce bruit.

Alors, sans se regarder, sans se consulter, MM. Desrioux et de Pommerelle descendirent en courant le sentier qu'ils venaient de remonter, et atteignirent en quelques minutes la place où ils se trouvaient précédemment.

XXVIII

Le rocher s'était divisé en deux parties à peu près égales, au-dessus de la fissure où la poudre avait éclaté. L'un des deux blocs était resté debout, toujours appuyé contre les parois de la montagne; l'autre, entraîné par une formidable secousse, et se détachant de la masse, s'était effondré de toute sa hauteur.

MM. de Pommerelle et Desrioux voyaient s'ouvrir devant eux un espace, large de trois mètres, qu'aucun obstacle ne barrait plus.

Ils firent encore quelques pas, atteignirent la place où le bloc granitique avait reposé tant d'années, tant de siècles peut-être, et s'arrêtèrent brusquement.

La terre allait manquer sous leurs pieds : ils se trouvaient au-dessus d'un abîme d'une trentaine de mètres; la plaine n'était pas au même niveau que la route barrée quelques instants auparavant par le rocher.

Mais ils s'avancèrent en rampant, en s'appuyant aux parois de la montagne, et reconnurent que le bloc qui s'était effondré, non seulement leur ouvrait l'horizon, mais encore leur permettait d'atteindre le pays qui venait de leur apparaître. En effet, après avoir tournoyé dans l'espace, le sommet du rocher s'était précipité dans la plaine tandis que sa base, appuyée contre la montagne, restait à la place qu'elle occupait précédemment. On aurait cru voir le tablier d'un pont écroulé : l'un de ses côtés demeurait fixé aux piliers de la rive droite du fleuve ; l'autre s'était abîmé dans la rivière.

Il ne s'agissait plus pour la caravane européenne que de se laisser glisser sur une route de granit très inclinée, d'une longueur de trente mètres et large de trois mètres. Mais, avant de se lancer sur cette pente, de franchir le dernier obstacle qui les séparait de la plaine, MM. Desrioux et de Pommerelle regardaient au-dessous d'eux et restaient atterrés.

On ne voyait sur sa vaste étendue que des gens courant affolés dans toutes les directions ; des femmes nues, levant les bras au ciel, faisant des bonds frénétiques ; des hommes qui se heurtaient, tombaient pêle-mêle, ou, dans leur terreur, incapables de courir, se jetaient sur le sol et essayaient de s'y enfouir. L'herbe de la plaine disparaissait sous les armes de toutes sortes : lances, flèches, arcs, boucliers, dont les fuyards s'étaient débarrassés pour que leur course fût plus rapide. A l'horizon cependant, on apercevait des groupes serrés et compacts : des bataillons se reconstituaient, se reformaient avec leurs débris errants. Ces soldats appartenaient sans doute à l'armée victorieuse ; ils avaient pris la fuite au commencement de l'action ; maintenant ils se réunissaient pour jouir du triomphe des leurs, piller et massacrer les ennemis que d'autres avaient vaillamment combattus.

Si, après avoir interrogé l'horizon, MM. Desrioux et Pommerelle baissaient les yeux sur le premier plan du tableau, leur étonnement devenait de la stupeur.

Une sorte de camp retranché entouré d'un fossé circulaire s'offrait à leur vue. Il devait avoir été pris d'assaut, quelques instants auparavant, et ceux qui le défendaient égorgés. Plus de trois cents cadavres y étaient étendus : les uns sur le sol, les autres sur les rebords du fossé, ceux-ci sur des caisses, des bagages, amoncelés dans ce coin pour servir de remparts, ou bien épars, défoncés et brisés, car le pillage avait sans doute, pendant un instant, succédé au massacre. Au-dessous du rocher, à la place où il s'était effondré, on distinguait dans un lac de sang un amas hideux de corps écrasés, de membres détachés de leurs troncs, de chair en lambeaux. Au milieu de tous ces cadavres, des blessés se traînaient, rampaient, faisaient de terribles efforts pour fuir le contact de ces corps déjà froids, pour n'être pas enfouis vivants au milieu de ces morts, et les échos de la montagne répétaient leurs cris déchirants.

MM. Desrioux et Pommerelle étaient donc arrivés trop tard, à la fin seulement de la bataille, lorsque déjà un des deux partis avait été vaincu. L'écroulement du rocher n'avait servi qu'à faire un plus grand nombre de victimes ; le bloc de granit, en se précipitant dans la plaine, avait sans doute écrasé les derniers Européens à l'abri dans le campement, car on n'en pouvait plus douter, ces bagages, ces valises, ces tentes, ces fusils jetés çà et là ne pouvaient appartenir qu'à des Européens.

Mais, du campement, les regards des jeunes gens se sont reportés vers un espace de vingt mètres environ où se trouvent réunis les survivants de cette grande hécatombe. D'abord ils n'aperçoivent qu'un groupe confus d'où partent des cris, d'où l'on semble leur faire des signes. Puis les détails deviennent plus distincts ; des burnous arabes, des tuniques de laine, des vêtements européens leur apparaissent. Enfin plusieurs visages blancs se détachent des visages noirs ou bronzés qui les entourent.

Mais M. Desrioux ne peut plus regarder, sa vue se trouble, il pâlit affreusement, ses jambes fléchissent, et si M. de Pommerelle ne l'avait pas soutenu et appuyé contre les parois de la montagne, il tombait dans l'abîme.

C'est qu'il a cru reconnaître, il a deviné Mme de Guéran.

Si les deux jeunes gens ont pu, en quelques minutes, découvrir leurs amis au milieu de cette foule, les retrouver sur ce vaste champ de bataille, MM. de Morin, Delange et Périères, sans les reconnaître encore, les ont vus depuis longtemps. Au moment où, chassés de leur camp par les amazones, ils avaient cherché un refuge avec leurs serviteurs et leurs derniers soldats de l'autre côté du retranchement ; au moment où ils se défendaient en désespérés, sachant bien qu'ils allaient mourir massacrés à leur tour, comme l'avaient été leurs compagnons, tout à coup une formidable détonation avait retenti et la montagne s'était écroulée broyant leurs ennemis.

Ébahis de ce miracle, terrifiés en quelque sorte par leur résurrection, ils étaient restés d'abord les yeux fixés sur la montagne, dont l'écroulement non seulement les délivrait des Walindis, les arrachait à une mort imminente, mais encore leur ouvrait le chemin de l'Est et des lacs, le chemin de l'Europe.

Mais, comme des Parisiens croient difficilement aux miracles, MM. Delange et de Morin, le premier moment de stupéfaction passé, attribuèrent à M. de Périères tout le mérite de leur délivrance. N'avait-il pas émis l'idée qu'on devait faire sauter quelque bloc de pierre pour s'ouvrir un passage dans la montagne, et n'était-il pas, dès lors, probable qu'il avait mis ses théories en pratique? Périères, de son côté, pensait qu'on lui avait volé son idée et regardait avec admiration ses voleurs. Leur esprit, à tous trois, était seulement un peu troublé : ils se demandaient comment la montagne, au lieu de se fendre à sa base, au-dessus de la mine que l'un d'eux avait faite, s'était ouverte au-dessus de leurs têtes.

Pendant qu'ils songeaient ainsi, les yeux fixés sur le bloc, dont l'une des extrémités était venue rouler dans la plaine, et dont l'autre restait appuyée à trente mètres plus haut, contre la bienheureuse porte, tout à coup deux hommes apparurent sur le seuil de cette porte, au premier plan de cet arc triomphal.

Protégés par l'ombre des deux grandes montagnes, entre lesquelles ils s'avançaient, entourés de ténèbres, ils avaient l'air de sortir d'un sépulcre. Mais, arrivés aux bords de l'abîme, sur la plate-forme que formait maintenant le rocher écroulé, ils se trouvaient en pleine lumière : vêtus de blanc, inondés de soleil, ils pouvaient être pris pour deux anges descendus du ciel, et se reposant sur la montagne, avant de voler vers la terre.

Cette soudaine apparition avait plus contribué, peut-être, à la fuite des amazones que la formidable détonation, qui avait accompagné l'effondrement du rocher. Après leur première stupeur, peut-être se seraient-elles réunies de nouveau pour attaquer les Européens et délivrer leur reine; mais lorsqu'elles reconnurent que leur montagne toujours immobile et immuable, leur montagne sacrée, s'était écroulée pour écraser la plupart d'entre elles, s'était entr'ouverte pour livrer passage à des êtres surnaturels, mille craintes superstitieuses les assaillirent, et ces redoutables guerrières redevinrent des femmes.

Les Nubiens survivant au massacre, les interprètes arabes, les Dinkas et les Mombouttous, malgré leur étonnement, comprenaient, au contraire, que le ciel les protégeait : la montagne était leur alliée, les deux anges leurs sauveurs. Aussi s'étaient-ils prosternés et remerciaient-ils le Dieu, l'idole ou le sorcier qui les avait délivrés.

Quant aux Européens, ils remerciaient aussi, du fond de l'âme,

Cette tête appartient à Joseph. (Page 618.)

leurs libérateurs, mais ils ne leur prêtaient aucun pouvoir magique, aucune puissance surnaturelle. Ils s'expliquaient ce qui s'était passé : une caravane européenne, partie du sud-est et marchant vers le nord-ouest, après avoir traversé les Montagnes-Bleues, s'était trouvée arrêtée par un immense rocher, et ne pouvant ni le franchir, ni le tourner, s'était servi de la mine pour le faire éclater. Elle n'avait songé qu'à s'ouvrir un chemin, et le hasard avait voulu qu'elle l'ouvrît en même temps à une autre caravane marchant en sens inverse. Le hasard qui paraît si invraisemblable dans les romans, mais qui dans la vie occupe une si large place, avait aussi voulu que la rencontre des deux caravanes, l'écroulement de la montagne eussent lieu dans un moment opportun, à une heure propice.

L'idée ne venait à aucun de ces messieurs de se dire que le hasard n'avait pas tout fait et qu'ils étaient en présence de leurs amis, le comte de Pommerelle et le docteur Desrioux. Comment auraient-ils pu se douter que l'un d'eux, retenu en France par ses devoirs, l'autre par ses habitudes et ses goûts, se trouvaient au cœur de l'Afrique, à deux degrés de latitude nord?

M. Desrioux, au contraire, à qui le souvenir de Mme de Guéran était toujours présent, qui marchait depuis si longtemps au-devant d'elle, et s'attendait sans cesse à la rencontrer, avait pu la reconnaître aussitôt, ou plutôt la deviner. Peut-être, en retour, allait-il être reconnu par elle, avant de l'être par ses amis.

XXIX

MM. Desrioux et de Pommerelle, pendant qu'ils contemplaient le champ de bataille, avaient été rejoints par leur escorte. Celle-ci, en arrivant à la place où la mine avait éclaté et en voyant le passage libre, fut saisie d'admiration et tentée d'adorer les deux hommes blancs, devant qui les montagnes s'ouvraient. Mais le comte et le docteur n'avaient que faire du culte qu'on voulait leur rendre; ils calmèrent l'enthousiasme des Béloutchis, et leur ordonnèrent de se ranger deux à deux, et de les suivre.

Ce fut un étrange spectacle que cette longue file d'hommes, dans leurs costumes étranges, aux couleurs voyantes, appuyés sur leurs lances, et descendant gravement, pas à pas, l'espèce de route aérienne ouverte devant eux.

De leur côté, MM. de Morin, Delange et Périères, suivis de quelques serviteurs et de quelques soldats, se portèrent à la rencontre des nouveaux arrivants. Miss Poles n'avait pu les accompagner; elle réparait les désordres de sa toilette compromise dans un combat acharné contre trois amazones, dont elle s'était débarrassée grâce à son revolver. La reconnaissance lui faisait un devoir de souhaiter la bienvenue à ses sauveurs, mais la coquetterie lui ordonnait de ne point paraître devant des étrangers, des Européens, des compatriotes peut-être, avec une robe en lambeaux, les bras retroussés jusqu'aux coudes, les cheveux ébouriffés, le teint échauffé et ses lunettes de travers. Comme M. Delange essayait de l'entraîner avec lui : « Non, avait-elle dit, je ne veux pas être vue par ces messieurs en ce moment, je ne me sens pas en beauté. »

Quant à Mme de Guéran, personne n'avait songé à lui proposer de marcher au-devant de la nouvelle caravane. Elle était agenouillée auprès de son mari mortellement blessé, presque mourant. Elle avait les yeux fixés sur lui, et paraissait entièrement absorbée par la contemplation de ce visage qu'elle avait connu si charmant, si jeune, et qu'elle revoyait flétri par la fatigue et la souffrance.

Ah! pourquoi l'avoir abandonnée si longtemps? Quelle douleur il lui avait causée! A quels dangers de toute espèce il l'avait exposée! Et, elle venait de le retrouver pour le perdre bientôt, car il ne pouvait survivre à toutes les blessures faites par cette femme!

Mais, pourquoi Walinda s'était-elle donc acharnée ainsi contre lui? Pourquoi, au lieu de se précipiter sur ses ennemis, avait-elle choisi, pour lui porter des coups terribles, son prisonnier et son hôte?

Elle était là, près d'elle, à quelques pas, cette terrible reine, cette Vénus Noire, comme l'appelait le docteur Delange. Après l'avoir arrachée du corps qu'elle étreignait, Nassar, aidé de plusieurs Dinkas, l'avait dépouillée de ses bracelets et de ses colliers meurtriers, lui avait attaché les jambes avec des cordes, lié les bras le long du corps, et l'avait jetée sur le sol.

Si elle était réduite à l'impuissance, Walinda se rendait compte pourtant de tout ce qui se passait autour d'elle. Étendue sur le dos, entièrement nue, un peu cachée cependant par l'herbe de la prairie, qui s'était écartée pour la recevoir et maintenant se refermait, elle ne perdait pas de vue la victime qu'on lui avait enlevée, la proie qu'on lui avait arrachée; elle jetait sur le blessé et sur la femme agenouillée près de lui des regards furieux.

Il arriva un moment où Mme de Guéran s'approcha davantage de son mari et serra une de ses mains. Les regards de la reine devinrent aussitôt plus farouches, ses narines se dilatèrent, ses lèvres s'entr'ouvrirent; tout son corps, qu'on avait immobilisé, sembla frémir.

Elle faisait en même temps des efforts terribles pour briser ses liens; elle ne put y parvenir, mais à la suite d'une brusque secousse, elle réussit à se retourner et à se coucher à plat ventre.

Alors, en pliant légèrement les genoux, en s'appuyant tantôt sur une épaule, tantôt sur une autre, en traînant sa poitrine dans l'herbe, en se vautrant sur le sol, elle rampa jusqu'au groupe formé par M. et Mme de Guéran.

Elle s'arrêtait, dès que l'herbe bruissait autour d'elle; elle retenait son souffle pour se dérober à la vue de ses ennemis.

Lorsqu'elle les eut rejoints, elle replia ses doigts, dont elle avait l'usage, enfouit ses poings fermés dans le sable, et, prenant ainsi un point d'appui, elle put redresser, à fleur de terre, son buste et sa tête. Elle restait immobile, toujours silencieuse, couvant ses ennemis pour ainsi dire, les lèvres entr'ouvertes, prête comme une vipère à lancer son venin.

Mme de Guéran continuait à ne pas la voir. Absorbée dans ses pensées, elle n'entendait rien, elle ne s'apercevait de rien. C'est à peine si elle savait ce qui s'était passé depuis le moment où son mari lui était tout à coup apparu... Il tenait une hache, il combattait vaillamment, lorsqu'une de ces terribles amazones l'avait rejoint, renversé et mortellement blessé. En même temps, des cris effrayants s'étaient fait entendre, le camp avait été envahi... puis une formidable détonation suivie d'une clameur et d'un grand silence... Elle n'essayait pas de se rendre compte de ce qui s'était passé. Que lui importait! Après tant d'efforts elle n'avait trouvé qu'un être inanimé, un mourant; elle était abîmée dans sa douleur et aussi dans ses pensées.

Cependant, comme elle n'avait plus d'eau pour rafraîchir les lèvres et le front du blessé, elle se retourna pour en demander. Alors elle aperçut dans l'herbe, tout près d'elle, la reine des Walindis, inondée du sang de M. de Guéran.

Elle ne se détourna pas avec dégoût; au contraire, elle se surprit à contempler cette femme, qui, depuis si longtemps, retenait son mari prisonnier.

Les traits de la reine, malgré leur expression cruelle, étaient charmants : ses yeux admirables d'énergie; ses lèvres épaisses, d'un rouge vif et d'une volupté extraordinaire; ses épaules, la chute de ses reins, tout ce qu'on voyait de ce corps couvert de poussière et de sang, et qui se vautrait dans l'herbe, superbe de dessin, splendide de forme.

Tout en regardant Walinda, elle jetait un coup d'œil sur M. de Guéran, et d'étranges pensées assombrissaient son front.

Enfin, elle se leva, et comme le serpent étendu à ses pieds venait de faire un effort pour se rapprocher d'elle, pour la mordre peut-être, sans colère elle le repoussa dédaigneusement du pied. En même temps, Nassar, ne retrouvant plus sa prisonnière à la place où il l'avait laissée, suivait dans l'herbe le sillon tracé par son corps, la rejoignait, et, prenant à pleines mains les cordes qui l'entouraient, la soulevait de terre et la rejetait plus loin.

Ce court incident avait rappelé Mme de Guéran à la réalité; elle regarda autour d'elle, tout étonnée de ne plus voir ses amis et ses derniers serviteurs. Qu'étaient-ils devenus? Au bout d'un instant, elle les aperçut qui s'avançaient du côté de la montagne. Allaient-ils encore combattre? Que de morts, que de mourants cependant autour d'eux! N'était-il pas temps d'arrêter ce carnage?... Non, ils ne se disposaient pas à combattre; ils agitaient leurs armes en l'air, ils saluaient de la main.

Qui saluaient-ils donc? Elle leva les yeux et aperçut une caravane qui descendait de la montagne par une route nouvelle qu'elle ne se souvenait pas d'avoir vue le matin.

A la tête des arrivants s'avançait un homme vêtu à l'européenne, d'une taille moyenne, mais élégante. Ses cheveux un peu longs, magnifiquement éclairés, sa barbe blonde, où le soleil se jouait, avaient des reflets dorés. La visière noire d'un képi de toile grise jetait des ombres sur un front large, un nez droit, des lèvres souriantes et de grands yeux bleus aux longs cils — une tête de Christ, à la fois énergique et douce.

Il marchait lentement, appuyé sur une lance, le corps rejeté en arrière, et sans paraître prendre garde aux difficultés du chemin. Il ne s'occupait ni du cortège qui le suivait, ni de l'escorte qui venait au-devant de lui; on aurait dit qu'il s'avançait directement sur Mme de Guéran, sans voir ce qui se passait autour de lui, les yeux fixés sur elle.

Tout à coup, elle poussa un cri : elle venait de le reconnaître. Elle l'avait reconnu la première, de sa place, sans faire un pas, avant ses meilleurs amis qui déjà le touchaient presque. C'était lui, c'était lui! Il l'avait rejointe, il l'avait trouvée dans ce désert, dans ce chaos!

D'abord, en le reconnaissant, elle se sentit défaillir, elle crut qu'elle allait tomber. Puis elle se redressa, ses jambes se roidirent, son corps se pencha en avant, et une force irrésistible l'entraîna vers celui qui s'approchait toujours, les yeux fixés sur elle.

Elle fit deux ou trois pas automatiquement, et, brusquement, elle s'arrêta. Tout son sang, refoulé au cœur, remonta aux joues ; elle leva les bras, porta les mains à son visage pour le cacher, et, se retournant, courut s'agenouiller auprès de M. de Guéran, prit ses mains, baisa son front, comme si elle implorait un pardon, comme si elle se mettait sous la protection de son mari.

MM. Desrioux et de Pommerelle étaient arrivés à la base du rocher : un mètre de hauteur les séparait seulement de la plaine ; ils se penchèrent en avant et tombèrent dans les bras de leurs amis qui les avaient enfin reconnus.

On se regardait, on se serrait la main, on s'embrassait ; on était trop ému encore pour se demander des explications ou des nouvelles, pour s'étonner, s'interroger, se remercier.

Les Beloutchis et les Pagazis de Zanzibar fraternisaient, en même temps, avec les Nubiens, les Soudaniens et les Dinkas. On ne se connaissait pas ; jamais les uns n'avaient soupçonné l'existence des autres ; mais on faisait le même métier : on escortait les caravanes, on portait les bagages, on était collègue ; cela suffisait pour justifier les plus chaudes accolades.

Pendant que ces démonstrations pacifiques succédaient dans le camp à la terrible lutte qui venait d'avoir lieu, M. Desrioux quittait ses amis, leur abandonnait M. de Pommerelle et marchait seul vers Mme de Guéran.

Elle l'entendit venir, se retourna et fit trois pas à sa rencontre, calme maintenant, fortifiée, grave et recueillie.

Arrivée près de lui, comme il la regardait sans pouvoir lui parler, pâle, chancelant et cherchant en vain un appui, elle lui tendit les deux mains et les laissa un instant dans les siennes, franchement, fraternellement, aux yeux de tous.

Cet accueil affectueux lui permit de se remettre ; il dit, au bout d'un instant, d'une voix douce, triste et un peu voilée :

— Ma mère n'avait plus besoin de mes soins ; elle s'était éteinte dans mes bras. Alors, je suis venu vers vous.

— Vous avez bien fait, répondit-elle. Nous pleurerons ensemble votre chère morte.

Elle garda quelques secondes le silence, puis elle reprit :

— Avez-vous reçu, avant de partir, ma dernière lettre, datée de Khartoum, celle où je parlais de M. de Guéran?

— Non, fit-il surpris. Que me disiez-vous donc?

— Je vous disais, répondit-elle toute tremblante, que, d'après mes derniers renseignements, mon mari vivait encore et que j'avais l'espoir de le retrouver.

— Ah! fit-il, plus pâle que jamais, et l'avez-vous retrouvé?

— Oui, mais pour le perdre à jamais, si vous ne parvenez pas à le sauver.

— S'il peut être sauvé, murmura-t-il, je le sauverai!

XXX

Mme de Guéran avait entraîné le docteur Desrioux vers le blessé.

Il se baissa, s'agenouilla dans l'herbe et regarda longtemps celui qu'on le priait de rendre à la vie. L'homme de science venait de reparaître ; l'homme amoureux n'existait plus.

Lorsqu'il se releva, tous les Européens s'étaient avancés et formaient un seul groupe. Il rejoignit le docteur Delange et voulut s'entretenir avec lui à voix basse ; mais Mme de Guéran l'arrêta en disant :

— Je désire savoir la vérité. Parlez, je suis assez forte pour tout entendre.

— Je n'ai rien à vous cacher, madame, répliqua M. Desrioux. Je voulais seulement savoir si mon confrère était du même avis que moi et lui demander la permission de me prononcer à mon tour.

— Parlez, mon cher ami, sans craindre de me froisser, dit M. Delange. J'ai, malheureusement pour moi... et peut-être pour les autres, ajouta-t-il en souriant, toujours fait de la médecine en amateur, tandis que vous donniez à notre profession tous vos soins, tout votre temps, toute votre intelligence. Je vous regarde donc comme un maître et non pas comme un confrère.

M. Desrioux s'inclina sans répondre.

— Du reste, continua le docteur Delange, je vous ai seulement remplacé auprès de nos amis et de cette caravane. Vous êtes revenu, et si je ne m'effaçais pas devant votre mérite et votre grande situation, je m'effacerais devant vos droits.

— Je vous remercie, mon cher ami, pour tout ce que vous voulez bien me dire d'aimable, fit M. Desrioux. Mais je vous remercie surtout de me laisser me joindre à vous pour donner des soins à M. de Guéran. Je viens d'examiner ses blessures et je crois pouvoir dire qu'aucune d'elles n'est grave. J'ajouterais même qu'elles seraient promptement guéries, si le baron se trouvait dans des conditions ordinaires. Mais avant d'avoir été blessé, il était depuis longtemps malade, et des plus affaiblis; vous avez dû le constater comme moi. Les accidents qui viennent de survenir ont développé la fièvre d'une façon excessive; nous devons la combattre énergiquement, car elle brûle le sang du malade et empêcherait la guérison de ses blessures. Je ne connais qu'un moyen d'en triompher : c'est de changer d'air immédiatement.

— Je suis de votre avis, fit le docteur Delange, mais comment transporter M. de Guéran, aussi vite qu'il le faudrait, dans un pays plus salubre que celui-ci, et sous un nouveau climat?

— Rien n'est plus facile, répondit M. Desrioux. Je vous ai ouvert le chemin de la montagne, reprenons-le tous, dès aujourd'hui, et, demain, sur les hauts sommets, grâce à cette brusque transition, la fièvre diminuera, les phénomènes cérébraux, qu'on peut craindre en ce moment, ne seront plus à redouter.

— Partons alors, et le plus vite possible! Nous ne tenons aucunement à rester ici, au milieu de tous ces cadavres trop nombreux pour que nous songions à les ensevelir. L'air que l'on respire dans cette plaine sera mortel dans quelques heures.

— Ajoutez, fit M. Périères en se rapprochant, que nous pouvons être attaqués de nouveau, d'un moment à l'autre. Les Amazones, revenues de leur première stupeur, se reformeront et marcheront contre nous pour délivrer leur reine. J'insiste donc aussi pour un départ immédiat. Est-ce votre avis, de Morin?

— Certes. Ces lieux sont malsains et des plus tristes : nous ne sommes pas seulement entourés des cadavres de nos ennemis; plus d'un fidèle serviteur est étendu à nos côtés. Je viens de compter nos morts, pendant que Delange donnait ses soins à quelques blessés, et

Elle s'était accroupie sur un rocher. (Page 628.)

nous avons perdu trente de nos porteurs, quinze soldats Nubiens et Dinkas, et une vingtaine de soldats Mombouttous, parmi ceux que nous avions armés. Je désire donc comme vous fuir, le plus promptement possible, cette plaine maudite. Mais notre départ peut-il être immédiat? Nos bestiaux ont été tués, nos provisions sont éparses.

Devons-nous, dénués de toutes ressources comme nous le sommes, nous aventurer, en aussi grand nombre, sur cette montagne ?

— Quelques jours de vivres nous suffiront, répondit M. Desrioux ; je crois qu'on peut, en un instant, réunir les provisions et les partager entre tous nos hommes. Regardez mon escorte, elle a vite trouvé sa pâture, au milieu de votre campement ; la voici qui se dédommage à vos dépens des privations endurées depuis plusieurs jours. Quant aux bestiaux, vous ne sauriez les regretter, ils ne pourraient nous suivre sur la montagne. Dans dix ou douze jours, du reste, nous aurons atteint le lac Albert, et nous retrouverons sur sa rive occidentale la caravane que nous y avons laissée et des vivres en assez grande quantité.

— J'ajouterai à mon tour, dit M. de Pommerelle, que si nous ne partons pas au plus vite, de façon à nous trouver devant le lac Albert vers le 25 décembre, ladite caravane, qui doit nous attendre seulement un mois, aura repris le chemin de la côte avec nos bagages et nos caisses les plus précieuses.

— Soit, fit M. de Morin, ne parlons plus de la question des provisions. Mais nous avons des devoirs à remplir avant de songer au départ : enterrer nos morts, par exemple.

— Nassar, d'après mes ordres, fit M. Périères, se charge de ce soin. Les Nubiens auront une sépulture ; voyez, on la creuse déjà.

— Et Mounza ? demanda M. de Morin. Il est mort pour nous, ou tout au moins à cause de nous.

— Il est enseveli déjà, répondit M. Périères ; et sa tombe est digne de son rang. Le rocher en s'écroulant a broyé son cadavre et l'a enfoui dans la terre ; au lieu d'une pierre tumulaire, c'est une montagne qui montre la place où ses restes reposent.

— Mais son armée, fit de Morin, c'est nous qui l'avons conduite ici ; avons-nous le droit de l'abandonner ?

— Avons-nous davantage le droit, répliqua M. Périères, d'entraîner cette horde de barbares et d'anthropophages dans une autre partie de l'Afrique, dans des régions qui jouissent d'une apparence de civilisation ? Du reste, mon cher, les Mombouttous n'ont qu'une pensée, croyez-le bien, retourner au plus vite chez eux ; ils se refuseraient à nous suivre plus loin.

— C'est possible, mais quand nous ne serons plus là, ils se feront massacrer par les Walindis.

— Ou bien ils massacreront les Walindis, répliqua M. Périères.

Regardez-les donc avec la longue-vue. Toute l'armée, qui avait pris la fuite à la mort de Mounza, s'est reformée depuis une heure, non pas pour nous rejoindre, non pas pour nous défendre, mais pour détruire les villages, brûler les huttes, poursuivre les Amazones vaincues, les égorger et... les manger sans doute, ne vous déplaise ; ne les avez-vous pas vus déjà opérer chez les Domondoûs ? Ces gens, mon cher, ne m'inspirent aucune sympathie et, permettez-moi de vous le dire, vous si raisonnable d'habitude, vous faites aujourd'hui à notre départ des objections qui ne sont pas sérieuses.

M. de Morin ne répondit rien, mais se penchant vers M. Périères et lui parlant à l'oreille, il murmura :

— Si vous croyez que je suis de bonne humeur : retrouver dans la même journée le mari et un rival !

— Ne vous faites donc pas plus mauvais que vous ne l'êtes, lui répondit sur le même ton M. Périères. C'est à vous que le mari en question doit sa délivrance, et vous regrettez seulement qu'il nous ait été rendu en aussi fâcheux état. Quant à Desrioux, allez-vous lui en vouloir de nous avoir sauvé la vie et de nous ouvrir le chemin de l'Europe ? Sans lui, mon cher, nous serions, en ce moment, étendus dans l'herbe comme ces cadavres, ou bien, ce qui ne vaudrait pas mieux, prisonniers de Walinda.

— Comment ! comment ! fit Delange en s'approchant, mais je me serais accommodé d'être son prisonnier pendant quelques jours. A propos, qu'est devenue cette belle créature ?

— La voici, fit Périères en montrant la reine toujours couchée dans l'herbe.

— Et qu'allons-nous faire d'elle, si nous partons aujourd'hui ? Ne lui rendra-t-on pas la liberté ?

— Y songez-vous ? s'écria de Morin. Nous commettrions une grave imprudence : libre, elle ne tarderait pas à réunir les débris épars de son armée et elle viendrait nous attaquer de nouveau. Vous ne remarquez donc pas les regards terribles qu'elle nous lance ?

— Je remarque, fit M. Delange, qu'elle est splendide, tout à fait digne de son surnom, et qu'elle m'intéresse.

M. Périères, sans prêter la moindre attention aux paroles du trop inflammable M. Delange, disait à M. de Morin :

— Comment nous attaquerait-elle, si nous partons aujourd'hui ? Elle ne peut nous suivre dans la montagne.

— Pourquoi pas?

— Quel chemin prendrait-elle?

—. Celui que nous allons prendre, parbleu! fit M. de Morin, ce rocher suspendu dans les airs. Si nous parvenons à le gravir avec nos bagages, nos provisions et nos blessés, les Amazones, dont vous avez pu constater l'agilité, seront-elles embarrassées pour nous suivre?

— Mais, mon cher, répliqua M. Périères, vous avez décidément la tête troublée aujourd'hui : vous ne songez pas aux choses les plus simples. Lorsque notre caravane sera parvenue sur ce plateau où Desrioux nous est apparu, tous nos hommes réunis glisseront leurs lances, en guise de leviers, sous ce rocher qui est simplement appuyé contre la falaise. Une violente secousse suffira pour l'ébranler; sa base roulera dans la plaine, comme son sommet s'y est déjà abîmé, et le chemin de la montagne se refermera devant les peuplades de ces contrées.

— C'est vrai, fit M. de Morin, notre retraite est assurée. Il ne me reste plus qu'à plaider la cause des Mombouttous. Ce sont des sauvages de la pire espèce, des anthropophages, soit! Mais nous devons leur savoir d'autant plus de gré de ne nous avoir ni molestés, ni mangés. Nous ne pouvons donc, sous le prétexte que Walinda est dans l'impossibilité de nous combattre, laisser nos anciens alliés aux prises avec un ennemi aussi dangereux.

— Comment nous débarrasser d'elle, cependant? dit M. Périères. Êtes-vous dans l'intention de la faire fusiller?

— Elle le mérite certainement, et j'y ai songé, mais le courage me manque pour donner cet ordre. Si vous voulez en prendre la responsabilité...

— Jamais. Et vous, Delange?

— Ma foi non; elle est trop jolie! Mon ressentiment s'éteint devant sa beauté. Pourquoi ne pas l'emmener avec nous? On lui rendra sa liberté dans huit ou dix jours, lorsque les Mombouttous auront quitté le pays; elle est assez intelligente, croyez-le bien, pour retrouver toute seule le chemin de son royaume.

— Oui, fit M. de Morin, il faudra nous arrêter à ce parti; nous n'avons pas le choix. Mais c'est une prisonnière des plus dangereuses; on ne doit pas la perdre de vue un seul instant.

— Je réponds d'elle, dit vivement le docteur Delange.

— Je me doutais bien que vous en arriveriez là, fit en riant M. de

Morin. Prenez garde seulement à miss Poles! Vous avez reconquis ses bonnes grâces; allez-vous donc de nouveau les perdre?

— Mon cher, fit Delange, soyez sans crainte : depuis l'arrivée de la nouvelle caravane, miss Poles m'a déjà délaissé. Voyez quels regards elle jette sur Pommerelle et quelle toilette fantastique elle a faite pour le séduire.

— De grâce, messieurs, occupons-nous du départ, fit le docteur Desrioux en rejoignant les trois jeunes gens; il est déjà trois heures de l'après-midi et, dans l'intérêt de tous, nous devons, cette nuit, dresser notre campement à cinq ou six cents mètres d'altitude.

XXXI

Le départ ne s'effectua pas aussi facilement qu'on pouvait l'espérer. La caravane de Guéran, pendant que les Européens faisaient des projets, en formait de son côté : il s'agissait de se reposer jusqu'au soir, et de rejoindre ensuite les Mombouttous, afin de se livrer avec eux, pour célébrer dignement la victoire, à quelque gigantesque orgie. Par exception même et contre toutes leurs habitudes, les nègres songeaient à l'avenir : ils se disaient que leurs chefs allaient s'empresser de leur faire de longs loisirs. N'avait-on pas retrouvé l'homme blanc à la recherche duquel on marchait depuis si longtemps? Le but du voyage n'était-il pas atteint et, avant de s'en retourner et de prendre le chemin précédemment parcouru, soldats et porteurs ne devaient-ils pas faire une longue station dans ce pays conquis, ce pays de femmes splendides qu'on leur avait tant vantées pour réchauffer leur zèle? Ces femmes étaient terribles dans le combat, ils l'avaient constaté; mais vaincues, désarmées, elles se montreraient peut-être aussi tendres avec leurs vainqueurs qu'elles avaient été féroces envers leurs ennemis.

Aussi, lorsqu'on vint réveiller les Nubiens, les troubler dans leurs rêves, pour leur annoncer un départ immédiat, firent-ils entendre des murmures significatifs. Soldats disciplinés grâce à la fermeté et à l'intelligence de M. de Morin, serviteurs fidèles et dévoués depuis plus d'un an, presque civilisés au contact des Européens, dès qu'on voulait les frustrer du bénéfice de leur victoire, les sevrer de leur plus grand plaisir, leur défendre de satisfaire leur passion la plus enracinée, ils redevenaient ce qu'ils étaient autrefois : fantaisistes, insoumis et rebelles.

Leurs chefs avaient pris à la longue trop d'empire sur eux, pour ne point parvenir à vaincre ces résistances plus instinctives que raisonnées; on leur fit comprendre que l'heure du repos n'était pas encore venue, que les Walindis pouvaient se reformer et les attaquer de nouveau. On leur montra les nombreux cadavres couchés autour d'eux, et on les persuada qu'ils étaient menacés de partager le sort de leurs amis. Mais, lorsqu'ils apprirent qu'au lieu de reprendre la route du Nord et de rentrer chez eux, ils allaient s'engager dans la montagne et continuer à marcher vers le Sud, ils poussèrent de nouveaux cris. Quoi! c'était donc fini! Ils ne reverraient plus ni le territoire des Dinkas, ni leur chère Nubie, ni leur Nil bien-aimé! Les Européens arrivés au terme de leur voyage, loin, bien loin, les abandonneraient; comment reviendraient-ils à Khartoum?

Ces plaintes méritaient qu'on en tînt compte dans de certaines limites : les porteurs et les soldats s'étaient engagés, il est vrai, à suivre en tous lieux les chefs de la caravane, mais personne ne prévoyait alors qu'on serait entraîné dans des régions si lointaines. Le retour devenait, en effet, difficile pour tous ces gens, si on les entraînait à Zanzibar.

— Pourquoi nous diriger vers ce point? fit le premier observer M. de Pommerelle. La route est longue, nous avons mis plus de six mois à la parcourir. Comment traverser de nouveau le lac Albert sur nos radeaux? Ils ont pu nous suffire parce que le courant nous portait de l'est à l'ouest, mais quand il s'agira de remonter ce courant, quels seront nos moyens de transport? Devons-nous espérer que les habitants de Magungo, après avoir salué notre départ avec leurs flèches, nous envoient leurs embarcations pour nous faire passer sur la rive orientale?

— En admettant même, continua le docteur Desrioux, que nous arrivions à traverser le lac, je redoute pour M. de Guéran le long voyage auquel nous serions ensuite condamnés et l'insalubrité de certaines parties du pays.

— Vous avez donc, demanda M. Périères, une autre route à nous proposer?

— Certainement. Lorsque nous aurons rejoint notre caravane aux bords de l'Albert-Nyanza, rien ne nous empêchera de rester sur la rive occidentale, de remonter au nord et de regagner Gondokoro, grâce aux indications de Baker, de Speke et de Grant. Nous nous trouvons maintenant à deux degrés de latitude nord, et Gondokoro ou Ismaïlia est à cinq degrés environ; il s'agit de franchir trois degrés, c'est-à-dire soixante-quinze lieues; c'est l'affaire de six semaines au plus. Cette voie est évidemment la plus courte.

— Sans doute, répliqua M. de Morin, puisque huit degrés au moins nous séparent de Zanzibar; mais, lorsque nous aurons atteint cette île, nous serons pour ainsi dire arrivés : nous monterons sur un navire et nous ferons voile pour l'Europe.

— A Gondokoro, reprit le docteur Desrioux, nous monterons sur des barques, nous descendrons le Nil et nous ferons voile vers la France d'une façon encore plus directe.

— Cet itinéraire me paraît excellent, conclut M. Périères, et je propose de l'adopter. Il a surtout un avantage considérable, c'est qu'il nous permettra de vaincre toutes les résistances de nos Nubiens et de nos Dinkas : nous les conduisons en droite ligne chez eux et nous pouvons même, s'ils en manifestent le désir, les déposer à leurs portes. Voulez-vous me permettre, messieurs, de prendre cet engagement au nom de tous?

MM. de Morin et Delange donnèrent leur consentement. Quant à M. de Pommerelle, il ne pouvait être que ravi de cette détermination :

— Après avoir tant fait, disait-il, que de venir en Afrique, j'aurais été désolé de n'en voir qu'un petit bout et de retourner sur mes pas. C'est déjà triste d'être privé de jeter un coup d'œil sur le pays des Mombouttous, des Niams-Niams et des Bongos, mais vous me parlerez de ces contrées et j'essayerai de me consoler.

— Je vous consolerai, monsieur, fit miss Poles, en accompagnant ces mots de son plus gracieux sourire. Je vous parlerai du roi Kadjoro, un bien charmant homme, et de son confrère Mounza, dont je ne veux pas dire du mal, sa tombe est trop près de nous.

— Vous n'oublierez pas votre fameux bain chez les Bongos, fit en riant le docteur Delange.

— Je n'oublierai rien, monsieur, répliqua miss Poles d'un ton piqué, je dois la vérité à un homme comme M. de Pommerelle.

En prononçant ces mots : M. de Pommerelle, miss Poles s'épanouissait; on reconnaissait facilement que le comte avait fait sur elle une vive impression.

Pendant que ces paroles s'échangeaient, M. Périères développait à

Nassar et aux interprètes arabes le plan de voyage qu'on venait d'adopter. Ils le comprirent aussitôt et se chargèrent de l'expliquer à la caravane.

Après avoir compté avec les gens de Khartoum, il fallut entrer en composition avec ceux de Zanzibar. Quand ces derniers connurent le nouvel itinéraire, ils firent éclater des murmures : « Qu'allaient-ils devenir? Comment, arrivés à Gondokoro, pourraient-ils regagner la côte et leur pays? » Ils étaient fort peu embarrassés à ce sujet, car ils avaient, pour la plupart, fait ce voyage dont le lac Victoria est le point central, mais ils espéraient, grâce à leurs récriminations, voir augmenter leurs gages. Ils obtinrent ce résultat : on ne pouvait se passer de ces cinquante hommes bien armés, destinés à combler les vides que la mort avait faits parmi les soldats de l'expédition de Guéran.

Vers quatre heures de l'après-midi, les raisonnements, les menaces, les promesses avaient triomphé des dernières résistances des deux caravanes. On commença aussitôt à s'occuper activement du départ : les sacs éventrés furent recousus, les caisses refermées, les armes rassemblées. Puis on réunit les provisions et les bagages indispensables, abandonnant tous les objets qui auraient été d'un transport trop difficile. Chacun s'employait de son mieux, maîtres et serviteurs, hommes et femmes ; Mme de Guéran, seule, était restée auprès de son mari; tandis que la reine, dont les liens avaient été resserrés, gardait la plus profonde immobilité.

Cependant M. de Morin, en jetant un coup d'œil sur cette armée de travailleurs, finit par s'apercevoir de l'absence de Joseph. Il avait constaté depuis longtemps, en parcourant le champ de bataille, que son fidèle serviteur ne faisait pas partie des morts. Rassuré sur ce point essentiel, il ne s'était plus occupé de cet être inutile. Mais, en ne le voyant pas apparaître, il conçut des inquiétudes : Joseph, dès le commencement de l'action, s'était barricadé derrière son bœuf et un nombre illimité de caisses; avait-il donc été enfoui, comme Mounza, sous le rocher? Partagerait-il, avec le souverain des Mombouttous, les honneurs d'une sépulture royale? Le décès de Joseph ne pouvait certainement pas compromettre le succès de l'expédition ; mais M. de Morin avait toujours eu un faible pour son serviteur, il mettait un certain amour-propre à le ramener rue Taitbout dans un parfait état de conservation, et il crut, avant de constater officiellement sa mort, devoir se livrer à quelques tentatives pour le retrouver vivant. Il

Et tendit elle-même ses bras pour qu'on les attachât. (Page 639.)

l'appela d'abord en faisant suivre son nom des épithètes les plus dures : « Propre à rien, paresseux, lâche ! » Joseph ne répondant pas à cet appel, M. de Morin devint plus tendre : « Joseph, mon petit Joseph, mon bon Joseph, cria-t-il, venez donc, n'ayez pas peur, les amazones sont parties ! » La douceur n'eut aucun succès ; le valet de chambre parisien restait invisible. Son maître eut alors l'idée de le faire tambouriner, comme s'il s'agissait d'un objet perdu. Un Nubien, armé de sa caisse, fit entendre des roulements prolongés.

On vit alors sortir d'une crevasse située au pied de la montagne deux grands serpents de l'espèce des pythons, et que les indigènes de l'Afrique australe appellent *metsé*, *pallah* ou *tarz*. Amateurs passionnés de musique, comme tous leurs congénères, ils accouraient au bruit du tambour africain. Derrière eux, au bout d'un instant, apparut un homme, ou plutôt la tête d'un homme dont le corps se trouvait enveloppé par un python long de cinq mètres et d'une circonférence de trente à quarante centimètres. Cette tête appartenait à Joseph. Dès le matin, ce brave serviteur avait constaté que l'affaire tournait mal pour son parti, que sa barricade ne le protégeait plus suffisamment. Rampant alors le long de la montagne, il s'était glissé dans une excavation propre à servir de cachette. Mais les serpents, effrayés par les détonations des armes à feu, eurent la même idée, choisirent le même refuge, et prenant Joseph que la terreur immobilisait pour un tronc d'arbre, s'enroulèrent sur lui. Pendant plusieurs heures, le malheureux fut le silencieux témoin des jeux et des amours de ces reptiles. Ils se tordaient, s'enlaçaient, se mordillaient sans scrupules, sans délicatesse, sans pudeur autour de lui et devant lui. Un naturaliste eût certainement profité de la circonstance pour étudier les mœurs de ces animaux ; Joseph, persuadé que son dernier jour était arrivé, se bornait à se repentir de ses fautes et à faire des actes de contrition.

Enfin la musique produisit son effet : les deux premiers serpents se déroulèrent l'un après l'autre et quittèrent leur perchoir, tandis que le troisième prenait un point d'appui avec sa queue sur un rocher et, sans quitter sa victime, l'entraînait au dehors. On accourut au secours de Joseph, dès qu'on aperçut sa tête épouvantée, ses yeux hagards, ses cheveux que la frayeur dressait en forme de crête, et comme les pythons sont parfaitement inoffensifs, on les obligea sans peine à prendre la fuite. Décidément les animaux avaient une prédilection marquée pour le serviteur de M. de Morin. Tour à tour les abeilles, les fourmis, les sangsues, les termites de toutes sortes, les serpents s'étaient épanouis en toute liberté sur son corps, pour lui laisser de charmant souvenirs de voyage.

A cinq heures, les deux caravanes réunies furent prêtes à se mettre en route.

L'ascension du rocher, jeté comme un trait d'union entre la plaine et la montagne, était des plus faciles pour les hommes valides de l'expédition, mais elle devenait périlleuse lorsqu'il s'agissait de porter les blessés. On triompha cependant de tous les obstacles grâce aux cordes dont s'était munie la caravane Desrioux; on les réunit l'une à l'autre et l'on fit ainsi une sorte de rampe, attachée solidement sur le plateau par les premiers arrivés et descendant jusqu'à la plaine, tout le long du pont de granit. A l'aide de ce point d'appui, M. de Guéran put être transporté dans un hamac suspendu à des perches.

Quant à la reine Walinda, sur l'ordre de M. Delange, qui répondait de sa personne, on lui délia les jambes, et quatre Nubiens, chargés de la surveiller étroitement, la firent marcher devant eux. Contre l'attente générale, elle ne leur opposa aucune résistance, gravit le rocher pas à pas, sans se retourner, sans se plaindre, comme si elle quittait volontairement ses États. Arrivée sur le plateau, elle ne jeta même pas un coup d'œil sur le pays dont elle était, le matin encore, la souveraine; elle ne paraissait avoir de regards que pour son ancien prisonnier et pour Mme de Guéran, qui marchait à côté de lui.

La caravane s'engagea peu à peu dans le long défilé parcouru la veille par MM. Desrioux et de Pommerelle. Les Béloutchis, qui connaissaient la route, formaient l'avant-garde; les blessés venaient ensuite, escortés par les docteurs Desrioux et Delange prêts à leur porter secours, et suivis des femmes et des porteurs. Les Nubiens et les Dinkas, commandés par Nassar et les interprètes arabes, fermaient la marche.

Avant de se mettre dans les rang, les Européens tinrent compte de la recommandation de M. Périères : des soldats armés de lances en guise de leviers, soulevèrent la partie du rocher appuyée contre la montagne, lui imprimèrent une violente secousse et firent rouler dans la plaine ce bloc de pierre.

Les Amazones, du reste, ne paraissaient pas se disposer à poursuivre les Européens et à délivrer leur reine; elles ne songeaient qu'à fuir les Mombouttous, devenus depuis quelques heures les maîtres du pays. Ceux-ci abusaient d'une victoire qu'ils n'avaient pas remportée; ils mettaient le feu à tous les villages, à toutes les huttes, dansaient et gambadaient autour de ces feux de joie et portaient le plus gaiement du monde le deuil de leur roi.

Les Européens, après avoir jeté un regard attristé sur ce champ de carnage et dit un dernier adieu à ces vastes régions qu'ils venaient de parcourir, suivirent la caravane. M. de Pommerelle marchait aux côtés de ses deux amis, de Morin et Périères; il pouvait enfin leur donner — car jusqu'alors on n'avait pas eu le temps de se reconnaître — quelques nouvelles parisiennes. Elles étaient déjà vieilles de huit mois, puisque le comte et le docteur avaient quitté la France au mois de mars précédent, mais elles n'en furent pas moins bien accueillies par ces messieurs, exilés depuis le mois d'octobre 1872. M. de Pommerelle leur disait aussi comment, en lisant leurs lettres, en les suivant sur la carte, en essayant de vivre de leur vie, il avait senti naître en lui le goût des expéditions lointaines. Il leur parlait de ses déceptions, de sa rupture, de ses regrets, du parti qu'il avait pris d'oublier ses dangereuses amours, et de combattre sa vieille passion... sédentaire avec sa nouvelle passion... ambulante. Ces confidences furent interrompues par miss Poles qui avait quitté son rang, s'était laissée dépasser par la caravane et rejoignait le comte de Pommerelle, cet homme de *great attraction*, comme elle venait de l'avouer au docteur Delange.

Livrés à eux-mêmes, MM. de Morin et Périères allumèrent d'excellents cigares dont ils étaient depuis si longtemps privés, et que venait de leur offrir M. de Pommerelle; puis, après s'être un instant délectés en silence, ils se regardèrent et le peintre dit à l'homme de lettres :

— Eh bien, nous l'avons retrouvé!

— Oui, nous l'avons retrouvé, répondit M. Périères. Avouons, du reste, que nous avons fait, depuis un an, tout ce qu'il fallait pour cela.

— Avec un désintéressement chevaleresque, ajouta M. de Morin, et digne d'être signalé dans la *Morale en action*.

— Nous y figurerons peut-être un jour, cher ami; c'est une consolation. Mais nous en avons une autre.

— Laquelle?

— C'est que nous aurions pu le retrouver valide, bien portant, superbe de santé; ce qui eût été agréable pour lui, je n'en disconviens pas, mais très disgracieux pour nous. Il est, au contraire, en assez piteux état, et, franchement, notre jalousie n'a pas encore lieu d'éclater.

— Notre supplice est retardé, voilà tout, fit observer M. de Morin. On nous a dit que ses blessures n'avaient aucune gravité et que la fièvre le quitterait sur ces sommets élevés. Dans quelques jours peut-être...

— Dans quelques jours, mon cher, acheva M. Périères, le mari sera sans doute guéri, mais la femme ne le sera pas.

— Que voulez-vous dire?

— C'est bien simple : aujourd'hui, Mme de Guéran ne voit en son mari qu'un blessé, un malade, presque un mourant qu'elle a mission de rappeler à la vie. Lorsqu'il sera rétabli, le mari reparaîtra, et la sœur de charité, redevenue épouse, aura des comptes sévères à lui demander. Elle a bien voulu oublier les torts de M. de Guéran tant qu'elle l'a cru mort ou prisonnier : elle se les rappellera, au jour de la résurrection et de la guérison. Elle ne peut pas se dissimuler qu'il l'a très cavalièrement abandonnée, au bout de deux ans de mariage, pour courir le monde, et elle se trouve déjà un peu ridicule, n'en doutez pas, de s'être donné tant de mal, d'avoir affronté tant de dangers, pour rentrer en possession d'un mari fantaisiste et volage. C'était un devoir qu'elle remplissait alors; elle ne voyait que l'héroïsme de son action. Le devoir rempli, l'héroïsme s'évanouit; les petits côtés de la question apparaissent.

Si encore on l'avait retrouvé prisonnier de quelque terrible monarque africain, réduit à l'esclavage et plus ou moins enchaîné, elle se tiendrait pour satisfaite. Mais elle le surprend au milieu d'une peuplade de femmes fort attrayantes, ou du moins très originales, vous en conviendrez. L'une d'elles, leur reine, par droit de naissance et par droit de beauté, paraît l'aimer jusqu'au crime : de peur qu'il ne lui échappe, elle se jette sur lui, le déchire, et si elle ne le tue pas, c'est qu'on lui arrache sa proie. Mme de Guéran s'est aperçue de tous ces... petits détails, cher ami. Elle est très fine, rien ne lui échappe; elle a deviné ce qu'elle n'a pas vu, et elle se dit, comme nous, que le baron, pour en être arrivé à inspirer une passion si... sanguinaire, a dû, de son côté, avoir autrefois quelques moments d'effusion.

Elle ne lui en fait pas un crime, soit! Elle est assez intelligente pour comprendre les difficultés de la situation, les nécessités de l'esclavage; mais elle lui en voudra longtemps, toujours, peut-être, de s'être mis dans cette situation. Rien ne le forçait à quitter Paris et à s'exposer à de telles aventures. « Il ne fallait pas qu'il y aille! » dirait-elle, si elle connaissait cette expression vulgaire.

Nous devons aussi, mon cher, faire la part de l'amour-propre féminin, en général, et de la délicatesse particulière à Mme de Guéran. Elle ne peut être très flattée de succéder à une naturelle de l'Afrique équatoriale. Croyez bien que le souvenir de cette sauvagesse la poursuivra le reste de sa vie, et lui fera l'effet d'une douche d'eau froide. La reine Walinda est belle pour nous, elle l'est surtout pour l'inflammable docteur Delange, mais elle n'existe pas, à l'état de femme, pour Mme de Guéran. C'est une créature quelconque, un bel animal de l'espèce simiesque, oublié dans le classement des naturalistes; la baronne éprouvera toujours une répulsion physique auprès de l'homme qui, pendant six mois, aura vécu dans le repaire de cette bête semi-féroce.

Je termine ce trop long discours, mon cher ami, par ces dernies mo's : pour cause de santé, M. de Guéran n'est pas à craindre en ce moment, et il ne sera jamais redoutable pour cause de désillusion.

— Il n'en est pas moins le mari, fi observer M. de Morin, on l'a retrouvé, il vit, et sa veuve, que nous voulions épouser, nous échappe.

— La femme nous reste.

— Oh! oh! Que dites-vous là? Et cet amour respectueux que vous aviez pour Mme de Guéran, ce culte...

— La résurrection de M. de Guéran a pour effet naturel d'affaiblir ces sentiments. On ne peut pas aimer une femme en puissance de mari de la même façon qu'une veuve ou qu'une jeune fille.

— Pour parler ainsi, mon cher Périères, fit M. de Morin en regardant son ami, il faut que vous soyez moins calme que vous ne le paraissez. Pendant que je laissais exhaler aujourd'hui ma mauvaise humeur, vous restiez tranquille et souriant, mais vous n'en souffriez pas moins, avouez-le.

— Eh bien! oui, je l'avoue, s'écria M. Périères, je subis les mêmes impressions que vous! Je souffre et je suis jaloux, non pas du mari, ramassé par nous ce matin dans la plaine, mais du rival qui nous est tombé tout à coup de la montagne. Il va bénéficier des dispositions d'esprit et de cœur où se trouve la baronne, et que je viens d'expliquer. Il bénéficiera de notre rivalité à tous deux, de nos qualités à peu près égales qui ont permis à Mme de Guéran de rester jusqu'ici indécise et flottante, de la cour que nous lui avons faite et qui, sans la toucher, l'a mise en bonne disposition d'être attendrie... par un autre.

Enfin il bénéficiera, croyez-le bien, de sa bruyante irruption parmi nous. L'imagination des femmes, et je parle des plus réservées, est toujours frappée par cette mise en scène grandiose, ces coups de tonnerre, ces apparitions féeriques, surtout lorsqu'ils se produisent involontairement, lorsque celui qui marche au milieu des feux de bengale ne les a pas allumés consciemment, lorsqu'il est aussi modeste que bruyant et lumineux. Car je rends justice à Desrioux, il n'a pas dépendu de lui d'arriver ici en chemin de fer, son sac de voyage et son parapluie à la main ; s'il a fait sauter la montagne, c'est qu'il n'avait pas d'instruments pour la creuser ; s'il nous est apparu dans un nuage, avec des ailes, c'est que le hasard, ce grand metteur en scène, s'était plu, ce jour-là, à régler un tableau de féerie. Mme de Guéran n'en a pas moins été très émue par ce fracas et cette apothéose ; nous avons nous-mêmes subi une impression admirative. Bref, cher ami, pour me résumer : depuis plus d'un an nous tirons les marrons du feu ; c'est Desrioux qui les mangera.

— Comme vous dites tout cela gaiement !
— Je ris pour ne pas pleurer.
— Et vous acceptez la situation ?
— Parbleu ! comme vous l'accepterez vous-même. Que pouvons-nous faire ? Montrer de la jalousie, ce serait maladroit et inutile. Chercher querelle à Desrioux ? Avons-nous osé nous chercher querelle l'un à l'autre ? Non ; nous avons reculé devant une injustice, une mauvaise action ; nous reculerons encore cette fois. Puis, comme je vous le disais tantôt, grâce à son coup de théâtre, Desrioux nous a sauvé la vie ; on n'égorge pas son sauveteur. Tout bien réfléchi, cher ami, nous n'avons plus, voyez-vous, qu'une chose à faire : retourner au plus tôt à Paris et nous consoler comme nous le pourrons... et si nous le pouvons.

Au moment où ces derniers mots s'échangeaient entre les deux jeunes gens, la caravane sortait du défilé qu'elle avait jusqu'alors suivi. Après une journée traversée par tant d'incidents, le moment était venu de prendre quelques heures de repos. On parvint à dresser des tentes pour les Européens sur un plateau de peu d'étendue, tandis que les gens de Khartoum et de Zanzibar se réfugiaient dans les anfractuosités de la montagne ou bien s'étendaient sur le roc, se pressaient les uns contre les autres pour combattre le froid ; les thermomètres marquaient encore dix-huit degrés centigrades, mais les naturels de l'Afrique centrale et australe grelottent au-dessous de vingt degrés. Cet abaissement de la température était au contraire bienfaisant pour M. de Guéran ; le docteur Desrioux, avant de quitter son malade, constata que la fièvre avait sensiblement diminué.

Bientôt tout le camp reposa : seule la Vénus noire, les yeux grands ouverts, regardait fixement la tente où elle avait vu transporter son ancien prisonnier.

XXXII

Le cinquième jour de marche, la caravane atteignit le plateau élevé où pour la première fois était apparu au docteur Desrioux le territoire de l'Ulindi.

Cette longue ascension, entrecoupée de descentes rapides, avait été des plus pénibles et des plus dangereuses ; on dut souvent venir au secours des porteurs, dont les fardeaux embarrassaient la marche, les soutenir, les hisser à l'aide de cordes, et les débarrasser de leurs charges. Plusieurs sacs de provisions, plusieurs objets précieux aux Européens furent abandonnés dans la montagne ou précipités dans l'abîme.

MM. Desrioux et de Pommerelle se multipliaient : ils essayaient de reconnaître la route déjà parcourue, évitaient les chemins qui leur avaient paru trop dangereux, en découvraient de nouveaux, rassuraient, encourageaient chacun.

Miss Poles marchait le plus souvent à leurs côtés ; si la mer lui était odieuse, elle adorait la montagne, et, comme la plupart des Anglaises, elle pouvait passer pour une ascensionniste remarquable. C'était plaisir de la voir gravir, souvent sans nécessité, un pic élevé, y planter sa lance, en prendre possession au nom de la Grande-Bretagne et lui donner immédiatement un nom anglais. Elle imitait en cela ses compatriotes, qui s'empressent de baptiser toutes les montagnes, tous les lacs qu'ils découvrent, lorsqu'il serait beaucoup plus pratique de conserver les désignations en usage dans le pays. Les Français, les Allemands et les Américains paraissent décidés à combattre cette fâcheuse manie, et les lacs Victoria, Albert, Alexandra, les chutes appelées Murchison, en souvenir du président de la Société de géographie de Londres, reprendront bientôt, sur toutes les cartes, leurs désignations primitives : M'woutan, Oukéréoué, Akenyiara. C'est moins euphonique peut-être, mais c'est plus rationnel.

Je vous consolerai.

Un jour, pendant que la caravane faisait une halte sur un sommet élevé, avant d'entreprendre la descente du flanc oriental de la montagne, M. de Morin rejoignit M. Delange.

— Mon cher, lui dit-il, en ma qualité de chef des deux caravanes réunies, puisque Desrioux et de Pommerelle ont bien voulu mettre sous mes ordres leurs soldats et leurs porteurs, je suis obligé de prendre, dans l'intérêt commun, une mesure importante.

— De quoi s'agit-il, cher ami ? Cet exorde m'intrigue.

— Il s'agit de mettre en liberté une prisonnière à laquelle vous paraissez porter un grand intérêt.

— La reine Walinda? En effet, je la trouve splendide et elle m'intéresse vivement au point de vue artistique.

— Seulement au point de vue artistique? demanda M. de Morin en souriant.

— Oui, mon cher, seulement, pour plusieurs motifs : d'abord Walinda se montrant insensible à mes soins, je dirai même à mes attentions les plus délicates, je suis obligé de ne voir en elle qu'un objet d'art. Ensuite, d'après vos ordres, elle est toujours ficelée comme un colis ; si, pendant le jour, on lui laisse la liberté de ses pieds pour qu'elle puisse nous suivre, le soir venu, on les emprisonne de nouveau, et je vous avoue que j'ai trop de délicatesse au cœur pour faire la cour à une femme ainsi emmaillottée et privée de son libre arbitre.

— Eh bien ! on va, suivant vos propres expressions, la déficeler, la désemmaillotter, lui passer autour du cou un sac renfermant des provisions et lui donner la clef des champs. Il nous a fallu cinq jours pour venir ici, il lui en faudra trois pour atteindre le point d'où nous sommes partis, et, pendant cette semaine de répit, nos anciens alliés les Mombouttous ont eu tout le temps de fuir l'Ulindi. La reine ne pourra plus les exterminer ; nous les aurons soustraits, comme c'était notre devoir, à ses représailles.

— Croyez-vous, fit M. Delange, qu'il soit nécessaire de tant nous presser? Ne pourrions-nous pas garder encore quelques jours notre pisonnière ?

— Ce serait inhumain ; la reine aura déjà bien assez de peine à se reconnaître dans ce labyrinthe de montagnes sans que nous venions en augmenter encore la longueur.

— Comment pourra-t-elle jamais en sortir? Le rocher qui nous a servi de trait d'union entre la plaine et la montagne a été, par nos soins, précipité dans l'abîme. Une hauteur de trente mètres la sépare de son royaume.

D'abord, cher ami, répondit M. de Morin, ces trente mètres peuvent se réduire à vingt, vu que le rocher, étendu maintenant sur le sol, a certainement dix mètres d'épaisseur. Ensuite, comme je prévoyais cette

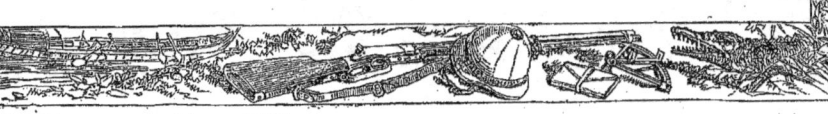

difficulté, j'ai eu l'attention délicate de laisser sur le plateau la corde qui nous avait servi de rampe. Walinda saura bien la dérouler, et elle est assez agile pour s'y cramponner et descendre chez elle. Vous voilà donc rassuré sur le sort de cette intéressante personne.

— A peu près, mais vous vous préoccupez de son retour dans ses États beaucoup plus qu'elle ne s'en préoccupe elle-même. Elle ne désire pas nous quitter.

— C'est possible, mais je désire qu'elle nous quitte.

— Pourquoi, je vous prie?

— Elle me paraît des plus dangereuses au milieu de notre caravane : elle n'a pu accepter avec résignation sa défaite, suivie de sa ruine, et elle doit comploter contre nous quelque chose de terrible.

— Elle ne peut rien faire, attachée, surveillée comme elle l'est.

— A la longue, tous les liens se rompent, tous les gardiens s'endorment, et je me méfie un peu, si vous voulez le savoir, d'un gardien-chef comme vous. Une prisonnière habile et jolie, oh! il faudrait qu'elle fût jolie, s'emparerait sans grande difficulté de votre trousseau de clefs, et vous n'y verriez que du feu.

— Croyez-vous?

— J'en suis persuadé, mais si cette raison ne vous suffit pas, j'en ai une autre à votre service : nous n'avons pas le droit d'infliger plus longtemps à Mme de Guéran la vue d'une femme qui lui rappelle des souvenirs pénibles.

— Oh! quant à cela, cher ami, fit le docteur Delange, Mme de Guéran ne saurait se plaindre. Elle ne s'est jamais trouvée en présence de ma prisonnière; si elle l'a vue, c'est qu'elle l'a bien voulu. Dans une caravane forte de cent cinquante personnes, marchant à la suite les unes des autres, faisant des circuits continuels, un de ses membres peut facilement se soustraire aux regards. Je ne vous dirai pas que la reine a eu cette délicatesse, mais je l'ai eue pour elle : plusieurs Nubiens, d'après mes ordres, l'ont toujours entourée et tenu le plus éloignée possible de la baronne.

— Soit! mon cher Delange, conclut M. de Morin, j'ai eu mauvaise grâce à vous parler de ce détail et je m'en excuse; mais les autres motifs que je vous ai donnés, pour justifier la mise en liberté immédiate de notre prisonnière, sont, je crois, excellents. Ils me suffisent et doivent vous suffire aussi; je vous prie donc d'en tenir compte.

— Mon général, fit Delange en portant militairement sa main à son front, vous serez obéi par moi. Seulement, je ne vous réponds pas que vous le soyez par Walinda; elle est capable de ne pas vouloir nous quitter.

— Par amour pour son geôlier? fit M. de Morin en souriant.

— Hélas! non; le geôlier n'y est pour rien; il s'agit d'un ancien prisonnier.

— C'est une raison de plus pour nous débarrasser immédiatement de cette femme : si vous étiez parvenu à lui faire oublier le passé, nous aurions pu voyager avec elle sans le moindre danger; si elle se souvient, elle est des plus redoutables.

— Vous ne me laissez pas le temps d'effacer les anciens souvenirs.

— Oh! mon cher ami, ce n'est pas le temps qui vous a manqué : on triomphe en cinq jours d'une sauvagesse, ou bien l'on ne triomphe jamais. Allons, c'est convenu; je vous quitte pour ordonner le départ et je compte sur vous.

— Comptez sur moi, puisqu'il le faut, répondit le docteur Delange en soupirant.

Dès que M. de Morin fut parti, M. Delange se fit amener la reine et ordonna de couper ses liens.

Les hommes de l'escorte s'attendaient à la voir manifester sa joie; il n'en fut rien. Elle jetait au contraire, autour d'elle, des regards inquiets.

— Elle croit sans doute qu'on va la tuer, dit Nassar que M. Delange venait de faire appeler.

— Essayez de lui expliquer, répliqua le docteur, qu'elle est libre, au contraire, et qu'elle peut retourner dans son royaume.

Walinda comprit-elle l'interprète? On ne put le savoir. Elle s'était accroupie sur un rocher, et, silencieuse, immobile, au lieu de jeter un coup d'œil sur le territoire de l'Ulindi, qui apparaissait au loin et qu'on lui montrait du doigt, elle suivait des yeux la caravane, en marche depuis un instant et s'enroulant comme un serpent autour de la montagne.

M. Delange ne se sentit pas le courage de prolonger cette situation. Il jeta un dernier regard sur la splendide créature qu'il croyait ne jamais plus revoir, puis se retourna brusquement et rejoignit, avec ses hommes, l'arrière-garde de la caravane.

Au bout d'une heure, lorsqu'il fut arrivé dans un vallon dominé par le plateau qu'il venait de quitter, il se retourna.

Walinda, éclairée par les feux du soleil couchant, était encore à la même place sur le rocher. Il prit une longue-vue et l'examina longtemps ; sa tête était toujours tournée du côté de la caravane, mais on ne distinguait plus sur elle ni la couverture qu'on lui avait laissée pour la préserver du froid, ni le sac de provisions attaché à son cou. Elle avait précipité dans l'abîme ces présents des Européens.

— Veut-elle se laisser mourir de froid et de faim ? se demanda M. Delange.

Pris de tristesse, il dépassa l'arrière-garde et rejoignit ses amis. MM. de Morin et Périères continuaient à se faire des confidences, miss Poles soupirait aux côtés de M. de Pommerelle, et M. de Guéran, porté dans son hamac, s'avançait escorté par sa femme et le docteur Desrioux.

XXXIII

Le lendemain, vers cinq heures du matin, comme la caravane allait se remettre en marche, Nassar s'avança vers MM. Delange et de Morin.

— La reine, leur dit-il, n'a pas repris la route de son pays ; après avoir marché toute la nuit, elle vient de nous rejoindre, elle se cache là-bas derrière un rocher.

— Pauvre femme ! ne put s'empêcher de dire M. Delange.

— Vous la plaignez ? fit M. de Morin.

— Certainement, je la plains, et il ajouta tout bas : Je la plains comme on plaint un chien fidèle que son maître a chassé.

— Vous oubliez, mon cher, que ce chien a mordu son maître. Il ne s'est même pas contenté de le mordre : il s'est jeté sur lui et l'a dévoré à belles dents.

— Oui, mais ce moment de fureur passé, à la suite de ce mouvement de rage inspiré par la jalousie, le chien s'est repenti ; il est revenu, l'oreille basse, vers la demeure du maître. Il le cherche, il gémit, il pleure, il rampe jusqu'à lui et refuse de s'éloigner ; il ne le mordra plus, soyez-en persuadé.

— Je le crois comme vous ; mais il mordra ceux qui l'ont remplacé dans l'affection du maître, ceux qui occupent sa place au foyer.

M. de Morin se tourna vers Nassar.

— Il faut à tout prix, lui dit-il, chasser cette femme. Je ne veux plus la voir.

— Comment obéir? répliqua Nassar. Mes hommes la menacent du bâton de leur lance, elle ne paraît pas les voir ; ils lui jettent des pierres et on dirait qu'elle ne les sent pas.

— Je vous ai prévenu, fit Delange, en se tournant vers M. de Morin. Il était plus simple de la garder au milieu de nous, attachée, garottée.

— Non, ce n'était pas plus simple, repliqua M. de Morin avec impatience, et je vous en ai dit les raisons : cette créature ne doit pas plus longtemps faire partie de la caravane de Mme de Guéran. Eh ! mon cher, ajouta-t-il plus bas et d'une voix fébrile, si je ne consultais que mon intérêt, je l'offrirais sans cesse aux regards de la baronne. Son mari se rétablit physiquement, il serait de bonne guerre d'en finir avec lui moralement, et Walinda, en cette circonstance, pourrait me servir. Mais, ni Périères, ni moi, nous ne saurions employer de semblables moyens ; nous dédaignons de telles armes et, je le répète, je ne veux pas que les yeux de notre Sultane parisienne puissent se fixer sur votre Vénus noire.

— Faites tuer la malheureuse, alors.

— J'y serai peut-être contraint pour qu'elle ne tue pas les autres ; mais de grâce, mon cher, ne me réduisez pas à cette extrémité. Trouvez un moyen d'éloigner cette femme : je vous jure qu'elle est dangereuse ; la responsabilité qui pèse sur moi, comme chef de cette expédition, m'effraie.

Lorsque M. de Morin fut parti, M. Delange laissa défiler la caravane et se mit au dernier rang pour surveiller tous les mouvements de Walinda.

Elle lui apparut d'abord derrière le rocher signalé par Nassar. Elle jetait autour d'elle des regards craintifs, elle n'avait plus son assurance, sa fierté des jours passés. Puis on ne la vit plus : elle essayait sans doute de se dissimuler dans les plis du terrain, parmi les arbustes et les épines ; au lieu de marcher, elle rampait pour se rendre invisible.

Dans l'après-midi, la caravane eut à descendre les flancs d'une montagne trop escarpée, trop rocailleuse pour donner asile même à des apparences de végétation ; on marchait à découvert sur le granit lisse et glissant, le pied ne rencontrait aucune arête pour s'y fixer, aucune touffe d'herbe, aucune pierre n'attirait le regard.

Alors la reine apparut de nouveau sur le sommet qu'on venait de quitter : elle suivait pas à pas, à cinquante mètres de distance, la même route que l'escorte. Elle s'avançait, la tête droite, le buste rejeté en arrière, les coudes aux corps, les reins cambrés. Elle ne tenait à la main aucun bâton qui pût aider sa marche. Elle était entièrement nue, inondée de soleil ; sa chair colorée, rouge plutôt que brune, se détachait magnifiquement des flancs ombrés et grisâtres de la montagne. Lorsqu'elle s'arrêtait on était tenté de la prendre pour une splendide statue en terre cuite, de grandeur naturelle, incrustée dans le roc.

Toute la caravane pouvait la voir, et de temps à autre, un soldat ou un porteur s'arrêtait pour la contempler.

Au pied de la montagne qu'on venait de franchir, la végétation commençait à se montrer, et bientôt aux arbustes succédèrent des arbres isolés, puis de grands bois ; on approchait du lac Albert.

Walinda put se dissimuler de nouveau, et jusqu'au soir, on ne la vit plus.

La nuit, on s'arrêta : les soldats, après avoir allumé des feux pour faire cuire quelques aliments et se réchauffer, s'étendirent et s'endormirent bientôt.

M. Delange veillait : il comprenait que la protection dont il essayait de couvrir Walinda, lui créait une grave responsabilité. Il ne pouvait s'empêcher, par instants, de partager les craintes de son ami et, se méfiant de la vigilance des sentinelles, il surveillait lui-même les alentours du campement.

Vers minuit, il revit Walinda : elle avait froid sans doute, et elle s'approchait d'un des feux du bivouac, doucement, pas à pas, à moitié courbée.

Lorsqu'elle l'eût atteint, elle s'accroupit et présenta ses mains, ses jambes, sa poitrine et ses épaules à la flamme du foyer.

Delange la contemplait : elle ne lui avait jamais paru plus belle, éclairée ainsi par de grandes lueurs rougeâtres, superbe dans sa flamboyante nudité.

Au bout d'un instant, lorsqu'elle se fut réchauffée, ne se doutant pas qu'on la suivait des yeux, elle s'éloigna du foyer, et, à genoux, aidée de ses mains, elle pénétra dans le campement.

Qu'allait-elle faire? Quel était son projet? Voulait-elle se glisser jusqu'à la tente où reposait Mme de Guéran.

Il resta silencieux, immobile, prêt à intervenir lorsqu'il le faudrait.

Mais la reine, cette nuit-là, n'obéissait à aucune passion; elle ne songeait ni à ses amours passées, ni à sa vengeance. Elle cherchait seulement à satisfaire la faim qui la torturait.

Dans un moment de rage elle avait précipité dans l'abîme les provisions qu'on lui avait données, et maintenant, affamée, dominée par l'instinct et non plus par la fierté, elle rampait autour du campement pour essayer de se nourrir; elle cherchait, auprès des foyers éteints, quelques débris d'aliments: des grains d'éleusine oubliés, des racines de sorgho, ou un os à ronger.

Elle put sans doute assouvir sa faim la plus ardente, et se relevant, elle s'éloigna du bivouac, et courut se cacher dans les bois voisins.

Le jour suivant, personne ne la vit. M. Delange interrogea vainement avec sa longue-vue tous les sommets où elle aurait pu apparaître, tous les vallons qu'elle aurait dû parcourir pour suivre la caravane.

— Elle aura pris le parti de retourner chez elle, dit M. de Morin.

— Je crois plutôt, fit le docteur, qu'elle aura pris le parti de mourir.

Ces paroles firent bondir miss Poles qui se trouvait près des deux jeunes gens.

— Mourir! mourir! fit-elle, vous en parlez à votre aise, monsieur, et vous lui faites bien de l'honneur! Le suicide suppose une certaine volonté, une certaine intelligence, et cette créature n'a que de l'instinct comme les animaux; l'animal ne se tue jamais, consultez les naturalistes.

— Je n'ai pas besoin de les consulter, mademoiselle, fit M. Delange, pour vous dire que vous vous trompez; l'animal ne s'empoisonne pas, de son plein gré, il ne songe ni à se noyer, ni à se brûler la cervelle, je vous l'accorde. Mais on a vu des chiens se laisser mourir de faim après la mort de leurs maîtres.

— Les chiens dont vous parlez, monsieur, reprit miss Poles avec aigreur, ont vécu dans la société des gens civilisés.

— Voulez-vous dire par là, mademoiselle, que M. le baron de Guéran n'est pas civilisé?

— Je ne comprends pas, monsieur, ce que vient faire ici M. de Guéran.

LA VÉNUS NOIRE. 633

Les femmes couraient affolées.

— Mais Walinda a vécu dans sa société, et il me semble...
— Je ne veux pas savoir ce qu'il vous semble, monsieur; je maintiens que cette sauvagesse n'est pas une femme.

M. Delange attendait impatiemment la nuit : il lui paraissait probable que Walinda rejoindrait la caravane pour tenter, comme la veille, de se réchauffer aux feux du bivouac et de se nourrir des débris du dernier repas. Mais, les sentinelles qu'un vent du Nord assez vif tenait éveillées, firent, par hasard, bonne garde. La reine ne parut pas et les craintes exprimées par le docteur semblèrent se confirmer : la malheureuse se mourait de faim et de froid dans quelque coin de la montagne.

Cette pensée le tourmentait; il essaya de s'endormir, il ne put même pas sommeiller. Vers trois heures du matin, il crut entendre comme une plainte dans le lointain. Il se redressa et prêta l'oreille.

Le bruit semblait se rapprocher, il devenait plus distinct; les échos de la montagne le répétaient.

C'était quelque chose de lamentable et qui n'avait rien d'humain. On aurait dit le long gémissement d'un animal blessé, ou la plainte prolongée du chien qui hurle la mort. Les sentinelles écoutaient, inquiètes, effarées; M. Delange dut se lever et se rapprocher d'elles pour les rassurer. Puis, seul, il pénétra dans un bois voisin où il pensait trouver Walinda; persuadé que ces cris étaient poussés par elle, il voulait la secourir.

Il ne vit personne et avec les premiers rayons du jour, les plaintes cessèrent.

Alors il se dirigea vers la tente où Mme de Guéran devait avoir passé la nuit; il savait que la baronne était toujours la première levée, et il espérait lui parler avant qu'on vînt troubler leur entretien.

XXXIV

M. Delange ne s'était pas trompé : Mme de Guéran avait relevé les coins de sa tente aux premières lueurs du jour. Dès qu'elle aperçut le docteur, elle marcha vivement à sa rencontre et, lui tendant la main :

— Déjà! lui dit-elle d'une voix affectueuse. Vous avez donc à me parler? J'en suis ravie, car j'ai aussi, depuis plusieurs jours, quelque chose à vous dire et vous ne venez jamais à moi.

— Je crains d'être indiscret, fit-il.

— Pouvez-vous l'être! répliqua-t-elle vivement, et croyez-vous que j'aie oublié de notre longue conversation, une nuit sur la montagne, la veille du jour où nous allions pénétrer dans les provinces du Sud? Vous

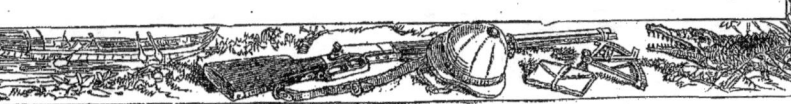

n'avez pas craint d'être indiscret ce soir-là et vous avez fouillé dans mon pauvre cœur comme si vous teniez à la main votre affreux scalpel. Je ne vous en ai pas voulu, cher docteur, vous le savez bien; je vous ai inscrit, au contraire, depuis cette époque, sur la liste de mes meilleurs amis, et c'est pourquoi, ayant péché contre l'amitié, je veux aujourd'hui vous demander mon pardon.

— Quel péché avez-vous donc commis, ma chère pénitente?

— J'ai accepté, fit-elle, que vous cédiez la place à votre confrère. J'ai laissé le docteur Desrioux donner des soins presque exclusifs à mon mari.

— C'est moi qui l'ai voulu, répondit-il. Vous n'aviez pas vu Desrioux depuis longtemps, je me suis effacé pour vous permettre d'être souvent avec lui, et d'entendre ce qu'il pouvait avoir à vous dire.

— Croyez-vous donc, s'écria-t-elle, qu'il me parle de son amour?

— Il n'a pas besoin de vous en parler. Il vous l'a prouvé en vous rejoignant.

— Et croyez-vous, continua-t-elle, que je puisse encore maintenant...

Elle s'arrêta; elle n'osait pas achever.

Il compléta sa pensée :

— Croyez-vous que je puisse encore l'aimer, vouliez-vous dire? Eh bien, oui! je le crois, j'en suis même convaincu... Vous l'aimez et vous n'aimez plus votre mari.

— Ce n'est pas vrai! ce n'est pas vrai! fit-elle en se cachant la tête dans ses mains.

— C'est vrai, reprit-il, et vous le savez bien, et vous souffrez plus que jamais parce que vous êtes une honnête femme, la plus honnête de toutes, et que, du vivant de M. de Guéran, vous n'avouerez jamais votre amour... Ah! je vous connais, allez, mieux que vous ne vous connaissez peut-être vous-même. Vous mourrez, s'il le faut, mais vous ne trahirez jamais vos devoirs; cette persuasion m'a seule décidé à ne plus donner mes soins à votre mari.

— Je ne vous comprends pas, fit-elle étonnée.

— Je ne voulais pas, répondit-il hardiment, qu'il me dût sa guérison, je ne voulais pas avoir à me reprocher votre malheur.

— Oh! fit-elle, que dites-vous là !

— Eh parbleu ! continua-t-il, je l'aurais soigné, je l'aurais sauvé si Desrioux n'était pas venu. Mais il pouvait me remplacer, et j'ai préféré disparaître. C'est à lui qu'il appartient de faire cette cure; son honnêteté, son grand cœur y trouveront leur compte. Son amour y gagnera aussi : vous ne l'en aimerez que davantage pour l'abnégation qu'il montre, l'immolation à laquelle son honneur professionnel, sa conscience le condamnent.

Le camp commençait à s'éveiller, la solitude dont M. Delange et Mme de Guéran avaient joui jusqu'alors allait cesser.

— Dans quelques instants, dit vivement le docteur, on troublera notre entretien; permettez-moi de vous dire quelques mots.

— Je vous en prie, fit-elle. C'est juste, j'avais oublié que vous aviez à me parler. De quoi s'agit-il, mon ami?

— Je viens vous supplier d'user de votre influence sur M. de Morin pour faire cesser un martyre qui m'émeut malgré moi.

— Un martyre! s'écria-t-elle. M. de Morin martyriserait quelqu'un de la caravane? C'est impossible! Lui, si bon, si juste...

— Vous m'avez mal compris, il ne martyrise personne; mais, par suite d'un ordre qu'il a cru devoir donner, qu'il a eu raison de donner, je le reconnais, quelqu'un souffre en ce moment, et se meurt peut-être.

— Oh! mon Dieu! que me dites-vous là? Pourquoi ne m'avoir pas prévenue plus tôt... C'est peut-être ma négligence qui est cause... Oui, depuis notre départ du Caire j'ai toujours donné mes soins aux blessés, aux malades de la caravane, j'ai protégé les faibles, et maintenant j'oublie tous mes devoirs.

— Il ne s'agit pas d'un membre de la caravane, dit le docteur; personne parmi nous ne manque ni de soins, ni de protection. Il s'agit d'une malheureuse qui s'obstine à nous suivre, d'une malheureuse, indigne de la pitié de tous, mais que seule vous avez le droit de sauver, et que vous voudrez sauver.

— De qui s'agit-il?

— De notre ennemie Walinda.

— Comment! elle est ici?

— Non, elle est près d'ici, du moins je l'espère.

Il expliqua, le plus brièvement possible, à la baronne les motifs sérieux qui avaient obligé les Européens à entraîner la reine loin de son pays.

— On a bien fait, dit-elle, cette femme pouvait être redoutable aux Momboutlous, et nous devions protection à nos anciens alliés.

M. Delange fit connaître alors les motifs non moins sérieux qui avaient décidé M. de Morin à ordonner la mise en liberté de Walinda.

— Comment! s'écria-t-elle, c'est à cause de moi!... C'est pour ne pas blesser mes regards, qu'on a pris ce parti, qu'on chasse cette femme!... En vérité, c'est de la folie! continua la baronne en s'échauffant. Est-ce que je me serais occupée d'elle? Est-ce que je l'aurais vue seulement? Est-ce que je lui fais l'honneur de la prendre pour une ennemie et de la craindre? Pourquoi donc lui en voudrais-je, je vous prie? ajouta-t-elle ironiquement. Qu'a-t-elle fait qui ne soit très-naturel? Quel crime a-t-elle commis? Quoi! elle est bien tranquille dans ses États, lorsqu'un jour il plaît à un Européen d'y pénétrer, malgré ses avertissements, malgré ses menaces... Il est jeune, il est beau; c'est surtout un homme blanc; elle n'a jamais vu des gens de sa nuance; elle reste étonnée, éblouie; puis elle s'émeut, elle s'enthousiasme et elle aime l'étranger... De son côté, celui-ci, un homme marié, mais un de ces maris errants pour lesquels sans doute les infidélités faites en voyage ne comptent pas; celui-ci, dis-je, s'émeut aussi à la vue de cette belle créature et s'endort... dans les délices de Capoue... Un jour, la femme, l'autre, celle qui est restée en France à se lamenter, s'avise d'aller creuser une tombe là-bas, en Afrique, pour le défunt... Au lieu d'un mort, elle trouve un vivant, assez ennuyé peut-être, d'être dérangé, d'être découvert dans son domicile illégal... Par un reste de pudeur, cependant, il essaye, sinon de rejoindre sa femme, au moins de rejoindre ses compatriotes venus de si loin à sa recherche. Mais l'Africaine est jalouse, elle trouve mauvais qu'on l'abandonne pour la nouvelle venue, et elle court après son prisonnier. Il tient une hache, il pourrait se défendre, la tuer; il s'en garde bien, il a trop peur de lui faire mal... Elle n'a pas la même délicatesse, elle l'étreint, le renverse et le tue à moitié... Au point de vue des mœurs du pays elle est dans son droit; n'était-il pas son prisonnier, son esclave, son bien, sa chose? Nos codes eux-mêmes pourraient-ils la condamner? Est-ce qu'il n'était pas armé? Est-ce qu'il ne combattait pas? Et l'on ose supposer que j'en veux à cette femme! Je ne suis pas injuste à ce point; je puis la voir sans souffrir... Si M. de Guéran était mort de ses blessures... je ne dis pas... j'aurais envisagé certaines questions avec plus d'indulgence et peut-être aurait-il fallu éloigner de moi... sa meurtrière. Mais il se guérit rapidement; bientôt il sera sur pied et je ne veux pas que, pendant qu'il revient à la vie, son... Africaine bien-aimée souffre et meure. J'aperçois M. de Morin, je vais lui parler.

Mᵐᵉ de Guéran, si calme d'ordinaire, toujours maîtresse d'elle-même, s'était exaltée peu à peu en prononçant ces paroles empreintes de tant d'amertume. Sa voix avait des accents nouveaux, son regard un éclat inaccoutumé, tandis qu'elle lançait cette accusation contre M. de Guéran et qu'elle l'accablait de tous ses griefs, comme si elle avait voulu se justifier à ses propres yeux de n'avoir plus pour lui les sentiments d'autrefois.

Quelques instants après, M. de Morin rejoignait le docteur.

— Eh bien ! vous êtes gentil, vous, lui dit-il en riant, vous vous plaignez à la baronne de vos chefs, vous faites rapporter leurs ordres ! C'est bien, monsieur, courez après votre Vénus, faites-lui une bonne petite place à notre foyer ambulant ; mais, s'il arrive un malheur, vous reconnaîtrez qu'il ne serait pas juste de m'en rendre responsable.

Pendant que le soleil montait à l'horizon et que la caravane s'apprêtait à partir, M. Delange, suivi de Nassar et de trois ou quatre Nubiens choisis parmi les plus habiles, se mirent à la recherche de la reine. Ils restèrent cachés dans le bois jusqu'à ce que la caravane eût disparu. Ils pensaient que Walinda attendait son départ pour sortir de sa retraite, essayer de trouver quelque aliment dans le camp abandonné et se remettre en route.

Leur calcul était exact : un quart d'heure ne s'était pas écoulé qu'ils virent la reine sortir d'un épais fourré, et, croyant être seule, s'avancer de leur côté. Lorsqu'ils pensèrent qu'elle ne pouvait plus leur échapper, ils s'élancèrent tous à la fois sur elle, l'entourèrent, et sans qu'elle fît une trop vive résistance, lui mirent les mains sur les épaules.

Alors, pendant que tout effarée, un peu frissonnante, elle restait immobile à la place où les Nubiens l'avaient pour ainsi dire clouée, Nassar lui expliqua qu'on ne voulait lui faire aucun mal, et qu'on lui permettait désormais de vivre au milieu de la caravane. A cette nouvelle, ses regards éteints par la fatigue et la souffrance s'allumèrent, le sang revint à ses joues ; elle semblait radieuse d'être de nouveau prisonnière.

On lui offrit des vivres ; elle les saisit avec avidité et, se réfugiant dans un coin, elle mangea jusqu'à ce que sa faim fut apaisée. Puis, elle revint vers la petite troupe, et tendit elle-même ses bras pour qu'on les attachât. Delange ne crut pas pouvoir supprimer cette formalité ; les craintes de son ami de Morin lui paraissaient exagérées, mais il croyait devoir en tenir compte,

Bientôt la prisonnière et son escorte rejoignirent la caravane, et se confondirent au milieu d'elle.

Dans la même journée on descendit les dernières pentes des Montagnes-Bleues et on atteignit le lac Albert. Le point d'arrivée, à deux milles près, était le même que le point de départ. Une douzaine de Béloutchis envoyés en éclaireurs découvrirent leurs camarades qui, depuis trois semaines, les attendaient campés sur la rive du lac. On se rejoignit, on fusionna, et les Européens de l'expédition de Guéran éprouvèrent un véritable plaisir à goûter aux provisions apportées de France par MM. de Pommerelle et Desrioux. Les explorateurs, qui ont éprouvé de longues privations, comprendront seuls ce genre de satisfaction matérielle.

XXXV

Une semaine de repos fut accordée aux trois caravanes réunies, et personne ne demanda de plus longues vacances : s'il arrive souvent qu'un voyageur européen soit contraint par son escorte à faire des stations beaucoup plus longues qu'il ne le voudrait, c'est que le pays parcouru, la ville près de laquelle on s'arrête, offrent des séductions aux soldats et aux porteurs. La rive occidentale du lac Albert n'ayant aucun attrait pour des êtres insensibles aux beautés de la nature, tous aspiraient à gagner, au plus vite, des régions moins désertes.

Ce repos fut mieux apprécié par les Européens que par l'escorte. A la suite de tant d'émotions et de fatigues, ils avaient un impérieux besoin de se recueillir et de rester inactifs. La tranquillité du pays, les flots bleus qui semblaient dormir à leurs pieds, ce paysage frais et souriant rafraîchissaient leur esprit, calmaient leurs nerfs surexcités, en même temps que leurs membres endoloris par des marches forcées reprenaient leur souplesse dans les eaux bienfaisantes de l'Albert-Nyansa.

M. de Guéran, surtout, devait se bien trouver de ce temps d'arrêt :

l'air de la montagne, le changement de climat, une température relativement douce, succédant à la chaleur équatoriale de l'Ulindi, lui avaient fait un bien excessif. La fièvre, sans le quitter entièrement, lui donnait des journées entières de répit; son affaiblissement diminuait et les craintes éprouvées par M. Desrioux au sujet de quelque maladie cérébrale s'étaient évanouies. Mais, malgré les soins et les attentions de tous, le blessé avait cruellement souffert d'une course de dix jours dans la montagne : son hamac s'était plus d'une fois heurté contre les obstacles de la route, et ses plaies, que l'immobilité eût cicatrisées, ne se fermaient pas encore. Étendu maintenant sur un lit de camp, près de la rive, à l'ombre d'un tamarinier, loin des bruits de la caravane, il se trouvait dans d'excellentes conditions pour parfaire sa guérison. Sous le prétexte, très sérieux, du reste, que sa pensée ne devait faire aucun effort, que son cerveau devait jouir d'un repos absolu, on évitait aussi de s'entretenir avec lui, et Mme de Guéran fuyait obstinément toute conversation suivie.

Peut-être aurait-on prolongé, dans l'intérêt du convalescent, ces loisirs et cette villégiature au bord du lac, si on n'avait pas désiré quitter l'Afrique équatoriale avant la saison des pluies et surtout arriver à Gondokoro pour le grand départ des embarcations, en mars et avril. Trois mois séparaient encore de cette époque, et, d'après tous les calculs, quelques semaines suffisaient pour atteindre la dernière station du Nil; mais, en Afrique, il faut toujours faire une large part aux accidents et aux éventualités de toutes sortes.

L'expédition se remit donc en marche le 2 janvier 1874. Elle suivit d'abord, pendant plusieurs jours, en marchant à petites journées de quinze milles environ, la rive occidentale de l'Albert-Nyanza. A mesure qu'on s'avançait vers le Nord, le lac devenait plus étroit; bientôt, sans longue-vue, on aperçut distinctement la rive orientale et ses moindres accidents de terrain. On aurait été tenté de se croire sur les rives d'un grand fleuve, si les cartes n'avaient pas indiqué que la nappe d'eau que l'on côtoyait se terminait en pointe.

Mais, quelques jours après, on ne fut plus en présence d'un lac, on eut sous les yeux une rivière.

— C'est le Nil, disait M. de Morin, il sort de l'Albert-Nyanza, comme l'ont établi les travaux de Speke, de Grant, de Baker. Nous n'avons qu'à le suivre et nous arriverons à Gondokoro par les pays des Madis, des Barris, des Latoukas et la vallée de l'Ellyria.

Mort de Monsieur de Guéran.

— Je crois que vous vous trompez, cher ami, répliquait le docteur Desrioux, le Nil, d'après toutes mes études, vient de l'Ouest-Sud-Ouest et coule vers le Nord-Est. La rivière qui se trouve en face de nous descend, au contraire, vers l'Ouest et semble s'éloigner des pays que vous venez de signaler. On affirme aussi que le Nil, en sortant de l'Albert-Nyanza, entre aussitôt dans un défilé, formé par deux chaînes de montagnes dont l'une s'appelle le *Gébel-Koukou*, et je ne vois aucun défilé de ce genre. Je suis donc tenté de croire que nous avons découvert un second bras du Nil, sortant comme l'autre du lac Albert. Mais qu'importe! Suivons la route qu'il semble nous tracer, à moins qu'il ne se détourne trop brusquement et nous force à modifier notre itinéraire.

Cet avis fut adopté; la caravane, sans chercher une autre voie, et sans essayer d'approfondir un des nouveaux mystères du Nil, poursuivit sa course riveraine.

Bientôt, tout vint affirmer la justesse des observations du docteur. On n'apercevait sur le bras que l'on suivait aucun des obstacles signalés sur le Nil : les îles rocheuses, les bancs de vase couverts de papyrus, les profonds ravins, les rochers abruptes. On ne rencontrait ni torrent impétueux, ni gorge étroite, bordée de falaises perpendiculaires où croissent des forêts de bambous. Le fleuve paraissait navigable dans tout son parcours, tandis que le Nil, au dire d'explorateurs dignes de foi, était, depuis sa sortie du lac Albert jusqu'à Gondokoro, interrompu par des chutes infranchissables.

On voulut interroger les habitants, savoir le nom de leur pays; mais, effrayés à la vue d'une caravane aussi nombreuse, et redoutant l'esclavage, ils fuyaient au plus vite. Pour se procurer des vivres, on dut même souvent pénétrer dans les demeures abandonnées et prendre ce qu'on aurait voulu acheter. Mais, sur l'ordre formel des Européens, on laissait en échange, dans les habitations ou sur les places publiques, de la verroterie, du fil d'archal ou des indiennes dont MM. Desrioux et de Pommerelle avaient encore une assez grande quantité.

Cependant, le fleuve ne descendait plus vers l'ouest ; à partir du quatrième degré de latitude, il courait directement vers le nord et confirmait les Européens dans cette pensée qu'ils ne s'éloignaient pas de leur route. D'autres indices ne laissaient aucun doute à ce sujet : si on ne pénétrait pas dans le cœur du pays de Latouka, on reconnaissait cependant que sa frontière était proche. L'aspect des villages, la toilette des naturels, qui maintenant se laissaient approcher, quelques coutumes surprises au passage et conformes aux renseignements donnés par Baker, disaient clairement qu'on se trouvait sur un territoire déjà signalé, déjà parcouru, et dont certaines parties seulement, celles que l'on traversait, étaient inexplorées.

Enfin le 5 février, tandis que la caravane suivait, selon sa coutume, un chemin parallèle au Nil, elle aperçut, à sa gauche, la montagne conique de Redgia, et à sa droite le pic éloigné de Bélignan. Au coucher du soleil, on ne se trouvait plus qu'à trois milles de Gondokoro.

Le voyage était en quelque sorte terminé. En effet, pour des explorateurs qui venaient de si loin, descendre le Nil dans une barque, faire escale à Khartoum, à Berber, franchir quelques cataractes, traverser la Nubie, l'Égypte, arriver au Caire et s'embarquer sur un paquebot des Messageries pour Marseille, c'était une simple promenade, c'était un jeu.

La journée ayant été laborieuse, on dut renoncer à pénétrer dans Gondokoro le soir même, et, pour la dernière fois, le campement fut dressé, en plein air, sur les bords du Nil. Comme d'habitude, les tentes des Européens furent placées à l'une des extrémités du camp, le plus loin possible des gens de Khartoum et de Zanzibar, trop nombreux pour n'être pas bruyants. Ces tentes, après un aussi long voyage, étaient fort délabrées; plus d'une large échancrure y laissait pénétrer les rayons du soleil. Celle de Mme de Guéran avait seule conservé bon air, par suite des soins particuliers qu'on en avait pris. Elle se distinguait des autres par un petit drapeau fixé sur son sommet; grâce à cet ornement, les Européens, en cas d'alerte, pouvaient plus facilement venir au secours de leur chère Sultane.

La veillée ne fut pas, ce soir-là, de longue durée. Chacun avait hâte d'être sur pied de grand matin pour entrer dans Gondokoro, y trouver sans doute des nouvelles d'Europe, et tout préparer pour un retour immédiat. Avant de gagner sa tente, M. de Morin eut cependant un court entretien avec M. Delange.

— Eh bien! mon cher, lui dit-il, qu'allez-vous faire maintenant de votre Vénus noire? Vous n'avez pas, sans doute, l'intention de lui donner passage sur la barque que nous allons fréter? Mes craintes sont dissipées : Walinda, je le reconnais, n'a plus de regards farouches, vous veillez sur elle avec une conscience admirable, enfin vous avez eu l'intelligente cruauté de ne point lui retirer ses liens. Cependant elle ne peut pas s'éterniser dans notre société. Jusqu'à ce jour, vous avez évité toute rencontre entre la reine et son ancien prisonnier. C'était possible : l'une, surveillée de près, marchait à l'arrière-garde; l'autre, encore souffrant, toujours porté dans son hamac, ne quittait pas le centre de la caravane. Mais, bientôt, M. de Guéran sera superbe de santé, il vagabondera au milieu des soldats, des porteurs... et voyez-vous le coup de théâtre ?

— Rassurez-vous, mon cher, fit le docteur ; à partir de demain, Walinda sera libre, et tout me porte à croire qu'elle ne songera qu'à retourner dans son pays. Je ne tiens pas à la mener à Paris, je désire seulement...

— Qu'elle vous récompense de tous vos soins ; c'est justice, cher ami. Au revoir !

Il s'éloigna, et M. Delange, dès qu'il l'eut vu disparaître, rejoignit sa prisonnière.

Pour pouvoir la surveiller plus facilement, il lui faisait dresser une sorte d'abri assez éloigné des tentes européennes, mais séparé cependant du kraal de l'escorte. Souvent il venait lui apporter lui-même sa ration quotidienne et s'oubliait quelques instants auprès de cette femme étrange. Il ne se laissait pas attendrir, cependant : comme l'avait constaté M. de Morin, il ne s'était pas cru, jusque-là, le droit de rendre à la reine la liberté de ses mouvements. Mais, à quelques milles de Gondokoro, presque en pays égyptien, M. Delange, auquel on avait fait peut-être quelque promesse et qui en avait fait une autre à son tour, se départit de sa sévérité et de sa prudence. Pour la première fois depuis six semaines, les liens de la Vénus noire tombèrent.

Vers deux heures du matin, tandis que le docteur, plein de confiance maintenant dans sa prisonnière, se reposait des fatigues du jour, Walinda saisit un long couteau de chasse que M. Delange avait déposé près de lui, regarda longtemps autour d'elle et, lorsqu'elle eut constaté que tout reposait dans le camp, que les sentinelles elles-mêmes, rassurées par le voisinage de Gondokoro, avaient abandonné leur poste, elle se glissa dans l'ombre, pas à pas, jusqu'aux tentes des Européens.

Là elle s'arrêta et, dans la nuit étoilée, chercha des yeux le drapeau qui servait d'ornement à la tente de Mme de Guéran. Elle l'aperçut et, certaine maintenant de ne pas se tromper, rampa jusqu'à cette tente, en souleva sans bruit un des coins, se glissa par l'ouverture et, se redressant tout à coup, bondissant jusqu'au lit de camp, enfonça son couteau dans le cœur de la personne endormie.

XXXVI

Le lendemain, à la pointe du jour, les tambours et les clairons réveillèrent joyeusement le kraal. Soldats et porteurs ne se firent pas pas prier, contrairement à leurs habitudes, pour quitter leurs lits de feuilles sèches ou de peaux de bêtes : ils avaient hâte de faire une entrée triomphale dans Gondokoro. Walinda elle-même, que rien ne semblait distraire, insensible d'ordinaire à tous les bruits, à tous les incidents de la route, avait quitté son abri ; les yeux fixés sur les tentes, elle semblait attendre impatiemment le moment où les Européens allaient en sortir et donner le signal du départ.

M. de Morin apparut le premier ; puis, un instant après, M. de Pommerelle, M. Périères, les deux docteurs Delange et Desrioux. Au bout d'un instant, ce fut au tour de miss Poles ; elle s'était éveillée avant tout le monde pour consacrer plus de temps à une toilette destinée à faire sensation dans Gondokoro.

Deux tentes conservaient seules leur immobilité : celle de Mme de Guéran et celle de son mari, éloignées l'une de l'autre d'une dizaine de mètres.

Enfin, la tente qui n'avait pas de drapeau sembla frémir, s'agiter, et, au moment où le soleil levant l'éclairait de ses premiers rayons, la colorait de ses lueurs roses, on vit apparaître souriante, charmante, tout ensoleillée, la baronne de Guéran.

Walinda, en l'apercevant, poussa un cri terrible, un cri de rage et en même temps d'épouvante.

D'autres cris lui répondirent. Ils étaient poussés par Joseph qui, sur l'ordre de M. de Morin, avait pénétré sous la tente de M. de Guéran, pour lui offrir ses services et lui dire qu'on l'attendait.

Il avait trouvé le malheureux couvert de sang, inanimé, mort. Le couteau, avec lequel on l'avait frappé, était encore planté dans sa poitrine.

Walinda, s'était trompée : elle avait cru tuer la femme, elle avait tué le mari.

Elle ignorait que, la veille, Mme de Guéran, craignant pour le malade l'humidité des marécages voisins de Gondokoro, lui avait cédé sa tente, et avait passé la nuit dans celle qu'il occupait d'ordinaire.

. . . .

Huit jours après cet événement, les Européens parvenaient à fréter deux negghers, bateaux en usage sur le haut Nil, et descendaient ce fleuve. Une troisième embarcation, plus petite que les autres, portait le cercueil de M. de Guéran.

Avant de s'embarquer, les Européens, après avoir largement réglé leurs comptes, s'étaient séparés des soldats et des porteurs, et ceux-ci avaient aussitôt contracté de nouveaux engagements avec les traitants, si nombreux dans ces parages à cette époque de l'année. Les serviteurs seuls ne furent pas congédiés. Nassar, dont le dévouement et l'intelligence avaient été si précieux, et les deux interprètes arabes, Omar et Ali, voulurent accompagner leurs maîtres jusqu'au Caire.

On naviguait depuis quelques heures seulement, Gondokoro était encore en vue et les barques, obligées de louvoyer, s'avançaient lentement, lorsque M. de Morin crut apercevoir au milieu du fleuve un cadavre entraîné par le courant.

Il descendit aussitôt dans une embarcation, fit force de rames et reconnut le cadavre de la reine Walinda. Ce corps splendide, sur lequel la mort n'avait pas commencé son œuvre de destruction, qu'elle respectait encore, flottait au-dessus des eaux dorées par les reflets du soleil couchant.

La reine, désespérée d'avoir épargné sa rivale et d'avoir tué celui qu'elle aimait, avait profité de l'émoi répandu dans le campement pour prendre la fuite. Elle avait erré, sans doute, quelques jours sur les bords du fleuve, puis elle s'y était précipitée.

Et, morte, elle suivait encore la caravane et le cercueil de son amant.

A Khartoum, les Européens ne s'arrêtèrent que peu de temps, au commencement d'avril 1874, pour conférer avec le colonel Chaillé-Long, chef d'état-major du général Gordon. En échange des nouvelles d'Europe qu'il leur donna, il obtint de MM. Desrioux et de Pommerelle des renseignements sur le pays du Ganda et son roi Mtéza, chez lequel il se rendait.

Aucun incident ne signala la longue descente du Nil : chacun vivait de son côté, replié sur soi-même, seul avec ses souvenirs et ses pensées.

On profitait de cette inaction, succédant à une vie si tourmentée, pour se recueillir, mettre en ordre les notes de voyage, et parfois admirer les nouveaux pays qui se déroulaient à l'horizon.

Mᵐᵉ de Guéran, retirée dans une cabane construite à l'arrière de l'embarcation, n'en sortait que rarement. Peut-être se reprochait-elle sa sévérité envers celui qui n'était plus et les paroles qui lui étaient échappées dans son entretien avec M. Delange. Elle avait oublié les erreurs du mari pour se souvenir seulement du courage indomptable, de l'opiniâtreté du grand explorateur.

Le docteur Delange avait aussi perdu un peu de sa gaieté; il restait affecté du seul reproche que s'était permis de lui faire M. de Morin : « Votre amour pour les Africaines, mon cher ami, lui avait dit le chef de l'expédition, a coûté la vie d'un homme. »

Au Caire, on se sépara des derniers Nubiens, des Soudaniennes, de Nassar et des Arabes; tous ces fidèles serviteurs durent longtemps se bien trouver des largesses qui leur furent faites.

La petite colonie européenne, livrée maintenant à elle-même, après s'être embarquée au mois de juin, à Port-Saïd, sur un paquebot des Messageries maritimes, arrivait à Paris quelques jours après.

Alors, eurent lieu de nouveaux adieux : miss Poles prit congé de ses compagnons, qui s'étaient souvent amusés de ses ridicules, mais qui avaient apprécié la bonté, le dévouement de cette courageuse créature. Au moment de quitter les quatre jeunes gens qu'elle avait aimés tour à tour, pour qui elle avait brûlé des mêmes flammes, elle oublia ses dernières préférences pour M. de Pommerelle et confondit tout le monde dans la même étreinte : des bras de M. Périères elle passait dans ceux de M. Delange, qui la renvoyait au comte de Pommerelle. Il ne manquait à ce grand embrassement circulaire que les rois Mounza et Kadjoro; s'ils avaient été présents, la fête eut été complète, et miss Poles eût donné à ses différents bien-aimés un baiser d'ensemble.

Après avoir essuyé ses lunettes ternies par les larmes, remercié Mᵐᵉ de Guéran qui venait de lui assurer l'indépendance pour le reste de sa vie, elle regagna sa chère Angleterre, où elle prend maintenant le thé auprès de son amie, la confidente de ses plus intimes pensées, la dépositaire de ses fameuses aventures chez les Touaregs.

Le fidèle Joseph, lui, ne s'est pas séparé de son maître, il en a trop besoin : M. de Morin est, si l'on peut s'exprimer ainsi, le couronnement vivant de la gloire de Joseph, l'enseigne de son courage. Dix fois par jour, le valet de chambre montre son jeune maître aux domestiques, aux fournisseurs du voisinage, en leur disant : « Vous voyez cet homme qui passe, les Arabes allaient le fusiller, je l'ai sauvé ; les Niams-Niams voulaient le dévorer, je me suis offert en holocauste ; les Amazones s'apprêtaient à le massacrer, je l'ai délivré de leurs mains. » Tous les beaux faits d'armes de M. de Morin se trouvent inscrits sur les états de service de Joseph. C'est ainsi souvent qu'on écrit l'histoire, que les rôles sont renversés et que les petits mangent les grands.

Les différentes société de géographie d'Europe rendent plus de justice à l'expédition de Guéran : si elles ont accueilli d'abord avec une certaine réserve les notes remises par un explorateur inconnu comme M. Périères, elles vont, dans quelque temps, constater officiellement les découvertes dont il fait mention et remplacer sur les cartes ces mots : régions inexplorées, par le nom des Domondoûs, des Maleggas et des Walindis. Tous les jours, du reste, quelque nouveau voyageur vient confirmer ces découvertes et, tout dernièrement, dans le courant de l'année 1876, M. Gessi, un lieutenant de Gordon, reconnaissait l'existence d'un second bras du Nil, sortant comme l'autre de l'Albert-Nyanza, se dirigeant vers l'ouest, et, au diré des indigènes, rejoignant le grand fleuve au-dessus de Gondokoro. C'est ce bras du Nil que le docteur Desrioux a découvert et signalé en 1874.

. . . .

Dix-huit mois se sont écoulés sans que Mme de Guéran ait quitté le deuil et parlé de se remarier.

— Mais enfin pourquoi n'épouse-t-elle pas son cher docteur ? disait un jour M. de Morin à M. Delange. Ils s'adorent ! C'est, hélas ! facile à constater, et je connais la baronne : elle est aussi incapable de donner des coups de canif au veuvage qu'elle eût été incapable d'en donner à son contrat de mariage. Elle n'a qu'une ressource : la légalité. Qu'elle se jette donc, le plus tôt possible, si elle ne veut pas dépérir, dans les bras du maire et du prêtre.

— Mon cher, répondit M. Delange, Périères m'a fait, la semaine passée, à peu près dans les mêmes termes, le même petit discours, mais il était empreint comme le vôtre de tant d'amertume, que je n'ai pu le répéter à Mme de Guéran. Si elle vous entendait l'un et l'autre, loin de se décider, comme vous l'y invitez, elle attendrait encore.

Mort de la Vénus noire.

— C'est donc vraiment par scrupule, par délicatesse vis-à-vis de nous, qu'elle temporise ainsi?

— Oui, elle veut que le temps cicatrise vos blessures; elle a pour vous une si sincère amitié, qu'elle hésite à vous faire du mal.

— Eh bien! mon cher, dites-lui que nous n'aurons pas la douleur de connaître la date de son mariage. Notre premier voyage nous a mis en goût, la fièvre des découvertes s'est emparée de Périères, de Pommerelle et de moi, et nous partons dans quelques semaines pour l'Afrique occidentale. A l'exemple des frères Grandy, nous suivrons les rives du Zaïre et nous marcherons vers le nord-est, dans la direction du lac Tanganyika. Vous voyez que c'est sérieux et que Mme de Guéran peut reprendre sa liberté ; nous voyageons sans elle, elle a le droit de se marier sans nous.

. . . .

Deux mois après cette conversation, Laure de Guéran devenait Mme Desrioux. Les nouveaux mariés se sont retirés dans une villa située au bord du lac de Côme, dont les rives pittoresques leur rappellent l'Albert-Nyanza, près duquel ils se sont retrouvés.

De tous nos héros, M. Delange et Joseph sont seuls restés à Paris. Le premier est devenu un médecin sérieux ; ce qui ne l'empêche pas, lorsque ses visites sont terminées, vers minuit, de faire son whist au cercle, ou de tailler un baccarat. C'est lui, dit-on, que Gondinet et Félix Cohen ont voulu peindre, dans le deuxième acte de leur jolie pièce : *Le Club*. Le docteur rêve aussi parfois aux Africaines, tout en avouant que plusieurs de ses clientes parisiennes leur sont supérieures.

Joseph s'est montré un peu froid lorsqu'il a été question devant lui de repartir pour l'Afrique ; peut-être, du reste, que M. de Morin n'a pas cru, et pour cause, devoir insister. Le fidèle domestique ne sert plus ; il est rentier, grâce aux largesses de son maître et à la vente d'une trentaine de dents d'éléphant.

Quant à nous, notre tâche est terminée, et avec elle cette longue étude qui n'a qu'un mérite : celui d'être absolument exacte, au point de vue de la géographie et des mœurs africaines. Il nous a plu de montrer une fois de plus à nos lecteurs que nous n'étions pas un spécialiste. Il nous a paru curieux de les entraîner loin de Paris, de leur présenter, sous une forme peut-être attrayante, des recherches laborieuses, des découvertes intéressantes, de leur dévoiler les mystères d'un monde nouveau.

FIN.

TABLE

PREMIÈRE PARTIE

PAGES

La Sultane parisienne 1

DEUXIÈME PARTIE

La Fièvre de l'Inconnu 247

TROISIÈME PARTIE

La Vénus Noire 449

Imprimerie D. Bardin, à Saint-Germain.

www.ingramcontent.com/pod-product-compliance
Lightning Source LLC
Chambersburg PA
CBHW050322240426
43673CB00042B/1496